Die Habsburgermonarchie (1526–1918)
als Gegenstand der modernen Historiographie

Veröffentlichungen des Instituts
für Österreichische Geschichtsforschung

Band 78

2022

Böhlau Verlag Wien

Die Habsburgermonarchie (1526–1918) als Gegenstand der modernen Historiographie

Herausgegeben von
Thomas Winkelbauer

2022

Böhlau Verlag Wien

Bibliografische Information der Deutschen Bibliothek:
Die Deutsche Nationalbibliothek verzeichnet diese Publikation in der
Deutschen Nationalbibliografie; detaillierte bibliografische Daten
sind im Internet über https://dnb.de abrufbar.

© 2022 Böhlau, Zeltgasse 1, A-1080 Wien, ein Imprint der Brill-Gruppe (Koninklijke Brill NV, Leiden,
Niederlande; Brill USA Inc., Boston MA, USA; Brill Asia Pte Ltd, Singapore; Brill Deutschland GmbH,
Paderborn, Deutschland; Brill Österreich GmbH, Wien, Österreich)
Koninklijke Brill NV umfasst die Imprints Brill, Brill Nijhoff, Brill Hotei, Brill Schöningh, Brill Fink,
Brill mentis, Vandenhoeck & Ruprecht, Böhlau, V&R unipress.

Umschlagabbildung: Mittleres Staatswappen der Habsburgermonarchie (des Kaisertums Österreich) aus dem
Jahr 1866. Das Wappen wurde bereits 1867 durch den staatsrechtlichen Ausgleich Kaiser Franz Josephs I. mit
Ungarn obsolet und ist, nach langen Diskussionen, erst 1915, mitten im Ersten Weltkrieg, durch ein neues
mittleres Staatswappen der seit 1867 existierenden Österreichisch-Ungarischen Monarchie ersetzt worden.
Vorlage: Hugo Gerald STRÖHL, Österreichisch-Ungarische Wappenrolle (Wien ³1900)
Satz: SchwabScantechnik, Göttingen
Druck und Bindung: Hubert & Co. BuchPartner, Göttingen
Printed in the EU

Vandenhoeck & Ruprecht Verlage | www.vandenhoeck-ruprecht-verlage.com

ISBN 978-3-205-21660-5

Inhalt

Die Habsburgermonarchie
in den Historiographien
ihrer Nationen und ihrer Nachfolgestaaten

Inhalt

Vorwort des Herausgebers

Der vorliegende Band erscheint mit vom Herausgeber zu verantwortender extremer Verspätung, wofür dieser die Autorinnen und Autoren und die interessierte Fachöffentlichkeit um Nachsicht bittet. Er enthält die schriftlichen Fassungen der meisten Vorträge, die auf der von Petr Maťa und ihm konzipierten Jahrestagung des Instituts für Österreichische Geschichtsforschung (IÖG) mit dem Titel „Die Habsburgermonarchie (1526–1918) als Gegenstand der modernen Historiographie. Raumkonzepte und Meistererzählungen und deren institutionelle und personelle Vertreter" im November 2013 in Wien gehalten wurden. Die Tagung wurde vom IÖG in Kooperation mit dem Institut für Neuzeit- und Zeitgeschichtsforschung der Österreichischen Akademie der Wissenschaften, aus dem in der Zwischenzeit das Institut für die Erforschung der Habsburgermonarchie und des Balkanraumes hervorgegangen ist, sowie mit dem Forschungsschwerpunkt „Österreich in seinem Umfeld" der Historisch-Kulturwissenschaftlichen Fakultät der Universität Wien organisiert. Im nunmehr endlich vorliegenden Tagungsband fehlen leider die nicht in Aufsatzform gebrachten Beiträge über die kroatische, die ukrainische und die osmanische bzw. türkische Historiographie. Gegenüber der Tagung hinzugekommen sind die Beiträge von Gary B. Cohen über die nordamerikanische Geschichtsschreibung und von Klaas Van Gelder über die österreichische Regierung und Verwaltung der habsburgischen Niederlande als Thema der belgischen Historiographie. Das Referat von José Martínez Millán mit dem Titel „The Habsburg Dynasty in the Spanish Historiography of the Nineteenth and the Twentieth Century" hatte die Historiographie über die im Jahr 1700 ausgestorbene spanische Linie des Hauses Österreich zum Gegenstand und hätte daher nicht gut in einen der mitteleuropäischen Habsburgermonarchie von 1526 bis 1918 im Spiegel der Geschichtsschreibung gewidmeten Band gepasst. Das Manuskript des Beitrags wurde im Dezember 2013 von der Redaktion der MIÖG zur Publikation angenommen, ist aber schließlich doch nicht in englischer, sondern in spanischer Sprache erschienen[1]. In der Zwischenzeit bereits an anderer Stelle publiziert wurden die hier zum Teil in etwas modifizierter und ergänzter Form wiederabgedruckten Beiträge über die tschechische, die britische und die nordamerikanische Historiographie. Etwa die Hälfte der Manuskripte lag 2015 druckfertig vor, die anderen erst 2016, 2017 oder 2018. Einige, aber nicht alle wurden 2020 oder 2021 ein letztes Mal ergänzt und aktualisiert.

---

[1] José Martínez Millán, La dinastía Habsburgo en la Historiografía española de los siglos XIX y XX. *Librosdelacorte.es* 7 (2013) 33–58, https://revistas.uam.es/librosdelacorte/article/view/1673 [25.4.2022]. Siehe auch DERS., El reinado de Felipe IV como decadencia de la Monarchía hispana, in: La corte de Felipe IV (1621–1665). Reconfiguración de la Monarchía católica, hg. von DEMS.–José Eloy Hortal Muños, Bd. I/1 (La Corte en Europa, Temas 9/I/1, Madrid 2015) 3–56.

Ich hoffe, dass der Band trotz des verspäteten Erscheinens in jedem Fall als bibliographisches und historiographiegeschichtliches Hilfsmittel und als Zusammenstellung von kenntnisreichen Überblicken über vielstimmige und vielsprachige Forschungsgeschichten nützliche Dienste leisten wird.

Thomas Winkelbauer   Wien, im April 2022

Einleitung

Thomas Winkelbauer

Auf der Wiener Tagung „Die Habsburgermonarchie (1526–1918) als Gegenstand der modernen Historiographie. Raumkonzepte und Meistererzählungen und deren institutionelle und personelle Vertreter" wurde im November 2013 der Versuch unternommen, die wissenschaftliche Beschäftigung mit der Geschichte der Habsburgermonarchie[1] in der Historiographie ihrer Nationen und ihrer Nachfolgestaaten sowie in der Geschichtsschreibung anderer Imperien (und deren Nachfolgestaaten) vergleichend zu untersuchen und zu diskutieren. Die Referentinnen und Referenten wurden im Vorfeld gebeten, soweit wie möglich und sinnvoll bestimmte Leitfragen zu berücksichtigen, um eine möglichst große Vergleichbarkeit der Ergebnisse der einzelnen Beiträge zu erzielen.

Für die erste Sektion der Tagung mit dem Titel „Die Habsburgermonarchie im Spannungsfeld konkurrierender Staatskonzepte I", in der Forschungen und Publikationen über die Geschichte der Monarchie in Großbritannien, den Vereinigten Staaten, dem Osmanischen Reich bzw. der Türkei und Russland bzw. der Sowjetunion thematisiert wurden, lauteten die Leitfragen:

1. In welchen diskursiven und institutionellen Kontexten thematisierte man die Geschichte der Habsburgermonarchie und was interessierte daran in erster Linie
   a. in der Frühen Neuzeit (1526–1790/1815) und
   b. im „langen" 19. Jahrhundert (1790/1815–1918)?
2. Speiste sich die Forschung bzw. die Historiographie aus internen methodologischen Debatten bzw. politischen Auseinandersetzungen innerhalb der einzelnen nationalen Historiographien (Suche nach einem Vergleichs- bzw. Kontrastobjekt, Absetzung von geläufigen Orthodoxien [„Meistererzählungen"] u. ä.)?
3. Inwieweit wurden die Ergebnisse und Werke der betreffenden Historiker und Historikerinnen über den engen Kreis von Spezialisten hinaus rezipiert und diskutiert?
4. Gab und gibt es Institutionen der wissenschaftlichen Forschung und Lehre (Universitätsinstitute, Lehrstühle, Archive, Historische Kommissionen, Akademieinstitute, Vereine etc.), an denen die Geschichte der Habsburgermonarchie erforscht, dargestellt und gelehrt wurde und/oder wird, und wenn ja, welche?

---

[1] Der Begriff „Habsburgermonarchie" kam – zunächst in der Form „Habsburgische Monarchie" oder „Habsburger Monarchie" – erst in den 1860er Jahren auf, „vor dem Hintergrund staatsrechtlicher Debatten über die Umgestaltung des Habsburgerreichs". Petr MAŤA, Die Habsburgermonarchie, in: Verwaltungsgeschichte der Habsburgermonarchie in der Frühen Neuzeit (1500–1800), Bd. 1, hg. von Michael HOCHEDLINGER–Petr MAŤA–Thomas WINKELBAUER, 2 Teilbände (MIÖG Ergbd. 62, Wien 2019) 1/2 29–62, hier 29.

Der Referentin und den beiden Referenten der zweiten Sektion, „Die Habsburgermonarchie im Spannungsfeld konkurrierender Staatskonzepte II", in der Forschungen
zur und Auseinandersetzungen mit der Habsburgermonarchie im Rahmen der deutschen und der spanischen Historiographie behandelt werde sollten, hatten die Organi-
satoren folgende Leitfragen vorgeschlagen:

1. Wie ging man mit der Habsburgermonarchie in nationalgeschichtlichen „Meister-
    erzählungen" um?
2. Versuchte man die Habsburgermonarchie in ein eigenes (nationales) Geschichtsbild
    zu integrieren bzw. gab es Tendenzen zur Abgrenzung?
3. Anhand welcher Argumente wurden/werden die Staatlichkeit der Habsburger-
    monarchie in der Frühen Neuzeit bzw. die Legitimität der Habsburgermonarchie
    im „langen" 19. Jahrhundert angezweifelt?
4. Gab und gibt es Institutionen der wissenschaftlichen Forschung und Lehre (Uni-
    versitätsinstitute, Lehrstühle, Archive, Historische Kommissionen, Akademieinsti-
    tute, Vereine etc.), an denen die Geschichte der Habsburgermonarchie erforscht,
    dargestellt und gelehrt wurde und/oder wird, und wenn ja, welche?

Die Leitfragen für die dritte und vierte Sektion, die den Bildern und Funktionen der
Habsburgermonarchie in den Historiographien ihrer Nationen und ihrer Nachfolgestaaten gewidmet waren, lauteten:

1. Wie integrierte man die Habsburgermonarchie in nationale Geschichtsbilder?
2. In welcher Weise bildeten sich historische Narrative im Kontrast zur oder unter
    weitgehender Ausblendung der Habsburgermonarchie heraus?
3. In welchen Raumvorstellungen und Periodisierungen wurde die Geschichte der
    Habsburgermonarchie thematisiert? Gab es distinkte Strategien der Distanzierung
    von der Habsburgermonarchie bzw. der Ausblendung von wichtigen Zusammen-
    hängen?
4. Standen und stehen bestimmte Themen, Fragestellungen, Ereignisse und Personen
    bei der historiographischen Befassung mit der Habsburgermonarchie im Vorder-
    grund und, wenn ja, welche („Schlüsseljahre" wie z.B. 1526, 1618–1621, 1648,
    1670–1681, 1683, 1848/49, 1860–1867, 1871, 1878, 1897, 1905, 1907, 1914–
    1918; Türkenkriege, Bauernaufstände / Bauernkriege, Reformation / Gegenreforma-
    tion / Konfessionalisierung, Revolutions- und „Franzosenkriege" / Wiener Kongress,
    Revolution[en] von 1848/49, „Nationalitätenfrage", Staatsreformen; Sozialgeschich-
    te, Wirtschaftsgeschichte, Kriegsgeschichte, Verfassungs-, Verwaltungs- und Rechts-
    geschichte; Ferdinand I., Rudolf II., Ferdinand II., Leopold I., Karl VI., Maria
    Theresia, Joseph II., Franz II./I., Franz Joseph I., Kaiserin und Königin Elisabeth,
    Metternich, Kaunitz, Comenius, Kossuth, Palacký, Jelačić etc.)?
5. Wie wurden Erkenntnisse anderer nationaler Historiographien hinsichtlich der
    Habsburgermonarchie rezipiert oder ignoriert bzw. im Rahmen welcher Debatten
    setzte man sich damit auseinander?
6. Länderübergreifend: Gab es so etwas wie eine „postimperiale Öffentlichkeit" in den
    oder in mehreren Nachfolgestaaten Österreich-Ungarns?
7. Inwiefern bezogen sich die Narrative der einzelnen nationalen Historiographien auf-
    einander?

8. Gab und gibt es Institutionen der wissenschaftlichen Forschung und Lehre (Universitätsinstitute, Lehrstühle, Archive, Historische Kommissionen, Akademieinstitute, Vereine etc.), an denen die Geschichte der Habsburgermonarchie über die eigene Landesgeschichte hinaus in größeren Zusammenhängen erforscht, dargestellt und gelehrt wurde und/oder wird, und wenn ja, welche?

Wie im Grunde nicht anders zu erwarten, erwiesen sich die vorgeschlagenen Leitfragen in unterschiedlichem Ausmaß als hilfreich und beantwortbar und manche Referentinnen und Referenten haben sie in größerem, andere in geringerem Ausmaß berücksichtigt. Die meisten der nunmehr endlich im Druck vorliegenden Beiträge haben einen systematischen und teilweise enzyklopädischen Anspruch, in anderen wurde ein exemplarischer Zugang gewählt. Es erschien dem Herausgeber sinnvoll, die Beiträge in anderer Reihenfolge anzuordnen als auf der Tagung. Der mit neun Kapiteln etwas umfangreichere erste Teil ist der Habsburgermonarchie in den Historiographien ihrer Nationen und ihrer Nachfolgestaaten gewidmet, im sieben Beiträge versammelnden zweiten Teil geht es um die Habsburgermonarchie in der deutschen, britischen, nordamerikanischen, französischen, russischen bzw. sowjetischen und belgischen Geschichtsschreibung. Der Herausgeber bittet um Verständnis für die Überlänge seines eigenen Beitrags über die Habsburgermonarchie in der (deutsch)österreichischen Historiographie von der zweiten Hälfte des 18. bis zum ersten Viertel des 21. Jahrhunderts, mit dem der Reigen der Kapitel eröffnet wird.

Spätestens seit der Professionalisierung der Geschichte als Wissenschaft und der Institutionalisierung der Disziplin um die Mitte des 19. Jahrhunderts dominierte in der von an Universitäten, Akademien und Archiven wirkenden Historikern in allen Staaten Europas betriebenen Geschichtsschreibung bekanntlich „die erstaunlich wandlungsresistente Form der narrativen Modellierung von Geschichte als Nationalgeschichte"[2], ja zahlreiche Historiker spielten führende Rollen in den Nationalbewegungen (insbesondere, aber nicht nur in Ostmitteleuropa[3]), und vielfach dominiert die Erforschung und Darstellung der Nationalgeschichte in der Geschichtswissenschaft bis zum heutigen Tag[4]. Der Geschichte neuzeitlicher Reiche und Imperien sowie dem Verhältnis zwischen

---

[2] Christoph CONRAD–Sebastian CONRAD, Wie vergleicht man Historiographien? In: Die Nation schreiben. Geschichtswissenschaft im internationalen Vergleich, hg. von DENS. (Göttingen 2002) 11–45, hier 45.
[3] Siehe Historians as Nation-Builders: Central and South-East Europe, hg. von Dennis DELETANT (Basingstoke 1988), und Beruf und Berufung. Geschichtswissenschaft und Nationsbildung in Ostmittel- und Südosteuropa im 19. und 20. Jahrhundert, hg. von Markus KRZOSKA–Hans-Christian MANER (Studien zur Geschichte, Kultur und Gesellschaft Südosteuropas 4, Münster 2005), vor allem aber die exzellente vergleichende Studie von Monika BAÁR, Historians and Nationalism. East-Central Europe in the Nineteenth Century (Oxford–New York 2010).
[4] Die Nation schreiben (wie Anm. 2); The Contested Nation: Ethnicity, Class, Religion and Gender in National Histories, hg. von Stefan BERGER–Chris LORENZ (Basingstoke 2008); Nationalizing the Past. Historians as Nation Builders in Modern Europe, hg. von Stefan BERGER–Chris LORENZ (Basingstoke 2010). Vgl. auch The Nationalization of Scientific Knowledge in the Habsburg Empire, 1848–1918, hg. von Mitchell G. ASH–Jan SURMAN (Basingstoke 2012). – Im Jahr 2006 veranstaltete das Institut für Österreichkunde eine Tagung zum Thema „Die eigene Geschichte. Umfang und Vermittlung in den Nachfolgestaaten der österreichisch-ungarischen Monarchie". Der angekündigte Tagungsband ist nicht zustande gekommen. Einige der Kurzbeiträge eines parallel dazu vom Institut für Österreichische Geschichtsforschung veranstalteten halbtägigen Arbeitsgesprächs sind abgedruckt in: *MIÖG* 115 (2007)

Nation und Imperium widmeten sich in erster Linie in Imperien sowie in Nachfolgestaaten von Imperien sozialisierte und lebende Historiker[5]. Kommunikation und Austausch zwischen Historikern und Historikerinnen erfolgten lange Zeit hauptsächlich
innerhalb eines nationalen Rahmens, erst seit den 1990er Jahren überschreiten sie in
stetig wachsendem Ausmaß sprachliche, nationale und staatliche Grenzen[6].

Alles in allem gilt das bisher Gesagte auch für die Geschichtsschreibung der Habsburgermonarchie. Unter den Historiographien der Nationen Österreich-Ungarns und
seiner Nachfolgestaaten nimmt die (deutsch)österreichische eine gewisse Sonderstellung
ein. Die deutschen bzw. deutschsprachigen Historiker der Monarchie (insbesondere der
österreichischen und der böhmischen Länder) sowie der Republik (Deutsch-)Österreich
in den Jahrzehnten vor und nach 1918 fühlten sich – im Einklang mit ihrer Betonung
der engen Verbindungen der Monarchie und der österreichischen Deutschen mit dem
Heiligen Römischen Reich, dem Deutschen Bund und dem Deutschen (Kaiser-)Reich
sowie der Zugehörigkeit der österreichischen Deutschen zur deutschen Kultur- und
Sprachnation bzw. zum deutschen Volk – als Vertreter der eigentlichen Staatsnation der
Monarchie. Sie sahen sich nach 1918 gewissermaßen als „Nachfolger der Zentrale"[7],
interessierten sich daher beinahe als einzige für das Schreiben der Geschichte des „Ge-
samtstaats" und für dessen „historische Aufgaben" und schrieben aus einer Perspektive
der „Erinnerung an verlorene Größe"[8]. Im Laufe des 19. Jahrhunderts entstanden in der
Habsburgermonarchie unterschiedliche, miteinander konkurrierende nationale historische „Meistererzählungen". Unter diesem Begriff wird seit längerem, kurz gesagt, „die in
einer kulturellen Gemeinschaft zu einer gegebenen Zeit dominante Erzählweise des Vergangenen" verstanden[9]. Diese „Meistererzählungen" folgten und „folgen narratologi-
schen Prinzipien und präsentieren sich beispielsweise als Leidens- oder als Erfolgs-
geschichten"[10].

Die von ungarischen (magyarischen), tschechischen und slowakischen Historikern –
also Angehörigen von Nationen, die zur Gänze innerhalb der Monarchie lebten bzw.
gelebt hatten – entwickelten historischen „Meistererzählungen" hatten weniger Verbin-

---

134–159. Siehe insbesondere Heide DIENST, Darstellung der eigenen Geschichte in Nachfolgestaaten
der Habsburgermonarchie – Aspekte, Probleme, Versuche. Arbeitsgespräch am Institut für Österreichische Geschichtsforschung am 7. April 2006. Ein Bericht. *Ebd.* 134–137, bes. 135f. Anm. 2 (An-
kündigung des Tagungsbandes mit Auflistung der zwölf Beiträge).

[5] Vergangene Größe und Ohnmacht in Ostmitteleuropa: Repräsentationen imperialer Erfahrung in
der Historiographie seit 1918, hg. von Frank HADLER–Mathias MESENHÖLLER (Geschichtswissenschaft
und Geschichtskultur im 20. Jahrhundert 8, Leipzig 2007); Transnational Challenges to National History Writing, hg. von Matthias MIDDELL–Lluis ROURA (Basingstoke 2013), insbesondere Anne FRIED-
RICHS–Mathias MESENHÖLLER, Imperial History, in: ebd. 164–201. Vgl. auch Comparing Empires.
Encounters and Transfers in the Long Nineteenth Century, hg. von Jörn LEONHARD–Ulrike VON
HIRSCHHAUSEN (Schriftenreihe der FRIAS School of History 1, Göttingen 2011).

[6] Matthias MIDDELL–Lluis ROURA, The Various Forms of Transcending the Horizon of National
History Writing, in: Transnational Challenges to National History Writing (wie Anm. 5) 1–35, hier 4f.

[7] Frank HADLER–Mathias MESENHÖLLER, Repräsentationen imperialer Erfahrung in Ostmitteleuropa: Einleitende Thesen zu Konzept, Befunden und einer transnationalen Perspektive, in: Vergangene
Größe und Ohnmacht in Ostmitteleuropa (wie Anm. 5) 11–29, hier 15.

[8] Ebd. 20.

[9] Konrad H. JARAUSCH–Martin SABROW, „Meistererzählung" – Zur Karriere eines Begriffs, in: Die
historische Meistererzählung. Deutungslinien der deutschen Nationalgeschichte nach 1945, hg. von
DENS. (Göttingen 2002) 9–32, hier 17.

[10] Ebd.

dungen und Anknüpfungspunkte zu Nationalbewegungen außerhalb des habsburgischen Staates als die polnischen, ukrainischen, serbischen, bosnischen, rumänischen
und italienischen, aber wohl auch als die slowenischen und kroatischen historischen
Erzählungen[11]. Die tschechischen, ungarischen und slowakischen Geschichtsbilder zeigen sowohl gewisse Parallelen und Interferenzen als auch große Unterschiede und Gegensätze. Die ungarische und die tschechische Historiographie des Königreichs Ungarn
einerseits und der böhmischen Länder andererseits weisen insofern markante Ähnlichkeiten auf, als in beiden mittelalterliche, als Nationalstaaten mit nationalen Dynastien
(Árpáden und Přemysliden) und mit als Staatsgründer verehrten Landespatronen und
Nationalheiligen (Stephan und Wenzel) aufgefasste Staaten wichtige Bezugspunkte bildeten und bilden. Die slowakische „Meistererzählung" hingegen war mangels staatlicher
Anknüpfungspunkte (abgesehen vom „Großmährischen Reich" des 9. Jahrhunderts)
mehr oder weniger ausschließlich ethnozentrisch. Aber auch in der tschechischen Geschichtsschreibung wurde mehr Gewicht auf eine ethnische Gruppe gelegt als in der
ungarischen, die nicht erst seit dem Ausgleich von 1867 stärker am (ungarischen) Staat
orientiert war. Gewisse Leitmotive waren in der magyarischen Historiographie der
schließlich im Ausgleich gipfelnde erfolgreiche ungarische Widerstand gegen die Trak-
tierung des Königreichs Ungarn durch Wien und die Habsburger „nach dem Muster der
anderen Provinzen" (*ad normam aliarum provinciarum*) und in der tschechischen und
slowakischen Historiographie die Opferrolle der von den Deutschen bzw. den Magyaren
unterdrückten Tschechen und Slowaken[12].

Mit der Ausbildung imperialer und nationaler Räume der historischen Forschung in
der späten Habsburgermonarchie hat sich in den letzten Jahren – unter anderem inspiriert durch die Forschungen von Jan Surman[13] – der junge ungarische Historiker Bálint
Varga in innovativer Weise beschäftigt. Er vertritt die These, dass die nationale Aufspaltung des in den 1850er Jahren auf Initiative der neoabsolutistischen Regierung geschaf-
fenen einheitlichen habsburgischen Raumes der Geschichtswissenschaften eine direkte
Folge der „Hohen Politik" gewesen sei, insbesondere von einzelnen Kronländern und
Nationen gewährten Autonomierechten: in Ungarn in mehreren Schritten von 1860
bis 1867, in Kroatien und Galizien in den Jahren nach 1868 und in Böhmen ab 1866

---

[11] Gernot Heiss–Árpád v. Klimó–Pavel Kolář–Dušan Kováč, Habsburg's Difficult Legacy: Comparing and Relating Austrian, Czech, Magyar and Slovak National Historical Master Narratives, in: The
Contested Nation (wie Anm. 4) 367–404, hier 367.

[12] Ebd. 371–375, 383f., 388–390, 397f. und 401–404. Vgl. auch Diana Mishkova–Bo Stråth–
Balázs Trencsényi, Regional History as a „Challenge" to National Frameworks of Historiography: The
Case of Central, Southeast, and Northern Europe, in: Transnational Challenges to National History
Writing (wie Anm. 5) 257–314. – Eine aufschlussreiche Untersuchung der Frage, wie magyarische His-
toriker (Ignác Acsády, Henrik Marczali, Sándor Márki, József Szalay und Lajos Baróti) in den Jahren um
1900 in Gesamtdarstellungen der ungarischen Geschichte die nationalen Minderheiten des Königreichs
Ungarn in die „Nationalgeschichte" integrierten, ist Imre Tarafás, Making and Unmaking National
Histories at the Dawn of the Great War, in: Empires, Nations and Private Lives: Essays on the Social
and Cultural History of the Great War, hg. von Nari Shelekpayev–François-Olivier Dorais–Daria
Dyakonova–Solène Maillet (Newcastle upon Tyne 2016) 107–133. Eine zentrale Rolle spielte dabei
die postulierte *mission civilisatrice* der Magyaren gegenüber den Minderheiten. (Deutsch)österreichische
Historiker hingegen, so Tarafás, bezogen die Idee der „civilizing mission" des Habsburgerreiches auf ganz
Zentraleuropa, unter Einschluss Ungarns. Ebd. 133.

[13] Insbesondere durch Surmans 2012 approbierte und 2019 im Druck publizierte Dissertation: Jan
Surman, Universities in Imperial Austria, 1848–1918: A Social History of a Multilingual Space (West
Lafayette, Ind. 2019).

mit dem vorläufigen Schluss- und Höhepunkt in der Teilung der Prager Universität 1882[14]. Neben dem magyarischen, dem kroatischen, dem polnischen und dem tschechischen nationalen Wissenschaftsraum, diesen vier „full-fledged academic spaces"[15], entstanden um 1900 zwei weitere unvollständige nationale Wissenschaftssysteme in der Habsburgermonarchie, und zwar ein ukrainisches und ein rumänisches[16]. Die Ausbildung einer deutschsprachigen Scientific Community im cisleithanischen Teil Österreich-Ungarns sei eine Folge der Abspaltung und der autonomen Entwicklung der genannten Wissenschaftsräume gewesen[17]. Vargas Resümee ist eindeutig[18]: „By forming national communities and promoting national agendas, professional historical scholarship was indeed a centrifugal force and certainly undermined the Habsburg monarchy." Ausnahmen wie der sowohl auf Deutsch als auch auf Tschechisch publizierende böhmische Landesarchivar und Prager Universitätsprofessor Anton Gindely (1829–1892), der Direktor des Wiener Haus-, Hof- und Staatsarchivs Árpád Károlyi (1853–1940) und der Direktor des Wiener Hofkammerarchivs Lajos Thallóczy (1854–1916), in deren Werken magyarisch-nationale und imperiale Konzepte friedlich koexistierten, sowie einige in der Militärgrenze (Franz Vaniček, Johann Heinrich Schwicker) und der Bukowina (Johann Polek, Ferdinand Zieglauer, mit Einschränkungen auch Raimund Friedrich Kaindl) wirkende oder zu deren Geschichte forschende und publizierende Historiker, in deren Publikationen bis um 1900 die Konzepte des Supranationalismus und des Regionalismus (der Landes- und Regionalgeschichte) dominierten, bestätigen gewissermaßen die Regel[19]. National indifferenter Staatspatriotismus funktionierte um die Jahrhundertwende nur noch, wenn er unter demselben Dach Platz fand wie andere, in erster Linie nationale Interessen[20].

Wie Robert Evans, der derzeit wohl beste Kenner der Geschichte der Habsburgermonarchie von ihren Anfängen im 16. Jahrhundert bis zu ihrem Ende 1918 und der ihr in zahlreichen Sprachen gewidmeten Historiographie, unlängst betont hat, ist die von Staatsbürgern ihrer Nachfolgestaaten verfasste wissenschaftliche Literatur über die Geschichte der Monarchie als Ganzes, über die „Gesammt-Monarchie" (der Begriff war den Zeitgenossen spätestens seit dem Verfassungsversprechen Kaiser Ferdinands I. vom 15. März 1848 betreffend eine „Constitution des Vaterlandes" geläufig[21]) als sämtliche habsburgischen Königreiche und Länder umfassendes politisches Gebilde, relativ limitiert. „Besides much that's openly partisan, there is a great deal more that doesn't attempt to address the *Gesamtmonarchie* and its fate. That was simply not the concern for *na-*

---

[14] Bálint VARGA, The Making and Unmaking of an Austrian Space of Historical Scholarship, 1848–1914. *East Central Europe* 44 (2017) 341–366, hier 341–355.

[15] Ebd. 356.

[16] Ebd. 356f.

[17] Ebd. 357–360.

[18] Ebd. 362.

[19] Bálint VARGA, Writing imperial history in the age of high nationalism: imperial historians on the fringes of the Habsburg monarchy. *European Review of History* 24/1 (2017) 80–95; DERS., Rise and Fall of an Austrian Identity in the Provincial Historiography of Bukovina. *AHY* 46 (2015) 183–202.

[20] VARGA, Writing imperial history in the age of high nationalism (wie Anm. 19) 82.

[21] Versuch einer Beantwortung der offenen Frage: Was hat die Provinz Tirol und Vorarlberg in ihrer gegenwärtigen Stellung zur constitutionellen österreichischen Gesammt-Monarchie seit Erlassung des a. h. Patentes vom 15. März 1848 ohne Zögerung zu thun? Von einem Tiroler (Innsbruck 1848); [Ludwig CZEKELIUS VON ROSENFELD,] Ungarns und Siebenbürgens Stellung zur Gesammt-Monarchie (Wien 1848).

tional historians in the region [...], however broad their range and incisive their analysis in other respects."[22] In der ungarischen Historiographie, deren Interesse sich weitgehend auf das Königreich Ungarn beschränkte, sei dies kaum bzw. höchstens implizit ein Thema gewesen, ein großer Teil der österreichischen Geschichtsschreibung habe sich, insbesondere nach 1945, mit der Geschichte der österreichischen (Bundes-)Länder im Mittelalter befasst, und die tschechische Historiographie sei ebenfalls großenteils selbstgenügsam gewesen. Auch in anderen Nachfolgestaaten Österreich-Ungarns (Italien, Polen, Jugoslawien, Rumänien) sei die tiefere Struktur der Monarchie nie ein Schwerpunkt der historischen Forschung gewesen („with a handful distinguished exceptions, mainly Italian")[23].

Der erste Teil des vorliegenden Bandes enthält, wie bereits erwähnt, neun Beiträge über den Stellenwert und die Bilder der Habsburgermonarchie in den Historiographien der auf ihrem Territorium lebenden Nationen und ihrer Nachfolgestaaten – leider mit Ausnahme der kroatischen und der ukrainischen Geschichtsschreibung, da die Referenten keine schriftlichen Fassungen ihrer Vorträge zur Verfügung gestellt haben.

Zunächst gibt Thomas Winkelbauer einen breiten und detaillierten Überblick über die (deutsch)österreichischen Forschungen und Publikationen zur Geschichte der Habsburgermonarchie vom späten 18. Jahrhundert bis heute. Die deutschsprachigen Historiker der Habsburgermonarchie und der Republik Österreich fühlten sich vor und nach 1918 in besonderem Maße für die „Gesamtstaatsgeschichte" der Monarchie zuständig, ja verantwortlich. Der Beitrag ist chronologisch in drei Abschnitte untergliedert. Der erste widmet sich, ausgehend von der Begründung der österreichischen Staatsrechtslehre um die Mitte des 18. Jahrhunderts, der Historiographie der zusammengesetzten Monarchie der Habsburger in der Mitte Europas im „langen" 19. Jahrhundert. Einen der Schwerpunkte bildet dabei die „Erfindung einer österreichischen Nationalgeschichte" (Georg Christoph Berger Waldenegg) in den Jahren nach der Niederschlagung der Revolution(en) von 1848/49. Im zweiten Abschnitt werden die verschiedenen Bilder und Funktionen der Habsburgermonarchie in den von österreichischen Historikern zwischen 1918 und 1945 verfassten Werken vorgestellt. Im Einzelnen geht es dabei um die Vertreter der „gesamtdeutschen Geschichtsauffassung" („Modell Heinrich Srbik"), der „(politischen) Volksgeschichte" („Modell Otto Brunner") und der „österreichisch-vaterländischen Geschichtsauffassung" („Modell Hugo Hantsch") sowie von vermittelnden Positionen („Modell Oswald Redlich"). Der dritte, mit Abstand umfangreichste Abschnitt ist den sich in den vergangenen fünf Jahrzehnten intensivierenden, sehr vielfältigen, um nicht zu sagen disparaten Forschungen und Publikationen zur Habsburgermonarchie in der Zweiten Österreichischen Republik gewidmet. Unterkapitel befassen sich unter anderem mit Studien zu verschiedenen Aspekten der Geschichte der Monar-

---

[22] R(obert) J. W. Evans, Remembering the Fall of the Habsburg Monarchy One Hundred Years on: Three Master Interpretations. *AHY* 51 (2020) 269–291, hier 270.

[23] Ebd. Siehe auch R(obert) J. W. Evans, Historians and the State in the Habsburg Lands, in: Visions sur le développement des états européens. Théories et historiographies de l'état moderne, hg. von Wim Blockmans–Jean-Philippe Genet (Collection de l'École française de Rome 171, Rome 1993) 203–218; ders., Coming to Terms with the Habsburgs: Reflections on the Historiography of Central Europe. *Favorita Papers [of the Diplomatic Academy of Vienna]* 03/2006, 11–24; ders., Communicating Empire: The Habsburgs an their Critics, 1700–1919. The Prothero Lecture. *Transactions of the Royal Historical Society* 19 (2009) 117–138.

chie in der Frühen Neuzeit, die etwa seit der Jahrtausendwende insbesondere am Institut
für Österreichische Geschichtsforschung (an) der Universität Wien und am Institut für
die Erforschung der Habsburgermonarchie und des Balkanraumes der Österreichischen
Akademie der Wissenschaften sowie dessen Vorgängereinrichtungen betrieben wurden
und werden, zur Habsburgermonarchie in der zweiten Hälfte des 18. Jahrhunderts und
zu unterschiedlichen Aspekten der Geschichte der „späten" Habsburgermonarchie bzw.
Österreich-Ungarns (1848–1918). Relativ ausführlich wird auch auf das bahnbrechende
und unentbehrliche, in intensiver internationaler Kooperation entstandene Handbuch
„Die Habsburgermonarchie 1848–1918", dessen letzter Band 2021 erschienen ist, und
dessen Genese eingegangen. Die letzten Unterkapitel sind (erstens) den von Moritz
Csáky und seinen Schülern und Schülerinnen in Graz und Wien betriebenen Forschungen zur „zentraleuropäischen Moderne" als einem „Gründungsort der Postmoderne"
gewidmet, (zweitens) Studien über die Habsburgermonarchie als Imperium und den
unter anderem von Wolfgang Müller-Funk angeregten, mit den Labels „k. k. kolonial"
und „Habsburg postcolonial" arbeitenden Forschungsansätzen sowie (drittens) der insbesondere von Andrea Komlosy und Klemens Kaps betriebenen Erforschung von (vor
allem ökonomischen) Zentren und Peripherien und des Binnenkolonialismus in der
Habsburgermonarchie.

Ausgehend von der Erkenntnis, dass ungarische Historiker sich in den Jahrzehnten
vor und nach 1918 primär mit der Geschichte Ungarns beschäftigten und dabei auf die
Habsburgermonarchie als Ganzes bezogene Fragen und Aspekte nur insoweit berücksichtigten, „als durch die Doppelmonarchie die staatsrechtliche Stellung Ungarns determiniert wurde" (S. 148), präsentiert Tibor Frank die sehr unterschiedlichen und sich
auch im Laufe der Zeit wandelnden Beurteilungen der Stellung und Entwicklung des
Königreichs Ungarn innerhalb der Habsburgermonarchie vom 18. Jahrhundert bis
1918 in den Geschichtswerken und der politischen Publizistik der drei bekanntesten
und einflussreichsten, allesamt auch politisch aktiven ungarischen Historiker im letzten
Drittel des 19. und in der ersten Hälfte des 20. Jahrhunderts. Es handelt sich dabei um
den liberalen Historiker jüdischer Abstammung Henrik Marczali (1856–1940), den katholisch-konservativen Antisemiten und politischen Opportunisten Gyula Szekfű
(1883–1955), einen Schüler Marczalis, und den 1924 in die USA emigrierten bürger-
lich-radikalen Demokraten Oszkár (Oscar) Jászi (1875–1957). Jászis bekanntes und
seinerzeit vieldiskutiertes Buch „The Dissolution of the Habsburg Monarchy" (1929,
Reprint 1961) kann nicht zuletzt als Antwort auf Szekfűs Werk „Három nemzedék és
ami utána következik" („Drei Generationen und was danach kommt"), das 1922 in
zweiter Auflage erschienen ist, gelesen werden. Besonders umstritten waren (und sind?)
unter den ungarischen Historikern, Politikern und Intellektuellen die Beurteilung der
Revolution bzw. des ungarischen Unabhängigkeits- und Freiheitskampfes in den Jahren
1848 und 1849 und des österreichisch-ungarischen Ausgleichs von 1867.

Joachim Bahlcke geht in seinem der Geschichtsschreibung in den böhmischen Ländern im 19. und 20. Jahrhundert gewidmeten Beitrag in erster Linie der Frage nach, ob
und in welcher Form darin die Staatlichkeit der Habsburgermonarchie als solche thematisiert wurde. Im Mittelpunkt des Interesses der tschechischen Frühneuzeithistoriker
stand nach 1848 eindeutig der von den Ständen der böhmischen Länder getragene,
1620 in der Schlacht am Weißen Berg gebrochene Widerstand gegen die vom monarchischen Zentrum ausgehenden Zentralisierungs- und Integrationsbestrebungen. Am
Beispiel von Václav Vladivoj Tomek (1818–1905), dem einzigen tschechischen Histori-

ker, der jemals eine Gesamtgeschichte der Habsburgermonarchie verfasst hat, zeigt Bahlcke, dass „[b]öhmischer Landespatriotismus und österreichisches Gesamtstaatsbewusstsein […] nicht grundsätzlich unvereinbar" waren (S. 169). Deutschböhmische und
deutschmährische Historiker hatten zwar in der zweiten Hälfte des 19. Jahrhunderts
ein deutlich stärkeres Interesse „an einer imperialen Geschichtskonzeption" als die meisten ihrer tschechischen Kollegen, sie widmeten sich aber in erster Linie „den Verbindungslinien der eigenen Heimat zum gesamtdeutschen Sprach- und Kulturraum"
(S. 167). Neben Bohuš Riegers tschechischem Lehrbuch der „Österreichischen Reichsgeschichte", in dem dieser ein „neuartiges Modell föderativer Staatlichkeit der Habsburgermonarchie" entwickelte (S. 174), geht der Beitrag unter anderem auch auf das
Bild der Monarchie in tschechischen Schullehrbüchern vor und nach 1918 ein. Nach
der Gründung der Tschechoslowakei wurde die Gesamtstaatsgeschichte der Habsburgermonarchie von der tschechischen Historiographie lange Zeit weitgehend ausgeblendet,
was sich erst seit einigen Jahrzehnten, ausgehend von der Frühneuzeitforschung und
vom Historischen Institut der Tschechischen Akademie der Wissenschaften, allmählich
ändert.

Elena Mannová analysiert die vom Stand des nationalen Emanzipationsprozesses der
Slowaken und der Bemühungen, sich von magyarischen und tschechischen Meistererzählungen zu emanzipieren, sowie von den jeweiligen staatspolitischen Rahmenbedingungen abhängigen Wandlungen der Bilder und Funktionen der Habsburgermonarchie
in der slowakischen Historiographie. Sie geht dabei auf historiographische Raumkonzepte eines „Invented Slovakia" im größeren Referenzrahmen der Bildung eines imaginären „nationalen Territoriums" zwischen Tatra und Donau, auf in erster Linie antima-
gyarische ethnozentrische Meistererzählungen und auf vom „Mantra Zentraleuropa"
geprägte Um- und Neudeutungen nach 1989 ein. Vor 1918 existierte bekanntlich kein
slowakisches Territorium mit festen administrativen Grenzen und die slowakischen Historiker befassten sich vor allem mit der Geschichte der slowakischen Nation. Nach der
Gründung der selbständigen Tschechoslowakei begann in der slowakischen Publizistik,
in Schul- und Lehrbüchern, aber auch in der Historiographie die polemische Bezeichnung „Völkerkerker" für die Habsburgermonarchie zu dominieren. Obwohl er diesen
Begriff auch für das Königreich Ungarn verwendete, konzipierte Daniel Rapant
(1897–1988), der Begründer der modernen slowakischen Historiographie, die slowakische Geschichte bis 1918 als Teil der ungarländischen Geschichte. In der kommunistischen ČS(S)R entwickelte sich in der Slowakei eine marxistische Konzeption der Bewertung der Habsburgermonarchie in Polemiken nicht nur mit der ungarischen, sondern
auch mit der tschechischen Geschichtsschreibung. Seit den 1990er Jahren ist eine teilweise Rehabilitierung der Habsburger und der Habsburgermonarchie zu konstatieren,
und im slowakischen nationalen Narrativ gehört, so die Autorin, die gesamte Habsburgermonarchie mittlerweile zu „unserer Vergangenheit". Im traditionellen Opfernarrativ
wurden die Magyaren und die Habsburger durch die Tschechen ersetzt. Daneben entwickelten sich aber auch „Alternativen zum ethnozentrischen Konzept" (S. 193) und
Forschungsschwerpunkte zu Aspekten der Beziehungsgeschichte.

In der slowenischen Geschichtsschreibung spielte die Geschichte der Habsburgermonarchie, wie Peter Vodopivec darlegt, eine ganz geringe Rolle. Slowenische Historiker
widmeten und widmen sich fast ausschließlich der Erforschung der slowenischen Geschichte, also der „Geschichte der slowenischen Nation". „Auch die staatlichen Rahmen,
zu denen die Länder mit slowenisch sprechender Bevölkerung zu verschiedenen Zeiten

zählten, wurden primär aus der slowenischen Perspektive beziehungsweise vom Standpunkt ihres Verhältnisses zur slowenischen Geschichte beurteilt." (S. 202) Das 1962 erschienene Buch von Fran Zwitter über die „nationalen Probleme in der Habsburgermonarchie" gilt bis heute als die einzige grundlegende slowenische Monographie über die Geschichte der Monarchie. In der von 1987 bis 2002 erschienenen sechzehnbändigen „Enzyklopädie Sloweniens" gibt es zwei kurze Stichwörter über die Habsburger und Österreich-Ungarn, bezeichnenderweise jedoch keines über die Habsburgermonarchie.

Antonio Trampus arbeitet die Veränderungen heraus, die das Interesse der italienischen Historiographie an der Habsburgermonarchie seit den 1980er Jahren erlebte. Bis dahin sei die Zugehörigkeit der Lombardei, Venetiens, des Trentino und des Österreichischen Küstenlandes (mit Triest und Görz) zur Habsburgermonarchie, in der Tradition des Risorgimento-Mythos, gemeinhin als politische, kulturelle und ökonomische Fremdherrschaft betrachtet und behandelt worden. Seither sei ein Rückgang des Interesses der Italiener und der italienischen Historiker an der Habsburgermonarchie zu beobachten, den der Autor in erster Linie auf den Niedergang des Mitteleuropa-Mythos und den Rückgang der Deutschkenntnisse zurückführt. Seit den 1990er Jahren habe sich das Interesse von der Monarchie als (Vielvölker-)Staat zur Idee der Monarchie als dynastisches System und zum Interesse an der herrschenden Dynastie verschoben. Wichtige italienische Monographien wurden in den letzten drei Jahrzehnten aber auch Aspekten der politischen Ideengeschichte und der Geschichte der Rechtskultur in der Habsburgermonarchie vom 17. bis zum 19. Jahrhundert, den Reformen Maria Theresias und Josephs II. (insbesondere in der Lombardei), bedeutenden in der Habsburgermonarchie aktiven Italienern wie Raimondo Montecuccoli oder Luigi Ferdinando Marsigli sowie der österreichischen Herrschaft und Verwaltung in der Lombardei, in Venetien und Triest gewidmet.

Ausgehend von der Beobachtung, dass die nationale Perspektive das polnische historische Denken seit langem und noch immer dominiert, und von der Feststellung, dass es keine einheitliche Tradition und keine Schule gebe, die man als polnische Vision der habsburgischen Geschichte bezeichnen könnte, sondern eher eine Tradition, dieses Problem zu vernachlässigen, gibt Maciej Janowski zunächst einen Überblick über die große Bandbreite der von polnischen Historiker*innen, Soziolog*innen, Literatur- und Kunsthistoriker*innen verfassten Bücher über verschiedene Aspekte der Geschichte Galiziens und seiner Bewohner von der Ersten Teilung Polens (1772) bis 1918. Zahlreiche Studien wurden der Nationalitätenfrage gewidmet, insbesondere den Ukrainern („Ruthenen") und den Juden Galiziens. Die politischen Aktivitäten der politisch, sozial und ökonomisch dominierenden galizischen Polen wurden und werden dabei meist im Kontext des polnischen politischen Lebens in allen drei Teilungsgebieten untersucht und nur selten im Kontext der Habsburgermonarchie. Im zweiten Teil seines Beitrags geht Janowski näher auf die Werke von Józef Chlebowczyk (1924–1985) und Henryk Wereszycki (1898–1990), der beiden mit Abstand wichtigsten polnischen Historiker, die sich mit der Habsburgermonarchie beschäftigt haben, ein. Der aus Österreichisch-Schlesien stammende Chlebowczyk widmete sich in seinem anspruchsvollen, 1975 in erster und 1983 unter verändertem Titel in zweiter Auflage erschienenen Hauptwerk den Nationsbildungs- und Assimilationsprozessen in Ostmitteleuropa im 19. Jahrhundert. Der in Lemberg geborene Wereszycki gibt in seinem bedeutendsten, 1975 in erster und 1986 in zweiter Auflage erschienenen Buch einen Überblick über die Nationsbildungsprozesse in der Habsburgermonarchie von der Regierungszeit Josephs II. bis 1918. Neben einer dreibändigen Monographie über die Geschichte und Vorgeschichte des 1873 in Schloss Schönbrunn geschlossenen Dreikaiserabkommens legte Wereszycki 1972 auch eine Geschichte Österreichs („Historia Austrii") vor, die 1986 eine zweite Auflage erlebte.

Rumänische Historiker interessierten und interessieren sich für die Habsburgermonarchie, wie Rudolf Gräf ausführt, fast ausschließlich im Hinblick auf deren Rolle und Bedeutung in der Geschichte Siebenbürgens, der Moldau und der Walachei sowie im Prozess der Nationsbildung der Rumänen innerhalb und außerhalb der Grenzen der Monarchie. Anhand von Fallbeispielen verdeutlicht der Autor die sich wandelnde Wahrnehmung der Habsburgermonarchie durch die rumänische Chronistik und Geschichtsschreibung vom 18. bis ins 21. Jahrhundert – unter anderem als Unterstützer im Kampf gegen „die Türken", als Befreier bzw. Eroberer (und Unterdrücker), als Lehrer, Beschützer und Freund bzw. als Gegner und Feind sowie ganz allgemein als Teil der rumänischen Geschichte. Bemerkenswerterweise unterscheidet sich bis heute die Darstellung der Habsburgermonarchie in den Werken rumänischer Historiker in der Moldau und der Walachei von jener in Siebenbürgen und im Banat, also in jenen Teilen Rumäniens, die bis 1918 zu Österreich-Ungarn bzw. zum Königreich Ungarn gehörten. Sehr positiv beurteilt wurden und werden von manchen rumänischen Historikern Maria Theresia und Joseph II. und deren Reformpolitik. Nicolae Iorga (1871–1940), der aus dem Nordosten Rumäniens stammende prominenteste und einflussreichste rumänische Historiker seiner Generation, publizierte 1918 eine scharfe Abrechnung mit der Geschichte Österreichs und des Hauses Österreich. Andere rumänische Historiker befassten und befassen sich mehr oder weniger unpolemisch mit der Geschichte Siebenbürgens, des Banats und der Bukowina in der habsburgischen Zeit, mit den Rumänen in der Banater und der Siebenbürgischen Militärgrenze, mit der österreichischen Verwaltung im Banat, in Siebenbürgen und in der Bukowina oder mit der mit Rom unierten Rumänischen Griechisch-Katholischen Kirche.

Miloš Ković gibt einen detaillierten Überblick über das sich in den letzten Jahrzehnten des 19. Jahrhunderts radikal wandelnde Bild der Habsburgermonarchie in den seit dem 18. Jahrhundert von Serben verfassten Geschichtswerken. Unter den Ahnherren und Begründern der modernen serbischen Historiographie waren nicht wenige habsburgische Untertanen und Staatsbürger der Österreichisch-Ungarischen Monarchie, deren Werke in Wien oder Novi Sad, dem wichtigsten kulturellen Zentrum der Serben in der Habsburgermonarchie, erschienen. Vor allem in Reaktion auf die imperialistische Balkanpolitik Österreich-Ungarns und die Okkupation Bosniens, der Herzegowina und des Sandschaks von Novi Pazar im Jahr 1878 wandten sich die meisten serbischen Historiker, von denen viele in Wien und an deutschen Universitäten studiert hatten, französischen und britischen intellektuellen Mustern zu und zeichneten das Bild der Habsburgermonarchie und deren Politik gegenüber Serbien und den Serben in immer dunkleren Farben: „the old protector became the main enemy" (S. 276). Die beiden Weltkriege haben diesen Trend weiter verstärkt, und abgesehen von wenigen Ausnahmen dominieren diese Tendenzen in der serbischen Historiographie bis heute. Einer der prominentesten serbischen Historiker der Zwischenkriegszeit war der in Mostar in der Herzegowina geborene und 1908 an der Universität Wien promovierte Vladimir Ćorović (1885–1941), der unter anderem Standardwerke über die Beziehungen zwischen dem Königreich Serbien und Österreich-Ungarn sowie ein „Schwarzbuch" über die Leiden der Serben Bosniens und der Herzegowina während des Ersten Weltkriegs verfasste. Serbische Historikerinnen und Historiker widmeten und widmen sich verschiedenen Aspekten der Geschichte der auf dem Territorium der Habsburgermonarchie lebenden Serben, der habsburgischen Militärgrenze sowie, in der Tradition Ćorovićs, dem habsburgisch-serbischen Konflikt vor 1914. Abgesehen von Vladimir Dedijers bekanntem, in mehrere Sprachen übersetztem Standardwerk über das Attentat von Sarajevo 1914 liegen diese Bücher meist nur in serbischer Sprache vor.

Der zweite Teil des Bandes enthält sieben Beiträge über die Bilder der Habsburgermonarchie in der deutschen, britischen, nordamerikanischen, französischen, russischen und belgischen Geschichtsschreibung.

Gabriele Haug-Moritz skizziert die Frage nach der Integration bzw. Exklusion der Habsburgermonarchie in die bzw. aus den Forschungen zur Geschichte des Heiligen Römischen Reiches in der Frühen Neuzeit seit dem letzten Viertel des 19. Jahrhunderts. Sie konzentriert sich besonders auf ausgewählte Protagonisten der – sei es struktur- und verfassungsgeschichtlich, sozial- und institutionengeschichtlich (Peter Moraw, Volker Press, Georg Schmidt), sei es kulturanthropologisch und ritualgeschichtlich (Barbara Stollberg-Rilinger) ausgerichteten – „neuen" Reichsgeschichte in der Bundesrepublik Deutschland seit den 1970er Jahren. Bedeutende „Schnittmengen" der Geschichte der Habsburgermonarchie und des Heiligen Römischen Reiches sind der in Wien (bzw. Prag) residierende Kaiser und sein Hof, die Reichsinstitutionen (Reichstag, Reichshofrat etc.), die um den Kaiserhof gravitierenden und an diesem interagierenden Machteliten sowie die habsburgischen Erblande. Haug-Moritz kommt zu dem Schluss, „dass sich an der in den 1970er Jahren programmatisch geforderten, aber forschungspraktisch nicht umgesetzten Einbeziehung der Geschichte der Habsburgermonarchie in die Reichsgeschichte bis heute nichts geändert hat", und betont die Notwendigkeit des Versuchs, „die historiographischen Aporien der Vergangenheit und partiell noch der Gegenwart zu überwinden und den implizit oder explizit nationalstaatlich [‚deutsch' vs. ‚österreichisch'; Th. W.] geprägten Heuristiken einen europäisch vergleichenden ‚Sehepunkt' entgegenzustellen" (S. 297).

Wolfram Siemann arbeitet an ausgewählten Beispielen die (verzerrten) Züge der Habsburgermonarchie des 19. und frühen 20. Jahrhunderts im kleindeutsch-preußischen Geschichtsbild in den rund eineinhalb Jahrhunderten zwischen 1840, also der Zeit des Deutschen Bundes, und 1990, dem Jahr der deutschen „Wiedervereinigung", heraus. Die Habsburgermonarchie bzw. Österreich spielte in der borussischen Historiographie in erster Linie die Rolle des „undeutschen" Störenfrieds, der die kleinstaatliche Zersplitterung Deutschlands förderte und die nationale Vereinigung Deutschlands in einem gemeinsamen Staat unter der Führung Preußens solange wie möglich verhinderte.

Robin Okey gibt einen detaillierten Überblick über die seit der Mitte des 19. Jahrhunderts erschienenen vielfältigen und nicht selten grundlegenden Werke britischer Historiker über die Habsburgermonarchie. Er geht dabei auf zahlreiche Aspekte der Historiographie ein, stellt aber als Hauptthema britische Einschätzungen der Monarchie als Staat im internationalen Kontext ins Zentrum. Zwischen 1850 und 1914 beschäftigten sich an britischen Universitäten tätige Historiker kaum mit der Habsburgermonarchie. Der erste britische „gentleman scholar", der sich vor und nach 1914 intensiv den habsburgischen Ländern und ihren Nationen widmete und schließlich eine Universitätsprofessur erlangte, war Robert W. Seton-Watson (1879–1951). Nach dem Ersten Weltkrieg interessierten sich britische Historiker insbesondere für die Stellung der Monarchie im internationalen Staatensystem seit dem 18. Jahrhundert. Bis 1945 blieb der Umfang der britischen Publikationen zur Geschichte der Monarchie überschaubar, aber einige der führenden Historiker widmeten sich ihr, und zwar, nach der Einschätzung Okeys, wegen der großen Fragen, die sowohl die Habsburgermonarchie als auch Großbritannien betrafen, sowie „because it raised questions affecting the core values held by British historians as members of a cohesive national culture" (S. 323). Nach 1945 seien englischsprachige wissenschaftliche gelehrte Publikationen über die Habsburgermonarchie überwiegend eine amerikanische Angelegenheit geworden. Für die Erforschung der frühneuzeitlichen Geschichte der Monarchie spielten und spielen aber britische Historiker (Robert Evans, Peter Dickson, Derek Beales, Tim Blanning und viele andere) und nun auch Historikerinnen (Elaine Fulton, Sheilagh Ogilvie, die gebürtige Deutsche Regina Pörtner und andere) eine zentrale, ja in einigen Fällen eine bahnbrechende Rolle, und auch zur Geschichte der Habsburgermonarchie im „langen" 19. Jahrhundert haben britische und an britischen Universitäten lehrende Historiker (Carlile Macartney, Zbyněk Zeman, Alan Sked, Francis Roy Bridge, Steven Beller, Christopher Clark, Mark Cornwall, Robin Okey selbst und andere) grundlegende Spezialforschungen und Überblicksdarstellungen vorgelegt.

In seiner umfassenden Analyse der nordamerikanischen historiographischen Produktion zur Geschichte der Habsburgermonarchie in den vergangenen 100 Jahren macht Gary B. Cohen unter anderem darauf aufmerksam, dass dabei von den 1930er bis zu den 1960er Jahren aus den Nachfolgestaaten Österreich-Ungarns in die USA und in den anglophonen Teil Kanadas emigrierte bzw. geflohene Gelehrte eine zentrale Rolle gespielt haben und dass Umfang und Vielfalt der der Geschichte Mittel- und Ostmitteleuropas gewidmeten Forschungs-, Publikations- und Lehrtätigkeit seit der Zwischenkriegszeit signifikant zugenommen haben. Nach dem Zweiten Weltkrieg gesellte sich zu den Emigranten eine kontinuierlich wachsende Zahl gebürtiger Amerikaner. Viele von ihnen waren neuen (nicht zuletzt aus den Sozialwissenschaften kommenden) Methoden, Fragestellungen und Erklärungsmodellen gegenüber offener als ihre zentraleuropäischen Kollegen. Seit den 1980er Jahren habe in den USA und Kanada die Befassung mit der Geschichte der Habsburgermonarchie und ihrer Länder und Regionen insbesondere im 19. und frühen 20. Jahrhundert eine radikale Transformation in Bezug auf die Themen, Zugänge und Interpretationen erlebt. Nordamerikanische Historiker und Historikerinnen (Carl E. Schorske, John W. Boyer, István Deák, der gebürtige Österreicher Franz A. J. Szabo, Gary Cohen selbst, David F. Good, John Komlos, Pieter M. Judson, Jeremy King, Marsha Rozenblit, Daniel Unowsky, Alison Frank Johnson, Maureen Healy, Nancy M. Wingfield, Tara Zahra, John Deak und andere) haben in den vergangenen 40 Jahren neue Wege gewiesen „in breaking down many old paradigms about the Habsburg Monarchy in its last century and challenging older notions of an Austro-Hungarian *Sonderweg*" (S. 351). Sie stellten in neuer Weise und mit vielfach bahnbrechenden Ergebnissen „questions [...] about broader patterns of political, social, and economic change; the evolution of popular loyalties to community, nation, and state; the social bases for political action; and the development of citizens' relations with government" (ebd.).

An französischen Universitäten gibt es nur wenige Lehrstühle, die der Geschichte Zentraleuropas gewidmet sind, und die Zahl der Historiker und Historikerinnen, die sich forschend mit der Habsburgermonarchie befassten und befassen, ist gering. Wie Marie-Elizabeth Ducreux darlegt, waren und sind diese vor allem Spezialisten für eine oder mehrere der Nationen und Länder der Monarchie oder sie beschäftigten sich, wie Louis Eisenmann in seiner bekannten, 1904 gedruckten Dissertation, mit der Innenpolitik Österreich-Ungarns nach dem Ausgleich von 1867. Erforschung und Lehre der Geschichte der Habsburgermonarchie waren in Frankreich relativ unabhängig von institutionellen Rahmenbedingungen und deren Vertreter hatten eine recht unterschiedliche Ausbildung und Spezialisierung (Germanistik, Slawistik, Geschichtswissenschaft etc.). Der Schwerpunkt des Kapitels liegt auf einem Überblick über die bedeutendsten in der zweiten Hälfte des 20. und zu Beginn des 21. Jahrhunderts publizierten Werke, die sich mit dem Problem der Staatlichkeit der Habsburgermonarchie befassen (Victor-Lucien Tapié, Jean Bérenger, Bernard Michel, Christine Lebeau, Olivier Chaline, Ducreux selbst und andere). Seit etwa 1989 beschäftigten sich französische Historiker*innen, in Übereinstimmung mit allgemeinen historiographischen Trends, besonders mit der Frage der Anwendbarkeit des Absolutismusparadigmas auf die Monarchie, mit Studien zum Kaiserhof und zur Aristokratie, mit der Fragmentierung des Staates als Untersuchungsobjekt und der Dekonstruktion des Konzeptes „Staat“ sowie der Kultur- und Symbolgeschichte des Politischen, aber auch mit Aspekten der Kriegs-, Verwaltungs- und Finanzgeschichte der Monarchie.

In der russischen und sowjetischen Historiographie durchlief seit der zweiten Hälfte des 19. Jahrhunderts der Prozess der Beschäftigung mit der inneren Geschichte der Habsburgermonarchie – in erster Linie mit deren slawischen Untertanen bzw. Bürgern – sowie mit ihren Beziehungen zum Russländischen Reich eine Reihe von Stufen (mit zwei großen, von der Oktoberrevolution und dem Zusammenbruch der UdSSR ausgelösten Brüchen), wie Olga Pavlenko in ihrem Beitrag eingehend darlegt. Lange Zeit dominierten in der sowjetischen Historiographie – nach 1945 auch unter dem Einfluss marxistischer Historiker in anderen Staaten des sogenannten Ostblocks (insbesondere der Tschechoslowakei) – als roter Faden die Unterscheidung, ja der Gegensatz zwischen „den Deutschen“ und „den Ungarn“ auf der einen und „den unterdrückten Slawen“ auf der anderen Seite sowie das Interesse für „progressive“ und revolutionäre (Befreiungs-) Bewegungen und politische Strömungen des Protests und des Widerstands der „österreichischen Slawen“ gegen den habsburgischen „Völkerkerker“. In den 1990er Jahren setzte in der russischen Geschichtsforschung ein Prozess der Neuinterpretation der Habsburgermonarchie ein. Die Betonung liegt seither auf der historischen Erfahrung des Zusammenlebens im Vielvölkerstaat und dessen multikultureller Komponente. Ausführlich geht die Autorin auch auf die Frage ein, an welchen akademischen und universitären Forschungszentren (vor allem, aber nicht nur in Moskau und Sankt Petersburg) schwerpunktmäßig zur Geschichte der Habsburgermonarchie und Österreich-Ungarns und zu den Beziehungen zwischen dem österreichischen und dem russischen Vielvölkerstaat vom ausgehenden 17. bis ins frühe 20. Jahrhundert geforscht wird, welche Fragestellungen dabei seit der Jahrtausendwende im Zentrum stehen und welche österreichischen Historiker und Historikerinnen dabei als wichtige Kooperationspartner fungieren.

Der wichtigste Beitrag der belgischen Geschichtsschreibung zur Erforschung der zentraleuropäischen Habsburgermonarchie betrifft die Zeit der Zugehörigkeit der Territorien der heutigen Staaten Belgien und Luxemburg zu diesem zusammengesetzten Staat während des 18. Jahrhunderts. Klaas Van Gelder analysiert – unter dem Motto „Von der Fremdherrschaft zur Wechselseitigkeit“ – die reiche, zunächst von patriotischen Autodidakten und Archivaren getragene belgische Historiographie über die Zeit der österreichischen Herrschaft und Verwaltung in den Südlichen Niederlanden seit der Gründung des Königreichs Belgien im Jahr 1830. Einen Meilenstein stellte der fünfte, 1920 publizierte Band der insgesamt siebenbändigen „Histoire de Belgique" von Henri Pirenne (1862–1935) dar, in dem dieser dem österreichischen Regime jede Popularität abspricht. Erst allmählich verschwand in der Zwischenkriegszeit der „Mythos der Fremdherrschaft" aus der belgischen geschichtswissenschaftlichen Literatur. Die Spaltung der akademischen Landschaft in einen flämischen und einen französischen Teil führte nicht zu grundlegend unterschiedlichen Interpretationen der belgischen Geschichte des 18. Jahrhunderts. Seit den späten 1980er Jahren nahm die Erforschung der österreichischen Verwaltung und der Beziehungen zwischen Brüssel und Wien neuen Schwung auf und brachte neue Kooperationen zwischen belgischen und österreichischen Historikerinnen und Historikern hervor, von denen auf belgischer Seite Claude Bruneel, Paul Janssens, Herman Coppens, Michèle Galand, Thomas Goossens, Luc Dhondt, Guy Thewes und Klaas Van Gelder selbst genannt seien. Forschungsschwerpunkte bilden nach wie vor der Widerstand gegen die Maßnahmen Josephs II. und die Brabanter Revolution, während die Frage, wie die habsburgische Herrschaft lokal verankert war, aber auch die genaue Rolle und Bedeutung der Südlichen Niederlande innerhalb der und für die Österreichische Monarchie noch einer genaueren Erforschung bedürfen.

Die Habsburgermonarchie
in den Historiographien ihrer Nationen
und ihrer Nachfolgestaaten

Die Habsburgermonarchie
in der (deutsch)österreichischen Historiographie

Thomas Winkelbauer

Die (deutsch)österreichischen, deutschböhmischen und deutschmährischen Historiker dürften nach der Auflösung der Habsburgermonarchie in deren Nachfolgestaaten beinahe die einzigen Angehörigen ihrer Profession gewesen sein, die den Zerfall Österreich-Ungarns intellektuell und emotional als den Untergang „ihres" Staates betrachteten und die Republik (Deutsch-)Österreich als deren Überrest[1]. Der dem diktatorischen „Ständestaat" der Bundeskanzler Dollfuß und Schuschnigg eng verbundene, aus Nordböhmen stammende Melker Benediktinerpater und damalige Privatdozent für Geschichte der Neuzeit an der Universität Wien Hugo Hantsch (1895–1972), ein „volkstumsbewusste[r], föderalistische[r] Großösterreicher"[2], bezeichnete im Bürgerkriegsjahr 1934 die ehemalige Republik und den nunmehrigen „autoritären" Bundesstaat Österreich als „das übriggebliebene Fundament des alten Baues", „das pulsierende Herz eines zerschlagenen Körpers"[3]. Im Juli 1935, kurz vor seiner Ernennung zum außerordent-

---

[1] Die meisten ungarischen Historiker bedauerten indes kaum den Zerfall Österreich-Ungarns als vielmehr das Ende und die „Verstümmelung" des Königreichs Ungarn, besiegelt durch den Vertrag von Trianon 1920. Vgl. den Beitrag von Tibor Frank im vorliegenden Band. – „Phantomschmerzen" verspürten natürlich nicht nur Historiker, sondern auch viele andere Österreicher. So notierte sich beispielsweise Sigmund Freud am 11. November 1918: „Österreich-Ungarn ist nicht mehr. Anderswo möchte ich nicht leben. Ich werde mit dem Torso weiterleben und mir einbilden, daß er das Ganze sei." Zitiert nach Ernst Lothar, Das Wunder des Überlebens. Erinnerungen und Ergebnisse (Hamburg–Wien 1960) 41. Vgl. u. a. Gerald Stourzh, Vom Reich zur Republik. Studien zum Österreichbewußtsein im 20. Jahrhundert (Wien 1990).

[2] Johannes Holeschofsky, Eigene Wege des habsburgtreuen Konservativen Hugo Hantsch zwischen den Josephinismuskonzepten von Fritz Valjavec und Eduard Winter, in: Josephinismus zwischen den Regimen. Eduard Winter, Fritz Valjavec und die zentraleuropäischen Historiographien im 20. Jahrhundert, hg. von Franz Leander Fillafer–Thomas Wallnig (SchrROGE18 17, Wien–Köln–Weimar 2016) 171–180, hier 177. Eingehend über Leben und Werk Hantschs informiert Ders., Hugo Hantsch. Eine biographische Studie (Studien und Forschungen aus dem Niederösterreichischen Institut für Landeskunde 59, St. Pölten 2014). Vgl. auch Ders., Hugo Hantsch (1895–1972), in: Österreichische Historiker. Lebensläufe und Karrieren 1900–1945, Bd. 2, hg. von Karel Hruza (Wien–Köln–Weimar 2012) 451–488; in aller Kürze: Thomas Winkelbauer, Das Fach Geschichte an der Universität Wien. Von den Anfängen um 1500 bis etwa 1975 (Schriften des Archivs der Universität Wien 24, Göttingen 2018) 245–247 (mit Hinweisen auf Quellen und Literatur).

[3] Hugo Hantsch, Österreichs Schicksalsweg (Österreich. Schriftenreihe der katholischen Akademikergemeinschaft in Österreich 1, Innsbruck–Wien–München 1934) 14. Hantsch schilderte die österreichische Geschichte vom Frühmittelalter bis nach 1918 „metaphorisch als eine Entwicklung Österreichs von einem ‚Teil des Reiches' über Österreich als ‚Herz des Reiches' bis zu Österreich als einem

lichen Professor für Österreichische Geschichte an der Universität Graz, schrieb er:
„Wenn irgendeine Nation den Untergang des Habsburgerstaates aus tiefstem Herzen
zu beklagen hat, so mag es mit vollem Recht die deutsche Nation tun; denn sie verlor
mit der Auflösung des alten Österreich, worunter hier der zisleithanische Teil der Monarchie zu verstehen ist, nicht nur die herrschende Stellung [...], sondern den inneren
Zusammenhang der deutschen Volksgruppen, die unter den Habsburgern gepflanzt
worden waren und aufgewachsen sind und die im Rahmen des einen Staates als etwas
Zusammengehöriges empfunden wurden."[4] 1937 ging Hantsch im Vorwort zum ersten
Band seiner „Geschichte Österreichs" davon aus, dass „der Österreicher" 1918/19 (von
der göttlichen Vorsehung?) „als Universalerbe" der Habsburgermonarchie „eingesetzt"
worden sei „und daß er damit zwar einen reichen Schatz gefunden, doch freilich auch
die Verpflichtung übernommen habe, ihn redlich und tapfer zu hüten"[5].

Andererseits fühlten sich vom letzten Drittel des 19. Jahrhunderts bis 1945 wohl so
gut wie alle deutschsprachigen österreichischen Historiker als „deutsche Historiker (in
Österreich)", was beispielsweise in den seit 1893 gemeinsam veranstalteten deutschen
Historikertagen und in der gemeinsamen Mitgliedschaft im 1895 gegründeten Verband
Deutscher Historiker seinen Niederschlag fand[6]. Die deutschsprachigen Historiker in
Österreich und in Deutschland publizierten in den Jahrzehnten vor und nach 1900 in
denselben Fachzeitschriften[7], sie verwendeten „die gleichen Handbücher und arbeite[n]
an den gleichen Großunternehmen, viele österreichische Studenten verbrachten ein oder
zwei Gastsemester an einer deutschen Universität, um bei deutschen Koryphäen zu
hören. Der ‚Anschluss' war – bei den Historikern – schon vor 1938 vollzogen."[8]

[gemeint wohl: dem] ‚Rest des Reiches'". Ota KONRÁD, Der Historiker als Prophet? Die Zukunftsvisio-
nen in der österreichischen Geschichtsschreibung der Zwischenkriegszeit, in: Über die österreichische
Geschichte hinaus. FS für Gernot HEISS zum 70. Geburtstag, hg. von Friedrich EDELMAYER–Margarete
GRANDNER–Jiří PEŠEK–Oliver RATHKOLB (Münster 2012) 137–150, hier 144.

[4] Hugo HANTSCH, Österreich-Habsburg im Rahmen der deutschen Geschichte. *Schönere Zukunft*
10/II (1935) 1110–1112, 1140–1142 und 1168–1170, hier 1141.

[5] Hugo HANTSCH, Geschichte Österreichs, Bd. 1 (Innsbruck–Wien–München 1937) 5. Hermann
Kuprian hat darauf aufmerksam gemacht, dass „die beinahe widerspruchslose mentale und politische
Akzeptanz der staatlichen Rechtsnachfolge" seitens der österreichischen Historiker „zwar mit dem Großteil der öffentlichen Meinung und der politischen Parteien (bis 1933/34) kongruierte, dennoch aber in
diametralem Gegensatz zur offiziellen Außenpolitik der jungen Republik stand". Hermann J. W. KU-
PRIAN, Die Pariser Friedensverträge und die österreichische Geschichtswissenschaft während der Zwischenkriegszeit. *MIÖG* 114 (2006) 123–142, hier 139.

[6] 1896 fand der deutsche Historikertag in Innsbruck statt, 1904 in Salzburg, 1913 in Wien und
1927 in Graz. Vgl. Günter FELLNER, Ludo Moritz Hartmann und die österreichische Geschichtswissenschaft. Grundzüge eines paradigmatischen Konfliktes (Veröffentlichungen des Ludwig-Boltzmann-Insti-
tutes für Geschichte der Gesellschaftswissenschaften 15, Wien–Salzburg 1985) 67–99; Peter SCHUMANN,
Die deutschen Historikertage von 1893 bis 1937. Die Geschichte einer fachhistorischen Institution im
Spiegel der Presse. Dissertation (Marburg/Lahn 1974); *Comparativ* 6 (1996), H. 5/6: Historikertage im
Vergleich, hg. von Gerald DIESENER–Matthias MIDDELL (Leipzig 1996); Matthias BERG, Zur Institutionalisierung der deutschen Geschichtswissenschaft: Der Verband Deutscher Historiker um 1900, in:
Geschichtsforschung in Deutschland und Österreich im 19. Jahrhundert. Ideen – Akteure – Institutio-
nen, hg. von Christine OTTNER–Klaus RIES (Pallas Athene 48, Stuttgart 2014) 223–242.

[7] KUPRIAN, Die Pariser Friedensverträge (wie Anm. 5) 129.

[8] Michael HOCHEDLINGER, Stiefkinder der Forschung. Verfassungs-, Verwaltungs- und Behördengeschichte der frühneuzeitlichen Habsburgermonarchie. Probleme – Leistungen – Desiderate, in: Herrschaftsverdichtung, Staatsbildung, Bürokratisierung. Verfassungs-, Verwaltungs- und Behördengeschichte der Frühen Neuzeit, hg. von DEMS.–Thomas WINKELBAUER (VIÖG 57, Wien–München 2010) 293–
394, hier 332.

Das „lange" 19. Jahrhundert:
Von der Markgrafschaft zur europäischen Großmacht

Brigitte Mazohl und Thomas Wallnig haben gezeigt, dass bereits die zahlreichen seit ungefähr 1800 erscheinenden deutschsprachigen Kompendien der Geschichte der Österreichischen Monarchie einer aus den Grundelementen „Kaiserhaus", „Vaterland" und „Staat" amalgamierten „Großen Erzählung" (im Sinne Jean-François Lyotards) von der „österreichischen Geschichte" verpflichtet waren, nämlich der „Erzählung, wie aus einer Markgrafschaft eine Großmacht wurde"[9]. So eröffnete der gebürtige Mühlviertler Joseph Calasanz Arneth (1791–1863), der spätere Direktor des k. k. Münz- und Antikenkabinetts und damalige Supplent der Professur der Welt- und der Österreichischen Staatengeschichte, der Diplomatik und Heraldik an der Universität Wien, 1827 sein Lehrbuch „Geschichte des Kaiserthumes Oesterreich" mit dem Satz: „Die österreichische Geschichte ist die Erzählung aller jener merkwürdigsten Begebenheiten, durch die aus einer kleinen Markgrafschaft bloß durch Verträge und Rechts-Mittel eine Monarchie entstand, die der Mittelpunct und Leitstern der europäischen Staaten seit Jahrhunderten ist."[10] „Österreich" war für Arneth also, zumindest seit dem Spätmittelalter, nichts anderes als das jeweils vom Haus Österreich beherrschte Territorium[11].

Zuletzt hat der Innsbrucker Rechtshistoriker Martin P. Schennach auf die große Bedeutung der um 1750 – im Kontext der durch landesfürstlichen Machtspruch herbeigeführten administrativen und staatsrechtlichen Verschmelzung der böhmischen und österreichischen Länder durch die sogenannte Haugwitzsche Staatsreform – ausgebildeten österreichischen Staatsrechtslehre „für die Anfänge einer wissenschaftlichen Beschäftigung mit der österreichischen Geschichte" aufmerksam gemacht. Analog zur Bedeutung der Reichsgeschichte für die Reichspublizistik[12] habe „die ‚Special-Historie' des staatsrechtlich darzustellenden Staates eine ganz zentrale Quelle dieser juristischen Teildisziplin" dargestellt[13]. Der aus Thüringen stammende Christian August (von) Beck

---

[9] Brigitte MAZOHL–Thomas WALLNIG, (Kaiser)haus – Staat – Vaterland? Zur „österreichischen" Historiographie vor der „Nationalgeschichte", in: Nationalgeschichte als Artefakt. Zum Paradigma „Nationalstaat" in den Historiographien Deutschlands, Italiens und Österreichs, hg. von Hans Peter HYE–Brigitte MAZOHL–Jan Paul NIEDERKORN (Zentraleuropa-Studien 12, Wien 2009) 45–72, hier 51.

[10] Jos(eph) C(alasanz) ARNETH, Geschichte des Kaiserthumes Oesterreich (Wien 1827) 3. Nicht grundsätzlich anders lautet die komprimierte Kurzfassung der Geschichte der Habsburgermonarchie beispielsweise noch in dem Standardwerk des Geographen Friedrich UMLAUFT, Die Österreichisch-Ungarische Monarchie. Geographisch-statistisches Handbuch für Leser aller Stände. 3., umgearb. u. erw. Aufl. (Wien–Pest–Leipzig 1897) 5: „Das Stammland der Österreichisch-Ungarischen Monarchie, welches ihr den Namen gegeben, der Kern des großen Kaiserstaates, um den sich die übrigen Theile allmählich gesammelt haben, ist das Gebiet des heutigen Landes unter der Enns. Das kleine Niederösterreich ward die Basis für die Entwicklung einer Großmacht an der Donau. Waffengewalt, häufiger jedoch Erbschaftsverträge und Ehebündnisse, fügten Stück um Stück zu der geringen Ostmark, bis endlich das merkwürdige Conglomerat von Königreichen und Ländern durch tüchtige Herrschergewalt zu einem einheitlichen Gesammtstaate verwandelt wurde."

[11] Otto BRUNNER, Das österreichische Institut für Geschichtsforschung und seine Stellung in der deutschen Geschichtswissenschaft. MIÖG 52 (1938) 385–416, hier 405.

[12] Michael STOLLEIS, Geschichte des öffentlichen Rechts in Deutschland, Bd. 1: Reichspublizistik und Policeywissenschaft, 1600–1800 (München 1988, 2. erg. Aufl. 2012).

[13] Martin P. SCHENNACH, Austria inventa? Zu den Anfängen der österreichischen Staatsrechtslehre (Studien zur europäischen Rechtsgeschichte 324, Frankfurt 2020) 5. Gottfried van Swieten, der Praeses der Studienhofkommission, konstatierte 1789 in einem Joseph II. unterbreiteten Gutachten: „Eigentlich

habe in seinem 1750 und 1752 in zwei Bänden publizierten „Specimen iuris publici
Austriaci" etwas vorgezeichnet, was der gebürtige Wiener Franz Ferdinand (von) Schrötter etwas mehr als ein Jahrzehnt später aufgriff und weiterentwickelte: „Der habsburgische Herrschaftskomplex entsteht durch sukzessive Erwerbungen aus der ‚Keimzelle' des
Erzherzogtums."[14]

Die genannten Grundelemente des Erzählmusters „österreichische Geschichte" –
Dynastie, Land bzw. Länder und Staat – waren spätestens im letzten Drittel des 18. Jahrhundert fertig ausgebildet und wurden um 1800 lediglich „verdichtet" und „in eine
fertige Form gegossen"[15]. Am prägnantesten und wirkmächtigsten formuliert wurde
diese „Meistererzählung des ausgehenden 18. Jahrhunderts"[16] von dem soeben genannten Franz Ferdinand (von) Schrötter (1736–1780), einem Beamten der Staatskanzlei,
der wohl zu Recht als der wichtigste Pionier einer eigenständigen österreichischen
Staatsrechtslehre gilt[17], sowie von dem ebenfalls in Wien geborenen Statistiker, Juristen,
Kameralisten und äußerst produktiven Publizisten Ignaz de Luca (1746–1799), der an-
scheinend erstmals in diesem Zusammenhang den – aus der Reichspublizistik (das Reich
als *respublica composita*) übernommenen – Begriff „zusammengesetzter Staat" in die Dis-
kussion einbrachte[18]. In seinen 1792 publizierten „Vorlesungen über die Oestreichische
Staatsverfassung" fasste de Luca den Grundgedanken so zusammen: „Der Oestreichische
Staat ist aus verschiedenen Ländern zusammen gesetzt, darunter das Erzherzogthum
Oestreich als der eigentliche Mutterstaat aus dem Grunde anzusehen ist, da von diesem
Lande der regierende Herr der Oestreichischen Länder nicht nur den Namen führt,
sondern auch dieses (Land) seit Jahrhunderten die ununterbrochene Residenz des
Oestreichischen Beherrschers ist."[19]

Im 19. Jahrhundert dominierte in der deutschsprachigen Historiographie der Habsburgermonarchie lange Zeit das vom Kaiserhof, den kaiserlichen Regierungen und der
(„josephinischen") Beamtenschaft protegierte Modell einer mehr oder weniger übernationalen „österreichischen Gesamtstaatsgeschichte" mit dem ideellen Fundament

---

ist das Staatsrecht der Monarchie nichts anderes als die Vollendung oder Erweiterung von der Geschichte
der österreichischen Staaten." Zitiert nach ebd. 222.

   [14] Ebd. 146.

   [15] Mazohl–Wallnig, (Kaiser)haus – Staat – Vaterland (wie Anm. 9) 46 und 50f.

   [16] Martin P. Schennach, Die „österreichische Gesamtstaatsidee". Das Verhältnis zwischen „Gesamtstaat" und Ländern als Gegenstand rechtshistorischer Forschung, in: Rechtshistorische Aspekte des
österreichischen Föderalismus. Beiträge zur Tagung an der Universität Innsbruck am 28. und 29. November 2013, hg. von dems. (Wien 2015) 1–29, hier 12.

   [17] Franz Ferdinand Schrötter, Grundriß des österreichischen Staatsrechtes (Wien 1775). Vgl.
auch ders., Versuch einer Oesterreichischen Staats-Geschichte von dem Ursprunge Oesterreichs bis nach
dessen Erhöhung in ein Herzogthum (Wien 1771). Otto Brunner hat mit Recht darauf hingewiesen,
dass Schrötter der Staat, den er behandelte, „mit den österreichischen Erbländern identisch" war, und
dass ihm „österreichisches Staatsrecht" noch ein Teil des „teutschen Staatsrechts", also des Reichsrechts,
war. Brunner, Das österreichische Institut für Geschichtsforschung (wie Anm. 11) 400. Zu Schrötter
und seinen staatsrechtlichen Werken siehe nunmehr v. a. Schennach, Austria inventa (wie Anm. 13)
149–163 und passim.

   [18] Schennach, Die „österreichische Gesamtstaatsidee" (wie Anm. 16) 25f. Siehe auch ders., Austria inventa (wie Anm. 13) 307–313.

   [19] Ignaz de Luca, Vorlesungen über die Oestreichische Staatsverfassung, Bd. 1 [mehr nicht erschie-
nen] (Wien 1792) 98. Zur dogmatischen Konstruktion des österreichischen Gesamtstaates durch die
Vertreter der österreichischen Staatsrechtslehre im letzten Drittel des 18. und zu Beginn des 19. Jahrhunderts siehe jetzt ausführlich Schennach, Austria inventa (wie Anm. 13) 292–328.

einer nicht zuletzt gegen das (1867 schließlich erfolgreiche) Selbständigkeitsstreben der magyarischen politischen Elite des Königreichs Ungarn gerichteten „österreichischen Gesamtstaatsidee". Letztere[20] wurde, trotz oder gerade wegen ihres teleologischen Charakters, „von wenigen Ausnahmen abgesehen, zu einem herausragenden Leitmotiv der deutschsprachigen Staatsrechtslehre, Rechtsgeschichte und Geschichtswissenschaft in der österreichischen Monarchie"[21].

Wichtige Impulse erhielten die Verwissenschaftlichung der Beschäftigung mit der Geschichte der Habsburgermonarchie und deren Darstellung durch die 1847 erfolgte Gründung der Kaiserlichen Akademie der Wissenschaften in Wien und ihrer Historischen Kommission sowie durch die Universitätsreformen im österreichischen Kaiserstaat zu Beginn der 1850er Jahre, insbesondere die Einrichtung eigener Professuren für Österreichische Geschichte an den Universitäten (ab 1850) und die Schaffung des Instituts für Österreichische Geschichtsforschung an der Universität Wien (1854)[22]. Leo Graf Thun-Hohenstein, seit dem Sommer 1849 Minister für Cultus und Unterricht, kritisierte 1850 an den „bisherigen Bearbeitungen" der österreichischen Geschichte den „Mangel einer gesunden Gesamtauffassung" und bekannte: „Die hohe Wichtigkeit einer richtigen Erkenntnis der geschichtlichen Entwicklung unseres Vaterlandes und der größtmöglichen Verbreitung derselben macht es mir zur Pflicht, dafür zu sorgen, daß Männer von gediegener historischer Bildung und einem aufgeklärten Patriotismus gewonnen werden, um die Geschichte des Kaiserstaates durch eigene Forschung zu fördern und den Resultaten an den Hochschulen des Reiches durch belebenden Vortrag Eingang zu verschaffen."[23]

Die erste Sitzung der Historischen Kommission der Wiener Akademie hatte auf Initiative des aus Mähren stammenden Augustiner Chorherrn des Stifts St. Florian und Vizedirektors des Wiener Haus-, Hof- und Staatsarchivs Joseph Chmel (1798–1858) am 22. Dezember 1847 stattgefunden[24]. In einem 1857 in der feierlichen Sitzung der

---

[20] Die Prägung des Begriffs geht auf den in Wien geborenen, seit 1861 an der Universität Innsbruck als Professor der politischen Ökonomie und Statistik und seit 1871 an der Universität Graz als Professor des Staatsrechts wirkenden Hermann Ignaz Bidermann (1831–1892) zurück, dessen „Kernthese" Martin Schennach folgendermaßen zusammengefasst hat: „Spätestens seit 1526, der Erwerbung Böhmens und Ungarns durch die Habsburger, tendenziell aber schon früher, sei das Streben nach einer Verschmelzung und Amalgamierung der heterogenen, in der Hand der Dynastie verbundenen Länder zu einem zentralistischen Einheitsstaat das ständige, zielgerichtete Bestreben des Herrscherhauses gewesen." SCHENNACH, Die „österreichische Gesamtstaatsidee" (wie Anm. 16) 18. Siehe Herm(ann) Ign(az) BIDERMANN, Geschichte der österreichischen Gesammt-Staats-Idee 1526–1804, I. Abtheilung: 1526–1705, II. Abtheilung: 1705–1740 (Innsbruck 1867 und 1889, Nachdr. Wien 1972); die 3. Abteilung ist nicht erschienen, vgl. aber DERS., Die staatsrechtlichen Wirkungen der österreichischen Gesamtstaatsidee. *Zeitschrift für das Privat- und öffentliche Recht der Gegenwart* 21 (1894) 339–429. Vgl. auch Karin SCHNEIDER, Zwischen „Monarchischer Union von Ständestaaten" und Gesamtstaat. Die Habsburgermonarchie im 18. und 19. Jahrhundert, in: Rechtshistorische Aspekte des österreichischen Föderalismus (wie Anm. 16) 31–49, die zu dem Schluss kommt (49): „Von einem ‚Gesamtstaat' Österreich, wie ihn sich Hermann Ignaz Bidermann vorstellte, kann nur zwischen 1849 und 1867 gesprochen werden […]."

[21] SCHENNACH, Die „österreichische Gesamtstaatsidee" (wie Anm. 16) 19.

[22] Vgl. zusammenfassend WINKELBAUER, Das Fach Geschichte (wie Anm. 2) 71–102.

[23] Zit. nach Alois KERNBAUER, Konzeptionen der Österreich-Geschichtsschreibung 1848–1938, in: Forschungen zur Geschichte des Alpen-Adria-Raumes. Festgabe für […] Othmar PICKL zum 70. Geburtstag, hg. von Herwig EBNER–Paul W. ROTH–Ingeborg WIESFLECKER-FRIEDHUBER (Graz 1997) 255–273, hier 261.

[24] Joseph Chmel „steht […] am Anfang der modernen systematischen, konzeptgeleiteten und quellenorientierten Forschungsarbeit in Österreich". Walter HÖFLECHNER, Forschungsorganisation und Me-

Akademie gehaltenen programmatischen Vortrag über „Die Aufgabe einer Geschichte des österreichischen Kaiserstaates" charakterisierte Chmel die multinationale, aus 22 „grösseren oder kleineren Verwaltungsgebieten, von denen die meisten in früherer Zeit kürzer oder länger für sich bestanden und ihre eigene Geschichte haben", bestehende Habsburgermonarchie als „von der göttlichen Vorsehung berufene[n] Staat des Rechtes, der Cultur". Seine Mission sei „die Wahrung des Rechtes, die Erhaltung des Friedens, der Wetteifer im Streben nach Gütern[,] die edlerer Natur sind". Österreich sei „kein Staat der erobernden Gewalt, sondern des schutzgewährenden Rechtes". Es sei „die herrliche, wenn auch schwierige Aufgabe des österreichischen Geschichtsschreibers, zu zeigen, wie nach und nach die verschiedenen Reiche und Völkerschaften zu diesem Zwecke vereiniget wurden"[25]. Das von den Historikern der Monarchie anzustrebende Ziel sah Chmel in einer „vergleichenden Culturgeschichte des österreichischen Kaiserstaates"[26]. Eine derartige Synthese könne aber nur aus umfangreichen, für die einzelnen Länder und „Provinzen" erst zu leistenden Vorarbeiten hervorgehen: einer Religions- und Kirchengeschichte, einer Adelsgeschichte, einer vergleichenden „Geschichte des Bürgerstandes" und „des Bauernstandes", einer „Rechts- und Verfassungsgeschichte" (unter Einschluss der Verwaltungs- und unter besonderer Berücksichtigung der Finanzgeschichte), einer „Sittengeschichte", einer „Literaturgeschichte" und schließlich einer „mit allen verwebten politischen Geschichte" (einschließlich der „Kriegsgeschichte der österreichischen Armee"), jeweils mit einem Schwerpunkt auf der Zeit nach 1526[27].

Der gebürtige Prager Josef Alexander (von) Helfert (1820–1910), seit 1848 Unterstaatssekretär im Wiener Unterrichtsministerium, forderte 1853, also ebenfalls in der Zeit des Neoabsolutismus, in seinem einflussreichen Büchlein „Über Nationalgeschichte und den gegenwärtigen Stand ihrer Pflege in Oesterreich" eine „Nationalgeschichte von Groß-Österreich", d.h. des Kaisertums Österreich unter ausdrücklichem Einschluss des Königreichs Ungarn, des, wie er sich ausdrückte, „Gesammtvaterlandes von Groß-Österreich"[28]. Der auch selbst als streng katholisch-konservativer und außerordentlich

---

thoden der Geschichtswissenschaft, in: Geschichte der österreichischen Humanwissenschaften, hg. von Karl Acham, Bd. 4: Geschichte und fremde Kulturen (Wien 2002) 217–238, hier 219. „Als das Wichtigste und Dringlichste erschienen Chmel [...] Editionen der Geschichtsquellen; so wurde die Herausgabe der bis heute fortgesetzten *Fontes rerum Austriacarum, Bohemicarum, Hungaricarum, Polonicarum et Italicarum* – später kurzweg *Fontes rerum Austriacarum* bezeichnet – beschlossen [...]." Alphons Lhotsky, Österreichische Historiographie (Wien 1962) 155. Vgl. Wolfgang Häusler, „Geschichtsforschung", „Humanität" und „Nationalität". Franz Grillparzer und der Historiker Joseph Chmel. *MIÖG* 100 (1992) 376–409. Zu den Aktivitäten und Publikationen der Historischen Kommission in den ersten drei Jahrzehnten ihrer Existenz und zur zentralen Rolle, die Chmel bis zu seinem Tod dabei spielte, siehe v.a. Gudrun Pischinger, Geschichtsministerium oder Verlagsanstalt? Eine Funktionsanalyse der Historischen Kommission der kaiserlichen Akademie der Wissenschaften in Wien 1847 bis 1877 (Diss., Univ. Graz 2001), und Dies., Vom „Dilettanten" zum Fachwissenschaftler. Die Historische Kommission der Österreichischen Akademie der Wissenschaften 1847 bis 1877 und die Professionalisierung der Geschichtswissenschaft. *Mensch – Wissenschaft – Magie. Mitteilungen der Österreichischen Gesellschaft für Wissenschaftsgeschichte* 20 (2000) 221–242.

[25] Joseph Chmel, Die Aufgabe einer Geschichte des österreichischen Kaiserstaates. Ein Vortrag, gehalten in der feierlichen Sitzung der kaiserl. Akademie der Wissenschaften am XX. Mai MDCCCLVII. *Almanach der kaiserlichen Akademie der Wissenschaften* 8 (1858) 221–250, hier 223–225.

[26] Ebd. 226.

[27] Ebd. passim. Die Geschichte seit 1526 sei „bei weitem die wichtigste, die lehrreichste, die erhebendste". Ebd. 242.

[28] Josef Alexander Helfert, Über Nationalgeschichte und den gegenwärtigen Stand ihrer Pflege in Oesterreich (Prag 1853) 2 und 50.

produktiver Historiker hervorgetretene Jurist und Politiker (er war 1848 vom deutsch-böhmischen Wahlkreis Tachau zum Abgeordneten in den konstituierenden österreichischen Reichstag gewählt worden) verstand „den Ausdruck ‚national‘ nicht im ethnografischen, sondern im politischen Sinne"[29], seine Vorstellung von Nationalgeschichte orientierte sich also am Begriff der Staatsnation, nicht an jenem der Sprach- oder Kulturnation: „Österreichische Nationalgeschichte ist uns die Geschichte des österreichischen Gesammtstaates und Gesammtvolkes [...]."[30] Georg Christoph Berger Waldenegg spricht in diesem Zusammenhang treffend von der „Erfindung einer österreichischen Nationalgeschichte". Es ging den Vordenkern des Neoabsolutismus um die „Schaffung einer österreichischen Staatsnation", allerdings nicht einer wirklich „übernationalen" österreichischen Staatsnation, sondern „einer *deutsch* geprägten österreichischen Staatsnation", eine Idee, die begreiflicherweise bei den Vorkämpfern der (Interessen der) nicht-deutschen (Sprach-)Nationen der Monarchie wenig Anklang fand[31]. Mit Erzherzog Johann bekannte sich 1850 in einem Brief an Justizminister Anton von Schmerling auch ein Mitglied der regierenden Dynastie offen zur Kulturmission (*mission civilisatrice*) der Deutschen der Monarchie, indem er erklärte, „die Civilisation zu geben ist der Deutsche Stamm, welcher am meisten fortgeschritten[,] zu geben beruffen"[32].

Die Bestrebungen des Ministers Thun-Hohenstein und seines Unterstaatssekretärs Helfert, mit Hilfe des Instituts für Österreichische Geschichtsforschung[33], der Professo-

---

[29] Ebd. 1.

[30] Ebd. 2. Die Vielzahl und Vielfalt der Nationalitäten und Sprachen in der Habsburgermonarchie betrachtete Helfert grundsätzlich nicht als hinderlich für die Ausbildung eines auf den Gesamtstaat orientierten übernationalen Staatsbewusstseins, im Gegenteil: „Nicht Oesterreichs Schwäche, nein, seine Stärke liegt in dessen verschiedenen Nationalitäten, dafern es dieselben nach Gebühr zu würdigen und zu behandeln versteht." Joseph Alexander Frh. von HELFERT, Fünfzig Jahre nach dem Wiener Congresse von 1814–1815. Mit besonderem Hinblick auf die neuesten österreichischen Zustände (Wien 1865) 63. – Joseph Chmel bezweifelte in seiner Besprechung von Helferts Büchlein, dass „eine N a t i o n a l geschichte Gross-Österreichs im Sinne des Herrn Verfassers etwas anderes sein könne als eine C u l t u r- und S i t t e ngeschichte [...], die p o l i t i s c h e Geschichte Gross-Österreichs beginnt mit – Gross-Österreich". (Joseph) CH(MEL), Über Nationalgeschichte und den gegenwärtigen Stand ihrer Pflege in Österreich. Von Joseph Alexander Helfert. *Notizenblatt. Beilage zum Archiv für Kunde österreichischer Geschichtsquellen* 3 (1853) 281–285, hier 285 (Hervorhebungen von Chmel). Vgl. auch die publizistische Kontroverse zwischen Chmel und Helfert, unter anderem über die Rechtmäßigkeit der Herrschaft König Přemysl Ottokars II. über die ehemals babenbergischen Länder und über die jahrhundertealte „innigste" Verbindung der österreichischen mit der deutschen Geschichte: *Wiener Zeitung*, Jg. 1853, S. 1658 (13. Juli 1853) und 1730 (21. Juli 1853).

[31] Georg Christoph BERGER WALDENEGG, Vaterländisches Gemeingefühl und nationale Charaktere. Die kaiserliche Regierung im Neoabsolutismus und die Erfindung einer österreichischen Nationalgeschichte, in: Nationalgeschichte als Artefakt (wie Anm. 9) 135–178, die Zitate 137 und 175 (Hervorhebung im Original). Selbst der „gesamtösterreichisch" orientierte Rechts- und Verwaltungshistoriker Hermann Ignaz Bidermann betonte im 1867 erschienenen ersten Teil seiner „Geschichte der österreichischen Gesammt-Staats-Idee" wiederholt den „deutsche[n] Hintergrund, von dem sich die Geschichte Gesammtösterreichs [...] abhebt". BIDERMANN, Geschichte der österreichischen Gesammt-Staats-Idee, I. Abt. (wie Anm. 20) passim, hier 66 Anm. 62.

[32] Zitiert nach BERGER WALDENEGG, Vaterländisches Gemeingefühl (wie Anm. 31) 172.

[33] Das Institut entwickelte sich überdies in der langen Amtszeit seines zweiten, außerordentlich prägenden Direktors Theodor (von) Sickel (von 1869 bis 1891) zu einem reinen, international führenden Kompetenzzentrum für die historischen Hilfswissenschaften, und zwar beinahe exklusiv für die diplomatische und paläographische Erforschung sowie die Edition mittelalterlicher Urkunden – „bei weitgehender Zurückdrängung alles Philologischen und geringer Pflege der rechts-, verfassungs- und wirtschaftsgeschichtlichen Probleme, die doch gutenteils aus der Diplomatik erwachsen, und völligem

---

ren für Österreichische Geschichte an den Universitäten und des Geschichtsunterrichts an den Gymnasien bei den (bürgerlichen) Führungsschichten der Monarchie ein gesamtösterreichisches („vaterländisches"), gewissermaßen übernationales Nationalgefühl unter Bezug auf eine österreichische Staatsnation zu schaffen, sind im Wesentlichen gescheitert – dafür dauerte der Neoabsolutismus, der speziell in Ungarn bei einem Großteil der magyarischen Eliten verhasst war, zu kurz und „wären wohl mehrere Generationen erforderlich gewesen"[34]. Daran konnte auch die von Helfert initiierte siebzehnbändige, den Zeitraum von der Urgeschichte bis 1815 umspannende populärwissenschaftliche „Oesterreichische Geschichte für das Volk" nichts ändern, deren Programm von Anton Gindely entworfen wurde, die in den Jahren 1863 bis 1882 erschienen ist und zu deren Autoren so prominente Fachhistoriker wie – neben Gindely selbst – Albert Jäger, Franz Krones, Alfons Huber, Konstantin Jireček und Heinrich von Zeissberg zählten[35].

Helferts historiographisches Hauptwerk ist die nicht zuletzt auf seiner großen Zeitungs-, Flugschriften- und Flugblättersammlung beruhende, enorm material- und kenntnisreiche, aber praktisch unlesbare, nur die Ereignisse weniger Monate (Oktober 1848 bis März 1849) behandelnde sechsbändige „Geschichte Oesterreichs vom Ausgange des Wiener October-Aufstandes 1848" (1869–1886). Diese Bände und zahlreiche weitere thematisch einschlägige Werke Helferts wie die ersten zwei, nur die Monate von März bis Mitte Mai 1848 behandelnden Bände einer im neunten Lebensjahrzehnt verfassten „Geschichte der österreichischen Revolution" (1907 und 1909), sind bis zum heutigen Tag „unentbehrliche Hilfsmittel für viele Aspekte der Geschichte von 1848 und ein wahrer ‚Steinbruch' für Informationen"[36]. Die kaiserlichen Generäle Windisch-

---

Verzicht auf Darstellung". Alphons LHOTSKY, Geschichte des Instituts für österreichische Geschichtsforschung 1854–1954 (MIÖG, Erg.-Bd. 17, Graz–Köln 1954) 111–127, das Zitat 123. Zu den historischen Voraussetzungen der „österreichischen editionsphilologischen Schule", ihren Wurzeln in der Spätaufklärung, siehe Franz Leander FILLAFER, Jenseits des Historismus. Gelehrte Verfahren, politische Tendenzen und konfessionelle Muster in der Geschichtsschreibung des österreichischen Vormärz, in: Geschichtsforschung in Deutschland und Österreich im 19. Jahrhundert (wie Anm. 6) 79–119, bes. 113–119.

[34] BERGER WALDENEGG, Vaterländisches Gemeingefühl (wie Anm. 31) 161. „Will man ein Fazit ziehen, so kann man sagen: Es gab 1859 nicht mehr, sondern eher weniger *Großösterreicher* als 1854." Ebd. 176. Zu den Unterschieden zwischen Chmels Konzept einer „vaterländischen Geschichte" und Helferts Definition einer „österreichischen Nationalgeschichte" siehe ebd. 167f.

[35] Joseph Alexander Freiherr von HELFERT, Oesterreichische Geschichte für das Volk. Vortrag gehalten in der sechzehnten General-Versammlung des Vereines zur Verbreitung von Druckschriften für Volksbildung (Wien 1863). Gindelys eigener Band (Band 8 der Gesamtreihe) ist übrigens als letzter erschienen: Anton GINDELY, Der dreißigjährige Krieg in drei Abteilungen (Prag 1882). Siehe Kamil KROFTA, Antonín Gindely (Praha 1916) 88f.; Josef KOLLMANN, Antonín Gindely, Historiker und Archivar, in: Acta Universitatis Carolinae philosophica et historica 3/1993 (Studia historica 38): Problémy dějin historiografie VI (Praha 1994) 23–42, hier 36; Milada POLIŠENSKÁ, Antonín Gindely a „evropská dimenze" jeho díla [Anton Gindely und die „europäische Dimension" seines Werks] (Studie Národohospodářského ústavu Josefa Hlávky 4/2007, Praha 2007) 9f. Vgl. auch Brigitte HAMANN, Anton Gindely – ein altösterreichisches Schicksal, in: Nationale Vielfalt und gemeinsames Erbe in Mitteleuropa. Vorträge anläßlich der Verleihung des Anton Gindely-Preises für Geschichte der Donaumonarchie, hg. von Erhard BUSEK–Gerald STOURZH (Wien 1990) 27–37, Richard Georg PLASCHKA, Zum hundertsten Todestag Anton Gindelys. Ein Historiker im nationalen Widerstreit, in: Acta Universitatis Carolinae philosophica et historica 3/1993 (Studia historica 38): Problémy dějin historiografie VI (Praha 1994) 79–88, sowie den Beitrag von Joachim Bahlcke im vorliegenden Band.

[36] Wolfgang HÄUSLER, Von der Massenarmut zur Arbeiterbewegung. Demokratie und soziale Frage in der Wiener Revolution von 1848 (Wien–München 1979) 13. Vgl. Heinrich FRIEDJUNG, Josef Ale-

grätz und Jelačić, Ministerpräsident und Außenminister Felix Fürst Schwarzenberg, Innenminister Franz Graf Stadion „und die anderen führenden Männer der Reaktion" waren für den unbeirrbar kaiser- und kirchentreuen, polyglotten und slawophilen Geschichtsschreiber „die Retter des Vaterlandes, welche die gefährlichen Auswüchse der Revolution niederdrückten und unter ‚ihren alle gesunden und lebensfähigen Faktoren zusammenfassenden Händen' ein neues Österreich erstehen liessen"[37].

Franz Krones (Ritter von Marchland) (1835–1902), wie Chmel ein gebürtiger Mährer und von 1865 bis zu seinem Tod Professor für Österreichische Geschichte an der Universität Graz, wurde zu seiner Zeit als Pionier einer wissenschaftlich fundierten Gesamtstaatsgeschichte „gefeiert"[38]. Sein Hauptwerk, das vier- bzw. fünfbändige „Handbuch der Geschichte Österreichs"[39], erschien in der zweiten Hälfte der 1870er Jahre, also etwa ein Jahrzehnt nach dem staatsrechtlichen Ausgleich mit Ungarn, durch den 1867 die „Doppelmonarchie" Österreich-Ungarn geschaffen und die österreichische Gesamtstaatsidee politisch zu Grabe getragen wurde; es brachte ihm die Erhebung in den Ritterstand ein. Krones blieb lebenslang ein überzeugter Großösterreicher[40]. Das „Wachstum" der Habsburgermonarchie seit dem Jahr 1526, dem „Dreh- und Angelpunkt des Werkes"[41], betrachtete er als „nicht bloß durch politische Zufälligkeiten, sondern auch durch geographische Gesetze" bedingt[42]. Die geschichtliche Entwicklung der

---

xander Freiherr v. Helfert [1914]. Wiederabdruck in: DERS., Historische Aufsätze (Stuttgart–Berlin 1919) 224–238, bes. 228–232 und 237.

[37] Franz PISECKY, Josef Alexander Fhr. v. Helfert als Politiker und Historiker (Diss., Univ. Wien 1949) 168.

[38] Johannes KURZ, Die Gesamtstaatsgeschichte Österreichs im Spiegel der Mittelschul- und Gymnasiallehrbücher (1849–1914). Geschichte und Vaterlandskunde als Instrumente zur Schaffung eines gesamtösterreichischen Staats- und Geschichtsbewusstseins (Diplomarbeit, Univ. Graz 2017) 27. Vgl. Hermann WIESFLECKER, Franz von Krones (1835–1902), in: FS zur Vollendung des 60. Lebensjahres des Hofrates Universitätsprofessor Dr. Gotbert Moro, hg. von Hermann BRAUMÜLLER (Beigabe zum 152. Jahrgang der Carinthia I, Klagenfurt 1962) 112–128, hier 127f. (Krones sei „Großösterreicher im besten Sinne des Wortes und als solcher der berufene Schöpfer einer neuen wissenschaftlichen Reichsgeschichtsschreibung" gewesen); KERNBAUER, Konzeptionen (wie Anm. 23) 263–267; Helga TOMBERGER, Franz Krones Ritter von Marchland (1835–1902). Ein österreichisches Historikerleben (Diss., Univ. Graz 1954) 43–62; Walter HÖFLECHNER, Das Fach „Geschichte" an der Philosophischen resp. Geisteswissenschaftlichen Fakultät der Universität Graz. Vertretung und Institution von den Anfängen bis zur Gegenwart. Mit Bemerkungen zu Wien und Prag (Publikationen aus dem Archiv der Universität Graz 44/1, Graz 2015) 144–147 und 167–178.

[39] Franz KRONES, Handbuch der Geschichte Oesterreichs von den ältesten Zeiten bis zur neuesten Zeit, mit besonderer Rücksicht auf Länder-, Völkerkunde und Culturgeschichte, 4 Bde. (Berlin 1876–1879); bereits wenige Monate nach dem vierten Band erschien eine Neubearbeitung desselben, in der der Autor den Jahrzehnten zwischen 1792 und 1870, also der Zeitgeschichte, deutlich mehr Platz einräumte (299 statt 104 Druckseiten): DERS., Geschichte der Neuzeit Oesterreichs vom achtzehnten Jahrhundert bis auf die Gegenwart (Berlin 1879); vgl. auch Franz von KRONES, Grundriß der Oesterreichischen Geschichte mit besonderer Rücksicht auf Quellen- und Literaturkunde (Wien 1882), und die zwei Jahre vor dem Tod des Autors erschienene, bis zur Jahrhundertwende fortgeführte Kurzfassung der Geschichte der Habsburgermonarchie: DERS., Oesterreichische Geschichte von 1526 bis zur Gegenwart (Sammlung Göschen 105, Leipzig 1900). Zu Krones' Hauptwerk zuletzt recht ausführlich KURZ, Gesamtstaatsgeschichte (wie Anm. 38) 35–51.

[40] Siehe z. B. KURZ, Gesamtstaatsgeschichte (wie Anm. 38) 37.

[41] Ebd. 38.

[42] Zitiert nach KERNBAUER, Konzeptionen (wie Anm. 23) 265.

Monarchie war für Krones „der organische Vollzug einer Art geopolitischen – im Unterschied zu Chmel also nicht mehr göttlichen – Prädestination"[43].

Krones war sich aber durchaus darüber im Klaren, dass die frühneuzeitliche Habsburgermonarchie zunächst und in erster Linie ein „dynastischer Staat" war, also ein Staat, „in welchem die Dynastie als Trägerin des Staatsgedankens das Einheitsmoment darstellt, während die einzelnen von ihr beherrschten Nationalitäten und Länderkörper als sogenannte historisch-politische Individualitäten das Vielheitsmoment abgeben"[44]. An „das Epochenjahr des Groß- und Gesamtstaates Oesterreich (1526)" knüpfe sich „das Gegeneinanderwirken zweier Kräfte: des dynastischen Staatsgedankens als Centripetal-, des nationalen und landständischen Sonder- und Unabhängigkeitsstrebens als Centrifugalkraft. [...] in der Resultirenden beider Kräfte bewegt sich die wechselnde Staatsraison und das wechselnde Geschick Oesterreichs. / Entsprechend diesem Wesen der Geschichte Oesterreichs als eines vorzugsweise dynastischen Staates mit einer Fülle historisch-politischer Individualitäten innerhalb seiner Gebiets- und Machtsphäre, muß sich auch die Behandlung der Geschichte Oesterreichs gestalten."[45] Krones, der auch Tschechisch, Ungarisch und Polnisch beherrschte, betrachtete die einzelnen Nationen der Monarchie „als organische historisch-politische Individualitäten, denen er sich in analytischer Betrachtung widmete und denen er die synthetische Darstellung des Gesamtstaates gegenüberstellte"[46]. Er ordnete die Staatsordnung und das Staatsinteresse auch in der Blütezeit des Nationalismus den Sonderinteressen der Nationen ohne Wenn und Aber über. „Darin war er ganz Josephiner."[47]

Bereits 1874, zwei Jahre vor dem Erscheinen des ersten Bandes von Krones' Handbuch, hatte der aus Westböhmen stammende Grazer Realschullehrer und künftige Privatdozent für Österreichische Geschichte Franz Martin Mayer (1844–1914)[48] seine zweibändige „Geschichte Oesterreichs mit besonderer Rücksicht auf Culturgeschichte"[49] publiziert, deren zweiter Band die Zeit vom Epochenjahr 1526 bis zur unmittelbaren Gegenwart des Autors behandelt. Es handelt sich nicht nur um eine – natürlich inzwischen überholte – Pionierleistung, sondern um das nach wie vor „einzige bisher geschaffene Kompendium der Kulturgeschichte des alten Gesamtstaates"[50]. Mayer berücksichtigte die österreichischen, die böhmischen und die ungarischen Länder „annähernd gleichmäßig". Er glaubte, wie die meisten seiner deutschösterreichischen, deutschböhmischen und deutschmährischen Zeitgenossen, „an einen gewissen his-

---

[43] Ebd. 265. Vgl. auch WIESFLECKER, Franz von Krones (wie Anm. 38) 117f.

[44] KRONES, Grundriß der Oesterreichischen Geschichte (wie Anm. 39) 2.

[45] Ebd. 3.

[46] KERNBAUER, Konzeptionen (wie Anm. 23) 266.

[47] WIESFLECKER, Franz von Krones (wie Anm. 38) 127. Vgl. auch Gernot HEISS, Im „Reich der Unbegreiflichkeiten". Historiker als Konstrukteure Österreichs. ÖZG 7/4 (1996) 455–478, hier 455f.

[48] HÖFLECHNER, Das Fach „Geschichte" (wie Anm. 38) 182–185; Elke RENNER, Franz Martin Mayer (1844–1914). Leben und Werk eines österreichischen Historikers (Diss., Univ. Wien 1970).

[49] Die zweite, neu bearbeitete und fast doppelt so umfangreiche Auflage erschien 1900/1901 unter dem Titel: „Geschichte Österreichs mit besonderer Rücksicht auf das Kulturleben", die dritte Auflage 1909.

[50] LHOTSKY, Geschichte des Instituts (wie Anm. 33) 107. Vgl. seither Hanna DOMANDL, Kulturgeschichte Österreichs. Von den Anfängen bis 1938 (Wien ²1993). Mayers Kompendium war immerhin, aber andererseits doch nicht viel mehr als „ein sehr brauchbarer Behelf für Studenten und junge Lehrer". Alphons LHOTSKY, Geschichtsforschung und Geschichtsschreibung in Österreich. HZ 189 (1959) 379–448, hier 430. Näheres zu Inhalt und Gliederung von Mayers Werk bei RENNER, Franz Martin Mayer (wie Anm. 48) 27–36.

torisch-kulturell begründeten Anspruch der Deutschen auf eine führende Stellung in der österreichischen Reichshälfte, verzichtete aber auf eine kämpferische Haltung und jede Abwertung der anderen Nationalitäten"[51].

Im Gegensatz zu Krones, der in ihr einen auch naturräumlich bedingten „Organismus" sah, fasste der Tiroler Bergbauernsohn Alfons Huber (1834–1898), der von 1870 bis zu seinem Tod zunächst in Innsbruck und seit 1887 (als Nachfolger von Ottokar Lorenz) in Wien als ordentlicher Professor für Österreichische Geschichte wirkte und in diesen Jahren zum „führenden Fachmann für österreichische Geschichte"[52] wurde, die Habsburgermonarchie als einen „Mechanismus" auf. Hubers infolge seines frühen Todes unvollendet gebliebene, aber dennoch monumentale, in fünf Bänden bis zum Jahr 1648 reichende „Geschichte Österreichs", für die er „noch im fortgeschrittenen Alter Tschechisch und Ungarisch lernte"[53], ist im Unterschied zu Krones' Handbuch – unter weitgehender Ausklammerung der Ideen-, Kultur- und Wirtschaftsgeschichte – fast ausschließlich auf die politische (Ereignis-)Geschichte konzentriert[54]. Er eröffnete 1885 die programmatische „Vorrede" zum ersten Band mit den folgenden Sätzen:

„Eine Geschichte Österreichs ist unzweifelhaft ein schwierigeres Werk als die Geschichte der anderen Staaten. Die meisten Reiche, welche in der Geschichte eine hervorragende Rolle gespielt haben, tragen den Charakter von natürlichen Gebilden an sich, sind dadurch entstanden, daß eine kräftige Nation im Kampfe um das Dasein ihre Existenz behauptet, sich eine gesicherte Stellung errungen und kleinere Völkerschaften oder Teile von solchen sich unterworfen und mehr oder weniger vollständig sich assimiliert hat. Österreich dagegen ist ein künstlicher Bau, indem das im südöstlichen Deutschland regierende Haus Habsburg auch in benachbarten nichtdeutschen Reichen […] sich Anerkennung verschaffte und so mehrere Staaten mit ganz verschiedener Bevölkerung und vielfach verschiedenen politischen und sozialen Zuständen zunächst durch Personalunion in seinen Händen vereinigte. Österreich ist […] eine Verbindung von drei ursprünglich getrennten Gebäuden, aus denen erst eine Reihe von Baumeistern ein einheitliches architektonisches Werk zu schaffen bemüht war."[55]

---

[51] Erich ZÖLLNER, Bemerkungen zu den Gesamtdarstellungen der Geschichte Österreichs. Leistungen – Aufgaben – Probleme [1981]. Wiederabdruck in: DERS., Probleme und Aufgaben der österreichischen Geschichtsforschung. Ausgewählte Aufsätze, hg. von Heide DIENST–Gernot HEISS (Wien 1984) 87–100, hier 92.

[52] Fritz FELLNER, Alfons Huber – Werk und Wirken im Umfeld der zeitgenössischen Geschichtswissenschaft [2000]. Wiederabdruck in: DERS., Geschichtsschreibung und nationale Identität. Probleme und Leistungen der österreichischen Geschichtswissenschaft (Wien–Köln–Weimar 2002) 277–292, hier 278.

[53] Karl VOCELKA, Das Habsburgerreich als Gegenstand und Aufgabe der österreichischen Geschichtsforschung, in: Was heißt „österreichische" Geschichte? Probleme, Perspektiven und Räume der Neuzeitforschung, hg. von Martin SCHEUTZ–Arno STROHMEYER (WSchrGN 6, Innsbruck–Wien–Bozen 2008) 37–50, hier 44.

[54] Alfons HUBER, Geschichte Österreichs, 5 Bde. (Allgemeine Staatengeschichte, Geschichte der europäischen Staaten, Geschichte Österreichs 1–5, Gotha 1885–1896). Es handelt sich dabei um eine Neubearbeitung der ersten beiden Bände von: Johann Graf MAILÁTH, Geschichte des östreichischen Kaiserstaates (Bd. 1 mit dem Titel: Geschichte von Östreich), 5 Bde. (Hamburg 1834–1850).

[55] HUBER, Geschichte Österreichs (wie Anm. 54), Bd. 1 (Gotha 1885) Vf. Die österreichische Monarchie sei zwar „erst im Jahre 1526 durch die Vereinigung Böhmens und Ungarns mit den deutschösterreichischen Ländern entstanden", der Geschichtsschreiber dürfe aber „sein Werk doch nicht erst mit diesem Jahre beginnen". Andererseits sei es „wohl selbstverständlich, daß die Geschichte jener Länder, welche, wie Galizien, erst sehr spät mit Österreich vereinigt worden sind oder welche nur vorübergehend einen Bestandteil der habsburgischen Monarchie gebildet haben, wie dies mit Schlesien, Mailand, Venedig und den Niederlanden der Fall gewesen ist, in einer Geschichte Österreichs nicht

Die („althabsburgischen") österreichischen Länder, die böhmischen Länder und Ungarn stehen in Hubers Darstellung „gleichberechtigt nebeneinander, und zwar von Anfang an, nicht erst mit der jeweiligen Herrschaftsübernahme durch die Habsburger". Die konsequente und gleichberechtigte „Einbeziehung der slawischen und magyarischen Teile der Donaumonarchie" gilt zu Recht als ein „besonderes Kennzeichen und Verdienst des Huber'schen Werkes"[56], sie war aber schon in den frühen 1850er Jahren von dem konservativen tschechischen Historiker Wácslaw Wladiwoj Tomek (1818–1905), dem ersten Professor für Österreichische Geschichte an der Universität Prag, gefordert und in seiner als Lehrbuch für die österreichischen Gymnasien verfassten „synchronistischen" Darstellung der Geschichte der Monarchie angewandt worden[57].

Nach Hubers überraschendem Tod ließ sich sein Schüler und Kollege Oswald Redlich (1858–1944) von Engelbert Mühlbacher, dem Direktor des Instituts für Österreichische Geschichtsforschung, „und andere[n] Freunde[n]" – sowohl Redlich als auch Mühlbacher waren ebenso wie Huber aus der „Innsbrucker Historischen Schule" des gebürtigen Westfalen und Hauptvertreters einer großdeutschen, dezidiert antipreußischen Geschichtsschreibung Julius (von) Ficker hervorgegangen – dazu bewegen, Hubers „Geschichte Österreichs" fortzusetzen, da, wie er in einem Brief an Ficker bekundete, „die Fortsetzung von Hubers Werk gerade für die neuere Zeit sicher eine der dringendsten und wichtigsten Fragen unserer heimischen Geschichtsschreibung" sei[58]. Redlich legte, allerdings erst 1921 und 1938, zwei umfangreiche Bände vor, in denen die politische und kriegerische Ereignisgeschichte der Habsburgermonarchie und deren Aufstieg zur Großmacht vom Westfälischen Frieden bis zum Tod Karls VI. detailliert und zuverlässig behandelt wird[59] (siehe unten S. 68–70). Er gehörte übrigens, ebenso

---

berücksichtigt zu werden braucht. Aber auch die Geschichte Steiermarks, Kärntens, Krains, Tirols darf nicht mit der Weitläufigkeit behandelt werden wie die Geschichte des Stammlandes der Monarchie oder Böhmens und Ungarns. Denn die Geschichte Österreichs ist nicht gleich der Summe der Geschichten der einzelnen Kronländer." Ebd. VIf.

[56] Josef RIEDMANN, Alfons Huber als Geschichtsforscher und Geschichtsschreiber, in: Alfons Huber (1834–1898). Ein Gelehrter aus dem Zillertal. Österreichische Geschichtswissenschaft im Spannungsfeld zwischen Region und Nation, hg. von Gunda BARTH-SCALMANI–Hermann J. W. KUPRIAN (Sonderdruck aus: *Tiroler Heimat* 64 [2000]) 27–35, hier 32. Vgl. u. a. Gerhard OBERKOFLER, Die geschichtlichen Fächer an der Philosophischen Fakultät der Universität Innsbruck 1850–1945 (Forschungen zur Innsbrucker Universitätsgeschichte 6, Innsbruck 1969) 30–33, 37–40, 43–47 u. ö.

[57] Miloš ŘEZNÍK, Wácslaw Wladiwoj Tomek, das Ministerium für Cultus und Unterricht und die Einführung der historischen Seminare in Österreich: Die Institutionalisierung der Geschichtswissenschaft zwischen Staat, Nation und akademischer Neuorientierung, in: Geschichtsforschung in Deutschland und Österreich im 19. Jahrhundert (wie Anm. 6) 139–157, hier 153–155; Bohumil JIROUŠEK, Historik W. W. Tomek [Der Historiker W. W. Tomek], in: W. W. Tomek, historie a politika (1818–1905). Sborník příspěvků královéhradecké konference k 100. výročí úmrtí W. W. Tomka (Pardubice 2006) 15–29, bes. 24; KERNBAUER, Konzeptionen (wie Anm. 23) 261f. Siehe auch den Beitrag von Joachim Bahlcke im vorliegenden Band mit dem Hinweis, dass Tomek „nicht nur der erste tschechische Historiker war, sondern bis heute auch der einzige blieb, der jemals eine Gesamtgeschichte der Österreichischen Monarchie erarbeitete" (unten 170).

[58] Universität Wien, Archiv und Sammlungen des Instituts für Österreichische Geschichtsforschung, Nachlass Julius von Ficker, Oswald Redlich an Julius von Ficker, Wien, 28. Dezember 1898. Vgl. dazu und zum Folgenden Thomas WINKELBAUER, Oswald Redlich und die Geschichte der Habsburgermonarchie. *MIÖG* 117 (2009) 399–417, und Johannes HOLESCHOFSKY, Oswald Redlich (1858–1944), in: Österreichische Historiker. Lebensläufe und Karrieren 1900–1945, Bd. 3, hg. von Karel HRUZA (Wien–Köln–Weimar 2019) 29–66, bes. 43–49.

[59] Oswald REDLICH, Österreichs Großmachtbildung in der Zeit Kaiser Leopolds I. (Geschichte Österreichs. Begonnen von Alfons Huber, Bd. 6, Gotha 1921; Neuauflage unter dem Titel „Weltmacht

wie Alfons Huber, zu den Gründungsmitgliedern der auf Initiative des Grazer Professors der Neueren Geschichte Hans von Zwiedineck-Südenhorst 1898, im Todesjahr Hubers, provisorisch und 1903 definitiv bestellten „Commission für die Herausgabe von Acten und Korrespondenzen zur neueren Geschichte Österreichs", die sich wenig später in „Kommission für neuere Geschichte Österreichs" umbenannte. Von 1930 bis 1937 leitete Redlich die Kommission als Vorsitzender[60].

Die beamteten Universitätsprofessoren im Allgemeinen und die Professoren der Österreichischen Geschichte wie Krones oder Huber im Besonderen waren dem Staat verpflichtet und Österreichische Geschichte als universitäres Lehrfach hatte in erster Linie „Staatsgeschichte zu sein"[61]. Für den vor allem als methodischer Erneuerer der Kunstgeschichte als autonomer (hermeneutischer) Disziplin bekannt gewordenen[62], in Prag in kleinbürgerlichen Verhältnissen geborenen, früh verwaisten, einige Jahre in der Hauptstadt Böhmens als Hauslehrer, Journalist und Privatdozent tätigen, 1852 aus politischen Gründen aus Österreich emigrierten und seither in Bonn Kunstgeschichte lehrenden Anton Springer (1825–1891) hingegen bestand die Habsburgermonarchie in den Jahren vor der Revolution von 1848/49, wie er kurz nach deren Niederschlagung urteilte, nur „aus einem Konglomerate äußerlich abgestorbener politischer Körper, welche nur noch ein mechanisches Leben in dem europäischen Gleichgewichtssysteme entfalteten"[63]. Springer vertrat als Geschichtsschreiber und Journalist eine liberale und kleindeutsch-preußische Position, insbesondere in seinem auf Anregung Friedrich Christoph Dahlmanns verfassten historischen Hauptwerk „Geschichte Oesterreichs seit dem Wiener Frieden 1809", das 1863 und 1865 in zwei Bänden im Rahmen der Reihe

---

des Barock. Österreich in der Zeit Kaiser Leopolds I." Wien 1961); DERS., Das Werden einer Großmacht. Österreich von 1700 bis 1740 (Geschichte Österreichs. Begonnen von Alfons Huber, Bd. 7, Baden bei Wien–Leipzig 1938; 2. und 3. Aufl. Brünn–München–Wien 1942; 4. Aufl. Wien 1962).

[60] Fritz FELLNER, „… ein wahrhaft patriotisches Werk". Die Kommission für Neuere Geschichte Österreichs 1897–2000 (VKNGÖ 91, Wien–Köln–Weimar 2001) 18, 21f., 57–64, 92–94, 98–100, 106–109 und passim. Ein Gesamtverzeichnis der bisher in der Publikationsreihe der Kommission erschienenen 121 Bände findet sich auf ihrer Website: https://oesterreichische-geschichte.at/#/veroeffentlichungen/suche# [25.4.2022].

[61] FELLNER, Alfons Huber (wie Anm. 52) 285.

[62] Siehe Johannes RÖSSLER, Kunstgeschichte als Realpolitik. Anton Springer und die ideengeschichtlichen Komponenten der Institutionalisierung, in: Die Etablierung und Entwicklung des Faches Kunstgeschichte in Deutschland, Polen und Mitteleuropa (anlässlich des 125-jährigen Gründungsjubiläums des ersten Lehrstuhls für Kunstgeschichte in Polen), hg. von Wojciech BAŁUS–Joanna WOLAŃSKA (Das gemeinsame Kulturerbe – Wspólne Dziedzictwo 6, Warszawa 2010) 61–85.

[63] Anton Heinrich SPRINGER, Oestreich nach der Revolution (Leipzig 1850) 9. Heinrich Friedjung hat diese schmale politisch-historische Kampfschrift des Fünfundzwanzigjährigen als „die geistvollste Verteidigung, welche das föderalistische System in Österreich je gefunden hat", bezeichnet. Heinrich FRIEDJUNG, Anton Springer als österreichischer Historiker [1891]. Wiederabdruck in: DERS., Historische Aufsätze (Stuttgart–Berlin 1919) 210–223, hier 213. Vgl. Johann WEICHINGER, Anton Springer als Historiker und seine politische Haltung (Diss., Univ. Wien 1953) 74–87. Im Mai 1848 hatte Springer in einem Zeitungsartikel die Überzeugung vertreten: „Die einzig mögliche Staatsform, die uns für Österreich möglich scheint, ist die eines Staatenbundes." Zitiert nach Michael NEUMÜLLER, Französische Revolution, nationale Revolution, europäische Revolution: Anton Springers publizistische Tätigkeit in Prag und seine Vorlesungen über das Revolutionszeitalter 1848/49, in: Frankreich und die böhmischen Länder im 19. und 20. Jahrhundert. Beiträge zum französischen Einfluß in Ostmitteleuropa, hg. von Ferdinand SEIBT–Michael NEUMÜLLER (Bad Wiesseer Tagungen des Collegium Carolinum 15, München 1990) 107–119, hier 111.

„Staatengeschichte der neuesten Zeit" im Leipziger Verlag Hirzel publiziert wurde[64]. Anders als der Titel vermuten ließe, behandelt Springer aspekt- und kenntnisreich die innere Geschichte der Monarchie vom Tod Josephs II. 1790 bis zur militärischen Niederwerfung der ungarischen Revolution im Sommer und Frühherbst 1849. Es handelt sich dabei um die „erste wissenschaftlich fundierte Zeit- und Revolutionsgeschichte Österreichs"[65]. Der gesamte zweite Band, deutlich mehr als die Hälfte der knapp 1400 Seiten, ist der Revolution von 1848/49 in der Habsburgermonarchie sowie ihrer Vorgeschichte und ihrem Scheitern gewidmet. Das Werk beruht auf umfassenden Quellenstudien sowie Gesprächen mit und schriftlichen Berichten von zahlreichen Zeitzeugen, und es profitierte auch von den großen Sprachkenntnissen des Autors, die neben seinen Erstsprachen Tschechisch und Deutsch auch Ungarisch, Kroatisch, Italienisch und Rumänisch umfassten. Nach dem Urteil seines jüngeren Zeitgenossen Heinrich Friedjung hatte sich vor Springer noch „[k]ein Deutscher […] so liebevoll und unbefangen in das geistige Leben all der Nationen vertieft, welche der österreichische Staat vereinigt"[66], mit dem und dessen Monarchen und Staatsmännern er in den zwei Bänden andererseits in teilweise ätzendem Ton scharf abrechnete[67], ebenso übrigens mit den Vertretern des politischen, nationalen und sozialen Radikalismus während der Revolution. Der ehemals (in seinen Studententagen) deutschradikale („alldeutsche"), enorm aufnahme- und wandlungsfähige Schriftsteller, Essayist, Lustspieldichter, Theaterkritiker und Dramaturg Hermann Bahr (1863–1934) hingegen behauptete nach dem Ersten Weltkrieg, Springers Buch, das „bald ein Hausbuch des deutschen Bürgertums, besonders in den Provinzstädten", geworden sei, sei schuld daran, dass seine Generation „in voller Unkenntnis, ja, in Verachtung Oesterreichs" aufgewachsen sei[68].

Springers Werk schließt – ein Jahr vor dem preußisch-österreichischen Krieg von 1866, zwei Jahre vor dem Ausgleich mit Ungarn und dem Erlass der Dezemberverfassung von 1867 für die westliche Reichshälfte – mit der Feststellung, dass „der Verlauf und der schmachvolle Ausgang des absolutistischen Systems" in den 1850er Jahren „unwiderleglich […] schlagend dargethan hat, wie ein großes Reich zu seiner gedeihlichen Entwickelung des zustimmenden und mitwirkenden Willens des Volkes auf die Dauer nicht entbehren könne. Der jammervolle Bankerott des Absolutismus hat den österrei-

---

[64] In derselben Reihe ist übrigens zwischen 1879 und 1894 auch Heinrich von Treitschkes monumentale „Deutsche Geschichte im 19. Jahrhundert" erschienen.

[65] Wolfgang HÄUSLER, Anton Heinrich Springer – der Historiker des Kremsierer Reichstags, in: Der Reichstag von Kremsier 1848–1849 und die Tradition des Parlamentarismus in Mitteleuropa / Kroměřížský sněm 1848–1849 a tradice parlamentarismu ve střední Evropě, red. von Eva DANIHELOVÁ et al. (Kroměříž 1998) 255–266, hier 257. Vgl. die eingehenden und (etwa was Springers Beurteilung Metternichs und die Anlegung teilweise anachronistischer Maßstäbe an die vormärzliche Habsburgermonarchie betrifft) kritischen Ausführungen von WEICHINGER, Anton Springer (wie Anm. 63) 101–135, sowie Wolfgang HÄUSLER, Anton Heinrich Springer (1825–1891). Ein österreichischer Revolutionstheoretiker des 19. Jahrhunderts. *Jahrbuch des Instituts für deutsche Geschichte* 8 (1979) 175–206, bes. 188f.

[66] FRIEDJUNG, Anton Springer (wie Anm. 63) 216.

[67] Der als Sohn eines Glasfabrikanten im Böhmerwald geborene katholisch-konservative Publizist und Privatgelehrte Richard von Kralik (1852–1934) verurteilte Springers Werk 1913 als „ärgste Schmähschrift, die je über Österreich geschrieben wurde". Richard v. KRALIK, Österreichische Geschichte (Wien 1913, zitiert nach der 3. Aufl. 1914) VII. Vgl. auch Heinrich Ritter von SRBIK, Geist und Geschichte vom deutschen Humanismus bis zur Gegenwart, Bd. 2 (München–Salzburg 1951) 103f.

[68] Hermann BAHR, Das österreichische Staats- und Reichsproblem. *Preußische Jahrbücher* 183 (1921) 1–13 und 145–158, hier 2.

chischen Völkern das Selbstbestimmungsrecht mehr gesichert, als die revolutionäre Gewalt des Jahres 1848. [...] die österreichischen Völker tragen jetzt die freie aber auch die volle Verantwortung für das Schicksal des Reiches; es ist ihr Verdienst, wenn dieses zu mächtiger Blüthe emporsteigt, es ist aber auch nur ihre Schuld, wenn das Bild der Zukunft dunkle Farben zeigt. Sie haben das Recht und die Pflicht der Selbstbestimmung."[69]

Springers historiographisches Hauptwerk ist ein eindrucksvolles frühes Beispiel einer von einem demokratischen Standpunkt aus verfassten, häufig scharf und pointiert urteilenden zeitgeschichtlichen Darstellung und Analyse, eines von einem Zeitgenossen und Zeitzeugen verfassten Geschichtswerkes. In diesem Zusammenhang sind insbesondere zwei weitere, um eine bzw. zwei Generationen jüngere, im Unterschied zu Springer aber nicht als Universitätsprofessoren tätige deutschösterreichische Zeithistoriker zu nennen, nämlich Heinrich Friedjung und Richard Charmatz.

Der einer mittelständischen jüdischen Kaufmannsfamilie in Mähren entstammende Historiker, Journalist und – liberale und deutschnationale, ja zunächst deutsch-völkische – Parteipolitiker Heinrich Friedjung (1851–1920) studierte, nach der Matura am Wiener Schottengymnasium, in Prag, Berlin und Wien Geschichte und nahm (allerdings nur ein Jahr lang[70]) als außerordentliches Mitglied am Ausbildungskurs des Instituts für Österreichische Geschichtsforschung teil. Auf seine (partei)politischen Aktivitäten kann hier ebenso wenig eingegangen werden wie auf sein Wirken als Journalist oder den berühmt-berüchtigten „Prozess Friedjung" (1909), obwohl seine historiographischen Werke davon nicht scharf getrennt werden können – Fritz Fellner hat zu Recht von einer „eigenartigen Symbiose von Journalismus und Geschichtswissenschaft" gesprochen. Politik, Journalismus und Geschichte waren für Friedjung „nicht drei voneinander getrennte Wirkungsfelder, sondern eine geschlossene Einheit"[71].

---

[69] Anton SPRINGER, Geschichte Oestreichs seit dem Wiener Frieden 1809, Teil 1: Der Verfall des alten Reiches, Teil 2: Die österreichische Revolution (Staatengeschichte der neuesten Zeit 10, Leipzig 1863 und 1865), hier Teil 2, 773f. Es sei noch erwähnt, dass Springer sechs Jahre vor seinem Tod eine zuverlässige Edition der Sitzungsprotokolle des Verfassungsausschusses des Kremsierer Reichstages publizierte, die er bereits als wichtige Quelle für den zweiten Band seiner „Geschichte Oestreichs" verwendet hatte: Protokolle des Verfassungs-Ausschusses im Oesterreichischen Reichstage 1848–1849, hg. u. eingel. von Anton SPRINGER (Leipzig 1885). Vgl. WEICHINGER, Anton Springer (wie Anm. 63) 149–154.

[70] LHOTSKY, Geschichte des Instituts (wie Anm. 33) 143.

[71] Fritz FELLNER, Heinrich Friedjung – ein österreichischer Ahnherr der „Oral History" [1988]. Wiederabdruck in: DERS., Geschichtsschreibung und nationale Identität (wie Anm. 52) 293–322, hier 305. „Die Beziehung des deutschen Österreich zum Deutschen Reich, die Bedeutung der österreichischen und der deutschen Machtpolitik im Widerstreit der europäischen Großmächte und im Krisenzentrum des Balkans, das waren nicht nur Themen von Friedjungs historischen Werken, sondern mehr noch seiner zahlreichen Artikel in den führenden deutschen Zeitungen und Zeitschriften, drei Jahrzehnte lang vom Ausscheiden aus der Redaktion der ‚Deutschen Zeitung' [1887] bis zu seinem Tod." Ebd. 306. Siehe weiters Erich ZAILER, Heinrich Friedjung. Unter besonderer Berücksichtigung seiner politischen Entwicklung (Diss., Univ. Wien 1950); Franz GRAF, Heinrich Friedjung und die südslawische Frage (Diss., Univ. Wien 1950); Harald BOGNER, Die Auseinandersetzungen zwischen Österreich und Preußen 1859–1866 im Urteil der deutschsprachigen Historiographie. Mit besonderer Berücksichtigung von Heinrich Friedjung (Diss., Univ. Graz 1964); Alfred DECHEL, Das „Linzer Programm" und seine Autoren. Seine Vorgeschichte unter besonderer Berücksichtigung der Rolle des Historikers Heinrich Friedjung (Diss., Univ. Salzburg 1976); Karl GLAUBAUF, Bismarck und der Aufstieg des Deutschen Reiches in der Darstellung Heinrich Friedjungs. Historiographische Fallstudie (Diss., Univ. Wien 1979); Harald BACHMANN, Heinrich Friedjung, in: Die Juden in den böhmischen Ländern, hg. von Ferdinand SEIBT (München–Wien 1983) 201–208; Harry RITTER, Progressive Historians and the Historical Imagination

Auf der Grundlage eingehender Archivstudien, besonders aber auch von zahlreichen Gesprächen und Korrespondenzen mit an den Ereignissen direkt beteiligten österreichischen und deutschen Politikern und Militärs (etwa mit dem von ihm bewunderten Fürsten Otto von Bismarck)[72] legte er 1897/98 sein zweibändiges Hauptwerk „Der Kampf um die Vorherrschaft in Deutschland (1859–1866)" vor, das auch kommerziell und nicht zuletzt auch im Deutschen Reich ein großer Erfolg wurde und bis 1917 nicht weniger als zehn – stets gründlich überarbeitete und auf den neuesten Forschungsstand gebrachte – Auflagen erlebte. Harry Ritter hat die zwei stattlichen Bände als „the most popular scholarly work ever published by an Austrian historian" und „a genuine masterpiece of nineteenth-century historical literature" bezeichnet[73]. Der mit seiner „gesamtdeutschen Geschichtsauffassung" stark in der Tradition Friedjungs stehende Heinrich (Ritter von) Srbik war noch nach dem Zweiten Weltkrieg davon überzeugt, „daß es keine Zäsur von solcher Tiefe in der neueren Geschichte Altösterreichs gibt wie die von 1866"[74]. Die Schuld an der Niederlage in der Schlacht bei Königgrätz wies Friedjung der inkompetenten und egoistischen Führung rund um Kaiser Franz Joseph zu, Feldzeugmeister Ludwig von Benedek, der Oberbefehlshaber der österreichischen Nordarmee, wird hingegen als vom Wiener Hof als Sündenbock für die Niederlage auserkorener, unerschütterlich patriotischer und dem Monarchen trotz dieses Unrechts und der damit verbundenen Demütigungen bis zum Tod loyaler Märtyrer stilisiert. Das Werk wurde nicht zuletzt in der Absicht geschrieben, die bestehenden politischen Bündnisse Österreich-Ungarns mit Deutschland und Italien (Zweibund 1879, Dreibund 1882) zu propagieren sowie eine Außenpolitik, die das Ziel verfolgte, die „deutsche Kultur" zu stärken und ihre weitere Verbreitung, insbesondere nach Osten und Südosten, zu fördern, sprich: den Großmachtstatus der Doppelmonarchie in Europa und die Vorherrschaft der Deutschen in der – so uneingeschränkt deutsch-zentralistisch wie möglich regierten[75] – westlichen Reichshälfte zu bewahren[76].

---

in Austria: Heinrich Friedjung and Richard Charmatz. *AHY* 19–20 (1983–1984) Part 1, 45–90, v. a. 46–71; Karl Werner HOLY, Der Friedjungprozess (Diplomarbeit, Univ. Wien 2004); Fredrik LINDSTRÖM, Empire and Identity. Biographies of the Austrian State Problem in the Late Habsburg Empire (West Lafayette, Indiana, 2008) 17f., 30–42, 71–80 und passim.

[72] Siehe Heinrich FRIEDJUNG, Geschichte in Gesprächen. Aufzeichnungen 1898–1919, hg. u. eingel. von Franz ADLGASSER–Margret FRIEDRICH, 2 Bde. (VKNGÖ 87 und 88, Wien–Köln–Weimar 1997).

[73] RITTER, Progressive Historians (wie Anm. 71) 46 und 57.

[74] Heinrich (von) SRBIK, Das Problem der österreichischen Geschichtsschreibung. Zu Hugo Hantschs „Geschichte Österreichs". Zweiter Band, Steirische Verlagsanstalt, Graz–Wien 1950. *Wissenschaft und Weltbild* 3 (1950) 374–376 und 422–425, hier 424. Nach 1866 „erkannten viele deutschsprachige Historiker des Habsburgerstaates ihre akademische Hauptaufgabe in einer ethnozentrisch motivierten, historiographischen Abwehr slawisch-madjarischer Geschichtsauffassungen". Sie vertraten „nahezu einhellig eine ‚volksdeutsche', d.h. gleichzeitig auch ‚gesamtdeutsche' Geschichtskonzeption, in deren Zentrum nicht die jeweiligen staatlichen Organisationsformen der von Österreich beherrschten Territorien standen, sondern das durch Kultur, historische Herkunft, Sprache und mentale Gemeinsamkeiten verbundene deutsche Volk in seiner Gesamtheit". Willi OBERKROME, Volksgeschichte. Methodische Innovation und völkische Ideologisierung in der deutschen Geschichtswissenschaft 1918–1945 (Kritische Studien zur Geschichtswissenschaft 101, Göttingen 1993) 36.

[75] Zum Reichszentralismus bzw., nach 1867, cisleithanischen Zentralismus der Deutschliberalen der Habsburgermonarchie und den dahinterstehenden Interessen siehe Stefan MALFÈR, Der Konstitutionalismus in der Habsburgermonarchie – siebzig Jahre Verfassungsdiskussion in „Cisleithanien", in: Die Habsburgermonarchie 1848–1918, Bd. 7: Verfassung und Parlamentarismus, Teil 1: Verfassungs-

Friedjungs zweites der Geschichte der Habsburgermonarchie gewidmetes zweibändiges Werk, „Österreich von 1848 bis 1860" (1908 und 1912), blieb unvollendet, da er
1912 der Versuchung nicht widerstehen konnte, das Angebot anzunehmen, Friedrich
Christoph Schlossers „Weltgeschichte" für die zuletzt vergangenen Jahrzehnte fortzusetzen. In beiden Hauptwerken stehen die außenpolitische und kriegerische Ereignisgeschichte sowie die „einfühlende" Schilderung und Charakterisierung der handelnden
Hauptpersonen und ihrer Motive im Zentrum der Darstellung. Wegen des häufigen
Appells an die deutschnationalen Emotionen seiner Leser, der strikten Beschränkung
auf Diplomatie, Außenpolitik und Militärgeschichte sowie der von Karl Kraus als „Pa-
pierdeutsch"[77] kritisierten pathetischen Sprache sind Friedjungs Bücher – trotz der seinerzeit vielgelobten „Feinheit der Porträts" der handelnden Personen (sprich: Männer)
und der „ausdrucksstarke[n], plastische[n] Schilderung der militärischen Ereignisse"[78] –
heute zumindest streckenweise schwerer „verdaulich" als Anton Springers polemische,
ebenfalls mit Herzblut geschriebene Geschichte der Habsburgermonarchie in der ersten
Hälfte des 19. Jahrhunderts. Friedjung war sowohl als Journalist und Politiker als auch
als Historiker „von dem Gedanken beherrscht, die Deutschen Österreichs hätten eine
Sendung zu erfüllen und dürften den deutschen Beruf Österreichs nicht außer acht
lassen"[79].

Nebenprodukte einer seit den 1880er Jahren geplanten, aber nicht realisierten mo-
nographischen Darstellung der inneren Geschichte der Habsburgermonarchie (mit dem
Schwerpunkt auf der „Geschichte des österreichischen Parlamentarismus"[80]) fanden
Aufnahme in eine unmittelbar nach dem Ende des Ersten Weltkriegs erschienene
Sammlung von Friedjungs wichtigsten historischen Aufsätzen. Alle diese (insgesamt
31) „Studien über Österreich" – d. h. über die Habsburgermonarchie – seien, schreibt
der Autor in der Einleitung, „vom Gedanken der Daseinsnotwendigkeit des Donau-
reiches getragen"[81]. „Österreich" sei „als Schöpfung der deutschen Nation deren nach
Südosten vorgeschobenes Bollwerk" gewesen, „zu dessen Verteidigung es auch andere
Nationalitäten sammelte, soweit sie zum Zwecke eigener Erhaltung auf die Wälle zu

---

recht, Verfassungswirklichkeit, zentrale Repräsentativkörperschaften, hg. von Helmut RUMPLER–Peter
URBANITSCH (Wien 2000) 11–67, hier 29f.
    [76] RITTER, Progressive Historians (wie Anm. 71) 66 und passim; LINDSTRÖM, Empire and Identity
(wie Anm. 71) 33–39.
    [77] Gerald LIND, Satiriker kontrollieren den Geschichtsforscher. Karl Kraus und Heinrich Friedjung.
MIÖG 114 (2006) 381–403, hier 390f. und 394f. Der Wiener Jurist, Ideen- und Kulturhistoriker und
ehemalige Krausianer Albert Fuchs (1905–1946) hingegen urteilte in seinem als Mitglied der Exilgruppe
der KPÖ in Großbritannien im Londoner Exil verfassten, erst posthum erschienenen Hauptwerk: „Das
Lob, das seinen [sc. Friedjungs] Büchern in aller Welt gespendet wird, ist, wenigstens was den ‚Kampf um
die Vorherrschaft [in Deutschland]' betrifft, fundiert. Hier stoßen wir nicht nur auf Gelehrsamkeit,
sondern auch auf nüchternes Urteil, ungewöhnliche Kraft in der Wiedererweckung des Vergangenen,
eine klare, bildhafte Sprache. Wohl schlägt manchmal die Deutschtümelei durch, aber das ist doch nur
an einigen Stellen der Fall." Albert FUCHS, Geistige Strömungen in Österreich 1867–1918 (Wien 1949)
20.
    [78] GLAUBAUF, Bismarck und der Aufstieg des Deutschen Reiches (wie Anm. 71) 248.
    [79] Günther RAMHARDTER, Geschichtswissenschaft und Patriotismus. Österreichische Historiker
1914–1918 (Wien 1973) 74.
    [80] ZAILER, Heinrich Friedjung (wie Anm. 71) 82.
    [81] Heinrich FRIEDJUNG, Vorrede, in: DERS., Historische Aufsätze (Stuttgart–Berlin 1919) VII–XVI,
hier VII.

steigen bereit waren". „Staatliches und nationales Gefühl" seien „bei den Deutschen Österreichs oft schwer zu scheiden" gewesen[82].

Friedjung lehrte zwar an keiner Universität, er war aber alles andere als ein Außen-seiter des akademischen Betriebs[83]. Heinrich (von) Srbik bezeichnete seinen „Kampf um die Vorherrschaft in Deutschland" noch nach 1945 als ein „bewundernswerte[s]" Werk, das, „altösterreichisch, deutschgesinnt und liberal in einem, den blutigen Bruderkrieg [des Jahres 1866; Th. W.] mit dem Geist ausgleichender Gerechtigkeit und des Ver-ständnisses für beide Streitteile den Söhnen und Enkeln der Toten lebendig vor Augen stellte"[84].

Der in Schlaining in Westungarn (im heutigen Burgenland), ebenso wie Heinrich Friedjung als Sohn jüdischer Kaufleute, geborene liberale Journalist und Historiker Ri-chard Charmatz (1879–1965) hingegen wird weder in Srbiks „Geist und Geschichte" (1951) noch in Alphons Lhotskys Standardwerk „Österreichische Historiographie" (1962) auch nur erwähnt. Charmatz hatte das Gymnasium aus gesundheitlichen Grün-den verlassen müssen und entwickelte sich, gefördert von seinem Mentor und Vorbild Friedjung[85], autodidaktisch zu einem seinerzeit sehr bekannten Geschichtsschreiber der multinationalen Habsburgermonarchie seit der Revolution von 1848. Er sah bis zur Auflösung Österreich-Ungarns 1918 „[i]m Dreiklang von demokratischer Entfaltung, wirtschaftlicher Entwicklung und daraus resultierendem kulturellem Fortschritt [...] die Zukunft Österreichs"[86]. Mit einiger Berechtigung hat Harry Ritter konstatiert[87]: „Certainly, Charmatz was not a writer-scholar of Friedjung's stature; nevertheless, his work has left a more enduring mark on modern Austrian historical studies than that of many academics and archivists, and his political perceptions were vastly more far-sighted than those of the great majority of his countrymen."

1904 proklamierte Charmatz, die Zukunft der westlichen Reichshälfte Österreich-Ungarns, in der man zu lange die „nationalen Individualitäten ignoriert" habe, sei „der demokratisch-nationale Bundesstaat, der mit Ungarn im Verhältnis der Personalunion lebt"[88]. 1912 zog er zunächst ein grundsätzlich optimistisches Resümee der inneren Ge-

---

[82] Ebd. XIII.

[83] Die Wiener Akademie der Wissenschaften wählte ihn 1909 zum korrespondierenden und 1919 zum wirklichen Mitglied, die Bayerische Akademie wählte ihn zum korrespondierenden Mitglied, die Universität Heidelberg verlieh ihm das Ehrendoktorat und im September 1913 hielt er bei der von ihm mitorganisierten 13. Versammlung deutscher Historiker an der Universität Wien den ersten öffentlichen Vortrag.

[84] Heinrich Ritter von Srbik, Geist und Geschichte vom deutschen Humanismus bis zur Gegen-wart, 2 Bde. (München–Salzburg 1950 und 1951) 2, 119. Vgl. auch Ders., Friedjung, Heinrich. *Deut-sches Biographisches Jahrbuch*, 2. Überleitungsbd. (1917–1920) 535–545.

[85] Im Juni 1918 schrieb Charmatz in einem Brief an Friedjung, dass er in ihm „menschlich und beruflich das Ideal erblickt". Zitiert nach Paul Wildner, Der Historiograph und Journalist Richard Charmatz (1879–1965). Eine Bestandsaufnahme seiner Arbeiten (Diss., Univ. Wien 1973) 10.

[86] Fritz Fellner, Richard Charmatz – Biograph Österreichs [1965]. Wiederabdruck in: Ders., Ge-schichtsschreibung und nationale Identität (wie Anm. 52) 323–329, hier 324. Zum „Weltbild" und zu den politischen Grundüberzeugungen Charmatz' siehe bes. Wildner, Richard Charmatz (wie Anm. 85) 215–219 und passim; außerdem Ritter, Progressive Historians (wie Anm. 71) 71–89.

[87] Ebd. 72.

[88] Richard Charmatz, Der demokratisch-nationale Bundesstaat Österreich. Betrachtungen (Frank-furt 1904) 12 und 6. Siehe auch Ders., Oesterreich als Völkerstaat (Österreichische Bücherei 3, Wien 1918), und Wildner, Richard Charmatz (wie Anm. 85) 145–148. Ganz ähnlich wie Charmatz 1904 postulierte übrigens der führende Austromarxist Otto Bauer 1913 in seiner als Unterrichtsanleitung für

schichte der Habsburgermonarchie bzw. deren westlicher Reichshälfte seit der Revolution, um dann aber doch mit einem für die Deutschösterreicher und ihre „(Kultur-)Mis-
sion", von deren Berechtigung er zutiefst überzeugt war, teilweise bitteren Ausblick zu
enden[89]:

„Trotz des Haders, trotz der Konflikte entwickeln sich die Völker [Cisleithaniens], indem sie
ihre nationale Kultur vertiefen und sich wirtschaftlich zu stärken suchen. Gerade in den letzten
sechzig Jahren wurde darin Großes geleistet. Glücklicherweise verzehren eben die politischen
Tageskämpfe nicht alle Kräfte. […] Während die Entwicklung jedoch den slawischen Völkern
nur Vorteile bringt, ist sie für die Deutschen, die einst in den österreichischen Landen die aus-
schließlichen Herren waren, mit vielerlei Entsagungen verbunden. […] Aber nur schwache
Naturen lassen sich durch äußere Umstände in ihrer Mission schwankend machen! Die Sendung des deutschen Volkes in Österreich besteht darin, das Reich der Habsburger aus den
einfachen Formen der absolutistischen Vergangenheit zu den komplizierten Formen einer Zukunft der Freiheit und Gleichheit aller hinüberzuleiten."

Auf der Grundlage der Auswertung von Zeitungen, Zeitschriften, Broschüren, der
Reichsratsprotokolle und anderer gedruckter Quellen sowie der (deutschsprachigen) Se-
kundärliteratur publizierte Charmatz 1909 in der populärwissenschaftlichen Reihe „Aus
Natur und Geisteswelt" des Leipziger Verlags B. G. Teubner „zwei schmale, aber inhalts-
reiche Bände"[90] über „Österreichs innere Geschichte von 1848 bis 1907" (mit den
Bandtiteln „Die Vorherrschaft der Deutschen" [bis 1879] und „Der Kampf der Nationen"), aus deren „Rückblick und Ausblick" die eben zitierten Sätze stammen. Die Bände
enthalten beispielsweise auch fundierte Überblicke über die Geschichte der Arbeiterbewegung und der wirtschaftlichen Entwicklung, insbesondere der Industrialisierung[91]. In
derselben Reihe ließ Charmatz 1912 und 1914 eine zusammenfassende, ebenfalls zweibändige Darstellung der „Geschichte der auswärtigen Politik Österreichs im 19. Jahrhundert" (von 1790 bis 1908) und 1918 als Fortsetzung beider Werke das Bändchen
„Österreichs äußere und innere Politik von 1895 bis 1914" folgen[92]. Seine historiographischen Hauptwerke sind aber nicht diese zuverlässig informierenden, seinerzeit kon-
kurrenzlosen synthetischen kleinen Bände, mit denen sich „Generationen von Studenten […] auf Prüfungen vorbereitet haben"[93], sondern die Biographien zweier von ihm

---

die Wiener Arbeiterschule verfassten Broschüre „Geschichte Österreichs": „Österreich wird in einen
Bundesstaat autonomer Nationen verwandelt werden oder es wird aufhören zu sein." Zitiert nach Ernst
HANISCH, Der große Illusionist. Otto Bauer (Wien–Köln–Weimar 2011) 66. Vgl. auch ebd. 101–104.
    [89] Richard CHARMATZ, Österreichs innere Geschichte von 1848 bis 1907, Bd. 2: Der Kampf der
Nationen (Aus Natur und Geisteswelt 243, Leipzig ²1912) 174. Charmatz wollte den Deutschen in der
multinationalen Habsburgermonarchie bis zuletzt eine Vorzugsstellung als „Erste unter Gleichen" eingeräumt wissen. FELLNER, Richard Charmatz (wie Anm. 86) 327.
    [90] FELLNER, Richard Charmatz (wie Anm. 86) 325.
    [91] Vgl. WILDNER, Richard Charmatz (wie Anm. 85) 71–78.
    [92] Vgl. ebd. 85–93 und 144f. „Aus der politischen Gegenwart kommend, forscht er nach, wie sich
das politische Geschehen seiner Zeit entwickelt hat. Ausgangspunkt seiner Betrachtung ist daher das
Revolutionsjahr 1848 für die innenpolitische Situation, für die Außenpolitik glaubt er die Ereignisse seit
der Französischen Revolution maßgebend. Den Zusammenhang zwischen Innen- und Außenpolitik
sieht er darin, daß nur ein innenpolitisch gut arbeitender Staat auch entsprechend außenpolitisch auftreten kann." Ebd. 92f.
    [93] FELLNER, Richard Charmatz (wie Anm. 86) 325. Nach dem Zeugnis Fritz Fellners, der als Stu-
dent im Hörsaal dabei war und mitstenographierte, hat der frisch an die Universität Wien berufene Hugo
Hantsch 1947/48 in einer sich über zwei Semester erstreckenden Vorlesung über die „Innere Geschichte
Österreichs von 1848 bis 1914" offenbar mehr oder weniger wörtlich Charmatz' einschlägige Büchlein

besonders hoch geschätzter deutschösterreichischer Reformpolitiker, nämlich des in Ungarn als Sohn jüdischer Eltern geborenen Adolf Fischhof (1816–1893), eines Verfechters einer weitgehenden Föderalisierung der westlichen Reichshälfte Österreich-Ungarns[94], und des gebürtigen Rheinländers Karl Ludwig von Bruck (1798–1860), der als österreichischer Handels- und später Finanzminister in der Zeit des Neoabsolutismus den „Plan einer mitteleuropäischen Wirtschaftsgemeinschaft"[95], bestehend aus dem Habsburgerreich und dem Deutschen Zollverein und basierend auf einer Zollunion und einander angeglichenen Währungs- und Steuersystemen, entwarf und verfolgte.

1893 wurde für die rechtshistorische Staatsprüfung im Rahmen des rechts- und staatswissenschaftlichen Studiums an den österreichischen (d.h. cisleithanischen) Universitäten das obligate Prüfungsfach „Österreichische Reichsgeschichte (Geschichte der Staatsbildung und des Öffentlichen Rechts)" eingeführt[96]. Dabei ging es in der Praxis der akademischen Lehre nach dem kritischen Urteil Otto Brunners in erster Linie „um

---

vorgetragen. Fellner führt als Entschuldigung für Hantsch an, dass er diese Vorlesung ursprünglich nicht geplant hatte, sondern auf ausdrücklichen Wunsch des Unterrichtsministeriums hielt, „weil die innere Geschichte Österreichs jener Jahrzehnte in der großdeutsch orientierten Geschichtslehre in Schule und Universität schon seit den zwanziger Jahren vernachlässigt worden war". Fritz FELLNER, Geschichtsstudium in Kriegs- und Nachkriegsjahren, in: Erinnerungsstücke. Wege in die Vergangenheit. Rudolf VIERHAUS zum 75. Geburtstag gewidmet, hg. von Hartmut LEHMANN–Otto Gerhard OEXLE (Wien–Köln–Weimar 1997) 49–77, hier 64f.

[94] Richard CHARMATZ, Adolf Fischhof. Das Lebensbild eines österreichischen Politikers (Stuttgart–Berlin 1910). Vgl. WILDNER, Richard Charmatz (wie Anm. 85) 78–82, und RITTER, Progressive Historians (wie Anm. 71) 81–88.

[95] Richard CHARMATZ, Minister Freiherr von Bruck. Der Vorkämpfer Mitteleuropas. Sein Lebensgang und seine Denkschriften (Leipzig 1916) III. Vgl. WILDNER, Richard Charmatz (wie Anm. 85) 125–128; Hinweise zur Arbeitsweise und zum Ethos des Zeithistorikers Charmatz, der nach dem Urteil seines Biographen „‚histoire engagée' in der besten Bedeutung des Wortes" betrieb, ebd. 204–214, das Zitat 211. – Kurz vor dem Ersten Weltkrieg publizierte Charmatz auch eine lange Zeit unübertroffene Zusammenstellung von rund 1800 in deutscher, französischer und englischer Sprache erschienenen Monographien, auch als Sonderdrucke erschienen Aufsätzen, Reihenwerken und Quelleneditionen von ungefähr 950 Autoren zur Geschichte der Habsburgermonarchie und ihrer Länder, in der beispielsweise Anton Springers „Geschichte Österreichs seit dem Wiener Frieden" als „[g]ediegenes Hauptwerk, fesselnd geschrieben", Karl Marx' (recte, was 1912 noch nicht bekannt war, Friedrich Engels') „Revolution und Konterrevolution in Deutschland" als „[g]eistvolle Betrachtungen" und Robert William Seton-Watsons „The Southern Slav Question and the Habsburg Monarchy" als „[i]nhaltsreiches Werk" zur Lektüre empfohlen werden. Richard CHARMATZ, Wegweiser durch die Literatur der österreichischen Geschichte (Stuttgart–Berlin 1912) 55, 76 und 117. Bei den zahlreichen Werken Heinrich Friedjungs, der zu der Bibliographie eine „Einleitung" beisteuerte, enthielt sich der Autor – wohl aus Respekt vor dem verehrten Meister und Mentor, mit dem er allerdings politisch nicht immer einer Meinung war (siehe z. B. RITTER, Progressive Historians [wie Anm. 71] 82f.) – jeder Charakterisierung. Vgl. auch WILDNER, Richard Charmatz (wie Anm. 85) 82–85.

[96] Grundlegend: Kurt EBERT, Zur Einführung der Österreichischen Reichsgeschichte im Jahre 1893, in: Die Österreichische Rechtsgeschichte. Standortbestimmung und Zukunftsperspektiven, hg. von Hans Constantin FAUSSNER–Gernot KOCHER–Helfried VALENTINITSCH (Graz 1991) 49–73. Siehe weiters v. a. HOCHEDLINGER, Stiefkinder der Forschung (wie Anm. 8) 351–365; außerdem LHOTSKY, Geschichte des Instituts (wie Anm. 33) 226–230; Fritz FELLNER, Reichsgeschichte und Reichsidee als Problem der österreichischen Historiographie [1996]. Wiederabdruck in: DERS., Geschichtsschreibung und nationale Identität (wie Anm. 52) 173–184, hier 180f.; HEISS, Im „Reich der Unbegreiflichkeiten" (wie Anm. 47) 456f.; Christoph GNANT, Die „Österreichische Reichsgeschichte" und ihre Sicht auf das Heilige Römische Reich, in: Das Reich und seine Territorialstaaten im 17. und 18. Jahrhundert. Aspekte des Mit-, Neben- und Gegeneinander, hg. von Harm KLUETING–Wolfgang SCHMALE (Münster 2004) 11–22.

die Darstellung der nach sachlichen Gruppen geordneten Institutionen der Verfassung und Verwaltung", um „eine ihres politischen Gehaltes völlig entkleidete Institutionengeschichte"[97]. Neben der Institutionen- und Behördengeschichte blieb die Österreichische Reichsgeschichte „eine äußere Geschichte der Staats*werdung* (der territorialen Veränderungen durch Teilungen, Erbfälle und Friedensschlüsse), nicht des Staats*bildungs*prozesses"[98]. In den folgenden Jahren erschienen mehrere, der österreichischen „Gesamtstaatsidee" verpflichtete Lehr- und Handbücher aus der Feder deutschösterreichischer und deutschböhmischer Historiker sowie je eines tschechischen und polnischen Gelehrten (Alfons Huber, Arnold Luschin von Ebengreuth, Emil Werunsky, Adolf Bachmann, Alfons Dopschs Neubearbeitung von Hubers „Reichsgeschichte"; tschechisch: Bohuš Rieger[99]; polnisch: Oswald Balzer). Auf diese kann hier nur am Beispiel des vielleicht bedeutendsten ganz kurz eingegangen werden. Der als Sohn eines aus Krain stammenden Juristen in Lemberg geborene Arnold Luschin von Ebengreuth (1841–1932), der von 1881 bis zu seiner Emeritierung 1912 als ordentlicher Professor für Deutsche und Österreichische Reichs- und Rechtsgeschichte an der Universität Graz wirkte, betonte in seinem, in zweiter Auflage kurz vor dem Ende Österreich-Ungarns erschienenen, immer noch lesenswerten „Grundriß der österreichischen Reichsgeschichte" die Rolle des bereits seit der Regierungszeit Ferdinands I. entstehenden „österreichischen Gesamtadels", der landesfürstlichen Beamtenschaft, der Armee und des (Kaiser-)Hofes bei der allmählichen, von den Monarchen und ihren Staatsmännern angestrebten stärkeren Integration des habsburgischen Länderkomplexes zu einem einheitlichen Staat[100].

Um 1900 beantwortete Hans von Voltelini (1862–1938), außerordentlicher Professor für Österreichische Geschichte an der Universität Innsbruck, in einem programma-

---

[97] BRUNNER, Das österreichische Institut für Geschichtsforschung (wie Anm. 11) 409f. Bald trat die österreichische Reichsgeschichte „aus ihrer ursprünglichen Sphäre des juristischen Unterrichts hinüber in die philosophische Fakultät und drängte hier die österreichische Geschichte älteren Stils, die [nach dem Tod Alfons Hubers 1898; Th. W.] keine Vertreter von Rang mehr besaß, in den Hintergrund". Ebd. 410. 1898 wurde die Österreichische Reichsgeschichte unter der Bezeichnung „Geschichte der Verfassung und Verwaltung Österreichs" als Pflichtfach in den Lehrplan des Ausbildungskurses des Instituts für Österreichische Geschichtsforschung aufgenommen. LHOTSKY, Geschichte des Instituts (wie Anm. 33) 227–229, 238 und 240. Siehe auch HOCHEDLINGER, Stiefkinder der Forschung (wie Anm. 8) 360–362.

[98] Ebd. 358.

[99] Zu Riegers Kompendium der Österreichischen Reichsgeschichte („Říšské dějiny rakouské") siehe den Beitrag von Joachim Bahlcke im vorliegenden Band.

[100] „Adel, Beamtentum und Militär waren die Hauptstützen, deren sich die Habsburger bedienten, um die Gesamtstaatsidee zu fördern. [...] Mochte auch die Stellung des Herrschers gegenüber den einzelnen Landen der Landesverfassung nach verschieden sein, so enthielten doch die in seiner Person und an seinem Hofe zusammentreffenden Geschäfte von selbst einen Kern gemeinsamer Angelegenheiten, durch dessen Weiterentwicklung dann die Gesamtstaatsidee ihre mächtigste Förderung erfuhr." Arnold LUSCHIN VON EBENGREUTH, Grundriß der österreichischen Reichsgeschichte. 2., verb. u. erw. Aufl. (Bamberg 1918) 248. „Seit dem Erwerb von Ungarn und Böhmen durch König Ferdinand I. beginnt sich ein österreichischer Gesamtadel zu bilden. [...] Bei der großen Verschiedenheit der beherrschten Völkerschaften erschien ihre Verschmelzung zu einer einheitlichen österreichischen Gesamtnation ausgeschlossen. Wohl aber war die Entstehung eines österreichischen Gesamtadels möglich, der als Unterlage des Staates bei der auf Annäherung der Erblande und Ausgleichung der provinziellen Verschiedenheiten abzielenden Herrschertätigkeit benützt werden konnte. Daraus erklärt sich auch die schwerwiegende Bedeutung, welche der österreichische Staat immer seinem Adel, zumal dem hohen Adel eingeräumt hat und der besondere Einfluß jener Geschlechter, welche jeweilig den Hofadel im engeren Sinne ausmachten." Ebd. 311.

tischen Aufsatz die Frage, „ob die österreichische Reichsgeschichte eine Geschichte der Gesamtmonarchie und der beiden Staaten, aus denen dieselbe besteht, sein soll, [...] oder ob sie neben der Gesamtmonarchie nur die staatsrechtliche Entwicklung der im Reichsrate vertretenen Königreiche und Länder vertreten soll", im Sinne der engeren, das Königreich Ungarn ausklammernden Auffassung[101]. Anders als die englische, die französische oder die deutsche Geschichte werde die österreichische Geschichte „immer eine Staatsgeschichte bleiben müssen, denn die Nationen, welche den Kaiserstaat bewohnen, gehören verschiedenen nationalen Kulturkreisen an"[102].

Wohl unter dem Eindruck der kürzlich erfolgten Etablierung des Faches „Österreichische Reichsgeschichte" regte Jaroslav Goll (1846–1929), Professor für Allgemeine Geschichte an der Tschechischen Universität Prag und Begründer einer bedeutenden Historikerschule[103], in der konstituierenden Sitzung der Kommission für Neuere Geschichte Österreichs im Februar 1901 an, „man solle das Arbeitsfeld der Commission auch auf die innere Geschichte ausdehnen, damit auch Quellen zur inneren Geschichte Österreichs in der Neuzeit mit besonderer Berücksichtigung von Verfassungs-, Verwaltungs- und Wirtschaftsgeschichte publiciert werden mögen"[104]. Dank des unermüdlichen Fleißes österreichischer Archivare – insbesondere von Thomas Fellner (1852–1904), Heinrich Kretschmayr (1870–1939) und Friedrich Walter (1896–1968) – erfolgte damit der Startschuss „zu einer der bedeutendsten und erfolgreichsten Forschungsarbeiten der Kommission"[105], dem von 1907 bis 1971 in insgesamt 14 Darstellungs- und Aktenbänden erschienenen Großprojekt „Die österreichische Zentralverwaltung" (ÖZV), in dem die Zeit von etwa 1490 bis 1867 abgedeckt ist[106]. In gewisser Weise

---

[101] „Ungarn ist nach den Ausgleichsgesetzen von 1867 ein in seinen inneren Angelegenheiten selbständiger und unabhängiger Staat. Die Geschichte seiner Verfassung und Verwaltung kann daher nur insoweit für die österreichische Reichsgeschichte von Belang sein, als die mit Österreich gemeinsamen Institutionen in Betracht kommen, und als die ungarischen Verhältnisse auf die Entwicklung des österreichischen Staatsrechtes zurückgewirkt haben." Hans von VOLTELINI, Die österreichische Reichsgeschichte, ihre Aufgaben und Ziele. *Deutsche Geschichtsblätter. Monatsschrift zur Förderung der landesgeschichtlichen Forschung* 2 (1901) 97–108, hier 104.

[102] Ebd. Gerald Stourzh hat auf „eine merkwürdige, aber keineswegs auf ihn allein beschränkte Inkonsequenz" in Voltelinis Aufsatz aufmerksam gemacht: „Trotz seiner, wie ich es nennen möchte, reduktionistischen Abweisung der Relevanz ungarischer innerer Entwicklungen betonte er gleichzeitig, daß dem österreichischen Historiker ohne Kenntnis der inneren politischen Geschichte die äußere unverständlich bleiben werde. Damit ist aber ein bis heute gravierendes Problem der österreichischen Geschichtsschreibung und auch ihrer Lehre angesprochen. Befassen wir uns mit der Geschichte der auswärtigen Beziehungen der Habsburger-Monarchie, gehen wir vom Gesamtstaat aus; befassen wir uns mit den inneren Verhältnissen, blenden wir häufig weite Bereiche der Monarchie, vor allem die Länder der ungarischen Krone nach 1867, von markanten Ausnahmen abgesehen (z. B. Armeebefehl von Chlopy 1903, Wahlrechtsreformvorschlag Kristóffys 1905) aus." Gerald STOURZH, Der Umfang der österreichischen Geschichte, in: Probleme der Geschichte Österreichs und ihrer Darstellung, hg. von Herwig WOLFRAM–Walter POHL (VKGÖ 18, Wien 1991) 3–27, hier 13.

[103] Jaroslav MAREK, Jaroslav Goll (Odkazy pokrokových osobností naší minulosti 94, Praha 1991); Jaroslav Goll a jeho žáci [Jaroslav Goll und seine Schüler], hg. von Bohumil JIROUŠEK (Historia culturae 4, České Budějovice 2005); Bohumil JIROUŠEK, Jaroslav Goll. Role historika v české společnosti [Jaroslav Goll. Die Rolle des Historikers in der tschechischen Gesellschaft] (Historia culturae 11, České Budějovice 2006).

[104] Zitiert nach FELLNER, „... ein wahrhaft patriotisches Werk" (wie Anm. 60) 44.

[105] Ebd. 45.

[106] Siehe HOCHEDLINGER, Stiefkinder der Forschung (wie Anm. 8) 365–370. Eine bibliographische Zusammenstellung der 14 Bände sowie Digitalisate aller Bände finden sich auf der Website der Kommission für Neuere Geschichte Österreichs: https://oesterreichische-geschichte.at/#/veroeffentlichungen/

war die ÖZV auch eine Antwort auf die 1887 begründeten „Acta Borussica" („Denkmäler der Preußischen Staatsverwaltung im 18. Jahrhundert"), allerdings fehlen der ÖZV
„der Blick auf die Länderebene und jede Berücksichtigung der für die *Acta Borussica*
kennzeichnenden Wirtschafts- und Gewerbepolitik. […] Ungarn wurde getreu den programmatischen Vorgaben der Reichsgeschichte völlig ausgeblendet."[107]

Wie in den anderen kriegführenden Staaten, betätigten sich auch in Österreich-Ungarn während des Ersten Weltkriegs einige Historiker intensiv als politische Publizisten.
In Cisleithanien dürfte sich der Kreis derjenigen, die sich „in den Dienst der geistigen
Mobilmachung" stellten[108], weitgehend auf deutsche (deutschsprachige) Historiker beschränkt haben. Fast alle forderten, unisono mit den Bestrebungen der deutschen bürgerlichen Parteien, ausdrücklich die „Festigung der Vormachtstellung der Deutschen
Österreichs in der zisleithanischen Reichshälfte" und die Vertiefung des Bündnisses mit
dem Deutschen Reich[109]. Besonders aktiv und prominent traten dabei Heinrich Friedjung, Richard Charmatz und der Sozialdemokrat Ludo Moritz Hartmann als Verfechter
von „Mitteleuropa"-Konzeptionen hervor (Charmatz auch mit der Forderung nach
einem Umbau Österreich-Ungarns zu einem demokratisch-föderalistisch organisierten
Völkerstaat), andere wie die Innsbrucker Professoren Rudolf von Scala und Harold
Steinacker, der Professor für Österreichische Geschichte in Czernowitz bzw. Graz Raimund Friedrich Kaindl und der Wiener Osteuropahistoriker Hans Uebersberger verfochten unterschiedlich radikale deutschnationale Bestrebungen, wieder andere wie Richard von Kralik[110], Michael Mayr und Ludwig von Pastor traten mit katholisch-

---

suche (unter „Thematik: Zentralverwaltung") [25.4.2022]. – Heinrich Kretschmayr, dessen Hauptwerk
eine dreibändige Geschichte Venedigs ist, verfasste übrigens auch eine in erster Auflage 1936 erschienene
Überblicksdarstellung der Geschichte Österreichs, die auf Vorlesungen beruht, die er im Wintersemester
1935/36 an der Universität Wien gehalten hatte. In dem mit „März 1938" datierten Vorwort zur dritten
Auflage pries er den soeben erfolgten „Anschluss" mit begeisterten Worten und stellte Hitler auf eine
Ebene mit König bzw. Kaiser Otto I.: „Unsere Heimat ist in einem Akte von fast religiöser Hingabe
heimgekehrt in das Haus der Mutter. Der dreizehnte März 1938 ist ihr heiliger Tag geworden, wie einst
der zehnte August 955, als aus der Abwehrschlacht auf dem Lechfelde Österreich entsprang. Die ewigen
Gewalten haben uns wie vor tausend Jahren den großen Kaiser aus dem Hause der Ottonen so jetzt den
großen Führer Adolf Hitler gegeben und wir danken Gott und Schicksal für diese hohe Gnade." Heinrich KRETSCHMAYR, Geschichte von Österreich (Wien–Leipzig ³1938) 4. Die Geschichte der Habsburgermonarchie, der etwa zwei Drittel des Buches gewidmet sind, gliederte Kretschmayr in drei große
Phasen mit den Überschriften „Haus Österreich" (1526 bis 1718), „Die Monarchia Austriaca" (1718
bis 1867) und „Der Völkerstaat" (1867 bis 1918). Eine ausführliche Inhaltsangabe des Buches findet
sich in Ingrid EPSTEIN, Professor Dr. Heinrich Kretschmayr. Leben und Werk (Diss., Univ. Wien 1978)
117–156.

[107] HOCHEDLINGER, Stiefkinder der Forschung (wie Anm. 8) 366. „Im Grunde handelt es sich bei
der ÖZV um eine zusammengesetzte ‚Behördengeschichte' der Wiener Zentralstellen. Zu einer struktur-
analytischen Durchdringung nach dem Beispiel der preußischen Verfassungs- und Verwaltungsgeschichte ist es nicht gekommen […]." Ebd.

[108] RAMHARDTER, Geschichtswissenschaft und Patriotismus (wie Anm. 79) 10.

[109] Ebd. 17f.

[110] Kralik hatte kurz vor dem Ersten Weltkrieg eine umfangreiche „Österreichische Geschichte"
vorgelegt, in der er gegen „das Dogma der alten, veralteten Historiographie" polemisierte, „Österreich
sei ein zufälliges Konglomerat, zusammengeheiratet, zusammengekriegt, zusammengehandelt". Österreich, also die Habsburgermonarchie, sei vielmehr ein Staat, „der, auf natürlichen und notwendigen
Grundlagen erwachsen, in seiner unbeirrten und logischen, organischen Ausbildung durch die Jahrhunderte auch heute seine tiefinnerliche organische Kraft des Lebens und Wachsens bewährt". KRALIK,
Österreichische Geschichte (wie Anm. 67) IX und 624.

konservativen Ideen hervor, etwa der Forderung nach einem Umbau der Habsburgermonarchie zu einem christlichen Ständestaat[111].

Oswald Redlich bezeichnete die Habsburgermonarchie im Herbst 1914 als „Notwendigkeit in der Eigenart ihrer Existenz"[112], und im Dezember 1915 äußerte er bei
einem Vortrag in der Wiener Urania die damals bereits ganz unrealistische Hoffnung,
in der Monarchie, deren seit 1526 vereinigte Länder „nicht bloß dynastisch", sondern
auch durch naturräumliche und kulturelle Beziehungen „einander verbunden" seien,
werde sich, ähnlich wie in der Schweiz, das Bewusstsein einer alle (Sprach-)Nationen
und Nationalitäten umfassenden Staatsnation entwickeln. Der Staat bedürfe aber jedenfalls „einer unentbehrlichen, einheitlich vermittelnden und verständigenden Sprache,
und diese kann in Österreich nur die deutsche sein"[113] – obwohl es in der österreichischen Reichshälfte im Gegensatz zu Ungarn bekanntlich keine einheitliche Staatssprache gab[114]. Ähnlich wie Redlich vertrat auch sein (aus Nordböhmen stammender)
Kollege Alfons Dopsch (1868–1953)[115], seit 1900 Ordinarius für Allgemeine und
Österreichische Geschichte an der Universität Wien, im Februar 1917 in einem von
der „Reichsdeutschen Waffenbrüderlichen Vereinigung" organisierten Vortrag in Berlin
die Ansicht, dass es sich bei dem 1526 von Ferdinand I. begründeten Großstaat „nicht
nur um ein künstliches Gebilde rein dynastischer Erwerbungs- oder Heiratspolitik"
handle. Die Verbindung der österreichischen, böhmischen und ungarischen Länder sei
vielmehr „begründet in den natürlichen Bedingungen des großen Stromgebietes der
Donau", und sie sei außerdem „das feste Unterpfand wechselseitiger Sicherung der Ein-
zelstaaten gegen jede Bedrohung durch feindliche Übermacht, eine Rücken- und Flan-
kendeckung von wiederholt erprobter strategischer Bedeutung"[116]. Ausdrücklich bedauerte und kritisierte Dopsch, dass das deutschliberale Ministerium des Fürsten Adolf
Auersperg 1873 zwar die Direktwahl zum Abgeordnetenhaus des Reichsrats einführte,
es aber verabsäumt habe, „die zur Sicherung der Führerstellung der Deutschen notwendigen verfassungsrechtlichen Vorkehrungen" wie insbesondere die „Festlegung der deutschen Staatssprache" zu treffen[117].

---

[111] RAMHARDTER, Geschichtswissenschaft und Patriotismus (wie Anm. 79) passim.

[112] Zitiert nach ebd. 59.

[113] Oswald REDLICH, Österreich-Ungarns Bestimmung (Flugschriften für Österreich-Ungarns Erwachen 12, Warnsdorf i. B. 1916) 12 und 20. Vgl. auch Herbert DACHS, Österreichische Geschichtswissenschaft und Anschluß 1918–1930 (Wien–Salzburg 1974) 94–106, und HOLESCHOFSKY, Oswald
Redlich (wie Anm. 58) 49f.

[114] Vgl. etwa die außerordentlich anregende Gießener Antrittsvorlesung von Peter HASLINGER, Spra-
chenpolitik, Sprachendynamik und imperiale Herrschaft in der Habsburgermonarchie 1740–1914. *ZfO*
57 (2008) 81–111.

[115] Thomas BUCHNER, Alfons Dopsch (1868–1953), in: Österreichische Historiker 1900–1945.
Lebensläufe und Karrieren in Österreich, Deutschland und der Tschechoslowakei in wissenschafts-
geschichtlichen Porträts [, Bd. 1], hg. von Karel HRUZA (Wien–Köln–Weimar 2008) 155–190; WINKEL-
BAUER, Das Fach Geschichte (wie Anm. 2) 122–127, 205–218 und passim.

[116] Alfons DOPSCH, Österreichs Geschichtliche Sendung (Österreichische Bücherei 1, Wien–Leipzig
1918) 20f.

[117] Ebd. 88.

Vom Ende des Ersten bis zum Ende des Zweiten Weltkriegs (1918–1945)

Den drei großen politischen „Lagern" der Ersten Republik, also den Christlichsozialen, den Sozialdemokraten und den Deutschnationalen (selbstverständlich auch den Nationalsozialisten)[118], war bekanntermaßen das Verständnis der deutschsprachigen Österreicherinnen und Österreicher als „Deutsche" gemeinsam[119]. Otto Bauer (1881–1938) beispielsweise, der führende Theoretiker des Austromarxismus, der auch ein exzellenter Historiker war, behauptete 1923 in seinem methodisch innovativen[120] und immer noch sehr lesenswerten Buch über die – dreifache, nämlich nationale, demokratische und soziale – „österreichische Revolution" von 1918/19: „Durch die ganze neuere Geschichte Deutschösterreichs zieht sich der Gegensatz zwischen unserem Deutschtum und unserem Österreichertum."[121] Seit der (Pariser) Julirevolution von 1830, so Bauer, „streiten in der Seele des deutschösterreichischen Bürgertums sein Deutschtum und sein Österreichertum gegeneinander"[122].

Die Bilder der Habsburgermonarchie in der österreichischen Historiographie der Zwischenkriegszeit können als relativ gut erforscht gelten. Vor einigen Jahren haben diesem Thema auch ein ungarischer und ein tschechischer Historiker wichtige, unterschiedlich umfangreiche Monographien sowie ein polnischer Historiker ein Buchkapitel gewidmet[123]. Gergely Romsics hat untersucht, wie die Geschichte Österreichs und der Habsburger bzw. der Habsburgermonarchie von konservativen, teilweise deutsch-völki-

---

[118] Siehe zusammenfassend u. a. Ernst Hanisch, Der lange Schatten des Staates. Österreichische Gesellschaftsgeschichte im 20. Jahrhundert (Österreichische Geschichte 1890–1990, Wien 1994) 117–153. „Bei den Christlichsozialen hieß die Hierarchisierung: katholisch-österreichisch-deutsch, bei den Sozialdemokraten: sozialistisch-deutsch, bei den Deutschnationalen: nur deutsch." DERS., Der große Illusionist (wie Anm. 88) 147.

[119] „Die ‚österreichischen Deutschen' wurden, kaum hinterfragt, als Teil des deutschen Volkes aufgefaßt, österreichische bzw. habsburgische Geschichte als Teil der deutschen. Der Gegensatz zwischen den politischen Lagern bestand daher vorrangig in der unterschiedlichen Deutung dieser deutschen Identität und der deutschen Geschichte. Es handelte sich dabei um Diskurse, die in der zeitgenössischen Geschichtswissenschaft ebenfalls geführt wurden und idealtypisch als Auseinandersetzung zwischen einer ‚gesamtdeutschen' und einer ‚österreichisch-vaterländischen' Geschichtsauffassung beschrieben werden können." Werner SUPPANZ, Der lange Weg in die Moderne: Narrative der Habsburgermonarchie in der österreichischen Geschichtswissenschaft seit 1918, in: Vergangene Größe und Ohnmacht in Ostmitteleuropa: Repräsentationen imperialer Erfahrung in der Historiographie seit 1918, hg. von Frank HADLER–Mathias MESENHÖLLER (Geschichtswissenschaft und Geschichtskultur im 20. Jahrhundert 8, Leipzig 2007) 223–244, hier 225.

[120] „Bauer schrieb eine Gesellschaftsgeschichte, eine transnationale Geschichte, bevor es die Namen dieser historischen Paradigmen gab." HANISCH, Der große Illusionist (wie Anm. 88) 188.

[121] Otto BAUER, Die österreichische Revolution (Wien 1923) 49.

[122] Ebd. Zu Otto Bauer als Historiker und seinen drei „sozialgeschichtlichen Meisterwerken" (Ernst Hanisch) siehe HANISCH, Der große Illusionist (wie Anm. 88) 92–104 („Die Nationalitätenfrage und die Sozialdemokratie", 1907, 2. Aufl. 1924), 188–200 („Die österreichische Revolution", 1923) und 219–225 („Der Kampf um Wald und Weide. Studien zur österreichischen Agrargeschichte und Agrarpolitik", 1925).

[123] Gergely ROMSICS, The Memory of the Habsburg Empire in German, Austrian and Hungarian Right-Wing Historiography and Political Thinking, 1918–1941 (East European Monographs 773, Boulder, Co., 2010); Ota KONRÁD, Německé bylo srdce monarchie ... Rakušanství, němectví a střední Evropa v rakouské historiografii mezi válkami [Deutsch war das Herz der Monarchie ... Österreichertum, Deutschtum und Mitteleuropa in der österreichischen Historiographie zwischen den Kriegen] (Praha 2011); Adam KOŻUCHOWSKI, The Afterlife of Austria-Hungary. The Image of the Habsburg Monarchy in Interwar Europe (Pittsburgh 2013 [poln. Originalausg. 2009] 23–65.

schen und antisemitischen deutschen und österreichischen Historikern in der Zwischenkriegszeit (re)interpretiert wurden – im Rahmen eines semantischen Feldes von in unterschiedlichen Beziehungen zueinander stehenden fünf Schlüsselkonzepten, nämlich
Volk, Raum, Reich, Kolonisierung und Mitteleuropa[124]. Ota Konrád hat zahlreiche in
der Zwischenkriegszeit entstandene Publikationen österreichischer Historiker (von Otto
Bauer, Wilhelm Bauer, Viktor Bibl, Otto Brunner, Hugo Hantsch, Raimund Friedrich
Kaindl, Heinrich Kretschmayr, Heinrich von Srbik, Harold Steinacker, Ernst Karl Winter und anderen) in ihren zeitgenössischen Kontexten gelesen und interpretiert. Er kam
zu dem Ergebnis, dass es das (deutsche) Volk war, das „die Grenzen des Interesses der
Historiographie" absteckte „oder sogar deren Gegenstand und das Subjekt der Geschichte" bildete, dass es „aber auch der Träger und Garant der Kontinuität in der Geschichte"
war[125]. Konrád hat unter anderem darauf aufmerksam gemacht, dass in den meisten der
untersuchten Texte „die österreichische (bzw. die deutsche) Geschichte als eine zugleich
tragische und heroische Geschichte" geschildert wird[126]. Adam Kożuchowski schließlich
hat den Versuch unternommen, den von Essayisten, Romanciers, Journalisten und Historikern gestalteten postimperialen und postmortalen Diskurs über Österreich-Ungarn
in den zwei Jahrzehnten nach dem Ersten Weltkrieg, also in seiner formativen Phase, zu
beschreiben und zu analysieren. Die Geschichte der Habsburgermonarchie sei vielfach
mittels eines klassischen „Aufstieg und Fall"-Paradigmas und, je nachdem, ob der Autor
mit der Monarchie sympathisierte oder nicht, entweder als Tragödie oder als Farce geschrieben worden[127]. In dem im Detail fehlerhaften Kapitel über Österreich-Ungarn in
der Historiographie konzentrierte sich Kożuchowski auf jene Autoren, für die die Geschichte der Monarchie ein intellektuelles Problem darstellte, also insbesondere auf
(deutsch)österreichische Historiker. Diese, so der Autor, betrachteten die Monarchie in
ihrer großen Mehrheit „as a mother who had been betrayed and abandoned by her
ungrateful children, and their bitterness was strengthened by their awareness of the fact
that the children insisted that she was a nasty and abusive stepmother"[128].

---

[124] ROMSICS, The Memory of the Habsburg Empire (wie Anm. 123) 70f. und passim.

[125] KONRÁD, Německé bylo srdce monarchie (wie Anm. 123) 119 (Übersetzung Th. W.).

[126] „Der Modus tragicus et heroicus, in dem die österreichische Geschichte dargeboten wurde, war
nicht nur eine psychologische Reaktion auf die epochalen historischen Ereignisse, deren Zeugen die
Historiker waren [...]. Bei näherer Betrachtung zeigt sich, dass die Tragik der österreichischen Geschichte nicht nur aus der vorherrschenden Konzeption der österreichischen Geschichte als primär deutsche
Geschichte, geschrieben aus der Perspektive der österreichischen Deutschen, entsprang, sondern auch,
dass diese Form der literarischen Repräsentation des historischen Materials diese Konzeption, zahlreichen
sachlichen Einwänden zum Trotz, erst ermöglichte." KONRÁD, Německé bylo srdce monarchie (wie
Anm. 123) 121 (Übersetzung Th. W.). Vgl. auch DERS., Der Historiker als Prophet? Die Zukunftsvisio-
nen in der österreichischen Geschichtsschreibung der Zwischenkriegszeit, in: Über die österreichische
Geschichte hinaus (wie Anm. 3) 137–150.

[127] KOŻUCHOWSKI, The Afterlife of Austria-Hungary (wie Anm. 123) 15f.

[128] Ebd. 52. „Similarly, their anti-Magyar sentiments could be compared to an outburst of com-
plaints after the divorce of a couple who never had love for each other, only a common budget. However,
there was one more important member of this family: Austria's mighty sister, the Germany united by
Prussia. In this hate-love relationship the resentments were the deepest and most complex for [...] at that
time the difference between Austrians and Germans was indefinable. The border between the two countries was regarded as an artificial remnant of the past, preserved by the victorious Allies; the border
between the two identities and loyalties ran across the personal biographies of a number of interwar
historians." Ebd. 52f. – Bei der folgenden Typologisierung der österreichischen Historiographie über
die Habsburgermonarchie zwischen 1918 und 1945 stütze ich mich unter anderem auf zwei Aufsätze
des an der Universität Graz tätigen Historikers Werner Suppanz, die von den drei soeben zitierten Auto-

Bevor ich mich den Bildern der Habsburgermonarchie in den Werken österreichischer Historiker in der Zwischenkriegszeit zuwende, sei noch ein bis zum heutigen Tag unentbehrliches Standardwerk kurz vorgestellt, das bereits während des Ersten Weltkriegs – ursprünglich wohl in der Hoffnung, damit einen konstruktiven Beitrag zu einer Umgestaltung des österreichischen Nationalitätenstaates leisten zu können – konzipiert wurde, aber ein Torso geblieben ist. Die Rede ist von den beiden umfangreichen, auf breitester Quellenbasis (insbesondere amtlichen Denkschriften und den bis 1918 unter Verschluss gehaltenen Ministerratsprotokollen) ruhenden, 1920 und 1926 erschienenen Bänden „Das österreichische Staats- und Reichsproblem" des aus Mähren stammenden österreichischen Juristen, Politikers und Historikers Josef Redlich (1869–1936), des letzten Gemeinsamen Finanzministers Österreich-Ungarns[129].

Der Anfang März 1849 vom Verfassungsausschuss des konstituierenden österreichischen Reichstags fertiggestellte Kremsierer Verfassungsentwurf, mit dessen Ausarbeitung Redlichs Darstellung des „Staats- und Reichsproblems" des nun nicht mehr bloß durch die Dynastie zusammengehaltenen Reiches[130] einsetzt, sei bis zum Ende Österreich-Ungarns „der einzige große Reformplan geblieben, der im Zeichen des freien Vertrages der Völker zustandegekommen ist"[131]. Während Redlich den 1867 realisierten „paritätischen Dualismus" (mit einer deutschen Hegemonie in der westlichen Reichshälfte und einer magyarischen Hegemonie in Ungarn), mit dem sein unvollendet gebliebenes Mammutwerk endet, unter den gegebenen Umständen für unumgänglich hielt, bekundete er im Resümee („Rückschau und Ausblick") die Überzeugung, dass das unveränderte Festhalten Kaiser Franz Josephs am mittlerweile „erstarrten" und „entarteten" Ausgleich in den folgenden Jahrzehnten „den Dualismus zum eigentlichen Gegenstande des Angriffes aller um Geltung ringenden und nach vorwärts drängenden nationalistischen, politischen und sozialen Kräfte sämtlicher Völker seines Reiches" gemacht habe[132]. Redlichs unvollendetes Opus magnum schließt mit dem Satz: „So hat schließlich doch das Werk von 1867 – nach einem halben Jahrhundert seiner Funktion als Grundlage dynastischer Großmachtpolitik – seine *beiden* Schöpfer: die Dynastie und das imperialistische Magyarentum zugleich mit der Zertrümmerung der deutschen Macht in Europa in den Abgrund gestürzt."[133]

Der österreichische Archivar, künftige Professor für Geschichte des Mittelalters an der Deutschen Universität Prag und an mehreren deutschen Universitäten Theodor

---

ren nicht herangezogen worden sind: SUPPANZ, Der lange Weg in die Moderne (wie Anm. 119), und DERS., Supranationality and National Overlaps: The Habsburg Monarchy in Austrian Historiography after 1918, in: Disputed Territories and Shared Pasts, hg. von Tibor FRANK (Writing the nation 5, Basingstoke u. a. 2011) 66–91.

[129] Vgl. u. a. [Fritz FELLNER,] Josef Redlich – Leben und Werk, in: Schicksalsjahre Österreichs. Die Erinnerungen und Tagebücher Josef Redlichs 1869–1936, Bd. 3: Biographische Daten und Register, hg. von DEMS.–Doris A. CORRADINI (VKNGÖ 105/III, Wien–Köln–Weimar 2011) 9–27, hier 19f.

[130] Josef REDLICH, Das österreichische Staats- und Reichsproblem. Geschichtliche Darstellung der inneren Politik der habsburgischen Monarchie von 1848 bis zum Untergange des Reiches, Bd. 1/1 (Leipzig 1920) 1–58 (Erster Abschnitt. Die geschichtlichen Grundlagen der österreichischen Reichs- und Staatsgewalt: der dynastische Reichs- und Staatsgedanke) und Bd. 1/2 (Leipzig 1920) 3–14 (Anmerkungen).

[131] Ebd., Bd. 1/1 92.

[132] Josef REDLICH, Das österreichische Staats- und Reichsproblem. Geschichtliche Darstellung der inneren Politik der habsburgischen Monarchie von 1848 bis zum Untergange des Reiches, Bd. 2/2 (Leipzig 1926) 680.

[133] Ebd.

Mayer (1883–1972)[134] hat an Redlichs Werk insbesondere die weitgehende Beschränkung auf die Innenpolitik und die Ausklammerung des für ein angemessenes Verständnis nötigen „innigen Zusammenhanges mit der europäischen Politik" kritisiert. Dadurch sei Redlichs Darstellung „zu einer Geschichte der Verfassungskämpfe" geworden, „die selbst wieder ohne die gleichzeitige Aufrollung der großen europäischen Fragen nicht in ihren letzten Zielen ganz zu durchschauen sind"[135]. Auch sei der Kremsierer Verfassungsentwurf „gewiß eine beachtenswerte Leistung", die „heute die Krone eines durch den Hof erzwungenen Martyriums" habe, das dürfe „aber den Historiker doch nicht über die im Habsburgerreiche tatsächlich wirksamen Kräfte und über die notwendigen praktischen Schwächen jeder Verfassung täuschen"[136]. Redlichs Freund Hermann Bahr hingegen, der die Habsburgermonarchie in den Jahren vor dem Ersten Weltkrieg als Militärstaat[137] und als „slawischen Staat" bzw. „slawisches Reich"[138] charakterisiert hatte, pries das Werk in den höchsten Tönen; es sei „im Grunde der erste Versuch einer inneren Geschichte Oesterreichs"[139]. Für den ehemaligen k. k. Finanzminister und Präsidenten des gemeinsamen Obersten Rechnungshofes Ernst (von) Plener (1841–1923) war schon der erste Band von Redlichs Werk „eine hochbedeutsame Bereicherung unserer staatswissenschaftlichen Literatur und zugleich der lobenswerte Versuch, die leitenden politischen Ideen von allen Seiten zu beleuchten, Gründe und Gegengründe des verschiedenen politischen Verhaltens genau zu untersuchen [und] allgemeine Formeln für die einzelnen politischen Strömungen zu finden"[140]. Plener kritisierte allerdings die allzu überschwängliche Bewertung des Kremsierer Verfassungsentwurfs, denn dieser habe sich „den Neubau sehr bequem gemacht", indem „er vom Verhältnis der diesseitigen Länder zu Ungarn überhaupt völlig schwieg, also jeden Lösungsversuch beiseite ließ". Am „ungarischen Problem einfach vorbeizugehen", zeuge „nicht von großer konstruktiver Kraft" und sei „selbst 1848/49 durch die unmittelbaren Erfahrungen nicht gerechtfertigt" gewesen[141].

Zwischen den beiden Bänden von „Das österreichische Staats- und Reichsproblem" verfasste Redlich für die Carnegie-Stiftung für internationalen Frieden das 1925 in deutscher und 1929 in englischer Sprache erschienene Buch „Österreichische Regierung und Verwaltung im Weltkriege", nach wie vor das Standardwerk über die Tätigkeit der österreichischen Regierungen, über die von Ausnahmezustand, Militärdiktatur und Staatssozialismus geprägte innere Geschichte, Gesetzgebung, Verwaltung und Wirtschaft der österreichischen Reichshälfte von 1914 bis 1918. Einleitend konstatiert Redlich, Öster-

---

[134] Zu Theodor Mayer, einem der prominentesten Mediävisten im nationalsozialistischen Deutschland (er war von 1942 bis 1945 Präsident des Reichsinstituts für ältere deutsche Geschichtskunde, der ehemaligen Monumenta Germaniae Historica), siehe v. a. Reto HEINZEL, Theodor Mayer. Ein Mittelalterhistoriker im Banne des „Volkstums" 1920–1960 (Paderborn u. a. 2016).

[135] Theodor MAYER, Rezension von: Josef Redlich, Das österreichische Staats- und Reichsproblem, Bd. 1 (Leipzig 1920). *MIÖG* 39 (1923) 289–294, hier 290.

[136] Ebd. 293.

[137] Hermann BAHR, Austriaca (Berlin 1911) 82–85.

[138] Ebd. 34f. und 48f.

[139] BAHR, Das österreichische Staats- und Reichsproblem (wie Anm. 68) 2. Den „österreichischen Deutschen" machte Bahr unter anderem den Vorwurf, „daß sie sich einreden ließen, an ihnen sei es, den ‚deutschen Charakter' Oesterreichs zu bewachen, den es dabei gar nicht gab". Ebd. 153.

[140] Ernst PLENER, Österreichische Verfassungsgeschichte nach Josef Redlich. *Österreichische Rundschau* 65 (1920) 241–254, hier 254.

[141] Ebd. 253.

reich sei auch in der seit 1860 schrittweise einsetzenden Ära des Konstitutionalismus „bis zu seinem Ende in Wahrheit ein Obrigkeitsstaat geblieben"[142].

Die Habsburgermonarchie in der „gesamtdeutschen Geschichtsauffassung" („Modell Heinrich Srbik") und in der „(politischen) Volksgeschichte" („Modell Otto Brunner")

Die meisten der in der Zwischenkriegszeit an den österreichischen Universitäten tätigen Historiker gaben in ihren Publikationen grundsätzlich dem „Volk" den Vorrang vor dem Staat. Zentrale Dimensionen ihres „Denkstils" waren, wie Christian Gerbel richtig beobachtet hat,

„– der Anspruch auf die Vorherrschaft des ‚deutschen Volkes' (dies implizierte die Hierarchisierung der verschiedenen ‚Völker' bzw. ‚Rassen', wobei die Übergänge zwischen diesen Kategorien fließend waren);
– der ‚Wille zur Schaffung eines gemeinsamen deutschen Volksbewußtseins' […];
– die Suche nach dem ‚Wesen des Deutschtums';
– die Überzeugung [von] einer ‚deutschen Sendung' Österreichs […]; sowie
– die Konstruktion eines machtpolitischen, die Jahrhunderte umspannenden Bogens, der dem ‚Reichsgedanken' verpflichtet war"[143].

Von den 1920er Jahren bis 1945 nahm unter den professionellen Historikern Österreichs die federführend von Heinrich (Ritter von) Srbik (1878–1951, 1922 bis 1945 ordentlicher Professor für Allgemeine Geschichte der Neuzeit an der Universität Wien, Dienstenthebung 1945, dauernder Ruhestand 1948) propagierte „gesamtdeutsche Geschichtsauffassung" eine hegemoniale Position ein[144]. Dabei handelte es sich um eine Synthese aus Elementen einer „borussischen", d. h. preußisch-kleindeutschen, und einer „österreichischen", d. h. habsburgisch-großdeutschen Interpretation der Geschichte des deutschsprachigen Raumes und Zentraleuropas[145]. Kennzeichnend war „einerseits die

---

[142] Dieser sei „durchaus ein Verwaltungsstaat in dem Sinne [gewesen], welchen das Wort ‚Verwaltung' in Mitteleuropa seit dem 18. Jahrhundert besitzt, nämlich als Tätigkeit der vom Staatsoberhaupt eingesetzten Behörden oder, besser gesagt, der von ihm ernannten und nach seinem Willen zu Ämtern und Behörden vereinigten Staatsbeamten, als deren ausschließlicher Dienstherr und Leiter der Monarch mittels der gleichfalls ausschließlich und unkontrolliert von ihm ernannten, aus Beamtenministern bestehenden Zentralregierung erscheint." Joseph Redlich, Österreichische Regierung und Verwaltung im Weltkriege (Wirtschafts- und Sozialgeschichte des Weltkrieges, Österreichische und Ungarische Serie, Abt. Österreich, Wien–New Haven 1925) 9.
[143] Christian Gerbel, Zur „gesamtdeutschen" Geschichtsauffassung, der akademischen Vergangenheitspolitik der Zweiten Republik und dem politischen Ethnos der Zeitgeschichte, in: Transformationen gesellschaftlicher Erinnerung. Studien zur „Gedächtnisgeschichte" der Zweiten Republik, hg. von Dems. et al. (Kultur.Wissenschaften 9, Wien 2005) 86–130, hier 86f.
[144] Siehe z. B. Gernot Heiss, Die „Wiener Schule der Geschichtswissenschaft" im Nationalsozialismus: „Harmonie kämpfender und Rankescher erkennender Wissenschaft"? In: Geisteswissenschaften im Nationalsozialismus. Das Beispiel der Universität Wien, hg. von Mitchell G. Ash–Wolfram Niess–Ramon Pils (Wien–Göttingen 2010) 397–426, hier 400f.
[145] Siehe Heinrich Ritter von Srbik, Gesamtdeutsche Geschichtsauffassung. Vortrag, gehalten in der allgemeinen Sitzung der 57. Versammlung deutscher Philologen und Schulmänner in Salzburg am 28. September 1929. *Deutsche Vierteljahrsschrift für Literaturwissenschaft und Geistesgeschichte* 8 (1930) 1–12; ders., Gesamtdeutsche Geschichtsauffassung (Leipzig–Berlin 1932); ders., Zur gesamtdeutschen Geschichtsauffassung. Ein Versuch und sein Schicksal. *HZ* 156 (1937) 229–262; Ludwig Moos, Bildungsbürgertum, Nationalproblem und demokratisches Zeitalter. Studien zum Werk Heinrich Ritters

Anerkennung der ‚Leistungen' des Habsburgerreiches aus Sicht eines ‚deutschen Universalismus', gleichzeitig aber die Auffassung von dessen Obsoletheit in der Ära der modernen Nationalstaaten"[146]. Im Gegensatz insbesondere zu Srbik, in dessen Schriften sich keine Spuren von Humor und Ironie finden lassen[147], arbeitete Viktor Bibl (1870–1947, seit 1913 außerordentlicher und seit 1926 ordentlicher Professor für Allgemeine Geschichte der Neuzeit, 1934 beurlaubt, 1937 Entzug der Lehrbefugnis, seit 1940 Mitglied der NSDAP) in seinen Werken „viel eher mit den Stilmitteln der Ironie und des Sarkasmus. Das war auch letzten Endes die Ursache der entrüsteten Reaktion Srbiks auf Bibls Metternich-Porträt."[148] Der extreme Vielschreiber Bibl blieb im akademischen Feld zeitlebens ein Außenseiter[149].

Letzteres gilt in abgeschwächter Form auch für den in Czernowitz, der Hauptstadt der Bukowina, geborenen Raimund Friedrich Kaindl (1866–1930), den umtriebigen Erforscher der Geschichte des „Karpatendeutschtums", der von 1915 bis zu seinem Tod als Ordinarius für Österreichische Geschichte an der Universität Graz wirkte und sich „mit seinen teils polemischen Angriffen gegen die ‚kleindeutsche' Richtung der Geschichtswissenschaft nach 1918 zunehmend ins wissenschaftliche Abseits" manövrierte[150]. Als „Zweck" seiner in unserem Zusammenhang wichtigen politisch-historischen Streitschrift „Oesterreich, Preußen, Deutschland" (1926) nannte er die Absicht, „beim deutschen Volke den großdeutsch-mitteleuropäischen Gedanken, der seit Karl dem Großen [sic!] das deutsche Schicksal beherrscht, [zu] stärken, endlich darauf [zu]

---

von Srbik (Inaugural-Dissertation, Albert-Ludwigs-Universität Freiburg i. Br. 1967) 87–137; Michael DERNDARSKY, Österreich und die „deutsche Einheit". Studien zu Heinrich von Srbik und seiner gesamtdeutschen Geschichtsauffassung (ungedr. Habilitationsschrift, Univ. Klagenfurt 1989); Martina PESDITSCHEK, Heinrich (Ritter von) Srbik (1878–1951), in: Österreichische Historiker, Bd. 2 (wie Anm. 2) 263–328, bes. 284–291; KONRÁD, Německé bylo srdce monarchie (wie Anm. 123) 44–50 und passim; WINKELBAUER, Das Fach Geschichte (wie Anm. 2) 171–182.

[146] SUPPANZ, Der lange Weg in die Moderne (wie Anm. 119) 227. Eine stärker „rassisch", d. h. rassistisch determinierte Variante der gesamtdeutschen Geschichtsauffassung vertrat der in Budapest geborene, von 1918 bis zu seiner Enthebung 1945 als ordentlicher Professor für Geschichte des Mittelalters und Historische Hilfswissenschaften an der Universität Innsbruck lehrende Harold Steinacker (1875–1965). Siehe Harold STEINACKER, Vom Sinn einer gesamtdeutschen Geschichtsauffassung [1931]. Wiederabdruck in: DERS., Volk und Geschichte. Ausgewählte Reden und Aufsätze (Brünn–München–Wien 1943) 89–110; DERS., Die volksdeutsche Geschichtsauffassung und das neue deutsche Geschichtsbild [1937]. Wiederabdruck ebd. 111–148; DERS., Der Donauraum in der Geschichte, in: Der Donauraum und seine Probleme (Auslandskundliche Vorträge der Technischen Hochschule Stuttgart 7, Stuttgart 1933) 27–43; Renate SPREITZER, Harold Steinacker (1875–1965). Ein Leben für „Volk und Geschichte", in: Österreichische Historiker [, Bd. 1] (wie Anm. 115) 191–223, bes. 197–199 und 215–221; OBERKROME, Volksgeschichte (wie Anm. 74) 75f., 79f., 149f. und passim; KONRÁD, Německé bylo srdce monarchie (wie Anm. 123) 23–26, 48–50, 54–56, 71–79, 105–107, 136–138 und passim.

[147] PESDITSCHEK, Heinrich (Ritter von) Srbik (wie Anm. 145) 279. Siehe aber immerhin Heinrich Ritter von SRBIK, Österreichs Schicksal im Spiegel des geflügelten Wortes. MIÖG 42 (1927) 268–293; leicht erweiterter Wiederabdruck in: DERS., Aus Österreichs Vergangenheit. Von Prinz Eugen zu Franz Joseph (Salzburg 1949) 243–270 und 292–297.

[148] KONRÁD, Německé bylo srdce monarchie (wie Anm. 123) 122 (Übersetzung Th. W.).

[149] Vgl. Siegfried NASKO, Bibl contra Srbik. Ein Beitrag zur historiographischen Polemik um Metternich. ÖGL 15 (1971) 497–513; DERS., Viktor Bibl (1870–1947). Studien zu seinem Leben und Werk (Diss., Univ. Wien 1971); DACHS, Geschichtswissenschaft (wie Anm. 113) 159–171; WINKELBAUER, Das Fach Geschichte (wie Anm. 2) 177–179.

[150] Alexander PINWINKLER, Raimund Friedrich Kaindl (1866–1930). Geschichte und Volkskunde im Spannungsfeld zwischen Wissenschaft und Politik, in: Österreichische Historiker [, Bd. 1] (wie Anm. 115) 125–154, hier 126.

verweisen, daß dieser sich nur durch den Föderalismus verwirklichen läßt"[151]. Das von Kaindl „apodiktisch zum höchsten Gut der deutschen Geschichte" gemachte deutsche Volk[152] habe den „Kitt der Donaumonarchie" gebildet, der durch die „Teilung von 1866", also die militärische Niederlage Österreichs gegen Preußen und das Ende des Deutschen Bundes, „zermürbt" worden sei, was den Niedergang der Habsburgermonarchie zur Folge gehabt habe[153].

Viele Indizien sprechen dafür, dass sich Heinrich (von) Srbik im Laufe der 1930er Jahre zu einem „genuinen Nationalsozialisten" entwickelte, der alle einen solchen kennzeichnenden „inhumanen und in letzter Konsequenz verbrecherischen Ressentiments" teilte[154]. An der Jahreswende 1935/36, drei Jahre nach der Machtübernahme der Nationalsozialisten in Deutschland, hielt er an der Berliner Universität drei Vorträge zum Thema „Österreich in der deutschen Geschichte". Gleich im ersten Vortrag fasste er seine Interpretation mit den folgenden, ebenso blumigen wie blutvollen Worten zusammen:

„Österreich war durch Jahrhunderte einer der stärksten Träger deutschen Lebens, sein Werden, Aufsteigen und Absinken bildet einen wesentlichen Teil deutscher Geschichte, Österreich war und ist ein Stück deutscher Seele, deutschen Ruhmes und deutschen Leides. Österreich hat aus dem Mutterboden Alldeutschlands unschätzbare physische und geistige Kräfte gesogen, es hat aber auch sehr Bedeutsames für die Entfaltung gesamtdeutschen Blutes, Raumes und Geistes geleistet. Das deutsche Blut war das staatsbildende und es war das schöpferischste Element auch im kulturellen Gebiete; es war der bedeutsamste Einschlag auch in den Mischungen, die österreichisches Deutschtum mit anderem Blute einging; deutsch war die befruchtendste Arbeit des Geistes, des Pfluges und des Schwertes, deutsch war der geschichtliche Kulturboden weit über die deutschen Siedlungsgrenzen innerhalb Österreichs, deutsch war die bestimmendste Farbe des geistigen Antlitzes und deutsch die geschichtliche Sendung Österreichs."[155]

In seinem 1935 und 1942 erschienenen vierbändigen Hauptwerk „Deutsche Einheit. Idee und Wirklichkeit vom Heiligen Reich bis Königgrätz" hat Srbik Österreich, d. h.

---

[151] Raimund Friedrich KAINDL, Oesterreich, Preußen, Deutschland. Deutsche Geschichte in großdeutscher Beleuchtung (Wien–Leipzig 1926) IXf.

[152] PINWINKLER, Raimund Friedrich Kaindl (wie Anm. 150) 142.

[153] KAINDL, Oesterreich, Preußen, Deutschland (wie Anm. 151) 312. „Methodisch zwischen ‚Geschichte' und ‚Volkskunde' oszillierend, gelang es Kaindl […] nie, als Historiker eine über seine Wirkungsorte Czernowitz und Graz hinaus reichende Anerkennung zu finden. […] Erst ‚Volksgeschichte' und ‚Ost-' und ‚Südostforschung' bezogen sich seit den 1930er Jahren erneut in legitimatorischer Absicht auf Kaindl als einen Pionier ‚völkischer' Forschungen und regionaler Deutschtumspolitik im Karpatengebiet." PINWINKLER, Raimund Friedrich Kaindl (wie Anm. 150) 154. Vgl. auch Raimund Friedrich KAINDL, in: Die Geschichtswissenschaft der Gegenwart in Selbstdarstellungen, hg. von Sigfrid STEINBERG (Leipzig 1925) 171–205; Hauke Focko FOOKEN, Raimund Friedrich Kaindl als Erforscher der Deutschen in den Karpatenländern und Repräsentant grossdeutscher Geschichtsschreibung (Hamburger Beiträge zur Geschichte der Deutschen im europäischen Osten 3, Lüneburg 1996); Martin-Fritz KNOR, Raimund Friedrich Kaindl und die Wiener Schule. 2., erg. u. verb. Fassung der gleichnamigen, im Herbst 1998 eingereichten Diplomarbeit an der Universität Wien (Wien 1999); OBERKROME, Volksgeschichte (wie Anm. 74) 52–54 und 76–79.

[154] PESDITSCHEK, Heinrich (Ritter von) Srbik (wie Anm. 145) 305. Man dürfe sich von Srbiks nach 1945 verbreiteten „idealistischen Rhetorik-Schwaden" nicht in die Irre führen lassen. In Wirklichkeit sei er „ein Brandstifter in der Maske eines Biedermannes gewesen […], ein in seinen Äußerungen niemals vertrauenswürdiger […] Konjunktur-Ritter voll gerade für genuine Nationalsozialisten typischen Ressentiments". Ebd. 321 und 323f. Vgl. auch GERBEL, Zur „gesamtdeutschen" Geschichtsauffassung (wie Anm. 143) 88–92.

[155] Heinrich Ritter von SRBIK, Österreich in der deutschen Geschichte (München ⁴1943) 8.

der Habsburgermonarchie, das Recht auf einen „Ehrenplatz in der deutschen Geschichte" zugesprochen. Die 1935 erschienenen ersten zwei Bände waren in der zweiten Hälfte der dreißiger Jahre in Deutschland und Österreich „die in der Geschichtswissenschaft wie in einer breiteren historisch interessierten Öffentlichkeit vielleicht am meisten beachtete, diskutierte und gewürdigte Veröffentlichung eines Fachhistorikers"[156]. Srbik übertrug die Reichsidee – also die von ihm imaginierte „Idee" des „Heiligen Römischen Reiches (deutscher Nation)" – in einer veritablen *translatio imperii* für die Zeit nach 1806 auf den österreichischen Kaiserstaat, der 1804 durch die Annahme des Titels eines erblichen Kaisers von Österreich durch den römisch-deutschen Kaiser Franz II. de facto postuliert wurde[157]. Nach dem Urteil Michael Derndarskys wurde der deutschnationale oder groß-deutsche Aspekt „für Srbik letztlich zum Vehikel der mitteleuropäischen Konzeption", und er selbst sei „seiner Überzeugung und Programmatik nach eher als Großösterreicher denn als österreichischer Großdeutscher zu bezeichnen"[158]. Martina Pesditschek hat wohl zu Recht eingewandt, dass dieses Urteil zwar „in die richtige Richtung" gehe, dass es aber nicht zum Ausdruck bringe, „dass sich Srbik unter anderem auch das ‚kostbare' deutsche Blut ‚an der Wolga' und ‚in den baltischen Ländern' angelegen sein ließ, das dem Hause Österreich niemals untertan gewesen war", und dass Srbik „stets ein deut-scher Super-Nationalist gewesen" sei[159].

Zu dem von ihm und dem Germanisten Josef Nadler 1936, nach dem Juliabkom-men zwischen dem nationalsozialistischen Deutschland und der austrofaschistischen Regierungsdiktatur unter Bundeskanzler Schuschnigg, herausgegebenen, den Anschluss Österreichs an NS-Deutschland propagierenden Band „Österreich. Erbe und Sendung im deutschen Raum" hat Srbik den Aufsatz „Österreich im Heiligen Reich und im Deutschen Bund 1521/22–1866" beigesteuert[160]. Darin brachte er die seiner Ansicht

[156] Karen Schönwälder, Heinrich von Srbik. „Gesamtdeutscher" Historiker und „Vertrauens-mann" des nationalsozialistischen Deutschland, in: Geschichte der Kaiser-Wilhelm-Gesellschaft im Na-tionalsozialismus. Bestandsaufnahme und Perspektiven der Forschung, 2 Bde., hg. von Doris Kaufmann (Göttingen 2000) 2 528–544, hier 532. Vgl. auch Srbiks 1937 in der Historischen Zeitschrift erschiene-nen Aufsatz, in dem er auf die Kritik Erich Brandenburgs und Fritz Hartungs an den Bänden 1 und 2 von „Deutsche Einheit" antwortete: Srbik, Zur gesamtdeutschen Geschichtsauffassung (wie Anm. 145).
[157] Michael Derndarsky, Zwischen „Idee" und „Wirklichkeit". Das Alte Reich in der Sicht Hein-rich von Srbiks, in: Imperium Romanum – Irregulare Corpus – Teutscher Reichs-Staat. Das Alte Reich im Verständnis der Zeitgenossen und der Historiographie, hg. von Matthias Schnettger (VIEuGM, Abt. für Universalgeschichte, Beih. 57, Mainz 2002) 189–205.
[158] Michael Derndarsky, Der Fall der gesamtdeutschen Historie. Heinrich von Srbik im Span-nungsfeld von Wissenschaft und Politik, in: Kultur und Politik in Österreich und Ungarn, hg. von Péter Hanák et al. (Wien–Köln–Weimar 1994) 153–176, hier 168.
[159] Pesditschek, Heinrich (Ritter von) Srbik (wie Anm. 145) 286.
[160] Heinrich Ritter von Srbik, Österreich im Heiligen Reich und im Deutschen Bund 1521/22–1866, in: Österreich. Erbe und Sendung im deutschen Raum, hg. von Josef Nadler–dems. (Salzburg–Leipzig 1936) 121–140. Der Sammelband war nicht zuletzt „als Gegenentwurf zu kleinösterreichischen Geschichtskonstruktionen im Ständestaat gedacht, wie jenen von Ernst Karl Winter und Konrad Josef Heilig". Heiss, Im „Reich der Unbegreiflichkeiten" (wie Anm. 47) 464. Vgl. etwa Konrad Josef Heilig, Gesamtdeutsche oder christlich-österreichische Geschichtsauffassung im christlichen und deutschen Oesterreich? Eine geschichtswissenschaftliche Auseinandersetzung. *Der christliche Ständestaat* 3 (1936) (Nr. 34, 23. August 1936) 802–807; ders., Reichsidee und österreichische Idee von den Anfängen bis 1806, in: Österreich und die Reichsidee, hg. von Julius Wolf–Konrad Josef Heilig–Hermann M. Gör-gen (Ideengeschichtliche Reihe 1, Wien 1937) 35–170; Helmut Maurer, Konrad Josef Heilig (1907–1945). Mediävist und Publizist, in: Österreichische Historiker, Bd. 2 (wie Anm. 2) 615–647, v. a. 627–637.

nach gegebenen Segnungen der Habsburgermonarchie für ihre nichtdeutschen Nationen folgendermaßen auf den Punkt: „Österreich vereinte nichtdeutsche Völker mit seinem deutschen Kernvolk, und das war bis zum Ende der Monarchie einer ihrer größten Werte für das Deutschtum, daß sie innerhalb ihrer Grenzen eine fremdnationale Welt von der Dienstbarkeit gegenüber der osteuropäischen slawischen Großmacht fernhielt und an die deutschbestimmte Mitte Europas band."[161] Srbik polemisierte auch gegen die „so oft wiederholte Behauptung vom undeutschen Wesen des Hauses Habsburg, des Heiligen Reiches und der Großmacht Österreich"[162]. In der Schlacht bei Königgrätz sei 1866 die „tausendjährige Gemeinschaft Österreichs und Deutschlands [...] zerschnitten worden". Für „Österreich und sein deutsches Kernvolk" werde „der Bruderkrieg stets eine tieftragische Bedeutung haben"[163]. Das „alte Österreich" habe aber „[t]rotz aller Krankheitserscheinungen [...] eine erstaunliche Lebenskraft bis zum Sterben" bewahrt, „das ihm durch feindliche Übermacht und durch den Abfall der nichtdeutschen Völker bereitet worden" sei, und er, Srbik, könne „die Meinung nicht teilen, daß der Staat, der allerdings neuer Lebensformen bedurfte, an sich ein Anachronismus im Zeitalter der nationalstaatlichen siegreichen Tendenz war"[164].

Otto Brunner (1898–1982) war „der für die Entwicklung der Geschichtswissenschaft nach dem Zweiten Weltkrieg wohl wichtigste [...] Wiener Historiker"[165], und er ist zugleich „bis heute einer der umstrittensten österreichisch-deutschen Historiker des 20. Jahrhunderts"[166]. Er begründete 1930, kurz vor seiner im nächsten Jahr erfolgten

---

[161] SRBIK, Österreich im Heiligen Reich und im Deutschen Bund (wie Anm. 160) 132f.

[162] SRBIK, Österreich in der deutschen Geschichte (wie Anm. 155) 33. Er behauptete, dass das Reich „ohne Österreich [...] noch weit mehr im Innern zerrissen worden [wäre] und ohne Österreich wäre der Reichsboden und deutsche Volksboden noch weit größeren Abbröckelungen im Westen ausgesetzt gewesen, als es geschah; ohne die höchste Würde der Christenheit, ohne die Kaiserkrone des Heiligen Römischen Reiches, ohne die seelische und machtpolitische Verbundenheit mit Deutschland hätte aber auch der gewaltige weltgeschichtliche Prozeß des Großmachtwerdens Österreichs sich niemals vollziehen können, wie er sich vollzogen hat." Ebd. 38.

[163] Ebd. 73.

[164] Ebd. 75.

[165] Gernot HEISS, Von Österreichs deutscher Vergangenheit und Aufgabe. Die Wiener Schule der Geschichtswissenschaft und der Nationalsozialismus, in: Willfährige Wissenschaft. Die Universität Wien 1938–1945, hg. von DEMS. et al. (Österreichische Texte zur Gesellschaftskritik 43, Wien 1989) 39–76, hier 47. Hans Rosenberg bezeichnete Brunner 1972 in einem Brief an Dietrich Gerhard sogar als den „allerbedeutendsten Historiker unseres Jahrhunderts". Zitiert nach Thomas ETZEMÜLLER, Sozialgeschichte als politische Geschichte. Werner Conze und die Neuorientierung der westdeutschen Geschichtswissenschaft nach 1945 (Ordnungssysteme 9, München 2001) 82 Anm. 117.

[166] Reinhard BLÄNKNER, Otto Brunner (1898–1982), in: Österreichische Historiker, Bd. 3 (wie Anm. 58) 439–477, hier 439. Vgl. auch die in Anm. 267 zitierten Studien Blänkners sowie Otto Gerhard OEXLE, Sozialgeschichte – Begriffsgeschichte – Wissenschaftsgeschichte. Anmerkungen zum Werk Otto Brunners. VSWG 71 (1984) 305–341; Robert JÜTTE, Zwischen Ständestaat und Austrofaschismus. Der Beitrag Otto Brunners zur Geschichtsschreibung. Jahrbuch des Instituts für Deutsche Geschichte 13 (1984) 237–262; Helmut QUARITSCH, Otto Brunner – Werk und Wirkungen, in: Staat und Recht. FS für Günther WINKLER, hg. von Herbert HALLER et al. (Wien 1997) 825–854; Gadi ALGAZI, Otto Brunner – „Konkrete Ordnung" und Sprache der Zeit, in: Geschichtsschreibung als Legitimationswissenschaft, 1918–1945, hg. von Peter SCHÖTTLER (Frankfurt 1997) 166–203; Hans BOLDT, Otto Brunner und die deutsche Verfassungsgeschichte, in: Historismus in den Kulturwissenschaften, hg. von Karl-Egon LÖNNE (Kultur und Erkenntnis 27, Tübingen 2003) 193–206; Manfred STOY, Das Österreichische Institut für Geschichtsforschung 1929–1945 (MIÖG, Ergbd. 50, Wien–München 2007) 242–315 und passim; James VAN HORN MELTON, Otto Brunner und die ideologischen Ursprünge der Begriffsgeschichte, in: Begriffene Geschichte. Beiträge zum Werk Reinhart Kosellecks, hg. von Hans JOAS–Peter

Ernennung zum außerordentlichen Professor für Geschichte des Mittelalters und Öster-reichische Geschichte an der Universität Wien (als Nachfolger Oswald Redlichs)[167], die Forderung nach dem „Anschluss" Österreichs an Deutschland unter anderem mit der „geschichtlichen Funktion des alten Österreich", also der Habsburgermonarchie. „Die Ziele", die die Donaumonarchie angestrebt habe, „die Form des staatlichen Lebens, die sie geschaffen" habe, seien „unwiederbringlich dahin": „Was uns bleibt, ist die alte Auf-gabe eines friedlichen Zusammenlebens der mitteleuropäischen Völker unter gänzlich veränderten Bedingungen und Voraussetzungen." Diese Aufgabe sei, so Brunner weiter, „eine gesamtdeutsche"[168].

Kurz nach dem „Anschluss" Österreichs an das Deutsche Reich verneinte Brunner, der im Laufe der 1930er Jahre eine „schrittweise Annäherung an den Nationalsozialis-mus" vollzogen hatte[169], in einem Adolf Hitler, der „seine Heimat Österreich zurück ins Reich geführt" habe, und „der nationalsozialistischen Bewegung" huldigenden Aufsatz die Existenz einer zeitgemäßen „Staatsidee" Österreich-Ungarns[170]. Es habe „keine öster-reichische Staatsidee im modernen Sinn" gegeben, „sondern nur die Monarchie und ihre einzelnen Länder, die über alle geschichtlichen Wandlungen hin fortdauern, so daß sogar noch das kleine Österreich nach 1919 ein aus neun Ländern gebildeter Bundes-staat gewesen" sei[171]. „Nicht weil die Mehrheit seiner Bewohner den Fortbestand Öster-reich-Ungarns nicht wünschte, sondern weil sie sich über den Sinn dieses Gebildes nicht einigen konnte", sei „die Monarchie in der Krise des Weltkriegsendes zerbrochen"[172]. Nachdem „die deutsche Stellung des Hauses Österreich" zunächst erschüttert und dann (1866) beseitigt worden sei, sei auch „die Monarchie vom Todeskeim erfaßt" worden[173]. Man könne, so Brunner weiter, „ohne weiteres zugeben, daß die Monarchie tatsächlich

---

Vogt (Berlin 2011) 123–137; zusammenfassend: Winkelbauer, Das Fach Geschichte (wie Anm. 2) 188–195.

[167] Zur Vorgeschichte der Berufung Brunners siehe Pavel Kolář, Fachkontroverse und institutionel-les Umfeld in der Geschichtswissenschaft. Die Debatte um die Nachfolge Oswald Redlichs an der Wie-ner Universität 1929–1931 und die Reorientierung der historischen Hilfswissenschaften, in: Magister noster. FS in memoriam Prof. PhDr. Jan Havránek, CSc., hg. von Michal Svatoš–Luboš Velek–Alice Velková (Praha 2005) 107–124, bes. 120–122; Stoy, Institut für Geschichtsforschung (wie Anm. 166) 56–64.

[168] Otto Brunner, Die geschichtliche Funktion des alten Österreich, in: Die Anschlußfrage in ihrer kulturellen, politischen und wirtschaftlichen Bedeutung, hg. von Friedrich F. G. Kleinwaechter–Heinz von Paller (Wien–Leipzig 1930) 1–11, hier 11.

[169] Blänkner, Otto Brunner (wie Anm. 166) 452f. Der beste Kenner der Problematik hat die Beziehung zwischen Brunner und dem Nationalsozialismus so zusammengefasst: „Überblickt man die Zeit von der Mitte der 1930er Jahre bis 1945, bleibt zu resümieren, dass der politische Historiker Brun-ner kein NS-Parteiaktivist war, sondern ein ,Gelehrten-Intellektueller', der zunehmend und willentlich in den ideologischen Bann des Nationalsozialismus und in das institutionelle Gefüge der nationalsozialisti-schen Wissenschaftsorganisation geriet." Ebd. 456.

[170] Otto Brunner, Österreichs Weg zum Großdeutschen Reich. Deutsches Archiv für Landes- und Volksforschung 2 (1938) 519–528, hier 528.

[171] Ebd. 522. Zur Problematik von „Österreichs Staatsidee" (so der Titel des bekannten Buches František Palackýs aus dem Jahr 1866) von 1848 bis 1918 aus der Perspektive der Imperienforschung und der Programmatik der Sprecher der nichtdominanten Nationen der Monarchie siehe den anregen-den Essay von Miloš Řezník, Die Habsburgermonarchie – ein Imperium ihrer Völker? Einführende Überlegungen zu ,Österreichs Staatsidee', in: Österreich-Ungarns imperiale Herausforderungen. Natio-nalismen und Rivalitäten im Habsburgerreich um 1900, hg. von Bernhard Bachinger–Wolfram Dor-nik–Stephan Lehnstaedt (Schriften der Max Weber Stiftung 2, Göttingen 2020) 45–66.

[172] Brunner, Österreichs Weg zum Großdeutschen Reich (wie Anm. 170) 525.

[173] Ebd. 522.

viele Probleme zweckmäßiger" gelöst habe als das auf sie folgende „zwischeneuropäische Staatenchaos". Ein Staat lebe „aber doch nicht aus rationaler Zweckmäßigkeit und Vernünftigkeit, sondern aus dem politischen Willen seines Staatsvolkes"[174]. „Die Deutschen Österreichs" hätten „die Monarchie nur als einen deutschen Staat, an dessen Spitze sie selbst standen, zu begreifen" vermocht[175]. Diese „deutsche Sinndeutung der Monarchie" sei „den slavischen Völkern" unerträglich erschienen[176], und die Deutschen mussten sie nach der Auflösung des Deutschen Bundes, dem Ausgleich mit Ungarn und der Gründung des Deutschen Reiches als endgültig gescheitert betrachten. Daher sei nunmehr anstelle des Staates „das Volk [...] zur primären, leitenden Idee" des „Denkens und Handelns" der Deutschösterreicher geworden. „Trotz aller Mißgriffe und Irrtümer, die unvermeidlich waren", sei „hier etwas Großes und Einzigartiges" geschehen, nämlich „die entscheidende Gestaltung des volksdeutschen Denkens"[177]. Letzteres bildete für Brunner eine wichtige Voraussetzung dafür, dass nach dem Zerfall Österreich-Ungarns „[d]ie nationalsozialistische Bewegung [...] in dem ohnmächtigen, durch St. Germain und Genf gefesselten Österreich [...] von Anbeginn stark Wurzel gefaßt" habe[178], wodurch für den im März 1938 endlich erfolgten „Anschluss" der Boden bereitet worden sei.

Seit 1939 leitete Otto Brunner die 1931 in Wien gegründete Südostdeutsche Forschungsgemeinschaft, die einen „politisch-kulturellen Hegemonialanspruch des Deutschtums in Mitteleuropa" vertrat[179], seit 1940 war er (als Nachfolger seines Mentors Hans Hirsch) Direktor des, wie es damals hieß, Österreichischen Instituts für Geschichtsforschung (und Archivwissenschaft) und seit Februar 1944 Mitglied der NSDAP[180]. In Weiterführung von Gedanken, die er 1938 in der Festschrift für Oswald Redlich publiziert hatte[181], betonte er 1943 in einem pointierten und gedankenreichen,

[174] Ebd. 525.

[175] Ebd. 524.

[176] Ebd.

[177] Ebd. 526. Bereits 1938 hatte Brunner behauptet: „Nicht zufällig hat sich auf dem Boden Österreichs die Wendung zu einem gesamtdeutschen und damit zugleich zu einem volksdeutschen Denken vollzogen." BRUNNER, Das österreichische Institut für Geschichtsforschung (wie Anm. 11) 416.

[178] BRUNNER, Österreichs Weg zum Großdeutschen Reich (wie Anm. 170) 528.

[179] BLÄNKNER, Otto Brunner (wie Anm. 166) 451. Siehe v. a. Petra SVATEK, „Wien als Tor nach dem Südosten" – Der Beitrag Wiener Geisteswissenschaftler zur Erforschung Südosteuropas während des Nationalsozialismus, in: Geisteswissenschaften im Nationalsozialismus. Das Beispiel der Universität Wien, hg. von Mitchell G. ASH–Wolfram NIESS–Ramon PILS (Wien–Göttingen 2010) 111–139; Michael FAHLBUSCH, Die „Südostdeutsche Forschungsgemeinschaft". Politische Beratung und NS-Volkstumspolitik, in: Deutsche Historiker im Nationalsozialismus, hg. von Winfried SCHULZE–Otto Gerhard OEXLE (Frankfurt ²2000) 241–264; DERS., Südostdeutsche Forschungsgemeinschaft, in: Handbuch der völkischen Wissenschaften. Akteure, Netzwerke, Forschungsprogramme, hg. von DEMS.–Ingo HAAR–Alexander PINWINKLER, 2., grundlegend erw. und überarb. Aufl., Teilbd. 2: Forschungskonzepte – Institutionen – Organisationen – Zeitschriften (Berlin–Boston 2017) 2023–2033. Siehe auch DERS., Wissenschaft im Dienst der nationalsozialistischen Politik? Die „Volksdeutschen Forschungsgemeinschaften" von 1931–1945 (Baden-Baden 1999).

[180] Brunner war seit dem 1. Juli 1938 Parteianwärter und seit dem 18. Februar 1944 Mitglied der NSDAP. Österreichisches Staatsarchiv, Archiv der Republik, Gaukt Otto Brunner, Nr. 38.136, zitiert nach BLÄNKNER, Otto Brunner (wie Anm. 166) 457 Anm. 81. Siehe auch Hans-Henning KORTÜM, „Gut durch die Zeiten gekommen". Otto Brunner und der Nationalsozialismus. *Vierteljahrshefte für Zeitgeschichte* 66 (2018) 117–160, hier 139f., und HEISS, Von Österreichs deutscher Vergangenheit (wie Anm. 165) 52 und 54f.

[181] BRUNNER, Das österreichische Institut für Geschichtsforschung (wie Anm. 11) 401–408.

vier Jahrhunderte umspannenden Überblick über die Rolle, die Ungarn und der Balkan in der Geschichte der Habsburgermonarchie spielten, die zwischen 1683 und 1718 geschaffene österreichische Großmacht sei bis zur Revolution von 1848 „ein monarchischer Staatenverband, ohne einheitlichen Staatsapparat und ohne einheitliche Staatsidee im spezifischen Sinne der neueren Jahrhunderte", geblieben[182]. Die „Monarchie des Hauses Österreich" sei zwar „wesentlich aus deutschen Kräften geschaffen" worden, aber Ungarn, das auch nach den Staats- und Verwaltungsreformen der zweiten Hälfte des 18. Jahrhunderts „seinen ererbten feudalständischen Sozialaufbau" behalten habe, habe innerhalb der Monarchie „sein eigentümliches Wesen" behauptet[183]. Als sich Leopold II. 1791 zum König von Ungarn, das bekanntlich in der Endphase der Regierungszeit Josephs II. unmittelbar vor einer Revolution und der Sezession von Wien stand, krönen ließ, sicherte er in Gesetzartikel 10 des Inauguraldiploms zu, dass Ungarn „non ad normam aliarum provinciarum administretur". „Dieser Satz", so Brunner, „ist zur Grundlage des österreichisch-ungarischen Dualismus geworden."[184] Das schließlich gescheiterte „Ringen" Josephs II. sei „der entscheidende Moment in der Geschichte des österreichischen Staatsgedankens" gewesen:

„Die Monarchie sollte nicht nur einen einheitlich geführten, deutsch bestimmten Staatsapparat, sondern im österreichischen ‚Vaterland' eine einheitliche Staatsidee erhalten. Dieser Versuch mußte gemacht werden, da der aufgeklärte Absolutismus das wesentliche Moment monarchischer Regierung, das religiös fundierte Gottesgnadentum [,] zerstörte und eine die politische Einheit verbürgende politische Idee nun in ‚Staat' oder ‚Vaterland' gefunden werden mußte. Josef II. ist gescheitert. Sehr bald treten neben das österreichische ‚Vaterland' wieder die Erbkönigreiche und Länder und nehmen den Vaterlandsbegriff je für sich in Anspruch. Zugleich erweckt der Widerstand gegen Josefs Zentralismus das Selbstbewußtsein der Völker. Von nun an lebte die Monarchie aus dem fortwirkenden monarchischen Denken älteren Stils, der ‚Kaisertreue'."[185]

Das neoabsolutistische „Reich" der Jahre 1849 bis 1860 sei „ein auf Militär und Verwaltung gestützter Apparatstaat ohne tragende, alle seine Teile gleichmäßig durchdringende Idee" gewesen. Der Weg zu einem „Völkerreich" sei „dieser Form der Monarchie verschlossen" gewesen. Daran sei „dieser Versuch letzten Endes gescheitert"[186]. Schließlich habe der Ausgleich mit Ungarn 1867 „den Tendenzen nach einem zentralisierten Staat ‚Österreich' ebenso ein Ende" gemacht, „wie er jeden Versuch, die Monarchie zu einem Bundesstaat ihrer Völker umzugestalten", verhindert habe. Der Ausgleich habe damit „auch den Versuch, der Monarchie einen über die Gemeinsamkeit der Dynastie und die gegenseitige Verteidigungspflicht hinausgehenden politischen Sinn zu geben, entscheidend" getroffen: „Ungarn lehnt es ab, in der Doppelmonarchie einen öster-

---

[182] Otto BRUNNER, Die Habsburgermonarchie und die politische Gestaltung des Südostens, in: Deutsche Ostforschung. Ergebnisse und Aufgaben seit dem ersten Weltkrieg, hg. von Hermann AUBIN et al. (Deutschland und der Osten 21, Leipzig 1943), Bd. 2 43–83, hier 59.

[183] Ebd. 52 und 64.

[184] Ebd. 65.

[185] Ebd. 65.

[186] Ebd. 73. Es sei, so Brunner an anderer Stelle, Joseph II. nicht gelungen, „die lose Staatsverbindung der Monarchie zum Staat umzubilden". Der „österreichische Staat" – die künftige (nach 1867) „österreichische Reichshälfte" – sei „nur ein Teil der ‚österreichischen Monarchie'" gewesen. BRUNNER, Das österreichische Institut für Geschichtsforschung (wie Anm. 11) 401.

reichischen Gesamtstaat zu sehen und sich einer beide Staaten überwölbenden Staatsidee unterzuordnen. Es gibt den ‚Kaiserstaat Österreich' fortan nicht mehr."[187]

Noch 1944 plädierte Brunner für den Primat des Volkes und der „(politischen) Volksgeschichte" gegenüber dem Staat und der Staatsgeschichte. Die Geschichte des österreichischen Deutschtums werde künftig im Wesentlichen als „Landes- und Volksgeschichte" zu schreiben sein. Neben der Geschichte der Deutschen in den Ländern der Habsburgermonarchie war für Brunner die Geschichte der Habsburger und ihrer dynastischen Großmachtpolitik das zweite große Thema der österreichischen Geschichte. Der Schwerpunkt einer Geschichte der Habsburgermonarchie werde „stets in den neueren Jahrhunderten von der Bildung der ‚Großmacht Österreich' um 1700 bis zu ihrem Zerfall im Jahre 1918 liegen", und „eine Geschichte dieses Staates" könne „nicht an der Tatsache vorbeisehen, daß er zerfallen ist, ja daß der Untergang der Donaumonarchie eine wesentliche Vorbedingung für die Entstehung des Großdeutschen Reiches war. Daher sind uns die Kräfte, die zu ihrem Aufbau führten, ebenso wichtig wie die Faktoren des Zerfalls."[188] Brunner zeigte sich davon überzeugt, dass „[d]er einheitliche Rahmen einer österreichischen Geschichte als Geschichte des ‚Staates' Österreich [...] längst sinnlos geworden" sei. „Die wichtigsten uns heute [1944] beschäftigenden Fragen finden hier keine Antwort mehr. Sie können [...] ernsthaft nur aus einer gesamtdeutschen und damit europäischen Sicht in Angriff genommen werden."[189]

„Österreichisch-vaterländische Geschichtsauffassung" („Modell Hugo Hantsch")

Der zu Beginn dieses Beitrags zitierte Priester und Benediktinermönch Hugo Hantsch (1895–1972, seit 1935 gegen den Willen der Berufungskommission und der Fakultät ernannter außerordentlicher Professor für Österreichische Geschichte an der Universität Graz[190], 1938 entlassen, 1946 bis 1965 als Nachfolger Srbiks Ordinarius für Allgemeine Geschichte der Neuzeit an der Universität Wien) war in den 1930er Jahren „der repräsentativste akademische Vertreter der Geschichtswissenschaft" der vom austrofaschistischen „Ständesaat" propagierten „Österreich-Ideologie"[191], in deren Rahmen Österreich als zweiter (und, da katholisch, „besserer") deutscher Staat figu-

---

[187] BRUNNER, Die Habsburgermonarchie (wie Anm. 182) 74.
[188] Otto BRUNNER, Zur Frage der österreichischen Geschichte. *MIÖG* 55 (1944) 433–439, hier 438f.
[189] Ebd. 439. Bereits 1936 hatte Brunner „die unabweisbare Notwendigkeit" konstatiert, „österreichische Geschichte stets im Rahmen der deutschen, mitteleuropäischen und europäischen Geschichte zu sehen". Otto BRUNNER, Österreich, das Reich und der Osten im späteren Mittelalter, in: Österreich. Erbe und Sendung im deutschen Raum (wie Anm. 160) 61–86, hier 63. Im Wintersemester 1944/45 hielt Brunner eine Vorlesung zum Thema „Das Reich und Europa", in der er auf die Arbeiten Carl Schmitts und Karl Richard Ganzers Bezug nahm und „vor allem an die nationalsozialistischen Europakonzeptionen von Alfred Stix anschloss". BLÄNKNER, Otto Brunner (wie Anm. 166) 464.
[190] Siehe HÖFLECHNER, Das Fach „Geschichte" (wie Anm. 38) 211–215.
[191] SUPPANZ, Der lange Weg in die Moderne (wie Anm. 119) 229. Hantsch „betonte den Führungsanspruch Österreichs innerhalb des Deutschtums aufgrund der katholischen Tradition der Habsburger, die die entscheidenden Leistungen für das Deutschtum in der Geschichte erbracht hätten. [...] Kennzeichnend für das Geschichtsbild des ‚Ständestaates' war [...] die Gegenüberstellung von (preußischem) Machtstaat und (habsburgischem) Kulturstaat." Ebd. Die maßgebliche Untersuchung zu Hantschs Leben und Werk ist HOLESCHOFSKY, Hugo Hantsch (Monographie) (wie Anm. 2); vgl. auch DERS., Hugo Hantsch (1895–1972), in: Österreichische Historiker, Bd. 2 (wie Anm. 2) 451–488.

rierte[192]. Wie fast alle seine Kollegen – sowohl aus dem katholisch-konservativen als auch aus dem „nationalen" Lager – war Hantsch von der führenden Rolle des „deutschen Volkes" in der Habsburgermonarchie und von dessen „Kulturmission" überzeugt, er vertrat aber, und das unterschied seine Interpretation der historischen Rolle der Habsburgermonarchie von jener der Vertreter der „gesamtdeutschen Geschichtsauffassung", gleichzeitig die Auffassung, dass die von den Habsburgern und ihrem Staat verkörperte „Reichsidee" „unmittelbar im göttlichen Recht begründet" gewesen sei. „Indem die Habsburger ihre ererbte Verpflichtung, Schirmherr der Christenheit zu sein, immer wahrgenommen hätten, hätten sie auch gleichzeitig zwangsläufig ihrer deutschen Herkunft alle Ehre gemacht und gesamtdeutsche Interessen vertreten."[193] 1934 zeigte sich Hantsch in einem Aufsatz in der katholischen österreichischen Wochenzeitschrift „Schönere Zukunft"[194] davon überzeugt, dass „das deutsche Volkstum [...] mit Recht als der Kitt der Monarchie, als der unentwegte Träger der österreichischen Reichsidee bezeichnet" werden könne, „als der Sauerteig, der die in diesem vielgestaltigen Raume vereinigten anderen Völker zur Entwicklung bringt"[195].

Bei den dritten Salzburger Hochschulwochen hielt Hantsch im Sommer 1933 – wenige Monate nach der „Machtergreifung" Hitlers in Deutschland und nach der Ausschaltung des österreichischen Parlaments durch Bundeskanzler Dollfuß – fünf Vorträge zum Generalthema „Österreich. Eine Deutung seiner Geschichte und Kultur", die 1934 im Druck erschienen sind. Er ging dabei von der Prämisse aus, dass „[d]as Verhältnis zum Ganzen des Deutschen Reiches [...] Ausgangspunkt, Grundlage und Endpunkt jeder historischen Betrachtung bleiben" müsse, „denn im Zusammenhang mit dem Deutschen Reiche" – er meinte damit offenbar unterschiedslos das 1806 untergegangene Heilige Römische Reich (deutscher Nation) und das 1871 begründete Deutsche (Kaiser-)Reich – habe „Österreich seine Geschichte begonnen, weiter entwickelt und

---

[192] Siehe die grundlegende Studie von Anton STAUDINGER, Zur „Österreich"-Ideologie des Ständestaates, in: Das Juliabkommen von 1936. Vorgeschichte, Hintergründe und Folgen (Veröffentlichungen der Wissenschaftlichen Kommission des Theodor-Körner-Stiftungsfonds und des Leopold-Kunschak-Preises zur Erforschung der österreichischen Geschichte der Jahre 1927 bis 1938 4, München 1977) 198–240 (zu Hantsch: 204–206 und 235–237); zuletzt: DERS., Austrofaschistische „Österreich"-Ideologie, in: Austrofaschismus. Politik – Ökonomie – Kultur, 1933–1938. 5., völlig überarb. und erg. Aufl., hg. von Wolfgang NEUGEBAUER–Emmerich TÁLOS (Politik und Zeitgeschichte 1, Wien 2005) 28–53. Gerald Stourzh hat darauf aufmerksam gemacht, dass die These vom „besseren" deutschen Staat „kein Spezifikum des Dollfuß-Schuschnigg-Regimes" war, sondern dass die Sozialdemokratie (insbesondere Otto Bauer) „drauf und dran [war], nach Hitlers Machtergreifung in Deutschland ebenfalls die These vom zweiten, ,besseren' deutschen Staat zu verfechten". STOURZH, Vom Reich zur Republik (wie Anm. 1) 35f. Vgl. auch Gerald STOURZH, Erschütterung und Konsolidierung des Österreichbewußtseins – Vom Zusammenbruch der Monarchie zur Zweiten Republik, in: Was heißt Österreich? Inhalt und Umfang des Österreichbegriffs vom 10. Jahrhundert bis heute, hg. von Richard G. PLASCHKA–Gerald STOURZH–Jan Paul NIEDERKORN (AÖG 136, Wien 1995) 289–311, hier 301f.

[193] HOLESCHOFSKY, Hugo Hantsch (Aufsatz) (wie Anm. 2) 468.

[194] Die „Schönere Zukunft" und ihr Herausgeber Joseph Eberle vertraten romantisch sozialreformerische, antiliberale, antisozialistische, antikapitalistische, antisemitische, antifreimaurerische, antideutschnationale, antidemokratische und legitimistische Ansichten. Alfred DIAMANT, Die österreichischen Katholiken und die Erste Republik. Demokratie, Kapitalismus und soziale Ordnung 1918–1934 (Wien 1960 [amerikan. Originalausg. 1959]) 129–131, 140f. und 219–221; Barbara Maria HOFER, Joseph Eberle. Katholischer Publizist zwischen „Monarchie" und „schönerer Zukunft". Ein Beitrag zur katholischen Publizistik der Ersten Republik (Diss., Univ. Salzburg 1995) 130–133, 141–152 und passim.

[195] Hugo HANTSCH, Die österreichische Frage als eine Frage des deutschen Schicksals. Schönere Zukunft 9/II (1934) 735f. und 768–770, hier 736.

beendet"[196]. Andererseits legte Hantsch aber Wert auf die Feststellung, dass „Österreich" eine Idee bedeute, „nämlich die Idee des übernationalen Staates, *eine wirkliche Reichsidee*, die sich ihrem historischen Begriff nach niemals auf einen nationalen Staat einschränken" lasse. „Österreich" bedeute „keine nationale, sondern eine *politisch-kulturelle Wesenheit*"[197]. Als Resultat der dynastischen Machtpolitik des Hauses Habsburg sei „ein Staatswesen" entstanden, „das innerlich gefestigt ist und die Zersplitterung des Raumes und der Völker überwindet und dieser Staat trägt das Antlitz des Imperiums in seiner übernationalen Gestaltung, in seiner im allgemeinen katholischen Gesinnung, in seiner Aufnahmsfähigkeit und Assimilierungsfähigkeit fremder kultureller Einflüsse, in seiner Eigenschaft als Grenzwehr im Osten und Westen, als stärkste auf dem Boden des Reiches erwachsene staatliche Bildung".[198] „Liberalismus und Nationalismus" seien „die Wegbereiter des Unterganges eines Staates" gewesen, „dessen Lebensprinzip die übernationale Kulturgemeinschaft mit hauptsächlich deutscher Komponente gewesen" sei. „Den verschiedenartigsten Einflüssen, nicht zum geringsten Teil der einflußreichen magyarischen Auffassung von den Rechten eines Herrenvolkes", sei es zuzuschreiben, „daß in bestimmenden Kreisen des deutschen Bürgertums der Monarchie die Meinung zur Geltung kam, daß das deutsche Volk nicht führen, sondern herrschen müsse. Selbst mit dem Sentiment nationaler Theorien erfüllt, durften sich diese Kreise nicht wundern, wenn sich im leidenschaftlichen Widerstand der Nationalismus der anderen Völker breit machte und in rasch fortschreitender kultureller Entwicklung die Ziele immer weiter steckte."[199]

1936 gab Hantsch in einem Schulbuch seiner „unerschütterlichen Überzeugung" Ausdruck, „daß unser politisches und kulturelles Handeln für das gesamte deutsche Volk, von dem wir [Österreicher] ein mit großer Verantwortung beladener Teil sind, von wesentlicher Bedeutung ist"[200]. Nachdem er bereits 1933 in der von drei katholischen deutschen Historikern herausgegebenen Reihe „Geschichte der führenden Völker" einen Überblick über die Entwicklung der Habsburgermonarchie zu einer europäischen Großmacht publiziert hatte[201], legte er schließlich 1937 den ersten, bis zur Ermordung Wallensteins 1634 reichenden Band einer neuen Gesamtdarstellung der Geschichte Österreichs vor, deren zweiter Band erst 1950 erscheinen sollte[202].

Der derzeit beste Kenner von Hantschs Œuvre hat festgestellt, dass häufig „eine verblüffende Ähnlichkeit seines Vokabulars mit dem der Verfechter der ‚gesamtdeutschen Geschichtsauffassung'" zu beobachte sei, dass die Begriffe „aber in unterschiedlichen,

---

[196] Hugo HANTSCH, Österreich. Eine Deutung seiner Geschichte und Kultur (Innsbruck–Wien–München 1934) 12.

[197] Ebd. 16 (Hervorhebungen im Original).

[198] HANTSCH, Österreichs Schicksalsweg (wie Anm. 3) 13.

[199] Ebd. 15.

[200] Hugo HANTSCH, Österreichische Staatsidee und die Reichsidee, in: Österreich, Volk und Staat (Wien 1936) 40–49, hier 40.

[201] Hugo HANTSCH, Die Entwicklung Österreich-Ungarns zur Großmacht (Geschichte der führenden Völker 15, Freiburg i. Br. 1933). Der Beitrag Hantschs umfasst die Seiten 1–163 des Bandes, dessen zweiten Teil (S. 165–367) die Studie von Max BRAUBACH, Der Aufstieg Brandenburg-Preußens 1640 bis 1815, bildet.

[202] Hugo HANTSCH, Die Geschichte Österreichs, 2 Bde. (Graz–Wien–Köln 1937 und 1950; 4. Aufl. von Bd. 1 1959, 3. Aufl. von Bd. 2 1962). Vgl. HOLESCHOFSKY, Hugo Hantsch (Aufsatz) (wie Anm. 2) 471–476; DERS., Hugo Hantsch (Monographie) (wie Anm. 2) 48–52. Den angekündigten dritten Band über die Geschichte Österreichs seit 1918 hat Hantsch nicht geschrieben.

teils sogar entgegengesetzten interpretativen Kontexten verwendet wurden". Hantsch könne „als legitimistischer, ‚föderalistischer' Verfechter einer gegen den damaligen geschichtswissenschaftlichen Mainstream argumentierenden großösterreichischen Historiografie eingestuft werden"[203].

Vermittelnde Positionen („Modell Oswald Redlich")

Oswald Redlich (1858–1944), der von 1893 bis 1929 als Professor für Geschichte des Mittelalters und Historische Hilfswissenschaften an der Universität Wien lehrte, war nach 1918 – ähnlich wie, aber mit anderen Akzenten als Heinrich (Ritter von) Srbik – bestrebt, bei seinen Kollegen und Lesern in Österreich und Deutschland Verständnis und Wertschätzung für das komplizierte Staatswesen und die Kultur „Altösterreichs" zu erwecken. Er war vermutlich derselben Meinung wie sein Kollege und Freund Aloys Schulte, Professor an der Universität Bonn, der ihm 1921 aus Anlass des Erscheinens seines als Fortsetzung von Alfons Hubers „Geschichte Österreichs" verfassten Buches „Österreichs Großmachtbildung in der Zeit Kaiser Leopolds I." in einem Brief schrieb: „Wenn man wie ein Jordanes über ein verlorenes Reich schreiben muß, darf man nicht in seine Fehler fallen. Und von Österreich-Ungarn gilt doch auch für die Zukunft: es war ein Näherungswerk für die Quadratur des Zirkels. Aber die Zukunft wird wohl zunächst andere Wege einschlagen."[204]

1920 schrieb Redlich rückblickend, die Deutschen in Österreich hätten nach 1866 „zum guten Teil in der Überzeugung weiter[gelebt], daß nur ein zentral regiertes Österreich die Bürgschaft seines Bestandes biete". Vielleicht wäre anstelle der zahlreichen Ausgleichsverhandlungen in einzelnen Ländern der österreichischen Reichshälfte „doch der große Versuch zu wagen und Österreich auf Grund der nationalen Autonomie neu aufzubauen und einzurichten gewesen"[205]. Der Kremsierer Verfassungsentwurf von 1849 „hätte wohl eine Lösung [für die 1848 zur Lebensfrage der Monarchie gewordene nationale Frage; Th. W.] bringen können. Aber man wagte lieber den Versuch, das Problem noch einmal mit einem gesteigerten absolutistischen Zentralismus zu lösen, der nun auch Ungarn mit einbezog – er scheiterte."[206]

In den 1921 und 1938 erschienenen beiden Bänden, mit denen er Alfons Hubers „Geschichte Österreichs" für die Zeit von 1648 bis 1740 fortsetzte, beschränkte sich Redlich weitgehend auf die „Ereignisgeschichte des Machtstaats"[207], nachdem er sich nach dem Erscheinen des ersten Bandes dazu entschlossen hatte, die innere Geschichte,

---

[203] HOLESCHOFSKY, Hugo Hantsch (Aufsatz) (wie Anm. 2) 488.

[204] Zitiert nach Max BRAUBACH, Oswald Redlich und Aloys Schulte. MIÖG 66 (1958) 245–275, hier 273. Vgl. dazu und zum Folgenden auch WINKELBAUER, Oswald Redlich (wie Anm. 58).

[205] Oswald REDLICH, Säkularjahre der Geschichte Österreichs [1920]. Wiederabdruck in: DERS., Ausgewählte Schriften (Zürich–Leipzig–Wien o. J. [1928]) 39–51, hier 48.

[206] Ebd. 48. Ähnlich wie Oswald Redlich äußerten sich auch Heinrich Kretschmayr und Viktor Bibl nach 1918 in dem Sinne, „daß am Untergang Österreichs auch wesentlich die starre Haltung der Deutschen und der Dynastie mit schuldig waren. [...] Größer und wesentlich entschlossener argumentierend war hingegen die Gruppe derer, die [wie z. B. Redlichs Lieblingsschüler Harold Steinacker; Th. W.] für Österreichs Untergang vor allem die Slawen, die kleindeutsche Politik, den Ausgleich mit Ungarn und die unentschiedene Haltung Kaiser Franz Josephs verantwortlich machten, die Deutschen Österreichs aber zuallerletzt." DACHS, Geschichtswissenschaft (wie Anm. 113) 33.

[207] Vgl. Michael HOCHEDLINGER, Abschied vom Klischee. Für eine Neubewertung der Habsburgermonarchie in der Frühen Neuzeit. WZGN 1 (2001), H. 1, 9–24, hier 17f.

Kunst und Kultur, die er zunächst im zweiten Band unterzubringen gedachte, einem eigenen dritten Band vorzubehalten. Vermutlich rechnete er aber wegen seines fortgeschrittenen Alters von Anfang an nicht mehr damit, diesen abschließen zu können. Ein Jahr vor seinem Tod veröffentlichte er unter dem Titel „Über Kunst und Kultur des Barocks in Österreich" ein unvollendetes, inhaltlich eher dürres Fragment[208]. Im Vorwort zum ersten Band charakterisierte Redlich die in den beiden Bänden behandelte Epoche als „die Zeit der Großmachtbildung Österreichs und der beginnenden Entwicklung des zentralisierten Absolutismus" und als „die Zeit, seit der Österreichs Herrscher und Staatsmänner zielbewußt daran arbeiteten, aus dem losen Ländergefüge des habsburgischen Machtgebietes ein einheitliches Staatswesen, ein zentral regiertes Reich zu gestalten"[209].

Das wichtige Einleitungskapitel des ersten Bandes enthält nicht nur solide Basisinformationen über die einzelnen Länder der Habsburgermonarchie, sondern auch zahlreiche bemerkenswerte Urteile und Einschätzungen zum spezifischen Charakter des habsburgischen „Absolutismus"[210], zur Entstehung der europäischen Großmacht Österreich („Monarchia Austriaca") in den Jahrzehnten um 1700 und zur Rolle der Dynastie bei der allmählich stärker werdenden Verbindung und Integrierung der Länder und Ländergruppen der Monarchie. So hebt Redlich zum Beispiel hervor, dass sich nach 1648 „ein Prozeß des Abschließens [der österreichischen Erbländer] gegenüber dem übrigen Reich" vollzogen habe[211], dass man aber um die Mitte des 17. Jahrhunderts noch nicht „[v]on einem österreichischen Gesamtstaate oder auch nur von einer eigentlichen, konsequenten Gesamtstaatsidee" sprechen könne[212]. Nach wie vor sei die Dynastie „das allen Königreichen und Ländern Gemeinsame" gewesen „und von ihr aus und nur von ihr" seien „im Geiste und mit Hilfe der patrimonialen Staatsauffassung jener Zeiten allmählich Einrichtungen ausgebildet worden, die zu einer engeren Verbindung der Länder, zu einer Zusammengehörigkeit und einem Zusammenwirken hinführen sollten und konnten"[213]. Redlich betont die wachsende Bedeutung des „aus verschiedenster nationaler Wurzel stammenden österreichischen Hofadels, der die Stütze des Monarchen bildet, ihn aber auch oft beherrscht". Die mächtige und von den Kaisern besonders seit Ferdinand II. stark geförderte katholische Kirche war, so Redlich, „die natürliche Verbündete der glaubenseifrigen Dynastie", aber auch sie musste „dem staatlichen Absolutismus ihren Tribut" zollen, „[d]enn die Habsburger, auch die frommen Ferdinande, duldeten keine kirchlichen Eingriffe in staatliche Rechte, [sie] waren vielmehr geneigt, die Einflußsphäre der staatlichen Autorität auch gegenüber der Kirche noch zu erweitern"[214].

---

[208] Oswald REDLICH, Über Kunst und Kultur des Barocks in Österreich. AÖG 115/II (1943) 333–379.

[209] REDLICH, Österreichs Großmachtbildung (wie Anm. 59) VI. Siehe auch Leo SANTIFALLER, Oswald Redlich. Ein Nachruf, zugleich ein Beitrag zur Geschichte der Geschichtswissenschaft (Graz 1948 = MIÖG 56 [1948] 1–238) 154–165 (Kapitel XI: Geschichte Österreichs).

[210] Vgl. Petr MAŤA–Thomas WINKELBAUER, Einleitung: Das Absolutismuskonzept, die Neubewertung der frühneuzeitlichen Monarchie und der zusammengesetzte Staat der österreichischen Habsburger im 17. und frühen 18. Jahrhundert, in: Die Habsburgmonarchie 1620 bis 1740. Leistungen und Grenzen des Absolutismusparadigmas, hg. von DENS. (FGKÖM 24, Stuttgart 2006) 7–42.

[211] REDLICH, Österreichs Großmachtbildung (wie Anm. 59) 2.

[212] Ebd. 13.

[213] Ebd. 13f. (Hervorhebung im Original).

[214] Ebd. 25.

Von einer mittlerweile „anachronistischen, schwärmerisch-großdeutschen Sicht-weise"[215] ausgehend, beurteilte Redlich die dynastische, die Hausmacht-, Reichs- und Außenpolitik Leopolds I. und Karls VI. tendenziell kritisch. Ausschließlich positiv sah er hingegen den im Unterschied zu seinem Vater und seinem jüngeren Bruder nur we-nige Jahre regierenden Kaiser Joseph I., der sehr zu seinem Vorteil von seinem Lehrer („instructor in historicis et politicis") Hans Jakob Wagner von Wagenfels, dem Autor der 1691 in Wien erschienenen antifranzösischen Streitschrift „Ehren-Ruff Teutschlands, der Teutschen und ihres Reichs", geprägt worden sei, und (sowohl als Feldherrn als auch als Staatsmann) den Prinzen Eugen von Savoyen[216]. Alles in allem betrachtet, sprach Redlich den Habsburgern die Fähigkeit ab, „einen österreichischen Gesamtstaat aus eigenen Stücken, vor allem auch mit Unterstützung der Stände, zu schaffen. Die Ge-samtstaatswerdung sei nur im Wechselspiel mit einer antiosmanischen und antifranzösi-schen Kriegspolitik vorangetrieben worden."[217]

Der einzige an einer österreichischen Universität lehrende Historiker, der sowohl vor als auch nach 1918 „die Donaumonarchie und ihre Ideen schärfstens kritisiert hat"[218] und ihr nach 1918 keine Sekunde lang nachtrauerte, war Ludo Moritz Hartmann (1865–1924), ein überzeugter Republikaner und „im großdeutschen Sinn nationale[r] Demokrat, der sich zum [deutsch-]nationalen Sozialisten weiterentwickelte"[219]. Hart-mann war ein international hoch angesehener Italienspezialist und – wegen seiner jü-dischen Herkunft[220], seines Bekenntnisses zur Sozialdemokratie und seiner Ablehnung der von fast allen Fachkollegen geteilten Geschichtsauffassung des („deutschen") His-torismus – „ewiger Privatdozent". Von Dezember 1918 bis November 1920 war er Ge-sandter der Republik (Deutsch-)Österreich in Berlin, an der Jahreswende 1918/19 wur-de er endlich zum außerordentlichen und erst wenige Monate vor seinem Tod zum ordentlichen Professor für Geschichte der Spätantike und des frühen Mittelalters an

---

[215] HOLESCHOFSKY, Oswald Redlich (wie Anm. 58) 65.

[216] Siehe ebd. 43–48.

[217] Ebd. 46.

[218] DACHS, Geschichtswissenschaft (wie Anm. 113) 37.

[219] FELLNER, Ludo Moritz Hartmann (wie Anm. 6) 262. Hartmann war an der Universität Wien und in Österreich einer der Begründer der Sozial- und Wirtschaftsgeschichte und der Soziologie sowie des Volksbildungswesens. Er war intellektuell vom Darwinismus (als Evolutionismus und Determinis-mus) und vom Marxismus (als historischer Materialismus) geprägt und bekannte sich als einziger an einer österreichischen Universität tätiger Historiker zur Sozialdemokratie. Siehe neben der grundlegen-den Monographie von Günter FELLNER (wie Anm. 6) auch DERS., Ludo M. Hartmann als Historiker. Vom Historismus zur Gesellschaftsgeschichte, in: Aufklärer und Organisator. Der Wissenschaftler, Volksbildner und Politiker Ludo Moritz Hartmann, hg. von Wilhelm FILLA–Michaela JUDY–Ursula KNITTLER-LUX (Schriftenreihe des Verbandes Wiener Volksbildung 17, Wien 1992) 19–35; Christian FLECK, Ludo M. Hartmann: Der Historiker als „Auch-Soziologe", in: ebd. 37–50; Werner SUPPANZ, Zwischen Historismus und Utopismus. Ludo Moritz Hartmann als Theoretiker von Modernisierung und Globalisierung, in: Analyse und Kritik der Modernisierung um 1900 und um 2000, hg. von Sabine A. HARING–Katharina SCHERKE (Studien zur Moderne 12, Wien 2000) 263–282; zuletzt: Christian H. STIFTER, Ludo Moritz Hartmann. Wissenschaftlicher Volksbildner, sozialdeterministischer Historiker, realitätsferner Politiker, in: Universität – Politik – Gesellschaft, hg. von Mitchell G. ASH–Josef EHMER (650 Jahre Universität Wien – Aufbruch ins neue Jahrhundert, Bd. 2, Göttingen 2015) 247–255; WIN-KELBAUER, Das Fach Geschichte (wie Anm. 2) 137, 164f. und 205–208; Celine WAWRUSCHKA, Ludo Moritz Hartmann (1865–1924), in: Österreichische Historiker, Bd. 3 (wie Anm. 58) 67–96.

[220] Hartmanns Vater war der bekannte, in Böhmen geborene Dichter, Journalist, Schriftsteller und 1848er-Revolutionär Moritz Hartmann, seine Mutter Bertha Roediger entstammte einer protestanti-schen Familie in Hanau.

der Universität Wien ernannt. Hartmann sprach der Habsburgermonarchie „jede Existenznotwendigkeit und jede Staatsidee ab. Für ihn war Österreich ein, aus kolonialer Wurzel entsprungenes, durch Raub und Heiraten akkumuliertes ‚sonderbares Konglomerat‘."[221] Bereits vor dem Ersten Weltkrieg finden sich in Hartmanns Publikationen, Tagebüchern und Briefen zahlreiche vernichtende Urteile über die seiner Überzeugung nach längst anachronistische Österreichisch-Ungarische Monarchie wie „Inbegriff der Reaktion, Hemmnis des Fortschritts, Hort des Absolutismus, Zwangsverband, Raritätenkabinett, Mischprodukt zwischen der westlichen Kultur und dem Orient, Haufen von Abfallprodukten der verschiedenen Nationen"[222].

Die Habsburgermonarchie in der Historiographie der Zweiten Republik (1945 bis heute)

Die mehr oder weniger biologistische und rassistische deutsche „Volksgeschichte" ging mit der NS-Herrschaft unter – „einschließlich ihres innovativen Potentials"[223]. Die ebenfalls stark diskreditierte „gesamtdeutsche Geschichtsauffassung" geriet nach 1945 in Österreich in die Defensive, ausgehend unter anderem vom „österreichischen Opfermythos", der sich auf die Moskauer Deklaration der alliierten Außenminister vom 30. Oktober 1943 berufen konnte, in der Österreich als „das erste freie Land, das der typischen Angriffspolitik Hitlers zum Opfer fallen sollte", apostrophiert wird[224], der allerdings „der Komplexität der realen Geschichte" ebenso wenig gerecht wird wie sein Gegenstück, der „Tätermythos"[225]. „1945 war die Stunde des Bruches mit der deutschen Geschichte. Die Schuld am Nationalsozialismus wurde externalisiert und auf das Deutsche Reich geschoben."[226] Während nach 1918 in der Republik (Deutsch-)Österreich –

---

[221] Dachs, Geschichtswissenschaft (wie Anm. 113) 37f.

[222] Fellner, Ludo Moritz Hartmann (wie Anm. 6) 260.

[223] Ernst Hanisch, Der forschende Blick. Österreich im 20. Jahrhundert: Interpretationen und Kontroversen. *Carinthia* I 189 (1999) 567–583, hier 573.

[224] Heidemarie Uhl, Das „erste Opfer". Der österreichische Opfermythos und seine Transformationen in der Zweiten Republik. *Österreichische Zeitschrift für Politikwissenschaft* 30 (2001) 19–34; Dies., Das österreichische Gedächtnis und seine Transformationen. Verhandlungen um die historische Identität im Spannungsfeld von nationalen und europäischen Tendenzen, in: Geschichtsbuch Mitteleuropa. Vom Fin de Siècle bis zur Gegenwart, hg. von Anton Pelinka et al. (Wien 2016) 358–394.

[225] Ernst Hanisch, Reaustrifizierung in der Zweiten Republik und das Problem eines österreichischen Nationalismus, in: Gestörte Identitäten? Eine Zwischenbilanz der Zweiten Republik. Ein Symposion zum 65. Geburtstag von Moritz Csáky, hg. von Lutz Musner–Gotthart Wunberg–Eva Cescutti (Innsbruck u.a. 2002) 27–34, hier 27. Vgl. aber Alexander Pinwinkler, Österreichische Historiker im Nationalsozialismus und in der frühen Zweiten Republik – eine ausgebliebene Debatte? Kritische Überlegungen zu Fritz Fellners Essay „Der Beitrag Österreichs zu Theorie, Methodik und Themen der Geschichte der Neuzeit". *Zeitgeschichte* 32 (2005) 35–46. Zur Frage der propagandistischen Instrumentalisierung der Moskauer Deklaration durch die österreichische Regierung siehe Stourzh, Erschütterung und Konsolidierung des Österreichbewußtseins (wie Anm. 192) 307–309.

[226] Ernst Hanisch, Der Beginn des Nationalstaatsparadigmas in Österreich nach 1945 – der Unterschied zu Deutschland, in: Nationalgeschichte als Artefakt (wie Anm. 9) 293–305, hier 293, und Ders., Reaustrifizierung (wie Anm. 225) 28. Vgl. auch Stefan Spevak, Das Jubiläum „950 Jahre Österreich". Eine Aktion zur Stärkung eines österreichischen Staats- und Kulturbewußtseins im Jahr 1946 (VIÖG 37, Wien–München 2003), und Ernst Bruckmüller, Nation Österreich. Kulturelles Bewußtsein und gesellschaftlich-politische Prozesse. 2., erg. u. erw. Aufl. (StPV 4, Wien–Köln–Graz 1996) 35f. und 310–312.

ebenso wie in den anderen Nachfolgestaaten Österreich-Ungarns – ein Prozess der „Ent-
österreicherung" („Deaustrifizierung") eingesetzt hatte[227], begann zu Beginn der Zweiten
Republik ein Prozess der „Entgermanisierung" und „Reaustrifizierung". „Die negativen
Erfahrungen mit dem Ersten Weltkrieg wurden [nach 1918] auf ‚Österreich‘, die Mensch-
heitsverbrechen des Zweiten Weltkrieges [nach 1945] auf ‚Deutschland‘ projiziert."[228]

  Die vielsprachige und multinationale Habsburgermonarchie diente nach 1945 einerseits als „Gegenmodell zum Nationalismus des Deutschen Reiches, der im Nationalsozialismus seinen Höhepunkt erreicht habe", und andererseits „zum geteilten Europa des
Kalten Krieges"[229]. Gleichzeitig „begann nach 1945 die Formulierung einer ‚kleinstaatlichen‘ Sicht auf die österreichische Geschichte, die nicht mehr von deren Kongruenz
mit der Habsburgermonarchie ausging"[230]. In der Zweiten Republik wurde im öffentlichen Diskurs und in der österreichischen Historiographie die „kulturelle Überlegenheit" der Deutschen der Habsburgermonarchie gegenüber den anderen Nationen des
Vielvölkerstaats durch eine graduelle Europäisierung, speziell eine „Mitteleuropäisie-
rung" der österreichischen Geschichte ersetzt – ausgehend von der während des Kalten
Krieges mit Vorliebe postulierten Funktion Österreichs als „Brücke" bzw. „Brücke und
Bollwerk" zwischen West- und Osteuropa[231].

  Die Restauration der akademischen Geschichtswissenschaft erfolgte nach 1945 in
Österreich fast ausschließlich durch konservativ-katholische Männer, die zwischen 1933
und 1938 den (austrofaschistischen) Regierungsdiktaturen der Bundeskanzler Dollfuß

---

[227] Vgl. Emil BRIX, Die „Entösterreicherung" Böhmens. Prozesse der Entfremdung von Tschechen,
Deutschen und Österreichern. *Österreichische Osthefte* 34 (1992) 5–12; Lothar HÖBELT, „Entösterreiche-
rung" im Vergleich. Die Verfassungsentwicklung der Tschechoslowakei und (Deutsch-)Österreichs nach
1918, in: 1918 – Model komplexního transformačního procesu?, hg. von Lucie KOSTRBOVÁ (České
křižovatky evropských dějin 1, Praha 2010) 93–99; Arnold SUPPAN, „Ent-Österreicherung" und „Ent-
Germanisierung" in Politik, Verwaltung, Gesellschaft und Kultur Sloweniens 1918–1938, in: Europa
Środkowa, Bałkany i Polacy. Studia ofiarowane profesorowi Antoniemu Cetnarowiczowi, hg. von Janusz
PEZDA–Stanisław PIJAJ (Kraków 2017) 177–201.

[228] HANISCH, Der Beginn des Nationalstaatsparadigmas (wie Anm. 226) 295. Siehe auch DERS., Auf
der Suche nach der österreichischen Identität, in: Die Habsburgermonarchie 1848–1918, Bd. XII: Bewältigte Vergangenheit? Die nationale und internationale Historiographie zum Untergang der Habsburgermonarchie als ideelle Grundlage für die Neuordnung Europas, hg. von Helmut RUMPLER–Ulrike
HARMAT (Wien 2018) 147–162, hier 160f., sowie die anregenden Überlegungen von Hanns HAAS,
Österreich im „gesamtdeutschen Schicksalszusammenhang"?, in: Kontroversen um Österreichs Zeitgeschichte. Verdrängte Vergangenheit, Österreich-Identität, Waldheim und die Historiker. 2., erw. Aufl.,
hg. von Gerhard BOTZ–Gerald SPRENGNAGEL (Studien zur historischen Sozialwissenschaft 13, Frankfurt–New York 2008) 194–215. Zur Entstehung einer mehrheitsfähigen österreichischen (nationalen)
Identität nach 1945 vgl. BRUCKMÜLLER, Nation Österreich (wie Anm. 226); Identität und Nationalstolz
der Österreicher. Gesellschaftliche Ursachen und Funktionen. Herausbildung und Transformation seit
1945. Internationaler Vergleich, hg. von Max HALLER (Wien 1996); Liebe auf den zweiten Blick. Lan-
des- und Österreichbewußtsein nach 1945, hg. von Robert KRIECHBAUMER (Schriftenreihe des For-
schungsinstituts für politisch-historische Studien der Dr. Wilfried-Haslauer-Bibliothek 6, Suppl.-Bd.,
Wien u.a. 1998); Peter THALER, The Ambivalence of Identity: The Austrian Experience of Nation-
Building in a Modern Society (Purdue, Ind. 2001). – Fritz Fellner hat kritisiert, dass „man – zur Legitimierung der Eigenstaatlichkeit – nach 1945 glaubte, nicht ‚Österreichs Weg in der deutschen Geschichte‘,
sondern ‚Österreichs Weg aus der deutschen Geschichte‘ suchen zu müssen". Fritz FELLNER, Geschichte
als Wissenschaft. Der Beitrag Österreichs zu Theorie, Methodik und Themen der Geschichte der Neuzeit, in: DERS., Geschichtsschreibung und nationale Identität (wie Anm. 52) 36–91, hier 77.

[229] SUPPANZ, Der lange Weg in die Moderne (wie Anm. 119) 231.

[230] Ebd. 234.

[231] SUPPANZ, Supranationality and National Overlaps (wie Anm. 128) 78f.

und Schuschnigg zumindest nahegestanden und daher 1938 entlassen worden waren, einerseits und durch Personen, „die erfolgreich durch die Maschen der Entnazifizierung geschlüpft waren"[232], andererseits[233]. Dadurch wurde „die Prolongierung des Status von 1914 um mehr als ein halbes Jahrhundert" bewirkt[234]. Im gesamten österreichischen Wissenschaftssystem trat unter der Ägide der von der ÖVP gestellten Unterrichtsminister, der Ministerialbürokratie und des der ÖVP nahestehenden Cartellverbandes (CV) der katholischen österreichischen Studentenverbindungen „[a]n die Stelle der möglichen *re-education* [...] eine zweite Gegenreformation"[235]. Im Unterschied zu Deutschland haben auch die nach 1945, zum Teil erst spät oder nur zeitweilig, zurückgekehrten Flüchtlinge und Emigranten wie Heinrich Benedikt, Friedrich Engel-Janosi oder Robert A. Kann „nicht für eine Rekonzeptualisierung und Problematisierung der überkommenen Geschichtsbetrachtung gesorgt, sondern überwiegend latente Tendenzen sanktioniert und verstärkt: die ‚Flucht' [aus der politischen Geschichte; Th. W.] in die Geistesgeschichte einerseits und die Konzentration auf das lange Sterben der Habsburgermonarchie nach 1848/1867 andererseits"[236].

Allen drei Regierungsparteien (ÖVP, SPÖ, KPÖ) nahestehende bzw. als Mitglieder angehörende Publizisten polemisierten in den Jahren unmittelbar nach Kriegsende gegen die Vertreter der „gesamtdeutschen Geschichtsauffassung" als intellektuelle Wegbereiter des Nationalsozialismus, aber auch parteiunabhängige österreichpatriotische Fachhistoriker wie Friedrich Heer und Alphons Lhotsky äußerten mehr (Heer) oder weniger (Lhotsky) deutliche Kritik[237]. Auch in einer 1956 in der von Friedrich Torberg, der 1951 aus der Emigration nach Wien zurückgekehrt war, herausgegebenen Intellektuellenzeitschrift „FORVM" geführten Debatte wurde an der „gesamtdeutschen Geschichtsauffassung" scharfe Kritik geübt, und das Fehlen eines „österreichischen Na-

---

[232] HÖFLECHNER, Das Fach „Geschichte" (wie Anm. 38) 603.

[233] Mitchell G. ASH, Die österreichischen Hochschulen in den politischen Umbrüchen der ersten Hälfte des 20. Jahrhunderts, in: „Säuberungen" an österreichischen Hochschulen 1934–1945. Voraussetzungen, Prozesse, Folgen, hg. von Johannes KOLL (Wien–Köln–Weimar 2017) 29–72, hier 68.

[234] HÖFLECHNER, Das Fach „Geschichte" (wie Anm. 38) 603f. „Österreich wurde – politisch wie wissenschaftlich – von jener Generation wieder aufgebaut, die noch in der Tradition der Habsburgermonarchie in ihrem Weltbild geprägt worden war. Es war die im letzten Jahrzehnt des 19. Jahrhunderts geborene Generation, die den Weg der Wissenschaft nach 1945 bestimmte – die zwischen 1900 und 1916 geborene Generation war aus dem wissenschaftlichen Leben ausgeschaltet – die einen waren als Juden vertrieben worden, die anderen im Krieg gefallen oder wegen ihrer Verstrickung in den Nationalsozialismus bis in die Mitte der 1950er Jahre von der Fortführung einer Karriere ferngehalten." FELLNER, Geschichtsstudium (wie Anm. 93) 67.

[235] Christian FLECK, Autochthone Provinzialisierung. Universität und Wissenschaftspolitik nach dem Ende der nationalsozialistischen Herrschaft in Österreich. ÖZG 7/1 (1996) 67–92, hier 75.

[236] HOCHEDLINGER, Stiefkinder der Forschung (wie Anm. 8) 321.

[237] GERBEL, Zur „gesamtdeutschen" Geschichtsauffassung (wie Anm. 143) 96–98 und 102–104; Fritz FELLNER, Hugo Hantsch – Werk und Wirken des Historikers in der Diskussion um ein österreichisches Geschichtsbewußtsein [2000]. Wiederabdruck in: DERS., Geschichtsschreibung und nationale Identität (wie Anm. 52) 360–374, hier 372f. Der SPÖ-Nationalratsabgeordnete und spätere Justizminister Otto Tschadek wandte sich Mitte Juli 1946 in einem Artikel in der „Arbeiter-Zeitung" ausdrücklich gegen die Berufung des katholischen Klerikers Hugo Hantsch auf den seinerzeit von Srbik vertretenen Lehrstuhl für Geschichte der Neuzeit. Er wolle nichts gegen Hantschs wissenschaftliche Qualitäten vorbringen, „politisch aber steht fest, daß Professor Hantsch ein begeisterter Anhänger des Dollfuß-Kurses in Österreich gewesen ist, daß er sich öffentlich zum Ständestaat bekannt und daß er in seiner bisherigen Tätigkeit nicht den Beweis erbracht hat, ein berufener Erzieher der Studenten in der Demokratie zu sein". Zitiert nach FELLNER, Hugo Hantsch, 372.

tionalbewusstseins" wurde auf das Fehlen einer genuin österreichischen Geschichtsschreibung zurückgeführt[238]. Dennoch konnte es nach der 1948 für die „minderbelaste-
ten" (ehemaligen) Nationalsozialisten erlassenen Amnestie geschehen, dass jemand wie
der unbelehrbare und offen antisemitische Srbik-Schüler Taras (von) Borodajkewycz
von 1955 bis zu seiner Zwangspensionierung 1971 an der Wiener Hochschule für Welt-
handel eine Professur für Wirtschaftsgeschichte innehatte[239].

Hugo Hantsch, der die NS-Zeit, nach elf Monaten in Gefängnissen und im Konzen-
trationslager Buchenwald, als Landpfarrer im niederösterreichischen Weinviertel ver-
bracht hatte, trat, nachdem er 1946 zunächst auf die Grazer Professur für Österreichische Geschichte zurückgekehrt war, im Sommersemester 1947 an der Universität
Wien die Nachfolge Srbiks als Ordinarius für Allgemeine Geschichte der Neuzeit an.
Er vollzog nach 1945 eine „Wende von Österreichs historischer Rolle im deutsch geführten Mitteleuropa zu jener im übernationalen Europa"[240] und betonte nun „die europäische Mission Österreichs"[241], wobei es sich nicht um einen Bruch, sondern nur um eine
Akzentverschiebung handelte[242]. In seiner Wiener Antrittsvorlesung bestritt Hantsch im
April 1947 „die belastenden Zusammenhänge zwischen ‚gesamtdeutscher' Geschichtsauffassung und Nationalsozialismus"[243]. Nachdem 1946 eine Neuauflage des ersten
Bandes seiner „Geschichte Österreichs" erschienen war, legte er 1950 endlich den zweiten, in weitgehender Konzentration auf die politische Geschichte die Zeit von 1648 bis
1918 behandelnden Band vor. Während er früher die allmähliche Verabschiedung der
Habsburgermonarchie aus der Reichsgeschichte „in Form einer Apologetik der römisch-
deutschen Habsburgerkaiser" sowie „als Elegie auf den allmählichen Reichszerfall" gestaltet hatte, sah er „in der Trennung bzw. bloß nominell aufrechterhaltenen Verbindung
mit dem Reich nun eine Chance für die Dynastie, Ballast abzuwerfen und sich ganz der
Konsolidierung eines österreichischen Gesamtstaates in den Erblanden zu widmen"[244].
Srbik hat in einer ausführlichen Besprechung des Bandes unter anderem die Charakte-
risierungen („Bilder") des Prinzen Eugen von Savoyen, „des Schöpfers österreichischer

---

[238] GERBEL, Zur „gesamtdeutschen" Geschichtsauffassung (wie Anm. 143) 108.

[239] Siehe Jiří NĚMEC, Taras (von) Borodajkewycz (1902–1984), in: Österreichische Historiker, Bd. 3
(wie Anm. 58) 527–605, hier 584–603. Vgl. auch Andreas HUBER–Linda ERKER–Klaus TASCHWER, Der
Deutsche Klub. Austro-Nazis in der Hofburg (Wien 2020) 233–236 und 243f.

[240] Gernot HEISS, Von der gesamtdeutschen zur europäischen Perspektive? Die mittlere, neuere und
österreichische Geschichte sowie die Wirtschafts- und Sozialgeschichte an der Universität Wien 1945–
1955, in: Zukunft mit Altlasten. Die Universität Wien 1945 bis 1955, hg. von Margarete GRANDNER–
Gernot HEISS–Oliver RATHKOLB (Innsbruck u. a. 2005) 189–210, hier 208.

[241] FELLNER, Hugo Hantsch (wie Anm. 237) 365 und 373f.

[242] 1933 hatte Hantsch seine Darstellung der Entwicklung der Habsburgermonarchie zu einer europäischen Großmacht mit der Feststellung beendet, „das Werden der Großmacht im Moldau-Donau-
Raum" sei „ein Stück deutscher Geschichte, keine Verringerung deutscher Art, sondern eine Erweiterung
ihrer schicksalhaften Sendung; es ist aber auch europäische Geschichte, die über die engeren Grenzen
nationalen Schaffens und Gestaltens hinaus das Bewußtsein der Zugehörigkeit zur gesamtabendlän-
dischen Kulturwelt aufrechterhalten hat." HANTSCH, Die Entwicklung Österreich-Ungarns zur Großmacht (wie Anm. 201) 155.

[243] GERBEL, Zur „gesamtdeutschen" Geschichtsauffassung (wie Anm. 143) 101.

[244] HOLESCHOFSKY, Hugo Hantsch (Monographie) (wie Anm. 2) 82. Vgl. die Zusammenfassung
des Inhalts und der roten Fäden von Hantschs Darstellung der Geschichte der Habsburgermonarchie
seit dem Westfälischen Frieden ebd. 82–90 und 94f.

Großmachtstellung", und Otto von Bismarcks kritisiert[245]. Er stimmte aber mit Hantsch überein, dass Österreich-Ungarn „nicht nur in der Theorie der Einsichtigen ein einzigartiger Wert für seine Völker" gewesen sei, „die nicht in einem ‚Käfig', sondern in einem wohnlichen Haus lebten, sondern auch für Europa und die Welt"[246].

Bereits vor dem Erscheinen des zweiten Bandes von Hantschs „Geschichte Österreichs" hatte die 1946 aus dem britischen Exil nach Wien zurückgekehrte kommunistische Journalistin und autodidaktische Historikerin Eva Priester (1910–1982), eine in St. Petersburg geborene, 1921 mit ihren Eltern nach Berlin emigrierte, 1933 der KPD und 1935 der KPÖ beigetretene „Wahlösterreicherin", eine zweibändige „Kurze Geschichte Österreichs" publiziert (1946 und 1949), die „als Gegenentwurf zu den deutschnationalen Darstellungen der österreichischen Historiker der Zwischenkriegszeit gedacht" war[247]. Fast neun Zehntel der mehr als 800 Seiten sind der Zeit von 1526 bis 1918 gewidmet, also der Geschichte der Habsburgermonarchie. Klassen und Klassenkämpfe spielen in Priesters Darstellung eine überraschend geringe Rolle. Den roten Faden bildet – inspiriert von Alfred Klahrs im Moskauer Exil verfasstem, 1937 in zwei Teilen in „Weg und Ziel", der theoretischen Zeitschrift der damals illegalen KPÖ, erschienenem Aufsatz „Zur nationalen Frage in Österreich"[248] – die Herausbildung einer von der deutschen Nation scharf abgegrenzten österreichischen Nation und einer spezifischen österreichischen Kultur. Auch das Haus Habsburg und die habsburgischen Kaiser (insbesondere Maximilian I. und Joseph II., aber auch Ferdinand I. und Ferdinand II.), ja sogar die Jesuiten werden überwiegend positiv gezeichnet. Abgelehnt werden hingegen alle deutschen Elemente in der österreichischen Geschichte[249].

---

[245] SRBIK, Das Problem der österreichischen Geschichtsschreibung (wie Anm. 74) 375 (Zitat) und 424.

[246] Ebd. 425.

[247] Gernot HEISS, Die Diskussion um eine neue Geschichte Österreichs nach 1945 und Erich Zöllners „Geschichte Österreichs" von 1961. *MIÖG* 125 (2017) 146–156, hier 147. Priester selbst betrachtete ihr Werk als vorläufige „Diskussionsgrundlage", verfasst „in der festen Überzeugung, daß die österreichische Geschichte, so wie sie heute in den Schulen gelehrt wird und schon vor der Okkupation gelehrt wurde, derartig vom Gestrüpp der großdeutschen Darstellung überwachsen ist, daß sie ganz von neuem geschrieben werden muß". Eva PRIESTER, Kurze Geschichte Österreichs, Bd. 1: Entstehung eines Staates (Wien 1946) 5. Dass der zweite Band des, wie es scheint, überwiegend in den letzten Kriegsjahren in London verfassten Werks erst 1949 erschienen ist, war möglicherweise durch den Einspruch „der besserwisserischen Parteigranden" der KPÖ verursacht. Gerhard OBERKOFLER, Eva Priester. Eine jüdische Frau im Kampf für eine gerechte Menschheit. Mit Originaltexten aus ihrem poetischen und essayistischen Werk (Innsbruck–Wien 2022) 42.

[248] Der Text des zweiteiligen Aufsatzes ist wiederabgedruckt in: Alfred KLAHR, Zur österreichischen Nation (Wien 1994) 11–44. Siehe Wolfgang HÄUSLER, Wege zur österreichischen Nation. Der Beitrag der KPÖ und der Legitimisten zum Selbstverständnis Österreichs vor 1938. *RHM* 30 (1988) 381–411; Gérard GRELLE, Entstehung und Theorien der österreichischen Nation: Ernst Karl Winter und Alfred Klahr, in: Das Österreich der dreißiger Jahre und seine Stellung in Europa, hg. von Erich FRÖSCHL et al. (Frankfurt u. a. 2012) 63–75.

[249] Pavel KOLÁŘ, Rewriting National History in Post-War Central Europe: Marxist Syntheses of Austrian and Czechoslovak History as New National Master Narratives, in: Nationalizing the Past. Historians as Nation Builders in Modern Europe, hg. von Stefan BERGER–Chris LORENZ (Writing the Nation 7, Basingstoke 2010) 319–340, bes. 324–326, 329–334 und 338–340. Vgl. auch Claudia TROST, Eva Priester. Ein biografischer Abriss, in: Die Alfred Klahr Gesellschaft und ihr Archiv. Beiträge zur österreichischen Geschichte des 20. Jahrhunderts, hg. im Auftrage der Alfred Klahr Gesellschaft von Hans HAUTMANN (Wien 2000) 347–370, bes. 355, und OBERKOFLER, Eva Priester (wie Anm. 247) 41–50. – Solider und professioneller als Eva Priesters Werk ist die nüchterne, großteils im Zahlen-Daten-Fakten-Stil à la Ploetz verfasste „Kleine österreichische Geschichte" des promovierten Mittelschulprofes-

Eine auch wissenschaftlich solide und zuverlässige neue Gesamtdarstellung der Geschichte Österreichs legte erst 1961 Erich Zöllner (1916–1996) vor, der ein Jahr später zum – neben Alphons Lhotsky – zweiten Ordinarius für Österreichische Geschichte an der Universität Wien ernannt wurde[250]. Zöllners „Geschichte Österreichs. Von den Anfängen bis zur Gegenwart" erlebte bis 1990 acht Auflagen und eine illustrierte Buchgemeinschaftsausgabe und wurde in mehr als ein halbes Dutzend Sprachen übersetzt. Theodor Mayer hat 1963 kritisch eingewandt, das ganze Buch behandle „die österreichische Geschichte von Wien aus"[251]. Der damals als Archivar am Haus-, Hof- und Staatsarchiv tätige spätere Ordinarius für Österreichische Geschichte an der Universität Salzburg Hans Wagner hingegen begrüßte 1962, dass sich Zöllner auf die Länder der späteren Republik und für die Zeit zwischen 1526 und 1918 auf „die Geschichte des Gesamtstaates" konzentrierte[252]. Gernot Heiß hat auf den nüchternen und „entemotionalisierten" Stil seines akademischen Lehrers Erich Zöllner aufmerksam gemacht – „[i]m Gegensatz zur nationalistischen Geschichtsschreibung der Zwischenkriegszeit, die mit politischen ‚Wahrheiten' und Sendungsaufträgen an Emotionen der nationalen [d. h. deutschnationalen; Th. W.] Leser appellierte"[253].

Die Habsburgermonarchie wird in Zöllners Lehr- und Handbuch zunächst als Kriege führende und Bündnisse und Friedensverträge schließende europäische Macht im Kontext von „Österreichs Aufstieg zur Großmacht"[254] thematisiert. Das Heilige Römische Reich habe seit dem Westfälischen Frieden nur noch „einen losen Staatenbund" gebildet[255]. „Angesichts der hoffnungslosen Auflockerung des Reichsverbandes" habe sich „das Schwergewicht der politischen, militärischen und finanziellen Grundlagen der Macht des Hauses Österreich mehr denn zuvor auf die Erblande" verschoben[256]. 1720 habe die „Monarchia Austriaca" „die größte Ausdehnung" erlangt, „welche sie jemals besitzen sollte", man sei sich (am Kaiserhof) aber bewusst gewesen sei, „daß die innere Stärke der habsburgischen, durch die Kaiserkrone überhöhten Hausmacht nicht der imposanten räumlichen Ausdehnung entsprach" und dass „[d]ie einzelnen Provinzen […] in ihrem nationalen und kulturellen Gepräge, in ihren wirtschaftlichen Kräften und politischen Rechten größte Verschiedenheiten auf[wiesen]"[257]. Erst „[d]ie Regierung Maria Theresias" habe „unter Schonung der historischen Landesgrenzen dem Staats-

---

sors für Geographie und Geschichte Gottfried Franz Litschauer (1903–1967), die in erster Auflage wie der erste Band von Priesters „Kurzer Geschichte Österreichs" im Jahr 1946 erschienen ist. In der 1961 erschienenen Auflage umfasst der dritte Teil mit dem Titel „Die habsburgische Monarchie in der Neuzeit. Österreichische Geschichte von 1526 bis 1918" nicht weniger als 173 der insgesamt (ohne die Anhänge) knapp 340 Textseiten. Weitere Auflagen erschienen unter dem Titel „Österreichische Geschichte" (5. Aufl. Wien 1974). Bekannt wurde Litschauer vor allem als Initiator und Hauptautor der „Allgemeinen Bibliographie des Burgenlandes".

[250] Siehe zuletzt Thomas WINKELBAUER, Der Mediävist und Österreichhistoriker Erich Zöllner – ein Biogramm. MIÖG 125 (2017) 132–140.

[251] Theodor MAYER, Probleme der österreichischen Geschichtswissenschaft, in: Alteuropa und die moderne Gesellschaft. FS für Otto BRUNNER (Göttingen 1963) 346–363, hier 360.

[252] Zitiert nach HEISS, Diskussion (wie Anm. 247) 153f.

[253] Ebd. 156.

[254] So die Überschrift des die Zeit von 1648 bis 1740 behandelnden Kapitels: Erich ZÖLLNER, Geschichte Österreichs. Von den Anfängen bis zur Gegenwart (Wien 1961, ⁸1990, hier zitiert nach ⁵1974) 246–303.

[255] Ebd. 220.

[256] Ebd. 221.

[257] Ebd. 268f.

ganzen einen festen Zusammenhalt gegeben und das Staatsbewußtsein wesentlich gestärkt"[258]. In den letzten Jahrzehnten ihrer Existenz schließlich habe sich die Monarchie
„ohne Zweifel in einer schweren Krise" befunden, sie habe allerdings „in ihrer langen
Geschichte [...] nur selten und vorübergehend wirklich Ruhe und Sicherheit genossen".
Man sei „an Schwierigkeiten gewöhnt" gewesen. „Um den alten Bau wirklich zu zer-
stören", habe es „der Weltkatastrophe des Krieges von 1914 bis 1918" bedurft[259].

Die „kleinösterreichische Geschichtsauffassung" (Alphons Lhotsky)

1946 wurde der einer altösterreichischen Offiziers-, Lehrer- und Beamtenfamilie
entstammende Alphons Lhotsky (1903–1968) als Nachfolger Otto Brunners zum außerordentlichen und 1951 zum ordentlichen Professor für Österreichische Geschichte
an der Universität Wien ernannt. Im Unterschied zu Hantsch, dessen Geschichtsbild
von einer „Hochschätzung für die Großmachtstellung der Habsburgermonarchie in der
Geschichte" geprägt war, ging Lhotsky bei seiner Konzeption der Geschichte Österreichs
von der Republik Österreich und ihren Ländern aus[260]. 1949 vertrat er in einem Vortrag
auf dem ersten Österreichischen Archivtag die Ansicht, dass die österreichischen Erblande der Habsburger um 1500 eine Einheit gebildet hätten, die mit relativ geringen
Veränderungen die folgenden Jahrhunderte überdauert habe, und dass es sich bei den
„vierhundert Jahre[n] Großmacht im Verein mit Böhmen und Ungarn von 1526 bis
1918" nur um „ein Zwischenspiel" gehandelt habe, „an dessen Ende neuerdings jenes
natürliche Ergebnis des Spätmittelalters, im großen und ganzen räumlich ähnlich, zutage trat und damit seine in sich selbst zurücklaufende echte Wesenhaftigkeit bewiesen
hat"[261]. Bei der Behandlung der Geschichte der Habsburgermonarchie hätten jedenfalls
„auch alle diejenigen ein Wort mitzureden und ihre Meinung zu äußern, die einmal mit
uns zusammen die Monarchia Austriaca gebildet haben". „Um hier sowohl allen anderen
als auch uns selbst gerecht werden zu können", schlug Lhotsky „ein Mittel" vor, „das
bereits auch in der Behandlung des spätmittelalterlichen Österreich anzuwenden wäre",
nämlich die „Trennung der Geschichte der Dynastie von der des Landes bzw. der Länder"[262]. Gernot Heiß hat wohl zu Recht konstatiert, für Lhotsky sei die Erforschung „des
[spät]mittelalterlichen Staatsbildungsprozesses [...] sowohl zur wissenschaftlichen Auf-

---

[258] Ebd. 319.

[259] Ebd. 477.

[260] HEISS, Von der gesamtdeutschen zur europäischen Perspektive (wie Anm. 240) 208f.

[261] Alphons LHOTSKY, Der Stand der österreichischen Geschichtsforschung und ihre nächsten Ziele,
in: DERS., Aufsätze und Vorträge, Bd. 3 (München 1972) 85–95, hier 92. Noch kurz vor seinem Tod
zeigte sich Lhotsky im programmatischen Vorwort zu seiner „Geschichte Österreichs seit der Mitte des
13. Jahrhunderts" davon überzeugt, dass „die Republik Österreich der Gegenwart [...] nichts anderes" sei
„als das nur wenig modifizierte ,Haus Österreich' der Zeit Kaiser Friedrichs III.". Alphons LHOTSKY,
Geschichte Österreichs seit der Mitte des 13. Jahrhunderts (1281–1358) (Geschichte Österreichs 2/1,
Graz–Wien–Köln 1967) 6.

[262] LHOTSKY, Der Stand der österreichischen Geschichtsforschung (wie Anm. 261) 92. Christiane
Thomas hat in kritischer Auseinandersetzung mit Lhotsky angeregt, österreichische Geschichte der Frü-
hen Neuzeit als „dynastiebezogene, nicht rein dynastische Geschichte" zu schreiben. Christiane THOMAS,
Die Problematik einer dynastischen Geschichtsschreibung (1526–1700), in: Probleme der Geschichte
Österreichs und ihrer Darstellung (wie Anm. 102) 157–164, hier 159. Vgl. auch Helmut RUMPLER,
Die Rolle der Dynastie im Vielvölkerstaat des 19. Jahrhunderts, in: ebd. 165–175.

gabe als auch zum Dienst am Staate im Rahmen der staatsbürgerlichen Erziehung" geworden[263].

Lhotskys Interpretation der österreichischen Geschichte zwischen 1526 und 1918 als Zwischenspiel, um nicht zu sagen: als historischer Irrweg, und seine Reduktion der österreichischen Geschichte auf das Staatsgebiet der Republik nach 1918 bzw. 1945 ist von manchen als provinziell kritisiert worden, zunächst von „großösterreichischen" bzw. (vormals) „gesamtdeutschen" Zeitgenossen wie Theodor Mayer, Hugo Hantsch und Adam Wandruszka, zuletzt von Gerald Stourzh[264]. Die Vermutung Michael Hochedlingers, dass in dieser „engen Konzeption" einer der Gründe „für den ‚Provinzialismus' und die teilweise ‚Verlandesgeschichtlichung' [...], die dem Fach Österreichische Geschichte mitunter vorgehalten werden", liegen dürfte[265], ist nicht von der Hand zu weisen.

Die frühneuzeitliche Habsburgermonarchie als „zusammengesetzter Staat" bzw. „monarchische Union von Ständestaaten" (Otto Brunner)

Otto Brunner, der, nach einer durch seine Aktivitäten im Dienste des NS-Regimes bedingten beruflichen Zwangspause, als Professor für Mittlere und Neuere Geschichte an der Universität Hamburg (1954 bis 1966) eine glänzende zweite Karriere erlebte, verabschiedete sich nach 1945 vom „Traum eines totalitären Neuen Europa", eröffnete sich „einen neuen Denkraum, den er im Anschluss an Jacob Burckhardt ‚Alteuropa' nannte"[266], und entwickelte die „politische Volksgeschichte" zu einer (europäischen) Sozial- und „Strukturgeschichte" weiter, worauf hier nicht weiter eingegangen werden kann[267]. In einem 1954 in Köln und Hamburg gehaltenen Vortrag charakterisierte

---

[263] Heiss, Im „Reich der Unbegreiflichkeiten" (wie Anm. 47) 473. Von 1960 bis zu seinem Tod war Lhotsky Vorsitzender des Instituts für Österreichkunde, einer als Verein organisierten österreichweiten Arbeitsgemeinschaft zur fachwissenschaftlichen Erwachsenenbildung auf den Gebieten Geschichte und Politik, Literatur und Sprache, Geographie und Wirtschaft, die sich besonders an Lehrer dieser Fächer wendet.

[264] Hochedlinger, Stiefkinder der Forschung (wie Anm. 8) 327–331. Gerald Stourzh (geb. 1929) gab 1991 unter anderem zu bedenken: „Wenn man die Republik Österreich ‚in ihren heutigen Grenzen' als ‚nichts anderes als das nur wenig modifizierte Haus Österreich der Zeit Kaiser Friedrichs III.' bezeichnet, bagatellisiert man die [...] Änderungen [das Innviertel, Salzburg und das Burgenland sind erst später dazugekommen, Krain, Südtirol, die Untersteiermark, die Besitzungen an der Adria, in Schwaben und Vorderösterreich sind weggekommen; Th. W.] über Gebühr." Die von Lhotsky vorgeschlagene „Trennung von Dynastiegeschichte und Geschichte des Landes bzw. der Länder" sei „kaum realisierbar" und wäre überdies „ein methodischer Rückschritt [...] zu einer isolierten Herrscher- und Herrschaftsgeschichte". Gerald Stourzh, Der Umfang der österreichischen Geschichte (wie Anm. 102) 19 und 20.

[265] Hochedlinger, Abschied vom Klischee (wie Anm. 207) 23.

[266] Blänkner, Otto Brunner (wie Anm. 166) 476.

[267] Siehe Reinhard Blänkner, Von der „Staatsbildung" zur „Volkwerdung". Otto Brunners Perspektivenwechsel der Verfassungshistorie im Spannungsfeld zwischen völkischem und alteuropäischem Geschichtsdenken, in: Alteuropa oder Frühe Moderne. Deutungsmuster für das 16. bis 18. Jahrhundert aus dem Krisenbewußtsein der Weimarer Republik in Theologie, Rechts- und Geschichtswissenschaft, hg. von Luise Schorn-Schütte (ZHF, Beih. 23, Berlin 1999) 87–135; ders., Nach der Volksgeschichte. Otto Brunners Konzept einer „europäischen Sozialgeschichte", in: Volksgeschichten im Europa der Zwischenkriegszeit, hg. von Manfred Hettling (Göttingen 2003) 326–366. Der Mediävist Hans-Henning Kortüm hat in mehreren Publikationen – zuletzt in Kortüm, „Gut durch die Zeiten gekommen" (wie Anm. 180) – unter weitgehender Ignorierung der Forschungsergebnisse und Argumente Reinhard Blänkners den holzschnittartigen Standpunkt vertreten, Brunner habe nach 1945 an seinen völkischen Überzeugungen festgehalten. „Die Betonung des Abendländisch-Europäischen nach 1945" zeige „vor allem anderen die intellektuelle Geschmeidigkeit Brunners, mit der er sich dem jetzt herrschenden Zeit-

Brunner die Habsburgermonarchie, „dieses höchst eigenartige Gebilde"[268], als „monarchische Union von Ständestaaten" und verglich sie mit der polnisch-litauischen Union[269]. Er knüpfte in dem Vortrag an Beobachtungen und Gedanken an, die er unter anderem bereits in drei weiter oben zitierten Aufsätzen aus den Jahren 1938 und 1943[270] publiziert hatte[271]. So ferne ihm „die so oft wiederholte und oft widerlegte Behauptung" liege, „die Monarchie sei ein ‚nur dynastisches Gebilde' gewesen und daraus erkläre sich ihr Zerfall", so sicher scheine es ihm, „daß man die Struktur dieses Gebildes nicht verstehen kann, ohne von der einmaligen Erscheinung von ‚Kaiser' und ‚Erzhaus' auszugehen"[272]. Der „Kaiser" und das „Erzhaus" hätten zwar „ihre Monarchie, die Monarchia Austriaca", besessen, „aber doch keinen übergeordneten Staatsgedanken, keine ‚Staatsraison', dem [bzw. der] sie die Sonderrechte ihrer ‚Königreiche und Länder' hätten unterordnen können"[273]. Die österreichische Monarchie habe „durch Ungarn und seine Nachbarländer tief nach Ostmitteleuropa" gereicht, sie sei „aber kein nur ostmitteleuropäischer Staat" gewesen, sondern könne „nur im Zusammenhang der deutschen Geschichte begriffen werden". Ungarn, das sich nach 1867 als souveräner Staat betrachtet habe, sei nicht das Hauptland der Monarchie gewesen, „trotz seiner Größe und politischen Tradition"[274]. Im Gegensatz zu dem „vom Staatsvolk der Madjaren" getragenen Königreich Ungarn sei die westliche Reichshälfte Österreich-Ungarns ein „Staat" ohne eine „ihm eigentümliche Staatsidee" gewesen[275]. „Wer sich als ‚Österreicher' […] emp-

---

geist anzupassen wusste". Ebd. 151. In Brunners nach 1945 veröffentlichten Werken offenbare sich „eine evidente Zeit- und Wertgebundenheit, in seinem Fall an völkisch-nationale Kategorien. Ihnen hing er eben nicht nur als junger oder vergleichsweise junger Mann und Gelehrter in den 1930er und 1940er Jahren, sondern Zeit seines Lebens voller Überzeugung an." Ebd. 160. Vgl. auch Hans-Henning KORTÜM, Otto Brunner, in: Handbuch der völkischen Wissenschaften (wie Anm. 179), Teilbd. 1: Biographien (Berlin–Boston 2017) 93–109. – Zur Rolle Brunners bei der Konzeption des von ihm, Werner Conze und Reinhart Koselleck herausgegebenen monumentalen Lexikons „Geschichtliche Grundbegriffe" (8 Bde., Stuttgart 1972–1997) und zu den Unterschieden zwischen den begriffsgeschichtlichen Fragestellungen und Methoden Brunners und Kosellecks siehe nunmehr den luziden Aufsatz von Reinhard BLÄNKNER, Otto Brunner und Reinhart Koselleck. Sprache und politisch-soziale Ordnung, in: Reinhart Koselleck als Historiker. Zu den Bedingungen möglicher Geschichten, hg. von Manfred HETTLING–Wolfgang SCHIEDER (Göttingen 2021) 112–148. Zuletzt hat Blänkner auch gezeigt, dass das „österreichische Staatsproblem", das durch den Untergang der Habsburgermonarchie 1918 besondere Aktualität und Dringlichkeit erlangte, „den [problemgeschichtlichen] Ausgangspunkt des Brunnerschen Nachdenkens über die kategoriale Historizität des Staates" markierte. Reinhard BLÄNKNER, Otto Brunner: Die Historizität des Staates, in: Staat und Historie. Leitbilder und Fragestellungen deutscher Geschichtsschreibung vom Ende des 19. bis zur Mitte des 20. Jahrhunderts, hg. von Walter PAULY–Klaus RIES (Staatsverständnisse 157, Baden-Baden 2021) 211–240, hier 221.

[268] Otto BRUNNER, Das Haus Österreich und die Donaumonarchie. *Südost-Forschungen* 14 (1955) 122–144, hier 124.

[269] Ebd. 126f.

[270] BRUNNER, Das österreichische Institut für Geschichtsforschung (wie Anm. 11); DERS., Österreichs Weg zum Großdeutschen Reich (wie Anm. 170); DERS., Die Habsburgermonarchie (wie Anm. 182).

[271] „Die Habsburgermonarchie muß in ihrer inneren Struktur als monarchischer Staatenverband und in ihrer Außenpolitik aus den geschichtlich gegebenen Existenzbedingungen verstanden werden." BRUNNER, Die Habsburgermonarchie (wie Anm. 182) 83.

[272] BRUNNER, Das Haus Österreich (wie Anm. 268) 131.

[273] Ebd. 141.

[274] Ebd. 135.

[275] Ebd. 124f.

fand, dessen politisches Bewußtsein bezog sich auf die Gesamtmonarchie, einschließlich Ungarns, einer Gesamtmonarchie, deren Existenz eben dieses Ungarn negierte."[276]

Neben dem österreichisch-ungarischen Dualismus identifizierte Brunner den Länderföderalismus „und die dann immer stärker in den Vordergrund tretende Forderung nach nationaler Autonomie" als „die Hauptprobleme der Österreichisch-ungarischen Monarchie in ihrer letzten Zeit"[277] und widmete sich anschließend eingehend der historischen Genese dieser Phänomene in den Jahren 1526 bis 1848. Die Aporien, vor die die Kaiser als multiple Landesfürsten und die Staatsmänner der Habsburgermonarchie im 18. und 19. Jahrhundert gestellt waren, bringt Brunner durch den Hinweis auf den Punkt, dass „in der deutschen Geschichtsschreibung gegen das Haus Österreich nicht selten der Vorwurf erhoben" worden sei, „seine Politik sei zu wenig ‚deutsch' gewesen", während „die madjarische (und nicht nur diese)" Historiographie gefunden habe, sie sei „viel zu sehr ‚deutsch' gewesen"[278]. Das Haus Österreich habe zwar „institutionell an der Vereinheitlichung seiner Königreiche und Länder gearbeitet", dabei sei es aber an Grenzen gestoßen, „die es nicht zu überschreiten vermochte, vor allem in Ungarn". Der „ostmitteleuropäische Teil der Donaumonarchie" habe „seine eigene Verfassung und seine besondere soziale Struktur" behaupten können[279]. Eine Schlüsselrolle sei dabei dem ungarischen Komitatsadel zugekommen, der im Vormärz nicht weniger als etwa 600.000 Köpfe gezählt habe. Die die Regional- und Lokalverwaltung beherrschenden „Nobiles" seien stets bereit gewesen, „ihre politischen Rechte, vor allem aber ihre Steuerfreiheit", nötigenfalls „mit den Waffen zu verteidigen"[280].

Handbücher und Gesamtdarstellungen der Geschichte der Habsburgermonarchie

Hugo Hantsch, von dem bereits wiederholt die Rede war, spielte eine zentrale Rolle beim Zustandekommen des monumentalen, aus zwölf bzw., wenn man die massiven Teilbände jeweils eigens zählt, 20 Bänden bestehenden, von der Österreichischen Akademie der Wissenschaften getragenen, zwischen 1973 und 2021 erschienenen Handbuchs der Geschichte der Habsburgermonarchie von 1848 bis 1918. Der erste Anstoß zu dem schließlich im Auftrag der im März 1959 eingerichteten Akademiekommission für die Geschichte der Österreichisch-Ungarischen Monarchie und deren Nachfolgeinstitutionen (derzeit ist dies das Institut für die Erforschung der Habsburgermonarchie und des Balkanraumes) herausgegebenen Handbuch „Die Habsburgermonarchie 1848–1918" ging 1952 angeblich von der Rockefeller-Stiftung aus. Diese hatte 1951 begonnen, „erhebliche Mittel bereitzustellen für historische Forschungsprojekte mit Relevanz

---

[276] Ebd. 125.
[277] Ebd. 126.
[278] Ebd. 134.
[279] Ebd. 136.
[280] Ebd. 138f. Wichtige neuere Synthesen zur Thematik des zusammengesetzten Charakters der Habsburgermonarchie sind Wilhelm BRAUNEDER, Die Habsburgermonarchie als zusammengesetzter Staat, in: Zusammengesetzte Staatlichkeit in der Europäischen Verfassungsgeschichte, hg. von Hans-Jürgen BECKER (Beihefte zu „Der Staat" 16, Berlin 2006) 197–236, und Petr MAŤA, Die Habsburgermonarchie, in: Verwaltungsgeschichte der Habsburgermonarchie in der Frühen Neuzeit, Bde. 1/1 und 1/2: Hof und Dynastie, Kaiser und Reich, Zentralverwaltungen, Kriegswesen und landesfürstliches Finanzwesen, hg. von Michael HOCHEDLINGER–Petr MAŤA–Thomas WINKELBAUER (MIÖG, Ergbd. 62, Wien 2019) Bd. 1/1, 29–62.

für die Gegenwart"[281], lehnte den Förderantrag aber schließlich als zu „vage" ab[282]. Spätestens seit seinem Amtsantritt als Unterrichtsminister 1954 wurde das Projekt von Heinrich Drimmel, einem persönlichen Freund und „Bundesbruder" Hantschs (sie gehörten derselben CV-Verbindung an), gefördert, anderen Angaben zufolge soll er sogar den ersten Anstoß zu dem Projekt gegeben haben[283]. Hantsch wurde, unterstützt von seinem Assistenten Fritz Fellner und von Gerald Stourzh, der von 1951 bis 1957 in verschiedenen Funktionen an der University of Chicago forschte und lehrte[284], zur treibenden Kraft des Unternehmens, er verstarb aber während der Drucklegung des ersten Bandes[285]. In einem ersten Gutachten, das im Dezember 1952 Hugo Hantsch und Heinrich Benedikt (1886–1981), der 1946 aus dem englischen Exil zurückgekehrt war und seit 1950 als außerordentlicher Professor für Allgemeine Geschichte der Neuzeit Hantschs Kollege am Historischen Seminar (bzw., seit 1955, Institut) der Universität Wien war[286], vorlegten, heißt es: „Zweifellos bietet die österreichisch-ungarische Monarchie, in welcher die Idee des vielnationalen und des übernationalen Staates verwirklicht war, das weitaus ergiebigste […] Material zur Untersuchung des Wesens und der Formen des zusammengesetzten Staates."[287] 1958 arbeiteten Fellner, Stourzh und der Archivar, Militärhistoriker und künftige Direktor des Wiener Heeresgeschichtlichen Museums Johann Christoph Allmayer-Beck ein Memorandum aus, „das als Grundlage für die weitere Planung diente"[288].

Während Hantsch noch 1959 gemeint hatte, Fachkollegen aus den Staaten des Warschauer Paktes als Mitarbeiter zu gewinnen komme nicht in Frage, da dort Forschungen über die Habsburgermonarchie entweder „überhaupt tabu" seien oder zumindest „unterbunden" würden, und nationale Komitees von zur Mitarbeit bereiten Historikern daher nur in den USA („United States Committee to promote studies of the Habsburg Monarchy", gegründet 1957 auf der Jahrestagung der American Historical Associa-

---

[281] Matthias STICKLER, „Die Habsburgermonarchie 1848–1918" – Ein Jahrhundertwerk auf der Zielgeraden. *HZ* 295 (2012) 690–719, hier 701.

[282] Johannes FEICHTINGER–Heidemarie UHL, Habsburg Zentraleuropa zwischen 1945 und heute. Wechselnde Perspektiven auf ein Forschungsfeld, in: Mythos – Paradies – Translation. Kulturwissenschaftliche Perspektiven. FS für Michael RÖSSNER, hg. von Daniel GRAZIADEI et al. (Edition Kulturwissenschaft 135, Bielefeld 2018) 95–108, hier 98.

[283] Ebd. 98f. und HOLESCHOFSKY, Hugo Hantsch (Monographie) (wie Anm. 2) 136f. Vgl. zuletzt Johannes HOLESCHOFSKY, Leo Santifaller zwischen Politik und Wissenschaft in der Nachkriegszeit anhand der Korrespondenz mit Unterrichtsminister Heinrich Drimmel. *MIÖG* 127 (2019) 204–218, hier 207.

[284] Gerald STOURZH, Spuren einer intellektuellen Reise, in: DERS., Spuren einer intellektuellen Reise (Wien–Köln–Weimar 2009) 13–59, bes. 25–39; Fritz FELLNER–Doris A. CORRADINI, Österreichische Geschichtswissenschaft im 20. Jahrhundert. Ein biographisch-bibliographisches Lexikon (VKNGÖ 99, Wien–Köln–Weimar 2006) 399f.

[285] HOLESCHOFSKY, Hugo Hantsch (Monographie) (wie Anm. 2) 166–170.

[286] Günther HAMANN, Heinrich Benedikt (30. Dezember 1886 – 26. Dezember 1981) zum Gedenken, in: Österreich und die deutsche Frage im 19. und 20. Jahrhundert. Probleme der politisch-staatlichen und soziokulturellen Differenzierung im deutschen Mitteleuropa, hg. von Heinrich LUTZ–Helmut RUMPLER (WBGN 9, Wien 1982) 8–21.

[287] Zitiert nach Adam WANDRUSZKA, Planung und Verwirklichung, in: Die Habsburgermonarchie 1848–1918, hg. von DEMS.–Peter URBANITSCH, Bd. 1: Die wirtschaftliche Entwicklung, hg. von Alois BRUSATTI (Wien 1973) XI–XIX, hier XIIf.

[288] Ebd. XIII. Vgl. auch Hugo HANTSCH, Der Völkerstaat an der Donau. Österreich-Ungarn von 1866 bis 1918, in: SPECTRUM AUSTRIAE, hg. von Otto SCHULMEISTER unter Mitwirkung von Johann Christoph ALLMAYER-BECK–Adam WANDRUSZKA (Wien 1957) 151–194.

tion[289]), in Großbritannien, in Frankreich, in der Bundesrepublik Deutschland und in Italien entstanden, berichtete er 1963 der Kommission für Geschichte der Österreichisch-Ungarischen Monarchie, deren Obmann er war, über „den neuen Plan einer von Historikern aus allen Nachfolgestaaten Österreich-Ungarns verfassten Geschichte"[290]. In dieser Form wurde das Projekt, nachdem die Kontakte zu Fachkollegen aus den Staaten des Warschauer Paktes auf dem XII. Internationalen Historikerkongress in Wien 1965 und auf mehreren internationalen Tagungen über den Ausbruch und das Ende des Ersten Weltkriegs (1964 und 1968) intensiviert worden waren, schließlich realisiert[291]. Das Erscheinen der ersten Bände wurde durch eine gegen Ende der 1960er Jahre vorgenommene gründliche Revision des bisherigen Konzepts verzögert. Diese Revision basierte auf einem Exposé, das Peter Urbanitsch (geb. 1942), der – als Nachfolger Helmut Rumplers, des späteren Herausgebers des Handbuchs – im Herbst 1968, kurz nach dem gewaltsamen Ende des „Prager Frühlings", seine Tätigkeit als neuer Sekretär der Akademiekommission und künftiger Mitherausgeber der Bände aufgenommen hatte, vorlegte, demzufolge „der Kreis der Mitarbeiter um Wissenschaftler aus den mittelosteuropäischen Nachfolgestaaten der Habsburgermonarchie erweitert" wurde[292]. 1979, kurz vor dem Erscheinen des dritten Bandes über „Die Völker des Reiches", betonte Urbanitsch, dass rund die Hälfte der Autoren aus dem Ausland, und zwar fast ausschließlich „aus den sogenannten Nachfolgestaaten", komme und dass bewusst darauf verzichtet worden sei, „etwaig auftretende unterschiedliche Auffassungen abzuschwächen oder gar einzuebnen". Die „Beibehaltung solcher Auffassungsunterschiede" solle es „auch dem Benutzer ermöglichen, an der wissenschaftlichen Diskussion teilnehmen und sich sein eigenes Urteil über die kontroversiellen Interpretationen bilden zu können"[293]. Das

---

[289] Helmut RUMPLER, Introduction: The Habsburg Monarchy as a Portent for the New Europe of the Future, in: Die Habsburgermonarchie 1848–1918, Bd. XII: Bewältigte Vergangenheit? (wie Anm. 228) 1–20, hier 11. Zur Vorgeschichte des Handbuchprojekts gehört auch die Gründung des „Austrian History Newsletter" 1960 und dessen Nachfolgers, des „Austrian History Yearbook", 1965 auf Initiative von R(euben) John Rath (1951 bis 1963 Professor an der University of Texas in Austin, 1963 bis 1980 Professor an der Rice University in Houston, Texas). WANDRUSZKA, Planung und Verwirklichung (wie Anm. 287) XV; STICKLER, „Die Habsburgermonarchie 1848–1918" (wie Anm. 281) 706. Siehe auch den Beitrag von Gary B. Cohen im vorliegenden Band.

[290] Hugo HANTSCH, Das Forschungsprojekt zu einer Gesamtdarstellung der Geschichte und Kultur der österreichisch-ungarischen Monarchie. *Anzeiger der ÖAW, phil.-hist. Klasse* 97 (1960) 65–74; HOLESCHOFSKY, Hugo Hantsch (Monographie) (wie Anm. 2) 169. Im Juli 1961 hatte die Akademiekommission den Beschluss gefasst, sie werde „eine Mitarbeit besonders der Historiker aus den Nachfolgestaaten im Rahmen eines Erfahrungsaustausches begrüßen, im übrigen aber das Projekt als ein österreichisches und von den österreichischen Historikern zu leitendes Unternehmen führen". Hugo HANTSCH, Kommission für die Geschichte der Österr.-Ungar. Monarchie. *Almanach der ÖAW* 112 (1962) 294–296, hier 294f.

[291] WANDRUSZKA, Planung und Verwirklichung (wie Anm. 287) XIV–XVI; STICKLER, „Die Habsburgermonarchie 1848–1918" (wie Anm. 281) 699–708.

[292] STICKLER, „Die Habsburgermonarchie 1848–1918" (wie Anm. 281) 707.

[293] Peter URBANITSCH, Die Habsburgermonarchie 1848–1918, in: Almanach '79 der österreichischen Forschung, hg. vom Verband der wissenschaftlichen Gesellschaften Österreichs (Wien 1979) 198–202, hier 198f. „Es lag von Anfang an in unserer Absicht, die ungeheuren regionalen Unterschiede herauszuarbeiten, die für den Bereich der österreichisch-ungarischen Monarchie selbst in den letzten Jahrzehnten ihres Bestandes charakteristisch waren, denn nur so können der gewaltige Reichtum an inneren Entwicklungsmöglichkeiten, aber auch die wechselseitige Beeinflussung und Durchdringung auf den verschiedensten Lebensgebieten deutlich gemacht werden, als deren Resultat jene für die Habsburgermonarchie sehr spezifischen, dafür aber keineswegs einförmigen Lebens- und Verhaltensweisen entstanden." Ebd. 199. – Urbanitsch ist eine Reihe wichtiger Studien zu verschiedenen Aspekten der

Konzept der Bände beruht auf dem Grundsatz, „übergreifende, in erster Linie die Gesamtmonarchie in den Blick nehmende Aspekte zu kontrastieren bzw. zu ergänzen mit gewissermaßen partikularen Entwicklungen in den Kronländern, für die zudem in den meisten Fällen versierte Fachleute aus den nichtdeutschsprachigen Nachfolgestaaten Österreich-Ungarns verpflichtet werden"[294].

Der 1980 publizierte dritte Band über „Die Völker des Reiches" enthält auch die – mit 231 Druckseiten ein Buch im Buch darstellende – bahnbrechende nationalitätenrechtliche und verwaltungsgeschichtliche Studie von Gerald Stourzh (geboren 1929) über „Die Gleichberechtigung der Volksstämme als Verfassungsprinzip 1848–1918", die einige Jahre später, um einen rund 70-seitigen Quellenanhang erweitert, auch als selbständiges Buch erschienen ist[295]. Stourzh, der von 1969 bis 1997 eine der zwei Pro-

Geschichte Cisleithaniens zu verdanken, von denen einige in den Bänden des großen Handbuchprojekts erschienen sind, manche aber auch an anderer Stelle (in Auswahl): Peter Urbanitsch, Die Deutschen in Österreich. Statistisch-deskriptiver Überblick, in: Die Habsburgermonarchie 1848–1918, Bd. III/1, hg. von Adam Wandruszka–Dems., (Wien 1980) 33–153; Ders., Die Gemeindevertretungen in Cisleithanien, in: Die Habsburgermonarchie 1848–1918, Bd. VII/2, hg. von Helmut Rumpler–Dems. (Wien 2000) 2199–2281; Ders., Pluralist Myth and Nationalist Realities: The Dynastic Myth of the Habsburg Monarchy – a futile Exercise in the Creation of Identity? AHY 35 (2004) 101–141; Ders., The High Civil Service Corps in the Last Period of the Multi-Ethnic Empire between National and Imperial Loyalties. Historical Social Research / Historische Sozialforschung 33/2 (2008) 193–213; Ders., Vom neoständischen Kurienparlament zum modernen Volkshaus. Die Liberalisierung des Reichsratswahlrechtes 1873–1911. Anzeiger der phil.-hist. Klasse der ÖAW 147 (2012) 19–50; Ders., Das Schulwesen in Cisleithanien – Element eines kooperativen Imperiums?, in: Kooperatives Imperium. Politische Zusammenarbeit in der späten Habsburgermonarchie, hg. von Jana Osterkamp (Bad Wiesseer Tagungen des Collegium Carolinum 39, München 2018) 95–115; Ernst Hanisch–Ders., Die Prägung der politischen Öffentlichkeit durch die politischen Strömungen, in: Die Habsburgermonarchie 1848–1918, Bd. VIII/1, hg. von Helmut Rumpler–Dems. (Wien 2006) 15–111.

294 Matthias Stickler, Rezension von: Die Habsburgermonarchie und der Erste Weltkrieg, hg. von Helmut Rumpler, 2 Teile (Wien 2016). sehepunkte 18 (2018), Nr. 2 [15.2.2018], http://www.sehepunkte.de/2018/02/30217.html [25.4.2022]. Die zwischen 1973 und 2018 erschienenen Bände und Teilbände sind der wirtschaftlichen Entwicklung, Verwaltung und Rechtswesen, den „Völkern des Reiches", den Konfessionen, der „bewaffneten Macht", der Habsburgermonarchie im System der internationalen Beziehungen, Verfassung und Parlamentarismus, der politischen Öffentlichkeit und der Zivilgesellschaft, den sozialen Strukturen, der Habsburgermonarchie im Ersten Weltkrieg und der Historiographie zum Untergang Österreich-Ungarns gewidmet. Kurz vor Fertigstellung dieses Beitrags ist als letzter auch Band X (Das kulturelle Leben) erschienen (siehe unten Anm. 307). Nähere Informationen zu den einzelnen Bänden siehe: https://www.oeaw.ac.at/ihb/forschungsbereiche/geschichte-der-habsburgermonarchie/publikationen/die-habsburgermonarchie-1848-1918 [25.4.2022]. Wolfram Siemann hat die zwischen 2006 und 2010 erschienenen – aus fünf Teilbänden bestehenden – Bände VIII (Politische Öffentlichkeit und Zivilgesellschaft) und IX (Soziale Strukturen) ebenso ausführlich wie hymnisch besprochen: Wolfram Siemann, Habsburg, Deutschland und Mitteleuropa im „langen neunzehnten Jahrhundert". sehepunkte 11 (2011), Nr. 5 [15.5.2011], http://www.sehepunkte.de/2011/05/11838.html [25.4.2022]. Deutlich kritischer ausgefallen ist die Rezension von Band IX durch Gary B. Cohen in: MIÖG 121 (2013) 216–219.

295 Gerald Stourzh, Die Gleichberechtigung der Nationalitäten in der Verfassung und Verwaltung Österreichs 1848–1918 (Wien 1985). Vgl. auch Ders., Die moderne Isonomie. Menschenrechtsschutz und demokratische Teilhabe als Gleichberechtigungsordnung (Köln–Wien 2015). Zur Entstehungsgeschichte des Gleichberechtigungsparagraphen der Dezemberverfassung (Art. 19 des Staatsgrundgesetzes über die allgemeinen Rechte der Staatsbürger für die im Reichsrat vertretenen Königreiche und Länder vom 21. Dezember 1867) siehe auch Brigitte Mazohl, ‚Equality among the Nationalities' and the Peoples (Volksstämme) of the Habsburg Empire, in: Constitutionalism, Legitimacy, and Power. Nineteenth-Century Experiences, hg. von Kelly L. Grotke–Markus J. Prutsch (Oxford 2014) 163–188, bes. 170–182.

fessuren für Geschichte der Neuzeit an der Universität Wien innehatte[296], hat dafür als wichtigste ungedruckte Quellen die Beratungsprotokolle und sonstigen Akten des Reichsgerichts und des Verwaltungsgerichtshofs der österreichischen „Reichshälfte" Österreich-Ungarns ausgewertet. Er zog aus seinen Forschungen unter anderem den Schluss, dass insbesondere im Bereich des Schulwesens „der Stellenwert der Länder und ihrer Autonomie im Gefüge der Dezemberverfassung wesentlich höher anzusetzen ist, als es der traditionellen Lehre vom ‚dezentralisierten Einheitsstaat' entspricht", und dass seit der Jahrhundertwende die Landesgesetzgebung „zum wichtigsten Instrument nationalitätenrechtlicher Normsetzung" geworden sei[297]. Stourzh hat sich auch in einer Reihe weiterer wegweisender Studien mit der Geschichte der späten Habsburgermonarchie befasst, neben Fragen des Nationalitäten- und Sprachenrechts und der Grundrechte etwa mit dem staatsrechtlichen Verhältnis zwischen den beiden Staaten bzw. Reichshälften Österreich-Ungarns sowie mit der Frage der Länderautonomie und dem rechtlichen und verwaltungspraktischen Verhältnis zwischen dem (Gesamt-)Staat und den Ländern in Cisleithanien[298]. Von den jüngeren thematisch einschlägigen Studien Stourzh' sei an dieser Stelle nur auf seine luzide Auseinandersetzung mit dem von Pieter Judson, Tara

---

[296] Siehe Richard Georg PLASCHKA, Gerald Stourzh zum 60. Geburtstag, in: Geschichte zwischen Freiheit und Ordnung. Gerald STOURZH zum 60. Geburtstag, hg. von Emil BRIX–Thomas FRÖSCHL–Josef LEIDENFROST (Graz–Wien–Köln 1991)13–24; Berthold SUTTER, Laudatio des Ehrenpromovenden. Gerald Stourzh – Leben, Forschung und Werk, in: Verleihung der Ehrendoktorwürde der Rechtswissenschaften an Herrn O. Univ.-Prof. Dr. phil. Gerald Stourzh (Grazer Universitätsreden 41, Graz 1991) 9–42; Thomas ANGERER–Birgitta BADER-ZAAR–Margarete GRANDNER, Vorwort, in: Geschichte und Recht. FS für Gerald STOURZH zum 70. Geburtstag, hg. von DENS. (Wien–Köln–Weimar 1999) 9–16; STOURZH, Spuren einer intellektuellen Reise (wie Anm. 284).

[297] STOURZH, Die Gleichberechtigung der Nationalitäten (wie Anm. 295) 242. – Weitere Standardwerke und wichtige neuere Beiträge österreichischer Historiker und Historikerinnen zu Fragen des Nationalitäten-, Sprachen- und Staatsbürgerrecht sowie der amtlichen Statistik und der Volkszählungen in der Habsburgermonarchie im 19. und frühen 20. Jahrhundert sind etwa Emil BRIX, Die Umgangssprachen in Altösterreich zwischen Agitation und Assimilation. Die Sprachenstatistik in den zisleithanischen Volkszählungen 1880 bis 1910 (VKNGÖ 72, Wien–Köln–Graz 1982); Hannelore BURGER, Sprachenrecht und Sprachgerechtigkeit im österreichischen Unterrichtswesen 1867–1918 (StGÖUM 26, Wien 1995); DIES., Paßwesen und Staatsbürgerschaft, in: Grenze und Staat. Paßwesen, Staatsbürgerschaft, Heimatrecht und Fremdengesetzgebung in der österreichischen Monarchie 1750–1867, hg. von Waltraud HEINDL–Edith SAURER (Wien–Köln–Weimar 2000) 1–172; DIES., Heimatrecht und Staatsbürgerschaft österreichischer Juden. Vom Ende des 18. Jahrhunderts bis in die Gegenwart (StPV 108, Wien–Köln–Graz 2014); Dieter KOLONOVITS, Sprachenrecht in Österreich. Das individuelle Recht auf Gebrauch der Volksgruppensprachen im Verkehr mit Verwaltungsbehörden und Gerichten (Wien 1999); weiters die Beiträge (u. a. von Harald BINDER, Emil BRIX, Hannelore BURGER und Andreas GOTTSMANN) in: Místo národních jazyků ve výchově, školství a vědě v habsburgské monarchii 1867–1918 / Position of National Languages in Education, Educational System and Science of the Habsburg Monarchy, 1867–1918, hg. von Harald BINDER–Barbara KŘIVOHLAVÁ–Luboš VELEK (Práce z dějin vědy 11, Praha 2003); zuletzt: Wolfgang GÖDERLE, Zensus und Ethnizität. Zur Herstellung von Wissen über soziale Wirklichkeiten im Habsburgerreich zwischen 1848 und 1910 (Göttingen 2016) (mit dem Fokus auf den vier zwischen 1869 und 1910 durchgeführten cisleithanischen Volkszählungen), und Language diversity in the late Habsburg Empire, hg. von Markian PROKOPOVYCH–Carl BETHKE–Tamara SCHEER (Central and Eastern Europe 9, Leiden–Boston 2019).

[298] Die wichtigsten einschlägigen Aufsätze sind wiederabgedruckt in: Gerald STOURZH, Wege zur Grundrechtsdemokratie. Studien zur Begriffs- und Institutionengeschichte des liberalen Verfassungsstaates (StPV 29, Wien–Köln–Weimar 1989); DERS., From Vienna to Chicago and back: Essays on intellectual history and political thought in Europe and America (Chicago 2007); DERS., Der Umfang der österreichischen Geschichte. Ausgewählte Studien 1990–2010 (StPV 99, Wien–Köln–Graz 2011); weiters u. a. DERS., Der Dualismus 1867 bis 1918. Zur staatsrechtlichen und völkerrechtlichen Problematik

Zahra, Jeremy King und anderen verwendeten Forschungsbegriff „nationale Indifferenz" einerseits und der zunehmenden Ethnisierung der Politik (und des Rechts) in Cisleithanien seit den 1870er Jahren andererseits hingewiesen[299]. Wenigstens en passant sei erwähnt, dass einer der Forschungsschwerpunkte des gebürtigen Bayern Heinrich Lutz (1922–1986), der von 1966 bis zu seinem Tod die andere Professur für Geschichte der Neuzeit an der Universität Wien innehatte, die Beziehungen zwischen der Habsburgermonarchie, Preußen und den deutschen Mittelstaaten (Bayern, Sachsen, Württemberg u. a.) vom Wiener Kongress bis zur Gründung des Deutschen Reiches 1871 war. In seinen beiden einschlägigen Monographien[300] betonte er die für Österreich-Ungarn „verhängnisvollen Wirkungen der deutsch-österreichischen Allianz à la Bismarck"[301]. Auch Lothar Höbelt (geb. 1956), ein Schüler und zeitweiliger Assistent von Heinrich Lutz und Autor von Beiträgen in mehreren Bänden des Handbuchs zur Geschichte der Habsburgermonarchie von 1848 bis 1918, hat zahlreiche quellennahe und thesenstarke Beiträge zur Außen- und Innenpolitik sowie zur Militärgeschichte der Habsburgermonarchie im 19. und frühen 20. Jahrhundert veröffentlicht[302].

Doch zurück zum Handbuch. Seit dem sechsten Band über „Die Habsburgermonarchie im System der internationalen Beziehungen" (erster Teilband 1989, zweiter Teilband 1993) prägte Helmut Rumpler (1935–2018) „das Werk maßgeblich, denn er verfasste darin den richtungsweisenden einleitenden Beitrag"[303]. Band VII („Verfassung

der Doppelmonarchie, in: Die Habsburgermonarchie 1848–1918, Bd. VII/1, hg. von Helmut Rumpler–Peter Urbanitsch (Wien 2000) 1177–1230.

[299] Gerald Stourzh, The Ethnicizing of Politics and „National Indifference" in Late Imperial Austria, in: Ders., Der Umfang der österreichischen Geschichte (wie Anm. 298) 283–323. Stourzh präferiert mit guten Gründen anstelle von „national indifference" je nach Kontext den von Judson ursprünglich verwendeten Begriff „national flexibility" sowie den Begriff „national pragmatism" oder die Formulierung „national non-commitment". Ebd. 302f.

[300] Heinrich Lutz, Österreich-Ungarn und die Gründung des Deutschen Reiches. Europäische Entscheidungen 1867–1871 (Frankfurt u. a. 1979); Ders., Zwischen Habsburg und Preußen. Deutschland 1815–1866 (Berlin 1985). Für einen Vergleich zwischen dem letztgenannten Werk und Thomas Nipperdeys Klassiker „Deutsche Geschichte 1800–1866" siehe Paul W. Schroeder, Once More, The German Question. The International History Review 9/1 (1987) 95–107, bes. 99f. und 105.

[301] Stefan Malfèr, Heinrich Lutz und die Geschichte der Habsburgermonarchie im Zeitalter Franz Josephs, in: Die Einheit der Neuzeit. Zum historischen Werk von Heinrich Lutz, hg. von Alfred Kohler–Gerald Stourzh (WBGN 15, Wien 1988) 182–205, hier 197. Vgl. auch Helmut Rumpler, Die deutsche Frage im Werk von Heinrich Lutz, in: ebd. 155–168, und Lothar Höbelt, Von Bismarck zu Metternich, in: ebd. 169–181.

[302] In Auswahl: Lothar Höbelt, Die Marine, in: Die Habsburgermonarchie 1848–1918, Bd. V, hg. von Adam Wandruszka–Peter Urbanitsch (Wien 1987) 687–763; Ders., Die Handelspolitik der Österreichisch-Ungarischen Monarchie gegenüber dem Deutschen Reich, in: Die Habsburgermonarchie 1848–1918, Bd. VI/1, hg. von Adam Wandruszka–Peter Urbanitsch (Wien 1989) 561–583; Ders., Kornblume und Kaiseradler. Die deutschfreiheitlichen Parteien Altösterreichs 1882–1918 (Wien 1993); Ders., 1848. Österreich und die deutsche Revolution (Wien–München 1998); Ders., Parteien und Fraktionen im cisleithanischen Reichsrat, in: Die Habsburgermonarchie 1848–1918, Bd. VII/1, hg. von Helmut Rumpler–Peter Urbanitsch (Wien 2000) 895–1006; Ders., Die deutsche Presselandschaft, in: Die Habsburgermonarchie 1848–1918, Bd. VIII/2, hg. von Helmut Rumpler–Peter Urbanitsch (Wien 2006) 1819–1894; Ders., Franz Joseph I. Der Kaiser und sein Reich. Eine politische Geschichte (Wien–Köln–Weimar 2009); Ders., „Stehen oder Fallen?" Österreichische Politik im Ersten Weltkrieg (Wien–Köln–Weimar 2015); Ders., Diplomatie zwischen Bündnissicherung und Friedenshoffnung. Die Außenpolitik Österreich-Ungarns 1914–1918, in: Die Habsburgermonarchie 1848–1918, Bd. XI/1/2, hg. von Helmut Rumpler (Wien 2016) 1017–1094.

[303] Wolfram Siemann, Helmut Rumpler (1935–2018). HZ 308 (2019) 401–413, hier 408. Die

und Parlamentarismus", 2000) „markierte den endgültigen Übergang des Projekts [...]
zu modernen historischen Fragestellungen, ohne hierbei wissenschaftlichen Moden von
geringer Halbwertszeit einfach hinterherzulaufen"[304]. Wolfram Siemann hat mit Bezug
auf den Teilband „Die Presse als Faktor der politischen Mobilisierung" (Band VIII, „Politische Öffentlichkeit und Zivilgesellschaft", 2006) geäußert, man könne „nicht ge-
nügend hervorheben, welche Verdienste sich dieses Handbuch erwirbt, weil es die traditionelle auf Wien konzentrierte Spur verlässt und die politische Presse der nichtdeutschen
Nationalitäten eigens würdigt. Die Integration wissenschaftlicher Forschung zu so viel
verschiedenen Nationalitäten in einem einzigen Werk scheint mir in der europäischen
Wissenschaftslandschaft eine Pionierleistung zu sein."[305] Ein anderer Kenner hat das Pro-

---

Bemerkung bezieht sich auf: Helmut RUMPLER, Die rechtlich-organisatorischen und sozialen Rahmenbedingungen für die Außenpolitik der Habsburgermonarchie 1848–1918, in: Die Habsburgermonarchie 1848–1918, Bd. VI/1, hg. von Adam WANDRUSZKA–Peter URBANITSCH (Wien 1989) 1–121. Zu
Leben und Werk Helmut Rumplers, der von 1975 bis 2003 das Ordinariat für Neuere und Österreichische Geschichte an der Universität Klagenfurt innehatte, vgl. auch Fritz FELLNER, Helmut Rumpler –
Versuch einer Würdigung, in: Brennpunkt Mitteleuropa. FS für Helmut RUMPLER zum 65. Geburtstag,
hg. von Ulfried BURZ–Michael DERNDARSKY–Werner DROBESCH (Klagenfurt 2000) 17–21. Von Rumplers anderen Beiträgen zur Geschichte der Habsburgermonarchie im 19. und frühen 20. Jahrhundert
kann hier nur eine Auswahl angeführt werden, beginnend mit der Druckfassung seiner Dissertation:
Helmut RUMPLER, Max Hussarek. Nationalitäten und Nationalitätenpolitik in Österreich im Sommer
des Jahres 1918 (StGÖUM 4, Graz–Köln 1965); DERS., Das Völkermanifest Kaiser Karls vom 16. Oktober 1918. Letzter Versuch zur Rettung des Habsburgerreiches (Wien 1966); DERS., Die deutsche Politik des Freiherrn von Beust 1848 bis 1850. Zur Problematik mittelstaatlicher Reformpolitik im Zeitalter
der Paulskirche (VKNGÖ 57, Wien–Köln–Graz 1972); DERS., Parlament und Regierung Cisleithaniens
1867 bis 1914, in: Die Habsburgermonarchie 1848–1918, Bd. VII/1, hg. von DEMS.–Peter URBANITSCH
(Wien 2000) 667–894; DERS., Zwischen allen Fronten. Die Wiener Regierung und die nationalpolitischen Hoffnungen der Slowenen vor 1914, in: Nation, Nationalitäten und Nationalismus im östlichen
Europa. FS für Arnold SUPPAN zum 65. Geburtstag, hg. von Marija WAKOUNIG–Wolfgang MUELLER–
Michael PORTMANN (Wien u. a. 2010) 279–329; DERS., Die Intellektuellen in Cisleithanien, in: Die
Habsburgermonarchie 1848–1918, Bd. IX/1/2, hg. von DEMS.–Peter URBANITSCH, red. von Ulrike HAR-
MAT (Wien 2010) 1119–1155; DERS., Die Todeskrise Cisleithaniens 1911–1918. Vom Primat der Innen-
politik zum Primat der Kriegsentscheidung, in: Die Habsburgermonarchie 1848–1918, Bd. XI/1/2, hg.
von DEMS. (Wien 2016) 1165–1256; DERS., Introduction (wie Anm. 289).

[304] STICKLER, „Die Habsburgermonarchie 1848–1918" (wie Anm. 281) 715. Von den zahlreichen
im Umkreis des Handbuchprojekts zu verortenden Beiträgen österreichischer Historiker zur Geschichte
des Parlamentarismus in der späten Habsburgermonarchie sei nur das folgende grundlegende Referenz-
werk genannt: Franz ADLGASSER, Die Mitglieder der österreichischen Zentralparlamente 1848–1918.
Konstituierender Reichstag 1848–1849. Reichsrat 1861–1918. Ein biographisches Lexikon, 2 Bde.
(StGÖUM 33, Wien 2014). Vgl. auch DERS., Die Zivilgesellschaft im Parlament. Verbands- und Ver-
einsvertreter im Wiener Reichsrat, in: Kooperatives Imperium (wie Anm. 293) 75–93; Peter BECKER,
Parlamentarismus und Parlamentarier in der Habsburgermonarchie. Ein neues Standardwerk und For-
schungsinstrument. *MIÖG* 126 (2018) 128–133; Birgitta BADER-ZAAR, Forschungen zum österrei-
chischen Parlamentarismus in der Habsburgermonarchie. Bisherige Schwerpunkte und Ausblicke auf
Studien zu Normen und Praktiken der Wählbarkeit. *MIÖG* 126 (2018) 134–143. Eine gewichtige
Spezialuntersuchung ist Harald BINDER, Galizien in Wien. Parteien, Wahlen, Fraktionen und Abgeordnete im Übergang zur Massenpolitik (StGÖUM 29, Wien 2005).

[305] SIEMANN, Habsburg, Deutschland und Mitteleuropa (wie Anm. 294). Vgl. die Würdigung der
Bände I bis IX durch STICKLER, „Die Habsburgermonarchie 1848–1918" (wie Anm. 281) 708–718. In
Verbindung mit der redaktionellen Bearbeitung der Bände VII und VIII des Handbuchs entstanden ist
der beachtliche Überblick von Hans Peter HYE, Das politische System in der Habsburgermonarchie.
Konstitutionalismus, Parlamentarismus und politische Partizipation (Praha 1998). Vgl. vertiefend DERS.,
Strukturen und Probleme der Landeshaushalte, in: Die Habsburgermonarchie 1848–1918, Bd. VII/2,
hg. von Helmut RUMPLER–Peter URBANITSCH (Wien 2000) 1545–1592; DERS., Die Länder im Gefüge

jekt als „ein Maßstäbe setzendes Jahrhundertwerk nicht einfach der österreichischen, son-dern vielmehr der europäischen Geschichte" bezeichnet[306]. Gegen Ende des Jahres 2021 ist der der Kultur- und Kunstgeschichte gewidmete Doppelband erschienen[307]. Damit liegt dieses wissenschaftliche *monumentum aere perennius* nunmehr vollständig vor.

Lose im Umkreis des Handbuchprojekts zu verorten ist das Forschungs- und Publi-kationsvorhaben „Bürgertum in der Habsburgermonarchie" (vom 18. bis ins 20. Jahr-hundert), das auf eine Initiative zurückgeht, die 1985 Ernst Bruckmüller und Hannes Stekl vom Institut für Wirtschafts- und Sozialgeschichte der Universität Wien ergriffen, zu denen sich bald Peter Urbanitsch gesellte. Dieses ebenfalls in internationaler Koope-ration – insbesondere mit Kolleginnen und Kollegen aus anderen Nachfolgestaaten Österreich-Ungarns (Italien, der Slowakei, Slowenien, der Tschechischen Republik und Ungarn) – realisierte Vorhaben wurde in Gestalt mehrerer kleinerer Forschungs-projekte und einer Reihe von Tagungen und wohl nicht zufällig gleichzeitig mit dem Bielefelder Sonderforschungsbereich „Die Sozialgeschichte des neuzeitlichen Bürger-tums" (1986–1997)[308] durchgeführt[309]. Zwischen 1990 und 2003 sind in der dafür begründeten Buchreihe insgesamt acht Tagungs- und Sammelbände[310] und zwei Mono-

---

der Habsburgermonarchie, in: ebd. 2427–2464; DERS., Vereine und politische Mobilisierung in Nieder-österreich, in: Die Habsburgermonarchie 1848–1918, Bd. VIII/1, hg. von Helmut RUMPLER–Peter UR-BANITSCH (Wien 2006) 145–226; DERS., Technologie und sozialer Wandel, in: Die Habsburgermonar-chie 1848–1918, Bd. IX/1/1, hg. von Helmut RUMPLER–Peter URBANITSCH, red. von Ulrike HARMAT (Wien 2010) 15–65; DERS., Föderalistische Reformprojekte in der österreichischen Reichshälfte der Habsburgermonarchie. Eine gescheiterte Modernisierung, in: Andere Modernen. Beiträge zu einer His-torisierung des Moderne-Begriffs, hg. von Wolfgang KRUSE (Bielefeld 2015) 219–240.

[306] STICKLER, „Die Habsburgermonarchie 1848–1918" (wie Anm. 281) 719. Neben dem Hand-buch gab bzw. gibt die Kommission für die Geschichte der Habsburgermonarchie bzw. das Institut für Neuzeit- und Zeitgeschichtsforschung bzw. für die Erforschung der Habsburgermonarchie und des Bal-kanraumes auch eine Buchreihe heraus, die „Studien zur Geschichte der Österreichisch-Ungarischen Mo-narchie" (bisher 37 Bände). Siehe https://www.oeaw.ac.at/ihb/forschungsbereiche/geschichte-der-habs burgermonarchie/publikationen/studien-zur-geschichte-der-oesterreichisch-ungarischen-monarchie [25.4.2022].

[307] Die Habsburgermonarchie 1848–1918, Bd. X: Das kulturelle Leben. Akteure – Tendenzen – Ausprägungen, Teilbd. 1: Staat, Konfession und Identität, Teilbd. 2: Materielle und immaterielle Kultur, hg. von Andreas GOTTSMANN (Wien 2021).

[308] Thomas MERGEL, Die Sozialgeschichte des neuzeitlichen Bürgertums im Bielefelder SFB 177 (1986–1997), in: Bürgertum. Bilanzen, Perspektiven, Begriffe, hg. von Manfred HETTLING–Richard POHLE (Bürgertum Neue Folge. Studien zur Zivilgesellschaft 18, Göttingen 2019) 83–103.

[309] Ernst BRUCKMÜLLER, Hannes Stekl zum Sechziger, in: Hannes STEKL, Adel und Bürgertum in der Habsburgermonarchie. 18. bis 20. Jahrhundert. Hannes STEKL zum 60. Geburtstag, hg. von Ernst BRUCKMÜLLER–Franz X. EDER–Andrea SCHNÖLLER (SWHS 31, Wien–München 2004) 7–13, hier 9–11. Eine erste Skizze und die Ausgangsthesen des Wiener Projekts wurden von den Initiatoren im No-vember 1987 in Bielefeld präsentiert: Ernst BRUCKMÜLLER–Hannes STEKL, Zur Geschichte des Bürger-tums in Österreich, in: Bürgertum im 19. Jahrhundert. Deutschland im europäischen Vergleich, 3 Bde., hg. von Jürgen KOCKA (München 1988), Bd. 1, 160–192. Siehe auch Hannes STEKL, Einleitung, in: Bürgertum in der Habsburgermonarchie, hg. von Ernst BRUCKMÜLLER–Ulrike DÖCKER–Hannes STEKL–Peter URBANITSCH (Wien–Köln 1990) 7–10.

[310] Bürgertum in der Habsburgermonarchie (wie Anm. 309, im Folgenden BiHM); „Durch Arbeit, Besitz, Wissen und Gerechtigkeit", hg. von Hannes STEKL–Peter URBANITSCH–Ernst BRUCKMÜLLER–Hans HEISS (BiHM 2, Wien–Köln–Graz 1992); Bürgerliche Wohnkultur des Fin de siècle in Ungarn, hg. von Péter HANÁK (BiHM 3, Wien–Köln–Graz 1994); Bürgerliche Selbstdarstellung. Städtebau, Architektur, Denkmäler, hg. von Hanns HAAS–Hannes STEKL (BiHM 4, Wien–Köln–Graz 1995); Von Bürgern und ihren Frauen, hg. von Margret FRIEDRICH–Peter URBANITSCH (BiHM 5, Wien–Köln–Graz 1996); Bürger zwischen Tradition und Modernität, hg. von Robert HOFFMANN (BiHM 6, Wien–Köln–

graphien[311] erschienen. Bereits 1973 hatte Hannes Stekl mit der Druckfassung seiner Dissertation eine wichtige und einflussreiche Pionierstudie zum Hochadel der Habsburgermonarchie im 19. Jahrhundert vorgelegt[312].

Das zweite der Geschichte der späten Habsburgermonarchie gewidmete Groß- und Langzeitprojekt der Österreichischen Akademie der Wissenschaften ist die Edition der Ministerratsprotokolle von 1848 bis 1918. Es geht auf eine Anregung von Friedrich Engel-Janosi (1893–1978)[313] zurück, der nach der Rückkehr aus dem amerikanischen Exil[314] von 1959 bis 1968 an der Universität Wien als Honorarprofessor für Neuere

---

Weimar 1997); Bürgerliche Familien. Lebenswege im 19. und 20. Jahrhundert, hg. von Hannes STEKL (BiHM 8, Wien–Köln–Weimar 2000); Kleinstadtbürgertum in der Habsburgermonarchie 1862–1914, hg. von Peter URBANITSCH–Hannes STEKL (BiHM 9, Wien–Köln–Weimar 2000).

[311] Ingrid MITTENZWEI, Zwischen gestern und morgen. Wiens frühe Bourgeoisie an der Wende vom 18. zum 19. Jahrhundert (BiHM 7, Wien–Köln–Weimar 1998); Dietlind PICHLER, Bürgertum und Protestantismus. Die Geschichte der Familie Ludwig in Wien und Oberösterreich (1860–1900) (BiHM 10, Wien–Köln–Weimar 2003).

[312] Hannes STEKL, Österreichs Aristokratie im Vormärz. Herrschaftsstil und Lebensformen der Fürstenhäuser Liechtenstein und Schwarzenberg (SWHS 2, München 1973); wichtige jüngere einschlägige Monographien: DERS.–Marija WAKOUNIG, Windisch-Graetz. Ein Fürstenhaus im 19. und 20. Jahrhundert (Wien 1992); William D. GODSEY, Aristocratic Redoubt: The Austro-Hungarian Foreign Office on the Eve of the First World War (West Lafayette, Ind. 1999); DERS., Nobles and Nation in Central Europe: Free Imperial Knights in the Age of Revolution, 1750–1850 (Cambridge 2004).

[313] Engel-Janosi forschte und publizierte u. a. zu Fragen der Außenpolitik der Habsburgermonarchie, mit dem Schwerpunkt auf ihren Beziehungen zum Vatikan, im 19. Jahrhundert, zunächst aber vor allem zu Fragen der Innenpolitik, etwa zu den Ursachen der Revolution von 1848, und zur Biographie von österreichischen Diplomaten und Staatsmännern, insbesondere von „Mitarbeitern und Epigonen Metternichs" (Fritz FELLNER, Ein Lebensbild Engel-Janosis als Nachwort des Herausgebers, in: Friedrich ENGEL-JANOSI, Geschichte auf dem Ballhausplatz. Essays zur österreichischen Außenpolitik 1830–1945, zusammengestellt und hg. von Fritz FELLNER [Graz–Wien–Köln 1963] 307–322, hier 312). Seine wohl wichtigsten einschlägigen Publikationen sind: Friedrich ENGEL-JANOSI, Graf Rechberg. Vier Kapitel zu seiner und Österreichs Geschichte (München 1927); DERS., Der Freiherr von Hübner, 1811–1892. Eine Gestalt aus dem Österreich Kaiser Franz Josephs (Innsbruck 1933); DERS., Die Jugendzeit des Grafen Prokesch von Osten (Innsbruck 1938); DERS., Österreich und der Vatikan 1846–1918, 2 Bde. (Graz–Wien–Köln 1958); DERS., Geschichte auf dem Ballhausplatz (wie oben); DERS., Vom Chaos zur Katastrophe. Vatikanische Gespräche 1918–1938. Vornehmlich auf Grund der Berichte der österreichischen Gesandten beim Heiligen Stuhl (Wien–München 1971); DERS.–Erika WEINZIERL–Richard BLAAS, Die politische Korrespondenz der Päpste mit den österreichischen Kaisern 1804–1918 (FKGÖ 2, Wien–München 1964). – Fritz Fellner (1922–2012), der 1963 Engel-Janosis Aufsatzsammlung „Geschichte auf dem Ballhausplatz" herausgab und dessen Studien zur Geschichte der österreichischen Geschichtswissenschaft und zu einzelnen österreichischen Historikern in der vorliegenden Abhandlung bereits wiederholt zitiert worden sind, hat auch selbst wichtige Beiträge vor allem zur Außen-, aber auch zur Innenpolitik der Habsburgermonarchie im 19. Jahrhundert publiziert, u. a. Fritz FELLNER, Der Dreibund. Europäische Diplomatie vor dem Ersten Weltkrieg (Wien 1960); DERS., Kaiser Franz Joseph und das Parlament. *MÖStA* 9 (1956) 287–347; DERS., Zeitungen als Instrument der Außenpolitik. Die österreichisch-ungarische Pressepolitik in Italien 1914–1915. *RHM* 31 (1989) 537–558; DERS., Vom Dreibund zum Völkerbund. Studien zur Geschichte der internationalen Beziehungen 1882–1919, hg. von Heidrun MASCHL–Brigitte MAZOHL-WALLNIG (Wien–München 1994). Besonders verdienstvoll ist Fellners exzellente, in der zweiten Auflage mit Unterstützung von Doris Corradini besorgte Edition der politischen Tagebücher von Josef Redlich: Schicksalsjahre Österreichs. Die Erinnerungen und Tagebücher Josef Redlichs 1869–1936, hg. von Fritz FELLNER–Doris A. CORRADINI, 3 Bde. (VKNGÖ 1005, Wien–Köln–Weimar 2011).

[314] Siehe Friedrich ENGEL-JANOSI, … aber ein stolzer Bettler. Erinnerungen aus einer verlorenen Generation (Graz–Wien–Köln 1974) bes. 252–266; Waltraud HEINDL–Herta NAGL-DOCEKAL, „… aber ein stolzer Bettler". Friedrich Engel-Janosi (1893–1978): Emigration und Rückkehr aus der Perspektive seiner Autobiographie, in: Return from Exile – Rückkehr aus dem Exil. Exiles, Returnees and Their

Geschichte lehrte und 1966 bei einem Vortrag in Budapest die soeben erschienene, von Miklós Komjáthy besorgte Edition der Protokolle des Gemeinsamen Ministerrates der Österreichisch-Ungarischen Monarchie von 1914 bis 1918 kennen lernte und dadurch zu seiner bei Unterrichtsminister Theodor Piffl-Perčević auf fruchtbaren Boden fallenden Initiative angeregt wurde. Bei dem Editionsprojekt handelte es sich von Anfang an um ein bilaterales, von Österreich und Ungarn gemeinsam betriebenes Unternehmen der historischen Grundlagenforschung[315]. Die erste Serie, die Edition der Protokolle des österreichischen Ministerrates der Jahre 1848 bis 1867 (bzw., von 1852 bis 1861, der Ministerkonferenz), bestehend aus 27 Bänden und einem Einleitungsband, wurde 2015 abgeschlossen. Sie wurde zunächst vom Österreichischen Ost- und Südosteuropa-Institut herausgegeben, an dessen Stelle nach dessen Auflösung (Ende 2006) die Kommission für die Geschichte der Habsburgermonarchie der Österreichischen Akademie der Wissenschaften und mit Beginn des Jahres 2013 das neugegründete Institut für Neuzeit- und Zeitgeschichtsforschung getreten ist. Die zweite Serie der Edition ist dem gemeinsamen Ministerrat der Österreichisch-Ungarischen Monarchie (1867 bis 1918) gewidmet und wird vom Institut für Geschichte der Ungarischen Akademie der Wissenschaften bzw. vom Ungarischen Komitee für die Veröffentlichung der Ministerratsprotokolle herausgegeben. Die Protokolle des österreichischen ("cisleithanischen") Ministerrats der Jahre 1867 bis 1918 (= dritte Serie) sind 1927 beim Justizpalastbrand teilweise vernichtet bzw. schwer beschädigt worden ("Brandakten"). Die Edition der erhalten gebliebenen Teile erfolgt – parallel als Druckausgabe und als digitale Edition – am Institut für die Erforschung der Habsburgermonarchie und des Balkanraumes, dem Nachfolger des Instituts für Neuzeit- und Zeitgeschichtsforschung. 2018 ist der erste (schmale) Band erschienen[316]. Waltraud Heindl, einer der Bearbeiterinnen der ersten Serie der Edition, ist ein zweibändiges Standardwerk über die hohe österreichische Beamtenschaft von 1780 bis 1914 zu verdanken[317].

Impact in the Humanities and Social Sciences in Austria and Central Europe, hg. von Waldemar ZACHA-RASIEWICZ–Manfred PRISCHING (SB der ÖAW, phil.-hist. Klasse 885, Wien 2017) 271–286.

[315] Siehe Stefan MALFÈR, Die Ministerratsprotokolle Österreichs und der österreichisch-ungarischen Monarchie, in: Umgang mit Quellen heute. Zur Problematik neuzeitlicher Quelleneditionen vom 16. Jahrhundert bis zur Gegenwart, hg. von Grete KLINGENSTEIN–Fritz FELLNER–Hans Peter HYE (FRA II/92, Wien 2003) 123–132.

[316] Bereits erschienene Bände: https://www.oeaw.ac.at/ihb/forschungsbereiche/digitale-historiographie-und-editionen/publikationen/ministerratsprotokolle-habsburgermonarchie-editon bzw. (digitale Edition): https://www.oeaw.ac.at/ihb/forschungsbereiche/digitale-historiographie-und-editionen/forschung/ministerratsprotokolle-habsburgermonarchie/digitale-edition-ministerratsprotokolle [25. 4. 2022].

[317] Waltraud HEINDL, Gehorsame Rebellen. Bürokratie und Beamte in Österreich 1780 bis 1848 (StPV 36, Wien–Köln–Graz 1991, ²2013); DIES., Josephinische Mandarine. Bürokratie und Beamte in Österreich, Bd. 2: 1848–1914 (StPV 107, Wien–Köln–Graz 2013). Heindl und die anderen österreichischen Bearbeiter der Edition haben, neben den umfangreichen und gehaltvollen Einleitungen zu den einzelnen Bänden, zahlreiche weitere im Zusammenhang mit der Editionsarbeit entstandene Studien veröffentlicht, etwa: Horst BRETTNER-MESSLER, Die Balkanpolitik Conrad von Hötzendorfs von seiner Wiederernennung zum Chef des Generalstabes bis zum Oktober-Ultimatum 1913. *MÖStA* 20 (1967) 180–276; Waltraud HEINDL, Graf Buol-Schauenstein in St. Petersburg und London (1848–1852). Zur Genesis des Antagonismus zwischen Österreich und Rußland (StGÖUM 9, Wien–Köln–Graz 1970); DIES., Geschlechterbilder und Geschlechterrollen. Ideologie und Realitäten, in: Die Habsburgermonarchie 1848–1918, Bd. IX/1/1, hg. von Helmut RUMPLER–Peter URBANITSCH, red. von Ulrike HARMAT (Wien 2010) 701–741; DIES., Zum cisleithanischen Beamtentum: Staatsdiener und Fürstendiener, in: Die Habsburgermonarchie 1848–1918, Bd. IX/1/2, hg. von Helmut RUMPLER–Peter URBANITSCH, red.

An dieser Stelle soll auch auf die vier um die Jahrtausendwende erschienenen Bände der von Herwig Wolfram (geb. 1934, 1969 bis 2002 Professor für Mittelalterliche Geschichte und Historische Hilfswissenschaften an der Universität Wien und 1983 bis 2002 Direktor des Instituts für Österreichische Geschichtsforschung) herausgegebenen „Österreichischen Geschichte" eingegangen werden, die der Geschichte der Habsburgermonarchie von 1526 bis 1914 gewidmet sind. Bei der aus insgesamt 15 Bänden bestehenden, zwischen 1994 und 2006 erschienenen „Österreichischen Geschichte" handelt es sich nicht, wie bei „Die Habsburgermonarchie 1848–1918", um ausschließlich für das gelehrte Fachpublikum verfasste, nicht für die Lektüre in einem Zug gedachte Handbücher, sondern um in erster Linie an ein breiteres, historisch interessiertes und versiertes Publikum adressierte, aber dennoch mit umfassenden Anmerkungsapparaten, Quellen- und Literaturverzeichnissen versehene ausführliche, auf dem aktuellen Forschungsstand basierende, von ausgewiesenen Fachleuten verfasste Überblicksdarstellungen.

Helmut Rumplers „Eine Chance für Mitteleuropa" betitelter Band (1997) wurde als „die erste moderne Synthese der Geschichte Österreichs im langen 19. Jahrhundert" gewürdigt, „die den habsburgischen Geschichtsraum als tragendes Fundament voraussetzt und die alten Diskussionen der ‚ungleichen Partner' zwischen den verschiedenen Repräsentationen von Deutschland […] und Österreich […] hinter sich lässt, indem sie

---

von Ulrike HARMAT (Wien 2010) 1157–1209; Klaus KOCH, Generaladjutant Graf Crenneville. Politik und Militär zwischen Krimkrieg und Königgrätz (Militärgeschichtliche Dissertationen österreichischer Universitäten 3, Wien 1984); DERS., Österreich und der Deutsche Zollverein (1848–1871), in: Die Habsburgermonarchie 1848–1918, Bd. VI/1, hg. von Adam WANDRUSZKA–Peter URBANITSCH (Wien 1989) 537–560; Stefan MALFÈR, Die Abschaffung der Prügelstrafe in Österreich unter besonderer Berücksichtigung der Militärgrenze. ZRG Germ. Abt. 102 (1985) 206–238; DERS., Der gescheiterte Ausgleichsversuch von 1863. Österreichische Osthefte 32 (1990) 405–426; DERS., Der Konstitutionalismus in der Habsburgermonarchie – siebzig Jahre Verfassungsdiskussion in „Cisleithanien", in: Die Habsburgermonarchie 1848–1918, Bd. VII/1, hg. von Helmut RUMPLER–Peter URBANITSCH (Wien 2000) 11–67; Thomas KLETEČKA, Außenpolitische Vorstellungen von Parteien und Gruppen in Cisleithanien, in: Die Habsburgermonarchie 1848–1918, Bd. VI/1, hg. von Adam WANDRUSZKA–Peter URBANITSCH (Wien 1989) 399–458; Andreas GOTTSMANN, Der Reichstag von Kremsier und die Regierung Schwarzenberg. Die Verfassungsdiskussion des Jahres 1848 im Spannungsfeld zwischen Reaktion und nationaler Frage (Wien–München 1995); DERS., Der Reichstag 1848/49 und der Reichsrat 1861 bis 1865, in: Die Habsburgermonarchie 1848–1918, Bd. VII/1, hg. von Helmut RUMPLER–Peter URBANITSCH (Wien 2000) 569–665; DERS., Venetien 1859–1866. Österreichische Verwaltung und nationale Opposition (Zentraleuropa-Studien 8, Wien 2005); DERS., Konkordat oder Kulturprotektorat? Die Donaumonarchie und die diplomatischen Aktivitäten des Hl. Stuhls in Südosteuropa 1878–1914. RHM 48 (2006) 409–464; DERS., Rom und die nationalen Katholizismen in der Donaumonarchie. Römischer Universalismus, habsburgische Reichspolitik und nationale Identitäten 1878–1914 (Publikationen des Historischen Instituts beim Österreichischen Kulturforum in Rom, Abt. 1, Abh. 16, Wien 2010); DERS., Staatskunst oder Kulturstaat? Staatliche Kunstpolitik in Österreich 1848–1914 (Schriftenreihe des Österreichischen Historischen Instituts in Rom 1, Wien–Köln–Weimar 2017); Anatol SCHMIED-KOWARZIK, Unteilbar und untrennbar? Die Verhandlungen zwischen Cisleithanien und Ungarn zum gescheiterten Wirtschaftsausgleich 1897 (WSchrGN 8, Innsbruck–Wien 2010); DERS., Die 80-Millionenschuld und die wirtschaftlichen Ausgleichsverhandlungen zwischen Cisleithanien und Ungarn. MÖStA 52 (2007) 175–226; DERS., Der staatsrechtliche österreichisch-ungarische Ausgleich von 1867 und das Zoll- und Handelsbündnis zwischen Cisleithanien und Ungarn, in: Széchenyi, Kossuth, Batthyány, Deák. Studien zu den ungarischen Reformpolitikern des 19. Jahrhunderts und ihren Beziehungen zu Österreich, hg. von István FAZEKAS–Stefan MALFÈR–Péter TUSOR (Publikationen der ungarischen Geschichtsforschung in Wien 3, Wien 2011) 239–247; DERS., Die wirtschaftliche Erschöpfung, in: Die Habsburgermonarchie 1848–1918, Bd. XI/1/1, hg. von Helmut RUMPLER (Wien 2016) 485–542.

die Frage ‚Deutsche Nation und österreichische Gesamtstaatsidee' [so der Titel eines Kapitels von Rumplers Buch; Th. W.] unverkrampft und vorurteilsfrei behandelt"[318]. Rumpler selbst ging von der Prämisse aus, dass die Habsburgermonarchie nie „ein Staat im modernen Sinn des Wortes" gewesen sei. Die Monarchie sei „immer ein ‚Reich' in der alteuropäisch-vorstaatlichen Bedeutung, das heißt eine Länderföderation und ein Konglomerat heterogener nationaler Gesellschaften", geblieben[319].

Karl Vocelkas (geb. 1947) 2001 erschienener Band über die Habsburgermonarchie im 18. Jahrhundert ist in konsequent kritischer Auseinandersetzung mit historiographischen Klischees und Konstrukten den „großen Gestalten", der „großen Politik", der territorialen Expansion, den Kriegen, der höfischen Repräsentation, den geistigen Veränderungen, dem gesellschaftlichen Wandel, den Reformen und den Künsten sowie den unterschiedlichen Lebenswelten, darunter auch dem sozialen Elend der ländlichen und städtischen Unterschichten und den Seuchen, gewidmet. Der Schwerpunkt der Darstellung liegt „auf den [österreichischen] Erbländern (unter Einschluß des nicht-habsburgischen Salzburg) [...], die anderen Länder werden unterschiedlich intensiv in die Betrachtung mit einbezogen"[320]. Besonderes Augenmerk wird auf Aspekte der „Europäisierung" der Habsburgermonarchie im Verlauf des 18. Jahrhunderts gelegt[321].

Der vom Autor dieser Zeilen (geb. 1957) 2003 vorgelegte Doppelband über die Länder und Untertanen der Habsburger in Zentraleuropa im 16. und 17. Jahrhundert unternimmt den Versuch einer Darstellung der werdenden Habsburgermonarchie als eines zusammengesetzten Staates, einer „monarchischen Union von Ständestaaten" (Otto Brunner), für die eine „große politische, rechtliche, soziale und konfessionelle Vielfalt" charakteristisch gewesen sei[322]. Die aus den österreichischen Erbländern, den

---

[318] Siemann, Helmut Rumpler (wie Anm. 303) 412. Vgl. auch die ebenfalls sehr positive Rezension von Gerald Stourzh in: *HZ* 275 (2002) 218–221. Deutlich kritischer ist die eingehende Besprechung von Georg Chr. Berger Waldenegg in: *Südostdeutsches Archiv* 42/43 (1999/2000) 189–196. Der Autor wirft Rumpler unter anderem vor, „offenbar einer unter deutschösterreichischen Historikern häufiger verbreiteten Habsburgnostalgie" zu huldigen (190), „einer recht optimistischen Erkenntnistheorie" zu frönen (192), „oft in Schwarz-Weiß-Kategorien", „mit Alltagspsychologie" und Klischees zu operieren (192f., 194f.) und zu moralisieren (195).

[319] Helmut Rumpler, Eine Chance für Mitteleuropa. Bürgerliche Emanzipation und Staatsverfall in der Habsburgermonarchie (Österreichische Geschichte 1804–1914, Wien 1997) 14. Vgl. auch als jüngere Synthese Brigitte Mazohl, Die Zeit zwischen dem Wiener Kongress und den Revolutionen von 1848/49, in: Geschichte Österreichs, hg. von Thomas Winkelbauer (Stuttgart ⁴2020) 359–390, und dies., Die Habsburgermonarchie 1848–1918, in: ebd. 391–476.

[320] Karl Vocelka, Glanz und Untergang der höfischen Welt. Repräsentation, Reform und Reaktion im habsburgischen Vielvölkerstaat (Österreichische Geschichte 1699–1815, Wien 2001) 21f. Vgl. auch den prägnanten Überblick von Brigitte Mazohl, Vom Tod Karls VI. bis zum Wiener Kongress (1740–1815), in: Geschichte Österreichs (wie Anm. 319) 290–358.

[321] „One recurring theme is the notion that the very cosmopolitan eighteenth century saw the ‚Europeanization' of Austria just as it did much of the rest of the planet in an age of imperial expansion. This was throughout the work of social elites, particularly the ‚courtly world' which systematically reinforced its dominance by ‚representation' of secular and religious symbols." John Spielman, Rezension von Karl Vocelka, Glanz und Untergang der höfischen Welt. *HABSBURG, H-Net Reviews*, September 2002, http://www.h-net.org/reviews/showrev.php?id=6722 [25.4.2022].

[322] Thomas Winkelbauer, Ständefreiheit und Fürstenmacht. Länder und Untertanen des Hauses Habsburg im konfessionellen Zeitalter, 2 Teile (Österreichische Geschichte 1522–1699, Wien 2003), Teil 1, 9. Josef Válka hat die Ansicht vertreten: „Ich denke, Winkelbauer ist der erste, der versucht hat, die ‚österreichische Geschichte' auf diese Weise zu schildern [...]. Nur so war es möglich, die Geschichte der Monarchie nicht auf die Zentralisierungsbemühungen, den Absolutismus und die Ausbildung der ‚Zentralverwaltung', auf die Diplomatie und die Feldzüge zu reduzieren [...]." Josef Válka, Jak psát

böhmischen Ländern und dem Königreich Ungarn bestehende frühneuzeitliche Habsburgermonarchie sei genaugenommen sogar „eine monarchische Union monarchischer
Unionen von Ständestaaten und ein aus zusammengesetzten Staaten zusammengesetzter
Staat" gewesen[323]. Zur Charakterisierung der Regierungsweise der Habsburger in den
böhmischen und österreichischen Ländern zwischen 1620 und 1740 sei der ursprünglich von Winfried Schulze vorgeschlagene Begriff „organisch-föderativer Absolutismus"
mangels einer besseren Alternative nach wie vor „relativ am besten geeignet"[324]. Großes
Gewicht wird konzeptionell auf die Überwindung der Dichotomie „Ständestaat versus
absoluter Fürstenstaat" sowie auf die Rolle des Kaiserhofes als des zentralen Ortes der
Patronage, der Integrierung und Koordinierung der politischen und sozialen Eliten der
habsburgischen Länder gelegt[325], aber auch auf die speziell seit der Mitte des 17. Jahrhunderts zunehmende Abgrenzung der Habsburgermonarchie vom Heiligen Römischen Reich. Der Kaiser sei dem Reich seither „stärker als vor dem Dreißigjährigen
Krieg als Herrscher der österreichischen und böhmischen Länder und des Königreichs
Ungarn gegenüber[gestanden]"[326].

Die Habsburgermonarchie in der Frühen Neuzeit: Quellenkunde, Verwaltungs- und
Behördengeschichte, Finanzgeschichte, „neue" Militärgeschichte, Geschichte des
Kaiserhofes, der Landstände, der Grundherrschaft und des Adels

Seit rund 20 Jahren sind die Ausbildung des Steuer- und Kriegsstaats („fiscal-military
state") der Habsburger in Mitteleuropa[327] und die militärischen und finanziellen Grund-

---

dějiny habsburské monarchie [Wie man eine Geschichte der Habsburgermonarchie schreibt] [= Rezension von: Thomas Winkelbauer, Ständefreiheit und Fürstenmacht, Wien 2003]. *Dějiny a současnost* 26
(2004), Nr. 2, 50f., hier 50 (Übersetzung Th. W.).

[323] WINKELBAUER, Ständefreiheit und Fürstenmacht, Teil 1 (wie Anm. 322) 25.

[324] Ebd. 198. Vgl. auch MAŤA–WINKELBAUER, Einleitung (wie Anm. 210).

[325] Ein wohlmeinender Rezensent hat geschrieben, der Autor habe auf den rund 1000 Textseiten
„ein Panorama der historischen Entwicklung der habsburgischen Gebiete, eine ‚histoire totale' im besten
Sinne" entfaltet, „die von Demografie über historische Geografie, Historiografiegeschichte und Konfes-
sionsentwicklung bis zur Hexenverfolgung reicht; auch die politische Geschichte kommt zu ihrem
Recht". „Die Analyse von Gemeinsamkeiten und Unterschieden in der Staatswerdung der Habsburger-
territorien" werde „nicht nur anhand von Staatsverwaltung und Ständewesen durchexerziert, sondern
auch auf der Ebene der Mentalitäten und Lebenswelten, etwa im Bereich der Zauberei- und Hexenpro-
zesse oder der Durchsetzung des Barockkatholizismus". Alexander SCHUNKA, Rezension von: Thomas
Winkelbauer, Ständefreiheit und Fürstenmacht, Wien 2003. *H-Soz-Kult*, 30.11.2005, www.hsozkult.
de/publicationreview/id/reb-5722 [25.4.2022]. Der derzeit wohl beste Kenner der Geschichte der
Habsburgermonarchie hat unter anderem die „excellent section on finance and the role of taxation"
hervorgehoben, andererseits aber das weitgehende Fehlen der Wirtschaftsgeschichte, ideengeschichtlicher und künstlerischer Themen, die Unterrepräsentation Ungarns sowie „awkwardnesses in its [sc.
the work's] layout, which render it hard to match up different manifestations of the same theme",
kritisiert. R. J. W. EVANS, Rezension von: Thomas Winkelbauer, Ständefreiheit und Fürstenmacht, Wien
2003. *WZGN* 6 (2006), H. 1, 174–176.

[326] WINKELBAUER, Ständefreiheit und Fürstenmacht, Teil 1 (wie Anm. 322) 397. Siehe weiterfüh-
rend den Vergleich der Konzepte und Herangehensweisen Helmut Rumplers, Karl Vocelkas und Thomas
Winkelbauers bei Reinhard STAUBER, Dynasten, Länder, Völker – Das „Haus Österreich" und seine
Bewohner in der Neuzeit. „Österreich"-Konzeptionen in den Neuzeit-Bänden der Wolframschen
„Österreichischen Geschichte", in: Was heißt „österreichische" Geschichte? (wie Anm. 53) 21–36.

[327] Michael HOCHEDLINGER, The Habsburg Monarchy: From „Military-Fiscal State" to „Militarization", in: The Fiscal-military State in Eighteenth-century Europe: Essays in Honour of P. G. M. DICK-
SON, hg. von Christopher STORRS (Farnham u. a. 2009) 55–94; nunmehr insbesondere: The Habsburg

lagen von „Österreichs Staatsbildungskriegen" (Michael Hochedlinger)[328] ebenso wie die Quellenkunde[329] und die Verwaltungs- und Behördengeschichte der Habsburgermonarchie in der Frühen Neuzeit[330], die Geschichte des Kaiserhofes und des Hofpersonals[331], der – von der Forschung lange Zeit marginalisierten und überwiegend im

---

Monarchy as a Fiscal-Military State. Contours and Perspectives 1648–1815, hg. von William D. GODSEY–Petr MAŤA (Proceedings of the British Academy 247, Oxford 2022).

[328] Michael HOCHEDLINGER, Austria's Wars of Emergence. War, State and Society in the Habsburg Monarchy 1683–1797 (London u. a. 2003); „Der größte Teil der Untertanen lebt elend und mühselig." Die Berichte des Hofkriegsrates zur sozialen und wirtschaftlichen Lage der Habsburgermonarchie 1770–1771, hg. von DEMS.–Anton TANTNER (MÖStA, Sonderbd. 8, Innsbruck u. a. 2005); Finanzen und Herrschaft. Materielle Grundlagen fürstlicher Politik in den habsburgischen Ländern und im Heiligen Römischen Reich im 16. Jahrhundert, hg. von Friedrich EDELMAYER–Maximilian LANZINNER–Peter RAUSCHER (VIÖG 38, Wien–München 2003); Peter RAUSCHER, Zwischen Ständen und Gläubigern. Die kaiserlichen Finanzen unter Ferdinand I. und Maximilian II. (1556–1576) (VIÖG 41, Wien–München 2004); DERS., Comparative Evolution of the Tax Systems in the Habsburg Monarchy, c. 1526–1740: The Austrian and the Bohemian Lands, in: La Fiscalità nell'Economia Europea Secc. XIII–XVIII. Fiscal Systems in the European Economy from the 13th to the 18th Centuries, hg. von Simonetta CAVACIOCCHI (Firenze 2008) 291–320; DERS., Die Finanzierung des Kaiserhofs von der Mitte des 16. bis zu Beginn des 18. Jahrhunderts. Eine Analyse der Hofzahlamtsbücher, in: Hofwirtschaft. Ein ökonomischer Blick auf Hof und Residenz in Spätmittelalter und Früher Neuzeit, hg. von Gerhard FOUQUET–Jan HIRSCHBIEGEL–Werner PARAVICINI (Residenzenforschung 21, Ostfildern 2008) 405–441; DERS., Camerale, Contributionale, Creditors and Crisis: The Finances of the Habsburg Empire from the Battle of Mohács to the Thirty Years's War, in: The Battle for Central Europe: The Siege of Szigetvár and the Death of Süleyman the Magnificent and Nicholas Zrínyi (1566), hg. von Pál FODOR (Leiden–Boston 2019) 193–212; Kriegführung und Staatsfinanzen. Die Habsburgermonarchie und das Heilige Römische Reich vom Dreißigjährigen Krieg bis zum Ende des habsburgischen Kaisertums 1740, hg. von DEMS. (Geschichte in der Epoche Karls V. 10, Münster 2010); Thomas WINKELBAUER, Nervus rerum Austriacarum. Zur Finanzgeschichte der Habsburgermonarchie um 1700, in: Die Habsburgermonarchie 1620 bis 1740 (wie Anm. 210) 179–215; DERS., Ständefreiheit und Fürstenmacht (wie Anm. 322) Teil 1, 409–529; DERS., Grundzüge des habsburgischen Finanz- und Steuerwesens, in: Verwaltungsgeschichte der Habsburgermonarchie in der Frühen Neuzeit, Bd. 1/2 (wie Anm. 280) 767–824; wichtige ältere Monographie: Brigitte HOLL, Hofkammerpräsident Gundaker Thomas Graf Starhemberg und die österreichische Finanzpolitik der Barockzeit (1703–1715) (AÖG 132, Wien 1976).

[329] Quellenkunde der Habsburgermonarchie (16.–18. Jahrhundert). Ein exemplarisches Handbuch, hg. von Josef PAUSER–Martin SCHEUTZ–Thomas WINKELBAUER (MIÖG, Ergbd. 44, Wien–München 2004).

[330] Herrschaftsverdichtung, Staatsbildung, Bürokratisierung (wie Anm. 8); Verwaltungsgeschichte der Habsburgermonarchie in der Frühen Neuzeit, Bde. 1/1 und 1/2 (wie Anm. 280); Stefan SIENELL, Die Geheime Konferenz unter Kaiser Leopold I. Personelle Strukturen und Methoden zur politischen Entscheidungsfindung am Wiener Hof (Beiträge zur neueren Geschichte Österreichs 17, Frankfurt u. a. 2001); Hansdieter KÖRBL, Die Hofkammer und ihr ungetreuer Präsident. Eine Finanzbehörde zur Zeit Leopolds I. (VIÖG 54, Wien–München 2009); Renate ZEDINGER, Die Verwaltung der Österreichischen Niederlande in Wien (1714–1795). Studien zu den Zentralisierungstendenzen des Wiener Hofes im Staatswerdungsprozeß der Habsburgermonarchie (SchrROGE18 7, Wien 2000); Gernot Peter OBERSTEINER, Theresianische Verwaltungsreformen im Herzogtum Steiermark. Die Repräsentation und Kammer (1749–1763) als neue Landesbehörde des aufgeklärten Absolutismus (Forschungen zur geschichtlichen Landeskunde der Steiermark 37, Graz 1993).

[331] Der Wiener Hof im Spiegel der Zeremonialprotokolle (1652–1800). Eine Annäherung, hg. von Irmgard PANGERL–Martin SCHEUTZ–Thomas WINKELBAUER (Forschungen und Beiträge zur Wiener Stadtgeschichte 47, zugleich Forschungen zur Landeskunde von Niederösterreich 31, Innsbruck–Wien–Bozen 2007); Jakob WÜHRER–Martin SCHEUTZ, Zu Diensten Ihrer Majestät. Hofordnungen und Instruktionsbücher am frühneuzeitlichen Wiener Hof (QIÖG 6, Wien 2011); Katrin KELLER, Hofdamen. Amtsträgerinnen im Wiener Hofstaat des 17. Jahrhunderts (Wien–Köln–Weimar 2005); DIES., Ladies-in-Waiting at the Imperial Court of Vienna from 1550 to 1700: Structures, Responsibilities and Career Patterns, in: The Politics of Female Households. Ladies-in-Waiting across Early Modern Europe,

Rahmen eines Verlust- und Entmachtungsparadigmas behandelten[332] – Landstände und der Landtage der einzelnen österreichischen und böhmischen Länder[333] sowie des Adels, insbesondere der in mehreren Ländern begüterten und dem Hof eng verbundenen Aristokratie[334], von österreichischen und in Österreich tätigen Historikern und Historike-

hg. von Nadine AKKERMAN–Birgit HOUBEN (Leiden–Boston 2014) 77–98; Irene KUBISKA-SCHARL–Michael PÖLZL, Die Karrieren des Wiener Hofpersonals 1711–1765. Eine Darstellung anhand der Hofkalender und Hofparteienprotokolle (Innsbruck–Wien–Bozen 2013); DIES., Das Ringen um Reformen. Der Wiener Hof und sein Personal im Wandel (1766–1792) (MÖStA 60, Wien–Innsbruck 2018).

[332] Siehe insbesondere Petr MAŤA, Landstände und Landtage in den böhmischen und österreichischen Ländern (1620–1740). Von der Niedergangsgeschichte zur Interaktionsanalyse, in: Die Habsburgermonarchie 1620 bis 1740 (wie Anm. 210) 345–400.

[333] Bündnispartner und Konkurrenten der Landesfürsten? Die Stände in der Habsburgermonarchie, hg. von Gerhard AMMERER et al. (VIÖG 49, Wien–München 2007); Arno STROHMEYER, Konfessionskonflikt und Herrschaftsordnung. Widerstandsrecht bei den österreichischen Ständen (1550–1650) (Mainz 2006); DERS., Die Asymmetrie der politischen Ordnung. Leitvorstellungen des erbländischen Adels beim Verhandeln über Herrschaft im konfessionellen Zeitalter, in: Die Stimme der ewigen Verlierer? Aufstände, Revolten und Revolutionen in den österreichischen Ländern (ca. 1450–1815), hg. von Martin SCHEUTZ–Peter RAUSCHER (VIÖG 61, Wien u. a. 2013) 351–368; William D. GODSEY, The Sinews of Habsburg Power. Lower Austria in a Fiscal Military State 1650–1820 (Oxford 2018); DERS., Herrschaft und politische Kultur im Habsburgerreich: Die niederösterreichische Erbhuldigung (17.–19. Jahrhundert), in: Frühparlamentarismus zwischen altständischer Ordnung und modernem Konstitutionalismus: Schlesien im europäischen Vergleich (1750–1850), hg. von Joachim BAHLCKE–Roland GEHRKE (Köln–Wien–Weimar 2005) 141–177; DERS., Habsburg Government and Intermediary Authority under Joseph II (1780–1790): The Estates of Lower Austria in Comparative Perspective. *Central European History* 46 (2013) 699–740; DERS., Pageantry in the Revolutionary Age: Inaugural Rites in the Habsburg Monarchy, 1790–1848, in: More Than Mere Spectacle. Coronations and Inaugurations in the Habsburg Monarchy during the Eighteenth and Nineteenth Centuries, hg. von Klaas VAN GELDER (Austrian and Habsburg studies 31, New York 2021) 247–282; Petr MAŤA, Stuben und Säle. Symbolische Kommunikation und politische Kultur in den ständischen Versammlungsräumen der Habsburgermonarchie in der Frühen Neuzeit (Habilitationsschrift, Universität Wien 2020 [in Druckvorbereitung]); DERS., Obranný spolek českých stavů z roku 1547. Poznámky k chronologii, právní terminologii a logice stavovského hnutí [Das Widerstandsbündnis der böhmischen Stände im Jahre 1547. Glossen zur Chronologie, rechtlichen Terminologie und Logik der Ständebewegung]. *Dějiny – teorie – kritika* 14/1 (2017) 78–138; DERS., The Care of Thrones: The Plethora of Investitures in the Habsburg Composite Monarchy and Beyond from the Sixteenth to the Eighteenth Century, in: More Than Mere Spectacle (wie oben) 29–66; Philip STEINER, Die Landstände in Steiermark, Kärnten und Krain und die josephinischen Reformen. Bedrohungskommunikation angesichts konkurrierender Ordnungsvorstellungen (1789–1792) (Münster 2017); eine wichtige ältere behördengeschichtliche Monographie ist Gerhard PUTSCHÖGL, Die landständische Behördenorganisation in Österreich ob der Enns vom Anfang des 16. bis zur Mitte des 18. Jahrhunderts (Forschungen zur Geschichte Oberösterreichs 14, Linz 1978). Siehe auch Armin A. WALLAS, Stände und Staat in Innerösterreich im 18. Jahrhundert. Die Auseinandersetzungen um die Gerichts- und Verwaltungsorganisation zwischen den Kärntner Landständen und der zentralistischen Reformpolitik Wiens (Studien und Quellen zur Geschichte des Alpen-Adria-Raumes 1, Klagenfurt 1987).

[334] Thomas WINKELBAUER, Krise der Aristokratie? Zum Strukturwandel des Adels in den böhmischen und niederösterreichischen Ländern im 16. und 17. Jahrhundert. *MIÖG* 100 (1992) 328–353; DERS., Fürst und Fürstendiener. Gundaker von Liechtenstein, ein österreichischer Aristokrat des konfessionellen Zeitalters (MIÖG, Ergbd. 34, Wien–München 1999); zu einem speziellen Aspekt: DERS., Sozialdisziplinierung und Konfessionalisierung durch Grundherren in den böhmischen und österreichischen Ländern im 16. und 17. Jahrhundert. *ZHF* 19 (1992) 317–339; DERS., Grundherrschaft, Sozialdisziplinierung und Konfessionalisierung in Böhmen, Mähren und Österreich unter der Enns im 16. und 17. Jahrhundert, in: Konfessionalisierung in Ostmitteleuropa. Wirkungen des religiösen Wandels im 16. und 17. Jahrhundert in Staat, Gesellschaft und Kultur, hg. von Joachim BAHLCKE–Arno STROHMEYER (FGKÖM 7, Stuttgart 1999) 307–338; Petr MAŤA, Der Adel Böhmens und der Adel Schlesiens in der Frühen Neuzeit in vergleichender und beziehungsgeschichtlicher Perspektive, in: Adel in Schlesien,

rinnen recht eifrig beackerte Forschungsfelder, auf deren Früchte hier größtenteils nur en passant und nur in Auswahl hingewiesen werden kann. Ergänzt sei, dass ebenfalls etwa seit der Jahrtausendwende auch bedeutende Forschungen und Quelleneditionen zur bisher von der österreichischen – im Gegensatz insbesondere zur tschechischen – Forschung weitgehend vernachlässigten Verwaltung der Herrschaften und Güter adeliger und geistlicher Grundherren in der Frühen Neuzeit (vor allem, aber nicht ausschließlich in Niederösterreich) publiziert worden sind[335]. Wegweisende Studien zur Wirtschaftsgeschichte der adeligen Grundherrschaft in Niederösterreich hat in erster Linie Herbert Knittler veröffentlicht[336]. Insbesondere der Initiative und Beharrlichkeit Peter

---

Bd. 1: Herrschaft – Kultur – Selbstdarstellung, hg. von Jan HARASIMOWICZ–Matthias WEBER (Schriften des Bundesinstituts für Kultur und Geschichte der Deutschen im östlichen Europa 36, München 2010) 223–262; DERS., The false Orsini from over the Alps: Negotiating aristocratic identity in late medieval and early modern Europe. *RHM* 55 (2013) 155–218; DERS., Der Adel in der Habsburgermonarchie. Standeserhebungen und adelsrechtliche Regelungen, in: Verwaltungsgeschichte der Habsburgermonarchie in der Frühen Neuzeit, Bd. 1/1 (wie Anm. 280) 117–148; William D. GODSEY, Adelsautonomie, Konfession und Nation im österreichischen Absolutismus ca. 1620–1848. *ZHF* 33 (2006) 197–239; DERS., Adel, Ahnenprobe und Wiener Hof: Strukturen der Herrschaftspraxis Kaiserin Maria Theresias, in: Die Ahnenprobe in der Vormoderne: Selektion – Initiation – Repräsentation, hg. von Elizabeth HARDING–Michael HECHT (Münster 2011) 309–331; Das Haus Arenberg und die Habsburgermonarchie. Eine transterritoriale Adelsfamilie zwischen Fürstendienst und Eigenständigkeit (16.–20. Jahrhundert), hg. von William D. GODSEY–Veronika HYDEN-HANSCHO (Regensburg 2019); Michael HOCHEDLINGER, Mars Ennobled. The Ascent of the Military and the Creation of a Military Nobility in Mid-Eighteenth-Century Austria. *German History* 17 (1999) 141–176; wichtige ältere Monographie: Grete KLINGENSTEIN, Der Aufstieg des Hauses Kaunitz. Studien zur Herkunft und Bildung des Staatskanzlers Wenzel Anton (Schriftenreihe der Historischen Kommission bei der Bayerischen Akademie der Wissenschaften 12, Göttingen 1975).

[335] Thomas WINKELBAUER, Haklich und der Korruption unterworfen. Die Verwaltung der liechtensteinischen Herrschaften und Güter im 17. und 18. Jahrhundert, in: Der ganzen Welt ein Lob und Spiegel. Das Fürstenhaus Liechtenstein in der frühen Neuzeit, hg. von Evelin OBERHAMMER (Wien–München 1990) 86–114; DERS., Gundaker von Liechtenstein als Grundherr in Niederösterreich und Mähren. Normative Quellen zur Verwaltung und Bewirtschaftung eines Herrschaftskomplexes und zur Reglementierung des Lebens der Untertanen durch einen adeligen Grundherrn sowie zur Organisation des Hofstaats und der Kanzlei eines „Neufürsten" in der ersten Hälfte des 17. Jahrhunderts (FRA III/19, Wien–Köln–Weimar 2008); Anita HIPFINGER, „Das Beispiel der Obrigkeit ist der Spiegel des Unterthans". Instruktionen und andere normative Quellen zur Verwaltung der liechtensteinischen Herrschaften Feldsberg und Wilfersdorf in Niederösterreich (1600–1815) (FRA III/24, Wien–Köln–Weimar 2016); Josef LÖFFLER, Die Verwaltung der Herrschaften und Güter der Fürsten von Liechtenstein in den böhmischen Ländern (von der Mitte des 18. Jahrhunderts bis 1948), in: Christoph MERKI–Josef LÖFFLER, Das Haus Liechtenstein in den böhmischen Ländern (Veröffentlichungen der Liechtensteinisch-Tschechischen Historikerkommission 5, Vaduz 2013) 169–372; DERS., Instruktionen und Ordnungen der Stiftsherrschaft Klosterneuburg. Quellen zur Verwaltung sowie zur Land- und Forstwirtschaft einer geistlichen Grundherrschaft in der Frühen Neuzeit (FRA III/27, Wien 2021); siehe auch den anregenden Aufsatz von DEMS., Grundherrschaftliche Verwaltung, Staat und Raum in den böhmischen und österreichischen Ländern der Habsburgermonarchie vom ausgehenden 18. Jahrhundert bis 1848. *Administory. Zeitschrift für Verwaltungsgeschichte* 2 (2017) 118–145 (online: https://sciendo.com/article/10.2478/ADHI-2018-0018 [25.4.2022]).

[336] Herbert KNITTLER, Nutzen, Renten, Erträge. Struktur und Entwicklung frühneuzeitlicher Feudaleinkommen in Niederösterreich (SWHS 19, Wien 1989); DERS., Zwischen Ost und West. Niederösterreichs adelige Grundherrschaft 1550–1750. *ÖZG* 4/2 (1993) 191–217; zahlreiche weitere einschlägige Studien nachgewiesen bei: Verzeichnis der Publikationen von Herbert Knittler, bearb. von Markus CERMAN. *Jahrbuch für Geschichte des ländlichen Raumes* 6 (2010) 188–196; vgl. bes. Erich LANDSTEINER, Demesne lordship and the early modern state in Central Europe: the struggle for labour rent in Lower Austria in the second half of the sixteenth century. *The Agricultural History Review* 59 (2011) 266–292.

Rauschers und seiner Mitarbeiterin Andrea Serles im Rahmen der von ihm seit 2008 geleiteten Forschungsprojekte sind, auf der Basis der Erforschung und digitalen Erschließung der Kremser Waag- und Niederlagsbücher (1621 bis 1737) und der Protokolle der Aschacher Donaumaut (1627 bis 1775), wichtige neue Erkenntnisse zur Geschichte des Donauhandels im 17. und 18. Jahrhundert zu verdanken[337]. Anton Tantner hat eine Monographie zur Häusernummerierung und zur „Seelenkonskription" in den österreichischen und böhmischen Ländern in den Jahren 1770 bis 1772 vorgelegt[338].

Michael Hochedlinger (geb. 1967) hat vor zwei Jahrzehnten in einem programmatischen Aufsatz die österreichischen Historiker aufgefordert, die Geschichte der Habsburgermonarchie „auch als ,Machtstaatsgeschichte' zu schreiben und die Ableitung vieler frühneuzeitlicher Phänomene aus den Imperativen der Machtpolitik des Hauses Österreich mitzudenken", und zwar – nach dem Vorbild der in Kooperation von Historikern, Staatswissenschaftlern und historisch interessierten Nationalökonomen entwickelten und zwischen 1892 und 1982 in insgesamt 42 Bänden erschienenen „Acta Borussica" – über die ereignisgeschichtliche Ebene hinausgehend als eine „Strukturgeschichte des Machtstaats"[339]. Am Kaiserhof habe, so Hochedlinger an anderer Stelle, „der Wille zur Revanche gegen Preußen", also zur Rückeroberung Schlesiens, in der zweiten Hälfte des 18. Jahrhunderts „zu einer Art ,Prussifizierung' der Habsburgermonarchie" geführt, „unter anderem sogar zur Übernahme des preußischen Rekrutierungssystems (1770), dessen weitreichende soziale Folgewirkungen und Prägekraft mit bisher unerhört tiefen Eingriffen in das Leben des einzelnen Untertanen und in die Autonomie der Grundherrschaften [...] lange Zeit hindurch ebensowenig Beachtung" gefunden habe „wie ihre revolutionär modernisierende Wirkung"[340].

---

[337] In Auswahl: Peter RAUSCHER, Die Aschacher Mautprotokolle als Quelle des Donauhandels (17./ 18. Jahrhundert), in: Wiegen – Zählen – Registrieren. Handelsgeschichtliche Massenquellen und die Erforschung mitteleuropäischer Märkte (13.–18. Jahrhundert), hg. von DEMS.–Andrea B. SERLES (Beiträge zur Geschichte der Städte Mitteleuropas 25, Innsbruck–Wien–Bozen 2015) 255–306; DERS.–Andrea SERLES–Beate PAMPERL, Die Kremser Waag- und Niederlagsbücher. Bedeutung und Möglichkeiten der digitalen Erschließung von wirtschaftshistorischen Massenquellen. *Pro Civitate Austriae* N.F. 17 (2012) 57–82; Andrea SERLES, Nürnberger Händler und Nürnberger Waren: Reichsstädtische Wirtschaftsinteressen und der Donauhandel in der Frühen Neuzeit. *Jahrbuch für Regionalgeschichte* 35 (2017) 93–128; Peter RAUSCHER–Andrea SERLES, Die Wiener Niederleger um 1700. Eine kaufmännische Elite zwischen Handel, Staatsfinanzen und Gewerbe. *ÖZG* 26/1 (2015) 154–182; siehe auch Erich LANDSTEINER, Der Güterverkehr auf der österreichischen Donau (1560–1630), in: Wiegen – Zählen – Registrieren (wie oben) 217–254, die umfangreiche Bibliographie auf der Website „Der Donauhandel" (https://www.univie.ac.at/donauhandel/bibliographie/) und die auf derselben Website frei zugänglichen Datenbanken.
[338] Anton TANTNER, Ordnung der Häuser, Beschreibung der Seelen. Hausnummerierung und Seelenkonskription in der Habsburgermonarchie (WSchrGN 4, Innsbruck–Wien–Bozen 2007); vgl. auch DERS., Die Hausnummern von Wien. Der Ordnung getreue Zahlen (Enzyklopädie des Wiener Wissens 24, Weitra 2016).
[339] HOCHEDLINGER, Abschied vom Klischee (wie Anm. 207) 18 und 22. „Der Unterschied zum preußischen Macht- und Kriegsstaat war kein prinzipieller, sondern ein gradueller, bedingt durch die viel schmälere Machtbasis Preußens, die von den Hohenzollern durch eine effizientere und daher auch schroffer ausfallende Mobilisierung aller Kapazitäten kompensiert werden mußte." Ebd. 15.
[340] Michael HOCHEDLINGER, Bürokratisierung, Zentralisierung, Sozialdisziplinierung, Konfessionalisierung, Militarisierung. Politische Geschichte der Frühen Neuzeit als „Machtstaatsgeschichte", in: Geschichte der Politik. Alte und neue Wege, hg. von Hans-Christof KRAUS–Thomas NICKLAS (HZ, Beih. 44, München 2007) 239–269, hier 252.

In dem zitierten programmatischen Aufsatz aus dem Jahr 2007 kritizierte der Wiener Historiker und Archivar unter anderem auch, dass in der österreichischen Historikerschaft nach 1945 lange Zeit „die Notwendigkeit einer modernen Verwaltungsgeschichte nicht gesehen wurde und die Finanzgeschichte des Riesenreichs bisher französischen und britischen Forschern überlassen blieb"[341]. Zur Verringerung dieser Defizite insbesondere im Bereich der („neuen") Militärgeschichte und der Verwaltungs- und Behördengeschichte der Habsburgermonarchie hat Hochedlinger selbst wesentlich beigetragen. Neben einer Reihe sehr substanzieller Aufsätze[342] ist hier zunächst seine in der renommierten Reihe „Modern Wars in Perspective" erschienene Monographie über „Österreichs Staatsbildungskriege" („Austria's Wars of Emergence") von der zweiten Belagerung Wiens durch die Osmanen bis zum Ende des Ersten Koalitionskriegs zu nennen[343], ein Buch, das auf umfassender Kenntnis der Literatur und der gedruckten Quellen, aber auch, soweit es die uferlosen einschlägigen Bestände des Österreichischen Staatsarchivs einem einzelnen Forscher erlauben, unpublizierter Quellen beruht und dem von berufener Seite attestiert worden ist, es sei „both a triumph of synthetic scholarship and (thanks to its extensive bibliographic notes) a road map for future researchers"[344]. Getreu seiner Forderung nach einer Strukturgeschichte des Machtstaats konzentriert sich der Autor auf die institutionellen und strukturellen Elemente seines Themas. An zweiter Stelle ist das auf die Initiative und ein Konzept Hochedlingers zurückgehende Handbuch der Verwaltungsgeschichte der Habsburgermonarchie in der Frühen Neuzeit anzuführen, das den von Hochedlinger beklagten „Geburtsfehler" der in Österreich erst um 1900 entwickelten Verwaltungs- und Behördengeschichte, nämlich die „meist getrennte Betrachtung von Zentralverwaltung, Länderverwaltung und Lokalverwaltung"[345], zu korrigieren versucht. Der erste, Hof und Dynastie, Kaiser und Reich, die Zentralbehörden, das Kriegswesen und das landesfürstliche Finanzwesen behandelnde, von 58 Autorinnen und Autoren aus acht Ländern verfasste, von Hochedlinger, dem seit 2006 in Wien (zunächst an der Universität, ab 2018 an der Österreichischen Akademie der Wissenschaften) tätigen tschechischen Historiker Petr Maťa

---

[341] Ebd. 258.

[342] In Auswahl: Michael HOCHEDLINGER, Rekrutierung – Militarisierung – Modernisierung. Militär und ländliche Gesellschaft in der Habsburgermonarchie im Zeitalter des aufgeklärten Absolutismus, in: Militär und ländliche Gesellschaft in der frühen Neuzeit, hg. von Stefan KROLL–Kersten KRÜGER (Herrschaft und soziale Systeme in der frühen Neuzeit 1, Hamburg 2000) 327–375; DERS., Militarisierung und Staatsverdichtung. Das Beispiel der Habsburgermonarchie in der Frühen Neuzeit, in: Krieg und Akkulturation, hg. von Thomas KOLNBERGER–Ilja STEFFELBAUER–Gerald WEIG (Expansion – Interaktion – Akkulturation 5, Wien 2004) 107–129; DERS., Der gewaffnete Doppeladler. Ständische Landesdefension, Stehendes Heer und „Staatsverdichtung" in der frühneuzeitlichen Habsburgermonarchie, in: Die Habsburgermonarchie 1620 bis 1740 (wie Anm. 210) 217–250; DERS., The Habsburg Monarchy: From „Military-Fiscal State" to „Militarization" (wie Anm. 327); DERS., „Onus militare". Zum Problem der Kriegsfinanzierung in der frühneuzeitlichen Habsburgermonarchie 1500–1750, in: Kriegführung und Staatsfinanzen (wie Anm. 328) 81–136; DERS., Das Stehende Heer, in: Verwaltungsgeschichte der Habsburgermonarchie in der Frühen Neuzeit, Bd. 1/2 (wie Anm. 280) 655–763.

[343] HOCHEDLINGER, Austria's Wars of Emergence (wie Anm. 328).

[344] Reed BROWNING, Rezension von: Michael Hochedlinger, Austria's Wars of Emergence, London u. a. 2003. HABSBURG, H-Net Reviews. August, 2003, http://www.h-net.org/reviews/showrev.php?id= 7982 [25.4.2022].

[345] HOCHEDLINGER, Bürokratisierung (wie Anm. 340) 266.

und dem Autor des vorliegenden Beitrags herausgegebene Band ist 2019 erschienen[346]. Nicht weniger als rund ein Fünftel der rund 1000 Textseiten stammt von Hochedlinger, darunter ein knapp 110-seitiger, enorm dichter Beitrag über das Stehende Heer[347]. Zeitgleich mit dem Abschluss des Manuskripts des vorliegenden Beitrags ist Hochedlingers 800-seitige, auf jahrzehntelangen Forschungen beruhende und neue Maßstäbe setzende Monographie über die Vorgeschichte (seit dem Spätmittelalter!), die Motive, Umstände, Implikationen und Folgen der Reformen der Heeresaufbringung und Heeresergänzung in der Habsburgermonarchie in den Regierungszeiten Maria Theresias und Josephs II. (1740 bis 1790) erschienen[348]. In umfassender Weise und auf breitester Quellengrundlage schildert und analysiert er darin die „Wechselbeziehungen zwischen Staat, Krieg, Ökonomie und Gesellschaft" auf den Ebenen der Militärverwaltung und des Steuerwesens, der Lebenswirklichkeit und des Alltags der Soldaten sowie der Auswirkungen der Kriege auf die Zivilbevölkerung[349].

Von den in den Fußnoten dieses Unterkapitels angeführten Monographien zu einem Aspekt der frühneuzeitlichen Habsburgermonarchie aus den letzten zwei Jahrzehnten sei hier nur noch die demnächst im Druck erscheinende Wiener Habilitationsschrift von Petr Maťa kurz gewürdigt[350]. Der polyglotte Autor leistet durch eine mit schier unerschöpflicher Quellenkenntnis und in theoretisch höchst reflektierter Weise durchgeführte vergleichende Untersuchung der nicht zuletzt von Rangfragen und Rangkonflikten geprägten Nutzung der Räume der einzelnen Landhäuser und der Prager Burg durch die Stände von sieben Ländern (Böhmen, Mähren, Österreich ob und unter der Enns, Steiermark, Kärnten und Krain) vom frühen 16. Jahrhundert bis zum Vormärz (mit dem Schwerpunkt auf der Zeit von 1620 bis 1740) einen unschätzbaren, reich mit bisher zu einem beträchtlichen Teil unbekannten Bildquellen illustrierten Beitrag zur Kenntnis der politischen Kultur der Habsburgermonarchie. Es ist ihm in mustergültiger und trotz des enormen Umfangs sehr gut lesbarer Weise gelungen, Fragestellungen und Methoden der Verfassungs- und Verwaltungsgeschichte mit solchen der Architekturgeschichte und der Symbolischen Kommunikationsforschung zu verbinden.

---

[346] Verwaltungsgeschichte der Habsburgermonarchie in der Frühen Neuzeit, Bde. 1/1 und 1/2 (wie Anm. 280).

[347] Zur geplanten Bandgliederung siehe Thomas WINKELBAUER, „Verwaltungsgeschichte der Habsburgermonarchie in der Frühen Neuzeit" in drei Bänden – ein groß angelegtes internationales Kooperationsprojekt, in: Herrschaftsverdichtung, Staatsbildung, Bürokratisierung (wie Anm. 8) 9–17. – Hochedlinger ist auch der Autor des aus seiner Wiener Dissertation hervorgegangenen, wegen des großen Umfangs in zwei Teilen publizierten Standardwerks zur österreichischen Außenpolitik zur Zeit der Französischen Revolution: Michael HOCHEDLINGER, Der Weg in den Krieg. Die Berichte des Franz Paul Zigeuner von Blumendorf, k. k. Geschäftsträger in Paris 1790–1792 (FRA II/90, Wien 1999); DERS., Krise und Wiederherstellung. Österreichische Großmachtpolitik zwischen Türkenkrieg und „Zweiter Diplomatischer Revolution" 1787–1791 (Historische Forschungen 65, Berlin 2000).

[348] Michael HOCHEDLINGER, Thron & Gewehr. Das Problem der Heeresergänzung und die „Militarisierung" der Habsburgermonarchie im Zeitalter des Aufgeklärten Absolutismus (1740–1790) (Veröffentlichungen des Steiermärkischen Landesarchivs 45, Graz 2021).

[349] Ebd. 15.

[350] MAŤA, Stuben und Säle (wie Anm. 333).

Die Habsburgermonarchie in der zweiten Hälfte des 18. Jahrhunderts: Josephinismus, Katholische Aufklärung, Staatskirchentum, Aufgeklärter Absolutismus, Reformabsolutismus

Mit Recht ist konstatiert worden, dass der Begriff Josephinismus „zu den wirkmächtigsten Begriffen der zentraleuropäischen Geschichtsschreibung des 20. Jahrhunderts" gehört[351]. Der Begriff „stammt aus einer kirchen- und konfessionspolemischen Konstellation des Vormärz" und war damals in kritischer Ablehnung „eindeutig auf die Staatskirche bezogen"[352]. Franz Leander Fillafer vertritt die These, dass es sich bei der Josephinismus-Forschung im 20. Jahrhundert „um den Versuch" gehandelt habe, „eine alte Polemik zu verwissenschaftlichen, die seit den 1820er und 1830er Jahren geführt wurde"[353].

Der mehrdeutige und schillernde Begriff Josephinismus wird seit langem im weitesten Sinne zur zusammenfassenden Benennung der Reformpolitik – d. h. des Reformabsolutismus – Maria Theresias, ihrer Söhne Joseph und Leopold und ihrer führenden Staatsmänner und Ratgeber (Friedrich Wilhelm von Haugwitz, Wenzel Anton von Kaunitz, Gerard van Swieten, Joseph von Sonnenfels u. a.) verwendet[354]. Die Reformen hatten nicht zuletzt die Stärkung der Macht der Monarchen und der Wiener Zentralbehörden über die einzelnen Länder der Habsburgermonarchie, deren adelige und geistliche Eliten sowie deren materielle und humane Ressourcen zum Ziel. Durch die angestrebte Intensivierung der administrativen und ökonomischen Integration und Homogenisierung der Länder und Ländergruppen und die Stärkung der Produktivkräfte sollte, nach den Traumata des Österreichischen Erbfolgekrieges und des Verlustes des Großteils Schlesiens, die Stellung der Monarchie als europäische Großmacht mit einer schlagkräftigen Armee befördert werden[355]. Andererseits stand „die Mobilisierung finanzieller Ressourcen" aber auch „im Dienst obrigkeitlich definierter Gemeinwohlverwirklichung"[356]. Jedenfalls war der Josephinismus, um eine prägnante Formulierung eines der gegenwärtig besten Kenner zu zitieren, „das überhaupt ehrgeizigste und radikalste Unternehmen in der Geschichte des europäischen Absolutismus [...], eben weil er sei-

---

[351] Franz Leander FILLAFER (unter Mitarbeit von Thomas WALLNIG), Einleitung, in: Josephinismus zwischen den Regimen (wie Anm. 2) 7–50, hier 7.

[352] Ebd. 19. Siehe auch Franz Leander FILLAFER, Das Elend der Kategorien. Aufklärung und Josephinismus in der zentraleuropäischen Historiographie 1918–1945, in: Josephinismus zwischen den Regimen (wie Anm. 2) 51–101, bes. 52–56, und Derek BEALES, Joseph II. und der Josephinismus, in: Der aufgeklärte Absolutismus im europäischen Vergleich, hg. von Helmut REINALTER–Harm KLUETING (Wien–Köln–Weimar 2002) 35–54, hier 37–41.

[353] FILLAFER(–WALLNIG), Einleitung (wie Anm. 351) 33.

[354] Vgl. z. B. Harm KLUETING, Einleitung, in: Der Josephinismus. Ausgewählte Quellen zur Geschichte der theresianisch-josephinischen Reformen, hg. von DEMS. (Ausgewählte Quellen zur deutschen Geschichte der Neuzeit 12a, Darmstadt 1995) 1–16.

[355] Siehe etwa BEALES, Joseph II. und der Josephinismus (wie Anm. 352), der deutlich macht, dass Joseph II. während seiner Alleinregierung nicht als „nur" absoluter, sondern als despotischer Monarch agierte, sowie die prägnanten Ausführungen von Ernst WANGERMANN, Fortschritt und Reaktion, in: Österreich im Europa der Aufklärung. Kontinuität und Zäsur in Europa zur Zeit Maria Theresias und Josephs II., red. von Richard G. PLASCHKA et al., 2 Bde. (Wien 1985), Bd. 1, 37–43, und DERS., Zur Frage der Kontinuität zwischen den theresianischen und josephinischen Reformen, in: ebd., Bd. 2, 943–954.

[356] FILLAFER(–WALLNIG), Einleitung (wie Anm. 351) 21.

nem disparatesten Staatskörper galt"[357]. Was die geistigen Grundlagen der Kirchen-reformpolitik des Josephinismus betrifft, haben die österreichische Forschung und der Schweizer Historiker Peter Hersche in den 1970er Jahren insbesondere die Bedeutung des (Spät-)Jansenismus herausgearbeitet[358]. Zur Erforschung der Toleranzpolitik Josephs II. gegenüber evangelischen und orthodoxen Christen sowie Juden haben, inspiriert unter anderem durch das 200-jährige Jubiläum der Toleranzpatente im Jahr 1981, (in erster Linie protestantische) österreichische Kirchenhistoriker und Kirchenrechtler sowie der in Wien geborene israelische Historiker Josef Karniel (1923–1994), der Josephs II. Toleranzpolitik gegenüber christlichen Minderheiten stark durch außenpolitische Gesichtspunkte motiviert sah, Wesentliches beigetragen[359]. Um die Jahrtausendwende hat Jan Mikrut (geb. 1960 in Polen), der 1991 in Wien und 2009 an der Päpstlichen Universität Gregoriana in Rom im Fach Kirchengeschichte promoviert wurde, in den 1990er Jahren in Wien als Pfarrer wirkte und 2019 zum ordentlichen Professor an der Gregoriana ernannt wurde, eine umfangreiche Monographie über die Idee der religiösen Toleranz im 18. Jahrhundert in der Habsburgermonarchie vorgelegt[360].

Seit dem letzten Viertel des 19. Jahrhunderts erfolgte die Untersuchung und Darstellung der Geschichte des „Josephinismus" im Speziellen und der Aufklärung im Allgemeinen in der Habsburgermonarchie durch liberale deutschösterreichische Historiker im Wesentlichen im Rahmen der Staatsbildungs- und Gesamtstaatsgeschichte – aus der Perspektive Wiens und fast ausschließlich gestützt auf die Bestände der Wiener Zentral-

---

[357] Robert EVANS, Nachwort, in: Josephinismus zwischen den Regimen (wie Anm. 2) 306–314, hier 314.

[358] Manfred BRANDL, Marx Anton Wittola. Seine Bedeutung für den Jansenismus in deutschen Landen (Forschungen zur Geschichte der katholischen Aufklärung 1, Steyr 1974); Elisabeth KOVÁCS, Ultramontanismus und Staatskirchentum im theresianisch-josephinischen Staat. Der Kampf der Kardinäle Migazzi und Franckenberg gegen den Wiener Professor der Kirchengeschichte Ferdinand Stöger (Wiener Beiträge zur Theologie 51, Wien 1975); Hans HOLLERWEGER, Die Reform des Gottesdienstes zur Zeit des Josephinismus in Österreich (Studien zur Pastoralliturgie 1, Regensburg 1976); Peter HERSCHE, Der Spätjansenismus in Österreich (ÖAW, Veröffentlichungen der Kommission für die Geschichte Österreichs 7, Wien 1977); DERS., Der österreichische Spätjansenismus. Neue Thesen und Fragestellungen, in: Katholische Aufklärung und Josephinismus, hg. von Elisabeth KOVÁCS (Wien 1979) 180–193. Vgl. auch Eleonore ZLABINGER, Lodovico Antonio Muratori und Österreich (Studien zur Rechts-, Wirtschafts- und Kulturgeschichte 6, Innsbruck 1970); Matthias LORENZ, Der Jansenismus in der Habsburgermonarchie. Ein Forschungsüberblick (Saarbrücken 2009); Harm KLUETING, The Catholic Enlightenment in Austria or the Habsburg Lands, in: A Companion to the Catholic Enlightenment in Europe, hg. von Ulrich L. LEHNER–Michael PRINTY (Brill's Companions to the Christian Tradition 20, Leiden–Boston 2010) 127–164, hier 131–139. Vgl. auch die anregende globalgeschichtliche Studie von Ulrich L. LEHNER, Die Katholische Aufklärung. Weltgeschichte einer Reformbewegung (Paderborn 2017 [engl. Originalausg. 2016]).

[359] Aufsätze zur Toleranzgesetzgebung des 18. Jahrhunderts in den Reichen Josephs II., ihren Voraussetzungen und ihren Folgen. Eine Festschrift, Bd. 1: Im Zeichen der Toleranz, Bd. 2: Im Lichte der Toleranz, hg. von Peter F. BARTON (Studien und Texte zur Kirchengeschichte und Geschichte 2/8 und 2/9, Wien 1981); Josef KARNIEL, Die Toleranzpolitik Kaiser Josephs II. (Schriftenreihe des Instituts für Deutsche Geschichte der Universität Tel-Aviv 9, Gerlingen 1986); Peter LEISCHING, Der Toleranzgedanke und seine Bedeutung für die Überwindung des Staatskirchentums in der Monarchia Austriaca. *ZRG Kan. Abt.* 111 (1994) 405–421. Zu Karniels Monographie vgl. die Rezension von Franz A. J. SZABO in *JMH* 63 (1991) 174–176. Siehe auch Reinhold Joseph WOLNY, Die josephinische Toleranz unter besonderer Berücksichtigung ihres geistlichen Wegbereiters Johann Leopold Hay (Wissenschaftliche Materialien und Beiträge zur Geschichte und Landeskunde der böhmischen Länder 15, München 1973).

[360] Jan MIKRUT, Die Idee der Religionstoleranz im 18. Jahrhundert in den Ländern der Habsburgermonarchie (Wien 1999).

archive[361]. Erst nach 1918 lockerte sich „die ältere Staatsfixierung" der deutschösterreichischen Historiker: „Volk', ,Land' und ,Stand' wurden als Basisinterpretamente ebenso attraktiv wie der Reichsbegriff. [...] Die deutschnationalen Historiker traten das Erbe der liberalen Geschichtsschreibung an. Während katholische Autoren das Scheitern der Monarchie auf Joseph II. und die Aufklärung zurückführten, argumentierten die Erben der deutschliberalen Historiographie im Gegenteil, die unter Franz I. eingeleitete Abkehr von der Politik Josephs II. habe dem alten Staat den Untergang bereitet."[362]

Die beiden klassischen Gründungsmonographien der neueren Josephinismusforschung wurden von den „altösterreichischen" und „grenzlanddeutschen" Historikern Eduard Winter und Fritz Valjavec verfasst und sind fast gleichzeitig gegen Ende des nationalsozialistischen Großdeutschen Reiches im selben Verlag (dem Brünner Verlag Rudolf M. Rohrer) erschienen. Beiden Autoren gemeinsam war „ein Begriff des Josephinismus als deutscher politischer und kultureller Sendung, die den nationalen Ansprüchen anderssprachiger Völker der Region entgegenstand"[363].

Der als Sohn eines österreichischen Staatsbeamten in Nordböhmen geborene und aufgewachsene deutschböhmische Priester und Historiker Eduard Winter (1896–1982) war seit 1939 NSDAP-Mitglied. Er hatte von September 1941 bis April 1945 eine Professur für Europäische Geistesgeschichte an der Philosophischen Fakultät der Deutschen Universität Prag inne und leitete seit Sommer 1942 überdies das auf seine Initiative gegründete Institut für osteuropäische Geistesgeschichte der Reinhard-Heydrich-Stiftung in Prag. Seit 1946 besaß er die österreichische Staatsbürgerschaft, lehrte aber von 1947 bis zu seiner Emeritierung 1966 in der DDR (zunächst an der Universität Halle, seit 1951 an der Humboldt-Universität). Winter verstand den Josephinismus vor allem als eine geistige Strömung, und zwar als eine spezifische Ausprägung des Reformkatholizismus[364]. Er arbeitete in seinem trotz des Erscheinungsjahres 1943 erst zu Beginn des Frühjahrs 1944 ausgelieferten Buch mit dem Schwerpunkt auf Böhmen und Mähren insbesondere die Voraussetzungen, Implikationen und Auswirkungen der kirchlichen Reformen Josephs II. sowie „die Dualität zwischen Staatskirchentum und Reformkatho-

---

[361] FILLAFER, Das Elend der Kategorien (wie Anm. 352) 87–90.

[362] Ebd. 90f.

[363] EVANS, Nachwort (wie Anm. 357) 307.

[364] „Unter Josefinismus ist in diesem Buche der Versuch einer grundlegenden Reform der römisch-katholischen Kirche im Sinne der Urkirche verstanden, ein Versuch, der unter Josef II. den Höhepunkt erreichte und nach ihm den Namen erhielt." Eduard WINTER, Der Josefinismus und seine Geschichte. Beiträge zur Geistesgeschichte Österreichs 1740–1848 (Prager Studien und Dokumente zur Geistes- und Gesinnungsgeschichte Ostmitteleuropas 1, Brünn–München–Wien 1943) VII. Die zweite Auflage des Buches erschien mit einem spezifischeren Untertitel: Eduard WINTER, Der Josefinismus. Die Geschichte des österreichischen Reformkatholizismus 1740–1848 (Beiträge zur Geschichte des religiösen und wissenschaftlichen Denkens 1, Berlin 1962). – Zur Biographie Winters siehe Ines LUFT, Eduard Winter zwischen Gott, Kirche und Karriere. Vom böhmischen katholischen Jugendbundführer zum DDR-Historiker (Leipzig 2016); Jiří NĚMEC, Eduard Winter (1896–1982). „Eine der bedeutendsten Persönlichkeiten der österreichischen Geistesgeschichte unseres Jahrhunderts ist in Österreich nahezu unbekannt", in: Österreichische Historiker [, Bd. 1] (wie Anm. 115) 619–676; FILLAFER(–WALLNIG), Einleitung (wie Anm. 351) 37–45; Ota KONRÁD, Geisteswissenschaften im Umbruch. Die Fächer Geschichte, Germanistik und Slawistik an der Deutschen Universität in Prag 1918–1945 (Forschungen zu Geschichte und Kultur der böhmischen Länder 4, Berlin u. a. 2020) 267–270 und 323–326; zu Winters 1945/46 unternommenem, schließlich gescheitertem Versuch, die vakante Professur für Osteuropäische Geschichte an der Universität Wien zu erlangen, auch WINKELBAUER, Das Fach Geschichte an der Universität Wien (wie Anm. 2) 278–284.

lizismus"³⁶⁵ heraus. Der Josephinismus sei „der Versuch einer Kirchenreform [gewesen],
der bei den maßgebenden Männern aus wirklicher Liebe zur Kirche stammte"³⁶⁶. Übrigens modifizierte Winter seinen Josephinismusbegriff spätestens im Laufe der 1960er
Jahre. 1968 schrieb er in einer Buchbesprechung, das Staatskirchentum sei, wie noch
stärker betont werden müsse, „nur ein Aspekt des Josefinismus"³⁶⁷.

Der als Sohn eines in Agram (Zagreb) stationierten österreichischen Beamten und
einer donauschwäbischen Mutter in Wien geborene deutschungarische Kulturhistoriker
Fritz Valjavec (1909–1960) wuchs zunächst abwechselnd in Werschetz (Vršac) im Banat
und in Wien auf. Nach dem Besuch von Schulen mit deutscher Unterrichtssprache im
Banat und in Budapest studierte der polyglotte Valjavec (im Unterschied zu Winter
beherrschte er nicht nur slawische Sprachen, sondern auch Ungarisch) ab 1930 in München Geschichte und Germanistik. 1933 trat er in die NSDAP ein, 1937 wurde er Geschäftsführer des Südost-Instituts in München, an dem er seit 1935 angestellt war und
das 1939 institutionell in die SS integriert wurde, und 1940 wurde der erst Dreißigjährige auf den Lehrstuhl für Geschichte und Landeskunde Südosteuropas am Deutschen
Auslandswissenschaftlichen Institut in Berlin berufen³⁶⁸. Valjavec analysierte den „Josephinismus des 18. u n d des 19. Jahrhunderts"³⁶⁹ in seiner in erster Auflage 1944 erschienenen schmalen, aber sehr dichten Synthese, ebenso wie Eduard Winter, als geistige
Strömung, nicht zuletzt als österreichische Variante der katholischen Aufklärung sowie
des aufgeklärten Absolutismus³⁷⁰. „Wie jede ‚gewachsene‘ Geistesströmung" sei „auch
der Josephinismus kein bewußt geschaffenes System, sondern durch das Wirken anonymer Kräfte entstanden"³⁷¹. In der Einleitung zur 1945 erschienen, wesentlich erweiterten und umgearbeiteten zweiten Auflage seines Josephinismus-Buches betonte Valjavec, es sei „[s]ein Ziel, die Eigenart dieser Geistesströmung in ihrer ganzen Ausdehnung
zu beleuchten". Die kirchengeschichtliche Seite sei „entsprechend ihrer Bedeutung eingehend berücksichtigt" worden, sie sei aber nur ein Teil des Untersuchungsgegenstan

³⁶⁵ Fillafer, Das Elend der Kategorien (wie Anm. 352) 98.
³⁶⁶ Winter, Der Josefinismus und seine Geschichte (wie Anm. 364) 483. Zu den Entstehungskontexten von Winters Josephinismus-Buch siehe Jiří Němec, War die Josephinismus-Interpretation Eduard
Winters aus dem Jahre 1943 eine nationalsozialistische Interpretation?, in: Josephinismus zwischen den
Regimen (wie Anm. 2) 102–140.
³⁶⁷ Zitiert nach Fillafer(–Wallnig), Einleitung (wie Anm. 351) 44. Vgl. insbesondere Eduard
Winter, Barock, Absolutismus und Aufklärung in der Donaumonarchie (Wien 1971) bes. 153–251.
Zur Kirchenreform Josephs II. siehe zuletzt die umfassende und aspektreiche Fallstudie von Dennis
Schmidt, Bedrohliche Aufklärung – Umkämpfte Reformen. Innerösterreich im josephinischen Jahrzehnt 1780–1790 (Münster 2020).
³⁶⁸ Norbert Spannenberger, Die Josephinismusinterpretation von Friedrich (Fritz) Valjavec, in:
Josephinismus zwischen den Regimen (wie Anm. 2) 141–155, hier 141–148; Ingo Haar, Fritz Valjavec.
Ein Historikerleben zwischen den Wiener Schiedssprüchen und der Dokumentation der Vertreibung, in:
Theologie und Vergangenheitsbewältigung. Eine kritische Bestandsaufnahme im interdisziplinären Vergleich, hg. von Lucia Scherzberg (Paderborn u.a. 2005) 103–119; Fillafer(–Wallnig), Einleitung
(wie Anm. 351) 45–50.
³⁶⁹ Fritz Valjavec, Der Josephinismus. Zur geistigen Entwicklung Österreichs im 18. und 19. Jahrhundert (Brünn–München–Wien 1944) VIII, bzw. ders., Der Josephinismus. Zur geistigen Entwicklung Österreichs im achzehnten [sic!] und neunzehnten Jahrhundert. 2., wesentlich erweiterte Auflage
(Wien 1945) IX (Hervorhebung in beiden Auflagen im Original).
³⁷⁰ „Im Grunde genommen handelt es sich bei den politischen Anschauungen des Josephinismus
um eine ins Bürokratische abgewandelte Abart des aufgeklärten Absolutismus." Ebd. (1. Aufl.) 88. Dieser Satz fehlt, soweit ich sehe, in der 2. Auflage.
³⁷¹ Ebd. 15.

des[372]. Valjavec betrachtete und untersuchte die Habsburgermonarchie – einschließlich der Lombardei und der habsburgischen Niederlande – als (in sich differenzierte) Einheit. „Zwar stand die Entwicklung in den deutschen Erbländern im Fokus, doch er betrachtete diese nicht als ‚Zentren' des Imperiums und die slawischen, ungarischen etc. Reichsteile als Peripherien, sondern als komplementäre Prozesse unter unterschiedlichen Voraussetzungen, die in Wien wieder zusammenfanden."[373]

Zwischen 1951 und 1961 legte der Tiroler Bauernsohn und Jesuitenpater Ferdinand Maaß (1902–1973), der seit 1954 als außerordentlicher und von 1964 bis 1972 als ordentlicher Professor für Kirchengeschichte an der Universität Innsbruck lehrte, eine fünfbändige, ausführlich kommentierte Quellenedition zu den kirchenpolitischen Aspekten des Josephinismus von 1760 bis zur Mitte des 19. Jahrhunderts vor[374]. Für Maaß, der 1937 bei Heinrich (von) Srbik, zu dessen Lieblingsschülern er angeblich gehörte[375], dissertiert hatte, war der Josephinismus eine grundsätzlich kirchenfeindliche und antipäpstliche, die Kirche und den Klerus für Zwecke des Staates instrumentalisierende und daher scharf abzulehnende Form des Staatskirchentums. Maaß' monumentale, an die 3000 Seiten umfassende, auf dem einschlägigen Aktenmaterial der Wiener Zentralbehörden (insbesondere der Staatskanzlei, der Böhmisch-Österreichischen Hofkanzlei und der Geistlichen Hofkommission) basierende Edition und seine historiographischen Werke sind eine ultramontane Antwort auf Eduard Winters Josephinismus-Buch. Maaß warf Winter vor, „nur periphere Provinzarchive für seine Untersuchung benutzt […] und den Josephinismus vorwiegend als eine geistige Strömung und nicht als eine bürokratische Verwaltungspraxis mit der Zielsetzung auf Ausweitung der Staatsgewalt zuungunsten der Kirche gesehen" zu haben[376]. Der Josephinismus sei, proklamierte er bereits in seiner 1947 angenommenen Habilitationsschrift, „nicht so sehr eine Reform der Kirche, sondern vielmehr ihre brutale Vergewaltigung durch den Staat" gewesen[377].

---

[372] Ebd. (2. Aufl.) XVI.

[373] SPANNENBERGER, Die Josephinismusinterpretation von Friedrich (Fritz) Valjavec (wie Anm. 368) 150. Eine Analyse von Valjavecs 1940 publizierter, aus seiner 1938 verteidigten Habilitationsschrift hervorgegangener Monographie „Der deutsche Kultureinfluß im nahen Südosten. Unter besonderer Berücksichtigung Ungarns" bietet Petra SVATEK, Fritz Valjavec – Aufklärungsbegriff und Südostforschung, in: Josephinismus zwischen den Regimen (wie Anm. 2) 156–170. – Für einen konzisen Vergleich der Josephinismus-Deutungen Winters und Valjavecs und Antworten auf die Frage, worin die Innovation Winters und Valjavecs für die Josephinismusforschung bestanden habe, siehe FILLAFER, Das Elend der Kategorien (wie Anm. 352) 97–101.

[374] Ferdinand MAASS, Der Josephinismus. Quellen zu seiner Geschichte in Österreich 1760–1850. Amtliche Dokumente aus dem Haus-, Hof- und Staatsarchiv und dem Allgemeinen Verwaltungsarchiv in Wien, 5 Bde. (FRA II/71–75, Wien 1951–1961). Vgl. auch Maaß' Habilitationsschrift: DERS., Vorbereitung und Anfänge des Josephinismus im amtlichen Schriftwechsel des Staatskanzlers Fürsten von Kaunitz-Rittberg mit seinem bevollmächtigten Minister beim Governo Generale der österreichischen Lombardei, Karl Grafen von Firmian, 1763–1770. *MÖStA* 1 (1948) 229–444, sowie DERS., Der Frühjosephinismus (FKGÖ 8, Wien 1969) (das Büchlein handelt vor allem von den Debatten über die Besteuerung des Klerus in der Habsburgermonarchie in den Jahren von 1751 bis 1769 und von der aktiven Rolle, die Maria Theresia dabei spielte).

[375] Wilhelm BAUM, Ferdinand Maaß – Leben und Werk, in: Kirche und Staat in Idee und Geschichte des Abendlandes. FS zum 70. Geburtstag von Ferdinand MAASS SJ, hg. von DEMS. (Wien–München 1973) 13–37, hier 15f.; Franz HUTER, Nachruf Ferdinand Maaß. *Almanach der ÖAW* 124 (1974 [Druck 1975]) 531–540, hier 532.

[376] BAUM, Ferdinand Maaß (wie Anm. 375) 18.

[377] MAASS, Vorbereitung und Anfänge (wie Anm. 374) 294. Eduard Winter setzte sich im Nachwort

Grete Klingenstein hat 1970 zu Recht gefordert, die antithetische Gegenüberstellung von „Reformkatholizismus" und „Staatskirchentum" zu überwinden und durch „eine feinere Differenzierung der geschichtsmächtigen Ideen und ihrer Träger, den großen und kleinen Persönlichkeiten, und nicht zuletzt eine Analyse der bislang arg vernachlässigten strukturellen Gegebenheiten" zu ersetzen[378].

Helmut Reinalter (geb. 1943), der von 1981 bis 2009 Professor für Geschichte der Neuzeit an der Universität Innsbruck war, interpretiert den Josephinismus als die spezifisch „österreichische Variante des Aufgeklärten Absolutismus"[379]. Der alternative Begriff „Reformabsolutismus" greife zu kurz[380]. Letztlich sei es im Aufgeklärten Absolutismus „mehr um Systemstabilisierung als um Überwindung der tradierten politischen Ordnung" gegangen[381]. Der außerordentlich rührige und produktive, in seinen Publikationen allerdings manchmal redundante Tiroler Historiker habilitierte sich 1978 mit der umfangreichen Studie „Aufgeklärter Absolutismus und Revolution. Zur Geschichte des Jakobinertums und der frühdemokratischen Bestrebungen in der Habsburger-Monarchie"[382]. Er leitet das im Jahr 2000 auf Vereinsbasis gegründete, aus der ebenfalls von ihm geleiteten ehemaligen Forschungsstelle „Demokratische Bewegungen in Mitteleuropa 1770–1848/49" an der Universität Innsbruck hervorgegangene private Institut für Ideengeschichte in Innsbruck. In seinen zahlreichen Publikationen zu den frühen Demokraten und Republikanern, die vor allem von ihren Kritikern und Verfolgern

---

der zweiten Auflage seines Josephinismus-Buches kritisch mit Maaß' Œuvre auseinander und konstatierte: „Maaß sieht [...] im Josefinismus nur das vom Fürsten Kaunitz begründete österreichische Staatskirchentum mit seiner Bürokratie und übersieht im Gegensatz zu Valjavec und mir bewußt das geistige Phänomen des Josefinismus, vor allem aber dessen reformkatholischen Charakter." WINTER, Der Josefinismus (2. Aufl. 1962) (wie Anm. 364) 358. Maaß wies Winters Vorwürfe in seiner Besprechung der zweiten Auflage von Winters „Kampfbuch gegen die katholische Kirche" scharf zurück: HZ 198 (1964) 682–684.

[378] Grete KLINGENSTEIN, Staatsverwaltung und kirchliche Autorität im 18. Jahrhundert. Das Problem der Zensur in der theresianischen Reform (Wien 1970) 88–130 (Kapitel IV. Reformkatholizismus oder Staatskirchentum?) (Zitat: 130).

[379] Helmut REINALTER, Josephinismus als Aufgeklärter Absolutismus – ein Forschungsproblem? Gesellschaftlicher Strukturwandel und theresianisch-josephinische Reformen, in: Josephinismus – eine Bilanz, hg. von Wolfgang SCHMALE–Renate ZEDINGER–Jean MONDOT (JbOGE18 22, Bochum 2008) 19–33, hier 25.

[380] Ebd. 32.

[381] Ebd. 31. Siehe auch: Der Josephinismus. Bedeutung, Einflüsse und Wirkungen, hg. von Helmut REINALTER (Frankfurt 1993).

[382] Druckfassung: Helmut REINALTER, Aufgeklärter Absolutismus und Revolution. Zur Geschichte des Jakobinertums und der frühdemokratischen Bestrebungen in der Habsburgermonarchie (VKNGÖ 68, Wien u.a. 1980). Der Autor setzte sich zum Ziel, damit „einen ersten, vorläufigen Versuch einer Gesamtdarstellung der Geschichte des Jakobinertums und der frühdemokratischen Bestrebungen in der Habsburgermonarchie im Zeitalter der Französischen Revolution zu geben". Ebd. 9. Siehe auch DERS., Der Jakobinismus in Mitteleuropa. Eine Einführung (Stuttgart u.a. 1981); DERS., Österreich und die Französische Revolution (Wien 1988); DERS., Die Französische Revolution und Mitteleuropa. Erscheinungsformen und Wirkungen des Jakobinismus. Seine Gesellschaftstheorien und politischen Vorstellungen (Frankfurt 1988); Josephinismus als Aufgeklärter Absolutismus, hg. von DEMS. (Wien–Köln–Weimar 2008); Handbuch zur Geschichte der demokratischen Bewegungen in Zentraleuropa. Von der Spätaufklärung bis zur Revolution 1848/49, hg. von DEMS. (SchrRIFDBM 44, Frankfurt u.a. 2012) (mit sieben [von insgesamt 17] Beiträgen aus der Feder Reinalters). Vgl. weiters den (am Rande) auch Ungarn und Böhmen berücksichtigenden Sammelband Jakobiner in Mitteleuropa, hg. und eingel. von DEMS. (Innsbruck 1977).

„Jakobiner" genannt wurden[383], sowie zu den Freimaurerlogen[384] unter dem Einfluss der Französischen Revolution in der Habsburgermonarchie (fast alle namentlich bekannten „Jakobiner" waren Freimaurer) hat Reinalter vor allem für Wien, die Steiermark, Kärnten, Krain, Oberösterreich, Tirol und Vorarlberg neue Quellen erschlossen. Eine führende Rolle unter den in der Habsburgermonarchie in den frühen 1790er Jahren, also zur Zeit der ersten und zweiten Phase der Französischen Revolution, aktiven Demokraten, unter denen („josephinisch" geprägte) Beamte stark überrepräsentiert waren, spielten (seit März 1792 ehemalige) konspirative Mitarbeiter Kaiser Leopolds II., wie Denis Silagi am Beispiel Ungarns in zwei bahnbrechenden Studien dargelegt hat[385].

Die österreichischen und ungarischen Jakobiner, deren Bestrebungen „letztlich [...] ohne größere politische Wirkung" geblieben sind[386], wurden bekanntlich, im Unterschied zum Großteil der deutschen Jakobiner, 1794/95 in Hochverratsprozessen abgeurteilt. Die moderne Pionierstudie zur österreichischen „Jakobinerverschwörung" und zu den Wiener Jakobinerprozessen hatte bereits 1959 – gestützt auf umfangreiches, von ihm erstmals erschlossenes Aktenmaterial – der in Wien geborene und aufgewachsene, 1939 mit seiner Mutter und seinen Geschwistern nach Großbritannien emigrierte[387] Historiker Ernst Wangermann (1925–2021) vorgelegt[388]. Wangermann, der ab 1946 am Balliol College der Universität Oxford Geschichte studiert hatte, lehrte von

---

[383] „Jakobinismus' war [...] ein politischer Begriff, mit dem alle jene Personen erfaßt wurden, die als Anhänger einer revolutionären oder auch einer gemäßigten Oppositionsbewegung galten und die jeweilige Staatsform, die Regierung, den Kaiser, die Privilegien von Adel und Geistlichkeit und die gesellschaftlichen sowie sozialen Zustände kritisierten." Helmut REINALTER, Die Jakobiner in der Habsburgermonarchie, in: Die Anfänge der demokratischen Bewegung in Österreich von der Spätaufklärung bis zur Revolution 1848/49. Eine kommentierte Quellenauswahl, hg. von DEMS.–Anton PELINKA (SchrRIFDBM 19, Frankfurt u.a. 1999) 15–33, hier 19. Siehe auch DERS., Jakobiner in Österreich, in: Handbuch zur Geschichte der demokratischen Bewegungen in Zentraleuropa (wie Anm. 382) 151–163 (dieser 2012 publizierte Beitrag ist mit dem 13 Jahre älteren allerdings großteils identisch).

[384] Freimaurer und Geheimbünde im 18. Jahrhundert in Mitteleuropa, hg. von Helmut REINALTER (Frankfurt 1983, ⁴1993).

[385] Denis SILAGI, Ungarn und der geheime Mitarbeiterkreis Kaiser Leopolds II. (Südosteuropäische Arbeiten 57, München 1961); DERS., Jakobiner in der Habsburger-Monarchie. Ein Beitrag zur Geschichte des aufgeklärten Absolutismus in Österreich (Wiener historische Studien 6, Wien–München 1962). Siehe auch Kálmán BENDA, Die ungarischen Jakobiner, in: Jakobiner in Mitteleuropa (wie Anm. 382) 381–404. Unter anderem gestützt auf Forschungen von Elemér Mályusz hat Fritz Valjavec in einer sehr ertragreichen, systematisch zwischen Liberalen und Demokraten unterscheidenden Monographie bereits früh auf die Bedeutung des (ehemaligen) „privaten Nachrichtendienstes" Kaiser Leopolds II. aufmerksam gemacht: Fritz VALJAVEC, Die Entstehung der politischen Strömungen in Deutschland 1770–1815 (Wien–München 1951) 192–201.

[386] REINALTER, Die Jakobiner in der Habsburgermonarchie (wie Anm. 383) 28.

[387] Siehe Ernst WANGERMANN, Wie es zur Emigration kam, in: Vertriebene Vernunft II. Emigration und Exil österreichischer Wissenschaft, hg. von Friedrich STADLER (Veröffentlichungen des Ludwig Boltzmann-Instituts für Geschichte der Gesellschaftswissenschaften, Sonderbd. 2, Wien–München 1988) 506–508, sowie Gilda PASETZKY–Gerda LETTNER, Österreichs ungeliebtes Erbe. Von Habsburg zu Marx: Ernst Wangermanns Leben und Werk (Frankfurt 2019) 71–74. Wangermanns legitimistischer Vater, ein Kommandant der Ostmärkischen Sturmscharen, beging nach dem Juliabkommen 1936 zwischen Hitler und Schuschnigg Suizid (ebd. 59–61), seine (in der NS-Terminologie „halbjüdische") Mutter im Februar 1941 ebenfalls (ebd. 75f.).

[388] Ernst WANGERMANN, From Joseph II. to the Jacobin Trials: Government Policy and Public Opinion in the Habsburg Dominions in the Period of the French Revolution (London u.a. 1959), hier zitiert nach der inhaltlich aktualisierten deutschen Ausgabe: Von Joseph II. zu den Jakobinerprozessen (Wien–Frankfurt–Zürich 1966).

1962 bis 1984 an der Universität Leeds Neuere Europäische Geschichte, bevor er – spät, aber doch – 1984 (auf Initiative der sozialdemokratischen Wissenschaftsministerin Hertha Firnberg[389]), als Nachfolger von Hans Wagner, als ordentlicher Professor für Österreichische Geschichte an die Universität Salzburg berufen wurde. Sein Buch über die österreichische Jakobinerverschwörung – „ein Versuch, einige wesentliche Aspekte der noch ungenügend erforschten inneren Politik der Habsburger-Monarchie im Zeitalter der Französischen Revolution darzustellen"[390] – machte den Emigranten auch in Österreich bekannt, ermöglichte ihm aber zunächst nicht die erhoffte Rückkehr. In den 1970er Jahren publizierte Wangermann in englischer Sprache eine inspirierende und aspektreiche Überblicksdarstellung der Geschichte der Habsburgermonarchie im 18. Jahrhundert[391] und ein paar Jahre später ein schmales, aber sehr gehaltvolles Buch über Gottfried van Swieten, den Präses der Studien- und Bücherzensurhofkommission und Präfekten der Hofbibliothek, als Reformator des gesamten Schul- und Unterrichtswesens der Habsburgermonarchie – von den Trivialschulen bis zu den Universitäten – im Jahrzehnt der Alleinregierung Josephs II.[392]. Als „Leitmotiv" dieses Werkes benannte der Autor die „Unterscheidung zwischen den Vorstellungen des Ministers und des Kaisers [...], da der Widerspruch zwischen Aufklärung und absoluter Monarchie auf dem Gebiet des Unterrichtswesens besonders klar zum Ausdruck" gekommen sei[393].

2004 publizierte der mittlerweile 79jährige Salzburger Emeritus eine wiederum sehr quellennahe monographische Analyse von im Jahrzehnt der Alleinregierung Josephs II. erschienenen politischen Broschüren, mit denen die jeweils aktuellen innenpolitischen Reformprojekte im Sinne einer Volksaufklärung dem Volk bzw. den Untertanen nahegebracht und schmackhaft gemacht werden sollten[394]. Wangermann legt darin überzeugend dar, dass der Kaiser „Publizität" als politische Waffe einsetzte und dass zu diesem Zweck „innerhalb der Regierung Josephs II. Beamte am Werk waren, die wir heute Pressereferenten nennen würden"[395], dass es also in der Habsburgermonarchie zwischen 1780 und 1790 eine systematisch praktizierte Pressepolitik, eine regelrechte „Regierungspropaganda"[396], gab. Er berücksichtigt aber auch die Gegenpropaganda und kommt zu dem Zwischenresümee, dass sich rasch eine öffentliche Meinung entwickelt habe und bis zur Mitte der 1780er Jahre „das lesende Publikum in Österreich reifer geworden" sei[397]. Eine Rezensentin hat gemeint, die Darstellung lege nahe, „dass Joseph zwar die zeitgenössische Publizistik sehr aufmerksam zur Kenntnis nahm, sich vielleicht

---

[389] PASETZKY–LETTNER, Österreichs ungeliebtes Erbe (wie Anm. 387) 109.

[390] WANGERMANN, Von Joseph II. zu den Jakobinerprozessen (wie Anm. 388) 11.

[391] Ernst WANGERMANN, The Austrian Achievement 1700–1800 (London 1973).

[392] Ernst WANGERMANN, Aufklärung und staatsbürgerliche Erziehung. Gottfried van Swieten als Reformator des österreichischen Unterrichtswesens 1781–1791 (Wien–München 1978).

[393] Ebd. 8. Weitere wichtige, von Österreichern verfasste Monographien zu den Schul- und Unterrichtsreformen Maria Theresias und Josephs II. sind Helmut ENGELBRECHT, Geschichte des österreichischen Bildungswesens. Erziehung und Unterricht auf dem Boden Österreichs, Bd. 3: Von der frühen Aufklärung bis zum Vormärz (Wien 1984), und Gerald GRIMM, Die Schulreform Maria Theresias 1747–1775. Das österreichische Gymnasium zwischen Standesschule und allgemeinbildender Lehranstalt im Spannungsfeld von Ordensschulwesen, theresianischem Reformabsolutismus und Aufklärungspädagogik (Aspekte pädagogischer Innovation 10, Frankfurt u. a. 1987).

[394] Ernst WANGERMANN, Die Waffen der Publizität. Zum Funktionswandel der politischen Literatur unter Joseph II. (Wien–München 2004).

[395] Ebd. 12.

[396] Ebd. 16.

[397] Ebd. 103.

auch im Ruf eines aufgeklärten Herrschers sonnte, unter dessen Regierung fast alles geschrieben werden durfte […], der jedoch von seinen Grundüberzeugungen durch Widerspruch und Kritik nur selten abzubringen war"[398].

Mindestens so sehr wie Ernst Wangermann hat sich die aus Hartberg in der Steiermark stammende Grete Klingenstein (geb. 1939) um die Erforschung der Reformpolitik des aufgeklärten Absolutismus und der Verwaltungs-, Ideen-, Kultur-, Universitäts- und Bildungsgeschichte der Habsburgermonarchie im 18. Jahrhundert verdient gemacht. Nach dem Studium in Wien, an der University of Oregon und in Brügge und der Habilitation an der Universität Wien hatte sie von 1976 bis 2000 an der Universität Graz das Ordinariat für Allgemeine Geschichte der Neuzeit inne. In einem umfangreichen frühen Aufsatz legte sie dar, dass und aus welchen Gründen bereits in den 1730er Jahren am Wiener Hof Pläne existierten, die Wiener Universität zu reformieren[399]. Ernst Wangermann hat über diese und andere „Studien Grete Klingensteins zur Unterrichtsreform des aufgeklärten Absolutismus" geschrieben: „Ihre für das Verständnis der öster-

---

[398] Astrid BLOME, Rezension von: Ernst Wangermann, Die Waffen der Publizität (München 2004), in: sehepunkte 5 (2005), Nr. 12 [15.12.2005], http://www.sehepunkte.de/2005/12/5536.html [25.4.2022]. Zum 90. Geburtstag widmeten seine Schüler und Freunde Wangermann einen Auswahlband mit 21 seiner insgesamt rund 100 Aufsätze: Ernst WANGERMANN, Aufklärung und Josephinismus. Studien zu Ursprung und Nachwirkungen der Reformen Josephs II. Mit einleitenden Beiträgen von Robert HOFFMANN, Alan SCOTT und Franz A. J. SZABO (Das achtzehnte Jahrhundert und Österreich, Internationale Beihefte 7, Bochum 2016). Siehe auch die Würdigung von Wangermanns bis dahin vorliegendem wissenschaftlichen Œuvre durch Franz A. J. SZÁBO, Das Werk Ernst Wangermanns – eine Zwischenbilanz, in: Ambivalenzen der Aufklärung. FS für Ernst WANGERMANN, hg. von Gerhard AMMERER–Hanns HAAS (Wien–München 1997) 15–20, sowie Szábos ausführliche persönliche Erinnerungen, online publiziert auf der Website des Wirth Institute for Austrian and Central European Studies der University of Alberta: DERS., Ernst Wangermann (1925–2021): A personal memoir, https://www.ualberta.ca/wirth-institute/wirth-institute-news/2022/wangermann-memoir.html?fbclid=IwAR2oIYY8iZLANySfmgcS8u1de3RCqaN7CIkDjU9I8Hgb5TCGc6ta3AvdYuE [15.2.2022]. In den Spuren von Wangermanns Forschungen wandelten in Österreich insbesondere seine beiden Schülerinnen Gerda Lettner und Gilda Pasetzky: Gerda LETTNER, Das Rückzugsgefecht der Aufklärung in Wien 1790–1792 (Campus Forschung 558, Frankfurt–New York 1988); DIES., Das Spannungsfeld zwischen Aufklärung und Absolutismus. Die Ära Kaunitz (1749–1794) (Forschungen zur Kirchen- und Dogmengeschichte 105, Göttingen 2016); Gilda PASETZKY, Das Erzbistum Salzburg und das revolutionäre Frankreich (1789–1803) (Europäische Hochschulschriften, Reihe 3, Geschichte und ihre Hilfswissenschaften 680, Frankfurt u. a. 1995). Vgl. auch die Arbeiten der Germanistin Edith Rosenstrauch-Königsberg, die 1939, wie Ernst Wangermann im Jahr zuvor, mit einem Kindertransport nach Großbritannien geflohen, aber bereits 1946 nach Wien zurückgekehrt war und der – neben Leslie BODI (Tauwetter in Wien. Zur Prosa der österreichischen Aufklärung 1781–1795 [Frankfurt 1977]) – eine Neubewertung der Literatur der österreichischen Aufklärung zu verdanken ist: Edith ROSENSTRAUCH-KÖNIGSBERG, Freimaurerei im josephinischen Wien. Aloys Blumauers Weg vom Jesuiten zum Jakobiner (Wiener Arbeiten zur deutschen Literatur 6, Wien 1975); DIES., Freimaurer, Illuminat, Weltbürger. Friedrich Münters Reisen und Briefe in ihren europäischen Bezügen (Studien zur Geschichte der Kulturbeziehungen in Mittel- und Osteuropa 7,2, Berlin 1984); DIES., Zirkel und Zentren. Aufsätze zur Aufklärung in Österreich am Ende des 18. Jahrhunderts, hg. von Gunnar HERING, Vorwort Ernst WANGERMANN (Wien o. J. [1992]); weiters: Hubert WEITENSFELDER, Studium und Staat. Heinrich Graf Rottenhan und Johann Melchior von Birkenstock als Repräsentanten der österreichischen Bildungspolitik um 1800 (Schriftenreihe des Universitätsarchivs der Universität Wien 9, Wien 1996). Zur – nach Ansicht der Autorinnen unzulänglichen – Rezeption von Wangermanns Werk in Österreich und im deutschsprachigen Raum vor und nach seiner Berufung nach Salzburg siehe PASETZKY–LETTNER, Österreichs ungeliebtes Erbe (wie Anm. 387) 139–148.

[399] Grete KLINGENSTEIN, Vorstufen der theresianischen Studienreformen in der Regierungszeit Karls VI. *MIÖG* 76 (1968) 327–377.

reichischen Geschichte dieser Zeit so notwendige Berücksichtigung der gesellschaftlichen Zusammenhänge läßt die historische und gesellschaftliche Bedingtheit so mancher Aspekte deutlich erkennen, die unsere Historiker bislang so gerne persönlichen
Motiven zugeschrieben haben."[400] Ebenfalls noch vor der Habilitation erschien Klingensteins bahnbrechende Monographie über die Reorganisation der Zensur „als eine[r]
Institution an der Nahtstelle zwischen Staat und Kirche" und die dabei obwaltenden
Zusammenhänge zwischen dem Jesuitenorden, in dessen Hände die Zensur im 17. Jahrhundert gelangt war, den Universitäten Wien und Prag, den Wiener und Prager Erz-
bischöfen, den Buchdruckern und Buchhändlern in der Regierungszeit Maria Theresias
sowie über die zentrale Rolle, die dabei Maria Theresias Leibarzt, der Präfekt der Hofbibliothek (seit 1745) und Präses der Bücherzensurkommission (seit 1759) Gerard van
Swieten, bis zu seinem Tod (1772) spielte[401]. Ab der Mitte des 18. Jahrhunderts erfolgte
eine schrittweise Säkularisierung der Zensur. „Buchdruck, Buchhandel und nicht zuletzt
die Zensur wurden nunmehr in den Aufgabenbereich der zentralen staatlichen Behörden eingegliedert."[402] Das Buch unterlag, so Klingenstein in einer einprägsamen Formulierung, nunmehr „als staatlich anerkannter ‚Kommerzialartikel', eine Ware wie jede
andere, [...] den Gesetzen der zunehmend marktorientierten Wirtschaft"[403].

---

[400] WANGERMANN, Aufklärung und staatsbürgerliche Erziehung (wie Anm. 392) 7. In den einschlägigen Publikationen Klingensteins, „above all in her studies on censorship, on the reform of the university system and on the origins of state chancellor Kaunitz, these central elements of the ‚Aufklärung'
narrative were situated in their social, intellectual and administrative contexts on a broad basis of sources.
This permitted establishing a clear connection between philosophical discourses and political action by
way of the intellectual backgrounds of individual actors, without having to invoke elusive ‚intellectual
trends'." Thomas WALLNIG, Approaches to the „Aufklärung" in Austrian Historiography after 1945, in:
18th Century Studies in Austria, 1945–2010, hg. von DEMS.–Johannes FRIMMEL–Werner TELESKO (Das
achtzehnte Jahrhundert und Österreich, Internationale Beihefte 4, Bochum 2011) 33–50, hier 38f.

[401] KLINGENSTEIN, Staatsverwaltung und kirchliche Autorität (wie Anm. 378) (Zitat: 7). Siehe auch
DIES., Van Swieten und die Zensur, in: Gerard van Swieten und seine Zeit, hg. von Erna LESKY–Adam
WANDRUSZKA (Studien zur Geschichte der Universität Wien 8, Graz 1973) 93–106.

[402] KLINGENSTEIN, Staatsverwaltung und kirchliche Autorität (wie Anm. 378) 74. „Die Zensur wurde [...] schon 1748/49 in den Sog der Konzentrationsbewegung im Staat des aufgeklärten Absolutismus
hineingezogen." Ebd. 150. Für die Regierungszeit Josephs II. siehe vor allem Oskar SASHEGYI, Zensur
und Geistesfreiheit unter Joseph II. Beitrag zur Kulturgeschichte der habsburgischen Länder (Studia
historica Academiae Scientiarum Hungaricae 16, Budapest 1958). Einen konzisen Überblick über die
Vorgeschichte und Geschichte der 1751 eingerichteten und 1791 aufgelösten Bücherzensurkommission
bzw. Studien- und Bücherzensurhofkommission bietet nunmehr Thomas OLECHOWSKI, Die Bücherzen-
sur(hof)kommission, in: Verwaltungsgeschichte der Habsburgermonarchie in der Frühen Neuzeit,
Bd. 1/1 (wie Anm. 280) 615–621.

[403] KLINGENSTEIN, Staatsverwaltung und kirchliche Autorität (wie Anm. 378) 157. In den vergangenen Jahren entwickelte sich die Geschichte der Buchproduktion, des Buchhandels und der Bücherzen-
sur sowie der über Druckwerke verschiedenster Art vermittelten Kommunikation und des Kulturtransfers innerhalb der Habsburgermonarchie und über deren Grenzen hinweg im 18. Jahrhundert –
insbesondere in dessen zweiter Hälfte – und in der ersten Hälfte des 19. Jahrhunderts zu einem florie-
renden interdisziplinären Forschungszweig, worauf hier nur en passant hingewiesen werden kann. Siehe
u. a. Norbert BACHLEITNER–Franz M. EYBL–Ernst FISCHER, Geschichte des Buchhandels in Österreich
(Geschichte des Buchhandels 6, Wiesbaden 2000); Kommunikation und Information im 18. Jahrhundert. Das Beispiel der Habsburgermonarchie, hg. von Johannes FRIMMEL–Michael WÖGERBAUER (Buchforschung 5, Wiesbaden 2009); Michael WÖGERBAUER et al., V obecném zájmu. Cenzura a sociální
regulace literatury v moderní české kultuře 1749–2014 [Im öffentlichen Interesse. Zensur und soziale
Regulierung der Literatur in der modernen tschechischen Kultur 1749–2014], Bd. 1: 1749–1938 (Praha
2015); Norbert BACHLEITNER, Die literarische Zensur in Österreich von 1751 bis 1848. Mit Beiträgen
von Daniel SYROVY, Petr PÍŠA und Michael WÖGERBAUER (Literaturgeschichte in Studien und Quellen

Klingensteins Habilitationsschrift über den „Aufstieg" des mährischen Zweiges des Hauses Kaunitz vom mährischen Landadel in den Wiener Hofadel sowie über die Jugend, den Bildungsgang, die Kavalierstour, die ihn unter anderem nach Berlin, Hannover, Amsterdam, Leiden, Den Haag, Brüssel, Löwen, Rom und Paris führte, und die Anfänge der Karriere des Staatskanzlers Wenzel Anton von Kaunitz stellt einen Markstein in der Erforschung des sich dem Staatsdienst widmenden Adels der böhmischen und österreichischen Länder von der Mitte des 17. bis zur Mitte des 18. Jahrhunderts dar[404]. Von speziellem Interesse ist das umfangreiche Kapitel über Wenzel Antons einjähriges Studium an der protestantischen Universität Leipzig (1731/32), für die sich sein Vater auf Empfehlung des mit ihm befreundeten Reichshofratspräsidenten Johann Wilhelm von Wurmbrand (anstelle der ebenfalls zur Diskussion stehenden Universität Göttingen) entschied[405]. Wenigstens erwähnt sei, dass das mit Abstand wichtigste Werk über die Rolle des Staatskanzlers Kaunitz als Leiter der Außenpolitik und einflussreichster Staatsmann der Habsburgermonarchie von 1753 bis zum Tod Maria Theresias von dem 1946 in Graz geborenen österreichisch-kanadischen Historiker Franz Szabo stammt[406].

Seit den 1970er Jahren bemüht sich Klingenstein um eine historisch-kritische Edition der einzigartigen, enorm umfangreichen (56 Bände!), großteils in französischer Sprache geschriebenen „polyvalenten, für viele Fachgebiete trächtigen Tagebücher"[407] des passionierten Lesers und weitgereisten „Proto-Liberalen"[408], Staatsmannes und eminenten Wirtschafts- und Finanzexperten Karl Graf Zinzendorf (1739–1813). 2009 ist in vier Bänden unter ihrer Federführung eine mustergültige, Grundlagenforschung im bes-

28, Wien–Köln–Weimar 2017); Der Buchdrucker Maria Theresias. Johann Thomas Trattner (1719–1798) und sein Medienimperium, hg. von Christoph AUGUSTYNOWICZ–Johannes FRIMMEL (Buchforschung 10, Wiesbaden 2019); Claire MÁDL–Michael WÖGERBAUER–Petr PÍŠA, Na cestě k „výborně zřízenému knihkupectví". Protagonisté, podniky a sítě knižního trhu v Čechách (1749–1848) [Auf dem Weg zu einer „ausgezeichnet eingerichteten Buchhandlung". Protagonisten, Unternehmen und das Netz des Buchmarktes in Böhmen (1749–1848)] (Knižní kultura 1, Praha 2019); zur Geschichte der Adressbüros, Frag- und Kundschaftsämter in der Frühen Neuzeit (u. a. in Wien, Prag, Brünn, Graz, Innsbruck und Pressburg) siehe das aus einer Wiener Habilitationsschrift hervorgegangene, sehr originelle und anregende Buch von Anton TANTNER, Die ersten Suchmaschinen. Adressbüros, Fragämter, Intelligenz-Comptoirs (Berlin 2015).
[404] KLINGENSTEIN, Der Aufstieg des Hauses Kaunitz (wie Anm. 334). Der erste österreichische Historiker, der sich nach 1945 intensiv mit Kaunitz beschäftigte, war der spätere Grazer Ordinarius für Geschichte der Neuzeit Alexander Novotny (1906–1986). In seiner Habilitationsschrift versuchte er „erstmals, die Person des Staatskanzlers aus der isolierten Stellung herauszureißen, die ihr in der älteren, das nationalpolitische Handeln bevorzugenden Geschichtsforschung zugewiesen worden war". Ebd. 19. Siehe Alexander NOVOTNY, Staatskanzler Kaunitz als geistige Persönlichkeit. Ein österreichisches Kulturbild aus der Zeit der Aufklärung und des Josephinismus (Österreichische Heimat 5, Wien 1947). Eine moderne Biographie Kaunitz' bleibt ein Desiderat.
[405] KLINGENSTEIN, Der Aufstieg des Hauses Kaunitz (wie Anm. 334) 158–219.
[406] Franz A. J. SZABO, Kaunitz and Enlightened Absolutism, 1753–1780 (Cambridge 1994). Siehe auch den gehaltvollen Sammelband Staatskanzler Wenzel Anton von Kaunitz-Rietberg, 1711–1794. Neue Perspektiven zu Politik und Kultur der europäischen Aufklärung, hg. von Grete KLINGENSTEIN–Franz A. J. SZABO (Graz 1996).
[407] Grete KLINGENSTEIN, Europäische Aufklärung zwischen Wien und Triest. Die Tagebücher des Gouverneurs Karl Graf von Zinzendorf 1776–1782, hg. und bearb. von DERS.–Eva FABER–Antonio TRAMPUS, Bd. 1: Karl Graf Zinzendorf, erster Gouverneur von Triest, 1776–1782. Einführung in seine Tagebücher (VKNGÖ 103/1, Wien–Köln–Weimar 2009) 7.
[408] Die Tagebücher des Karl Grafen Zinzendorf, 1764–1790, in: Umgang mit Quellen heute (wie Anm. 315) 263–266, hier 265.

ten Sinne darstellende Edition der Tagebücher erschienen, die Zinzendorf von 1776 bis
1782, als er als Gouverneur der aufstrebenden Hafen- und Handelsstadt Triest fungierte,
verfasst hat[409]. Die phänomenale, von Klingenstein verfasste Einführung umfasst den
gesamten ersten Band[410].

Der bedeutendste und produktivste österreichische Vertreter einer „Neuen Geistesgeschichte" oder „Neuen Ideengeschichte", der sich, gestützt auf phänomenale Sprach-,
Quellen- und Literaturkenntnisse, seit zwei Jahrzehnten in methodisch höchst an-
spruchsvoller und innovativer Weise mit der Entstehung und Entwicklung des vielstimmigen und polyzentrischen Diskurses über die Aufklärung, deren Ambivalenz und Vielfalt, deren rivalisierende Spielarten und deren heterogenes Erbe von der Mitte des 18. bis
zur Mitte des 19. Jahrhunderts in der Habsburgermonarchie und ihren Ländern und
Regionen beschäftigt, ist Franz Leander Fillafer (geb. 1981), der derzeit am Institut für
Kulturwissenschaften und Theatergeschichte der Österreichischen Akademie der Wissenschaften forscht. In seiner 2020 erschienenen Monographie „Aufklärung habsburgisch" geht er der Frage auf den Grund, welche Wechselwirkungen in der Habsburgermonarchie im genannten Zeitraum zwischen der Geschichte des Wissens und der
Geschichte der Staatsbildung bestanden[411]. Das Buch ist, wie ich bereits an anderer
Stelle geschrieben habe, „die im kritischen Dialog mit der in rund einem Dutzend
Sprachen publizierten Fachliteratur und gestützt auf umfangreiches gedrucktes und un-
gedrucktes Quellenmaterial gezogene Summe und zugleich eine bedeutende Erweiterung und Vertiefung der bisher nur in Aufsätzen publizierten Forschungen Fillafers [...].
Es bietet eine überzeugende Neubewertung des Verhältnisses von Aufklärung, Restauration, Revolution und Liberalismus in der Habsburgermonarchie von etwa 1750 bis zur
Dekade des Neoabsolutismus nach 1848. Mehr als 75 Jahre nach dem Erscheinen der
klassischen Josephinismus-Bücher Winters und Valjavecs wird damit die Habsburgermonarchie im untersuchten Zeitraum erstmals wieder in bahnbrechender und umfassender Weise auf die Landkarte der Geschichtswissenschaft gesetzt."[412]

---

[409] Europäische Aufklärung zwischen Wien und Triest (wie Anm. 407), hg. und bearb. von Grete
KLINGENSTEIN–Eva FABER–Antonio TRAMPUS, 4 Bde. (VKNGÖ 103/1–4, Wien–Köln–Weimar 2009).

[410] Grete KLINGENSTEIN, Europäische Aufklärung zwischen Wien und Triest (wie Anm. 407),
Bd. 1: Gouverneurs Karl Graf Zinzendorf, erster Gouverneur von Triest, 1776–1782. Einführung in
seine Tagebücher (VKNGÖ 103/1, Wien–Köln–Weimar 2009). „Der gänzlich aus der Feder Grete
Klingensteins stammende Einführungsband ist ein Meisterwerk der Forschung und Geschichtsschreibung zum 18. Jahrhundert! Von einer Einleitung in eine Edition erwartet man nicht unbedingt, dass
sie eine ebenso spannende wie meisterhafte Geschichtserzählung beinhaltet." Wolfgang SCHMALE, „Die
Tagebücher des Gouverneurs Karl Graf Zinzendorf 1776–1782": Multiple kulturelle Referenzen und
verwobene Geschichte der Habsburgermonarchie im Licht der vierbändigen Edition durch Grete Klingenstein, Eva Faber und Antonio Trampus sowie im Licht weiterer Neuerscheinungen, in: Multiple
kulturelle Referenzen in der Habsburgermonarchie des 18. Jahrhunderts, hg. von DEMS. (JbOGE18 24,
Bochum 2010) 23–32, hier 24.

[411] Franz Leander FILLAFER, Aufklärung habsburgisch. Staatsbildung, Wissenskultur und Geschichtspolitik in Zentraleuropa 1750–1850 (Göttingen 2020).

[412] Thomas WINKELBAUER, Reform und Reaktion (= Besprechung von Franz Leander Fillafer, Aufklärung habsburgisch). *Die Presse*, Nr. 22.527 vom 6. Februar 2021, Spectrum, S. VI. – Aus Anlass des
13th International Congress for Eighteenth Century Studies in Graz im Jahr 2011 ist in einer der Publikationsreihen der 1982 gegründeten Österreichischen Gesellschaft zur Erforschung des 18. Jahrhunderts
ein sehr nützlicher Band mit rund einem Dutzend Forschungsberichten erschienen. 18th Century Studies
in Austria, 1945–2010 (wie Anm. 400). Zur in der Habsburgermonarchie seit 1790 geführten Diskussion über die Frage nach den Ursprüngen der Französischen Revolution siehe bereits Franz Leander
FILLAFER, Von Sonnenfels zu Metternich/zu Gentz? Die Bewertung der Französischen Revolution zwi-

Forschungen zu verschiedenen Aspekten der Geschichte der „späten"
Habsburgermonarchie bzw. Österreich-Ungarns (1848–1918)

Österreichische und in Österreich tätige Historikerinnen und Historiker haben in
den letzten Jahrzehnten auch wichtige Beiträge zu häufig von Forscherinnen und Forschern aus dem angelsächsischen Raum und, was regionale Fallstudien betrifft, aus den
Nachfolgestaaten Österreich-Ungarns dominierten Themenfeldern geleistet, auf die im
Folgenden nur in beschränkter Auswahl eingegangen werden kann. An erster Stelle sind
zahlreiche mehr oder weniger traditionelle militär-, kriegs- und diplomatiegeschicht-
liche Studien wie insbesondere die monumentale Gesamtdarstellung des Ersten Weltkriegs mit dem Fokus auf Österreich-Ungarn von Manfried Rauchensteiner (geb.
1942)[413], die von dem Amateurhistoriker Georg Stacher verfasste umfassende Untersuchung der auf eine Beendigung des Krieges abzielenden Bemühungen Österreich-Ungarns seit Herbst 1916[414], das auf breiter Quellen- und Literaturbasis beruhende, weit
ausholende und vielschichtige Buch von Hannes Leidinger (geb. 1969) über den „Untergang der Habsburgermonarchie" im „Großen Krieg"[415] sowie neue Fragestellungen
aufgreifende und neue Themen setzende Untersuchungen zur Sozial-, Alltags-, Menta-
litäts-, Geschlechter- und Rechtsgeschichte des habsburgischen Militärs und zum Zusammenhang von Militär und Gesellschaft zu nennen. Christa Hämmerle (Ehrmann-
Hämmerle) (geb. 1957) hat, vor allem auf der Grundlage der Analyse von Selbstzeug-
nissen (Tagebücher, Feldpostbriefe etc.), in innovativer Weise die Folgen der Einführung
der Allgemeinen Wehrpflicht 1868[416] sowie des Ersten Weltkriegs für die Soldaten und

---

schen Spätaufklärung und Restauration: die Habsburgermonarchie, 1790–1830, in: GEISTESwissenschaften – IdeenGESCHICHTE. FS für Helmut REINALTER zum 70. Geburtstag, hg. von Josef WALL-
MANNSBERGER (SchrRIFDBM 46, Frankfurt u. a. 2013) 115–150. Zu den demokratischen und revolutionären Traditionen in der Geschichte Österreichs und der Habsburgermonarchie bis 1918 siehe den
mit Herzblut geschriebenen Essay von Wolfgang HÄUSLER, Ideen können nicht erschossen werden.
Revolution und Demokratie in Österreich 1789 – 1848 – 1918 (Wien–Graz–Klagenfurt 2017).

[413] Manfried RAUCHENSTEINER, Der Erste Weltkrieg und das Ende der Habsburgermonarchie
1914–1918 (Wien–Köln–Weimar 2013) (vollständig überarbeitete und wesentlich erweiterte Fassung
des 1993 erschienenen Bandes „Der Tod des Doppeladlers. Österreich-Ungarn und der Erste Weltkrieg"). Zur Frage der (angeblichen) Neigung tschechischer Truppenteile zu Desertion, Übergabe und
„Verrat" siehe die aus Wiener Dissertationen hervorgegangenen Bücher von Richard LEIN, Pflichterfül-
lung oder Hochverrat? Die tschechischen Soldaten Österreich-Ungarns im Ersten Weltkrieg (Europa
orientalis 9, Wien–Berlin 2011), und Christian E. REITER, Zur Problematik des tschechischen „Verrates"
im Ersten Weltkrieg. Die k. u. k. 10. Infanterie-Truppendivision 1914/15 (SchrHGM 21, Wien 2016).

[414] Georg STACHER, Österreich-Ungarn, Deutschland und der Friede. Oktober 1916 bis November
1918 (VKNGÖ 120, Wien 2020). Das Buch versteht sich unter anderem als Antwort auf die apolo-
getische Darstellung der Politik Kaiser Karls bei Elisabeth KOVÁCS, Untergang oder Rettung der Donaumonarchie?, 2 Bde. (VKNGÖ 100, Wien–Köln–Weimar 2004). Vgl. auch Wolfdieter BIHL, Österreich-
Ungarn und die Friedensschlüsse von Brest-Litovsk (StGÖUM 8, Wien 1970); DERS., Die Kaukasus-
Politik der Mittelmächte, 2 Bde. (VKNGÖ 61 und 81, Wien u. a. 1975 und 1992).

[415] Hannes LEIDINGER, Der Untergang der Habsburgermonarchie (Innsbruck–Wien 2017). Vgl.
insbesondere Die Habsburgermonarchie 1848–1918, Bd. XII: Bewältigte Vergangenheit? (wie
Anm. 228).

[416] Christa HÄMMERLE, Die k. (u.) k. Armee als „Schule des Volkes"? Zur Geschichte der Allgemei-
nen Wehrpflicht in der multinationalen Habsburgermonarchie (1866 bis 1914/18), in: Der Bürger als
Soldat. Die Militarisierung europäischer Gesellschaften im langen 19. Jahrhundert: ein internationaler
Vergleich, hg. von Christian JANSEN (Frieden und Krieg. Beiträge zur Historischen Friedensforschung 3,
Essen 2003) 175–213; DIES., Verhandelt und bestätigt – oder eben nicht? Gemeinden und Allgemeine
Wehrpflicht in Österreich-Ungarn (1868–1914/18). *Geschichte und Region / Storia e regione* 14/2 (2005)

die Kriegskrankenpflegerinnen und ihre Angehörigen untersucht – vornehmlich in frauen-, männer- und geschlechtergeschichtlicher Perspektive[417]. Laurence Cole, Professor für Österreichische Geschichte an der Universität Salzburg (seit 2013), hat – in europäisch vergleichender Perspektive – wesentliche und sehr originelle Beiträge zu den Zusammenhängen zwischen habsburgischer Militärkultur, Patriotismus und Loyalität der Angehörigen unterschiedlicher Nationen gegenüber der Monarchie, der Dynastie und Kaiser Franz Joseph I. verfasst[418], insbesondere am Beispiel der militärischen Erinnerungskultur, der Heldenverehrung (Radetzky-Kult!) und von Veteranenvereinen[419], zuletzt auch, zusammen mit einer Kollegin und einem Kollegen, zu den Reaktionen auf den Ausbruch des Ersten Weltkriegs in der Tiroler Provinz[420]. Tamara Scheer (geb. 1979) hat sich 2020 mit einer sehr bemerkenswerten Monographie über imperiale Identitäten in der multiethnischen, multireligiösen und multilingualen Habsburgermonar-

---

15–41; DIES., Ein gescheitertes Experiment? Die Allgemeine Wehrpflicht in der multiethnischen Armee der Habsburgermonarchie. *JMEH* 5/2 (2007) 222–241; DIES., „… dort wurden wir dressiert und sekiert und geschlagen …" Vom Drill, dem Disziplinarstrafrecht und Soldatenmisshandlungen im Heer (1868 bis 1914), in: Glanz – Gewalt – Gehorsam. Militär und Gesellschaft in der Habsburgermonarchie (1800 bis 1918), hg. von Laurence COLE–DERS.–Martin SCHEUTZ (Frieden und Krieg. Beiträge zur Historischen Friedensforschung 18, Essen 2011) 31–54; DIES., Den Militärdienst erinnern – eine Einleitung, in: Des Kaisers Knechte. Erinnerungen an die Rekrutenzeit im k. (u.) k. Heer 1868 bis 1914, hg. von DERS. (Damit es nicht verlorengeht … 66, Wien–Köln–Weimar 2012) 7–27.

[417] Christa HÄMMERLE, Heimat/Front. Geschlechtergeschichte/n des Ersten Weltkriegs in Österreich-Ungarn (Wien–Köln–Weimar 2014); DIES., „Wir strickten und nähten Wäsche für Soldaten …". Von der Militarisierung des Handarbeitens im Ersten Weltkrieg. *L'Homme. Zeitschrift für Feministische Geschichtswissenschaft* 3/1 (1992) 88–128; DIES., „Mentally broken, physically a wreck …": Violence in War. Accounts of Nurses in Austro-Hungarian Service, in: Gender and the First World War, hg. von DERS.–Oswald ÜBEREGGER–Birgitta BADER-ZAAR (Basingstoke 2014) 89–107; DIES., Traditionen, Trends und Perspektiven: Zur frauen- und geschlechtergeschichtlichen Forschung des Ersten Weltkriegs in Österreich. *Geschichte und Region / Storia e regione* 23/2 (2014) 21–49; DIES., Gewalt und Liebe – ineinander verschränkt. Paarkorrespondenzen aus zwei Weltkriegen: 1914/18 und 1939/45, in: Liebe schreiben. Paarkorrespondenzen im Kontext des 19. und 20. Jahrhunderts, hg von Ingrid BAUER–DERS. (Göttingen 2017) 171–231; DIES., Counter-Narratives of the Great War? War Accounts of Nurses in Austro-Hungarian Service, in: Inside World War One? The First World War and its Witnesses, hg. von Richard BESSEL–Dorothee WIERLING (Oxford 2018) 143–166; DIES., Mit „weiblichen Waffen der Liebe und der Barmherzigkeit"? Zur (Selbst-) Mobilisierung von Frauen an der ‚Heimatfront' des Ersten Weltkriegs, in: Frauen. Medien. Krieg, hg. von Wolfgang DUCHKOWITSCH–Wolfgang LAMPRECHT–Bettina PAUR (Kommunikation, Zeit, Raum 6, Berlin–Münster–Wien 2020) 35–52.

[418] Laurence COLE, Differentiation or Indifference? Changing Perspectives on National Identification in the Austrian half of the Habsburg Monarchy, in: Nationhood from Below. Europe in the Long Nineteenth Century, hg. von Maarten VAN GINDERACHTER–Marnix BEYEN (Basingstoke 2012) 96–119; DERS., Questions of Nationalization in the Habsburg Monarchy, in: Nations, Identities and the First World War. Shifting Loyalties to the Fatherland, hg. von Nico WOUTERS–Laurence VAN YPERSELE (London 2018) 115–134.

[419] Laurence COLE, Military Culture and Popular Patriotism in late Imperial Austria (Oxford–New York 2014); DERS., Military veterans and popular patriotism in imperial Austria, 1870–1914, in: The Limits of Loyalty: Imperial Symbolism, Popular Allegiances, and State Patriotism in the late Habsburg Monarchy, hg. von DEMS.–Daniel UNOWSKY (Austrian and Habsburg studies 9, New York–Oxford 2007) 36–61; DERS., Militärische Loyalität in der späten Habsburgermonarchie, in: Treue. Politische Loyalitäten und militärische Gefolgschaft in der Moderne, hg. von Nikolaus BUSCHMANN–Karl Borromäus MURR (Göttingen 2008) 347–376; DERS., Der Radetzky-Kult in Zisleithanien 1848–1918, in: Glanz – Gewalt – Gehorsam (wie Anm. 416) 243–267. Vgl. auch World War One veterans in Austria and Czechoslovakia, hg. von DEMS. et al. (Göttingen 2020).

[420] Laurence COLE–Jan RYBAK–Marlene HOREJS, When the Music Stopped: Reactions to the Outbreak of World War I in an Austrian Province. *AHY* 52 (2021) 147–165.

chie am Beispiel der k. u. k. Armee von 1868 bis 1918 an der Universität Wien für Neuere und Neueste Geschichte habilitiert[421]. Bereits in den 1960er und 1970er Jahren haben Richard Georg Plaschka (1925–2001) und seine Schüler Horst Haselsteiner (1942–2019) und Arnold Suppan (geb. 1945) Standardwerke zur Militärassistenz im „Hinterland", zu Widerstand und Umsturz in der Habsburgermonarchie im letzten Jahr des Ersten Weltkriegs vorgelegt[422].

Rund zwei Jahrzehnte nach seinem Buch über die Außenpolitik Österreich-Ungarns in der Ära Kálnoky[423] hat Walter Rauscher (geb. 1962) eine zweibändige Gesamtdarstellung der fragilen Position der Habsburgermonarchie im europäischen Staatensystem von der Schlacht bei Königgrätz und dem Ende des Deutschen Bundes bis zur Julikrise 1914 vorgelegt. Es handelt sich dabei in erster Linie um eine höchst kenntnisreiche und solide, Akten aus zahlreichen Archiven in Wien, Budapest, München, Berlin, London, Paris, Rom, Bern und andernorts auswertende, mehr oder weniger konventionelle Diplomatiegeschichte[424]. Andreas Gottsmann (geb. 1961) ist in einer auf breiter Heranziehung insbesondere vatikanischer Quellen beruhenden Monographie der Geschichte der konfliktreichen Beziehungen zwischen den „nationalen Katholizismen" und „Konfessionsnationen" in Österreich-Ungarn in den Jahrzehnten um 1900 nachgegangen, mit den Schwerpunkten auf dem südslawischen Raum, den böhmischen Ländern, Galizien und Ungarn. Wie er zeigen kann, ist das Papsttum mit seinen Versuchen, die nationale Aufladung der „habsburgischen Katholizismen" zu verhindern, weitgehend gescheitert[425].

Nur wenige österreichische Forscherinnen und Forscher haben in den vergangenen Jahrzehnten Monographien zu unterschiedlichen Aspekten der Geschichte von nicht zu

[421] Tamara SCHEER, Language Diversity and Loyalty in the Habsburg Army, 1868–1918 (ungedr. Habilitationsschrift, Univ. Wien 2020, in Druckvorbereitung); weitere Monographien: DIES., Zwischen Front und Heimat. Österreich-Ungarns Militärverwaltungen im Ersten Weltkrieg (Neue Forschungen zur ostmittel- und südosteuropäischen Geschichte 2, Frankfurt u. a. 2009); DIES., Die Ringstraßenfront. Österreich-Ungarn, das Kriegsüberwachungsamt und der Ausnahmezustand während des Ersten Weltkrieges (SchrHGM 15, Wien 2010); DIES., „Minimale Kosten, absolut kein Blut". Österreich-Ungarns Präsenz im Sandžak von Novipazar (1879–1908) (Neue Forschungen zur ostmittel- und südosteuropäischen Geschichte 5, Frankfurt u. a. 2013).

[422] Richard G. PLASCHKA, Cattaro – Prag. Revolte und Revolution. Kriegsmarine und Heer Österreich-Ungarns im Feuer der Aufstandsbewegungen vom 1. Februar und 28. Oktober 1918 (Veröffentlichungen der Arbeitsgemeinschaft Ost 3, Graz–Köln 1963); DERS., Matrosen, Offiziere, Rebellen. Krisenkonfrontationen zur See 1900–1918. Taku, Tshushima, Coronel/Falkland „Potemkin", Wilhelmshaven, Cattaro, 2 Bde. (VÖOSOEI 12 und 13, Wien–Köln–Graz 1984); DERS.–Horst HASELSTEINER–Arnold SUPPAN, Innere Front. Militärassistenz, Widerstand und Umsturz in der Donaumonarchie 1918, 2 Bde. (VÖOSOEI 8 und 9, Wien 1974);

[423] Walter RAUSCHER, Zwischen Berlin und St. Petersburg. Die österreichisch-ungarische Außenpolitik unter Gustav Graf Kálnoky 1881–1895 (Wien u. a. 1993).

[424] Walter RAUSCHER, Die fragile Großmacht. Die Donaumonarchie und die europäische Staatenwelt, 1866–1914, 2 Bde. (Frankfurt u. a. 2014).

[425] Andreas GOTTSMANN, Rom und die nationalen Katholizismen in der Donaumonarchie. Römischer Universalismus, habsburgische Reichspolitik und nationale Identitäten, 1878–1914 (Publikationen des Historischen Institutes beim Österreichischen Kulturforum in Rom, 1. Abt., Abh. 16, Wien 2010). Zum Verhältnis von Staat und Kirche in der späten Habsburgermonarchie siehe auch die älteren Arbeiten: ENGEL-JANOSI, Österreich und der Vatikan 1846–1918 (wie Anm. 313); DERS.–WEINZIERL-BLAAS, Die politische Korrespondenz der Päpste mit den österreichischen Kaisern (wie Anm. 313); Erika WEINZIERL-FISCHER, Die österreichischen Konkordate von 1855 und 1933 (Wien 1960); Edith SAURER, Die politischen Aspekte der österreichischen Bischofsernennungen 1867–1903 (FKGÖ 6, Wien–München 1968).

den altösterreichischen Ländern gehörenden Territorien der Monarchie verfasst, etwa zur Geschichte Ungarns[426] oder zur Verwaltungsgeschichte der Lombardei und Venetiens unter österreichischer Herrschaft[427]. Das Standardwerk über die kroatisch-slawonische Militärgrenze stammt von Karl Kaser, dem Grazer Ordinarius für Südosteuropäische Geschichte[428]. Kurt Scharr, seit 2016 Professor für Österreichische Geschichte an der Universität Innsbruck, sind wichtige Studien zur Geschichte des Kronlands Bukowina zu verdanken[429]. Im interdisziplinären Doktoratskolleg Galizien („Das österreichische Galizien und sein multikulturelles Erbe") (2006–2018) an der Universität Wien und in dessen Umfeld sind einige sehr bemerkenswerte Monographien entstanden. Börries Kuzmany hat eine exzellente Studie über den ökonomischen Aufstieg und Niedergang der galizischen Grenz- und Handelsstadt Brody, der einzigen Stadt der Habsburgergermonarchie mit mehrheitlich jüdischer Bevölkerung, vorgelegt[430]. Derzeit leitet er das ERC-Projekt „Nicht-territoriale Autonomie als eine Form des europäischen Minderheitenschutzes" und arbeitet an seiner Habilitationsschrift „zu Entstehung und Transfer nicht-territorialer Autonomieformen in multiethnischen Staaten von der Habsburgermonarchie bis zur Zwischenkriegszeit"[431]. Tim Buchen hat das Zusammenwirken von politischer Agitation, Gewalt und Antisemitismus in Galizien um 1900 analysiert[432], Angelique Leszczawski-Schwerk hat die historischen ethno-religiösen Frauenbewegungen Galiziens in sozial-, geschlechter- und frauengeschichtlicher Perspektive unter-

---

[426] Friedrich GOTTAS, Ungarn im Zeitalter des Hochliberalismus. Studien zur Tisza-Ära, 1875–1890 (StGÖUM 16, Wien 1976); Moritz CSÁKY, Von der Aufklärung zum Liberalismus. Studien zum Frühliberalismus in Ungarn (VKGÖ 10, Wien 1981); Horst HASELSTEINER, Joseph II. und die Komitate Ungarns. Herrscherrecht und ständischer Konstitutionalismus (VÖOSOEI 11, Wien–Köln–Graz 1983); DERS., Die Serben und der Ausgleich. Zur politischen und staatsrechtlichen Stellung der Serben Südungarns in den Jahren 1860–1867 (Wiener Archiv für Geschichte des Slawentums und Osteuropas 9, Wien u. a. 1976).

[427] Brigitte MAZOHL-WALLNIG, Österreichischer Verwaltungsstaat und administrative Eliten im Königreich Lombardo-Venetien 1815–1859 (VIEuGM, Abt. für Universalgeschichte 146, Mainz 1993); Andreas GOTTSMANN, Venetien 1859–1866. Österreichische Verwaltung und nationale Opposition (Zentraleuropa-Studien 8, Wien 2005); Edith SAURER, Straße, Schmuggel, Lottospiel. Materielle Kultur und sozialer Protest in Niederösterreich, Böhmen, der Lombardei und Venetien im frühen 19. Jahrhundert (Veröffentlichungen des Max-Planck-Instituts für Geschichte 90, Göttingen 1989).

[428] Karl KASER, Freier Bauer und Soldat. Die Militarisierung der agrarischen Gesellschaft an der kroatisch-slawonischen Militärgrenze (1535–1881) (Zur Kunde Südosteuropas 2/22, Wien 1997).

[429] Kurt SCHARR, Die Landschaft Bukowina. Das Werden einer Region an der Peripherie 1774–1918 (Wien 2010); DERS., Der griechisch-orientalische Religionsfonds der Bukowina 1783–1949. Kontinuitäten und Brüche einer prägenden Institution des Josephinismus (VKNGÖ 119, Wien–Köln–Weimar 2020).

[430] Börries KUZMANY, Brody. Eine galizische Grenzstadt im langen 19. Jahrhundert (Wien–Köln–Weimar 2011), englische Ausgabe: Brody: A Galician border city in the long nineteenth century (Studia Judaeoslavica 1, Leiden–Boston 2017).

[431] https://homepage.univie.ac.at/boerries.kuzmany/ [25. 4. 2022]; siehe Börries KUZMANY, Habsburg Austria: Experiments in Non-territorial Autonomy. *Ethnopolitics* 15/1 (2016) 43–65; zuletzt: DERS., Non-Territorial Autonomy in Interwar European Minority Protection and Its Habsburg Legacies, in: Remaking Central Europe: The League of Nations and the Former Habsburg Lands, hg. von Peter BECKER–Natasha WHEATLY (Oxford 2020) 315–342; DERS., Nationale Aushandlungsprozesse in der späten Habsburgermonarchie am Beispiel des Galizischen Ausgleichs von 1914. *ZfO* 71 (2022) 39–80.

[432] Tim BUCHEN, Antisemitismus in Galizien. Agitation, Gewalt und Politik gegen Juden in der Habsburgermonarchie um 1900 (Studien zum Antisemitismus in Europa 3, Berlin 2012), englische Ausgabe: Antisemitism in Galicia: Agitation, Politics, and Violence against Jews in the Late Habsburg Monarchy (Austrian and Habsburg studies 29, New York–Oxford 2020).

sucht[433] und Klemens Kaps hat ein auf breiter und vielfältiger Quellenbasis beruhendes Standardwerk zur wirtschaftlichen Entwicklung und überregionalen Verflechtung des Kronlandes Galizien und Lodomerien vom späten 18. bis zum frühen 20. Jahrhundert verfasst[434], in dem er – ausgehend von einem „dynamischen und relational-pluralen Zentrum-Peripherie-Modell, das räumliche Hierarchien bis auf die Mikroebene sichtbar machen kann"[435] – die Untersuchung von Strukturen und Akteuren, Institutionen und Diskursen in überzeugender Weise miteinander verbindet[436].

Die „zentraleuropäische Moderne" als ein „Gründungsort der Postmoderne"[437]

Der 1936 in Leutschau (slowak. Levoča, ungar. Lőcse) als Sohn einer mehrsprachigen Familie geborene österreichische Kulturhistoriker und Kulturwissenschaftler Moritz Csáky, der von 1984 bis 2004 die Professur für Österreichische Geschichte an der Universität Graz innehatte, und seine Schüler (Johannes Feichtinger[438], Peter

---

[433] Angelique LESZCZAWSKI-SCHWERK, „Die umkämpften Tore zur Gleichberechtigung" – Frauenbewegungen in Galizien (1867–1918) (Osteuropa 9, Wien 2015).

[434] Klemens KAPS, Ungleiche Entwicklung in Zentraleuropa. Galizien zwischen überregionaler Verflechtung und imperialer Politik (1772–1914) (SWHS 37, Wien 2015). Vgl. auch DERS., Kulturelle Trennlinien und wirtschaftliche Konkurrenz. Galizische Modernisierungsdiskurse zwischen Subalternität und Dominanz in der zweiten Hälfte des 19. Jahrhunderts, in: Kulturgrenzen in postimperialen Räumen. Bosnien und Westukraine als transkulturelle Regionen, hg. von Alexander KRATOCHVIL et al. (Bielefeld 2013) 33–60; DERS., Creating Differences for Integration: Enlightened Reforms and Civilizing Missions in the Eastern European Possessions of the Habsburg Monarchy (1750–1815), in: Enlightened Colonialism: Civilization Narratives and Imperial Politics in the Age of Reason, hg. von Damien TRICOIRE (Basingstoke 2017) 133–155.

[435] KAPS, Ungleiche Entwicklung in Zentraleuropa (wie Anm. 434) 454.

[436] Zumindest erwähnt sei, dass seit 2012 die Galizien- und Ukrainespezialistin Kerstin S. Jobst (geb. 1963 in Hamburg) Professorin für Gesellschaften und Kulturen der Erinnerung im östlichen Europa am Institut für Osteuropäische Geschichte der Universität Wien ist. Siehe u. a. Kerstin S. JOBST, Zwischen Nationalismus und Internationalismus. Die polnische und ukrainische Sozialdemokratie in Galizien von 1890 bis 1914. Ein Beitrag zur Nationalitätenfrage im Habsburgerreich (Hamburger Veröffentlichungen zur Geschichte Mittel- und Osteuropas 2, Hamburg 1996). Jobst folgte dem eminenten Kenner der russischen und ukrainischen Geschichte Andreas Kappeler (geb. 1943 in Winterthur in der Schweiz) nach, der von 1998 bis zu seiner Emeritierung 2011 als Ordinarius für Osteuropäische Geschichte an der Universität Wien wirkte. Siehe u. a. Andreas KAPPELER, Der schwierige Weg zur Nation. Beiträge zur neueren Geschichte der Ukraine (Wiener Archiv für die Geschichte des Slawentums und Osteuropas 20, Wien–Köln–Weimar 2003); DERS., Die galizische Grenze in den Reiseberichten von William Coxe (1778), Carl Feyerabend (1795–98) und Johann Georg Kohl (1838), in: Die galizische Grenze 1772–1867: Kommunikation oder Isolation?, hg. von Christoph AUGUSTYNOWICZ–Andreas KAPPELER (Europa Orientalis 4, Wien u. a. 2007) 213–232.

[437] FEICHTINGER–UHL, Habsburg Zentraleuropa (wie Anm. 282) 104.

[438] Siehe u. a. Johannes FEICHTINGER, Wissenschaft als reflexives Projekt. Von Bolzano über Freud zu Kelsen: Österreichische Wissenschaftsgeschichte 1848–1938 (Bielefeld 2010) (eine tiefschürfende Analyse „antiessenzialistischer" und politisch-reflexiver wissenschaftlicher Großtheorien wie Hans Kelsens Reiner Rechtslehre und Sigmund Freuds Psychoanalyse, der Zusammenhänge zwischen Essenzialismus und Rassismus und der Varianten und Tiefenschichten des Antisemitismus in der Habsburgermonarchie); DERS., Österreich und die späte Habsburgermonarchie zwischen verbalen, nonverbalen und idealen Sprachen, in: Sprache – Denken – Nation. Kultur- und Geistesgeschichte von Locke bis zur Moderne, hg. von Volker MUNZ–Katalin NEUMER (Studien zur Moderne 23, Wien 2005) 171–198; DERS., ‚Staatsnation', ‚Kulturnation', ‚Nationalstaat': The Role of National Politics in the Advancement of Science and Scholarship in Austria from 1848 to 1938, in: The Nationalization of Scientific Knowledge in the Habsburg Empire (1848–1918), hg. von Mitchell G. ASH–Jan SURMAN (Basingstoke 2012) 57–82; DERS., Komplexer k. u. k. Orientalismus. Akteure, Institutionen, Diskurse im 19. und 20. Jahr-

Stachel[439] und andere) haben – nicht zuletzt inspiriert durch William M. Johnstons „The Austrian Mind. An Intellectual and Social History 1848–1938" (1972) und vor allem durch Carl E. Schorskes epochemachendes Buch „Fin-de-Siècle Vienna. Politics and Culture" (1980)[440] – seit den 1980er Jahren Österreich-Ungarn bzw. „Zentraleuropa" zwischen 1867 und 1918 zum Gegenstand eingehender Forschungen aus der Perspektive und mit den Analysekategorien der postmodernen Cultural Studies gemacht. Sie haben dabei besonders die kulturellen Verflechtungen, die (sowohl endogene als auch exogene) ethnische und kulturelle Pluralität, Diversität, Komplexität, Fluidität,

---

hundert in Österreich, in: Orientalismen in Ostmitteleuropa. Diskurse, Akteure und Disziplinen vom 19. Jahrhundert bis zum Zweiten Weltkrieg, hg. von Robert BORN–Sarah LEMMEN (Postcolonial Studies 19, Bielefeld 2014) 31–63; DERS., Kakanische Mischungen. Von der Identitäts- zur Ähnlichkeitswissenschaft, in: Ähnlichkeit. Ein kulturtheoretisches Paradigma, hg. von Anil BHATTI–Dorothee KIMMICH (Konstanz 2015) 220–243; DERS., Modernisierung, Zivilisierung, Kolonisierung als Argument. Konkurrierende Selbstermächtigungsdiskurse in der späten Habsburgermonarchie, in: Ränder der Moderne. Neue Perspektiven auf die europäische Geschichte (1800–1930), hg. von Christof DEJUNG–Martin LENGWILER (Peripherien. Neue Beiträge zur Europäischen Geschichte 1, Köln–Weimar–Wien 2016) 147–181; DERS., Kakanian Mélange, Habsburg Central Europe and the Shift from the Study of Identity to the Study of Similarity, in: Similarity. A Paradigm for Culture Theory, hg. von Anil BHATTI–Dorothee KIMMICH (New Delhi–New York 2018) 225–245; DERS., Nach Said. Der k. u. k. Orientalismus, seine Akteure, Praktiken und Diskurse, in: Bosnien-Herzegowina und Österreich-Ungarn, 1878–1918. Annäherungen an eine Kolonie, hg. von Clemens RUTHNER–Tamara SCHEER (Kultur – Herrschaft – Differenz 24, Tübingen 2018) 307–324; DERS., Polyglottes Habsburg. Mehrsprachigkeit im politischen, staatsrechtlichen und gesellschaftlichen Kontext, in: Bildspuren – Sprachspuren. Postkarten als Quellen zur Mehrsprachigkeit in der späten Habsburger Monarchie, hg. von Karin ALMASY–Heinrich PFANDL–Eva TROPPER (Histoire 165, Bielefeld 2020) 23–44.

[439] Siehe u. a. Peter STACHEL, Ein Staat, der an einem Sprachfehler zugrunde ging. Die „Vielsprachigkeit" des Habsburgerreiches und ihre Auswirkungen, in: Das Gewebe der Kultur. Kulturwissenschaftliche Analysen zur Geschichte und Identität Österreichs in der Moderne, hg. von Johannes FEICHTINGER–DEMS. (Innsbruck u. a. 2001) 11–45; DERS., Die Anfänge der österreichischen Soziologie als Ausdruck der Multikulturalität Zentraleuropas, in: Geschichte der österreichischen Humanwissenschaften, Bd. 3/1: Menschliches Verhalten und gesellschaftliche Institutionen: Einstellung, Sozialverhalten, Verhaltensorientierung, hg. von Karl ACHAM (Wien 2001) 509–546; DERS., Philosophie im multiethnischen Milieu. Die „offizielle" Schulphilosophie der österreichisch-ungarischen Monarchie als ein Weg in die Moderne, in: Das entfernte Dorf. Moderne Kunst und das ethnische Artefakt, hg. von Ákos MORAVÁNSZKY (Ethnologica Austriaca 3, Wien–Köln–Weimar 2002) 137–167; DERS., Die Harmonisierung national-politischer Gegensätze und die Anfänge der Ethnographie in Österreich, in: Geschichte der österreichischen Humanwissenschaften, Bd. 4: Geschichte und fremde Kulturen, hg. von Karl ACHAM (Wien 2002) 323–367; DERS., Grundprobleme urbaner Kulturen in Zentraleuropa um 1900, in: Urbane Kulturen in Zentraleuropa um 1900, hg. von DEMS.–Cornelia SZABÓ-KNOTIK (Studien zur Moderne 19, Wien 2004) 15–36; DERS., Stadtpläne als politische Zeichensysteme. Symbolische Einschreibungen in den öffentlichen Raum, in: Die Besetzung des öffentlichen Raumes. Politische Plätze, Denkmäler und Straßennamen im Vergleich, hg. von Rudolf JAWORSKI–DEMS. (Berlin 2007) 13–60; DERS., Versuchsstationen des Weltuntergangs oder Laboratorien der Moderne? Urbane Zentren der Habsburgermonarchie um 1900, in: Laboratorien der Moderne. Orte und Räume des Wissens in Mittel- und Osteuropa, hg. von Sylwia WERNER–Bernd STIEGLER (Paderborn 2016) 13–30; DERS., Die ethnisch-kulturelle Vielfalt der Habsburgermonarchie im Spiegel ihrer frühen Soziologie, in: Die Soziologie und ihre Nachbardisziplinen im Habsburgerreich. Ein Kompendium internationaler Forschungen zu den Kulturwissenschaften in Zentraleuropa, hg. von Karl ACHAM (Wien–Köln–Weimar 2020) 288–296.

[440] Vgl. Hubert Christian EHALT, Schorskes Wien, in: Habsburg neu denken. Vielfalt und Ambivalenz in Zentraleuropa. 30 kulturwissenschaftliche Stichworte, hg. von Johannes FEICHTINGER–Heidemarie UHL (Wien–Köln–Weimar 2016) 197–206, und FEICHTINGER–UHL, Habsburg Zentraleuropa (wie Anm. 282) 100–103. Ein wichtiges Pendant zu Schorskes „Meisterwerk […] über die Elitenkultur der Wiener Jahrhundertwende" ist Wolfgang MADERTHANER–Lutz MUSNER, Die Anarchie der Vorstadt. Das andere Wien um 1900 (Frankfurt–New York 1999, ²2000), das Zitat auf S. 9.

Hybridität und Heterogenität, die Differenzen und Alteritäten, Mehrfachidentitäten und Identitätskonflikte, die „horizontale" und „vertikale" Differenziertheit der Gesellschaft, die Mehrdeutigkeit (Ambivalenz) und Mehrsprachigkeit (Polyglossie) Zentraleuropas sowie die kulturellen und intellektuellen Folgen von Prozessen der Binnenmigration und der Akkulturation herausgearbeitet[441]. Im Zentrum standen dabei, man ist versucht zu sagen: naturgemäß, die Metropolen Wien und Budapest, aber auch andere urbane Zentren wie Prag, Pressburg, Czernowitz oder Triest wurden und werden berücksichtigt. Es ist Csáky gelungen, für diese Forschungen ausgezeichnete, in Österreich – jedenfalls im Bereich der Geistes- und Kulturwissenschaften – singuläre organisatorische Rahmenbedingungen zu schaffen, nämlich den von ihm initiierten, vom österreichischen Forschungsfonds (FWF) von 1995 bis 2005 finanzierten interdisziplinären Spezialforschungsbereich „Moderne: Wien und Zentraleuropa um 1900" an der Universität Graz und die von ihm durch Umgestaltung der Kommission für Theatergeschichte gegründete und von 1998 bis 2008 geleitete Kommission für Kulturwissenschaften und Theatergeschichte der Österreichischen Akademie der Wissenschaften, die ihrerseits 2009 in das Institut für Kulturwissenschaften und Theatergeschichte umgewandelt wurde, das von 2009 bis 2021 von dem Romanisten und Kulturwissenschaftler Michael Rössner geleitet wurde[442].

Aus dem Grazer Projekt sind zahlreiche Sammelbände hervorgegangen, denen Ernst und Ruth Hanisch insgesamt „eine verwirrende Konturlosigkeit" sowie ein „Übermaß an Theorien" (im Plural!) und einen „relativ geringe[n] Bezug zur Empire" attestiert haben. „Eine spezielle Theorie der Wiener Moderne misslingt, ja wird unter Bezugnahme auf die Postmoderne gar nicht angestrebt. Damit wird auch das Erfahrungspotenzial der Menschen um 1900 ausgeschaltet."[443]

[441] Siehe u. a. Moritz Csáky, Pluralität. Beiträge zu einer Theorie der österreichischen Geschichte, in: Geschichtsforschung in Graz. FS zum 125-Jahr-Jubiläum des Instituts für Geschichte der Karl-Franzens-Universität Graz, hg. von Herwig Ebner–Horst Haselsteiner–Ingeborg Wiesflecker-Friedhuber (Graz 1990) 19–28; ders., Pluralität. Bemerkungen zum „dichten System" der zentraleuropäischen Region. Neolitheon 23/1 (1996) 9–30; ders., Gedächtnis, Erinnerung und die Konstruktion von Identität. Das Beispiel Zentraleuropas, in: Nation und Nationalismus in Europa. Kulturelle Konstruktion von Identitäten. FS für Urs Altermatt, hg. von Catherine Bosshart-Pfluger–Joseph Jung–Franziska Metzger (Frauenfeld–Stuttgart–Wien 2002) 25–50; ders., Mitteleuropa / Zentraleuropa: Ein komplexes kulturelles System. Österreichische Musikzeitschrift 60 (2005) 9–16; ders., Kultur als Kommunikationsraum. Das Beispiel Zentraleuropas, in: Gedächtnis und Erinnerung in Zentraleuropa, hg. von András F. Balogh–Helga Mitterbauer (Wien 2011) 17–44; ders., Zentraleuropa – ein kultureller Kommunikationsraum, in: Beruf(ung): Archivar. FS für Lorenz Mikoletzky, hg. von der Generaldirektion des Österreichischen Staatsarchivs, 2 Teile (MÖStA 55, Innsbruck–Wien 2011), Teil 1, 487–517; ders., Culture as a Space of Communication, in: Understanding Multiculturalism. The Habsburg Central European Experience, hg. von Johannes Feichtinger–Gary B. Cohen (Austrian and Habsburg Studies 17, New York–Oxford 2014) 187–208; ders., Hybride Kommunikationsräume und Mehrfachidentitäten. Zentraleuropa und Wien um 1900, in: Migration und Innovation um 1900. Perspektiven auf das Wien der Jahrhundertwende, hg. von Elisabeth Röhrlich (Wien–Köln–Weimar 2016) 65–97; ders., Habsburg Central Europe – ein komplexer Kommunikationsraum, in: Das habsburgische Babylon, 1848–1918, hg. von Aleksandra Nuč–Michaela Wolf (Wien 2020) 21–39.

[442] Helmut Konrad, Die Anfänge des Spezialforschungsbereichs „Moderne. Wien und Zentraleuropa um 1900" an der Universität Graz, in: Schauplatz Kultur – Zentraleuropa. Transdisziplinäre Annäherungen, hg. von Johannes Feichtinger et al. (Gedächtnis – Erinnerung – Identität 7, Innsbruck–Wien–Bozen 2006) 437–442; Feichtinger–Uhl, Habsburg Zentraleuropa (wie Anm. 282) 103–105.

[443] Ernst und Ruth Hanisch, Wien – eine zentraleuropäische Kulturmetropole zur Jahrhundert-

Csáky vermeidet es in seinen Publikationen bewusst und konsequent, für den Raum, der in erster Linie die ehemaligen Länder der Habsburgermonarchie einschließt, den Begriff Mitteleuropa zu verwenden, da er durch den Umstand, dass er „seit der Mitte des 19. Jahrhunderts die ökonomische, politische oder kulturelle Vormacht der Deutschen bzw. Deutschlands in dieser Region beinhaltet"[444], politisch belastet sei[445]. Er benützt stattdessen den Begriff Zentraleuropa. Zentraleuropa sei, „wenn man primär die Kultur – im weitesten Sinne – dieser Region in Betracht zieht, im Unterschied zu Mitteleuropa weder ein politscher noch ein geographischer Begriff"; es handle „sich dabei vielmehr um ein intellektuelles Konzept, einen ‚entgrenzten Raum', vergleichbar der Braudel'schen Mediterranée"[446].

Seit 2010 liegen Csákys „anregende Essays über kulturelle Pluralität und nationale Homogenisierung in den zentraleuropäischen Gesellschaften des 19. und 20. Jahrhunderts"[447] in überarbeiteter, ergänzter und miteinander verknüpfter Form in einem zwischen Sammelband und Monographie changierenden Buch geschlossen vor[448]. Es handelt im Wesentlichen von Phänomenen und Entwicklungen in ausgewählten urbanen Zentren der Habsburgermonarchie, der Autor betont aber, dass seine Überlegungen „nicht primär auf die Monarchie" fokussieren; „der Blick auf sie und auf die in ihr vorhandenen Heterogenitäten beziehungsweise auf die Art, wie man mit diesen umging", diene ihm vielmehr „nur als ein Analogon für die Situation in Zentraleuropa insgesamt und seiner urbanen Milieus"[449]. Abschließend formuliert Csáky die Hypothese, dass die von ihm untersuchten kulturellen Prozesse wie Hybridisierungen einerseits und die Entstehung radikaler, häufig xenophober und scharf antisemitischer nationaler Chauvinismen andererseits, die in Zentraleuropa um 1900 stattgefunden haben, „heute, im Zeitalter der Globalisierung und der kulturellen Vernetzungen von allgemeiner, weltweiter Relevanz geworden sind"[450].

---

wende. Tendenzen und Ergebnisse des historiographischen Diskurses, in: Die Habsburgermonarchie 1848–1918, Bd. X: Das kulturelle Leben, Teilbd. 2 (wie Anm. 307) 1737–1772, hier 1771.

[444] Csáky, Mitteleuropa / Zentraleuropa (wie Anm. 441) 11.

[445] Moritz Csáky, Das Gedächtnis der Städte. Kulturelle Verflechtungen – Wien und die urbanen Milieus in Zentraleuropa (Wien–Köln–Weimar 2010) 38–49.

[446] Ebd. 12. „Freilich: Vielleicht ist Zentraleuropa auch nur ein intellektuelles Konstrukt, jedoch ein brauchbares Modell, das dazu dient, täglich erfahrbare kulturelle Analogien und Übereinstimmungen in einer Region zu erklären, die bis in die Alltagskultur (z. B. Popularmusik, Speisen, Verhaltensformen) nachweisbar sind." Ebd. Vgl. auch Philipp Ther, Vom Gegenstand zum Forschungsansatz. Zentraleuropa als kultureller Raum, in: Schauplatz Kultur – Zentraleuropa (wie Anm. 442) 55–63.

[447] Ines Koeltzsch, Rezension von: Moritz Csáky, Das Gedächtnis der Städte (2010). ZfO 61 (2012) 619f., hier 619.

[448] Csáky, Das Gedächtnis der Städte (wie Anm. 445).

[449] Ebd. 354f.

[450] Ebd. 364f. Bereits 2002 hatte Csáky die folgende Hypothese formuliert: „Zentraleuropa kann aufgrund seiner ethnisch-kulturellen Differenziertheit als ein ‚Laboratorium' angesehen werden, in dem Prozesse stattgefunden haben und stattfinden, die im Zeitalter der Globalisierung und der kulturellen Vernetzung von allgemeiner[,] d. h. weltweiter Relevanz geworden sind." Moritz Csáky, „Was man Nation und Rasse heißt, sind Ergebnisse und keine Ursachen". Zur Konstruktion kollektiver Identitäten in Zentraleuropa, in: Kakanien revisited. Das Eigene und das Fremde (in) der österreichisch-ungarischen Monarchie, hg. von Wolfgang Müller-Funk–Peter Plener–Clemens Ruthner (Kultur – Herrschaft – Differenz 1, Tübingen–Basel 2002) 33–49, hier 47.

2019 hat Csáky eine monographische Synthese vorgelegt, die man als Krönung seines bisherigen Lebenswerks ansprechen kann[451]. Darin stützt er sich auf literarische, essayistische und publizistische Werke sowie auf Briefe von Schriftstellern und Wissenschaftlern als wichtigste schriftliche Primärquellen, etwa von Hermann Bahr, Jaroslav Hašek, Hugo von Hofmannsthal, Franz Kafka, Miroslav Krleža, Fritz Mauthner, Robert Michel, Robert Musil, František Palacký, Jan Evangelista Purkyně, Rainer Maria Rilke, Joseph Roth, Arthur Schnitzler, Scipio Slataper, Carl Techet, Friedrich Umlauft, Franz Werfel, Stefan Zweig und – als einziger Frau – Wilma von Vukelich. Er bedient sich wie schon in seinen früheren Werken in disziplinenübergreifender kulturwissenschaftlicher Perspektive insbesondere literatur- und sprachwissenschaftlicher Methoden und wendet postmoderne und poststrukturalistische Theorien an. Es gelte, so Csáky, „Zentraleuropa als einen nicht essentialistischen relationalen, gesellschaftlich stets neu verhandelbaren Raum aufzufassen"[452], als „das Ensemble einer Vielzahl von konkurrierenden und sich überlappenden Kommunikationsräumen [...], von inneren und äußeren Polyglottismen (Jurij Lotman), innerhalb derer und zwischen denen kontinuierlich Handlungs- und Austauschprozesse stattfinden"[453]. Praktisch und konkret geht es in dem Buch freilich um „den habsburgischen Vielvölkerstaat" im 19. und frühen 20. Jahrhundert: „Selbst wenn Zentraleuropa als ein relationaler, jeweils neu und unterschiedlich zu definierender Raum begriffen werden muss [...], scheint es mir unter einer *historischen* oder einer *historisch-politischen* Perspektive durchaus zulässig, das Länderkonglomerat des ehemaligen historischen habsburgischen Empire als eine historisch-politische Konkretisierung Zentraleuropas, eben als ein ‚Habsburg Central Europe' (Pieter M. Judson) zu verstehen."[454] Csáky arbeitet, wie in einer Rezension mit Recht bemerkt worden ist, „unterschiedliche Wahrnehmungsformen vom imperialen Einheitsstaat heraus, die aufzeigen sollen, inwiefern Europa bis heute als ein zusammenhängender Kommunikationsraum gedacht werden kann"[455]. Im letzten Kapitel weist der Autor neuerlich darauf hin, dass sich ein „Vergleich zwischen Zentraleuropa und der sich globalisierenden Welt" anbiete[456], und er macht darauf aufmerksam, dass „zum Beispiel über siebzig Prozent der Repräsentanten der Wiener Moderne ‚displaced persons', das heißt nicht in Wien geborene Migranten zumeist der ersten oder der zweiten Generation waren, die folglich eine multipolare, ‚mehrsprachige', mehrdeutige ‚mémoire culturelle' aufwiesen"[457].

---

[451] Moritz CsÁKY, Das Gedächtnis Zentraleuropas. Kulturelle und literarische Projektionen auf eine Region (Wien–Köln–Weimar 2019).

[452] Ebd. 36. An anderer Stelle wird Zentraleuropa als ein relationaler Raum definiert, „der diskursiv immer wieder neu ausgehandelt wird". Ebd. 9.

[453] Ebd. 100f.

[454] Ebd. 38 (Hervorhebungen im Original). „[...] die zahlreichen Heterogenitäten und Differenzen schließen Ähnlichkeiten nicht aus. Solche Ähnlichkeiten sind nicht zuletzt das Resultat eines jahrhundertelangen Zusammenlebens, eines prozesshaften Ineinander-Verwobenseins und einer Vermischung (métissage) von unterschiedlichen Völkern und Kulturen." Ebd. 40.

[455] Nora MENGEL, Rezension von Moritz Csáky, Das Gedächtnis Zentraleuropas (Wien 2019). *sehepunkte* 21 (2021), Nr. 10 [15. 10. 2021], http://www.sehepunkte.de/2021/10/36298.html [7. 2. 2022].

[456] CsÁKY, Das Gedächtnis Zentraleuropas (wie Anm. 451) 344.

[457] Ebd. 345. Vgl. auch die – grundsätzlich sehr positive – Besprechung des Buches durch William M. JOHNSTON, der das völlige Fehlen der bildenden Künste (Architektur, Plastik, Malerei, Graphik) moniert, in: Myths in Austrian History: Construction and Deconstruction, hg. von Günter BISCHOF–Marc LANDRY–Christian KARNER (Contemporary Austrian Studies 29, New Orleans–Innsbruck 2020) 337–341. Zur Entwicklung der Zwei- und Mehrsprachigkeit in der späten Habsburgermonarchie im

Unter anderem gestützt auf die Studien und theoretischen Konzepte Moritz Csákys hat sich die Grazer Translationswissenchaftlerin und Romanistin Michaela Wolf in ihrer innovativen Habilitationsschrift anhand vielfältiger Beispiele den sozialen Praktiken und interkulturellen Transferpraktiken und Kommunikationsvorgängen des Übersetzens und Dolmetschens in der Habsburgermonarchie seit der Mitte des 19. Jahrhunderts gewidmet, und zwar insbesondere Übersetzungen ins Deutsche, die De-facto-Staatssprache Cisleithaniens. Sie berücksichtigt sowohl das vom Staat organisierte „institutionalisierte Übersetzen" (etwa von Gesetzestexten) als auch das „habitualisierte Übersetzen" im Alltag (etwa im Rahmen des befristeten „Wechsels", d. h. Tauschs, von Kindern zwischen Familien mit unterschiedlichen Umgangssprachen) und im literarischen Leben[458].

Jan Surman hat in seiner Wiener Dissertation in sehr differenzierter Weise die Sozial- und Wissenschaftsgeschichte der Universitäten der österreichischen Reichshälfte Österreich-Ungarns untersucht[459]. Er analysiert unter anderem die sozialen und geographischen Muster „verschiedener akademischer Laufbahnen, akademischer Beschäftigungsverhältnisse, Sicherheiten und Unsicherheiten, der Herausforderungen und Hindernisse von akademischen Karrieren im Kontext der sich forcierenden Nationalismen und Religionskonflikte innerhalb eines multinationalen, multi-linguistischen und multi-konfessionellen Reiches"[460]. Im letzten Kapitel behandelt Surman die Kontinuitäten und Brüche in der Universitätspolitik und im Universitätsleben der Nachfolgestaaten der Habsburgermonarchie.

Ein zentrales Element der von Moritz Csáky, Michaela Wolf, Jan Surman und anderen untersuchten Phänomene waren die Migrationsbewegungen – insbesondere von Dienstbotinnen, Handwerkern, Arbeitern und Arbeiterinnen in Industrie und Landwirtschaft, Beamten und Armeeangehörigen – innerhalb der Habsburgermonarchie. Mit den Arbeitsmigrationen innerhalb der Habsburgermonarchie hat sich in den vergangenen zwei Jahrzehnten in Österreich insbesondere Annemarie Steidl, assoziierte Professorin am Institut für Wirtschafts- und Sozialgeschichte der Universität Wien, unter Anwendung vor allem statistischer Methoden ebenso eingehend befasst wie mit den die Staatsgrenzen der Monarchie innerhalb Europas überschreitenden und den transatlantischen Migrationsbewegungen aus Österreich-Ungarn und zurück[461]. Gemeinsam

---

politischen, staatsrechtlichen und gesellschaftlichen Kontext siehe zuletzt den souveränen Problemaufriss FEICHTINGER, Polyglottes Habsburg (wie Anm. 438).

[458] Überarbeitete Druckfassung: Michaela WOLF, Die vielsprachige Seele Kakaniens. Übersetzen und Dolmetschen in der Habsburgermonarchie 1848 bis 1918 (Wien–Köln–Weimar 2012). Vgl. zuletzt DIES., Habsburg Vienna: The institutionalization of translation in a hybrid city, 1848–1914, in: Translating in Town: Local Translation Policies During the European 19th century, hg. von Lieven D'HULST– Kaisa KOSKINEN (New York–London 2020) 57–75.

[459] Überarbeitete Druckfassung: Jan SURMAN, Universities in Imperial Austria, 1848–1918: A Social History of a Multilingual Space (West Lafayette, Indiana 2018). Vgl. auch Mitchell G. ASH–DERS., The Nationalization of Scientific Knowledge in Nineteenth-Century Central Europe: An Introduction, in: The Nationalization of Scientific Knowledge in the Habsburg Empire (wie Anm. 438) 1–29; DERS., Science and its Publics: Internationality and National Languages in Central Europe, in: ebd. 30–56; zuletzt: DERS., Eine Wissenschaft – eine Sprache? Nationalismus, Internationalismus und Übersetzung in den Wissenschaften in der Habsburgermonarchie 1848–1918, in: Das habsburgische Babylon, 1848– 1918 (wie Anm. 441) 84–98.

[460] Daniela HAARMANN in ihrer Rezension des Buches in: H-Soz-Kult, 7. 4. 2020, www.hsozkult.de/publicationreview/id/reb-28434 [25. 4. 2022].

[461] Siehe nunmehr v. a. das – umfassendes statistisches Material auswertende und die unterschied-

mit zwei Kollegen hat sie auch eine Monographie zur Auswanderung aus Österreich-Ungarn in die USA vorgelegt[462].

Die Habsburgermonarchie als Imperium und „Habsburg postcolonial"

Jürgen Osterhammel definierte ein Imperium als einen „großräumige[n], hierarchisch geordnete[n] Herrschaftsverband polyethnischen und multireligiösen Charakters, dessen Kohärenz durch Gewaltandrohung, Verwaltung, indigene Kollaboration sowie die universalistische Programmatik und Symbolik einer imperialen Elite (zumeist mit monarchischer Spitze) gewährleistet wird, nicht aber durch gesellschaftliche und politische Homogenisierung und die Idee allgemeiner Staatsbürgerschaft"[463]. So definiert, war die Habsburgermonarchie im 19. Jahrhundert, jedenfalls aber seit ihrer Umgestaltung in eine konstitutionelle (Doppel-)Monarchie 1861 bzw. 1867, zwar weiterhin ein Großreich, aber kein Imperium mehr. Andererseits gab es für die Zeitgenossen zu Beginn des 20. Jahrhunderts wohl „keinen Zweifel, dass Österreich-Ungarn ein Imperium war. Allerdings", so die Herausgeber eines unlängst erschienenen Sammelbandes, „fiel ihnen – und auch das schon im 19. Jahrhundert – eine Definition der genauen

---

lichen Migrationsmuster nicht isoliert, sondern als Elemente von eng miteinander verzahnten Migrationssystemen analysierende – Opus magnum von Annemarie STEIDL, On Many Routes: Internal, European, and Transatlantic Migration in the Late Habsburg Empire (West Lafayette, Indiana 2021) (vgl. die Rezensionen von Miha ZOBEC in *Dve domovini / Two homelands* 54 [2021] 223–227 und Sara BERNARD in *ZfO* 71 [2022] 129f.); weiters DIES., Migration Patterns in the Late Habsburg Empire, in: Migration in Austria, hg. von Günter BISCHOF–Dirk RUPNOW (Contemporary Austrian Studies 26, New Orleans–Innsbruck 2017) 69–86; DIES., Ein ewiges Hin und Her. Kontinentale, transatlantische und lokale Migrationsrouten in der Spätphase der Habsburgermonarchie. *ÖZG* 19/1 (2008) 15–42; DIES., Auf nach Wien! Die Mobilität des mitteleuropäischen Handwerks im 18. und 19. Jahrhundert am Beispiel der Haupt- und Residenzstadt (SWHS 30, Wien 2003); DIES.–Engelbert STOCKHAMMER–Hermann ZEITLHOFER, Relations among Internal, Continental, and Transatlantic Migration in Late Imperial Austria. *Social Science History* 31 (2007) 61–92; Josef EHMER–Hermann ZEITLHOFER, Ländliche Migration in Böhmen vor dem Ersten Weltkrieg. *Zeitschrift für Agrargeschichte und Agrarsoziologie* 52 (2005) 40–58. Vgl. auch Heinz FASSMANN, Auswanderung aus der österreichisch-ungarischen Monarchie 1869–1910, in: Auswanderungen aus Österreich. Von der Mitte des 19. Jahrhunderts bis zur Gegenwart. Mit einer umfassenden Bibliographie zur österreichischen Migrationsgeschichte, hg. von Traude HORVATH–Gerda NEYER (Wien–Köln–Weimar 1996) 33–55; DERS., Binnenwanderung und Auswanderung: Österreich-Ungarn 1880–1910, in: Fremdenfeindlichkeit als gesellschaftliches Problem, hg. von Helmut EBERHART–Johann VERHOVSEK (Grazer Beiträge zur europäischen Ethnologie 8, Frankfurt u.a. 1999) 99–116; Peter BECKER, Governance of Migration in the Habsburg Monarchy and the Republic of Austria, in: National Approaches to the Administration of International Migration, hg. von Peri E. ARNOLD (International Institute of Administrative Sciences monographs 31, Amsterdam–Washington 2010) 32–52; Wolfgang GÖDERLE, Migration, in: Habsburg neu denken (wie Anm. 440) 140–147; Andreas WEIGL, Wien um 1900 – ein Sonderfall in der Wiener Migrationsgeschichte? Der „Schmelztiegel" in der kollektiven Erinnerung, in: Migration und Innovation um 1900. Perspektiven auf das Wien der Jahrhundertwende, hg. von Elisabeth RÖHRLICH (Wien–Köln–Weimar 2016) 503–524, sowie die anderen Beiträge im selben Band.

[462] Annemarie STEIDL–Wladimir FISCHER-NEBMAIER–James W. OBERLY, From a Multiethnic Empire to a Nation of Nations. Austro-Hungarian Migrants in the US, 1870–1940 (Transatlantica 10, Innsbruck–Wien–Bozen 2017).

[463] Jürgen OSTERHAMMEL, Europamodelle und imperiale Kontexte. *Journal of Modern European History* 2 (2004) 157–182, hier 172, zit. nach Kerstin S. JOBST–Julia OBERTREIS–Ricarda VULPIUS, Neuere Imperiumsforschung in der Osteuropäischen Geschichte: die Habsburgermonarchie, das Russländische Reich und die Sowjetunion. *Comparativ* 18 (2008), H. 2: Ostmitteleuropa transnational, hg. von Peter HASLINGER (Leipzig 2008) 27–56, hier 28.

Natur des Habsburgerreichs schwer. Mindestens das gilt bis heute."[464] Der österreichische Osteuropahistoriker Peter Haslinger (seit 2007 Direktor des Herder-Instituts
für historische Ostmitteleuropaforschung in Marburg) hat die These vertreten, dass in
Österreich-Ungarn „[a]bseits des diffus reklamierten imperialen Selbstverständnisses,
welches sich vornehmlich auf der Ebene der Repräsentation zeigte, […] von imperialer
Politik nur mehr partiell gesprochen werden" könne[465]. Der österreichische Literatur-
und Kulturwissenschaftler Wolfgang Müller-Funk, ein gebürtiger Deutscher, und sein
Projektteam sind im ersten Jahrzehnt des 21. Jahrhunderts der Frage nachgegangen, ob
sich „die österreichisch-ungarische Doppelmonarchie (und die Habsburger Monarchie
vor 1867) nicht als ein *quasi-kolonialer* Herrschaftskomplex begreifen läßt"[466]. Weitgehend unbestritten ist jedenfalls die „Existenz eines innerhabsburgischen Mikrokolo-
nialismus" im Sinne „eines nicht nur von Funktionsträgern aus der Metropole verschiedener nationaler Herkunft getragenen Überlegenheitsgefühls gegenüber anderen
ethnischen und sozialen Gruppen"[467].

Das seit seinem Erscheinen im Jahr 2016 sowohl in Fachkreisen als auch im Zei-
tungsfeuilleton intensiv diskutierte „revisionistische" Buch des US-amerikanischen Historikers Pieter M. Judson über die Habsburgermonarchie, die sich im Laufe des „langen"
19. Jahrhunderts aus einem proto-liberalen in ein liberales (und kreatives) Imperium
verwandelt habe („The Habsburg Empire: A New History", deutsche Ausgabe 2017
unter dem Titel „Habsburg. Geschichte eines Imperiums 1740–1918"), ist auch von
österreichischen Historikern ausführlich und kritisch gewürdigt worden, worauf hier
nur en passant hingewiesen werden kann[468].

---

[464] Bernhard BACHINGER–Wolfram DORNIK–Stephan LEHNSTAEDT, Einleitung: Österreich-Ungarns
imperiale Herausforderungen, in: Österreich-Ungarns imperiale Herausforderungen (wie Anm. 171) 9–
24, hier 9. „Österreich-Ungarn war zwar häufig ein reaktives, aber oftmals auch ein kreatives Großreich,
das zwischen den Mythen des schwachen und des modernen Imperiums zu verorten ist und durchaus
handlungsfähig war." Ebd. 14.
[465] JOBST–OBERTREIS–VULPIUS, Neuere Imperiumsforschung (wie Anm. 463) 33. Zur Ebene der
öffentlichen imperialen Repräsentation des Kaisers (und Königs) in der Regierungszeit Kaiser Franz
Josephs I. siehe seitens österreichischer Historiker und Kunsthistoriker insbesondere Werner TELESKO–
Stefan SCHMIDL, Der verklärte Herrscher. Leben, Tod und Nachleben Kaiser Franz Josephs I. in seinen
Repräsentationen (Wien 2016) 14–72. Werner Telesko ist ein umfassendes und innovatives zweibändiges Standardwerk zur staatlichen Kunstpolitik und Bildpropaganda, zur habsburgischen dynastischen
Ikonographie, zur „von oben" gesteuerten Interpretation und Repräsentation der Geschichte der Dynas-
tie, der Monarchie und ihrer Länder in den bildenden Künsten im „langen" 19. Jahrhundert im Span-
nungsfeld von Zentrum und Peripherien, dynastischer Repräsentation und nationalen Identitäten,
Gesamtstaatspatriotismus, regionalen und Landesloyalitäten zu verdanken: Werner TELESKO, Geschichtsraum Österreich. Die Habsburger und ihre Geschichte in der bildenden Kunst des 19. Jahrhun-
derts (Wien–Köln–Weimar 2006) (zur bildlichen Repräsentation Kaiser Franz Josephs: 205–253); DERS.,
Kulturraum Österreich. Die Identität der Regionen in der bildenden Kunst des 19. Jahrhunderts (Wien–
Köln–Weimar 2008). Eine exemplarische Vertiefung am Beispiel der Entwicklung des „Bildes" Maria
Theresias in der Literatur und den bildenden Künsten seit der zweiten Hälfte des 18. Jahrhunderts bietet
DERS., Maria Theresia. Ein europäischer Mythos (Wien–Köln–Weimar 2012). Vgl. auch Elisabeth
GROSSEGGER, Mythos Prinz Eugen. Inszenierung und Gedächtnis (Wien–Köln–Weimar 2014).
[466] Wolfgang MÜLLER-FUNK, Kakanien revisited. Über das Verhältnis von Herrschaft und Kultur,
in: Kakanien revisited (wie Anm. 450) 14–32, hier 19 (Hervorhebung im Original).
[467] JOBST–OBERTREIS–VULPIUS, Neuere Imperiumsforschung (wie Anm. 463) 34f.
[468] Siehe insbesondere Laurence COLE, Visions and Revisions of Empire: Reflections on a New
History of the Habsburg Monarchy. *AHY* 49 (2018) 261–280 (mit der Beobachtung eines potenziellen
Widerspruchs „in Judson's suggestion that many ordinary citizens of Austria-Hungary did not engage
with the nation on a daily base, but that there was such a thing as ‚everyday empire' […]. It remains

Die Beantwortung der Frage, ob die Habsburgermonarchie – sei es in der Frühen Neuzeit oder im „langen" 19. Jahrhundert – ein Imperium war, hängt natürlich nicht zuletzt von der Definition von Imperium ab, worauf angesichts der Unübersichtlichkeit der derzeitigen (vergleichenden) historischen Imperienforschung an dieser Stelle nicht weiter eingegangen werden soll. Arno Strohmeyer (geb. 1963), seit 2007 Professor für Geschichte der Neuzeit an der Universität Salzburg, hat vor ein paar Jahren „in einer Mischung funktionaler und performativer Komponenten vier repräsentative Kategorien" in den Mittelpunkt seiner einschlägigen Analyse der frühneuzeitlichen Habsburgermonarchie gestellt, „die in vielen Theorien als wesentliche Merkmale von Imperien gelten: 1. die räumlichen Dimensionen, 2. der innere Aufbau mit Zentrum und Peripherie, 3. die Grenzen, wobei der Schwerpunkt auf der Grenze zum Osmanischen Reich [und auf der habsburgischen Militärgrenze; Th. W.] liegt, und 4. imperiale Ideologien"[469]. Am deutlichsten seien in der Frühen Neuzeit „die imperialen Dimensionen in der Herrschaftsideologie der Habsburger und dem für sie charakteristischen ‚dynastischen Universalismus' ans Tageslicht" getreten[470]. Strohmeyer resümierte, „dass die Habsburgermonarchie zwar kein vollwertiges Imperium war, jedoch imperiale Dimensionen aufwies und ihre Politik phasenweise einer imperialen Logik folgte"[471].

Hannes Leidinger (seit 2018 Leiter der Außenstelle Wien des Ludwig Boltzmann Instituts für Kriegsfolgenforschung Graz – Wien – Raabs) hat darauf aufmerksam gemacht, dass in den Jahren vor dem Ersten Weltkrieg (insbesondere im Umfeld der „Annexionskrise" von 1908) und während des Weltkriegs Analysen deutschösterreichischer und tschechischer Sozialdemokraten auf zweierlei zeitgenössische Tendenzen verweisen, nämlich auf „[d]ie (mögliche) Wandlung des [habsburgischen] Imperiums in eine neue Form des Zusammenlebens im Donauraum [in Gestalt eines föderalen politischen Systems; Th. W.] einerseits und die spätimperialen Reflexe einer vom Reputations- und partiell auch vom Expansionsdenken insbesondere am Balkan gelenkten Elite" andererseits[472]. In der politischen Realität Österreich-Ungarns, so Leidingers Resümee, „lieb-

unclear why ‚empire' might penetrate the everyday, but the ‚nation' does not, when both the state and nationalist activists are creating a discourse of national categorization." [272]), und Klemens Kaps–Oliver Kühschelm, Unser tägliches Reich gib uns heute? Pieter Judsons Habsburg. Geschichte eines Imperiums. ÖZG 29/3 (2018) 228–244 (Schlusssatz: „Seine wichtigste Leistung erbringt das Buch jedoch, indem es Imperium und Nation in der Analyse der Herausbildung nationaler Identitäten nicht als einander ausschließende Pole behandelt, sondern eine vielgestaltige Wechselbeziehung nachzeichnet."). Vgl. auch Brigitte Mazohl, Habsburg revisited. Drei Neuerscheinungen zur Geschichte der österreichischungarischen Monarchie. Geschichte und Region / Storia e regione 28/2 (2019) 143–154, hier bes. 149–154, und v. a. auch R. J. W. Evans, A Liberal Empire? Ruled from the Spas? The New York Review of Books, March 23, 2017, und: Debate on Pieter M. Judson's The Habsburg Empire: A New History. East Central Europe 46 (2019) 343–384.

[469] Arno Strohmeyer, Die Habsburgermonarchie in der Frühen Neuzeit – ein Imperium? Ein Problemaufriss, in: Imperien und Reiche in der Weltgeschichte. Epochenübergreifende und globalhistorische Vergleiche, hg. von Michael Gehler–Robert Rollinger, Teil 2: Neuzeitliche Imperien, zeitgeschichtliche Imperien, Imperien in Theorie, Geist, Wissenschaft, Recht und Architektur, Wahrnehmung und Vermittlung (Wiesbaden 2014) 1027–1054, hier 1033. Vgl. auch Ders., Die Habsburger Reiche 1555–1740: Herrschaft – Gesellschaft – Politik (Darmstadt 2012), und Ders., „Österreichische" Geschichte der Neuzeit als multiperspektive Raumgeschichte: ein Versuch, in: Was heißt „österreichische" Geschichte? (wie Anm. 53) 167–197, bes. 182–185.

[470] Strohmeyer, Die Habsburgermonarchie in der Frühen Neuzeit (wie Anm. 469) 1048.

[471] Ebd. 1049.

[472] Hannes Leidinger, War die Habsburgermonarchie ein Imperium? Aktuelle wissenschaftliche

äugelten aristokratisch-großbürgerliche Oberschichten, dominante Ungarn und ‚Deutschösterreicher' [...] bis zuletzt mit der wenigstens partiellen Unterordnung der ‚Untertanen' und ‚braven Völker' unter die Reichsführung. Herrschaftsanspruch und Sendungsbewusstsein der Eliten reflektierten traditionelle Vorstellungen."[473]

Ansätze des Postkolonialismus, der Postcolonial Studies und der Subaltern Studies aufgreifend, befassten sich österreichische Forscherinnen und Forscher seit den 1990er Jahren unter den Labels „k. k. kolonial" und „Habsburg postcolonial" in poststrukturalistischer kulturwissenschaftlicher Perspektive mit Formen des „inneren Kolonialismus" („Binnenkolonialismus") und der „kulturellen Asymmetrie"[474] in der Habsburgermonarchie (insbesondere in Bosnien-Herzegowina[475] und in Galizien[476]), mit Formen und Diskursen der Vielfalt und Differenz, Identität und Alterität, mit Machteliten und Sub-

---

Betrachtungen und zeitgenössische Debatten von 1900 bis 1918, in: Österreich-Ungarns imperiale Herausforderungen (wie Anm. 171) 27–44, hier 43.

[473] Ebd. 44.

[474] Vgl. – aus kultur- und literaturwissenschaftlicher Perspektive – insbesondere Endre HÁRS–Wolfgang MÜLLER-FUNK–Ursula REBER–Clemens RUTHNER, Zentren peripher. Vorüberlegungen zu einer Denkfigur, in: Zentren, Peripherien und kollektive Identitäten in Österreich-Ungarn, hg. von DENS. (Kultur – Herrschaft – Differenz 9, Tübingen–Basel 2006) 1–15 (5: Kultur nicht verstanden als „Überbauphänomen", sondern als „Bedeutungsmatrix von Diskursen/Narrativen, Bildern und Praktiken/Ritualen, die dem menschlichen Zusammenleben immer schon als Ermöglichungsstruktur zu Grunde liegt"); Wolfgang MÜLLER-FUNK, Polyphems Kinder. Kulturelle Irrfahrten zwischen Zentren und Peripherien, in: ebd. 17–39; DERS., Kakanien revisited (wie Anm. 466) 14–32; Clemens RUTHNER, K. u. K. Kolonialismus als Befund, Befindlichkeit und Metapher: Versuch einer weiteren Klärung, in: Habsburg postcolonial. Machtstrukturen und kollektives Gedächtnis, hg. von Johannes FEICHTINGER–Ursula PRUTSCH–Moritz CSÁKY (Gedächtnis – Erinnerung – Identität 2, Innsbruck u. a. 2003) 111–128.

[475] Peter STACHEL, Der koloniale Blick auf Bosnien-Herzegowina in der ethnographischen Popularliteratur der Habsburgmonarchie, in: Habsburg postcolonial (wie Anm. 474) 259–275; Diana REYNOLDS, Kavaliere, Kostüme, Kunstgewerbe: Die Vorstellung Bosniens in Wien 1878–1900, in: ebd. 243–257; Florian OBERHUBER, Zur Konstruktion bürgerlicher imperialer Identität. Gustav Ratzenhofers Vorträge zur Okkupation Bosniens und der Herzegowina, in: ebd. 277–288; Bosnien-Herzegowina und Österreich-Ungarn, 1878–1918 (wie Anm. 438); Clemens RUTHNER, Kakaniens kleiner Orient. Post/koloniale Lesarten der Peripherie Bosnien-Herzegowinas (1878–1918), in: Zentren, Peripherien und kollektive Identitäten in Österreich-Ungarn (wie Anm. 474) 255–283; DERS., Habsburgs ‚Dark Continent'. Postkoloniale Lektüren zur imperialen österreichischen Literatur und Kultur im langen 19. Jahrhundert (Kultur – Herrschaft – Differenz 23, Tübingen 2018); DERS., (Post-)Kolonialismus in ‚Kakanien'. Einige abschließende Überlegungen unter besonderer Berücksichtigung Bosnien-Herzegowinas, 1878–1918, in: Österreich-Ungarns imperiale Herausforderungen (wie Anm. 171) 67–84. Siehe auch die sehr gute, als PDF frei verfügbare Diplomarbeit von Dženana OMEROVIĆ, Bosnien als „Orient". Die Zivilisationsmission Österreich-Ungarns und ihre Auswirkungen auf muslimische Frauen (1878–1918) (Diplomarbeit, Univ. Salzburg 2018 ⟨https://eplus.uni-salzburg.at/urn:nbn:at:at-ubs:1-3159⟩), sowie Thomas KÖNIG, Zwischen Orient und Okzident? Die Geschichte der Wahrnehmung Bosniens durch die Österreicher von der Besetzung 1878 bis zur Einführung des Islamgesetzes 1912 (Masterarbeit, Univ. Linz 2018), weiters eine Reihe von Beiträgen auf der 2001 gegründeten Internetplattform „Kakanien revisited" ⟨https://www.kakanien-revisited.at/⟩.

[476] Alois WOLDAN, Bevormundung oder Selbstunterwerfung? Sprache, Literatur und Religion der galizischen Ruthenen als Ausdruck einer österreichischen Identität?, in: Habsburg postcolonial (wie Anm. 474) 141–152; Hans-Christian MANER, Zum Problem der Kolonisierung Galiziens. Aus den Debatten des Ministerrates und des Reichsrats in der zweiten Hälfte des 19. Jahrhunderts, in: ebd. 153–163; Burkhard WÖLLER, Galizien als geografisches Integrationsproblem. Fremdverortungen und mentale Kartierungen des habsburgischen Kronlandes in der deutschen und österreichischen Geografie. Onlinepublikation auf „Kakanien revisited" (2010, ⟨https://www.kakanien-revisited.at/beitr/fallstudie/BWoel ler1.pdf⟩); DERS., „Europa" als historisches Argument. Nationsbildungsstrategien polnischer und ukrainischer Historiker im habsburgischen Galizien (Herausforderungen 22, Bochum 2014). Siehe auch den

alternen und mit der „Orientalisierung" von als „rückständig", „unterentwickelt" und „unzivilisiert" angesehenen Regionen sowie ethnischen und sozialen Gruppen, insbesondere im Osten und Südosten der Monarchie. Eine erste Zusammenschau dieser Studien stellt der 2003 erschienene, von Moritz Csáky mitherausgegebene, aus einer im Jahr davor in Wien stattfindenden Konferenz hervorgegangene Band „Habsburg postcolonial" dar[477]. Im einleitenden Beitrag stellt Johannes Feichtinger die These auf, dass im Habsburgerreich „eine nach innen gekehrte Kolonisierung […] in einer gezielten Homogenisierungspolitik" Ausdruck gefunden habe, und zwar einerseits von oben, „sowohl auf Seiten des Gesamtstaates als auch innerhalb der Teile des Staatsgefüges (wofür die Magyarisierungspolitik in Ungarn ein Beispiel abgibt)", und andererseits von unten. „Hierbei versuchten dominante gesellschaftliche Schichten ihre ökonomische, kulturelle und nationale Vorherrschaft zu sichern."[478] Die Vorgangsweise des „Ministeriums Bach" in den 1850er Jahren in Ungarn habe eindeutig kolonialistische Züge aufgewiesen[479]. Die Verfassung habe zwar „die sprachlich-nationale Gleichberechtigung der Völker" formell zugesichert, allerdings lasse „sich ein hegemoniales Ansinnen der Deutschliberalen und der Magyaren nicht verleugnen. Dieses verschärfte sich noch mit dem Aufkommen der nationalpolitischen Avancen der Slawen."[480]

Infolge der jüngsten Wende vom Postkolonialismus zum Post-Postkolonialismus wird der „Zugang über dichotome Binaritäten" (beispielsweise „Zentrum versus Peripherie") zunehmend in Frage gestellt[481]. Wie sich dies auf die „(Post-)Habsburg Studies" in Österreich auswirken wird, ist erst ansatzweise abzusehen. Nicht zuletzt ist in diesem Zusammenhang auf die „Auseinandersetzung mit dem Konzept der Multikulturalität" hinzuweisen, „aus dem das Konzept der Plurikulturalität hervorgeht"[482], wofür insbesondere ein 2014 erschienener Sammelband ins Treffen zu führen ist[483].

Zentren, Peripherien und Binnenkolonialismus in der Habsburgermonarchie

Andrea Komlosy (geb. 1957), die akademische Lehrerin von Klemens Kaps, dessen Monographie über die Wirtschaftsgeschichte Galiziens im „langen" 19. Jahrhundert be-

exzellenten und prachtvoll illustrierten Ausstellungsbegleitband und -katalog Mythos Galizien, hg. von Jacek PURCHLA et al. (Wien ²2015).

[477] Habsburg postcolonial (wie Anm. 474).

[478] Johannes FEICHTINGER, Habsburg (post)-colonial. Anmerkungen zur Inneren Kolonisierung in Zentraleuropa, in: Habsburg postcolonial (wie Anm. 474) 13–31, hier 18f. Siehe auch Ursula PRUTSCH, Habsburg postcolonial, in: ebd. 33–43.

[479] FEICHTINGER, Habsburg (post)-colonial (wie Anm. 478) 22.

[480] Ebd. – Zu den letztlich gescheiterten Ambitionen Österreich-Ungarns, außereuropäische Kolonien zu erwerben, siehe insbesondere K. u. k. kolonial. Habsburgermonarchie und europäische Herrschaft in Afrika, hg. von Walter SAUER (Wien–Köln–Weimar 2002); DERS., Schwarz-Gelb in Afrika. Habsburgermonarchie und koloniale Frage, in: ebd. 17–78; DERS., Ein Jesuitenstaat in Afrika? Habsburgische Kolonialpolitik in Ägypten, dem Sudan und Äthiopien in der ersten Hälfte des 19. Jahrhunderts. ÖGL 55 (2011) 7–27; Stefan MEISTERLE, Von Coblon bis Delagoa. Die kolonialen Aktivitäten der Habsburgermonarchie in Ostindien (Diss., Univ. Wien 2014); Franz KOTRBA, K. u. k. in Ostafrika. Die Habsburgermonarchie im „Scramble for East Africa" (Wien 2015); Simon LOIDL, „Europa ist zu enge geworden". Kolonialpropaganda in Österreich-Ungarn 1885 bis 1918 (Wien 2017). Vgl. auch Das Museum im kolonialen Kontext. Annäherungen aus Österreich, hg. von Pia SCHÖLNBERGER (Wien 2021).

[481] FEICHTINGER–UHL, Habsburg Zentraleuropa (wie Anm. 282) 105–108.

[482] Jan SURMAN, Postkolonialismus, in: Habsburg neu denken (wie Anm. 440) 181–187, hier 184.

[483] Understanding Multiculturalism (wie Anm. 441).

reits erwähnt worden ist[484], die seit 2002 als außerordentliche Professorin am Institut für Wirtschafts- und Sozialgeschichte der Universität Wien mit Spezialisierung auf Globalgeschichte[485] lehrt, erforscht seit den 1980er Jahren – unter Bezugnahme auf dependenztheoretische Ansätze und auf Immanuel Wallersteins (neomarxistische) Weltsystem-Theorie – die Rolle der Protoindustrialisierung und der Industrialisierung sowie der staatlichen Wirtschafts- und Handelspolitik bei der Entstehung ökonomischer und politischer Zentren einerseits und „strukturell abhängiger" Peripherien und Semiperipherien andererseits innerhalb der Habsburgermonarchie von der Mitte des 18. bis ins frühe 20. Jahrhundert. Inspiriert von verschiedenen seit den 1970er Jahren entstandenen „Studien, die regionale Entwicklung und regionale Ungleichheit mithilfe von Zentrum-Peripherie-Ansätzen untersuchten"[486], widmete sie sich zunächst in einer regionalen Fallstudie dem niederösterreichischen Waldviertel[487], anschließend dehnte sie ihre Forschungen auf die gesamte (spätere) österreichische Reichshälfte der Monarchie aus[488]. Vereinfacht gesagt, entwickelten sich Teile der westlichen Regionen der Habsburgermonarchie, also der österreichischen Länder (namentlich Niederösterreich mit der Metropole Wien, die Steiermark und Vorarlberg) und die böhmischen Länder, im Verhältnis zu den ungarischen Ländern, Galizien, der Bukowina, dem Küstenland, Dalmatien und der Militärgrenze zu wirtschaftlichen Zentren, während sie selbst sich gegenüber west- und nordeuropäischen Regionen zumindest teilweise in einem peripheren oder semiperipheren Verhältnis befanden[489].

Kürzlich haben Komlosy und Kaps ihre Forschungen und Thesen zur Ausbildung „innerer Peripherien" (Hans-Heinrich Nolte), räumlicher Disparitäten und Entwicklungshierarchien in der Habsburgermonarchie in einem dem Vergleich innerer Peripherien von der Frühen Neuzeit bis ins 20. Jahrhundert gewidmeten Themenheft der „Österreichischen Zeitschrift für Geschichtswissenschaften", das aus einer 2017 an der

[484] KAPS, Ungleiche Entwicklung in Zentraleuropa (wie Anm. 434).

[485] Andrea KOMLOSY, Globalgeschichte. Methoden und Theorien (Wien–Köln–Weimar 2011); DIES., Arbeit. Eine globalhistorische Perspektive. 13. bis 21. Jahrhundert (Wien 2014).

[486] Andrea KOMLOSY, Innere Peripherien im räumlichen Mehrebenensystem. Das habsburgische Beispiel im 19. und frühen 20. Jahrhundert. ÖZG 31/2 (2020) 95–124, hier 97f.

[487] Andrea KOMLOSY, An den Rand gedrängt. Wirtschafts- und Sozialgeschichte des Oberen Waldviertels (Österreichische Texte zur Gesellschaftskritik 34, Wien 1988). Vgl. auch DIES., Vom Kleinraum zur Peripherie. Entwicklungsphasen der wirtschaftlichen Abhängigkeit im 19. Jahrhundert, in: Wirtschaftsgeschichte des Waldviertels, hg. von Herbert KNITTLER (Schriftenreihe des Waldviertler Heimatbundes 47, Horn–Waidhofen an der Thaya 2006) 217–340.

[488] Andrea KOMLOSY, Grenze und ungleiche regionale Entwicklung. Binnenmarkt und Migration in der Habsburgermonarchie (Wien 2003).

[489] Siehe den konzisen Überblick über die Entwicklung der wirtschaftlichen Position der Länder und Regionen der Habsburgermonarchie in der überregionalen Arbeitsteilung bei KOMLOSY, Grenze und ungleiche regionale Entwicklung (wie Anm. 488) 125–132. Vgl. auch DIES., Ökonomische Grenzen, in: Grenze und Staat (wie Anm. 297) 807–876; DIES., Regionale Ungleichheiten in der Habsburgermonarchie: Kohäsionskraft oder Explosionsgefahr für die staatliche Einheit?, in: Innere Peripherien in Ost und West, hg. von Hans-Heinrich NOLTE (Historische Mitteilungen, Beih. 42, Stuttgart 2001) 97–111; DIES., Innere Peripherien als Ersatz für Kolonien? Zentrenbildung und Peripherisierung in der Habsburgermonarchie, in: Zentren, Peripherien und kollektive Identitäten in Österreich-Ungarn (wie Anm. 474) 55–78; DIES., Habsburgermonarchie, Osmanisches Reich und Britisches Empire – Erweiterung, Zusammenhalt und Zerfall im Vergleich. Zeitschrift für Weltgeschichte 9/2 (2008) 9–62; DIES., Imperial Cohesion, Nation-Building, and Regional Integration in the Habsburg Monarchy, in: Nationalizing Empires, hg. von Stefan BERGER–Alexei MILLER (Historical Studies in Eastern Europe and Eurasia 3, Budapest–New York 2015) 369–427.

Universität Wien veranstalteten Tagung hervorgegangen ist, pointiert zusammengefasst und gegen Kritiker wie insbesondere Verfechter „postkolonialer" Ansätze verteidigt[490].

Klemens Kaps skizzierte die von der Protoindustrialisierung geprägte Entstehung einer überregionalen Arbeitsteilung zwischen den habsburgischen Ländern vom Ende des Dreißigjährigen Krieges bis zum Ende der Reformen des Aufgeklärten Absolutismus nach 1790[491]. Er fragte insbesondere „nach den Überlappungen, aber auch dem Auseinanderklaffen zwischen politischen Machthierarchien und wirtschaftsräumlichen Entwicklungsdifferenzen in einem Imperium" und analysierte „die Interdependenzen zwischen wirtschaftsräumlichen Verschiebungen, Staatsbildungsprozessen, kulturellen Identitätspolitiken und wirtschaftspolitischer Regulierung"[492]. Dabei relativierte er bisherige Befunde einer bipolaren Ost-West-Dichotomie, indem er aufzeigte, dass „periphere und semiperiphere Räume sich auch im Westen der Monarchie finden, wie die Beispiele Tirol und Krain belegen", und dass umgekehrt „die Beziehungsgeflechte der östlichen Länder von Galizien über Ungarn und Siebenbürgen bis zum Banat und Kroatien komplex und von gegenseitigen Abhängigkeiten geprägt" waren[493]. Allerdings traten die böhmischen Länder sowie Ober- und Niederösterreich über den gesamten Untersuchungszeitraum als „markante Zentralräume"[494] hervor[495]. Insgesamt profitierten in der zweiten Hälfte des 18. Jahrhunderts die westlichen Regionen der Monarchie, die nach Ungarn und Galizien hauptsächlich Manufakturprodukte exportierten und von dort vor allem Nahrungsmittel und Rohstoffe importierten, von der Ausweitung ihrer Absatzmärkte und von den relativ niedrigen Preisen der ungarischen und galizischen Rohstoffe und Nahrungsmittel. Diese asymmetrische Beziehung wurde von den Zentralbehörden am Wiener Hof und deren Zoll-, Handels- und Manufakturpolitik massiv gefördert. An anderer Stelle ist Kaps den Folgen dieser Entwicklung für die Wahrnehmung der peripheren Regionen in den Zentren und für die Entstehung von abwertenden kulturellen Bildern und Stereotypen nachgegangen[496].

---

[490] „Die Zurückweisung von Zentrum-Peripherie-Modellen in einigen jüngeren Werken zur Geschichte der Habsburgermonarchie beruht auf einer Unterschätzung von raumwirksamen Mechanismen sozioökonomischer und soziopolitischer Polarisation." Komlosy, Innere Peripherien im räumlichen Mehrebenensystem (wie Anm. 486) 101. Die Autorin betont, dass „die scheinbar konträren Herangehensweisen von postkolonialen und Peripherisierungsansätzen [...] einander sinnvoll ergänzen [können], wenn Entwicklung und Unterentwicklung, Defizitzuschreibung und Selbstvergewisserung in ihrem Zusammenspiel betrachtet werden". Ebd. 104. Vgl. Klemens Kaps–Andrea Komlosy, Centers and Peripheries Revisited. Polycentric Connections or Entangled Hierarchies? *Review. A Journal of the Fernand Braudel Center* 36/3–4 (2013) 237–264.

[491] Klemens Kaps, Jenseits von Ost-West: Räumliche Entwicklungshierarchien in der Habsburgermonarchie im 17. und 18. Jahrhundert. *ÖZG* 31/2 (2020) 43–71.

[492] Ebd. 46. Vgl. die prägnanten „Schlussfolgerungen" ebd. 69–71.

[493] Klemens Kaps, Editorial: Innere Peripherien im Vergleich. Räumliche Hierarchien in Politik, Ökonomie und Kultur in Europa zwischen der Frühen Neuzeit und dem 20. Jahrhundert. *ÖZG* 31/2 (2020) 5–16, hier 13.

[494] Kaps, Jenseits von Ost-West (wie Anm. 491) 56.

[495] Vgl. auch Klemens Kaps, Internal Differentiation in a Rising European Semi-Periphery: Cameralist Division of Labour and Mercantile Polycentrism. Two different Models of Political Economy in Eighteenth-Century Habsburg Central Europe. *Review. A Journal of the Fernand Braudel Center* 36/3–4 (2013) 315–350 (ein aufschlussreicher Vergleich zwischen der Lombardei und Galizien, also einem ökonomischen Zentrum und einer ökonomischen Peripherie der Habsburgermonarchie); DERS., Cores and Peripheries Reconsidered: Economic Development, Trade and Cultural Images in the Eighteenth-Century Habsburg Monarchy. *Hungarian Historical Review* 7/2 (2018) 191–221.

[496] „Cultural perception is the other face of this coin and does nothing but confirm the analysis.

Andrea Komlosy ging bei ihrer Analyse der Entwicklung seit der zweiten Hälfte des 18. Jahrhunderts davon aus, dass sich innere Peripherien grundsätzlich „in jedem komplexen Staat ausmachen" lassen und dass sich diese Analysekategorie und dieser theoretische Ansatz bei „zusammengesetzte[n] Staaten mit einer heterogenen Bevölkerungs- und Regionalstruktur [...], in denen politische Fremdherrschaft im Gefolge von Eroberungen und Gebietserweiterungen, ethnische Differenz und sozioökonomische Entwicklungsgefälle [...] existieren", als besonders fruchtbar erweisen[497]. Sie arbeitete unter anderem heraus, dass die Polarisierung und die asymmetrischen Wirtschafts- und Handelsbeziehungen zwischen den Ländern und Regionen der Habsburgermonarchie im Laufe des 18. Jahrhunderts nicht zuletzt von den Handelsbeziehungen mit dem Osmanischen Reich, namentlich vom Baumwollimport, beeinflusst wurden. Die Fabrikindustrialisierung des 19. Jahrhunderts verstärkte die regionalen Disparitäten und Abhängigkeiten und stärkte insbesondere die bereits davor zentrale Stellung der böhmischen Länder und Niederösterreichs. In politischer Hinsicht nahmen die böhmischen Länder hingegen eine periphere Position ein. Ungarn war zwar – endgültig seit dem österreichisch-ungarischen Ausgleich von 1867 – ein politisches Zentrum, „das in der Wirtschafts-, Infrastruktur-, Bildungs- und Nationalitätenpolitik die ungarische Staatsbildung vorantrieb"[498], wirtschaftlich jedoch blieb es eine teils periphere, teils semiperiphere Region. Eine zentrale Schlussfolgerung aus dem „polarisationstheoretischen Ansatz zur Erforschung regionaler Ungleichheit" bestehe darin, „den Handlungsspielraum regionaler AkteurInnen, ob auf gesamtstaatlicher oder kleinräumiger Ebene, nicht losgelöst von den sozioökonomischen Voraussetzungen und Ressourcen zu verstehen, sondern auf Basis ihre Stellung und Funktion in einer ungleichen internationalen bzw. interregionalen Arbeitsteilung". Zentrenbildung und Peripherisierung seien „somit kein Nebenschauplatz der Geschichte und der Geschichtswissenschaft, sondern eine nicht wegzudenkende Grundkonstante"[499].

First, the perception of spatial differences intensified over the course of the eighteenth century, as economic factors were translated into a culturalist narrative defining the eastern peripheries' status. These stereotypes covered a wide range of clichés [...]. Subsequently, a civilizing mission was advocated, a mission the alleged goal of which was to create the conditions necessary for these regions and their populations to participate effectively in economic progress. This discourse clearly demonstrates an orientalist logic [...]. The pejorative cultural images of the eastern peripheries not only expressed the hegemony of the core areas, but effectively contributed to maintaining the peripheral status of some regions within the Habsburg economy in the late eighteenth century." KAPS, Cores and Peripheries Reconsidered (wie Anm. 495) 215f.

[497] KOMLOSY, Innere Peripherien im räumlichen Mehrebenensystem (wie Anm. 486) 96f.

[498] Ebd. 107.

[499] Ebd. 124. – Hans-Heinrich Nolte hat aus den Untersuchungen Andrea Komlosys den Schluss gezogen, „daß die regionalen Ungleichheiten der Habsburgermonarchie durch die ökonomischen Vorteile interregionaler Arbeitsteilung eher ein Bindemittel Österreich-Ungarns bildeten als einen Sprengsatz". Hans-Heinrich NOLTE, Innere Peripherien. Das Konzept in der Forschung, in: Innere Peripherien in Ost und West (wie Anm. 489) 7–31, hier 22.

Schluss

Adam Wandruszka (1914–1997), Mitherausgeber der ersten sechs Bände des Handbuchs „Die Habsburgermonarchie 1848–1918", Autor einer zweibändigen, tendenziell hagiographischen Biographie Kaiser Leopolds II. und einer schmalen, seinerzeit vielgelesenen, zwischen 1956 und 1995 in acht Auflagen erschienenen „Geschichte des Hauses Habsburg" als „Geschichte einer europäischen Dynastie", hat im November 1969 seine Antrittsvorlesung als Professor für Österreichische Geschichte an der Universität Wien optimistisch mit der Aussage beendet, die österreichische Geschichte (verstanden als Geschichte der Habsburgermonarchie) sei „einer der wenigen Wissenschaftszweige [...], in denen die österreichische Wissenschaft in dem so notwendigen, befruchtenden Gespräch auf internationaler Ebene nicht nur gleichberechtigt, sondern sogar in einer durch die Quellennähe gegebenen Vorzugsposition teilnehmen kann"[500]. Michael Hochedlinger hat dem 2011 sarkastisch entgegengehalten[501]: „With little or no mastery of eastern languages, a narrow focus on the Alpine core-lands and an attendant refusal to perceive the Monarchy as a European great power, Austrian historians, despite their logistical advantages such as having the great Vienna Central Archives right on their doorstep, have dangerously slipped to the fringes of international debate since 1989 and the full return of the much more productive historians from the formerly communist east." Zustimmend zitierte Hochedlinger den britischen Historiker T. C. W. Blanning, der 1995 in einer Buchbesprechung im „Times Literary Supplement" gemeint hatte, die Geschichte der Habsburgermonarchie sei viel zu wichtig, um sie den Österreichern zu überlassen[502].

Am Ende dieses allzu umfangreich geratenen, aber selbstverständlich trotzdem lückenhaften Überblicks kann immerhin festgehalten werden, dass österreichische Historiker und Historikerinnen – ganz im Sinne der eingangs zitierten Äußerungen Hugo Hantschs aus der Mitte der 1930er Jahre – sich auch noch nach 1945 am ehesten für die Geschichte der Habsburgermonarchie und Österreich-Ungarns als „Gesamtstaat" zuständig gefühlt haben und einige wichtige Referenz- und Grundlagenwerke initiiert haben wie insbesondere das vielbändige Handbuch „Die Habsburgermonarchie 1848–1918" und die Edition der Ministerratsprotokolle von 1848 bis 1918, aber auch eine Quellenkunde und ein Handbuch der Verwaltungsgeschichte der Habsburgermonarchie in der Frühen Neuzeit, allesamt unter Mitarbeit zahlreicher Historiker und Historikerinnen aus den anderen Nachfolgestaaten Österreich-Ungarns.

Es dürfte auch deutlich geworden sein, dass es wie in allen anderen Bereichen der Geschichtswissenschaft auch auf dem Gebiet der Österreichischen Geschichte, dem in Österreich die Geschichte der Habsburgermonarchie traditionellerweise zugerechnet wird, seit den 1970er Jahren zu einer starken „Pluralisierung der Forschungsansätze und Deutungsmodelle"[503] gekommen ist. Das „Feld historischer Fragestellungen" wurde

---

[500] Adam Wandruszka, Zur Problematik der österreichischen Geschichte. *MIÖG* 78 (1970) 468–484, hier 484. Zu Wandruszkas NS-Vergangenheit in aller Kürze Winkelbauer, Das Fach Geschichte an der Universität Wien (wie Anm. 2) 166f. und 251f.

[501] Michael Hochedlinger, Political History, in: 18th Century Studies in Austria, 1945–2010 (wie Anm. 400) 13–31, hier 16.

[502] Ebd.

[503] Lutz Raphael, Geschichtswissenschaft im Zeitalter der Extreme. Theorien, Methoden, Tendenzen von 1900 bis zur Gegenwart (München ²2010) 60.

bekanntlich deutlich erweitert, „ohne daß ein allgemeines Paradigma – wie noch im 19. und frühen 20. Jahrhundert – die verschiedenen Fragestellungen zusammenzuhalten und zusammenzuführen vermöchte"[504]. Die fortschreitende Spezialisierung, Pluralisierung, Zersplitterung und Internationalisierung der Geschichtswissenschaft(en) im Allgemeinen und der Erforschung der Geschichte der Habsburgermonarchie im Besonderen hatte eine – im Vergleich zum 19. Jahrhundert und zur ersten Hälfte des 20. Jahrhunderts – wachsende Unübersichtlichkeit zur Folge. Wenn dieser Beitrag und der gesamte vorliegende Band dazu beitragen können, den Überblick zu bewahren oder wiederzugewinnen, haben sie ihren Zweck erreicht.

---

[504] Notker HAMMERSTEIN–Dirk HEIRBAUT, Sozialwissenschaften, Geschichte und Rechtswissenschaft, in: Geschichte der Universität in Europa, hg. von Walter RÜEGG, Bd. 4: Vom Zweiten Weltkrieg bis zum Ende des 20. Jahrhunderts (München 2010) 331–375, hier 365.

Zerfall des liberalen Erbes

Die Darstellung der Österreichisch-Ungarischen Monarchie in der ungarischen Geschichtsschreibung (1867–1945)

Tibor Frank

In der traditionellen ungarischen Geschichtsschreibung gibt es seit langem eine Zweiteilung zwischen glühenden Anhängern der nationalen Souveränität und Unabhängigkeit auf der einen und Unterstützern des Hauses Habsburg und der Verortung Ungarns im Rahmen der Habsburgermonarchie auf der anderen Seite. Viel von dem, was über knapp 400 Jahre der Geschichte Ungarns im Reich der Habsburger – dem berühmten „Kakanien" – geschrieben wurde, ist eine Fortsetzung nie enden wollender politischer Debatten zwischen „Befürwortern der Unabhängigkeit" einerseits und „Anhängern der Habsburger" andererseits. Auch geht es hier um die Darstellung und Interpretation dieser Auseinandersetzungen in Form von Begriffen der Historiographie. Die Geschichtsschreibung in Ungarn wurde stets durch die Politik vorangetrieben oder zumindest stark von dieser initiiert und beeinflusst. In der ungarischen Historiographie spiegelten sich die politischen Philosophien bzw. Ideologien miteinander im Wettstreit stehender politischer Parteien wider. Die nationalstaatliche Politik war eher ein entscheidender Faktor bei der Ausprägung der Strömungen in der Geschichtsschreibung als bei der Formung der der europäischen Wissenschaft innewohnenden Werte.

Befürworter des Ideals der nationalstaatlichen Unabhängigkeit hatten die Tradition des Hauses Habsburg in der modernen ungarischen Geschichtsschreibung bereits unter der Herrschaft der Habsburger im 19. Jahrhundert zu attackieren begonnen. Die Geschichte der Nation war bereits zu einem zentralen Element im Alltag der Menschen und in der Politik geworden. Die verschiedenen Verschwörungen gegen die Habsburger, Revolten und Aufstände, Unabhängigkeitskriege, die Geschichte des unabhängigen Siebenbürgen, die Bewertung der wirtschaftlichen Stellung bzw. Lage Ungarns im Kontext der Habsburgermonarchie sowie die Rolle Ungarns als Pufferzone, die den Westen Europas gegen das Osmanische Reich abschirmte, gehörten alle zu den Grundfragen äußerst langwieriger politischer Streitigkeiten darüber, ob Ungarn unabhängig von den anderen Ländern der Habsburger werden solle oder nicht.

Diese Debatten wurden insbesondere nach der Revolution bzw. dem Freiheitskampf von 1848/49 sehr hitzig geführt, also zu einem Zeitpunkt, zu dem die Geschichte und die Diskussion darüber zu einer Art kodierter Geheimsprache wurden, um über verbotene politische Fragen sprechen zu können. Diese verdeckte Rolle im Rahmen politischer Diskussionen wurde gleichsam zu einem Markenzeichen der ungarischen Ge-

schichtsschreibung. Die Wahl des behandelten Gegenstands, die Bewertung entscheidender historischer Daten und Ereignisse, die Darstellung der Rollen der Staatsmacht
und von deren Gegnern sowie die Beurteilung nationaler und nationalstaatlicher Werte
und Symbole wurden zu Werkzeugen im Kampf gegen die herrschenden politischen
Verhältnisse. Eine der am heftigsten geführten Debatten betraf die Thematik des Österreichisch-Ungarischen Ausgleichs von 1867. Viele der grundlegenden Fragen der neueren ungarischen Geschichte ranken sich um dieses Ereignis. Das Jahr 1867 war genauso
untrennbar mit der 1713 proklamierten und 1723 vom ungarischen Landtag angenommenen Pragmatischen Sanktion wie mit dem im Jahr 1920 geschlossenen Friedensvertrag von Trianon verbunden und stand somit im Brennpunkt der Diskussion über die
vierhundertjährige Geschichte österreichisch-ungarischer Koexistenz und Auseinandersetzungen[1].

Während einer der wahrscheinlich komplexesten und umstrittensten Perioden in der
ungarischen Geschichte stehen drei Historiker mit voneinander abweichenden Meinungen über den Österreichisch-Ungarischen Ausgleich für das komplizierte Wechselspiel
zwischen Geschichte und Geschichtsschreibung sowie denjenigen, die sie gestalten[2].

Henrik Marczali: Von der Warte des Liberalismus

Die historische Bewertung der Österreichisch-Ungarischen Monarchie geht auf die
Initiative des großen liberalen Historikers Henrik Marczali (1856–1940) zurück, der
seine prägenden Jahre und die kreativsten Jahrzehnte seiner Lebenszeit in der k. u. k.
Monarchie verbrachte. Er konnte sich glücklich schätzen, auf einem Gut der Grafen
Széchenyi geboren zu sein, wo seine Familie den Liberalismus der Széchenyis erlebte,
welcher wiederum von der britischen Tradition beeinflusst war. In seinem Werk „History and Historians in the Nineteenth Century" schrieb George Peabody Gooch über
Marczali: „Erst mit dem Erscheinen Marczalis konnte sich die ungarische Historiographie von den Fesseln des engstirnigen Patriotismus befreien."[3] Es mag beinahe Symbol-
kraft haben, dass Marczali im Alter von zehn Jahren im Pester Stadtwäldchen (ung.
Városliget) auf Ferenc Deák (1803–1876), den Architekten des Österreichisch-Ungarischen Ausgleichs, traf. Er war von dieser Begegnung so beeindruckt, dass er auf den

---

[1] Tibor FRANK, The Austro-Hungarian Compromise of 1867 and its Contemporary Critics. *Hungarian Studies* 14 (2000) 196–200. – Der Beitrag wurde aus dem Ungarischen übersetzt von Claus
Michael Hutterer und Tibor Frank.

[2] Dieser Artikel ist eine überarbeitete deutsche Version meiner Aufsätze: „Kakania" Remembered:
The Austro-Hungarian Compromise in Hungarian Historiography (1867–1945), in: Vergangene Größe
und Ohnmacht in Ostmitteleuropa: Repräsentationen imperialer Erfahrung in der Historiographie seit
1918 / Lost Greatness and Past Oppression in East Central Europe: Representations of the Imperial
Experience in Historiography since 1918, hg. von Frank HADLER–Mathias MESENHÖLLER (Geschichtswissenschaft und Geschichtskultur im 20. Jahrhundert 8, Leipzig 2007) 247–262, und: Conflicting So-
vereignties: The Habsburg Monarchy in Hungarian Historiography, in: Disputed Territories and Shared
Pasts: Overlapping National Histories in Modern Europe, hg. von Tibor FRANK–Frank HADLER (Writing
the Nation 5, Basingstoke–London–New York 2011) 35–65.

[3] George Peabody GOOCH, History and Historians in the Nineteenth Century (Boston ³1959 [Lon-
don 1913]) 400.

Staatsmann zulief und ihm die Hand küsste[4]. Marczalis Einstellung zum Ausgleich entsprach wie jene Ferenc Deáks der Gesinnung der Bourgeoisie, was nicht heißen soll, dass er überhaupt keine Zweifel am Österreichisch-Ungarischen Dualismus hatte[5]. Marczali befürwortete die historische Grundlage der Verfassung der böhmischen Länder („Böhmisches Staatsrecht") und der tschechischen Forderung nach mehr nationaler Autonomie. Aus seinen Erinnerungen aus den Jahren 1929 bis 1931 geht jedoch hervor, dass er sich niemals für die Umwandlung der Habsburgermonarchie in einen Bundesstaat ausgesprochen und auch niemals die Rolle der ungarischen Bürokratie und des ungarischen Bildungswesens in den nicht von ethnischen Ungarn bewohnten Regionen des Königreichs Ungarn in Frage gestellt hatte[6].

Der große ungarische Pädagoge Mór Kármán (1843–1915) (später in den ungarischen Adelstand erhoben und mit dem Adelsprädikat Mór Kármán von Szőllőskislak ausgestattet) verhalf dem jungen Marczali zu einem Stipendium, um nach Berlin, Paris und England reisen zu können. Er kam 1875 in Berlin an; gerade noch rechtzeitig, um Seite an Seite mit den großen Meistern der deutschen Geschichtsschreibung – Leopold von Ranke (1795–1886), Georg Waitz (1813–1886), Karl Wilhelm Nitzsch (1818–1880), Wilhelm Wattenbach (1819–1897), Johann Gustav Droysen (1808–1884), Theodor Mommsen (1817–1903) und Heinrich von Treitschke (1834–1896) – zu studieren. In den Augen Marczalis waren sowohl Mommsen als auch Treitschke Chauvinisten. Nichtsdestotrotz bewahrte er eine Fotografie Mommsens bis zum Ende seines Lebens auf seinem Schreibtisch in Budapest auf. Der damals bereits 80-jährige Ranke gab Marczali sogar eine Privatvorlesung, nachdem er erfahren hatte, wie sehr es dieser junge Ungar bedauert hatte, nicht sein Student gewesen zu sein. Es war in Deutschland, wo Marczali seine rigorose Ausbildung zum Historiker erhielt. In Paris traf er Gabriel Monod (1844–1912), den Herausgeber der *Revue Historique* und Schwiegersohn des russischen Revolutionärs Alexander Herzen. Er studierte ungarisches Quellenmaterial sowohl in französischen als auch in britischen Archiven und Bibliotheken, darunter auch im British Museum[7].

Ausgerüstet mit dem Besten, was die 1870er Jahre in Europa zu bieten hatten, machte sich Marczali in den 1880er und 1890er Jahren an die Arbeit an seinem bahnbrechenden Werk. Seiner Ansicht nach reichte der vom Reich der Habsburger befürwortete Begriff des „legalen Dualismus" weiter zurück als bis zum Ausgleich von 1867. Er dachte dabei viel eher an den Gesetzesartikel III König Karls III. aus dem Jahr 1715, in welchem zum ersten Mal die territoriale Integrität Ungarns garantiert und gleichzeitig festgestellt wurde, dass „Ungarn nicht nach der Weise anderer Erbländer regiert werde"[8]. Dieses Modell bildete das historische Fundament für Ferenc Deáks rechtliche Argumente, die dabei halfen, den Österreichisch-Ungarischen Ausgleich aus dem Jahr 1867 auf der Grundlage der Pragmatischen Sanktion von 1723 zu verwirklichen[9]. Ab 1920 ging

---

[4] Neville MASTERMAN[–Tibor FRANK], Henrik Marczali, Historian. *The New Hungarian Quarterly* 14/49 (Spring 1973) 151.

[5] Henrik MARCZALI, Magyarország története [Geschichte Ungarns] (Budapest 1911) 702.

[6] DERS., Emlékeim [Meine Erinnerungen]. *Nyugat* 22/1–2 und 24/2 (1929–1931); Neuausgabe hg. von Péter GUNST (Budapest 2000).

[7] MASTERMAN[–FRANK], Henrik Marczali (wie Anm. 4) 151.

[8] Heinrich MARCZALI, Ungarisches Verfassungsrecht (Das öffentliche Recht der Gegenwart 15, Tübingen 1911) 15; siehe auch 50–55, 173–174, 224–229.

[9] Horst HASELSTEINER, Cooperation and confrontation between rulers and the noble estates, 1711–

Marczali bereits davon aus, dass der Gesetzesartikel XII aus dem Jahr 1867, der den rechtlichen Rahmen für den Ausgleich bildete, „eine weltgeschichtliche Bedeutung" erlangt habe[10].

Sein Interesse am Ausgleich war wahrscheinlich ausschlaggebend dafür, seine Arbeit auf das 18. Jahrhundert zu fokussieren. Er arbeitete die ungarische Geschichte des gesamten Zeitalters auf, und zwar unter besonderer Berücksichtigung der Herrschaft von Kaiserin Maria Theresia und Kaiser Joseph II.[11]. Ein Teil seiner Arbeiten über Joseph II. wurde in Cambridge mithilfe seines dort tätigen englischen Freundes Harold W. V. Temperley, des zukünftigen Herausgebers der sechsbändigen „History of the Peace Conference of Paris" (1920–1924), publiziert, der dieses Werk auch mit einer Einleitung versah[12]. Kurz darauf verfasste er den Band über das 18. Jahrhundert im Rahmen eines populären mehrbändigen Werks zur Geschichte Ungarns. 1907 widmete er zwei Bände der Geschichte der „Modernisierung" im Zuge des ungarischen Landtags von 1790/91. Marczali war der erste, der vorschlug, das 18. Jahrhundert in Ungarn als Zeitalter des wirtschaftlichen Aufschwungs und des Wachstums zu betrachten. Darüber hinaus berücksichtigte seine Arbeit aber auch Perspektiven, um das häufig von den „Befürwortern der Unabhängigkeit" verwendete Argument zu untermauern, demzufolge Ungarn in der Habsburgermonarchie den Status einer Kolonie hatte[13].

Marczali, ein Nachkomme jüdischer Rabbiner, wurde zum produktivsten und einflussreichsten ungarischen Historiker seiner Zeit. Seine Arbeit bestimmte über mehrere Jahrzehnte hinweg die Sichtweise auf die Geschichte der ungarischen Nation. Zwar befasste er sich in erster Linie mit der ungarischen Geschichte, er stellte diese jedoch in den größeren Kontext der Habsburgermonarchie sowie anderer europäischer Mächte. Er war Herausgeber eines zwölfbändigen Werkes zur Weltgeschichte, wobei er sechs Bände davon selbst verfasste. Durch seine Forschungen kam er in näheren Kontakt mit Aristokraten wie den Familien Andrássy, Apponyi, Bánffy, Jósika und Wesselényi, die wiederum Freunde von Marczali und seiner Familie wurden.

Er sympathisierte mit den Helden der Revolution bzw. des Freiheitskampfes von 1848/49, vertrat aber dennoch einen idiosynkratischen Ansatz. Einige Beispiele dafür müssen hier genügen. Er wurde zum Freund von General Arthur Görgei (1818–1916), der vor den Truppen von Zar Nikolaus I. kapitulierte und für die endgültige Niederlage in dem von Lajos Kossuth geführten Unabhängigkeitskrieg von Kossuth selbst verantwortlich gemacht wurde. Marczali verbündete sich mit Pál Gyulai, dem Doyen der ungarischen Literatur, bei dem Versuch, den Ruf Görgeis zu retten. Vom Sohn des Generals[14] erhielt er die Unterlagen über den zum Märtyrer gewordenen General Karl August Graf zu Leiningen-Westerburg (1819–1849), einen der vielen, die nach dem niedergeschlagenen Unabhängigkeitskrieg von 1849 der Rache der Habsburger zum

---

1790, in: A History of Hungary, hg. von Peter SUGAR–Péter HANÁK–Tibor FRANK (Bloomington-Indianapolis 1990) 143–145.

[10] Henrik MARCZALI, A béke könyve. A mult tanulsága [Das Buch des Friedens. Die Moral der Vergangenheit] (Budapest 1920) 191.

[11] DERS., Magyarország története II. József korában [Die Geschichte Ungarns im Zeitalter Josephs II.], 3 Bde. (Budapest [1]1881–1888, Bde. 1 und 2: Budapest [2]1885–1888); DERS., Mária Terézia 1717–1780 (Budapest 1891).

[12] Henry MARCZALI, Hungary in the Eighteenth Century (Cambridge 1910).

[13] Péter GUNST, A magyar történetírás története [Die Geschichte der ungarischen Geschichtsschreibung] (Debrecen 2000) 220.

[14] Siehe Graf zu Leiningen jr. an Marczali, im Eigentum des Autors.

Opfer gefallen waren. Außerdem erlaubte man ihm, diese Dokumente zu veröffentlichen, was er auch tat, und zwar sowohl in ungarischer als auch in englischer Sprache,
da es sich bei Leiningen um einen entfernten Verwandten von Queen Victoria handelte.
Der Fall Leiningen war nicht unproblematisch. Dieser junge Offizier hatte dem
Kaiser bzw. König aus dem Hause Habsburg einen Treueeid geschworen, war aber
gleichzeitig seinen ungarischen Kameraden stets treu geblieben, und zwar selbst nachdem es zum Bruch zwischen den Habsburgern und Kossuth gekommen war. Es sagt viel
über Marczali, den stets gewissenhaft arbeitenden Historiker, aus, dass er zwar nie den
ungarischen Revolutionsführer Lajos Kossuth (1802–1894) während dessen Zeit im
Exil besuchte, aber dennoch ein schriftliches Interview mit diesem führte.

Alle diese Beispiele demonstrieren recht anschaulich Marczalis vorsichtige und ab-
wägende Haltung zum ungarischen Freiheitskampf gegen die Habsburger. Sie geben
auch Zeugnis von dem Umstand, dass seine Loyalität geteilt war. Einerseits war er gegenüber der ungarischen Nation loyal, andererseits auch gegenüber dem habsburgischen
Kaiser bzw. König. Marczali verkörperte das Dilemma der „Generation des Ausgleichs
von 1867", die sowohl die neu gewonnene Autonomie Ungarns als auch den Habsburger auf dem Thron feierte. Die Angehörigen dieser Generation huldigten auf der einen
Seite dem ungarischen Nationalismus, auf der anderen aber auch dem Überleben des
Vielvölkerstaats. Sie priesen den Liberalismus des 19. Jahrhunderts und gleichzeitig auch
den autoritären Führungsstil der Doppelmonarchie. Als ein assimilierter ungarischer
Jude war Marczali dankbar für die Toleranz, die seiner Generation unter dem österreichischen Kaiser und ungarischen König Franz Joseph I. zuteilgeworden war.

Selbst das Jahr 1914 erinnerte Marczali an die Ereignisse von 1848. In einem Brief
vom 31. Juli 1914 an Harold W. V. Temperley zeigt er sich in kriegsbegeisterter Stim-
mung: „Ich schreibe nunmehr in einem historischen Moment. Die Begeisterung für den
Krieg ist aufrichtig und allgegenwärtig. Unsere Situation war unerträglich geworden und
es gab auch kein anderes Thema. Niemals zuvor, nicht einmal in den Tagen des ‚Alten
Mannes von den Bergen', hatte es eine Organisation wie die Narodna Odbrana und ihre
russischen Schirmherren gegeben."[15] Marczali ging fälschlicherweise davon aus, dass
„ganz Europa" mit der Politik Österreich-Ungarns einverstanden war.

Er hatte Angst vor dem Ausgang des Krieges. Eilig schrieb er ein Buch mit dem Titel
„A béke könyve" („Buch des Friedens"), das 1920 erschien. Es handelt sich dabei um
einen internationalen Überblick über frühere Friedensverträge. Er schrieb dieses Werk in
der Absicht, zu betonen, dass die Entente sich das Recht vorbehalte, einen Frieden zu
vereinbaren, „in welchem eine Vertragspartei alles diktiert, während die andere vernichtende Bedingungen vorbehaltlos akzeptieren muss". In diesem Büchlein erinnerte er sich
an seine liberalen Ideale und erklärte, dass „die mögliche hohe Bildung der Vertreter
nationaler Minderheiten der ungarischen Tradition entsprach, d. h. dem wahren Liberalismus eines Széchenyi, Deák und Eötvös". In einem nationalistischen Kommentar fügte
er noch hinzu: „Unser Bestreben, einen rein ungarischen Staat zu gründen, war nicht
nur natürlich, sondern es hätte auch zur Weiterentwicklung der Kultur beigetragen."[16]

---

[15] MASTERMAN[–FRANK], Henrik Marczali (wie Anm. 4) 155 und 157.
[16] MARCZALI, A béke könyve (wie Anm. 10) 180, 194.

Gyula Szekfű: Ein konservativer Kritiker

Historische Bilder und Erinnerungen an das Reich der Habsburger, welches später zur Österreichisch-Ungarischen Monarchie (1867–1918) wurde, erfuhren durch die dramatischen Ereignisse und Entwicklungen in den Jahren 1918 bis 1920 eine Rekontextualisierung. Zu denken ist hier an die Niederlage im Ersten Weltkrieg, die bürgerlich-liberale Revolution des Jahres 1918, die Machtübernahme durch die Bolschewiken in der Räterepublik (1919), die Konterrevolution von 1919/20 sowie den Friedensvertrag von Trianon (1920). Durch Trianon erlitt Ungarn gewaltige Verluste: Es verlor an die zwei Drittel seines Staatsgebiets. Dreieinhalb Millionen ethnische Ungarn lebten fortan in Nachbarstaaten. An dieser Stelle darf nicht unerwähnt bleiben, dass auch die amerikanischen Quotagesetze von 1921 und 1924 äußerst negative Auswirkungen auf die Entwicklung der ungarischen Gesellschaft hatten.

Gyula Szekfű (1883–1955), ein Student Marczalis, sollte schließlich zum einflussreichsten ungarischen Historiker der Zwischenkriegszeit werden. Nach 1908 arbeitete er mehrere Jahre hindurch in verschiedenen Archiven in Wien, wo er zu einem exzellenten Geschichtswissenschaftler wurde. Als Professor für neuere ungarische Geschichte an der Universität von Budapest (heute Eötvös-Loránd-Universität) und Herausgeber der vielgelesenen Zeitschrift *Budapesti Szemle* (Budapester Rundschau) wurde er zur treibenden intellektuellen Kraft der Horthy-Ära. 1917, also noch während des Krieges, veröffentlichte er in Deutschland, offensichtlich in Erwartung dessen, was kommen sollte, einen historischen Essay mit dem Titel „Der Staat Ungarn", in welchem er die Gesetzgeber lobte, die den Ausgleich 1867 formuliert hatten, und zwar dafür, dass sie das Wesen und das Grundprinzip der Geschichte der Nation entdeckt hatten[17].

Er setzte diese historische Betrachtungsweise fort in seinem Werk „Három nemzedék és ami utána következik" („Drei Generationen und was danach kommt"), welches 1920 und in der Folge in zwei weiteren Ausgaben 1922 und 1934 veröffentlicht wurde[18]. Es handelt sich um eine essayistische Abhandlung, in welcher er einen Überblick über seine Ansichten zur ungarischen Geschichte während des „langen 19. Jahrhunderts" sowie seine Visionen in Bezug auf die darauffolgende „Dekadenz" vermittelt. Für ihn war Graf István Széchenyi (1791–1860) derjenige, der als Maß für die Existenz der ungarischen Nation diente. Sowohl seine Politik als auch seine Reformen rührten von einer besonderen geistigen Verfassung her. Er war der Ungar par excellence, an welchem sich die Angehörigen der Generationen der 1870er Jahre sowie der Jahrhundertwende messen lassen mussten. Im Gegensatz zu Széchenyi sah Szekfű in Kossuth einen Staatsmann, der lediglich „optimistischen Idealvorstellungen" nachhing[19].

In seiner ungarischen „Geistesgeschichte" stellte Szekfű fest, dass die große Generation der 1840er Jahre „durch die Katastrophe des Freiheitskampfes tödlich verwundet wurde"[20]. Ein Viertel der geistigen Anführer der Nation war 1848/49 im Krieg gefallen. Ein weiteres Viertel musste das Land verlassen. Nach der Rückkehr der Letzteren im Jahr 1867 hatten sie alle ihren Einfluss auf die Nation verloren. Der Ausgleich von 1867 war

---

[17] J(ulius) Szekfű, Der Staat Ungarn. Eine Geschichtsstudie (Stuttgart–Berlin 1918) 186–192.

[18] Gyula Szekfű, Három nemzedék. Egy hanyatló kor története [Drei Generationen. Die Geschichte einer dekadenten Ära] (Budapest 1920, ²1922); ders., Három nemzedék és ami utána következik [Drei Generationen und was danach kommt] (Budapest ³1934).

[19] Szekfű, Három nemzedék és ami utána következik (wie Anm. 18) 202.

[20] Ebd. 163.

nach der Auffassung von Szekfű das Werk des alternden Deák sowie einiger weniger älterer Überlebender der großen Generation. Dazu gehörten z. B. József Freiherr von Eötvös sowie Gyula Graf Andrássy, welche in größter Eile versuchten, den Dualismus in einer Zeit zu etablieren, in der es schon beinahe zu spät dafür war – so die Ansicht Szekfűs.

Im Laufe seiner Diskussionen über die neuere Geschichte Ungarns vertrat Szekfű einen kritischen Standpunkt in Bezug auf die Stellung Ungarns innerhalb der Habsburgermonarchie. In Anbetracht der mangelnden staatlichen Souveränität sah Szekfű in Deák den Architekten eines hervorragenden Regelwerks auf der Grundlage der Pragmatischen Sanktion aus dem Jahr 1723. *Indivisibiliter ac inseparabiliter* waren die Zauberwörter der neuen Verfassung, die den gemeinsamen Monarchen dazu verpflichtete, die (staatsrechtliche) Integrität beider Reichshälften zu verteidigen. In diesem Rahmen wurde die verfassungsrechtliche, legale und administrative Autonomie Ungarns wiederhergestellt. Szekfű hielt den Gesetzesartikel XII aus dem Jahre 1867 für ein verfassungsrechtliches Meisterwerk.

Der neue „Nationalstaat" sei von einer neuen liberalen Generation übernommen worden, die einige der hervorragendsten Gedanken einer früheren Gruppe in die Realität umsetzen sollte, die aber gleichzeitig nicht in der Lage gewesen sei, den beständigen Verfall der Nation zu stoppen. Für Szekfű war diese zweite Generation lediglich eine hohle Form ohne Inhalt. Die ungarische Politik sei nunmehr von einer Gruppe von Leuten beeinflusst worden, die jener der 1840er Jahre in erheblichem Maße unterlegen gewesen sei. Diese Generation habe sich aber laut Szekfű glücklich schätzen können, da sie in ihrem Bestreben, den Kapitalismus in Ungarn zu etablieren, in einer Epoche des Friedens und relativ ruhiger Verhältnisse agieren konnte. Nach der Auffassung von Szekfű handelte es sich beim Kapitalismus in Ungarn lediglich um eine subsidiäre Aktion von österreichischer Seite. Das Geld sei aus Österreich gekommen, die Eisenbahngesellschaften hätten sich in fremder Hand befunden und die neu gegründeten ungarischen Unternehmen hätten jene Halbfabrikate erzeugt, die letztlich in Österreich fertiggestellt worden seien. Die Rückständigkeit des Landes sei ein Erbe des 18. Jahrhunderts, eine Folge der Handelspolitik der Kaiserin Maria Theresia (1740–1780) gewesen. Obwohl sich die Situation seit 1867 verbessert habe, verglich Szekfű die Beziehungen zwischen Österreich und Ungarn mit kolonialen Verhältnissen, wobei er Ungarn als Kolonie in einem Kolonialreich charakterisierte. Noch schlimmer sei, laut Szekfű, der Umstand, dass der Kapitalismus in Ungarn noch viel mehr vom Judentum „getragen und mehr dominierend unterstützt"[21] werde als in anderen Ländern. Der ungarische niedere Adel bzw. die Gentry sei nicht willens und auch nicht fähig gewesen, den Kapitalismus zu fördern und habe daher die Aufgabe, das Land zu modernisieren, den Juden übertragen. Einer seiner Studenten, der ungarische Historiker Domokos Kosáry (1913–2007), meinte dazu, dass Szekfű sehr kritisch eingestellt gewesen sei gegenüber der Politik „der Gentry mit ihren nationalistischen Irrwegen, ihrer Opposition im Zusammenhang mit dem öffentlichen Recht und ihrer unverhohlenen und sehr intoleranten nationalistischen Politik"[22].

---

[21] Ebd. 242.
[22] Domokos KOSÁRY, A magyar történetírás a két világháború között [Die ungarische Geschichtsschreibung in der Zwischenkriegszeit], in: A történelem veszedelmei [Die Gefahren der Geschichte], hg. vom DEMS. (Budapest 1987) 321–355, hier 327.

Der Rückzug der Gentry in die staatliche Bürokratie habe zu einer Allianz von Kapitalismus und Judentum geführt, was es den Juden der dritten Generation erlaubt habe, eine führende Rolle bei der Ausprägung des geistigen Lebens und der Kultur des Landes zu spielen[23]. Der kontinuierliche Zerfall dreier aufeinanderfolgender Generationen habe gegen Ende der k. u. k. Ära in vielen Bereichen zu einer jüdischen Machtübernahme geführt. Diese habe den Sieg des „Liberalismus, der Illusionen und der Budapester Moral"[24] ermöglicht. Alles das habe letztendlich der radikalen Partei eines Oszkár (in der Emigration: Oscar) Jászi zum Sieg verholfen und die Revolution des Oktobers 1918 verursacht.

Szekfűs langer Essay stellt eine wichtige Wende nicht nur in der ungarischen Geschichtsschreibung nach dem Ersten Weltkrieg dar, sondern auch in Szekfűs eigenem umfangreichen Lebenswerk. Sowohl die Angriffe gegen Wien als auch Forschungen über revolutionäre antihabsburgische Bewegungen hörten plötzlich auf, während sich die Frage der nationalen Unabhängigkeit immer mehr zu den Problemen der nationalen Minderheiten verschob[25]. Szekfűs Aufsatz ist umso wichtiger, als er die geistigen Grundlagen für die Geschichte Ungarns legte. Gemeint ist ein mehrere Bände umfassendes Werk, eine Zusammenfassung der ungarischen Geschichte. Koautor dieses Opus magnum war Bálint Hóman (1885–1951), ebenfalls ein ehemaliger Student von Marczali, seines Zeichens Professor an der Universität Budapest und Minister für Religion und Bildung (1932–1942). Das im Allgemeinen auch salopp als „der Hóman–Szekfű" bezeichnete Werk als Ergebnis eines gemeinsamen Kraftaktes dieser beiden Autoren sollte die am längsten Bestand habende zusammenfassende Darstellung der ungarischen Geschichte werden, und zwar mit enormen Auswirkungen auf das Denken der Zwischenkriegszeit, ja sogar auf das Denken in der Zeit nach dem Zweiten Weltkrieg. Aufgrund seiner vielen Ausgaben – die erste Auflage erschien zwischen 1928 und 1934 – wurde „Magyar Történet" [„Geschichte Ungarns"] zu einem „Haushaltsartikel", also beinahe zu einem fixen Bestandteil in der Hausbibliothek von Familien der ungarischen Mittelklasse, die Erklärungen von wissenschaftlicher Seite benötigten, um das Unverständliche zu verstehen, nämlich wie es soweit kommen konnte, dass Ungarn so tief fiel, vom integralen Bestandteil einer europäischen Großmacht zu einem in Agonie versinkenden und von Selbstmitleid zerfressenen „Nachfolgestaat".

Bei dem Koautor der „Magyar Történet" handelt es sich aber nicht mehr um ganz denselben Menschen, der auch das Werk „Három nemzedék" („Drei Generationen") verfasst hatte. In vieler Hinsicht war Szekfű in den 1930er Jahren von jener Betrachtungsweise abgewichen, die er noch in den 1920er Jahren vertreten hatte. Sein Konservativismus war inzwischen durch liberale Impulse modifiziert bzw. abgeschwächt worden, was auch sein aktives Interesse für soziale und politische Reformen in Ungarn weckte[26].

Szekfűs Abhandlung aus den späten 1920er, frühen 1930er Jahren über das Zeitalter des Dualismus beginnt mit der folgenden Aussage[27]: „Durch das Werk von Deák und

---

[23] Szekfű, Három nemzedék és ami utána következik (wie Anm. 18) 242–249.

[24] Ebd. 328–361.

[25] Ferenc Glatz, Történetíró és politika. Szekfű, Steier, Thim és Miskolczy nemzetről és államról [Geschichtsschreiber und Politik. Szekfű, Steier, Thim und Miskolczy über Nation und Staat] (Budapest 1980) 22.

[26] Vilmos Erős, A Szekfű–Mályusz vita [Die Szekfű–Mályusz-Debatte] (Debrecen 2000) 50f.

[27] Gyula Szekfű, Abszolutizmus és kiegyezés [Absolutismus und Ausgleich], in: Magyar történet

Franz Joseph I. wurde praktisch die nationalstaatliche Souveränität und Autarkie [Ungarns] in einem viel größeren Ausmaß gewährleistet als das noch bei jedem anderen Gesetz davor, und zwar seit 1526, oder auch im Hinblick auf die Angriffe von Männern wie Bocskay [sic!], Bethlen sowie György und Ferenc Rákóczy [sic!] der Fall gewesen war. Darüber hinaus wurde die Gültigkeit dieser Vereinbarung nunmehr garantiert, und zwar nicht nur durch das Schwert bzw. die Waffengewalt der Ungarn, wie das hinsichtlich der Gesetze von 1848 noch der Fall gewesen war, also nicht nur durch jene Gewalt, die sich letztlich als so schwach erwiesen hatte, sondern durch den gemeinsamen Willen der Nation und der herrschenden Dynastie sowie durch das Friedensabkommen mit Österreich, dem anderen Staat. Basierend auf diesem sicheren Fundament konnte Ungarn eine der längsten Perioden des Friedens in seiner modernen Geschichte erleben."

Obwohl Szekfű seine Ausführungen mit einer heftigen Kritik an Kossuth wegen dessen Angriffs auf den Ausgleich fortsetzte, sah er ganz deutlich, dass die tatsächliche Macht innerhalb der Monarchie sich in den Händen der „obersten militärischen Ränge und der böhmischen Aristokratie im unmittelbaren Umfeld des Kaisers befand", welche loyale Befürworter der Monarchie waren. Es war nicht leicht für die Ungarn, den Monarchen davon zu überzeugen, seinen Titel von „Kaiser von Österreich" in „Kaiser von Österreich und Apostolischer König von Ungarn" zu ändern, was dieser jedoch 1868 schließlich tat. Das „Kaisertum Österreich" wurde zur „Österreichisch-Ungarischen Monarchie". Das wichtigste Ziel von Kaiser und König Franz Joseph bestand in der Aufrechterhaltung seines Reiches, wobei es eigentlich keine Rolle spielte, welche Werkzeuge und Methoden im Interesse der Erreichung dieses Ziels zur Anwendung kamen. Der Zweck heiligte die Mittel. Szekfű ging davon aus, dass die Koalition von 1904/05 dem politischen System des Ausgleichs ein Ende bereitete und dass der Zerfall der Monarchie durch „die Disziplin, die der öffentlichen Meinung infolge des Weltkriegs aufgezwungen worden war"[28], nur hinausgezögert wurde. Szekfűs Geschichte der Nation war im Jahr 1936 weit weniger ideologisch überfrachtet und viel unparteiischer als es noch seine Ausführungen in seiner 1920 erschienenen Abhandlung über „die drei Generationen" gewesen waren. Obwohl er seine antisemitischen Attacken wiederholte, tat er das nunmehr in einer weit weniger boshaften Form und lieferte auch eine viel unvoreingenommenere Interpretation der Gründe für die Revolutionen der Jahre 1918 und 1919[29]. Er charakterisierte das bolschewistische Zwischenspiel von 1919 als den „absoluten Tiefpunkt unserer Geschichte". Bis 1934 hatte er die dritte Auflage des Werkes „Három nemzedék" („Drei Generationen") sogar um ein ganzes Kapitel erweitert, das sich sehr kritisch mit der Entwicklung der ungarischen Gesellschaft in der Nachkriegszeit beschäftigte.

1934 plante der ehemalige Ministerpräsident Graf István Bethlen eine gekürzte Fassung der Geschichte Ungarns von Bálint Hóman und Gyula Szekfű in englischer und französischer Sprache, ein Projekt, das aber letztendlich nie verwirklicht wurde. Diese adaptierte Version sollte einem internationalen politischen Zweck dienen, indem sie als eine Art Antwort auf „A History of Roumanians. From Roman Times to the Completion of Unity" (Cambridge 1934) von Robert William Seton-Watson gedacht war. Bei

---

[Ungarische Geschichte], hg. von Bálint HÓMAN–Gyula SZEKFŰ, Bd. 5 (Budapest ²1936) 439–466, hier 466.

[28] Ebd. 473f. und 511.

[29] Ebd. 596–598 und 603f.

letzterem Werk handelte es sich um ein wissenschaftlich einflussreiches und daher politisch gefährliches Buch, das eine rumänische historische Sichtweise unterstützte[30]. Szekfű versuchte seinen Beitrag zum ursprünglich mehrere Bände umfassenden Werk zu kürzen und zu adaptieren. Die geplanten fremdsprachigen Versionen wurden jedoch nie fertiggestellt. Nichtsdestotrotz wurde das Manuskript wiederentdeckt und 2002 publiziert. Szekfű hatte seinen Text nicht nur auf gleichsam mechanische Weise gekürzt. Unter Beibehaltung seiner ursprünglichen Argumente deutete er an, dass „die Herrschaft von Kaiser Franz Joseph nach 1867 zu den glücklichsten Perioden in der Geschichte Ungarns gehörte"[31], wenngleich der Autor seine englischsprachige Zielgruppe daran erinnerte, dass es Widerstand vonseiten jener Menschen gegeben hatte, die die völlige Unabhängigkeit Ungarns gefordert hatten. Außerdem nannte er noch den restriktiven Wahlzensus sowie die dominierende Präsenz von Großgrundbesitzern, was die Demokratisierung des Landes massiv behindert habe. Letzteres habe auch zu einer Massenflucht in die Vereinigten Staaten geführt[32].

Ganz eindeutig kann dieser als der ausgewogenste Teil der Geschichtsschreibung von Gyula Szekfű gesehen werden. László Németh, ein zeitgenössischer Schriftsteller und Kritiker von Szekfű, bezeichnete diesen 1940 mit leicht ironischem Unterton als „den größten Politiker der vergangenen zwanzig Jahre"[33].

Szekfű zeichnete sich durch eine effiziente Verwendung von Quellenmaterial aus, das ihm beim Verfassen seiner frühen Werke noch nicht zur Verfügung gestanden hatte. Szekfű war in der deutschösterreichischen Fachliteratur des Themas bestens bewandert und äußerte sogar in manchen Fällen seine Gegenargumente. In seinem „Magyar történet" („Ungarische Geschichte") nutzte er die Werke von Josef Redlich (1869–1936), Richard Charmatz (1879–1965), Joseph Alexander Freiherr von Helfert (1820–1910), Oskar Freiherr von Mitis (1874–1955), Ludwig Gumplowicz (1838–1909), Theodor von Sosnosky (1866–1943), Harold Steinacker (1875–1965), Ludwig Bittner (1877–1945) und Walter Rogge (1822–1892) besonders erfolgreich[34]. Szekfű hatte ganz klar Angst vor den Aussichten auf einen weiteren Weltkrieg. Auch wurde er mit zunehmendem Alter abgeklärter. Von seinem neuen Standpunkt, den er seit Anfang der 1940er Jahre einnahm, aus betrachtet, erschien die untergegangene Welt der k. u. k. Monarchie als eine viel bessere Welt. Sein „Magyar történet" war eindeutig katholisch und prohabsburgisch. Elemér Mályusz (1898–1989), der prominente Mediävist (und Protestant), kritisierte diesen Aspekt des Buches mit Recht, da er einen viel radikaleren Nationalismus von einem solchen großzügigen Projekt erwartet hätte[35].

Eine weitere Quelle für Szekfűs neuere Version der für ein englischsprachiges Zielpublikum gedachten „Geschichte Ungarns" war das Werk „A dualizmus kora: Magyarország története 1867–1918" („Das Zeitalter des Dualismus: Die Geschichte Ungarns

---

[30] Siehe Tibor FRANK, Luring the English-Speaking World: Hungarian History Diverted. *The Slavonic and East European Review* 69 (1991) 60–80.

[31] Gyula SZEKFŰ, Rövid magyar történet 1606–1939 [Kurze ungarische Geschichte, 1606–1939] (Budapest 2002) 383.

[32] Ebd. 383–474.

[33] László NÉMETH, Szekfű Gyula (Budapest 1940) 89.

[34] Gyula SZEKFŰ, Kútfők és irodalom [Quellen und Literatur], in: Magyar történet (wie Anm. 27) 638–649.

[35] ERŐS, A Szekfű-Mályusz vita (wie Anm. 26) 54.

von 1867 bis 1918")[36]. Gusztáv Gratz (1875–1946), der einer deutschsprachigen Pasto-
renfamilie entstammende Wirtschaftsfachmann und ehemalige ungarische Botschafter
in Wien (November 1919 bis Januar 1921) und Kurzzeit-Außenminister (Januar bis
April 1921), hatte damit den Versuch unternommen, eine Geschichte des neuzeitlichen
Ungarn in drei Bänden, vom Ausgleich bis zur damaligen Gegenwart, zu schreiben.
Dabei handelt es sich um eine gut recherchierte und detaillierte Analyse des letzten
Abschnitts der österreichisch-ungarischen Periode, wobei Gratz besonders das liberale
Erbe der Generation des Ausgleichs hervorhob. Gratz erinnerte seine Leser daran, dass
„nach dem Ausgleich, mit Ausnahme der kleinen Gruppe von Konservativen, sich fast
jeder als liberal bezeichnete, d. h. sowohl die Anhänger von Deák als auch Menschen in
der Mitte und am linken Rand des politischen Spektrums. Als liberal charakterisierten
sich darüber hinaus auch noch die extreme Linke und sogar die verschiedenen Nationalitäten. Die meisten der führenden Staatsmänner bekannten sich zu liberalen Grund-
sätzen, darunter auch jene, die stark abweichende Standpunkte vertraten. Alle hatten
eine gewisse Aversion dagegen, eine endgültige Grenze zwischen Liberalen und Nicht-
Liberalen zu ziehen."[37]

In dieser im Wesentlichen politischen Geschichte versuchte Gratz das Schicksal der
„Grundlagen von siebenundsechzig" bis zum Jahr 1918 nachzuzeichnen, wobei er den
Geist und die Formulierungen des Ausgleichs als Messlatte für 51 Jahre politischer und
wirtschaftlicher Errungenschaften verwendete. Der Historiker Péter Hanák hat recht,
wenn er betont, dass Gratz „siebenundsechzig [d. h. den Ausgleich] und in diesem Zusammenhang auch gleich den Liberalismus aufarbeitete. Die historisierende Tendenz
seiner Einstellungen sollte die schwache, mit nagenden Selbstzweifeln kämpfende und
unzeitgemäße liberale Tradition wieder zum Leben erwecken bzw. wachrütteln, und
zwar vor dem Hintergrund des einschüchternden Faschismus."[38]

Szekfűs „Kurze Geschichte Ungarns" wurde nie auf Englisch publiziert. Sie wurde
nur in ungarischer Sprache im Jahr 2002 veröffentlicht. Der Autor hatte jedoch einige
Kapitel dieses Buchs seinem Studenten Domokos Kosáry gezeigt, welcher sie für sein
eigenes, 1941 in den USA erschienenes Werk „A History of Hungary" verwendete.
Kosáry deutete mit Bezug auf Szekfű an, „dass ich über keine ausreichenden Informationen über die Zeit nach dem Ersten Weltkrieg verfügte. In Antwort darauf übergab er mir
seinen eigenen handschriftlichen Text über diese Zeit, den er ursprünglich für seine
eigene [geplante] zweibändige Ausgabe in englischer Sprache verfasst hatte. Dieser letzte
Teil erschien daher, wie Szekfű mir geraten hatte, basierend auf seinem Text, in einer teils
gekürzten, teils ergänzten Fassung. Auf diesen Umstand habe ich in der Einleitung zu
meinem Werk A History of Hungary hingewiesen."[39]

---

[36] Gusztáv GRATZ, A dualizmus kora. Magyarország története 1867–1918 [Das Zeitalter des Dualismus: Die Geschichte Ungarns von 1867 bis 1918] (Budapest 1934); DERS., A forradalmak kora. Magyarország története 1918–1920 [Das Zeitalter der Revolutionen. Die Geschichte Ungarns 1918–1920]
(Budapest 1935); Hinweise Szekfűs auf Gratz in SZEKFŰ, Rövid magyar történet 1606–1939 (wie
Anm. 30) 395, 444, 474, 509, 547.

[37] GRATZ, A dualizmus kora (wie Anm. 36) Bd. I, 90f.

[38] Péter HANÁK, Historizálás és történetiség a Kiegyezés vitájában [Historisierung und geschichtliche
Authentizität in der Debatte über den Ausgleich], in: Magyarország a Monarchiában [Ungarn in der
Monarchie], hg. von DEMS. (Budapest 1975) 157–221, hier 161.

[39] Privatbrief von Domokos Kosáry an Tibor Frank, Budapest, 24. April 1989, zitiert bei FRANK,
Luring the English-Speaking World (wie Anm. 30) 77; Dominic G. KOSÁRY, A History of Hungary
(Cleveland–New York 1941, Repr. New York 1971) xxxi.

Oszkár (Oscar) Jászi: Ein Radikaler im Exil

In der Zwischenkriegszeit erschien jedoch auch noch ein weiteres wichtiges Werk über die Geschichte Österreich-Ungarns, nämlich „The Dissolution of the Habsburg Monarchy" von Oscar (Oszkár) Jászi. Dieses Buch wurde von Harold J. Laski als „politikwissenschaftliches Werk erster Klasse"[40] charakterisiert. Oszkár/Oscar Jászi (1875–1957)[41], ein Soziologe und bürgerlich-radikaler Politiker, erinnerte sich daran, wie er „in seiner Jugend mit dem Marxismus injiziert" worden war[42]. Als „bürgerlich-radikaler Demokrat" stand er neben einigen anderen an der Spitze eines zum überwiegenden Teil jüdischen Zirkels von Intellektuellen im Umfeld der Zeitschrift „Huszadik Század" (Das zwanzigste Jahrhundert) sowie der „Társadalomtudományi Társaság" (Sozialwissenschaftliche Gesellschaft) in Budapest[43]. Er wurde zum engen Verbündeten von Graf Mihály Károlyi, welcher ihn in seiner kurzlebigen Regierung von 1918/19 zum „Minister zur Vorbereitung des Selbstbestimmungsrechtes der in Ungarn lebenden Nationen" ernannte.

Obwohl Jászi niemals ein Bolschewik gewesen war, musste er nach den Revolutionen ins Exil gehen. 1925 emigrierte er in die Vereinigten Staaten von Amerika. Als Professor am Oberlin College in Ohio wurde Jászi damit beauftragt, ein Buch über die Gründe für den Zerfall des Habsburgerreiches im Hinblick auf die „Massenpsychologie" zu schreiben. Dieses Werk erschien 1929[44]. Dabei handelt es sich um mehr als nur die Analyse des Zerfalls der Monarchie. Vielmehr gibt dieses Buch einen groben Überblick über die Doppelmonarchie, d. h. über ihre Gesellschaft, ihre ethnischen Minderheiten sowie politischen Gruppierungen. Jászi war sich der „zentripetalen" und „zentrifugalen" Kräfte bewusst, die zur gleichen Zeit sowohl für den Zusammenhalt als auch für das Auseinanderdriften der Monarchie verantwortlich waren. Hierbei handelt es sich um eine hervorragende und völlig neue Herangehensweise an ein historisches Problem im Rahmen der Sozialwissenschaften.

In seinem neuen Werk stützte er sich nachweislich auf seine bis dahin erzielten Forschungsergebnisse, insbesondere auf diejenigen, die in seinen unter den Titeln „A nemzetállamok keletkezése és a nemzetiségi kérdés" (Die Entstehung der Nationalstaaten und die Frage der Nationalitäten, 1912) und „A Monarchia jövője. A dualizmus bukása és a dunai egyesült államok" (Die Zukunft der Monarchie. Das Ende des Dualismus und die Vereinigten Donaustaaten, 1918) erschienenen Büchern dargestellt werden. Wir werden hier aber auch erneut mit zahlreichen Gedanken des Publizisten Jászi konfrontiert, die ursprünglich in der Zeitschrift „Huszadik Század", in den Schriften der Bibliothek des sog. Galilei Kör (Galilei-Kreis) oder später in der „Bécsi Magyar Újság" (Wiener Ungarische Zeitung) publiziert wurden[45].

---

[40] Harold J. LASKI, Klappentext zur 4. Aufl. der ersten Phoenix-Ausgabe von Oscar JÁSZI, The Dissolution of the Habsburg Monarchy (Chicago 1966).

[41] György LITVÁN, A Twentieth-Century Prophet: Oscar Jászi 1875–1957 (Budapest 2006).

[42] Oscar Jászi an Graf Mihály Károlyi, Worcester, 17. Februar 1946, Columbia University, Butler Library, Rare Book and Manuscript Library, Oscar Jászi Papers.

[43] Über die „Huszadik Század" s. Attila PÓK, A magyarországi radikális demokrata ideológia kialakulása [Die Entstehung der ungarischen radikal-demokratischen Ideologie] (Budapest 1990).

[44] Oscar JÁSZI, The Dissolution of the Habsburg Monarchy (Chicago 1929).

[45] Oszkár JÁSZI, Az új Magyarország felé [Aufbruch in Richtung eines neuen Ungarn]; DERS., A nemzetiségi kérdés és Magyarország jövője [Die Nationalitätenfrage und die Zukunft Ungarns]; DERS., Kossuth Lajos emigrációja és az októberi emigráció [Die Emigration von Lajos Kossuth und die Emigra-

Diesem Forschungsgegenstand widmete er sich hauptsächlich im Wien des Jahres 1926, wobei er in erster Linie Werke österreichischer Autoren wie Otto Bauer (1881–1938), Viktor Bibl (1870–1947), Richard Charmatz (1879–1965), Alfred Fischel (1853–1926), Josef Redlich (1869–1936), Karl Renner (1870–1950) und Theodor von Sosnosky (1866–1943) heranzog[46]. Während seiner Zeit in Wien sprach er auch mit seinen alten literarischen Freunden Geiza Farkas und Ignotus (d.i. Hugó Veigelsberg) sowie mit dem Nationalökonomen und Wirtschaftshistoriker Karl Polányi. Er verwendete mehrere Bücher von Marczali sowie auch das Werk „Der Staat Ungarn" von Szekfű, wobei er jedoch in einer in verbittertem Unterton gehaltenen Fußnote die antiliberale Haltung von Letzterem in dessen Werk „Három nemzedék" („Drei Generationen") kritisierte. Laut Jászi sei es falsch, „den liberalen Geist des Westens auf übertriebene Art und Weise zu betonen und das Vorherrschen bestimmter politischer Sünden der Ungarn (Eitelkeit, Arroganz, kurzlebiger Eifer, Selbsttäuschung, Megalomanie, Realitätsverweigerung, Trägheit, Verachtung für produktive Arbeit) hervorzuheben und mit dem zersetzenden Einfluss von jüdischem Radikalismus und Internationalismus, […] die ja hauptverantwortlich für die ungarische Tragödie seien, zu kombinieren. Wer von einem exzessiven Liberalismus in ungarischen Institutionen spricht, unterliegt der größtmöglichen Selbsttäuschung."[47]

Jászi stellt fest, dass Szekfű in seinem Buch genau „die gegenteilige These vertritt als in der nunmehr vorliegenden neuen Arbeit". Wenngleich dies nur in einer ziemlich versteckten Fußnote erklärt wird, kann Jászis Buch „The Dissolution of the Habsburg Monarchy" als Antwort auf das 1922 in zweiter Auflage erschienene Werk „Három nemzedék" gesehen werden. Auch Szekfű reagierte auf Jászis Werk. In der dritten und letzten Auflage seines Buches zitierte er 1934 sogar – wenngleich opponierend – einige von Jászis unlängst angeführten Argumenten bezüglich des ungarischen Judentums, insbesondere im Hinblick auf die Gedanken dieses Autors zur Rolle der ungarischen Juden in den Jahren 1918 und 1919. Zum Großteil stimmte er mit den diesbezüglichen Feststellungen Jászis überein, wobei er aus dem Werk „Magyar kálvária – magyar föltámadás" (1920) („Ungarischer Leidensweg – ungarische Wiederauferstehung", 1920) zitierte[48].

Jászi machte keinen Hehl aus seiner Ablehnung des Österreichisch-Ungarischen Ausgleichs, welchen er als „Gaukelei" und als etwas betrachtete, das seiner Ansicht nach eine Art „Scheinverfassung" hervorbrachte. Seiner Meinung nach handelte es sich bei „der dualistischen Verfassung um den definitiven Versuch, die Vorherrschaft der Deutschen in Österreich und der Magyaren in Ungarn abzusichern". In Österreich („Cisleithanien") sei außerdem „keine tatsächliche Verfassungsgesetzgebung auf der Grundlage einer rein künstlichen deutschsprachigen Mehrheit möglich", während gleichzeitig „in Ungarn eine pseudoverfassungsmäßige Ordnung vorherrscht, da die Massen der Nationalitäten und Arbeiterklassen niemals […] über ein anteilsmäßig angemessenes

tion im Oktober], wieder erschienen in: Jászi Oszkár publicisztikája [Die Publizistik von Oszkár Jászi]. Eine Auswahl, hg. von György LITVÁN–János VARGA (Budapest 1982) 89–106, 150–176, 403–414.

[46] Ebd. 457–476.

[47] Ebd. 239, Anm. 10.

[48] Gyula SZEKFŰ, Három nemzedék és ami utána következik (wie Anm. 18) 361. Die neueste und umfassendste Ausgabe des in Wien geschriebenen Werkes Magyar kálvária – magyar föltámadás [Ungarischer Leidensweg – ungarische Wiederauferstehung] erschien 1989 in Budapest in der Reihe Magyar Hírlap Könyvek.

Mitspracherecht in der Politik und in den Kommunen verfügt haben". Der Professor am Oberlin College kam zu dem Ergebnis, dass „der Ausgleich von 1867 und das darauf basierende dualistische System vor den Augen der Öffentlichkeit als ein Kompromiss zwischen dem Kaiser von Österreich und den ungarischen feudalen Klassen in Erscheinung trat, wobei dieser Kompromiss von dem liberal gesonnenen, deutschsprachigen Großbürgertum anerkannt wurde, [...] um seine eigene Vorherrschaft auch gegen den Willen der slawischen Mehrheit zu verteidigen"[49].

Dabei machte Jászi auf besonders wirksame Weise Gebrauch von bestimmten sozialwissenschaftlichen Kategorien, nämlich den „zentripetalen" und „zentrifugalen" Kräften, welche er auch in dem „prophetischen Buch" von Adolf Fischhof (1816–1893) mit dem Titel „Oesterreich und die Bürgschaften seines Bestandes" (Wien 1869) verortete. Er berief sich ein wenig ungenau auf Fischhof, der meinte, dass Zentralisierung die Nationen („Völker") Österreichs (d. h. der österreichischen Reichshälfte) zentrifugal mache, und behauptete: „Nur die Zentralisation macht die Völker zentrifugal, man dezentralisire Oesterreich, und sie werden zentripetal!"[50] Zu den „zentripetalen" Kräften der Monarchie gehörten nach Jászi das Herrscherhaus, die Armee, die Aristokratie, die Römisch-katholische Kirche, die staatliche Verwaltung sowie das Judentum. Zu den „zentrifugalen" Kräften wiederum zählte er das von ihm als „morbus latifundii" bezeichnete feudale Agrarsystem in Ungarn, den „Kampf der Kronen" sowie „das Erwachen der Nationen"[51]. Im Wesentlichen aber richtete sich Jászis Buch gegen den Nationalismus[52]. 1912 hatte er ein Buch über die „Entstehung der Nationalstaaten und die Nationalitätenfrage" veröffentlicht[53].

Als Spross einer ungarisch-jüdischen Familie aus dem mehrsprachigen, multikulturellen und multiethnischen Partium war es für Jászi gleichsam ganz selbstverständlich, sich mit Fragen der ethnischen Zugehörigkeit und der Nationalitäten sowie mit dem Nationalismus auseinanderzusetzen[54]. Bereits 1902, im Alter von 27 Jahren, schrieb er einem Freund, dem späteren Professor der Rechtswissenschaft Károly Szladits[55]: „Aufgrund unserer besonderen Lage gibt es bei uns zu Hause wegen unserer humanistischen Gesinnung auf nationale Äußerungen oft heftige Reaktionen. Man ist schnell gekränkt und das ist das Tragischste an der ganzen Sache. Wenn es uns nicht gelingt, diese Kluft zu überbrücken, wird das das Ende der Ungarn bedeuten. Es ist nämlich auf die Dauer unmöglich, ständig eine Politik gegen die allgemeine menschliche Entwicklung zu ma-

---

[49] JÁSZI, The Dissolution of the Habsburg Monarchy (wie Anm. 44) 108.

[50] Ebd. 111; Adolf FISCHHOF, Oesterreich und die Bürgschaften seines Bestandes. Politische Studie (Wien ²1870) 82.

[51] Szekfű verwendete den Terminus „zentrifugal" im selben Kontext; vgl. SZEKFŰ, Der Staat Ungarn (wie Anm. 17) 174.

[52] Péter HANÁK, A kelet-közép-európai nyomorúság okairól: egy dunatáji hazafi testamentuma [Über die Ursachen des ostmitteleuropäischen Elends: Das Testament eines donauländischen Patrioten], in: Oszkár JÁSZI, A Habsburg-Monarchia felbomlása [ung. Übersetzung von The Dissolution of the Habsburg Monarchy] (Budapest 1983) 5–57, hier 22.

[53] Oszkár JÁSZI, A nemzeti államok kialakulása és a nemzetiségi kérdés [Die Entstehung der Nationalstaaten und die Nationalitätenfrage] (Budapest 1912).

[54] Tibor FRANK, Nation, National Minorities, and Nationalism in Twentieth-Century Hungary, in: Eastern European Nationalism in the Twentieth Century, hg. von Peter F. SUGAR (Washington, D.C. 1995) 205–242.

[55] Oscar Jászi an Károly Szladits, Budapest, 14. Mai 1902, Privatsammlung von András Szőllősy-Sebestyén, Budapest; veröffentlicht in FRANK, Nation (wie Anm. 54) 225f.

chen. Anders ausgedrückt: Es ist unmöglich, einen schlauen, gebildeten und reichen Ungarn hervorzubringen, der neben einem unterdrückten, dummen, armen und gewaltsam regierten Slowaken, Rumänen, Ruthenen etc. existiert. Ich halte dieses Dilemma für eine der erstaunlichsten Fragen unserer nationalen Existenz."

Jászi hatte bereits im Jahr 1907 in den Kolumnen der Zeitschrift „Huszadik Század" (Das zwanzigste Jahrhundert) die Grundlagen dieser Lehrmeinung zum Ausdruck gebracht. Demzufolge sei „Ungarn die landwirtschaftliche Kolonie Österreichs" und somit werde „mit der fortschreitenden Industrialisierung auch der Unabhängigkeitsgedanke immer stärker werden"[56]. Paradoxerweise trug dieser Gedanke Jászis – seinem Antikommunismus zum Trotz – gerade zur Entwicklung jenes später dauerhaft bestimmenden Charakteristikums der ungarischen Geschichtsschreibung bei, demzufolge die Lage Ungarns unter dem ideologischen Deckmantel des dogmatischen „kommunistischen Nationalismus" als das Schicksal einer Teilkolonie dargestellt wurde[57]. Immer wieder aufs Neue verlieh Jászi dieser Überzeugung in seinem Werk Ausdruck, so auch in seiner 1911 vor dem Galilei-Kreis gehaltenen Rede, in der er erklärte: „Die Zukunft Ungarns hängt von der Industrialisierung ab. Mit Volksmassen von Analphabeten und einer Pandurenherrschaft jedoch lässt sich keine Industrie entwickeln."[58]

Bei „The Dissolution of the Habsburg Monarchy" handelt es sich um eine Zusammenfassung des Denkens und wissenschaftlichen Lebenswerks von Oszkár (Oscar) Jászi. In seinem 1929 erschienenen Buch kam er – mittlerweile um jahrzehntelange Erfahrungen in der Emigration reicher und auf der Basis einer im Vergleich zu früher weitsichtigeren Analyse der Thematik – zu dem Schluss, dass die Habsburger in ihrem riesigen Reich „über mehr als vierhundert Jahre hindurch bestrebt waren, dieses facettenreiche Mosaik aus verschiedenen Völkern und Nationen zusammenzuhalten, um einen einheitlichen Staat zu bilden, d. h. gleichsam eine ,supranationale' Monarchie aufzubauen und diese mit einem Gefühl der wechselseitigen Solidarität aufzuladen"[59]. Jászi fügte noch hinzu: „Dieses historische Experiment des gesellschaftlichen Miteinanders der Nationen unter der Schirmherrschaft der Habsburger hat sich als erfolglos herausgestellt."[60] Den Zerfall der Österreichisch-Ungarischen Monarchie erklärte er mit einer tiefgreifenden moralischen Krise. Neben anderen Faktoren machte er dafür die Möglichkeit verantwortlich, dass „alle Nationen, die anfänglich für Gleichberechtigung kämpfen, später sehr leicht zu Kämpfern um die Vorherrschaft werden, was bedeutet, dass aus Unterdrückten Unterdrücker werden"[61].

Jászi stellte in aller Deutlichkeit fest, dass es „die prophetische Vision von Lajos Kossuth hinsichtlich der Bildung eines Donaubundes gewesen war"[62], die ihn zu „Spekulationen" im Hinblick auf die Zukunft inspiriert hatte. Bis zuletzt glaubte Jászi in einer bisweilen schon an Fanatismus grenzenden Art und Weise an die Ansichten von

---

[56] Oszkár JÁSZI, Az új Magyarország felé (wie Anm. 45).

[57] Péter HANÁK, Historizálás és történetiség a kiegyezés vitájában [Historisierung und Historizismus in der Debatte über den Ausgleich]. *Valóság* 1973, Nr. 12, und 1974, Nr. 12; erneut veröffentlicht in: DERS., Magyarország a Monarchiában. Tanulmányok [Ungarn in der Monarchie. Studien] (Budapest 1975) 157–221.

[58] Oszkár JÁSZI, A nemzetiségi kérdés és Magyarország jövője (wie Anm. 45) 174f.

[59] JÁSZI, The Dissolution of the Habsburg Monarchy (wie Anm. 44) 3.

[60] Ebd. 4.

[61] Ebd. 267.

[62] Ebd. x.

Kossuth. Auch in der Presse der Emigrierten zitierte er das Diktum dieses Staatsmannes in Bezug auf Österreich und das Haus Habsburg, bei denen es sich sozusagen um „eine künstlich zusammengesetzte Macht" gehandelt habe, welche über „keine nationale Basis" verfügt habe, „deren konstituirende [sic!] Elemente keine organische Kohäsion" aufgewiesen hätten, deren „Aspirationen [...] divergirend [sic!]" gewesen seien und „in keiner denkbaren Weise in Einklang gebracht werden" konnten: Eine solche Macht „schafft schon durch ihre blosse [sic!] Existenz streitige Fragen" und „provoziert [sic!] Kriege"[63]. Genauso wie in seinem früheren Buch[64], wo er edle, aber politisch unbrauchbare Illusionen bezüglich des Zusammenbruchs der Monarchie erörterte, gründete Jászi seine Zukunftsvision nach wie vor auf jene von Lajos Kossuth, dem großen ungarischen Patrioten des 19. Jahrhunderts, dessen Traum von einer Donaukonföderation nach dem nationalen Trauma von 1849 schon verspätet auftauchte. Die Föderation hätte alle kleinen Nationalitäten und nationalen Minderheiten der großen Region von Ostmittel- und Südosteuropa umfasst. Wie Jászi 1918 treffend bemerkte: „Doch behauptet jemand die innere Notwendigkeit des Bestandes der Monarchie, die nichts anderes ist als das Zusammenarbeiten solcher Völker, die unter dem Doppeldruck der Germanen und der Ostslawen allein zu bestehen unfähig wären [...]."[65]

Jászis größter Irrtum als politischer Theoretiker war sicherlich die Überzeugung, dass die Zukunft der Monarchie und Europas in Richtung Integration zu suchen sei – während sich beide in Richtung Desintegration bewegten. Seine Ansichten waren bis zu einem bestimmten Grad im Einklang mit denen mancher österreichischer Staatsmänner. In seinem Buch aus dem Jahre 1918 gibt es einen ziemlich langen Anhang, den er – in großer Eile – als Antwort auf den gerade erschienenen Traktat Karl Renners, des Führers der österreichischen Sozialdemokratie, „Das Selbstbestimmungsrecht der Nationen in besonderer Anwendung auf Österreich" (Leipzig und Wien 1918), geschrieben hatte. Renner, der als erster Staatskanzler der Republik (Deutsch-)Österreich (1918–1920) und später als erster Bundespräsident der Zweiten Republik (1945–1950) diente, war ein produktiver Soziologe, Journalist und Autor, der sich mit der Frage der Aufrechterhaltung des Staates Österreich (d. h. „Cisleithaniens") beschäftigte, wobei er die Selbstbestimmung der nationalen Minderheiten innerhalb von Österreich befürwortete. Jászi stimmte mit Renner einigermaßen überein[66]. Er kritisierte jedoch Renners Abneigung gegen die Idee, den Kronländern bedeutende Autonomierechte zu geben und an deren Stelle einen österreichischen Staatenstaat zu errichten, der nur ein gewisses Maß an Souveränität für die Mitgliedsstaaten und deren Nationen innerhalb eines stark zentra-

---

[63] Jászi zitiert hier Worte Kossuths aus dem Jahr 1859: Oszkár JÁSZI, Kossuth Lajos emigrációja és az októberi emigráció [Die Emigration von Lajos Kossuth und die Emigration im Oktober], in: Jászi Oszkár publicisztikája (wie Anm. 45) 406. Das Zitat ist in dieser Form etwas ungenau. Das authentische Kossuth-Zitat lautet: „Es ist eine künstlich zusammengesetzte Macht, die keine nationale Basis hat, deren konstituirende [sic!] Elemente keine organische Kohäsion besitzen; seine Aspirationen sind divergirend [sic!] und können in keiner denkbaren Weise in Einklang gebracht werden; eine solche Macht schafft schon durch ihre blosse Existenz streitige Fragen und provozirt [sic!] Kriege." Meeting in London im grossen Saale der London Tavern am 20. Mai 1859. Ludwig KOSSUTH, Meine Schriften aus der Emigration, Bd. 1: Die Periode des 1859-er italienischen Krieges (Pressburg 1880) 302.

[64] Oskar JÁSZI, Der Zusammenbruch des Dualismus und die Zukunft der Donaustaaten (Wien 1918) 1f., 24, 30f., 40–46.

[65] Ebd. 38.

[66] Ebd. 99f.

lisierten Gesamtstaates garantieren würde[67]. Bezugnehmend auf Renner stellt Jászi fest, dass „dessen Angst vor der Autonomie der Kronländer und sein Enthusiasmus für den Gesamtstaat diesen österreichisch-deutschen Sozialisten zu einem solchen emotionalen Feind machen, dass seine Argumentation gegen die territoriale Autonomie bisweilen an Rabulistik grenzt"[68]. Obwohl Jászis Buch unter dem Titel „Der Zusammenbruch des Dualismus und die Zukunft der Donaustaaten" noch im selben Jahr in deutscher Übersetzung in Wien erschienen ist, ist es heute fast gänzlich vergessen[69]. Die Debatte mit Renner über die nationale Selbstbestimmung wäre jedoch eine passende zentraleuropäische Antwort auf Woodrow Wilsons 1918 skizzierte Vorstellungen über das nationale Selbstbestimmungsrecht der Völker der Monarchie gewesen[70]. Es ist bemerkenswert, dass in ihrer Debatte weder Renner noch Jászi Bezug auf Wilsons „Vierzehn Punkte" nahmen[71].

Sein Freund und politischer Mitstreiter, der damals in London lebende Graf Mihály Károlyi, hatte bereits zu Beginn des Jahres 1927 die Nachrichten über den Empfang, der Jászi in Amerika bereitet wurde, mit Stolz und Anerkennung quittiert. Beim Brief Károlyis handelt es sich wahrscheinlich um die würdigste Form der Anerkennung der Erfolge von Jászi in Amerika[72]: „Amerikaner, die nicht wussten, welche Freundschaft mich mit dir verbindet, haben bereits gesagt, welch hohes Ansehen du genießt. Es ist typisch, dass sie dich als amerikanischen Landsmann bezeichneten. Im Gespräch mit mir erwähnten sie dich mit einem idealisierenden amerikanischen Stolz und brachten zum Ausdruck, welch große Errungenschaft es für sie war, nachdem es gelungen war, dich für die amerikanische Universität zu gewinnen. Es gibt nur wenige Menschen, die im Verlauf von kaum zwei Jahren ein solches Ergebnis erzielen können. Ich wünsche dir nicht nur Erfolg, weil ich dich liebe, sondern, weil ich mir das – ich kann es nicht leugnen – auch aus ein wenig Egoismus heraus wünsche. Ich möchte, dass die Welt und nicht nur diese dreckigen Ganoven zu Hause sehen, was für ein Mensch derjenige war, mit dem wir gemeinsam versuchten, Ungarn den Fängen der finstersten Oligarchie zu entreißen. Es ist traurigerweise bezeichnend, dass ein Mensch von deinem Kaliber nach Amerika gehen muss, um von den Ungarn in gebührender Weise geschätzt zu werden."

---

[67] Ebd. 100–106; Karl RENNER, Das Selbstbestimmungsrecht der Nationen in besonderer Anwendung auf Oesterreich. Zugleich 2., vollst. umgearb. Aufl. von: DERS., Der Kampf der österreichischen Nation um den Staat (Leipzig–Wien 1918) 227–294.

[68] Oszkár JÁSZI, A Monarchia jövője. A dualizmus bukása és a dunai egyesült államok [Die Zukunft der Monarchie. Das Ende des Dualismus und die Vereinigten Donaustaaten] (Budapest ²1988) 111.

[69] Oskar JÁSZI, Der Zusammenbruch des Dualismus (wie Anm. 64).

[70] Ebd. 99–120. Woodrow WILSON, „Fourteen Points" Address 1918, hg. von Arthur S. LINK, in: An American Primer, hg. von Daniel J. BOORSTIN (New York–Toronto 1968) 797–806. „The peoples of Austria-Hungary, whose place among the nations we wish to see safeguarded and assured, should be accorded the freest opportunity of autonomous development." Ebd. 803.

[71] Nicht einmal József Galántai erwähnt Woodrow Wilson in seinem Nachwort zum Reprint der ungarischen Ausgabe: JÁSZI, A Monarchia jövője (wie Anm. 68) 121–131. Vgl. JÁSZI, Der Zusammenbruch des Dualismus (wie Anm. 64) 38f.

[72] Graf Mihály Károlyi an Oszkár Jászi, London, 26. Januar [1927]. Februar 1946, Columbia University, Butler Library, Rare Book and Manuscript Library, Oscar Jászi Papers. Ich zitiere diesen Brief aufgrund meiner 1989 in der Butler-Bibliothek an der Columbia University durchgeführten Forschungsarbeit meiner eigenen Lesart entsprechend. Dieser Text wurde in einer einigermaßen ungenauen Version veröffentlicht in: Károlyi Mihály levelezése [Die Korrespondenz von Mihály Károlyi], Bd. 3: 1925–1930, hg. von Tibor HAJDU (Budapest 1991) 272.

Es ist auch wichtig anzumerken, dass in Benedict Andersons berühmtem Buch „Imagined Communities" (Erstausgabe 1983) jener Teil, der sich mit dem ungarischen Nationalismus beschäftigt, fast vollständig auf Jászis 1929 erschienenem Buch „The Dissolution of the Habsburg Monarchy" basiert. Letzteres wurde dagegen von seiner eigenen früheren Version aus dem Jahre 1918 stark inspiriert und natürlich vom Erlebnis des damals noch andauernden Krieges geprägt[73]. So können Andersons Gedanken in einer modernen Zusammenfassung der Nationalitätenfrage nicht als unvoreingenommen und zeitgemäß betrachtet werden und sollten mit besonderer Vorsicht aufgenommen werden. Obwohl er sich seiner ungarischen Identität sehr bewusst war, betrachtete Jászi sich gegen Ende seines Lebens als „danubischen Patrioten"[74].

Visionen der Dekadenz

So unterschiedlich auch die besprochenen Historiker und Politiker die k. u. k. Monarchie analysierten, so waren sie doch alle aufgrund der katastrophalen Veränderungen, die der Erste Weltkrieg mit sich gebracht hatte, gezwungen, in der Geschichte des Habsburgerreiches nach Erklärungen, weiterführenden Hinweisen und Lehren zu suchen. Ungarische Historiker setzten sich in erster Linie mit dem Schicksal ihres eigenen Landes auseinander. Auf das Reich der Habsburger bezogene Aspekte berücksichtigten sie nur insoweit, als durch die Doppelmonarchie die staatsrechtliche Stellung Ungarns determiniert wurde. Trotz stark voneinander abweichender Betrachtungsweisen sahen sie im Österreichisch-Ungarischen Ausgleich von 1867 ein legales und politisches System von fragiler Qualität und begrenzter Dauer, welches auf der Grundlage der Pragmatischen Sanktion aus dem Jahr 1723 errichtet worden war. Diejenigen, die sich dem Erbe von Lajos Kossuth gegenüber verpflichtet fühlten, forderten die völlige Unabhängigkeit für Ungarn und gleiche Rechte für alle Nationalitäten. Andere wiederum sahen im Gesetzesartikel XII aus dem Jahr 1867 ein wahrhaft liberales Erbe der großen Generation ungarischer Staatsmänner, welcher Persönlichkeiten wie Graf István Széchenyi, Ferenc Deák, József Freiherr von Eötvös und Gyula Graf Andrássy angehörten. Alle drei Strömungen jedoch scheinen darin übereinzustimmen, dass die folgenden fünfzig Jahre eine Epoche der Dekadenz waren, wenngleich dieser Prozess sehr unterschiedlich interpretiert bzw. mit sehr verschiedenen Begriffen charakterisiert wurde. Auch wurden die Entwicklungen auf stark voneinander abweichende Ursachen zurückgeführt. In einer eigentümlichen Art spricht aus den Werken von Henrik Marczali, Gyula Szekfű und Oszkár Jászi auch eine gewisse Melancholie, ein perplexes und oft auch wütendes Lebewohl sowie eine Huldigung an die längst vergangene Zeit der Monarchie, welche Ungarn

---

[73] Benedict ANDERSON, Imagined Communities (Rev. ed. London–New York 1991) 101–111; FRANK, Nation (wie Anm. 54) 205–227. In einem 1973 erschienenen Aufsatz verwendet auch Robert A. Kann die Argumentation der Auseinandersetzung zwischen Jászi und Renner: Robert A. KANN, Renners Beitrag zur Lösung nationaler Konflikte im Lichte nationaler Probleme der Gegenwart (ÖAW, Sitzungsberichte der Phil.-Hist. Klasse 279, 4. Abhandlung, Wien 1973) 5 (siehe auch 13). Eine breite Übersicht über das Nachleben von Jászis Werk bietet Gábor HAMZA, Der Europagedanke und Oszkár Jászi (1875–1957). *Revista europea de historia de las ideas políticas y de las instituciones públicas* 2 (febrero 2012) 1–9 (online: http://www.eumed.net/rev/rehipip/02/gh.pdf [25.4.2022]).

[74] Péter HANÁK, Jászi Oszkár dunai patriotizmusa [Oszkár Jászis danubischer Patriotismus] (Budapest 1985).

letztendlich internationale Bedeutung und ein hohes Prestige verliehen hatte. Obwohl die genannten Autoren unterschiedliche Weltanschauungen hatten und verschiedene politische Überzeugungen vertraten, zeigten sie sich gleichermaßen erschüttert von den Revolutionen und der Konterrevolution der Jahre 1918 bis 1920. Besonders bestürzt waren sie über den demütigenden Friedensvertrag von Trianon aus dem Jahr 1920. Ihre Erinnerungen, Rückschauen sowie historischen Bewertungen trugen zum Aufbau diverser Schulen in Bezug auf die Geschichte der mitteleuropäischen Region bei, welche bis heute unser Bild von der kaiserlich-königlichen Vergangenheit prägen.

Nachtrag nach Abschluss des Manuskripts

Diese Studie bestand ursprünglich aus drei Teilen. Ich benütze die vom Herausgeber dieses Bandes angebotene Gelegenheit, alle drei Teile zu ergänzen. Die drei hier vorgestellten bedeutenden ungarischen Historiker waren auch Ideologen, die in Bezug auf das Gedankengebäude des Liberalismus unterschiedliche Herangehensweisen vertraten. Die skizzenhafte Analyse ihrer Arbeit trägt dazu bei, die ungarische Variante des Liberalismus, seine Herkunft und Wirkung in Ungarn sowie den rasanten Aufstieg seiner Ideen und seine wachsende Unbeliebtheit besser zu verstehen. Im Folgenden soll die ursprüngliche Studie um neuere, bisher nicht aufgegriffene Gesichtspunkte und Argumente ergänzt werden.

Henrik Marczali

Seinen Professor, den jüdischstämmigen Henrik Marczali[75], führte Gyula Szekfű als Beispiel dafür an, dass einzelne jüdische Gruppen in der Lage waren, sich voll und ganz in ihrer ungarischen Umgebung zu assimilieren. Laut Szekfű wurde Marczali „als Ungar geboren und bedurfte daher keiner Assimilation, und als echter Ungar gehörte er auch zum Freundeskreis von Pál Gyulai"[76]. Der Literaturkritiker, Schriftsteller und Universitätsprofessor Pál Gyulai war eine der führenden Persönlichkeiten der ungarischen „volkstümlich-nationalen" Literatur und eine prägende, zentrale Figur der ungarischen Literatur des 19. Jahrhunderts. Szekfűs Bemerkung wird durch die in meinem Besitz

[75] Zu Henrik Marczali s. Ignác ROMSICS, Clio bűvöletében. Magyar történetírás a 19–20. században – nemzetközi kitekintéssel [Von Clio verzaubert. Ungarische Geschichtsschreibung vom 19.–20. Jahrhundert – mit einem internationalen Ausblick] (Budapest 2011); Henrik MARCZALI, Emlékeim. Az utószót írta és a szövegeket fordította: Gunst Péter [Meine Memoiren. Nachwort und Übersetzung: Péter Gunst] (Budapest 2000); István HAJNAL, Marczali Henrik. 1856–1940. Századok 74 (1940) 359f.; Emma LEDERER, Marczali Henrik helye a magyar polgári történettudományban [Henrik Marczali und sein Platz in der ungarischen bürgerlichen Geschichtswissenschaft]. Századok 96 (1962) 440–469; Péter GUNST, Marczali Henrik történetírói pályakezdése [Henrik Marczali und der Beginn seiner Karriere als Geschichtsschreiber]. Századok 121 (1987) 903–922; DERS., Egy történeti monográfia születése [Die Geburt einer historischen Monografie]. Századok 124 (1990) 275–296; DERS., Marczali Henrik és a „kortörténetírás" [Henrik Marczali und die zeitgenössische Geschichtsschreibung]. Századok 135 (2001) 181–190.

[76] János GYURGYÁK, Ezzé lett magyar hazátok. A magyar nemzeteszme és nacionalizmus története [Das wurde aus eurem ungarischen Heimatland. Die Geschichte der Idee der ungarischen Nation und des Nationalismus] (Budapest 2007) 373, zit. nach Gyula Szekfűs Nachruf auf Henrik Marczali bei der Einweihung von dessen Grabstein: Az Izraelita Magyar Irodalmi Társaság Évkönyve [Jahrbuch der Israelitisch-ungarischen Literaturgesellschaft] 1943, 131.

befindliche Postkarte bestätigt, die am 25. Februar 1906 von Henrik Marczali, Pál Gyulai und Arthur Görgei, dem berühmten General des ungarischen Freiheitskampfes 1848/
49, unterzeichnet und an Marczalis Nichte geschickt wurde. Gyula Farkas nennt die
Epoche, deren am ehesten herausragender Historiker Marczali war, „Zeitalter der Assimilation" und führt auch eine lange, ausführliche Liste der jüdischen Politiker und Gelehrten an, die im dualistischen Ungarn eine führende Rolle spielten[77]: „Am Beginn
unseres Jahrhunderts [des 20. Jahrhunderts] sitzen bereits 16 jüdische Abgeordnete im
Parlament. Neben zwei Ministern jüdischer Abstammung gehört der Regierung von
[Graf] István Tisza auch ein Staatssekretär jüdischen Glaubens an (Lipót Vadász), der
zugleich auch Präsident der IMIT [Izraelita Magyar Irodalmi Társulat / Israelitisch-un-
garische Literaturgesellschaft] ist. Gleichzeitig ist Ferenc Heltai Oberbürgermeister von
Budapest. Massenhaft erfolgen die Verleihung von Adelsprädikaten und die Erhebungen
in den Freiherrenstand. [...] Károly Csemegi und László Fayer erschaffen das ungarische
Strafrecht, [...] Béla Földes ist gefeierter Ökonom seiner Zeit. Antal Almási kodifiziert
das ungarische Privatrecht. Henrik Marczali, Ignác Acsády, Dávid Angyal und Aladár
Ballagi sind die Geschichtsschreiber der Nation. Das öffentliche Bildungswesen in Ungarn wird auf Initiative von Mór Kármán im Geiste der nationalen Gesinnung geprägt.
Bernát Alexander beherrscht die ungarische Philosophie. Gyula Pikler begründet die
ungarische Soziologie. In der Frage nach der Herkunft der Ungarn vertritt Ármin Várm-
béry gegenüber dem deutschstämmigen [József] Budenz den Geist der nationalen Gesinnung. Ignác Goldziher ist das weltberühmte Aushängeschild der Universität Budapest. Zsigmond Simonyi ist verantwortlich für die Erfassung der ungarischen Sprache
in systematischen Kategorien."

Marczali war nicht nur ein ungarisches, sondern auch ein internationales Phänomen.
Wie Géza Jeszenszky in seinem Buch „Lost Prestige: Hungary's Changing Image in
Britain 1894–1918" schreibt: „Auch in englischen Quellen der damaligen Zeit wird
der Professor für Geschichte, Henrik Marczali, häufig als Gesprächspartner und wert-
voller Förderer ungarischer Verbindungen zu britischen akademischen Kreisen erwähnt."[78] Er korrespondierte mit Leopold „Leo" James Maxse, dem Herausgeber der
konservativen „National Review", rezensierte mehrere englische Bücher, publizierte Bücher auf Englisch, besuchte mit Dávid Angyal den Londoner Historikerkongress 1912,
wo er einen Vortrag über Graf István Széchenyi hielt, der in „The Contemporary Review" nachgedruckt werden sollte. Wie Jeszenszky bemerkte, betonte Marczali in seinem
Vortrag die Toleranz des Grafen István Széchenyi gegenüber in Ungarn lebenden Nicht-
ungarn „und brachte seine Überzeugung zum Ausdruck, dass, obwohl einige seiner
Landsleute davon abweichen könnten, Ungarn als Ganzes in Zukunft Széchenyis liberale Haltung an den Tag legen würde"[79]. Marczali freundete sich mit dem britischen Ge-
neralkonsul Esmé Howard, dem späteren 1st Baron Howard of Penrith[80], sowie mit dem
Historiker der Universität Cambridge Harold W. V. Temperley an. Temperley wurde

---

[77] GYURGYÁK, Ezzé lett magyar hazátok (wie Anm. 76) 376, zit. nach Gyula FARKAS, Az asszimiláció
kora a magyar irodalomban 1867–1914 [Das Zeitalter der Assimilation in der ungarischen Literatur
1867–1914] (Budapest 1938) 56f., 2. Aufl. (Máriabesnyő 2015) 49f.

[78] Géza JESZENSZKY, Lost Prestige. Hungary's Changing Image in Britain 1894–1918 (E-Book,
Helena History Press 2020) 91.

[79] Ebd. 321.

[80] Ebd. 91 Anm. 165.

Marczalis Freund und verliebte sich in seine Tochter Poly, um deren Hand er sogar anhielt[81].

Gyula Szekfű

Mit der Person Gyula Szekfű beschäftigte sich bis vor kurzem in erster Linie Iván Zoltán Dénes, zunächst in seinem Buch mit dem Titel (in deutscher Übersetzung) „Die Illusion der ‚Realität'. Die Wendepunkte in der Karriere des Historikers Gyula Szekfű", zuletzt in seinem 2015 erschienenen Werk mit dem Titel (in deutscher Übersetzung) „Das Ideal des historischen Ungarns. Gyula Szekfű – der Geschichtsschreiber und Ideologe"[82]. Ersteres zeichnet den ersten Karriereabschnitt des Geschichtsschreibers kritisch nach, Letzteres befasst sich mit der gesamten Biografie und dem Lebenswerk von Gyula Szekfű, der Entstehungs- und Wirkungsgeschichte seiner Werke sowie den darüber geführten Diskussionen. Der bürgerliche und radikale Politiker und Schriftsteller Imre Csécsy stellte bereits 1939 eine Verbindung zwischen dem Werk von Szekfű und der Epoche her, welche auch von Szekfű mitgestaltet wurde: „Der Geschichtsschreiber, der irgendwann einmal in ruhigeren Zeiten, hinsichtlich der historiographischen Arbeit von Gyula Szekfű, Bilanz ziehen wird, wird keine leichte Aufgabe haben. Dieses Werk ist untrennbar mit dem Zeitalter verbunden, in welchem dieser Schriftsteller lebte und dessen Geist in Ungarn in erheblichem Ausmaß auch von ihm selbst geprägt wurde."[83]

Die Einschätzung von Professor Dénes über Szekfű im Jahr 2015 ist größtenteils negativ, da dieser, wie er schreibt, „sich auf der erzwungenen Bahn konservativer Illusionen" treiben ließ. Szekfű „wird durch ‚falschen Realismus' definiert. Diese Bewertung ist jedoch in mehrfacher Hinsicht falsch. Die ‚Realität' ist eine Illusion. Die Aufrechterhaltbarkeit der Integrität des historischen Ungarn, die Aufrechterhaltbarkeit der Monarchie und nicht zuletzt die ‚seelische Unabhängigkeit' von Szekfű sind Illusionen. Letztere nicht in dem Sinne, dass Gyula Szekfű nicht davon überzeugt wäre, den Gegensatz zwischen Kuruzzen und Labanzen überwunden zu haben, sondern in dem Sinne, dass er die Vereinfachungen reproduziert. Er glaubt, er vertritt moralische Ideale. In Wahrheit jedoch fällt er eingefahrenen Denkmustern, nämlich zwanghaften, konservativen Illusionen zum Opfer."[84]

---

[81] MASTERMAN[–FRANK], Henrik Marczali (wie Anm. 4) 153f. Der Autor ist im Besitz einer in sehr freundlichem Tonfall gehaltenen Postkarte von Temperley an Marczali, 29. September, o.J., mit einem Bild von Midhat Pascha auf der Rückseite. (Midhat Pascha [1822–1883] war ein führender Politiker des Osmanischen Reiches während der späten Tanzimat-Zeit, Großwesir, Gouverneur von Syrien und liberaler Staatsmann.)

[82] Iván Zoltán DÉNES, A ‚realitás' illúziója. A historikus Szekfű Gyula pályafordulója [Die Illusion der ‚Realität'. Die Wendepunkte in der Karriere des historischen Gyula Szekfű] (Budapest 1976); DERS., A történelmi Magyarország eszménye. Szekfű Gyula – A történetíró és ideológus [Das Ideal des historischen Ungarn. Gyula Szekfű – der Geschichtsschreiber und Ideologe] (Pozsony 2015).

[83] Imre CSÉCSY, Szekfű Gyula az asszimilációról és disszimilációról [Gyula Szekfű über Assimilation und Dissimilation]. *Századunk* 1939, 128; DERS., Német szellemtudomány, magyar liberalizmus [Deutsche Geistesgeschichte, ungarischer Liberalismus]. *Századunk* 1934, 223–225; DERS., Szekfű Gyula bírálata a középosztályról [Die Kritik von Gyula Szekfű an der Mittelschicht]. *Századunk* 1937, 34–36; DERS., Világos pillanat [Lichter Moment] (Budapest 1946 [1943]) 313. Vgl. DÉNES, A történelmi Magyarország eszménye (wie Anm. 82) 359.

[84] DÉNES, A történelmi Magyarország eszménye (wie Anm. 82) 69.

Besonderes Augenmerk wird der Person von Gyula Szekfű in jenem Buch gewidmet, das János Gyurgyák über die Idee der ungarischen Nation schrieb. Gyurgyák sieht in Szekfű insbesondere „einen Historiker von großem Format" und stellt ihn auch als einen solchen dar, „welcher im Laufe seiner Karriere drei Themenbereiche für wirklich wichtig hielt": die Wahrheit in der Wissenschaft, die Treue zu seinem katholischen Glauben und schließlich den Dienst „zum Wohle unseres Heimatlandes"[85]. Einer seiner Bewunderer nannte Szekfű geradezu einen „Propheten der Vergangenheit"[86], wodurch er sowohl sein Streben nach einer authentischen Beschreibung der Realität als auch seine prophetische Neigung zum Ausdruck brachte. Alles in allem wird in der mittlerweile eine ganze Bibliothek umfassenden Fachliteratur über Szekfű in ungarischer Sprache die Karrierelaufbahn und Leistung des Geschichtsschreibers vielfach als diskontinuierlich beschrieben und stets die Frage aufgeworfen: „Gibt es Beständigkeit in seinem Werk" oder haben wir es mit „einem politischen Wendehals bzw. einem talentierten, aber zynischen, jedem System treu ergebenen Diener zu tun? Oder sehen wir uns einem Denker gegenüber, der bis zuletzt seinen Prinzipien treu blieb, der jeweiligen Politik gegenüber jedoch – das steht nämlich außer Diskussion – Gesten gesetzt hatte?"[87] Der Autor dieses Aufsatzes tendiert dazu, Szekfű als einen solchen Menschen zu sehen, der eher den einen oder anderen neuen politischen Kurs einschlug, anstatt abzuwarten, bis dieser sich tatsächlich in Ungarn etablieren konnte. Er hatte ein besonderes Gespür dafür, Veränderungen bzw. politische und gesellschaftliche Wendepunkte vorherzusehen und stellte dieses große Talent leidenschaftlich in deren Dienst, bevor diese ihre Wirkung entfalten konnten. In seinem neuen Buch über Szekfű legt Iván Zoltán Dénes den Schwerpunkt gerade auf die rätselhaften, rückgratlosen Metamorphosen von Gyula Szekfű. Diesmal hatte er es sich zum Ziel gesetzt, „die drei großen Wendepunkte in der Karriere von Szekfű" zu beschreiben. Er stellt die antiliberale, konservative ideologische Wende des Historikers zwischen 1913 und 1920 dar, die zu einer konservativen Revision der ungarischen Geschichtsschreibung führte. Dann können wir den Wandel nachvollziehen, den Zoltán Szabó in seinem Nachruf so interpretierte, dass Gyula Szekfű – vorausgesetzt, es wäre nie zur sowjetischen Besatzung gekommen – der Mentor eines vorsichtigen Reformgeistes (1934–1944) hätte sein können. Schließlich ist von jenem Wendepunkt in der Karriere die Rede, an dem sich der Historiker von einem gemäßigten demokratischen Publizisten der bürgerlich-demokratischen Welt zu einem Befürworter einer vorbehaltlosen Anpassung an die Sowjetunion (1945–55) wandelte[88]. Ignác Romsics ging sogar so weit, zu behaupten, dass Szekfű sich in seinem Buch „Három nemzedék" („Drei Generationen") „nicht nur entschieden gegen den Kommunismus wandte, sondern auch gegen die Demokratie und sogar gegen den Vorkriegsliberalismus"[89].

---

[85] GYURGYÁK, Ezzé lett magyar hazátok (wie Anm. 76) 292.
[86] Ebd. 293.
[87] Ebd. 294.
[88] Iván Zoltán DÉNES, A történelmi Magyarország eszménye [Das Ideal des historischen Ungarn], Abstract: https://edit.elte.hu/xmlui/handle/10831/30074 [25.4.2022].
[89] Ignác ROMSICS, Hungary in the Twentieth Century (Budapest 1999) 107.

Oszkár Jászi

Der international anerkannte Soziologe und geistige Anführer der ungarischen bürgerlichen Radikalen, Oszkár Jászi, wurde vom größten ungarischen Dichter der damaligen Zeit, Endre Ady (1877–1919), als „sein [Adys] Glaubensbekenntnis und heroischer
Wahnsinn" bezeichnet[90]. Mit seinem Buch „The Dissolution of the Habsburg Monarchy" (1929) hatte er es verdientermaßen zu internationalem Ruhm gebracht. „Ich habe
auch ein wissenschaftliches Interesse für dieses Problem. Nicht nur, weil es auch in den
Bereich meiner bisherigen Arbeit fällt – dieses Problem hat ja schließlich vielen von uns
das Genick gebrochen –, sondern auch, weil es unserer Sache dienlich sein kann, wenn
ich es bin, der diese Arbeit schreibt, und nicht irgendein Amerikaner, der die Situation
nur aus Buchauszügen kennt, oder irgendein offizieller Kenner der Habsburger [...]"[91],
schrieb Jászi Anfang 1926 an den Grafen Mihály Károlyi. Die Kernaussage seines Buches
lautete: „Die Monarchie wurde nicht, wie von der Habsburger-Legende behauptet,
durch den Krieg zerstört, sondern der Krieg war nur der Höhepunkt eines inneren
Zerfallsprozesses [...]."[92] „Die weniger kurzsichtigen Politiker konnten schon vor dem
Krieg klar erkennen, in welchen Strudel die Monarchie geriet."[93] Nicht viel später fand
er eine sehr prägnante Formulierung für den Grundgedanken seines Hauptwerks: „Die
Monarchie scheiterte, weil sie sich keine föderale Struktur geben konnte."[94]
2007 würdigte János Gyurgyák äußerst ausführlich den sehr vielseitigen und hoch
gebildeten Wissenschaftler, Publizisten und Politiker Oszkár Jászi mit den folgenden
Worten: „Der Anführer der Radikalen, Oszkár Jászi, war tatsächlich einer der großen
ungarischen Doktrinäre und Ideologen, dessen moralische Größe und ausgeprägter Ge-
rechtigkeitssinn sowie dessen Sensibilität für die Probleme der ungarischen Gesellschaft
ihn zu einem der größten ungarischen politischen Denker machten."[95] Sein großes Ziel
sei „die Schaffung eines neuen Ungarn" gewesen[96]. In ihrem Buch über das System des
österreichisch-ungarischen Dualismus gibt Monika Kozári einen prägnanten Überblick
über jene Initiative, mit welcher die ungarische bürgerliche Intelligenz, mit Jászi an der
Spitze, bestrebt war, Liberalismus und Demokratie miteinander zu vereinen, was zur
Gründung der Bürgerlichen Radikalen Partei führte. Unter der Ägide von Oszkár Jászi
und Pál Szende waren unter anderem die Verstaatlichung des Gesundheits- und Schulwesens sowie die gesetzliche Regelung radikaler Land- und sozialpolitischer Reformen
und des allgemeinen Wahlrechts bzw. der Presse-, Vereins- und Versammlungsfreiheit
geplant[97].
Wie Jászi in einem Brief an den Grafen Mihály Károlyi aus dem Jahr 1932 bekannte,
hielt er „die geistige und moralische Freiheit" für den wichtigsten unter den mensch-

---

[90] Zit. nach GYURGYÁK, Ezzé lett magyar hazátok (wie Anm. 76) 157.
[91] Oszkár Jászi an Graf Mihály Károlyi, 19. Januar 1926. Mitgeteilt in: Jászi Oszkár válogatott
levelei [Ausgewählte Briefe von Oszkár Jászi], hg. von György LITVÁN (Budapest 1991) 302.
[92] Ebd. 302.
[93] Ebd. 303.
[94] Oszkár Jászi an Graf Mihály, Oberlin, 30. August 1927. Mitgeteilt in: ebd. 308.
[95] GYURGYÁK, Ezzé lett magyar hazátok (wie Anm. 76) 160.
[96] Ebd.
[97] Monika KOZÁRI, A dualista rendszer (1867–1918) [Das System des Dualismus (1867–1918)]
(Budapest 2005) 148.

lichen Grundwerten[98]. Jászis Partei, die Bürgerliche Radikale Partei, war jedoch politisch erfolglos. „Im Verlauf ihrer gesamten Geschichte ist sie einer reformistischen, einen Teil der liberalen Werte offen vertretenden sowie politische Demokratie einfordernden, jedoch ihrem Charakter nach im Grunde genommen sozialistischen Ideologie treu geblieben."[99] Der Grund für das Scheitern war die starke Bindung dieser Partei an den Sozialismus, den Atheismus und an das Judentum; eine Politik, mit der man aber in der damaligen ungarischen Gesellschaft nicht mit der Gewinnung großer Mehrheiten rechnen konnte. Der liberale Sozialismus eines Oszkár Jászi war und ist eine utopische politische Idee, und zwar bis zum kurzlebigen Neuanfang nach 1945, als bereits Imre Csécsy das Sagen hatte[100]. Zu guter Letzt sah Jászi selbst die Gründung der Bürgerlichen Radikalen Partei als gescheitert an. 1938 zog er diesbezüglich Bilanz und hob hervor, dass „eine solche Partei unter den gegebenen Kräfteverhältnissen dem Untergang geweiht war"[101]. Der alternde Jászi bekam große Zweifel, ob er als Jude eine führende Rolle im politischen Leben spielen durfte[102]. Sich selbst mit dem tschechoslowakischen Staatspräsidenten Tomáš Garrigue Masaryk vergleichend, gelangte er unmittelbar zu der Erkenntnis, dass das Ergebnis seines Schaffens „ein zerstörtes Land und ein aufgewühltes Leben" seien[103]. Jászi blieb – zeitweise nicht ohne jegliche Kritik und Distanzierung – bis zu seinem Tod der größte Bewunderer des Grafen Mihály Károlyi, der nach der Asternrevolution (Herbstrosenrevolution) von 1918 an der Spitze einer kurzlebigen Regierung stand und später Präsident der erneut ausgerufenen Republik wurde[104]. Diese Beziehung war von wechselseitiger Anerkennung geprägt. „Ich muss zugeben", schrieb der Graf im Oktober 1941 in seinem an Jászi adressierten offenen Brief aus London über die Grenzen seines eigenen Liberalismus, dass „meine gegen die Habsburger gerichteten Vorstellungen in meiner Jugend leider nur der falsch beurteilten Suprematie [d. h. der übermäßigen Betonung der Führungsrolle des Ungarntums gegenüber den im Land lebenden nationalen und ethnischen Minderheiten; T. F.] geschuldet waren und dass mein Liberalismus gerade deshalb voll von Widersprüchen war. Es ist Oszkár Jászi zu verdanken, dass ich mich von diesen Hemmungen befreien konnte. Oszkár Jászi hat mir gezeigt, dass es nicht möglich ist, Freiheitsrechte nach Rassen zuzuteilen und gleichzeitig für die Demokratie die Werbetrommel zu rühren. [...] Die deutsch-ungarische Suprematie bedeutete in der Österreichisch-Ungarischen Monarchie die Herrschaft von Minderheiten über die sich in der Mehrheit befindlichen Volksgruppen."[105]

---

[98] Oszkár Jászi an Graf Mihály Károlyi, 17. August 1932. Mitgeteilt in: Jászi Oszkár válogatott levelei (wie Anm. 91) 338.

[99] GYURGYÁK, Ezzé lett magyar hazátok (wie Anm. 76) 162.

[100] Ebd.

[101] Oszkár JÁSZI, Leszámolás – beszámolás nélkül [Abrechnung ohne Rechenschaftslegung]. Századunk 1938, 73. Zit. nach GYURGYÁK, Ezzé lett magyar hazátok (wie Anm. 76) 163.

[102] Oszkár Jászi an Pál Liebermann, 1. März 1936. Mitgeteilt in: Jászi Oszkár válogatott levelei (wie Anm. 91) 370f., zit. nach GYURGYÁK, Ezzé lett magyar hazátok (wie Anm. 76) 163.

[103] Zit. nach GYURGYÁK, Ezzé lett magyar hazátok (wie Anm. 76) 164.

[104] Jászis Briefe an Mihály Károlyi stammen teils aus der Sammlung des Autors aus dem in der Butler Library der New Yorker Columbia University aufbewahrten Nachlass, teils aus der in Auszügen herausgegebenen Korrespondenz von Jászi: Jászi an Mihály Károlyi, unter anderem Oberlin, 25. Februar 1927, Oberlin, 30. August 1927, Oberlin, 13. Dezember 1929, 1. Januar 1930, Oberlin, 21. Mai 1930, Oberlin, 17. August 1932, Jászi Oszkár válogatott levelei (wie Anm. 91) 306–308, 308–310, 316–319, 319, 322–325, 336–339.

[105] KÁROLYI Mihály levelezése IV.B [Mihály KÁROLYI, Korrespondenz, Bd. IV/B]: 1940–1944 (Budapest 2015) 488.

Schluss

Die drei diskutierten Geschichtsschreiber verbindet nicht nur ihre ideologische Rolle, sondern auch die Funktion, die sie im kollektiven Gedächtnis der Ungarn bis heute spielen, d. h. die Tatsache, dass die Namen von allen dreien in der Benennung von jeweils einer neuen ungarischen Institution bewahrt werden:

- 2017 wurde die Marczali Henrik Kutatócsoport (Henrik-Marczali-Forschungsgruppe) zum Studium des Lebenswegs und der historiographischen Arbeit von Henrik Marczali gegründet. Seit 2018 ist sie im Rahmen des ungarischen Landesrabbinerseminars der Jüdischen Universität, Budapest, unter der Leitung von Professor Iván Zoltán Dénes tätig.
- Die Bibliothek von Gyula Szekfű wurde 1954 vom Staat Ungarn angekauft und im Rahmen des Kaufes in die Bibliothek des Historischen Seminars der Eötvös-Loránd-Universität eingegliedert, welche später in Szekfű Gyula Könyvtár (Gyula-Szekfű-Bibliothek) umbenannt wurde.
- 1991 wurde die Jászi Oszkár Társaság (Oszkár-Jászi-Gesellschaft) gegründet, welche 1992 in Jászi Oszkár Külpolitikai Társaság (Oszkár-Jászi-Gesellschaft für Außenpolitik) umbenannt wurde. Diese Gesellschaft gilt in einzelnen Kreisen der ungarischen Intelligenz als Forum für den Gedankenaustausch, hauptsächlich am linken Ende des politischen Spektrums.

Auch auf diese Weise leben die Namen dieser drei Geschichtsschreiber und einflussreichen Denker im ungarischen kollektiven Gedächtnis fort. Ich freue mich über die Gelegenheit, sie wieder einmal auch einem Publikum außerhalb von Ungarn vorzustellen.

Erfahrungsraum und Raumkonzept

Die Habsburgermonarchie als Gegenstand der Geschichtsschreibung in den böhmischen Ländern im 19. und 20. Jahrhundert

Joachim Bahlcke

I.

Der Oxforder Historiker Robert J. W. Evans, bis zur Gegenwart einer der besten Kenner der Geschichte der Habsburgermonarchie vom 16. bis zum 20. Jahrhundert, hielt 1990 in Rom auf der internationalen Konferenz „Visions sur le développement des états européens. Théories et historiographies de l'état moderne" einen ebenso mate- rial- wie gedankenreichen Vortrag über Vorstellungen und Bilder österreichischer, unga- rischer und tschechischer Historiker zur Staatlichkeit in den habsburgischen Ländern[1]. Eine konzisere Erfassung und Gegenüberstellung der einzelnen Raumkonzepte und Meistererzählungen und deren wichtigster institutioneller und personeller Vertreter auf

---

[1] Robert J. W. EVANS, Historians and the State in the Habsburg Lands, in: Visions sur le dévelop- pement des états européens. Théories et historiographies de l'état moderne, hg. von WIM BLOCKMANS– Jean-Philippe GENET (Collection de l'École française de Rome 171, Rome 1993) 203–218. Als einschlä- gige Vorarbeiten sind – neben der auch historiographiegeschichtlich wichtigen Gesamtdarstellung: The Making of the Habsburg Monarchy: 1550–1700. An Interpretation (Oxford ³1991 [¹1979], deutsch unter dem Titel: Das Werden der Habsburgermonarchie 1550–1700. Gesellschaft, Kultur, Institutionen [Forschungen zur Geschichte des Donauraumes 6, Wien–Köln 1986]) – für den Blickwinkel dieses Beitrags ferner heranzuziehen: DERS., Die Grenzen der Konfessionalisierung. Die Folgen der Gegenrefor- mation für die Habsburgerländer (1650–1781), in: Konfessionalisierung in Ostmitteleuropa. Wirkun- gen des religiösen Wandels im 16. und 17. Jahrhundert in Staat, Gesellschaft und Kultur, hg. von Joa- chim BAHLCKE–Arno STROHMEYER (FGKÖM 7, Stuttgart 1999) 395–412; DERS., The Habsburg Monarchy and Bohemia, 1526–1848, in: Conquest and Coalescence. The Shaping of the State in Early Modern Europe, hg. von Mark GREENGRASS (London u. a. 1991) 134–154; DERS., State and Society in Early Modern Austria, in: State and Society in Early Modern Austria, hg. von Charles W. INGRAO (West Lafayette, Indiana 1994) 1–23; DERS., The Austrian Habsburgs. The Dynasty as a Political Institution, in: The Courts of Europe. Politics, Patronage and Royalty. 1400–1800, hg. von A[rthur] G. DICKENS (London 1977) 121–145; DERS., The Significance of the White Mountain for the Culture of the Czech Lands. *Bulletin of the Institute of Historical Research* 44 (1971) 34–54; DERS., Bílá hora a kultura českých zemí [Die Schlacht am Weißen Berg und die Kultur der böhmischen Länder]. *ČsČH* 17 (1969) 845– 862. – Der vorliegende Beitrag ist die geringfügig (insbesondere um Übersetzungen der tschechischen und polnischen Titel in den Fußnoten) ergänzte Fassung des Vorabdrucks in: Joachim BAHLCKE, Erinne- rungskonkurrenz. Geschichtsschreibung in den böhmischen Ländern vom 16. Jahrhundert bis zur Gegenwart (Forschungen zu Geschichte und Kultur der böhmischen Länder 3, Frankfurt/Main 2016) 239–279.

knappem Raum ist schwer denkbar. Evans skizzierte zum einen die spezifischen Probleme eines in Europa in mehrfacher Hinsicht singulären Staatsbildungsprozesses, der mit der Ausbildung einer kaum zu überblickenden und oftmals verwirrenden Begriffsvielfalt einherging; dies gilt umso mehr, als sich das Begriffsfeld der älteren Staatssprache im Raum der Habsburgermonarchie in der Nachbarschaft verschiedener Sprachen entwickelte, deren Ausdrucks- und Abstraktionsfähigkeit sich zum Teil erheblich unterscheiden. Zum anderen ging Evans auf eine grundsätzliche und bisher nur wenig reflektierte Frage ein, die sich als Problem des zeitlichen Abstands zwischen Veränderungen in der politischen Welt und deren begrifflicher Registrierung bezeichnen ließe[2].

Dieses Problem stellt sich speziell in mehrgliedrigen Länderkomplexen, in denen die während der Frühen Neuzeit in ganz Europa zu beobachtende Verdichtung, Verräumlichung und Institutionalisierung von Herrschaft ältere regionale Strukturen nicht beseitigte oder solchen des Gesamtstaates unterordnete[3]. Die in zusammengesetzten Staaten gebräuchlichen Raum- und Rechtsbegriffe sind in aller Regel eng und unflexibel. Sie berücksichtigen weder die stets vorhandene Hierarchisierung der territorialen Subsysteme noch werden sie der Dynamik der sich im Lauf der Zeit unausbleiblich ändernden Raumstrukturen gerecht[4]. Hinzu kommt – und dies lässt sich am Beispiel der Habsburgermonarchie in allen Sprachräumen belegen –, dass die zur Charakterisierung der spezifischen Staatlichkeit solcher Gemeinwesen benutzten analytischen Begriffe in den meisten Fällen Quellenbegriffe sind, Begriffe also, die zu bestimmten Zeiten für ein konkretes politisches Programm standen, die Perspektive einzelner Akteure zum Ausdruck brachten und insofern für den modernen Historiker problematisch sind. Ein Ausweg aus diesem Dilemma, das Geschichtsschreiber und Juristen der Österreichischen

---

[2] Zu Problemen der älteren Staatssprache vgl. Peter MORAW u. a., Reich, in: Geschichtliche Grundbegriffe. Historisches Lexikon zur politisch-sozialen Sprache in Deutschland, hg. von Otto BRUNNER–Werner CONZE–Reinhart KOSELLECK, Bd. 5 (Stuttgart 1985) 423–508. Zur Fachsprachenforschung vgl. Theodor ICKLER, Die Disziplinierung der Sprache. Fachsprachen in unserer Zeit (Forum für Fachsprachen-Forschung 33, Tübingen 1997); generell zur Bedeutung begriffsgeschichtlicher Forschung im östlichen Europa vgl. Peter THIERGEN, Begriffsgeschichte: Traditionen, Probleme, Desiderat, in: Russische Begriffsgeschichte der Neuzeit. Beiträge zu einem Forschungsdesiderat, hg. von DEMS. (Bausteine zur Slavischen Philologie und Kulturgeschichte N.F. A/50, Köln–Weimar–Wien 2006) XIII–XXIX.

[3] Joachim BAHLCKE, Landesherrschaft, Territorien und Staat in der Frühen Neuzeit (EdG 91, München 2012) 59–66, 98–101.

[4] Der von den britischen Historikern Helmut G. Koenigsberger und John H. Elliott in den 1990er Jahren benutzte und im Zuge der jüngsten Absolutismusdebatte zu neuem Leben erwachte Begriff des „zusammengesetzten Staates" ist, anders als es in diesen Studien mitunter anklingt, nicht neu, sondern wurde bereits während des 19. Jahrhunderts in ganz unterschiedlichen Kontexten benutzt. Vgl. exemplarisch [Alfred Ritter] VON ARNETH, Art. Maria Theresia. ADB 20 (1884) 340–365, hier 365. Zur Begriffs- und Forschungsgeschichte vgl. zusammenfassend Michael ROHRSCHNEIDER, Zusammengesetzte Staatlichkeit in der Frühen Neuzeit. AfK 90 (2008) 321–349; Franz BOSBACH, Mehrfachherrschaft – eine Organisationsform frühmoderner Herrschaft, in: Membra unius capitis. Studien zu Herrschaftsauffassungen und Regierungspraxis in Kurbrandenburg (1640–1688), hg. von Michael KAISER–Michael ROHRSCHNEIDER (Forschungen zur brandenburgischen und preußischen Geschichte N.F. Beiheft 7, Berlin 2005) 19–34. Wichtige Fallstudien bieten die Sammelbände: Rzeczpospolita w XVI–XVIII wieku. Państwo czy wspólnota? [Die Adelsrepublik im 16.–18. Jahrhundert. Staat oder Commonwealth?], hg. von Bogusław DYBAŚ–Paweł HANCZEWSKI–Tomasz KEMPA (Toruń 2007); Zusammengesetzte Staatlichkeit in der europäischen Verfassungsgeschichte, hg. von Hans-Jürgen BECKER (Der Staat. Beiheft 16, Berlin 2006); Staatliche Vereinigung: Fördernde und hemmende Elemente in der deutschen Geschichte, hg. von Wilhelm BRAUNEDER (Der Staat. Beiheft 12, Berlin 1998); Föderationsmodelle und Unionsstrukturen. Über Staatenverbindungen in der frühen Neuzeit vom 15. zum 18. Jahrhundert, hg. von Thomas FRÖSCHL (WBGN 21, Wien–München 1994).

Monarchie das ganze 19. Jahrhundert über intensiv diskutierten, war freilich nicht leicht zu finden. Den wohl originellsten Versuch unternahm 1882 Georg Jellinek mit seiner „Lehre von den Staatenverbindungen"[5], einem Werk, das zeithistorisch der nach den Ausgleichsgesetzen von 1867 förmlich aus dem Boden schießenden Kontroversliteratur um die Rechtsnatur Österreich-Ungarns zuzuordnen ist[6]. „Nicht zufällig", so Otto Brunner mit Blick auf die besonderen Strukturprobleme der Habsburgermonarchie, sei eine solche theoretische Abhandlung von einem Österreicher verfasst worden[7].

Die hier nur mit wenigen Stichworten angerissenen Probleme potenzieren sich noch, wenn wir die böhmischen Länder und deren historiographische Traditionen seit dem frühen 19. Jahrhundert betrachten. Denn dieser Territorialkomplex war während der habsburgischen Oberherrschaft seinerseits eine *composite monarchy*, in der Bezeichnungen wie Land, Staat, Krone, Nation und Reich einen erheblichen Bedeutungsspielraum besaßen und demzufolge Phänomene wie Landespatriotismus, Vaterlandsliebe oder Gesamtstaatsbewusstsein in hohem Maße kontext- und zeitabhängig waren[8].

Einen ersten Versuch, die im tschechischsprachigen Umfeld gebräuchlichen älteren Quellenbegriffe zu erfassen, sie auf ihren Sinngehalt zu hinterfragen und die entsprechende Begrifflichkeit in deutsch- bzw. lateinischsprachigen Texten zu finden, unternahm der mährische Landesarchivar Vincenc Brandl 1876 mit seinem „Glossarium illustrans bohemico-moravicae historiae fontes", einer Pionierstudie der tschechischen historisch-vergleichenden Sprachwissenschaft[9]. Die Frage der Überlappungen und Verschiebungen älterer und neuerer Wortbedeutungen, bei der auch den österreichischen Behörden eine nicht unbedeutende Rolle zufiel, war zudem stets ein Politikum. Dazu nur ein Beispiel: Um nicht nach außen hervorzuheben, dass es auch in der Markgrafschaft Mähren Tschechen gab, untersagten die österreichischen Behörden das im Königreich Böhmen für den amtlichen Gebrauch zugelassene Adjektiv *českoslovanský*, das sich

---

[5] Georg JELLINEK, Die Lehre von den Staatenverbindungen (Wien 1882). Von diesem Werk gibt es einen 1996 in Goldbach publizierten Nachdruck, der neben einer konzisen Einleitung durch den Herausgeber, Walter Pauly, auch mehrere Rezensionen zu Jellineks Buch enthält. Zu Jellineks Ansatz vgl. ferner: Die normative Kraft des Faktischen. Das Staatsverständnis Georg Jellineks, hg. von Andreas ANTER (Staatsverständnisse 6, Baden-Baden 2004); Jens KERSTEN, Georg Jellinek und die klassische Staatslehre (Beiträge zur Rechtsgeschichte des 20. Jahrhunderts 28, Tübingen 2000); Georg Jellinek – Beiträge zu Leben und Werk, hg. von Stanley L. PAULSON–Martin SCHULTE (Beiträge zur Rechtsgeschichte des 20. Jahrhunderts 27, Tübingen 2000); Hans-Peter ALBERT, Der Staat als ‚Handlungssubjekt'. Interpretation und Kritik der Staatslehre Georg Jellineks (phil. Diss. Heidelberg 1988).

[6] Gerald STOURZH, Verfassung und Verfassungswirklichkeit Altösterreichs in den Schriften Georg Jellineks, in: Georg Jellinek – Beiträge zu Leben und Werk (wie Anm. 5) 247–260; DERS., Der Dualismus 1867 bis 1918. Zur staatsrechtlichen und völkerrechtlichen Problematik der Doppelmonarchie, in: Die Habsburgermonarchie 1848–1918, Bd. 7: Verfassung und Parlamentarismus, hg. von Helmut RUMPLER–Peter URBANITSCH, Teilbd. 1 (Wien 2000) 1177–1230.

[7] Otto BRUNNER, Land und Herrschaft. Grundfragen der territorialen Verfassungsgeschichte Österreichs im Mittelalter (Wien ⁵1965 [¹1939]) 444 Anm. 3.

[8] Josef VÁLKA, „Státní a zemské" v českých dějinách [„Staat und Land" in der böhmischen Geschichte]. *ČMM* 109 (1990) 320–336; Anna M. DRABEK, Patriotismus und nationale Identität in Böhmen und Mähren, in: Patriotismus und Nationsbildung am Ende des Heiligen Römischen Reiches, hg. von Otto DANN–Miroslav HROCH–Johannes KOLL (Kölner Beiträge zur Nationsforschung 9, Köln 2003) 151–170.

[9] V[inzenz] BRANDL, Glossarium illustrans bohemico-moravicae historiae fontes (Brünn 1876). Zur Bedeutung Brandls für die tschechische Sprachwissenschaft vgl. Kapitoly z české jazykovědné bohemistiky [Kapitel aus der tschechischen sprachwissenschaftlichen Bohemistik], hg. von Jana PLESKALOVÁ u. a. (Praha 2007) 206f.

mit „tschechoslawisch" nur ungenau übersetzen lässt. Da eine neue Bezeichnung wie *moravskoslovanský* (mährischslawisch) keine überzeugende Alternative bot, ließ Wien in Mähren eine Zeit lang offiziell nur die Benennung *slovanský* zu. Das 1874 in Olmütz gegründete tschechische Gymnasium hieß daher lediglich „Slovanské gymnásium" bzw. in deutschsprachigen Texten „K[aiserlich] k[öniglizches] slavisches Gymnasium"[10]. Man erkennt rasch: Eigen- und Fremdbezeichnungen sind ebenso wie die mit ihnen korrelierenden Raumbegriffe kein einfach zu handhabendes Untersuchungsfeld.

Für das Verständnis dieses Beitrags sind einige weitere Voranmerkungen notwendig. Wenn im Folgenden danach gefragt wird, welche Rolle die Habsburgermonarchie als Gegenstand der Geschichtsschreibung in den böhmischen Ländern während des 19. und 20. Jahrhunderts spielte, so kann es naturgemäß nicht darum gehen, unterschiedliche Deutungen dieses Länderkomplexes in einzelnen historischen Darstellungen herauszuarbeiten. Es liegt auf der Hand, dass in einem Großteil der während der letzten zwei Jahrhunderte von Historikern aus den böhmischen Ländern publizierten Geschichtswerke direkt oder indirekt, ausführlich oder eher am Rande, mit gebotener Distanz oder in gegenwartspolitischer Absicht in der einen oder anderen Weise auf den Gesamtstaat eingegangen wurde, dem die böhmischen Länder bis zum Ende des Ersten Weltkriegs politisch angehörten. Zu dieser Thematik gibt es im Übrigen gute Vorarbeiten, und auch die Gesamtdarstellungen zur Entwicklung der Historiographiegeschichte liefern hierzu wichtige Informationen[11].

---

[10] Jaroslav Mezník, Dějiny národu českého v Moravě (Nárys vývoje národního vědomí na Moravě do poloviny 19. století) [Geschichte der tschechischen Nation in Mähren (Skizze der Entwicklung des Nationalbewusstseins in Mähren bis zur Mitte des 19. Jahrhunderts)]. *ČČH* 88 (1990) 34–62; Tilman Berger, Nation und Sprache: das Tschechische und das Slovakische, in: Nation und Sprache. Die Diskussion ihres Verhältnisses in Geschichte und Gegenwart, hg. von Andreas Gardt (Berlin–New York 2000) 825–864; Antonín Měšťan, Böhmisches Landesbewußtsein in der tschechischen Literatur, in: Die Chance der Verständigung. Absichten und Ansätze zu übernationaler Zusammenarbeit in den böhmischen Ländern, hg. von Ferdinand Seibt (München 1987) 31–38. Eine zeitgenössische Stellungnahme bei B[eda] Dudík, Mähren's gegenwärtige Zustände vom Standpunkte der Statistik, Heft 3–4 (Brünn 1848) 50f.

[11] Als Überblicksdarstellungen sind vor allem heranzuziehen: František Kutnar–Jaroslav Marek, Přehledné dějiny českého a slovenského dějepisectví. Od počátků národní kultury až do sklonku třicátých let 20. století [Überblicksgeschichte der tschechischen und slowakischen Geschichtsschreibung. Von den Anfängen der nationalen Kultur bis zum Ende der Dreißigerjahre des 20. Jahrhunderts] (Praha 1997), basierend auf dem in den Jahren 1973 und 1977 erschienenen zweibändigen Werk gleichen Titels von Kutnar; Jiří Štaif, Historici, dějiny a společnost. Historiografie v českých zemích od Palackého a jeho předchůdců po Gollovu školu. 1790–1900 [Historiker, Geschichte und Gesellschaft. Historiographie in den böhmischen Ländern von Palacký und seinen Vorläufern bis zur Goll-Schule. 1790–1900], 2 Bde. (Praha 1997); Maciej Górny, Między Marksem a Palackým. Historiografia w komunistycznej Czechosłowacji [Zwischen Marx und Palacký. Historiographie in der kommunistischen Tschechoslowakei] (Warszawa 2001); Josef Hanzal, Cesty české historiografie 1945–1989 [Wege der tschechischen Historiographie 1945–1989] (Praha 1999). Zur Frage der Stellung Böhmens im und zum habsburgischen Gesamtstaat nach 1526 und ihrer Deutung in der tschechischen Geschichtswissenschaft vgl. exemplarisch Václav Bůžek u. a., Společnost zemí habsburské monarchie 1526–1740 v české, maďarské, rakouské a slovenské historické vědě posledního desetiletí [Die Gesellschaft der Länder der Habsburgermonarchie 1526–1740 in der tschechischen, ungarischen, österreichischen und slowakischen Geschichtswissenschaft des letzten Jahrzehnts]. *ČČH* 104 (2006) 485–526; Jaroslav Pánek, Die frühneuzeitliche Ständegesellschaft als politisches Argument in der modernen tschechischen Geschichtsschreibung, in: Pocta Josefu Kollmannovi. Sborník k životnímu jubileu, hg. von Alena Pazderová (Praha 2002) 228–236, 301f.; ders., Politický systém předbělohorského českého státu [Das politische System des böhmischen Staats in der Zeit vor der Schlacht am Weißen Berg]. *FHB* 11 (1987) 41–101; ders., Das

Im Vordergrund dieses Aufsatzes soll vielmehr die Frage stehen, ob und in welcher Form die Staatlichkeit der Habsburgermonarchie als solche von Historikern aus den böhmischen Ländern thematisiert worden ist. Man wird nicht ohne Überraschung feststellen, dass diese Frage auch in anderen Teilregionen des Gesamtstaates bisher kaum gestellt wurde – jedenfalls urteilte der österreichische Historiker Michael Hochedlinger, der sich seit langem mit diesem Thema auseinandersetzt, noch im Jahr 2010: „Soweit ich sehen kann, liegen keine eingehenderen Arbeiten über die ‚Staatlichkeit‘ der frühneuzeitlichen Habsburgermonarchie vor."[12] Diese Beobachtung gilt für die Zeitspanne vor dem Ersten Weltkrieg, als die österreich-ungarische Doppelmonarchie noch als geographisch-politischer Erfahrungsraum existierte, und sie gilt für die Zeit nach 1918, als aus diesem Gebilde allmählich ein akademisches Raumkonzept wurde. Es scheint das Schicksal von Vielvölkerstaaten zu sein, dass sie von den modernen, in Konkurrenz zueinander entwickelten Nationalhistoriographien der sogenannten Nachfolgestaaten allenfalls bruchstückhaft wahrgenommen werden[13].

Der im Untertitel dieses Beitrags genannte Raum – die böhmischen Länder – hat seinerseits vom Anfang des 19. Jahrhunderts, als er gleichzeitig integraler Bestandteil des Heiligen Römischen Reiches deutscher Nation und des sich noch vor dessen Ende konstituierenden Kaisertums Österreich war, bis in die Gegenwart mannigfache Metamorphosen durchlaufen. Historiker unterschiedlicher Herkunft und Muttersprache – Tschechen, Deutsche (Österreicher) und Slowaken, in kleiner Zahl auch Polen, Magyaren und Ukrainer – beschrieben seine Vergangenheit und jeweilige Stellung in „Mitteleuropas Mitte"[14]. Im Folgenden wird ein Schwerpunkt auf die tschechische Historikerzunft gelegt, auch weil hier die institutionellen Voraussetzungen am ehesten gegeben waren, über lokale und regionale Bezüge hinaus die Staatlichkeit der Gesamtmonarchie in den Blick zu nehmen[15].

---

politische System des böhmischen Staates im ersten Jahrhundert der habsburgischen Herrschaft (1526–1620). *MIÖG* 97 (1989) 53–82; DERS., Úloha stavovství v předbělohorské době 1526–1620 (Vývoj názorů novodobé české historiografie) [Die Rolle des Ständewesens in der Zeit vor der Schlacht am Weißen Berg 1526–1620 (Die Entwicklung der Ansichten der neuzeitlichen tschechischen Historiographie)]. *ČsČH* 25 (1977) 732–761; DERS., Das Ständewesen und die Gesellschaft in den böhmischen Ländern in der Zeit vor der Schlacht am Weißen Berg (1526–1620). *Historica* 25 (1985) 73–120.

[12] Michael HOCHEDLINGER, Stiefkinder der Forschung. Verfassungs-, Verwaltungs- und Behördengeschichte der frühneuzeitlichen Habsburgermonarchie. Probleme – Leistungen – Desiderate, hg. von DEMS.–Thomas WINKELBAUER (VIÖG 57, Wien–München 2010) 293–394, hier 293.

[13] Joachim BAHLCKE, Ungarischer Episkopat und österreichische Monarchie. Von einer Partnerschaft zur Konfrontation (1686–1790) (FGKÖM 23, Stuttgart 2005) 8, 33–40.

[14] Das Zitat nach dem Buchtitel von Friedrich LANGE, Mähren. Mitteleuropas Mitte (Macht und Erde. Hefte zum Weltgeschehen 18, Leipzig–Berlin 1940). Das Buch steht, wie der Autor in seiner Einleitung deutlich zu erkennen gibt, im Kontext von Geschichte und Geopolitik. Zur Einordnung vgl. Frank HADLER, Vom geerbten Kronland zur Selbstwahrnehmungsregion – Mähren in der Tschechoslowakei (1918–1992). *Comparativ. Leipziger Beiträge zur Universalgeschichte und vergleichenden Gesellschaftsforschung* 13,1 (2003) 85–98, hier 91.

[15] Zum Bild der Habsburgermonarchie in der slowakischen Geschichtsschreibung vgl. den Beitrag von Elena Mannová in diesem Band. Vgl. ferner DIES., Vom „Völkerkerker" zur „Völkerfamilie"? Das Bild der Habsburgermonarchie in der slowakischen Historiographie, in: Vergangene Größe und Ohnmacht in Ostmitteleuropa: Repräsentationen imperialer Erfahrung in der Historiographie seit 1918 / Lost Greatness and Past Oppression in East Central Europe: Representations of the Imperial Experience in Historiography since 1918, hg. von Frank HADLER–Mathias MESENHÖLLER (Geschichtswissenschaft und Geschichtskultur im 20. Jahrhundert 8, Leipzig 2007) 263–277; DIES., Das kollektive Gedächtnis der Slowaken und die Reflexion der vergangenen Herrschaftsstrukturen, in: Habsburg postcolonial.

Die Personennamen dieser Historiker werden im vorliegenden Beitrag so angegeben, wie sie in modernen Nachschlagewerken zu finden sind. Die Zeitgenossen selbst waren hier in aller Regel flexibler. Nur in Ausnahmefällen lässt sich aus der deutschen oder slawischen Schreibung des Namens auf eine bestimmte Haltung zum Gesamtstaat schließen. Bei Aufsatz- und Buchtiteln, die vor dem Ersten Weltkrieg häufig in andere Sprachen der Monarchie übersetzt wurden, wird in den meisten Fällen nur die Erstausgabe genannt.

II.

Im Jahr 1804 veröffentlichte der aus Pressburg gebürtige Johann Andreas Demian den ersten, Böhmen, Mähren und Österreichisch-Schlesien gewidmeten Band seiner großangelegten „Darstellung der Oesterreichischen Monarchie nach den neuesten statistischen Beziehungen"[16]. Demian hatte seinen offiziellen Auftrag, statistische Materialien über die Militärgrenze in Ungarn, Kroatien und Slawonien zusammenzustellen, genutzt, um auch andere Quellen zur Geschichte des Habsburgerreiches zu sichten und auszuwerten. Interessant ist nicht nur sein Gebrauch der Begriffe „gemeinschaftlicher Staat", „Vaterland" und „Staatskräfte", aufschlussreich ist auch sein „in Znaym in Mähren, im Jahre 1803" datiertes Vorwort: Das Ziel seines Werkes, so Demian, sehe er dann als erreicht an, wenn „jeder Patriot bey der Durchlesung dieser Schrift sich glücklich schätzen wird, daß er zu der großen Staatsfamilie gehöre, die Franz den Zweyten zu ihrem Vater hat"[17]. Hätte Demian auf die Datierung seines Vorworts verzichtet und an dieser Stelle den Namen von Franz I. gesetzt, würde die Aussage dem heutigen Leser ungleich schlüssiger erscheinen. Mit der weder 1804 noch 1806 endenden Verflechtung deutscher und österreichischer Staatlichkeit aber sprach der Autor fast beiläufig eine Streitfrage an, die gerade Historiker der böhmischen Länder praktisch-politisch wie konzeptionell-analytisch seit jeher vor größte Herausforderungen stellt: nämlich das Verhältnis dieses Raumes im und zum römisch-deutschen Reich bzw. zu einem deutschen Nationalstaat.

Die zu keinem Zeitpunkt ausschließlich akademische, sondern stets mit politischen und ökonomischen Interessen verbundene Streitfrage, die seit dem Spätmittelalter eine Fülle gelehrter Abhandlungen und juristischer Disputationen hatte entstehen lassen, betraf zahlreiche Einzelthemen: das Verhältnis von Landes- zu übergeordnetem Reichsrecht und regionaler zu zentraler Verwaltung, die Kompetenz der Landtage und die

---

Machtstrukturen und kollektives Gedächtnis, hg. von Johannes FEICHTINGER–Ursula PRUTSCH–Moritz CSÁKY (Gedächtnis – Erinnerung – Identität 2, Innsbruck u. a. 2003) 189–196.

[16] J[ohann] A[ndreas] DEMIAN, Darstellung der Oesterreichischen Monarchie nach den neuesten statistischen Beziehungen, Bd. 1: Böhmen, Mähren, und das österreichische Schlesien, Bd. 2: Ostgalizien und Siebenbürgen, Bd. 3/1–2: Königreich Ungern und dazu gehörige Länder, Bd. 4/1: Militär-Gränze in Kroatien, Bd. 4/2: Militär-Gränze in Slawonien und Ungern (Wien 1804–1807). Bereits 1797 hatte Demian eine bemerkenswerte, heute nahezu unbekannte Schrift publiziert, die als Vorstudie zu seinem großen Werk gelten darf: DERS., Versuch über die Staatskräfte der österreichischen Monarchie in Beziehung auf Europa („Germanien" 1797). Mit seiner „Darstellung der österreichischen Staatskräfte" (VII) verfolgte Demian, dessen Loyalität zu Staat und Dynastie im militärischen Umfeld entstanden war, ein klares Ziel (Vf.): „Erweckung des Gefühls für Nationalruhm und Erhöhung der Vaterlandsliebe – das war der Zweck, den ich mir bey der Ausarbeitung dieses Versuchs vorsetzte."

[17] DEMIAN, Darstellung der Oesterreichischen Monarchie, Bd. 1, XVI.

Reichweite von Gesetzen, Überlegungen zu Wahl- und Erbrecht und naturgemäß alle Aspekte von Souveränität und Hoheitsgewalt. Zeitliche Schwerpunkte der Auseinandersetzung waren die Jahre nach 1620, als das ständische Verfassungsexperiment gescheitert war, und die Zeit nach der Readmission der böhmischen Kurstimme 1708[18]. Zu dieser Zeit bemühte sich Heinrich Ludwig Gude darum, die auf beiden Seiten benutzten Argumente im achten Kapitel („Von Praetensionen / und Controversien des Königreichs Böhmen") seiner Geschichte Böhmens systematisch zu erfassen, zu ordnen und einander gegenüberzustellen[19]. Den Versuch einer Klärung musste auch er jedoch letztlich aufgeben und auf Formulierungen, wie etwa „darüber giebt es verschiedene Meinungen" oder „darüber ist mit Feder und Degen gar scharff gefochten worden", ausweichen[20]. Nur zwei Jahrzehnte später widmete der aus dem sächsisch-böhmischen Grenzgebiet gebürtige Adam Friedrich Glafey der „Geschichte der Cron Böhmen" und deren „besondern Nexum mit dem Römischen Reiche", so hieß es bereits im Titel, eine Darstellung von mehr als 900 Seiten[21]. In Böhmen selbst war das Interesse an diesen Zusammenhängen kaum weniger groß. Es scheint fast, als sei das Verhältnis Böhmens zum römisch-deutschen Reich im Jahrhundert der Aufklärung ein bevorzugter Untersuchungsgegenstand gewesen, konnte man auf diesem hochgradig umkämpften Terrain doch ausgezeichnet die eigene Unbefangenheit und Vorurteilslosigkeit unter Beweis stellen[22].

---

[18] Ausführliche Belege hierzu bei Alexander BEGERT, Böhmen, die böhmische Kur und das Reich vom Hochmittelalter bis zum Ende des Alten Reiches. Studien zur Kurwürde und zur staatsrechtlichen Stellung Böhmens (Historische Studien 475, Husum 2003); DERS., Das Heilige Römische Reich in der publizistischen und politischen Auseinandersetzung zwischen Tschechen und Deutschen im 19. und 20. Jahrhundert, in: Was vom Alten Reiche blieb … Deutungen, Institutionen und Bilder des frühneuzeitlichen Heiligen Römischen Reiches Deutscher Nation im 19. und 20. Jahrhundert, hg. von Matthias ASCHE–Thomas NICKLAS–Matthias STICKLER (Bayerische Landeszentrale für Politische Bildungsarbeit: Bayerische Landeszentrale für Politische Bildungsarbeit A 134, München 2011) 129–146. Historiographiegeschichtlich wichtig sind (neben der kaum zu überblickenden Fachliteratur, die Detailfragen dieser Beziehungsgeschichte diskutiert) die jüngsten Studien tschechischer Provenienz von Jaroslav PÁNEK, Bohemia and the Empire: Acception and Rejection, in: The Holy Roman Empire, 1495–1806: a European Perspective, hg. von R[obert] J. W. EVANS–Peter H. WILSON (Brill's Companions to European History 1, Leiden 2012) 122–141; DERS., Der tschechische Blick auf die Reichsgeschichte und die spezifische Stellung des böhmischen Staates. ZfO 53 (2004) 373–390; Karel MALÝ, Der böhmische Staat – ein Teil des Reiches?, in: Reiche und Territorien in Ostmitteleuropa. Historische Beziehungen und politische Herrschaftslegitimation, hg. von Dietmar WILLOWEIT–Hans LEMBERG (Völker, Staaten und Kulturen in Ostmitteleuropa 2, München 2006) 163–170; Marie BLÁHOVÁ, Die Beziehung Böhmens zum Reich in der Zeit der Salier und Frühen Staufer im Spiegel der zeitgenössischen böhmischen Geschichtsschreibung. AfK 74 (1992) 23–48.

[19] Heinrich Ludwig GUDE, Staat von Böhmen (o. O. o. J. [Halle um 1708]) 263–276.

[20] Ebd. 272.

[21] Adam Friedrich GLAFEY, Pragmatische Geschichte Der Cron Böhmen, Worinnen dasjenige, was unter jedwedem Hertzoge und Könige von Böhmen von Zeiten zu Zeiten merckwürdiges vorgegangen, Und So wohl in die ehemalige als jetzige Grund-Verfassung dieses Königreichs Und dessen besondern Nexum mit dem Römischen Reiche einschlägt, Historisch erörtert wird (Leipzig 1729). Zu Autor und Werk vgl. Walter SCHAMSCHULA, Adam Friedrich Glafeys „Pragmatische Geschichte der Cron Böhmen" (1729), in: Die böhmische Länder zwischen Ost und West. FS für Karl Bosl zum 75. Geburtstag, hg. von Ferdinand SEIBT (VCC 55, München–Wien 1983) 126–131.

[22] František M. BARTOŠ, Osvícenská rozprava o poměru Čech k německé říši [Die Debatte der Aufklärer über das Verhältnis Böhmens zum deutschen Reich]. ČČM 91 (1917) 200–203; Zdeněk ŠIMEČEK, Studium českých dějin, slavistika a austroslavismus (K vývoji státní ideologie v Čechách v 18. a na počátku 19. století) [Das Studium der böhmischen Geschichte, die Slawistik und der Austroslawismus

Die Beschäftigung mit diesen Fragen ging nach der realpolitischen Zäsur von 1866 – der Auflösung des Deutschen Bundes nach dem für Preußen siegreichen Bruderkrieg und dem Ausscheiden des Kaisertums Österreich und damit auch Böhmens aus dem deutschen Staatsverband – keineswegs zurück, sondern erlebte ganz im Gegenteil unter dem Schlagwort „Böhmisches Staatsrecht" („české státní právo") eine Renaissance. Die verfassungsrechtlich unabhängige Stellung Böhmens, die einheimische Geschichtsschreiber zuvor gegenüber dem älteren römisch-deutschen Reich bekräftigt hatten, wurde nun mit faktisch vergleichbaren Argumenten von tschechischen Historikern gegenüber dem österreichischen Gesamtstaat postuliert[23].

Als zentrales Motiv für die Abfassung seiner in erster Auflage 1871 erschienenen Abhandlung zum Böhmischen Staatsrecht nannte Josef Kalousek gleich im ersten Satz seines Vorwortes die „praktische Notwendigkeit", die durch den gegenwärtigen Kampf des tschechischen Volkes um die „staatliche Selbstberechtigung der Länder der Böhmischen Krone" entstanden sei[24]. Der Bezug zur aktuellen Politik wird auch bei seinem aus Ostböhmen stammenden Kollegen Hugo Toman deutlich, der ein Jahr später die rechtsgeschichtliche Studie „Das Böhmische Staatsrecht und die Entwickelung der österreichischen Reichsidee vom Jahre 1527 bis 1848" vorlegte: „Im gegenwärtigen Momente, wo die Frage über die Stellung der böhmischen Krone zur Gesammtmonarchie ihrer endlichen Lösung zugeführt werden soll, und Anknüpfungspunkte mit dem historischen Staatsrechte gesucht und gefunden werden müssen, mag die vorliegende Schrift als ein Rückblick auf die historische Entwickelung des böhmischen Staatsrechtes unter dem Einflusse der österreichischen Staatsidee nicht ganz überflüssig sein, umsomehr als manche Institution sich im böhmischen Verfassungs- und Verwaltungsrechte als bereits historisch vorhanden darstellen dürfte, welche eine solche Anknüpfung mit den Erfordernissen und Bestrebungen der Gegenwart vermitteln könnte."[25]

Hier und in anderen, vor allem rechtshistorischen Arbeiten wird rasch deutlich: Der Distanzierung von der einen „Reichsgeschichte" folgte, konzeptionell wie argumentativ

---

(Zur Entwicklung der Staatsideologie in Böhmen im 18. und zu Beginn des 19. Jahrhunderts)]. *Slovanský přehled* 63 (1977) 115–142; Anna M. DRABEK, Der Nationsbegriff in Böhmen an der Grenze von Aufklärung und „nationaler Wiedergeburt", in: Vaterlandsliebe und Gesamtstaatsidee im Österreichischen 18. Jahrhundert, hg. von Moritz CSÁKY–Reinhard HAGELKRYS (JbOGE18, Beiheft 1, Wien 1989) 43–61.

[23] Jonathan KWAN, The Austrian State Idea and Bohemian State Rights: Contrasting Traditions in the Habsburg Monarchy, 1848–1914, in: Statehood Before and Beyond Ethnicity. Minor States in Northern and Eastern Europe, 1600–2000, hg. von Linas ERIKSONAS–Leos MÜLLER (Multiple Europes 33, Bruxelles u. a. 2005) 243–273; Richard PLASCHKA, Das böhmische Staatsrecht in tschechischer Sicht, in: Das böhmische Staatsrecht in den deutsch-tschechischen Auseinandersetzungen des 19. und 20. Jahrhunderts, hg. von Ernst BIRKE–Kurt OBERDORFFER (Marburg/Lahn 1960) 1–14.

[24] Jos[ef] KALOUSEK, České státní právo [Das böhmische Staatsrecht] (Praha 1871 [²1892]), Vorwort (unpag.). Zu Autor und Werk vgl. KUTNAR–MAREK, Přehledné dějiny (wie Anm. 11) 298–304; Richard Georg PLASCHKA, Von Palacký bis Pekař. Geschichtswissenschaft und Nationalbewußtsein bei den Tschechen (Wiener Archiv für Geschichte des Slawentums und Osteuropas 1, Graz–Köln 1955) 44–51.

[25] Hugo TOMAN, Das Böhmische Staatsrecht und die Entwickelung der österreichischen Reichsidee vom Jahre 1527 bis 1848. Eine rechtsgeschichtliche Studie (Prag 1872) Vf. Als Vorstudie zu diesem Werk vgl. DERS., Schicksale des böhmischen Staatsrechtes in den Jahren 1620 bis 1627. Nach urkundlichen Quellen zitiert (Prag 1870). Zu Autor und Werk vgl. KUTNAR–MAREK, Přehledné dějiny (wie Anm. 11) 330.

vergleichbar, die Emanzipation von der nachfolgenden „Reichsgeschichte"[26]. Die Abgrenzung gegenüber der deutschen Staats- und Nationsbildung im engeren Sinn erfolgte dabei allerdings nicht nur früher, sie war auch ungleich fundamentaler als diejenige gegenüber der späteren österreichisch-imperialen Geschichtstradition.

Das wirkungsmächtigste Gegenkonzept zu beiden Reichsvorstellungen war zunächst das der Landesgeschichte. Gefördert wurde das Bild eines mächtigen und eigenständigen, allenfalls in Personalunion mit anderen Territorien verbundenen böhmischen Staates durch den Adel, der sich durch die auf politische Zentralisierung und gesellschaftliche Nivellierung abzielenden Staatsreformen Maria Theresias und Josephs II. in seiner Stellung zunehmend bedroht sah[27]. Neben neue, durch aristokratisches Mäzenatentum ermöglichte Studien trat in den Jahrzehnten um 1800 eine lebendige Erinnerungsarbeit. Ignaz Cornova etwa legte in sieben Bänden eine deutsche Übersetzung von Pavel Stránskýs berühmter „Respublica Bojema" vor, deren Druck während des Dreißigjährigen Krieges nur im niederländischen Exil möglich gewesen war[28]. Erst jetzt, ein Jahrhundert nach dem Tod ihres Autors, wurden die Schriften eines Bohuslav Balbín herausgegeben, der nach 1620 den schmachvollen Umgang Wiens mit einem kulturell hochstehenden Land wie Böhmen beklagt hatte[29]. Dass diese adelig-patriotischen, durch Museums- und Akademiestiftungen flankierten Bestrebungen mit einer Wiederbelebung der tschechischen Sprache und Kultur einhergingen, war durchaus gewollt, unterstrich dies doch

---

[26] Fritz FELLNER, Reichsgeschichte und Reichsidee als Problem der österreichischen Historiographie, in: Sacrum Imperium. Das Reich und Österreich 996–1806, hg. von Wilhelm BRAUNEDER–Lothar HÖBELT (Wien–München–Berlin 1996) 455–478. Der Begriff „Reichsgeschichte" war in deutschsprachigen Arbeiten zur Geschichte der Habsburgermonarchie bis zum Ersten Weltkrieg geläufig. Im Tschechischen dagegen ist er weitestgehend für die Geschichte des Heiligen Römischen Reiches reserviert. Das Substantiv „Reich" dagegen, in aller Regel mit attributiver Ergänzung, wird flexibler gehandhabt. Vgl. exemplarisch Jiří KOŘALKA, Češi v habsburské říši a v Evropě. Sociálněhistorické souvislosti vytváření novodobého národa a národnostní otázky v českých zemích [Die Tschechen im Habsburgerreich und in Europa. Sozialhistorische Zusammenhänge der Entstehung der modernen Nation und der Nationalitätenfrage in den böhmischen Ländern] (Edice Historické myšlení, Praha 1996).

[27] Josef HAUBELT, České osvícenství [Die böhmische Aufklärung] (Praha ²2004 [¹1986]); DERS., Dějepisectví Gelasia Dobnera [Die Geschichtsschreibung Gelasius Dobners] (AUC – PH, Monographia 80, Praha 1979); Anna M. DRABEK, The Concept of ‚Nation' in Bohemia and Moravia at the turn of the 19th Century. History of European Ideas 15 (1992) 305–311; Jaroslav MAREK, Osvicenské dějepisectví v českém historickém myšlení [Die Aufklärungshistoriographie im tschechischen historischen Denken]. ČMM 87 (1968) 187–210; Walter SCHAMSCHULA, Die Anfänge der tschechischen Erneuerung und das deutsche Geistesleben (1740–1800) (München 1973).

[28] Ignaz CORNOVA, Paul Stransky's Staat von Böhmen. Übersetzt, berichtigt und ergänzt, 7 Bde. (Prag 1792–1803). Zu Cornova vgl. Eduard MAUR, Pojetí národa v české osvicenské historiografii. Ignác Cornova a František Martin Pelcl [Der Begriff der Nation in der böhmischen Aufklärungshistoriographie. Ignaz Cornova und Franz Martin Pelcl], in: Mezi časy ... Kultura a umění v českých zemích kolem roku 1800 [Zwischen den Zeiten ... Kultur und Kunst in den böhmischen Ländern um 1800], hg. von Zdeněk HOJDA–Roman PRAHL (Praha 2000) 134–146; František KUTNAR, Život a dílo Ignáce Cornovy (Příspěvek k osvicenské historiografii) [Leben und Werk Ignaz Cornovas (Ein Beitrag zur Aufklärungshistoriographie)]. ČČH 36 (1930) 327–350, 491–519.

[29] Bohuslav Balbín a kultura jeho doby v Čechách – Bohuslav Balbin und die Kultur seiner Zeit in Böhmen, hg. von Zuzana POKORNÁ–Martin SVATOŠ (Bausteine zur slavischen Philologie und Kulturgeschichte A/67, Köln–Weimar–Wien 1993); Jan KUČERA–Jiří RAK, Bohuslav Balbín a jeho místo v české kultuře [Bohuslav Balbín und sein Platz in der tschechischen Kultur] (Praha 1983); Kamil KROFTA, O Balbínovi dějepisci [Über Balbíns Geschichtsschreibung] (Praha 1938); Ludger UDOLPH, Bohuslav Balbín als Landeshistoriker, in: Tschechisches Barock. Sprache, Literatur, Kultur – České baroko. Jazyk, literatura, kultura, hg. von Gertraude ZAND–Jiří HOLÝ (Frankfurt/Main u. a. 1999) 163–178.

einmal mehr den spezifischen Charakter der böhmischen Länder innerhalb der Österreichischen Monarchie[30].

Auch die von František Palacký im Auftrag des böhmischen Herrenstands verfasste, seit 1836 auf Deutsch erscheinende „Geschichte von Böhmen" war anfänglich vergleichbar konzipiert[31]. Vordergründig thematisierte sie den vermeintlich unablässigen Kampf zwischen den friedlichen slawischen Ureinwohnern des Landes und den gewaltsam eindringenden Deutschen. Mit der Festigung des kulturellen wie nationalen Eigen- und Einheitsbewusstseins unter den Tschechen änderte sich die ursprüngliche Zielsetzung allerdings vollkommen. Weit über die Absichten seiner Mäzene hinausgehend, beschrieb Palacký die Geschichte des Landes erstmals als eine „Geschichte des tschechischen Volkes in Böhmen und Mähren", so der ins Deutsche übersetzte Titel der seit dem Revolutionsjahr 1848 auf Tschechisch vorgelegten Parallelausgabe[32]. Keine andere historische Meistererzählung prägte Gesellschaft und Geschichtswissenschaft nachhaltiger bis weit in das 20. Jahrhundert – in bewusster Fortschreibung, Adaption und Weiterentwicklung ebenso wie in kritischer Distanzierung und offener Zurückweisung. Eine Neuinterpretation der Habsburgerherrschaft in Böhmen hatte Palacký nicht vorgenommen, zumal der letzte, 1867 vorgelegte Band nicht ohne Grund im Jahr 1526 endete. Die mit seinem Werk zum Durchbruch gelangte nationaltschechische Geschichtsdeutung machte gleichwohl jeden Versuch zunichte, ein an der staatlichen Struktur ausgerichtetes, gemeinsames Geschichtsbewusstsein zu begründen[33], eine „Nationalgeschichte" des „Gesammtvaterlandes von Groß-Österreich" sozusagen, wie sie der gebürtige Prager Josef Alexander Helfert bereits 1853 programmatisch gefordert hatte.[34]

---

[30] Hugh LeCaine AGNEW, Origins of the Czech National Renascence (Pitts series in Russian and East European studies 18, Pittsburgh, Pa.–London 1993); Jiří ŠPÉT, Muzea ve vývoji společnosti a národní kultury [Das Museum in der Entwicklung der Gesellschaft und der nationalen Kultur] (Muzejní práce 18, Praha [1979]); Josef HANUŠ, Počátky královské české společnosti nauk [Die Anfänge der Königlich böhmischen Gesellschaft der Wissenschaften]. ČČH 14 (1908) 141–152, 311–324, 381–405.

[31] Franz PALACKY, Geschichte von Böhmen, 5 Bde. (Prag 1836–1867). Besonders zur Geschichtskonzeption Palackýs vgl. Jiří KOŘALKA, Pojmy národ a lid, Nation a Volk v díle Františka Palackého [Die Begriffe *národ* und *lid*, Nation und Volk im Werk František Palackýs], in: Nations – Identities, Historical Consciousness. Volume Dedicated to Prof. Miroslav Hroch, hg. von Miloš ŘEZNÍK–Ivana SLEZÁKOVÁ (Praha 1997) 53–64; Jiří ŠTAIF, Konceptualizace českých dějin Františka Palackého [Die Konzeptualisierung der tschechischen Geschichte durch František Palacký]. ČČH 89 (1991) 161–184; Lubomír E. HAVLÍK, Palackého koncepce počátků českých dějin a Slovanů v politickém programu národního obrození [Palackýs Konzeption der Anfänge der tschechischen Geschichte und der Slawen im politischen Programm der nationalen Wiedergeburt]. *Slovanský přehled* 62 (1976) 221–228. Wichtige Einblicke in die Entwicklung der tschechischen Geschichtswissenschaft des 19. Jahrhunderts insgesamt vermitteln darüber hinaus die Darstellungen von Jiří ŠTAIF, František Palacký. Život, dílo, mýtus [František Palacký. Leben, Werk, Mythos] (Velké postavy českých dějin 12, Praha 2009); Jiří KOŘALKA, František Palacký (1798–1876). Der Historiker der Tschechen im österreichischen Vielvölkerstaat (Studien zur Geschichte der Österreichisch-Ungarischen Monarchie 30, Wien 2007); František Palacký 1798/1998. Dějiny a dnešek [František Palacký 1798/1998. Geschichte und Gegenwart], hg. von František ŠMAHEL–Eva DOLEŽALOVÁ (Praha 1999).

[32] František PALACKÝ, Dějiny národu českého w Čechách a w Morawě [Geschichte des tschechischen Volkes in Böhmen und Mähren], 5 Bde. (Praha 1848–1877). Ein Vergleich beider Ausgaben bei Josef VÁLKA, Německá a česká verse Palackého Dějin [Die deutsche und die tschechische Version von Palackýs Geschichtswerk]. *Sborník prací filosofické fakulty brněnské university* (C 15) 17 (1968) 79–91.

[33] PLASCHKA, Von Palacký bis Pekař (wie Anm. 24) 6–26.

[34] Josef Alexander HELFERT, Über Nationalgeschichte und den gegenwärtigen Stand ihrer Pflege in Oesterreich (Prag 1853) 36. Helferts Geschichtskonzeption wurde bis heute kaum gewürdigt; bekannt ist vor allem der Politiker, weniger der Historiker Helfert. Vgl. Helmut SLAPNICKA, Der Prager Lehrstuhl

Die eine tschechische Nation gab es allerdings Mitte des 19. Jahrhunderts weder als politischen Akteur noch im historischen Bewusstsein. Prägend blieb unverändert die jeweils eigenständige Entwicklung auf Länderebene, die durch gesetzliche Bestimmungen wie das Vereins- und Parteienrecht zusätzlich gefestigt wurde[35]. In welcher Intensität die älteren, vom Konflikt zwischen Haupt- und Nebenland der Krone gezeichneten Spannungen zwischen Böhmen und Mähren fortlebten, lässt sich exemplarisch an dem Geschichtswerk „Kniha pro každého Moravana" („Ein Buch für jeden Mährer") des Brünner Historikers Vincenc Brandl von 1863 ablesen, das drei Jahrzehnte später noch eine zweite Auflage erfuhr[36]. Die Führungsrolle, die umgekehrt aus Sicht Prags der Stellung Böhmens zugeschrieben wurde, wird schon durch einen Blick in die große tschechische Nationalenzyklopädie, den „Ottův slovník naučný" („Ottos Konversationslexikon"), ersichtlich, wo 1893 dem Lemma *Čechy* mit 572 Seiten der Umfang einer größeren Monographie gewidmet wurde[37].

Es hing neben den gegebenen Nationalitäten- und Sprachverhältnissen auch mit diesen Konflikten und Erfahrungen zusammen, dass von Mähren aus eine ausgewogene Sicht auf die Habsburger und die Gesamtmonarchie länger möglich blieb[38]. Diese These lässt sich durch vielfältige Beobachtungen stützen. So gingen beispielsweise weder der Enthüllung des Denkmals für Kaiser Joseph II. an der Poststraße von Brünn nach Olmütz 1835[39] noch den vom „Verein für die Geschichte Mährens und Schlesiens" aus-

---

des Kirchenrechts im Vormärz. Josef Helfert und sein Lehrbuch. *ZRG Kan. Abt.* 120 (2003) 619–630; Franz PISECKY, Joseph Alexander Frh. v. Helfert als Politiker und Historiker (phil. Diss. Wien 1949); Josef HLAWACEK, Josef Alexander Helfert. Seine Jugend und seine politische Tätigkeit bis zu seiner Ernennung zum Unterstaatssekretär mit besonderer Berücksichtigung des deutsch-tschechischen Problems (phil. Diss. Wien 1936); Heinrich FRIEDJUNG, Josef Alexander Freiherr v. Helfert [1914], in: DERS., Historische Aufsätze (Stuttgart–Berlin 1919) 224–238.

[35] Laurence COLE, Differentiation or Indifference? Changing Perspectives on National Identification in the Austrian Half of the Habsburg Monarchy, in: Nationhood from Below. Europe in the Long Nineteenth Century, hg. von Maarten VAN GINDERACHTER–Marnix BEYEN (Basingstoke, Hampshire 2012) 96–119; Pavel CIBULKA, Moravská politika a český státoprávní program v druhé polovině 19. století [Die mährische Politik und das Programm des böhmischen Staatsrechts in der zweiten Hälfte des 19. Jahrhunderts], in: Morava a české národní vědomí od středověku po dnešek. Sborník příspěvků z konference Češi nebo Moravané? K vývoji národního vědomí na Moravě, konané dne 28. února 2001 v Brně, hg. von Jiří MALÍŘ–Radomír VLČEK (Disputationes Moravicae 2, Brno 2001) 99–110; Robert LUFT, Politische Kultur und Regionalismus in einer Zentrallandschaft zweiten Grades: das Beispiel Mähren im späten 19. Jahrhundert, in: Politische Kultur in Ostmittel- und Südosteuropa, hg. von Werner BRAMKE (Leipzig 1999) 125–160; Peter BURIAN, Das Vereinswesen in den böhmischen Ländern, in: Vereinswesen und Geschichtspflege in den böhmischen Ländern, hg. von Ferdinand SEIBT (München 1986) 39–51.

[36] V[incenc] BRANDL, Kniha pro každého Moravana [Ein Buch für jeden Mährer] (Brno 1863 [²1892]). Zur Entwicklung der mährischen Geschichtsschreibung vgl. Frank HADLER, K moravskému kulturnímu dějepisectví v 19. století [Zur mährischen Kulturgeschichtsschreibung im 19. Jahrhundert]. *ČMM* 103 (1984) 19–28; DERS., Počátky moravské historiografie [Die Anfänge der mährischen Historiographie]. *ČMM* 106 (1987) 228–239; DERS., Die mährische Geschichtsschreibung in der zweiten Hälfte des 19. Jh. *Jahrbuch für Geschichte der sozialistischen Länder Europas* 31 (1988) 265–280.

[37] Jan PALACKÝ–Jaroslav ZDENĚK–Josef ERBEN, Art. Čechy [Böhmen]. *Ottův slovník naučný* 6 (1893) 1–572.

[38] Vgl. beispielsweise die historischen Beiträge des Sammelbandes Obrazy z dějin českých a rakouských [Bilder aus der böhmischen und österreichischen Geschichte], hg. v. Frant[išek] VYMAZAL (Brno 1881). Auf Joseph Chmel wird später noch näher einzugehen sein.

[39] Vgl. die Mitteilung in: *Der oesterreichische Zuschauer. Zeitschrift für Kunst, Wissenschaft und geistiges Leben* 4 (1836) 1578f.

gerichteten Feierlichkeiten zum fünfzigjährigen Regierungsjubiläum Kaiser Franz Josephs I. im Jahr 1898[40] schärfere Kontroversen voraus. Die bei vielen Intellektuellen zu spürende Verständnislosigkeit für die Tradition, Struktur und Funktionsweise des zusammengesetzten böhmischen Länderkomplexes, der territorial in älterer Zeit mit den schlesischen Fürstentümern und den beiden Lausitzen noch ungleich vielgestaltiger gewesen war, verstärkte in der Geschichtswissenschaft ganz offensichtlich das Unvermögen, die übergeordnete Staatlichkeit der Gesamtmonarchie adäquat zu erfassen. Allgemeiner und mit Blick auf das politisch-gesellschaftliche Leben formulierten es Jiří Kořalka und Richard J. Crampton: Trotz der unbezweifelbaren Reife der tschechischen Nationalgesellschaft habe dieser vor 1918 „ein ungezwungenes Verhältnis zum Staat" gefehlt[41].

Eine andere Aufspaltung ergab sich durch das Entstehen zweier Parallelgesellschaften entlang der tschechisch-deutschen Sprachgrenze. Deutschböhmische und deutschmährische Historiker hatten nach 1848 das stärkste Interesse an einer imperialen Geschichtskonzeption, widmeten sich aber doch bevorzugt den Verbindungslinien der eigenen Heimat zum gesamtdeutschen Sprach- und Kulturraum[42]. In der tschechischen Historiographie dagegen überwog der territorialisierte und nationalisierte Blick auf die eigene Vergangenheit. Es wäre verfehlt, diese Tendenz auf bloße Geschichtspolitik zu reduzieren. Ganz im Gegenteil war die zweite Hälfte des 19. Jahrhunderts die Phase, in der die tschechische Wissenschaft, auch und gerade in der besonderen Konkurrenzsituation zur deutschen und österreichischen Gelehrtenwelt, kräftige Professionalisierungsschübe erlebte[43]. Eine beachtliche Zahl von Einzelstudien, vor allem aber editorische Großunternehmen wie die Herausgabe der „Sněmy české" (die in einer deutschen Paral-

---

[40] Horst GLASSL, Mährisches Landesbewußtsein am Beispiel eines historischen Vereins, in: Vereinswesen und Geschichtspflege (wie Anm. 35) 61–70.

[41] Jiří KOŘALKA–R[ichard] J. CRAMPTON, Die Tschechen, in: Die Habsburgermonarchie 1848–1918, Bd. 3: Die Völker des Reiches, hg. von Adam WANDRUSZKA–Peter URBANITSCH (Wien 1980), Teilbd. 1, 489–521, hier 516.

[42] Jana MANDLEROVÁ, Tematická orientace německé historiografie v Čechách v 2. polovině 19. století [Die thematische Orientierung der deutschen Historiographie in Böhmen in der zweiten Hälfte des 19. Jahrhunderts]. Sborník historický 36 (1989) 99–132; Pavel KOLÁŘ, Die Geschichtswissenschaft an der Deutschen Universität Prag 1882–1938: Entwicklung der Lehrkanzeln und Institutionalisierung unter zwei Regimen, in: Universitäten in nationaler Konkurrenz. Zur Geschichte der Prager Universitäten im 19. und 20. Jahrhundert, hg. von Hans LEMBERG (VCC 86; München 2003) 85–114; Die böhmischen Länder in der deutschen Geschichtsschreibung seit dem Jahre 1848, 2 Teile, hg. von Michael NEUMÜLLER (Acta Universitatis Purkynianae – Slavogermanica 5 und 6, Ústí nad Labem 1996–1997); DERS., Der Verein für Geschichte der Deutschen in Böhmen. Ein deutschliberaler Verein (von der Gründung bis zur Jahrhundertwende), in: Vereinswesen und Geschichtspflege (wie Anm. 35) 179–208; DERS., Zur deutschliberalen Geschichtsschreibung des 19. Jahrhunderts in Böhmen. ZOF 20 (1971) 441–465; Ferdinand SEIBT, Der Nationalitätenkampf im Spiegel der sudetendeutschen Geschichtsschreibung 1848–1938 [1959], in: DERS., Deutsche, Tschechen, Sudetendeutsche. Analysen und Stellungnahmen zu Geschichte und Gegenwart aus fünf Jahrzehnten, hg. von Robert LUFT u. a. (VCC 100, München 2002) 375–395; Emanuel SCHWAB, Wandlungen und Gegensätze in der böhmisch-mährischen Geschichtsschreibung. Zeitschrift des Deutschen Vereines für die Geschichte Mährens und Schlesiens 7 (1913) 235–250.

[43] Kateřina BLÁHOVÁ, České dějepisectví v dialogu s Evropou (1890–1914) [Die tschechische Geschichtsschreibung im Dialog mit Europa (1890–1914)] (Praha 2009); Dějiny Univerzity Karlovy [Geschichte der Karlsuniversität], Bd. 3: 1802–1918, hg. von Jan HAVRÁNEK (Praha 1997) 155–180, 257–304; Karel KAZBUNDA, Stolice dějin na pražské univerzitě. Od obnovení stolice dějin do rozdělení university (1746–1882) [Der Lehrstuhl für Geschichte an der Prager Universität. Von der Erneuerung des Lehrstuhls für Geschichte bis zur Teilung der Universität (1746–1882)], 3 Bde. (Práce z dějin University Karlovy 2, 3 und 6, Praha 1964–1968).

lelausgabe unter dem Titel „Die böhmischen Landtagsverhandlungen und Landtags-
beschlüsse" erschienen)[44], machen jedoch deutlich, dass thematisch vor allem die „Gegenkräfte der monarchischen Zentralisierung"[45] im Mittelpunkt standen. Nirgendwo
tritt dies klarer hervor als bei der Gewichtung der Zäsur von 1620, die, breit aufgegriffen
und popularisiert von Kunst und Literatur, nachgerade mythische Qualität erhielt[46]. Die
Zeit von Barock und Aufklärung, verkürzt auf Begriffe wie Zentralisierung, Germanisierung und Rekatholisierung, versank sachlich wie begrifflich im *temno*, im Dunkel der
Geschichte. Aus der habsburgischen Oberherrschaft wurde in der Erinnerungsarbeit der
Historiker zunehmend eine nationale Fremdherrschaft.

Man wird die augenscheinlichen Verknüpfungen zwischen Geschichtsschreibung
und Politik sicher nicht überbewerten dürfen. Unübersehbar aber sind sie bei einem
Thema, das eine Vielzahl von Untersuchungen hervorbrachte und beiden Gruppierungen neue Argumente verschaffte. Die Erfolge des staatsrechtlichen Kampfes der Magyaren beeinflussten auch die Formulierung eines entsprechenden Programms der Tschechen, die bereits 1848/49 die Idee eines „Böhmischen Staatsrechts" propagiert hatten.
Seit den 1860er Jahren wurde dieser meist mit historischen Darlegungen geführte Diskurs, hinter dem jedoch konkrete politische Forderungen standen, zum Grundpfeiler
der tschechischen bürgerlichen Politik in der Habsburgermonarchie[47]. Die Staatsrechts-

---

[44] Jaroslav PÁNEK, Sněmy české (Naděje a ztroskotání edice k dějinám raného novověku) [Die böhmischen Landtage (Hoffnung und Scheitern einer Edition zur Geschichte der Frühen Neuzeit)], in: 130
let Zemského archivu. Sborník příspěvků z konference konané u příležitosti 130. výročí založení Zemského archivu a 100. výročí úmrtí jeho zakladatele a 1. ředitele prof. A. Gindelyho [130 Jahre Provinzial-
archiv. Protokoll der Konferenz anlässlich des 130. Jahrestages der Gründung des Provinzialarchivs und
des 100. Todestages seines Gründers und ersten Direktors, Prof. A. Gindely] (Praha 1993) 23–31, 108f.

[45] Petr MAŤA–Thomas WINKELBAUER, Das Absolutismuskonzept, die Neubewertung der frühneuzeitlichen Monarchie und der zusammengesetzte Staat der österreichischen Habsburger im 17. und
frühen 18. Jahrhundert, in: Die Habsburgermonarchie 1620 bis 1740. Leistungen und Grenzen des
Absolutismusparadigmas, hg. von DENS. (FGKÖM 24, Stuttgart 2006) 7–42, hier 22. Zur Bedeutung
solcher „Gegenkräfte" im Staatsbildungsprozess vgl. Joachim BAHLCKE, Gegenkräfte. Studien zur politischen Kultur und Gesellschaftsstruktur Ostmitteleuropas in der Frühen Neuzeit (Studien zur Ostmitteleuropaforschung 31, Marburg 2015) VII–XV.

[46] Joachim BAHLCKE, 1620 – Schlacht am Weißen Berg bei Prag: Ursachen, Verlauf und Folgen des
Zusammenstoßes von ständischer Libertät und monarchischer Autorität, in: Von Lier nach Brüssel.
Schlüsseljahre österreichischer Geschichte (1496–1995), hg. von Martin SCHEUTZ–Arno STROHMEYER
(Innsbruck–Wien–Bozen 2010) 79–97; Zdeněk HOJDA, Náboženská perzekuce po Bílé hoře jako
součást českého mýtu. Příspěvek k poznání výtvarných a literárních zdrojů historického vědomí v 19. století [Die religiöse Verfolgung nach der Schlacht am Weißen Berg als Bestandteil des tschechischen My-
thos. Ein Beitrag zur Kenntnis der bildnerischen und literarischen Quellen des historischen Bewusstseins
im 19. Jahrhundert], in: Facta probant homines. Sborník příspěvků k životnímu jubileu Zdeňky Hledíko-
vé, hg. von Ivan HLAVÁČEK–Jan HRDINA (Praha 1998) 181–203; Josef PETRÁŇ–Lydia PETRÁŇOVÁ, The
White Mountain as a symbol in modern Czech history, in: Bohemia in History, hg. von Mikuláš TEICH
(Cambridge 1998) 143–163; Josef PETRÁŇ, Na téma mýtu Bílé hory [Zum Thema des Mythos der
Schlacht am Weißen Berg], in: Traditio et cultus. Miscellanea historica bohemica Miloslao Vlk archi-
episcopo Pragensi ab eius collegis amicisque ad annum sexagesimum dedicata, hg. von Zdeňka HLEDÍ-
KOVÁ (Praha 1993) 141–162.

[47] Eugen LEMBERG, Der Staat im Denken des tschechischen Volkes. *Jahrbücher für Geschichte Osteuropas* 3 (1938) 357–394; DERS., Volksbegriff und Staatsideologie der Tschechen, in: Das böhmische
Staatsrecht in den deutsch-tschechischen Auseinandersetzungen (wie Anm. 23) 42–78. Das Urteil, beide
Studien seien „nicht ganz frei von Einseitigkeiten" (KOŘALKA–CRAMPTON, Die Tschechen [wie Anm. 41]
516 Anm. 96), greift zu kurz. Für die hier interessierenden Zusammenhänge sind sie gleichwohl in
hohem Maße gedankenreich und anregend.

theorie, welche die unteilbare territoriale Einheit Böhmens, Mährens und Österreichisch-Schlesiens hervorhob, diente zum einen der tschechisch-nationalen Integration dieser Kronländer. Zum anderen sollten mit ihrer Hilfe alle deutschböhmischen Konzepte, die auf eine Herauslösung von Gebietsteilen abzielten, delegitimiert werden. Mit dem Argument der Rechtskontinuität, das den Anspruch der Tschechen auf alle böhmischen Länder bekräftigte und die deutschen Bevölkerungsteile in eine Minderheitenrolle zu drängen drohte, ließ sich zugleich innerhalb Österreichs für einen Neubau auf föderalistischer Grundlage kämpfen[48].

Es überrascht nicht, dass die Gegner eines solchen politischen Programms auch ihrerseits historische Argumente ins Feld führten. Zumindest erwähnt sei hier der kurze, aber wirkungsmächtige Artikel „Die Souveränität Böhmens", den Johann Friedrich von Schulte – er war 1855 an der Prager Karlsuniversität auf die Lehrkanzel für Kanonisches Recht berufen worden, hielt aber auch Vorlesungen über deutsche Reichs- und Rechtsgeschichte – im Jahr 1871 anonym veröffentlichte[49]. Die Behauptung, „Böhmen sei ein souveräner Staat", versuchte er durch einen Blick auf „das Wahlrecht Böhmens, seine Stellung zum deutschen Reiche und als Teil der österreichischen Monarchie" zu widerlegen. Zweck seiner Abhandlung war es, „die Falschheit des sog. böhmischen Staatsrechts zu zeigen", denn völkerrechtlich existiere, so Schulte, überhaupt kein Königreich Böhmen mehr, sondern nur noch ein „staatsrechtliches Ganzes" in Form des Habsburgerstaates[50].

Böhmischer Landespatriotismus und österreichisches Gesamtstaatsbewusstsein waren gleichwohl nicht grundsätzlich unvereinbar. Neben diesen vorrangig politisch motivierten Stellungnahmen gab es auch in den böhmischen Ländern von tschechischen Gelehrten erarbeitete, auf die Gesamtmonarchie bzw. nach 1867 auf Cisleithanien ausgerichtete Geschichtskonzeptionen[51]. Sie gingen erstens von den Inhabern der Lehrkanzel für Österreichische Geschichte an der Prager Alma mater aus, hingen zweitens mit der 1893 verfügten Einrichtung des Studienfachs „Österreichische Reichsgeschichte (Geschichte der Staatsbildung und des Öffentlichen Rechts)" an der unterdessen geteilten Universität zusammen und fanden drittens ihren Niederschlag in staatlich genehmigten Lehrbüchern, Schulprogrammen und populären Schriftenreihen. Aus allen drei Bereichen sollen im Folgenden einige Beispiele vorgestellt werden.

Eine der für das breitere Thema dieses Sammelbandes wichtigsten Persönlichkeiten war der Historiker Václav Vladivoj Tomek, der in Prag seit 1850 Vorlesungen über österreichische Staatengeschichte in tschechischer Unterrichtssprache für Hörer sowohl der Philosophischen als auch der Juridischen Fakultät hielt. Als Geschichtsforscher wie als Politiker war Tomek, der 1882 zum ersten Rektor der Tschechischen Prager Universität avancierte, zwar ein überzeugter Verfechter der österreichischen Idee, sah diese aber nicht zwingend im Gegensatz zu den Anliegen der tschechischen Nationalgesellschaft[52].

---

[48] Peter HASLINGER, Nation und Territorium im tschechischen politischen Diskurs 1880–1938 (VCC 117, München 2010) 67–90.

[49] [Johann Friedrich VON SCHULTE], Die Souveränität Böhmens. *Im neuen Reich. Wochenschrift für das Leben des deutschen Volkes in Staat, Wissenschaft und Kunst* 1 (1871) 721–737. Die Autorschaft Schultes wurde erst durch den Wiederabdruck des Artikels einige Jahrzehnte später – vgl. DERS., Lebenserinnerungen, Bd. 3 (Gießen 1909) 92–104 – öffentlich.

[50] DERS., Lebenserinnerungen (wie Anm. 49) 92f., 101, 104.

[51] Ein konziser, problemorientierter Überblick bei HOCHEDLINGER, Stiefkinder der Forschung (wie Anm. 12) 337–359.

[52] Zu Leben und Werk Tomeks vgl. vor allem den anlässlich seines hundertsten Todestages heraus-

Aus dem umfangreichen Œuvre Tomeks, das schwerpunktmäßig der älteren Landesgeschichte Böhmens gewidmet war, ragt die monumentale, in zwölf Bänden vorgelegte
Geschichte der Stadt Prag heraus, die auch außerhalb der tschechischsprachigen Fach-
welt Resonanz fand und bis heute als Standardwerk gilt[53]. Für seine 1845 in der böhmischen Hauptstadt erschienene „Děje mocnářstwí Rakauského" („Geschichte der
Österreichischen Monarchie"), die wenige Jahre später in gekürzter Fassung auch als
tschechisches und deutsches Schulbuch für Gymnasien und Realschulen Einsatz fand[54],
gilt dies gewiss nicht: Das Werk ist heute vollständig vergessen, obwohl sein Verfasser
nicht nur der erste tschechische Historiker war, sondern bis heute auch der einzige blieb,
der jemals eine Gesamtgeschichte der Österreichischen Monarchie erarbeitete[55].

Tomek begann seine Darstellung mit einem ersten Hauptkapitel über die „aeltere
Geschichte" der Österreichischen Monarchie, „vor Vereinigung Böhmens, Ungarns
und Oesterreichs", das mit beinahe hundert Textseiten knapp die Hälfte des gesamten
Werkes einnahm. Nicht die Thronfolge in Böhmen und Ungarn 1526, sondern der Tod
Kaiser Maximilians I. 1519 und damit ein rein dynastiegeschichtliches Ereignis war für
ihn die Zäsur, um das zweite Hauptkapitel über die „Neuere Geschichte, von Ferdinand I. bis zum Wiener Congreß" anzusetzen. Abgegrenzt durch die Jahre 1620 und
1740, stellte Tomek in drei Unterkapiteln die Hauptlinien der „entscheidenden Kämpfe

---

gegebenen Sammelband: W. W. Tomek. Historie a politika (1818–1905. Sborník příspěvků královéhra-
decké konference k 100. výročí úmrtí W. W. Tomka, hg. v. Miloš Řezník) [W. W. Tomek. Historie und
Politik (1818–1905). Tagungsband der Konferenz in Hradec Králové zum 100. Todestag von W. W.
Tomek] (Pardubice 2006); vgl. ferner Kutnar–Marek, Přehledné dějiny (wie Anm. 11) 287–294;
Plaschka, Von Palacký bis Pekař (wie Anm. 24) 28–35. Aufschlussreich für Tomeks politisch-welt-
anschauliche Ansichten sind besonders die kurz vor seinem Tod herausgegebenen Lebenserinnerungen:
Wácslaw Wladiwoj Tomek, Paměti z mého žiwota [Erinnerungen aus meinem Leben], 2 Bde. (Spisy
Musejné 169 = Nowočeská bibliothéka 38, Praha 1904–1905).

[53] Wácslaw Wladiwoj Tomek, Dějepis města Prahy [Geschichte der Stadt Prag], 12 Bde. (Spisy
Musejné 51/1–12 = Nowočeská bibliothéka 18/1–12, Praha 1855–1901). In den Jahren 1892 bis 1906
erschienen die ersten sieben Bände in einer zweiten, von Václav Novotný besorgten Auflage. Eine deutsche Ausgabe war anfänglich offenbar angedacht, im Druck erschien allerdings in Prag 1856 nur der
erste, zeitlich bis zum Jahr 1348 reichende Band (er wurde in Wien 1972 und in Moskau 2012 nachgedruckt).

[54] W[ácslaw] Wladiwoj Tomek, Děje mocnářstwí Rakauského [Geschichte der Österreichischen
Monarchie] (Malá encyklopedie nauk 5, Praha 1845); ders., Děje mocnářstwí Rakauského ku potřebě
na gymnasiích [Geschichte der Österreichischen Monarchie für den Gebrauch an Gymnasien] (Praha
1852); ders., Geschichte des österreichischen Kaiserstaates zum Gebrauche an Gymnasien u. Realschulen (Prag 1853). Eine „Zweite verbesserte Auflage", die 1860 in Prag erschien, weist abgesehen von einer
lesefreundlicheren Einteilung des Textes in Paragraphen nahezu keine inhaltlichen Veränderungen auf.
Darüber hinaus widmete sich Tomek der österreichischen Reichsgeschichte in verschiedenen Einzelstudien. Vgl. exemplarisch ders., O nepokojích stavovských v zemích mocnářství rakouského za panování
Rudolfa II a Matiáše (mezi léty 1594–1614) [Über die Ständeunruhen in den Ländern der österreichischen Monarchie unter der Regierung Rudolfs II. und Matthias' (zwischen den Jahren 1594–1614)].
Časopis Musea království Českého 28 (1854) 240–266, 319–346, 580–613; 29 (1855) 241–272, 384–
410; 30/2 (1856) 63–100; 30/3 (1856) 18–57; 30/4 (1856) 112–147; ders., Nowější dějepis Rakauský
(od r. 1526 do r. 1860) [Neuere Österreichische Geschichte (von 1526 bis 1860)] (Praha 1887).

[55] Zdeněk Šimeček, Slovanské a rakouské dějiny v české historiografii poloviny 19. století [Slawi-
sche und österreichische Geschichte in der tschechischen Historiographie um die Mitte des 19. Jahr-
hunderts]. AUC – PH 5 (1982) 91–118; Zdeněk Beneš, Jsou naše dějiny naše nebo rakouské? [Ist unsere
Geschichte unsere oder österreichisch?], in: Český lev a rakouský orel v 19. století / Böhmischer Löwe
und österreichischer Adler im 19. Jahrhundert, hg. von Zdeněk Hojda–Roman Prahl (Praha 1996)
104–109.

um die Erhaltung der Einheit der Monarchie" sowie die Eckdaten „großer innerer Veränderungen und Vervollkommnungen in allen verschiedenen Zweigen der Staatsverwaltung, durch welche jene Einheit nur noch mehr befestigt und gehoben wurde", rein
chronologisch dar[56]. Als Spezialist konnte man erkennen, auf welche Vorarbeiten sich
Tomek hier und da stützte, und auch bei den Quellen war eine entsprechende Entleh-
nung erkennbar. Genauere Belege oder Verweise auf weiterführende Literatur enthält die
mehr als 300 Seiten umfassende, nüchtern-positivistische Darstellung, die sich in weiten
Teilen auf Ausführungen zur Politik- und Dynastiegeschichte beschränkte, allerdings
nicht.

Tomek begriff die Österreichische Monarchie, wie es nur wenig später der bereits
genannte Josef Alexander Helfert formulierte, geradezu als „providentielle Nothwendigkeit"[57]. Der Staat der Habsburger war für ihn nicht nur Garant für Frieden, Stabilität
und Gleichgewicht in Europa, er war für ihn auch ganz im Sinne Palackýs der bestmög-
liche Entfaltungsraum für die tschechische Nation[58]. Tomek blieb jedoch nicht bei der,
wie er es nannte, „äußeren Vereinigung unserer Monarchie", stehen, sondern widmete
sich hier wie in vielen weiteren Studien auch der „inneren Vereinigung". Tomek war
überdies einer der wenigen tschechischen Historiker, die sich theoretisch und konzeptionell mit der Frage der möglichen Darstellungsform einer österreichischen Gesamtstaatsgeschichte auseinandersetzten. Seine 1854 zur Diskussion gestellte „synchronistische
Methode"[59], eine Art Gegenmodell zur diachron argumentierenden „Stammlandtheorie", basierte auf einzelnen, gleichberechtigten Landesgeschichten, deren wechselseitige
Verflechtungen und Impulse überhaupt erst den „vielgliedrigen Staat" der Habsburger
ausmachen würden.

Zumindest zu erwähnen ist in diesem Zusammenhang aber auch der aus Olmütz
gebürtige Joseph Chmel, der zu jener Zeit ebenfalls über Möglichkeiten der „Bearbeitung einer vergleichenden Culturgeschichte des österreichischen Kaiserstaates" nach-
dachte und publizierte[60]. Chmels Leitfrage, die sich in ganz ähnlicher Weise Generatio-

---

[56] TOMEK, Geschichte des österreichischen Kaiserstaates (wie Anm. 54) Inhaltsverzeichnis, 186f.

[57] HELFERT, Über Nationalgeschichte (wie Anm. 34) 53.

[58] Dušan JEŘÁBEK, Václav Vladivoj Tomek a Karel Havlíček v letech bachovské reakce [Václav
Vladivoj Tomek und Karel Havlíček in den Jahren der Bachschen Reaktion] (Spisy univerzity J. E.
Purkyně v Brně – Filozofická fakulta 223, Brno 1979).

[59] V[áclav] V[ladivoj] TOMEK, O synchronické methodě při dějepise rakouském [Über die synchronistische Methode bei der österreichischen Geschichte]. ČČM 28/1 (1854) 375–406; DERS., Ueber die
Behandlung der österreichischen Gesammtgeschichte. Zeitschrift für die österreichischen Gymnasien 4
(1853) 824–833. Die „synchronistische Methode" für die geschichtliche Darstellung der Staats- und
Nationsbildung in zusammengesetzten Territorialkomplexen wurde Mitte des 19. Jahrhunderts vielerorts
erprobt. Vgl. für Bayern etwa Georg Thomas RUDHART, Ueber die Behandlungsweise der bayer'schen
Geschichte (Hamburg 1835) 39–118 (IV. Abschnitt: „Synchronistische Methode"). Rudhart schrieb
dort (39): „Ich nenne diese Methode darum die synchronistisch-ethnographische, weil die Geschichten
aller drey Volks-Stämme Bayerns – der Bayern, Schwaben und Franken – jedesmal innerhalb eines gewissen Zeitraums vorgetragen werden müssen." Parallel dazu entwarf man „synchronistische Tabellen",
vgl. für Polen: [Stanisław KACZKOWSKI], Tablice synchronistyczne do historyi Polski [Synchronistische
Tabellen zur Geschichte Polens] (Poznań 1841 [²1845]). Die gesamte, für die Konzeption einer „Gesammtgeschichte Oesterreichs" und die „Idee der Zusammengehörigkeit des Ganzen" aufschlussreiche
Kontroverse zwischen den österreichischen Vertretern der Stammlandtheorie auf der einen sowie tschechischen und ungarischen Historikern, die auf die „Selbständigkeit ihres Heimatlandes" pochten, auf der
anderen Seite, skizziert Joseph Alexander VON HELFERT, Oesterreichische Geschichte für das Volk (Wien
1863) 31–35 (die Zitate 32).

[60] Joseph CHMEL, Die Aufgabe einer Geschichte des österreichischen Kaiserstaates. Almanach der

nen von Historikern in der gesamten Monarchie stellten, lautete: „Und dieser so grosse, so eigenthümliche Staat, der so Manchem wie ein grosses Mosaikbild erscheint, kann er als ein Ganzes aufgefasst werden, bei so viel Nationalitäten und so heterogenen Bestandtheilen? Kann und soll er eine gemeinschaftliche Geschichte haben vom Anbeginn? Oder lässt sich seine Geschichte nur stück- und theilweise an einander reihen?"[61]

Neue Impulse für Geschichtskonzeptionen, die auf die Gesamtmonarchie bzw. auf Cisleithanien ausgerichtet waren, ergaben sich in den böhmischen Ländern des Weiteren aus einer Ende des 19. Jahrhunderts umgesetzten Hochschulreform, die sich eigentlich auf die Gestaltung der Juristenausbildung bezog. Die Vorlesungen über Österreichische Reichsgeschichte konnten anfänglich allerdings sowohl an der Juridischen als auch an der Philosophischen Fakultät gehört werden. Überdies wurden die ersten Lehrbücher für das neue Prüfungsfach mehrheitlich von Historikern, nicht von Juristen, verfasst, die sich der neuen Aufgabe aus verschiedenen Gründen nicht gewachsen sahen oder offen verweigerten. Für die Inhalte gab es bei Lichte besehen klare Vorgaben, denn die Aufnahme der Österreichischen Reichs- und Rechtsgeschichte als eigenständige Disziplin an den rechts- und staatswissenschaftlichen Fakultäten mit Gesetz vom 20. April 1893 hatte von Beginn an eine staatspolitische Zielsetzung, wie Paul Gautsch, Minister für Cultus und Unterricht, im Januar 1892 in der parlamentarischen Debatte des neuen Studiengesetzes im Abgeordnetenhaus des Österreichischen Reichsrates ausgeführt hatte: „Die österreichische Reichsgeschichte aber wird nicht bloß [...] die rechtshistorischen Studien an unseren Universitäten wesentlich ergänzen, sondern es darf erwartet werden, daß wir in der österreichischen Reichsgeschichte auch ein bis nun entbehrtes, sehr wertvolles Bildungsmittel für die politische Erziehung unserer akademischen Jugend gewonnen haben werden. Die historische Betrachtung des Werdeprocesses unseres Staats wird das Staatsgefühl kräftigen und wird eine klare Einsicht gewähren in die Besonderheiten unseres Staatswesens."[62]

An den beiden Prager Universitäten ließ die Einführung des rechtswissenschaftlichen Prüfungsfaches große Unterschiede offenbar werden[63]. Überraschenderweise stieß sie bei

---

kaiserlichen Akademie der Wissenschaften 8 (1858) 221–250, hier 226. Zu Chmel und dessen Werk vgl. Wolfgang HÄUSLER, „Geschichtsforschung", „Humanität" und „Nationalität". Franz Grillparzer und der Historiker Joseph Chmel. MIÖG 100 (1992) 376–409; Alphons LHOTSKY, Joseph Chmel. Zum hundertsten Todestage [1958], in: DERS., Aufsätze und Vorträge, hg. von Hans WAGNER–Heinrich KOLLER, Bd. 4 (München 1974) 244–269; HOCHEDLINGER, Stiefkinder der Forschung (wie Anm. 12) 338f.; Christine OTTNER, Historical Research and Cultural History in Nineteenth-Century Austria: The Archivist Joseph Chmel (1798–1858). AHY 45 (2014) 115–133.

[61] CHMEL, Die Aufgabe (wie Anm. 60) 223.

[62] Zit. nach Christoph GNANT, Die „Österreichische Reichsgeschichte" und ihre Sicht auf das Heilige Römische Reich, in: Das Reich und seine Territorialstaaten im 17. und 18. Jahrhundert. Aspekte des Mit-, Neben- und Gegeneinander, hg. von Harm KLUETING–Wolfgang SCHMALE (Historia profana et ecclesiastica 10, Münster 2004) 11–22, hier 13. Zur Einführung des rechtswissenschaftlichen Prüfungsfachs vgl. ferner Kurt EBERT, Zur Einführung der Österreichischen Reichsgeschichte im Jahre 1893, in: Die Österreichische Rechtsgeschichte. Standortbestimmung und Zukunftsperspektiven, hg. von Hans C. FAUSSNER–Gernot KOCHER–Helfried VALENTINITSCH (Grazer Rechts- und Staatswissenschaftliche Studien 47, Graz 1991) 49–73; Friedrich WALTER, Die Ausbildung der Österreichischen Reichsgeschichte als eigene Disziplin, in: DERS., Österreichische Verfassungs- und Verwaltungsgeschichte von 1500–1955, hg. von Adam WANDRUSZKA (VKNGÖ 59, Wien–Köln–Graz 1972) 11–20.

[63] Valentin URFUS, Právnická fakulta 1848–1882, in: Dějiny Univerzity Karlovy, Bd. 3 (wie Anm. 43) 125–138; DERS., Právnická fakulta v letech 1882–1918, in: ebd. 215–232; Helmut SLAPNICKA, Die Prager Juristenfakultät in der zweiten Hälfte des 19. Jahrhunderts, in: Die Teilung der Prager Universität 1882 und die intellektuelle Desintegration in den böhmischen Ländern, hg. von Ferdinand

den deutschböhmischen Historikern auf erhebliche Vorbehalte. Diese hatten bisher die politische Geschichte Österreichs gelehrt, sollten nun aber auch Verfassung, Verwaltung und Justiz, mithin die gesamte Entwicklung des Öffentlichen Rechts, in den anderen Territorien der Monarchie darstellen. In einem Reich, das ein „künstliches Staatsgebilde" sei und in dem die einzelnen Länder „keinen einheitlichen geographischen Complex" bildeten, so Adolf Bachmann 1896 in seinem wirkungsmächtigen „Lehrbuch der Österreichischen Reichsgeschichte", könne sich eine rechtsgeschichtliche Darstellung unmöglich auf ein einzelnes Land oder Volk beschränken; das Fach werde daher vor allem den Tschechen dazu dienen, ihre partikularen nationalen Rechtstraditionen zu pflegen[64]. Welchen Umfang der Stoff einer Österreichischen Reichsgeschichte im Laufe der Zeit gewann, zeigt das von Emil Werunsky, der als Historiker ebenfalls an der Deutschen Universität in Prag lehrte, verfasste und seit 1894 in Lieferungen erschienene Lehr- und Handbuch; das nach Ländern aufgebaute Kompendium, an dem der Verfasser bis wenige Wochen vor seinem Tod 1942 arbeitete, konnte nicht einmal in einem halben Jahrhundert unermüdlicher Arbeitskraft vollendet werden[65].

Misstrauen unter den deutschböhmischen Historikern und Juristen erweckte zudem, dass das neue Fach an der Tschechischen Prager Universität ausgerechnet Bohuš Rieger anvertraut wurde – dem Sohn eines massiv gegen den Wiener Zentralismus agierenden alttschechischen Politikers und Enkels Palackýs[66]. Tatsächlich widmete sich Rieger vorwiegend der heimischen Rechtsentwicklung, wie seine tschechischsprachigen Publikationen und nicht zuletzt seine Beiträge im „Österreichische[n] Staatswörterbuch" von Ernst Mischler und Josef Ulbrich zeigen[67]. Seine vor allem die jüngere Staatsgeschichte behandelnden Vorlesungen und damit in Verbindung stehenden Veröffentlichungen wie das seit 1898 mehrfach erweiterte Kompendium „Říšské dějiny rakouské" („Österreichische Reichsgeschichte") lassen allerdings auch einen gesamtstaatlichen Blickwinkel erkennen[68]. Sie zeigen, dass Rieger die böhmischen Länder und Ungarn gleichsam als

---

SEIBT (München 1984) 55–80; DERS., Rechtsgeschichte als Lehrgegenstand an den Prager Universitäten von der Thunschen Studienreform bis zum Untergang Österreichs, in: Die böhmischen Länder zwischen Ost und West (wie Anm. 21) 184–214; DERS., Österreichische Rechtsgeschichte als Geschichte multinationaler Lösungsversuche, in: Rechtsgeschichte und Rechtsdogmatik. FS Hermann Eichler zum 70. Geburtstag am 10. Oktober 1977 dargebracht von Freunden, Kollegen und Schülern, hg. von Ursula FLOSSMANN (Linzer Universitätsschriften. Festschriften 1, Wien–New York 1977) 527–547; DERS., Die Lehre des öffentlichen Rechts an der Prager Karl-Ferdinands-Universität bis zu ihrer Teilung 1882. *Bohemia* 14 (1973) 222–242.

[64] Adolf BACHMANN, Lehrbuch der Österreichischen Reichsgeschichte. Geschichte der Staatsbildung und des öffentlichen Rechtes (Prag 1896 [ND Frankfurt/Main 1969]) 1f.; zu Leben und Werk des aus der Nähe von Eger gebürtigen Historikers vgl. Harald BACHMANN, Adolf Bachmann. Ein österreichischer Historiker und Politiker (München 1962).

[65] Emil WERUNSKY, Österreichische Reichs- und Rechtsgeschichte. Ein Lehr- und Handbuch, 12 Lieferungen (Wien 1894–1938). Zu internen Auseinandersetzungen um das neue Prüfungsfach in Prag vgl. Pavel KOLÁŘ, Geschichtswissenschaft in Zentraleuropa. Die Universitäten Prag, Wien und Berlin um 1900, 2 Teilbde. (Geschichtswissenschaft und Geschichtskultur im 20. Jahrhundert 9, Leipzig 2008).

[66] URFUS, Právnická fakulta (wie Anm. 63) 227; KUTNAR–MAREK, Přehledné dějiny (wie Anm. 11) 426–429.

[67] Eine Auflistung bei K[arel] K[ADLEC], Prof. Dr. Bohuš svob. pán. Rieger. *Právník* 46 (1907) 369–375.

[68] Bohuš RIEGER, Říšské dějiny rakouské. Dějiny státního vývoje a veřejného práva [Österreichische Reichsgeschichte. Geschichte der Staatsbildung und des Öffentlichen Rechts] (Praha 1898). Postum erschienen 1908 und 1912 zwei stark erweiterte, von Karel Kadlec besorgte Ausgaben des Werkes. Kadlec hatte nach dem Tod Riegers 1907 dessen Kolleg über österreichische Reichsgeschichte übernommen und

die tragenden Säulen der Habsburgermonarchie begriff. In der Kontroverse mit Hans von Voltelini, Joseph Alexander von Helfert und anderen um Fragen der Struktur der Monarchie in Vergangenheit und Gegenwart – um die seit langem diskutierte Streitfrage des „Kernlandes" der Monarchie und dessen „Herz", wie es Voltelini 1901 in einem historisch wie politisch gleichermaßen aufschlussreichen Aufsatz ausdrückte[69] – bezog er eindeutig Stellung. Rieger ging insofern nicht nur über die Vorgabe des Unterrichtsministeriums, sich auf die österreichische Reichshälfte zu konzentrieren, hinaus, sondern entwickelte auch ein durchaus neuartiges Modell föderativer Staatlichkeit der Habsburgermonarchie.

Eine neue und methodisch anregende Konzeption der österreichischen Rechtsgeschichte entwarf schließlich der aus Mähren gebürtige Jaromír Jan Hanel (Haněl), der sich 1874 in Prag für deutsche und österreichische Rechtsgeschichte habilitiert hatte, im Anschluss aber nach Kroatien gegangen war und mehrere Jahre an der Universität Agram gelehrt hatte. 1881, im letzten Studienjahr vor der Teilung der Prager Alma mater, wurde er als Ordinarius an die dortige Juristenfakultät zurückgeholt. Hanel, der fortan deutsches Recht und österreichische Rechtsgeschichte lehrte, wirkte von der Teilung der Hochschule bis zu seinem Tod 1910 an der Tschechischen Universität. Weltanschaulich und kulturell lässt sich Hanel, ähnlich wie nicht wenige andere (namentlich mährische) Intellektuelle, keiner bestimmten Gruppe eindeutig zuordnen[70]. Entgegen den Historikern und Juristen an der Prager Deutschen Universität, die sich mit der Geschichte des deutschen Rechts in Österreich befassten und der Einführung des rechtswissenschaftlichen Prüfungsfaches „Österreichische Reichsgeschichte" meist kritisch gegenüberstanden, sah er in erster Linie die Chancen einer eigenständigen Behandlung dieses Gebietes. Mit seiner Idee einer „Gesammtbehandlung der österreichischen Rechtsgeschichte" aber, einer Zusammenschau der Rechtsentwicklung „bei den verschiedenen, im Gesammtstaate Oesterreich vereinten Völkergruppen", stieß er zugleich bei vielen seiner tschechischen Kollegen auf Unverständnis – denn ihnen war die Rede von einem „Krystallisationspunkt" der staatlichen Entwicklung in den „deutsch-österreichischen" Ländern zwangsläufig ebenso suspekt wie die These von der „Wechselwirkung ursprünglich verschiedenartiger Rechtsculturen" und dem daraus resultierenden „Amalgamirungsprocess der verschiedenen Nationalrechte mit dem deutschen Recht"[71].

---

war auch Mitglied der rechtshistorischen und staatswissenschaftlichen Prüfungskommission geworden. Vgl. SLAPNICKA, Rechtsgeschichte (wie Anm. 63) 212. Wichtig und in seiner Breitenwirkung nicht zu unterschätzen ist zudem ein langer, ursprünglich für das Lexikon „Ottův Slovník Naučný" verfasster sowie parallel selbständig erschienener Beitrag Riegers über die Verfassungsgeschichte Österreichs: DERS., Ústavní dějiny Rakouska (Praha 1903).

[69] Hans VON VOLTELINI, Die österreichische Reichsgeschichte, ihre Aufgaben und Ziele. *Deutsche Geschichtsblätter. Monatsschrift zur Förderung der landesgeschichtlichen Forschung* 2 (1901) 97–108, hier 103f.

[70] URFUS, Právnická fakulta (wie Anm. 63) 226f.; KUTNAR–MAREK, Přehledné dějiny (wie Anm. 11) 425f.; SLAPNICKA, Rechtsgeschichte (wie Anm. 63) 205f.

[71] [Jaromír J.] HANEL, Ueber Begriff, Aufgabe und Darstellung der österreichischen Rechtsgeschichte. *Zeitschrift für das Privat- und öffentliche Recht der Gegenwart* 20 (1893) 365–454, hier 365f., 385, 407 (die am Ende angekündigte Fortsetzung ist nie erschienen). Wichtige Vorarbeiten hierzu stellen vor allem drei auf Tschechisch veröffentlichte Publikationen dar: DERS., O vlivu práva německého v Čechách a na Moravě [Über den Einfluss des deutschen Rechts in Böhmen und Mähren] (Praha 1874); DERS., O pojmu i objemu historie práva rakouského [Über Begriff und Umfang der österreichischen Rechtsgeschichte] (Praha 1880); DERS., Děje práva německého. Se zvláštním zřetelem k zemím rakouským

Ein dritter Bereich, in dem gesamtstaatliche Geschichtskonzeptionen zu finden sind, lässt sich in aller Kürze abhandeln. Es sind, und dieser Befund wird wenig überraschen, zunächst Lehrbücher für verschiedene Schultypen: von Tomeks bereits genanntem Werk, das Mitte des 19. Jahrhunderts konzipiert wurde, bis hin zur letzten, im April 1914 und damit nur wenige Monate vor Ausbruch des Weltkriegs vom Wiener Kultusministerium genehmigten Darstellung für die höchsten Klassen der Mittelschulen, die Josef Pekař unter dem einigermaßen sperrigen, den politischen Zeitumständen geschuldeten Titel „Dějiny naší říše. Se zvláštním zřetelem ke královstvím a zemím v říšské radě zastoupeným" („Geschichte unseres Reiches. Mit besonderer Berücksichtigung der im Reichsrat vertretenen Königreiche und Länder") vorlegte[72]. Der Titel war freilich geschickt gewählt, denn der Begriff „unser Reich" konnte nicht nur auf die gesamte Monarchie bzw. Cisleithanien bezogen werden, sondern auch – und von den tschechischen Lesern des Lehrbuchs vermutlich in erster Linie – auf die böhmischen Länder. Auch hier ist der eingangs genannte Zusammenhang von Sprach- und Sachgeschichte zu beachten, denn Pekař benutzte anders als spätere tschechische Historiker nicht den Begriff „český stát" („böhmischer Staat") für die Territorien der Wenzelskrone, sondern sprach in der Tradition Palackýs stets von „říše česká" („böhmisches Reich") und wählte damit bewusst eine in der österreichischen und in der deutschen Geschichtsschreibung für andere Zusammenhänge herangezogene und für diese gleichsam reservierte Terminologie[73]. Inhaltlich stand zwar unverändert die politische Entwicklung im Vordergrund, doch wurden nun, anders als bei Tomeks Lehrbuch, auch andere Bereiche zumindest gestreift, von der Sozial- und Wirtschaftsgeschichte bis hin zur Kultur- und Kirchengeschichte.

Weniger ambitionierte Überblicke der Geschichte Österreich-Ungarns finden sich, oft versteckt und unter teilweise eigenwilligen Titeln, vor 1914 darüber hinaus in tsche-

---

[Deutsche Rechtsgeschichte. Mit besonderer Berücksichtigung der österreichischen Länder], Bd. 1/1 (Praha ²1897); die erste Auflage war unter anderem Titel seit 1886 in Einzellieferungen erschienen.

[72] Josef Pekař, Dějiny naší říše. Se zvláštním zřetelem ke královstvím a zemím v říšské radě zastoupeným. Pro nejvyšší třídy škol středních [Geschichte unseres Reiches. Mit besonderer Berücksichtigung der im Reichsrat vertretenen Königreiche und Länder. Für die höchsten Klassen der Mittelschulen] (Praha 1914). Pekař zählte zu jener Zeit innerhalb wie außerhalb Böhmens zu den anerkanntesten Vertretern der tschechischen Geschichtswissenschaft. Vgl. Martin Kučera, Rakouský občan Josef Pekař (Kapitola z kulturně politických dějin) [Der österreichische Bürger Josef Pekař (Ein Kapitel aus der Kultur- und Politikgeschichte)] (Praha 2005); Josef Hanzal, Josef Pekař. Život a dílo [Josef Pekař. Leben und Werk] (Praha 2002); Jaroslav Čechura–Martina Novozámská, Josef Pekař: známý – neznámý (K 60. výročí úmrtí) [Der bekannte – unbekannte Josef Pekař (Zum 60. Jahrestag seines Todes)]. ČNM. Řada Historická 166 (1997) 20–29; Pekařovské studie [Pekař-Studien], hg. von Eva Kantůrková (Praha 1995); Josef Pekař a české dějiny 15.–18. století [Josef Pekař und die tschechische Geschichte des 15.–18. Jahrhunderts], hg. von Ivo Navrátil (Z Českého ráje a podkrkonoší. Suppl. 1, Bystrá nad Jizerou 1994); Zdeněk Kalista, Josef Pekař (Praha ²1994), mit der ursprünglichen Fassung der 1940 weitgehend abgeschlossenen, aber nur teilweise erschienenen Biographie; Kutnar–Marek, Přehledné dějiny (wie Anm. 11) 489–512. Die beste deutschsprachige Würdigung bietet unverändert Otfrid Pustejovsky, Josef Pekař (1870–1937). Persönlichkeit und wissenschaftliches Werk. *Jahrbücher für Geschichte Osteuropas* N.F. 9 (1961) 367–398.

[73] Pekař, Dějiny naší říše (wie Anm. 72), Überschriften der Kapitel 3 („Říše česká, uherská a země alpské v době od r. 900–1200", 19–35) und 4 („Dějiny říše české, uherské a zemí alpských v době gotické", 36–78).

chischen Schulprogrammen[74] und Werken der sogenannten Bürgerkunde[75]. Die meist
von Lehrern verfassten Beiträge orientierten sich in der Regel an den aktuellen Lehrbüchern. Individuelle Konzeptionen der gesamtstaatlichen Geschichtsbetrachtung finden sich hier nicht, interessant ist allenfalls die jeweilige Verbindung von Lokal-, Landes-
und Gesamtstaatsgeschichte zu pädagogischen Zwecken.

In ihrer Breitenwirkung nicht zu unterschätzen sind ferner populäre, vielbändige
Reihenwerke wie die in den Jahren 1863 bis 1882 in 17 Bänden erschienene „Oesterreichische Geschichte für das Volk", die Joseph Alexander von Helfert nach dem Muster
der von Ferdinand Schmidt herausgegebenen „Deutsche[n] National-Bibliothek"[76] begründete. Über Anlass, Zielsetzung und Konzeption des Gesamtvorhabens informierte
Helfert in der 16. Generalversammlung des „Vereins zur Verbreitung von Druckschriften für Volksbildung"[77]. Dem Verein, der das Reihenwerk offiziell herausgab, stand er
selbst als Obmann vor. Inhaltlich ziele das Werk, so Helfert, auf eine „volksthümliche
Darstellung der Gesammtgeschichte Oesterreichs" ab, ein Untersuchungsfeld, „wo es
noch fast keine Partie derselben gebe" und das bisher „zu wenig Bearbeitung gefunden"
habe; das „Bedürfniß einer populären Vaterlandsgeschichte, deren sich andere Völker
längst und in vollendetster Weise zu erfreuen haben", sei zweifelsohne auch in der Österreichischen Monarchie vorhanden[78].

Bei der konzeptionellen Gestaltung des Reihenwerks wurde Helfert von dem ebenfalls aus Prag gebürtigen Anton(ín) Gindely unterstützt, der ihm, wie Helfert offen
bekannte, innerhalb kürzester Zeit „einen vollständig motivirten Entwurf" vorgelegt
habe[79]: „In diesem Entwurfe war mit Einhaltung des Maßstabes, daß die Darstellung
an Ausführlichkeit und eingehender Behandlung zunehme, je mehr sie sich den Ereignissen und Verhältnissen der Jetztzeit nähert, der geschichtliche Verlauf nach siebenzehn
epochemachenden Marksteinen in eben so viele Zeitabschnitte zerlegt und für jeden der

---

[74] Vgl. exemplarisch Jan V. KRECAR, Dějiny říše Rakousko-uherské v přehledu [Geschichte des
Österreichisch-Ungarischen Reichs im Überblick], Teil 1, in: Osmá výroční zpráva o obecném vyšším
Gymnasiu Františka Josefa v Králové Dvoře n. L. za školní rok 1901–1902 (Králové Dvůr n. L. 1902) 3–
32; Teil 2, in: Dvanáctá výroční zpráva o c. k. vyšším gymnasiu Františka Josefa v Králové Dvoře n. L. za
školní rok 1905–6 (Králové Dvůr n. L. 1906) 1–25.

[75] Zur Ausrichtung und Zielsetzung dieses Faches vgl. Michail Nikolajevič KUZMIN, Vývoj školství a
vzdělání v Československu [Die Entwicklung des Schulwesens und der Bildung in der Tschechoslowakei]
(Praha 1981) 151–155, 183; Fr[antišek] MAZAL, K občanské nauce na střední škole [Zur Bürgerkunde in
der Mittelschule], in: Výroční zpráva c. k. státní reálky v Kutné Hoře za škol. rok 1914–15 (Kutná Hora
1915) 3–19.

[76] Deutsche National-Bibliothek. Volksthümliche Bilder und Erzählungen aus Deutschlands Vergangenheit und Gegenwart, Reihe I: 11 Bde., Reihe II: 3 Bde., hg. von Ferdinand SCHMIDT (Berlin
1862–1874). Zum Hintergrund vgl. Dieter LANGEWIESCHE, ‚Volksbildung' und ‚Leserlenkung' in
Deutschland von der wilhelminischen Ära bis zur nationalsozialistischen Diktatur. *Internationales Archiv
für Sozialgeschichte der deutschen Literatur* 14 (1989) 108–125.

[77] Zur Zielsetzung des „Vereins zur Verbreitung von Druckschriften für Volksbildung" (ab 1871:
„Volksbildungs-Verein"; ab 1873: „Oesterreichischer Volksschriften-Verein") vgl. Peter URBANITSCH,
Die Deutschen, in: Die Habsburgermonarchie 1848–1918, Bd. 3/1 (wie Anm. 41) 33–153, hier 103–
108.

[78] HELFERT, Oesterreichische Geschichte für das Volk (wie Anm. 59) 6, 8.

[79] Ebd. 10. Zu Gindely vgl. Milada POLIŠENSKÁ, Antonín Gindely a „evropská dimenze" jeho díla
[Anton Gindely und die „europäische Dimension" seines Werks] (Studie Národohospodářského ústavu
Josefa Hlávky 4, Praha 2007); Josef KOLLMANN, Antonín Gindely, historik a archivář (1829–1892)
[Anton Gindely, Historiker und Archivar (1829–1892)], in: 130 let Zemského archivu (wie Anm. 44)
193–208; KUTNAR–MAREK, Přehledné dějiny (wie Anm. 11) 294–298.

letzteren mit wenigen Strichen die darin zu beachtenden Momente angedeutet, welche Andeutungen jedoch, namentlich die Anordnung und Gruppirung des zu behandelnden Stoffes innerhalb eines jeden Zeitraumes, nach Gindely's Sinn und Absicht nur eine beiläufige, keineswegs den dereinstigen Bearbeiter bindende sein sollte."[80] Dieses Programm legte Helfert im Anschluss Václav Vladivoj Tomek in Prag und Albert Jäger in Wien zur Begutachtung vor.

Helfert war – und das zeigt auch die Genese der monumentalen „Oesterreichischen Geschichte für das Volk" – ein großer Bewunderer des knapp ein Jahrzehnt jüngeren Gindely, den er Zeit seines Lebens förderte und unterstützte. Beide verband vor allem das „Interesse für die allgemein österr. Sache"[81], wie Gindely am 9. Dezember 1856 seinem unterdessen in Wien tätigen Freund geschrieben hatte. Dieses Interesse spiegelt auch das im Mai 1862 versandte Einladungsschreiben wider, das Helfert an Gelehrte unterschiedlicher Nationalität richtete und in dem er nochmals betonte: „Eine Darstellung der Gesammtgeschichte Oesterreichs muß von Anfang her den Blick über das ganze Gebiet gerichtet halten, das den Kaiserstaat in seinem gegenwärtigen Umfange bildet." Nur durch eine entsprechende Geschichtsschreibung werde „das Gemeingefühl der österreichischen Länder und Völker genährt und gehoben" werden: „Denn dieses Gemeingefühl, dieses großösterreichische Bewußtsein soll nicht dadurch geschaffen werden, daß man das Bewußtsein und das Selbstgefühl der einzelnen Länder und Völker verkennt oder unterdrückt, sondern nur dadurch, daß man es erhebt und in einen gemeinsamen Brennpunkt sammelt." Die böhmische und die ungarische „Landesgeschichte" würden dabei mitnichten in den Hintergrund abgedrängt[82]. Sein Einladungsschreiben sandte Helfert an insgesamt 37 Personen, darunter allein elf Historiker in Böhmen und Mähren – die prominentesten waren Palacký, Tomek, Gindely, Hermenegild Jireček, Constantin Höfler, Beda Dudík und Peter von Chlumecký[83]. Es wäre einen längeren Exkurs wert, die Reaktionen der angeschriebenen Historiker, die Helfert in seinem Vortrag in längeren Auszügen vortrug[84], auszuwerten, denn sie lassen nicht nur gegensätzliche Positionen bei der Gewichtung von Landes- und Gesamtstaatsgeschichte erkennen, sondern auch markante, noch Jahrzehnte bis zum Ausbruch des Weltkriegs fortwirkende Unterschiede bei der Haltung der Historiker in Böhmen und in Mähren.

III.

Mit dem Zusammenbruch der Habsburgermonarchie 1918 setzte politisch und gesellschaftlich eine Phase des *odrakouštění*, der „Entösterreicherung", im neuen tschechoslowakischen Staat ein. Dieser Prozess machte sich auch in der Geschichtsforschung und Geschichtsschreibung bemerkbar, wenn auch in sehr unterschiedlicher Intensität und Geschwindigkeit. Am zügigsten konnten gewisse institutionelle Veränderungen umgesetzt werden. So wurde an der Prager Tschechischen Universität die traditionsreiche

---

[80] HELFERT, Oesterreichische Geschichte für das Volk (wie Anm. 59) 10f.
[81] Zit. nach PLASCHKA, Von Palacký bis Pekař (wie Anm. 24) 39.
[82] HELFERT, Oesterreichische Geschichte für das Volk (wie Anm. 59) 14f.
[83] Zu den genannten Historikern vgl. KUTNAR–MAREK, Přehledné dějiny (wie Anm. 11) s. v. (Reg.).
[84] HELFERT, Oesterreichische Geschichte für das Volk (wie Anm. 59) 20–27.

Lehrkanzel für Österreichische Geschichte in eine Professur für Geschichte Osteuropas umgewidmet, an ihrer deutschen Schwesteruniversität ersetzte die tschechoslowakische Geschichte künftig die österreichische Geschichte als Prüfungsgegenstand[85]. Deutlich wird dieser Prozess aber auch, wenn man sich die Inhalte der historischen Produktion, die jeweilige Themenwahl und generell die Epochenschwerpunkte näher anschaut. Einer Fülle von Monographien, Editionen und Einzelstudien zum Spätmittelalter und zur Frühen Neuzeit, zur Hochzeit des vergleichsweise eigenständigen böhmischen Ständestaates mithin, folgte ein beinahe vollständiges Desinteresse an den nachfolgenden zwei Jahrhunderten der werdenden österreichischen Monarchie, bevor dann die Revolutionszeit 1848/49 und die jüngere Entwicklung erneut größere Aufmerksamkeit fanden[86].

Generell zeigt sich bei einem Blick in diese Arbeiten: Ein der früheren Habsburgerherrschaft folgendes staatsrechtliches Raumkonzept war weder für diejenigen Historiker opportun, die sich der Konzeption der „tschechoslowakischen Nation" und der Festigung einer neuen Staatsidee widmeten[87], noch für deren deutsche Kollegen im Land, die zunächst ihre kleinräumige Landesgeschichte weiterpflegten und bald in ein volksgeschichtliches Fahrwasser überwechselten[88]. Daneben entstanden neue Raumkonzepte,

---

[85] Josef PETRÁŇ, Filozofická fakulta v letech 1918–1939 (1945) [Die Philosophische Fakultät in den Jahren 1918–1939 (1945)], in: Dějiny univerzity Karlovy, Bd. 4: 1918–1990, hg. von Jan HAVRÁNEK–Zdeněk POUSTA (Praha 1998) 121–162, hier 130–140; KOLÁŘ, Die Geschichtswissenschaft an der Deutschen Universität Prag (wie Anm. 42) 98.

[86] Václav NOVOTNÝ, České dějepisectví v prvém desetiletí republiky. Bibliografický přehlíží [Die tschechische Geschichtsschreibung im ersten Jahrzehnt der Republik. Bibliographische Übersicht] (Praha 1929); Ferdinand SEIBT, Geschichtswissenschaft in der Tschechoslowakei 1918–1938 [1982], in: DERS., Deutsche, Tschechen, Sudetendeutsche (wie Anm. 42) 425–445.

[87] Josef HARNA, Die Konzeption der „tschechoslowakischen Nation" in der tschechischen Historiographie der Zwischenkriegszeit, in: Geschichtsschreibung zu den böhmischen Ländern im 20. Jahrhundert. Wissenschaftstraditionen – Institutionen – Diskurse, hg. von Christiane BRENNER–K. Erik FRANZEN – Peter HASLINGER–Robert LUFT (Bad Wiesseer Tagungen des Collegium Carolinum 28, München 2006) 77–94; Peter HASLINGER, Nationalgeschichte und volksgeschichtliches Denken in der tschechischen Geschichtswissenschaft 1918–1938, in: Volksgeschichten im Europa der Zwischenkriegszeit, hg. von Manfred HETTLING (Göttingen 2003) 272–300; Jiří MALÍŘ, K obsahu pojmu československé dějiny [Zum Inhalt des Begriffs tschechoslowakische Geschichte]. Sborník prací Filozofické fakulty Brněnské univerzity C 29 (1982) 40–47; Hans LEMBERG, Gibt es eine tschechoslowakische Geschichte? Versuche einer nationalen Geschichtsintegration, in: Osteuropa in Geschichte und Gegenwart. FS für Günther Stökl zum 60. Geburtstag, hg. von DEMS.–Peter NITSCHE–Erwin OBERLÄNDER (Köln–Wien 1977) 376–391.

[88] Die „sudetendeutsche Geschichtsschreibung" 1918–1960. Zur Vorgeschichte und Gründung der Historischen Kommission der Sudetenländer, hg. von Stefan ALBRECHT–Jiří MALÍŘ–Ralph MELVILLE (VCC 114, München 2008); Prager Professoren 1938–1945. Zwischen Wissenschaft und Politik, hg. von Monika GLETTLER–Alena MÍŠKOVÁ (Veröffentlichungen zur Kultur und Geschichte im östlichen Europa 17, Essen 2001); Frank HADLER, Volksgeschichte für die „Deutschen im Sudetenland". Zur Konzeption der sudetendeutschen Spielart eines Paradigmas deutscher Historiographie in den 1930er Jahren, in: Historische West- und Ostforschung in Zentraleuropa zwischen dem Ersten und dem Zweiten Weltkrieg – Verflechtung und Vergleich, hg. von Matthias MIDDELL–Ulrike SOMMER (Geschichtswissenschaft und Geschichtskultur im 20. Jahrhundert 5, Leipzig 2004) 133–149; Jörg HACKMANN, Volks- und Kulturbodenkonzeptionen in der deutschen Ostforschung und ihre Wirkungen auf die sudetendeutsche Landeshistorie, in: Die böhmischen Länder in der deutschen Geschichtsschreibung (wie Anm. 42), Bd. 1, 49–71; Jiří PEŠEK u. a., Německá univerzita v Praze v letech 1918–1939 [Die Deutsche Universität in Prag in den Jahren 1918–1939], in: Dějiny Univerzity Karlovy, Bd. 4 (wie Anm. 85) 181–212. Aus zeitgenössischer Perspektive vgl. Wilhelm WOSTRY, Sudetendeutsche Geschichte 1918–1938. Forschung und Darstellung, in: Deutsche Ostforschung. Ergebnisse und Aufgaben seit dem ersten Welt-

von Studien zum Slawentum über Ostmitteleuropa-Konzeptionen bis hin zur großen „Dějiny lidstva" („Geschichte der Menschheit") der Jahre 1936 bis 1940. Spätestens in der Protektoratszeit wurde der Begriff „Reich" in tschechischen wie in deutschen Arbeiten abermals umgedeutet und den Zeitbedürfnissen angepasst.

Eindeutig und ohne Widersprüche ist auch hier das Bild allerdings nicht. Kontinuitäten lassen sich in den rechtshistorischen Arbeiten eines Jan Kapras[89] gleichermaßen beobachten wie im Bereich der Lehrmedien. Das schon genannte, vor dem Ersten Weltkrieg verfasste Schulbuch von Josef Pekař, das unter neuem Titel („Dějiny československé") die ganze Erste Tschechoslowakische Republik über in Gebrauch blieb, wurde inhaltlich zwar geringfügig um Ausführungen zur slowakischen Geschichte ergänzt und zeitlich bis in die Gegenwart verlängert, nicht aber wirklich neu konzipiert. Es entbehrt nicht einer gewissen Ironie, dass das in der Zeit der Monarchie erarbeitete Werk in der ČSR dem Anschein nach zu dem am meisten verwendeten tschechischen Lehrbuch für die Oberstufenklassen der Gymnasien und der verschiedenen Typen von Realgymnasien avancierte; 1925 wurde es überdies noch ins Ungarische übersetzt. Damit war die Geschichte jenes Lehrbuchs freilich noch nicht zu Ende. 1937 erschien eine zweite, von dem Schulhistoriker Josef Klik „gründlich veränderte und gekürzte Ausgabe", die dann 1942 im Reichsprotektorat unter dem abermals geänderten Titel „Dějiny Čech a Moravy od pravěku až do polovice 18. století" („Geschichte Böhmens und Mährens von der Urzeit bis zur Mitte des 18. Jahrhunderts") vertrieben wurde[90]. Auch in anderen Bereichen wird deutlich, dass sich politisch-gesellschaftliche Umbrüche nicht in gleicher Radikalität im Bereich von Geschichtsschreibung, Leseverhalten und Buchproduktion widerspiegeln. Mochte sich auch kein Fachhistoriker in der Zwischenkriegszeit an eine Biographie Kaiser Franz Josephs I. wagen, so zeigt die 1933 von dem Prager Journalisten Bedřich Hlaváč verfasste Studie mit ihren mehr als 700 Seiten doch ein anhaltendes Interesse der breiteren Öffentlichkeit an der ehemals regierenden Dynastie und ihrem langjährigen Landesvater[91].

Vergleichbare Fortführungen und Kontinuitäten waren unter den Bedingungen eines zunehmend staatlich gelenkten Wissenschaftsbetriebs unter marxistischem Vorzeichen nicht mehr möglich[92]. Dass im Zuge der „Vermischung althergebrachter nationaler

krieg, Bd. 2, hg. von Hermann AUBIN u. a. (Deutschland und der Osten. Quellen und Forschungen zur Geschichte ihrer Beziehungen 21, Leipzig 1943) 488–530.

[89] Joachim BAHLCKE, Geschichte als Argument. Der Prager Rechtshistoriker Jan Kapras (1880–1947) und die tschechische Schlesienforschung am Anfang des 20. Jahrhunderts, in: Silesiographia. Stand und Perspektiven der historischen Schlesienforschung, hg. von Matthias WEBER–Carsten RABE (Wissenschaftliche Schriften des Vereins für Geschichte Schlesiens 4, Würzburg 1998) 69–81.

[90] Hans LEMBERG, Ein Geschichtsbuch unter drei Staatensystemen: Josef Pekařs Oberklassenlehrbuch von 1914–1945, in: Deutsch-tschechische Beziehungen in der Schulliteratur und im populären Geschichtsbild, hg. von Hans LEMBERG–Ferdinand SEIBT (Studien zur Internationalen Schulbuchforschung 28, Braunschweig 1980) 78–88; DERS., Pekařs Geschichtslehrbuch und seine Umarbeitung in der Protektoratszeit durch Josef Klik. *Bohemia* 30 (1989) 396–398; Franz ARENS, Ein tschechisches Geschichtslehrbuch. *Archiv für Politik und Geschichte* 10 (1928) 519–528.

[91] Bedřich HLAVÁČ, František Josef I. Život, povaha, doba [Franz Joseph I. Leben, Charakter, Zeit] (Knihy dalekých obzorů 13, Praha 1933).

[92] Zur Gesamtentwicklung der tschechoslowakischen Geschichtswissenschaft nach 1945 vgl. Maciej GÓRNY, Między Marksem a Palackým. Historiografia w komunistycznej Czechosłowacji [Zwischen Marx und Palacký. Historiographie in der kommunistischen Tschechoslowakei] (Warszawa 2001); Josef HANZAL, Cesty české historiografie 1945–1989 [Wege der tschechischen Historiographie 1945–1989] (Praha 1999).

Geschichtstradition und sozialistischer Zukunftsprojekte"[93] ein Historiker wie Josef Pekař zur Persona non grata wurde, wird man noch nachvollziehen können. Gleiches gilt jedoch auch für wesentlich weniger polarisierende Intellektuelle, die sich mit ihren akademischen Schriften in der Vergangenheit einer vollständigen oder zumindest weitgehenden Fixierung auf die eigene Nationalgeschichte entzogen hatten. Ein Beispiel dafür ist der genannte Jaromír Jan Hanel, der an der Wende vom 19. zum 20. Jahrhundert über den Anteil der slawischen an der gesamtstaatlichen Rechtsgeschichte im Rahmen der Habsburgermonarchie gearbeitet und konzeptionelle Vorarbeiten für eine Gesamtstaatsgeschichte zur Diskussion gestellt hatte. Der Prager Rechtshistoriker Václav Vaněček vermochte in Hanel 1955 nur einen „typisch apolitischen österreichischen Wissenschaftler" zu sehen, ein „abschreckendes Beispiel bourgeoiser Pseudowissenschaft", dessen Arbeiten genauso gut in Island oder Kapstadt hätten erscheinen können wie in Prag[94]. Die großen Fachkonferenzen zur Geschichte der Habsburgermonarchie in den 1950er und 1960er Jahren galten bezeichnenderweise ausnahmslos der Spätzeit und dem Zusammenbruch jenes Reiches[95].

Neue, tiefergehende Fragen der spezifischen Staatlichkeit der Österreichischen Monarchie reflektierende Ansätze kamen daher während der 1980er Jahre nicht zufällig, erkennbar etwa am Themenspektrum der historischen Fachzeitschrift „Folia Historica Bohemica", von der Frühneuzeitforschung[96]. Vom Historischen Institut der Prager Akademie der Wissenschaften um Jaroslav Pánek konnte darum schon zwei Jahre nach der politischen Wende die Initiative zu einer großangelegten „Dějiny habsburské monarchie" („Geschichte der Habsburgermonarchie") ausgehen[97]. Die beiden avisierten Bände (interessanterweise mit einer Zäsur im Jahr 1806, einem zur Gänze dem römisch-deutschen Reichskontext geschuldeten Einschnitt) konnten am Ende allerdings nicht realisiert werden. Die wachsende Delegitimierung des Staates war einem solchen Vorhaben offenbar ebensowenig förderlich wie die methodische Pluralisierung innerhalb der tschechischen Geschichtswissenschaft. Hinzu kommt, dass Geschichte und Geschichtsschreibung auch im östlichen Europa immer weniger zur Herstellung von Identität und Alterität taugen.

Die Habsburger sind auf dem tschechischen Buchmarkt, aber auch weit darüber hinaus in der gesamten tschechischen Geschichtskultur seit zweieinhalb Jahrzehnten

---

[93] Pavel KOLÁŘ, Die nationalgeschichtlichen *master narratives* in der tschechischen Geschichtsschreibung der zweiten Hälfte des 20. Jahrhunderts, in: Geschichtsschreibung zu den böhmischen Ländern im 20. Jahrhundert (wie Anm. 87) 209–241, hier 216.

[94] Zit. nach SLAPNICKA, Rechtsgeschichte (wie Anm. 63) 193.

[95] J[iří] KOŘALKA, Publikace materiálů mezinárodních vědeckých konferencí k dějinám habsburské monarchie [Publikation der Materialien der internationalen wissenschaftlichen Konferenzen zur Geschichte der Habsburgermonarchie]. ČsČH 20 (1972) 267–269.

[96] Czech Historiography in the 1990s, hg. von Jaroslav PÁNEK (Historica S.N. 7–8, Prague 2001); Select Bibliography on Czech History. Books and Articles 1990–1999, hg. von Václava HORČÁKOVÁ–Kristina REXOVÁ–Luboš POLANSKÝ (Práce Historického ústavu AV ČR D/8, Prague 2000); Zdeněk BENEŠ, FHB (1979–1993). *Historica. Historical Sciences in the Czech Republic* S.N. 1/31 (1994) 105–111.

[97] Jaroslav PÁNEK, Geschichte der Habsburgermonarchie 1526–1806 – Ein Forschungsprojekt des Historischen Instituts in Prag. *Opera historica* 2 (1992) 12. Zu weiteren Einzelheiten vgl. DERS., Böhmen, Mähren und Österreich in der frühen Neuzeit: Forschungsprobleme ihres Zusammenlebens, in: Kontakte und Konflikte. Böhmen, Mähren und Österreich: Aspekte eines Jahrtausends gemeinsamer Geschichte, hg. von Thomas WINKELBAUER (Schriftenreihe des Waldviertler Heimatbundes 36, Horn–Waidhofen an der Thaya 1993) 125–136, hier 136.

omnipräsent: durch eigenständige, häufig populäre Buchproduktionen[98], Ausstellungen, Filme, Konzerte und Theaterstücke, Devotionalien aller Art sowie eine kaum zu überblickende Vielzahl von Übersetzungen ausländischer Titel, vorwiegend österreichischer und deutscher Provenienz[99]. Dass sogar ein vor dem Ersten Weltkrieg, noch unter dem politischen System Österreich-Ungarns verfasstes Werk wie Josef Pekařs „Dějiny naší říše" 2011 in der Tschechischen Republik eine Neuauflage erhielt[100], deutet allerdings auf die Lücke hin, die durch die weitgehende Ausblendung der österreichischen Gesamtstaatsgeschichte nach Gründung der Tschechoslowakei 1918 im kollektiven Gedächtnis entstanden ist.

---

[98] Vgl. exemplarisch Ivana Čornejová–Jiří Rak–Vít Vlnas, Ve stínu tvých křídel … Habsburkové v českých dějinách [Im Schatten deiner Flügel … Die Habsburger in der tschechischen Geschichte] (Praha 1995); Jiří Pernes, Poslední Habsburkové. Karel, Zita, Otto a snahy o záchranu císařského trůnu [Die letzten Habsburger. Karl, Zita, Otto und die Bemühungen um die Rettung des Kaiserthrons] (Brno 1999); Václav Veber u. a., Dějiny Rakouska [Geschichte Österreichs] (Praha 2002); Jaroslav Čechura, První Habsburkové na českém trůně [Die ersten Habsburger auf dem böhmischen Thron], 2 Bde. (Praha 2008–2009); Petr Prokš, Habsburkové a velká válka (1914–1918). První světová válka a rozpad Rakouska-Uherska 1914–1918 [Die Habsburger und der Große Krieg (1914–1918). Der Erste Weltkrieg und der Zerfall Österreich-Ungarns 1914–1918] (Praha 2011); Václava Kofránková, Zlatý král a chudý hrab. Přemysl Otakar II. a Rudolf Habsburský v historické tradice [Der goldene König und der arme Graf. Přemysl Ottokar II. und Rudolf von Habsburg in der historischen Tradition] (Praha 2012).

[99] Nachfolgend nur eine kleine Auswahl eines ausufernden und längst nicht mehr zu überblickenden, durch Nachdrucke und (als solche nicht gekennzeichnete) Neuauflagen zusätzlich erweiterten Angebots auf dem tschechischen Buchmarkt: Habsburkové. Životopisná encyklopedie [Die Habsburger. Eine biographische Enzyklopädie], hg. von Brigitte Hamannová (Praha 1996); dies., Alžběta. Císařovna proti své vůli [Elisabeth. Kaiserin wider Willen] (Praha 1997); „Moje milá, dobrá přítelkyně!" Milostný vztah císaře Františka Josefa I. a herečky Kateřiny Schrattové [„Meine liebe, gute Freundin!" Die Liebesbeziehung Kaiser Franz Josephs und der Schauspielerin Katharina Schratt], hg. von ders. (Praha 2002); dies., Rudolf Habsburský. Princ rebel [Rudolf von Habsburg. Prinzrebell] (Praha 2006); Walter Pohl–Karl Vocelka, Habsburkové. Historie jednoho evropského rodu [Die Habsburger. Geschichte einer europäischen Familie] (Praha 1996); Josef Cachée–Gabriele Praschl-Bichler, Císař František Josef zcela privátně. „Vy se máte, vy si můžete chodit do kavárny!" [Kaiser Franz Joseph ganz privat. „Sie haben's gut, Sie können ins Kaffeehaus gehen!"] (Praha 1996); Georg Schreiber, Habsburkové na cestách [Die Habsburger auf Reisen] (Praha 1997); Gerd Holler, Žofie. Matka Františka Josefa I., tajná císařovna [Sophie. Mutter Franz Josephs I., heimliche Kaiserin] (Praha 1997); Ghislaine zu Windisch-Graetz, Alžběta, „rudá vévodkyně". Život vnučky Františka Josefa I. [Elisabeth, die „rote Erzherzogin". Das Leben der Enkelin Franz Josephs I.] (Praha 1998); Claudio Magris, Habsburský mýtus v moderní rakouské literatuře [Der habsburgische Mythos in der modernen österreichischen Literatur] (Brno–Praha 2001); Karl-Friedrich Krieger, Habsburkové ve středověku. Od Rudolfa I. (1218–1291) do Fridricha III. (1415–1493) [Die Habsburger im Mittelalter. Von Rudolf I. (1218–1291) bis zu Friedrich III. (1415–1493)] (Praha 2003); Friedrich Weissensteiner, Rakouští císařové. František I., Ferdinand I., František Josef I., Karel I. [Die österreichischen Kaiser. Franz I., Ferdinand I., Franz Joseph I., Karl I.] (Praha 2005); Gabriele Praschl-Bichler, Habsburkové a nadpřirozeno [Die Habsburger und das Übersinnliche] (Praha 2005); Hubert Pointinger, Solná princezna. Tajná milenka císaře Františka Josefa [Die Salzprinzessin. Die geheime Geliebte Kaiser Franz Josephs] (Praha 2009); Martina Winkelhofer, Viribus unitis. Císař a jeho dvůr. Nový pohled na Františka Josefa [Viribus unitis. Der Kaiser und sein Hof. Ein neuer Blick auf Franz Joseph] (Praha 2011); Katrin Unterreiner, Habsburkové. Mýty a pravda [Die Habsburger. Mythos und Wahrheit] (Líbeznice 2011); Eva Demmerle, Habsburkové. Dějiny jedné dynastie [Die Habsburger. Geschichte einer Dynastie] (Praha 2012); Dieter Kindermann, Habsburkové bez říše. Historie rodiny od roku 1918 [Die Habsburger ohne Reich. Geschichte einer Familie seit 1918] (Praha 2013); Gerhard Tötschinger, Habsburkové a jejich profese [Die Habsburger und ihre Berufe] (Praha 2013).

[100] Josef Pekař, Dějiny naší říše [Geschichte unseres Reichs] (Praha 2011). Nachgedruckt wurde die erste Ausgabe von 1914. Instruktiv ist das Nachwort von Jiří Rak, Josef Pekař a jeho učebnice rakouských dějin [Josef Pekař und sein Lehrbuch der österreichischen Geschichte]. Ebd. 205–209.

Bilder und Funktionen der Habsburgermonarchie in der slowakischen Historiographie

Elena Mannová

Ľudovít Štúr, der Führer der slowakischen Nationalbewegung, schrieb im Vormärz begeistert, dass Österreich im Unterschied zu Ungarn seine Position nicht im Sinne der Devise „Divide et impera!" missbrauche, sondern „verschiedenste Nationalitäten in ihrer eigenen Entwicklung unterstützt und ihnen seine hilfreiche Hand reicht". Nach der Revolution von 1848/49 bewertete derselbe Štúr Österreich als alt und schwach, als eine Leiche in voller Verwesung, als Mumie eines Reichs, von niemandem geliebt. Die slowakischen nationalen Aktivisten fühlten sich enttäuscht, da sie vom Kaiser eine Belohnung für ihre Treue in der Revolution erwarteten. Ebenso verraten fühlten sie sich nach dem österreichisch-ungarischen Ausgleich von 1867, als „Wien sie völlig der ungarischen Willkür überließ". Aber am Ende des Jahrhunderts neigten sich die Sympathien einer neuen Generation slowakischer Nationalisten eher auf die Seite Österreichs als auf jene Ungarns, doch es kam dabei immer auf die konkrete Situation an[1]. Dasselbe kann man von den Repräsentationen in der slowakischen Geschichtsschreibung konstatieren: Das Bild der Habsburgermonarchie war zeitgebunden, abhängig einerseits von den aktuellen Interessen des nationalen Emanzipationsprozesses und den Bemühungen, sich von ungarischen und tschechischen Meisternarrativen und andererseits von den staatspolitischen Rahmenbedingungen loszulösen.

Historiographische Raumkonzepte: „Invented Slovakia" im größeren Referenzrahmen

Räumlich orientierten sich die modernen slowakischen Historiker zwar am staatlichen Rahmen (für die Geschichte seit 1526 an der Habsburgermonarchie, für den Zeitraum des Dualismus fast ausschließlich am Königreich Ungarn, vielleicht mit Ausnahme der Jahre des Ersten Weltkriegs), aber das größte Interesse konzentrierte sich auf die Bildung eines nationalen Territoriums zwischen Tatra und Donau. Seine Deutungen wurden stets je nach dem aktuellen politischen Bedarf (um)kodiert. Als die Slowakische Republik einen Satellitenstaat des „Dritten Reichs" bildete, schrieb František Bokes über den „slowakischen Volksraum" in der Vergangenheit. Seiner Meinung nach hielten sich die Slowaken nicht nur im ursprünglich „großmährischen slowakischen Lebensraum",

---

[1] Daniela KODAJOVÁ, Habsburská monarchia v dlhom 19. storočí [Die Habsburgermonarchie im langen 19. Jahrhundert]. *Historická revue* 24/9 (2013) 12–19, hier 14f.

sondern sie erfüllten auch eine große Sendung: Sie wandelten unter teilweiser Mitwirkung der eingewanderten deutschen Siedler die Naturgebiete in Kulturräume um[2].

Den äußeren Rahmen der Erzählungen über das 19. und 20. Jahrhundert bildete sporadisch auch die slawische Welt. Vor allem in der ersten Hälfte des 19. Jahrhunderts spielten die älteren Vorstellungen[3] über die Slowakei und die Tatra (Karpaten) als „slawische Urheimat" eine wichtige Rolle im slowakischen nationalen Diskurs. Die Lage in der imaginären Mitte des Slawentums sollte nicht nur das Fehlen einer festen Begrenzung des slowakischen nationalen Territoriums, sondern auch die periphere Position der Slowakei im ungarländischen Rahmen kompensieren und das Prestige des slowakischen Raumes und seiner Bevölkerung erhöhen[4].

Die moderne Geschichtsschreibung ging nicht mehr von der Idee der Mitte des Slawentums aus. Slowakische Historiker, die sich auf Slawistik spezialisierten, haben zwar relativ zahlreiche Werke über die sogenannte slawische Wechselseitigkeit und die Wechselbeziehungen zwischen den slawischen Nationen verfasst[5], aber im Hauptnarrativ der slowakischen Nationalgeschichte spielten diese Topoi nur mehr eine Nebenrolle. In der bisher umfangreichsten Synthese, der sechsbändigen „akademischen", von der Slowakischen Akademie der Wissenschaften herausgegebenen „Dejiny Slovenska" („Geschichte der Slowakei") aus Jahren 1986 bis 1992, wurde aus dem slawischen Bereich größere Aufmerksamkeit nur dem Prager Slawenkongress des Jahres 1848, dem Austroslawismus, der messianischen Schrift „Das Slawenthum und die Welt der Zukunft" von Ľudovít Štúr und für die letzten Jahrzehnte der Monarchie vor allem der tschecho-slowakischen Gegenseitigkeit gewidmet[6]. Die Schicksale des erwähnten Werkes Štúrs aus dem Anfang der 1850er Jahre reflektieren die Grundeinstellungen der nationalen Aktivisten (später auch des kommunistischen Regimes) ebenso wie jene der slowakischen Geschichtswissenschaft zum Slawentum und zur slawischen Konzeption slowakischer Historie. Štúr schrieb das Buch auf Deutsch, da er beabsichtigte, eine breitere europäische Öffentlichkeit anzusprechen. Er war der Meinung, die „dumpfe und morsche"

---

[2] František BOKES, Über die Entwicklung des Gebietes der Slowaken (Bratislava 1944) 145.

[3] Die historisch-ideologischen Konstruktionen des sog. Barockslawismus über die ursprünglichen Siedlungen der Slawen im Gebiet zwischen den Karpaten und der Donau wurden im ersten Drittel des 19. Jahrhunderts von dem berühmten Slawisten Pavel Jozef Šafárik unterstützt. Auch für die nächste Generation von nationalen Aktivisten war die Vorstellung von der „Slowakei als Wiege des Slawentums" wichtig. Vgl. Jozef Miloslav HURBAN, Slovensko a jeho život literárny [Die Slowakei und ihr literarisches Leben], in: DERS., Dielo, Bd. 2, hg. von Viera BOSÁKOVÁ–Rudolf CHMEL (Bratislava 1983) 11–205, hier 136.

[4] Peter MACHO, Premeny symbolickej funkcie Tatier v nacionalistickom diskurze 19. storočia [Die Wandlungen der symbolischen Funktion der Tatra im nationalistischen Diskurs des 19. Jahrhunderts], in: Dušan KOVÁČ und Koll., Sondy do slovenských dejín v dlhom 19. storočí (Bratislava 2013) 41–47, hier 47.

[5] Z.B. Vladimír MATULA, Kollárovská a štúrovská koncepcia Slovanstva a slovanskej vzájomnosti [Kollárs und Štúrs Konzeption des Slawentums und der slawischen Wechselseitigkeit], in: Štúdie z dejín svetovej slavistiky do polovice 19. storočia [Studien zur Geschichte der Weltslawistik bis zur Mitte des 19. Jahrhunderts] (Bratislava 1978) 259–288; Tatiana IVANTYŠYNOVÁ, Česi a Slováci v ideológii ruských slavianofilov (40.–60. roky 19. stor.) [Tschechen und Slowaken in der Ideologie der russischen Slawophilen (40er bis 60er Jahre des 19. Jhs.] (Bratislava 1987).

[6] Dejiny Slovenska [Geschichte der Slowakei], Bd. 3: Od roku 1848 do konca 19. storočia [Vom Jahr 1848 bis zum Ende des 19. Jahrhunderts], hg. von Milan PODRIMAVSKÝ (Bratislava 1992) (die von Vladimír Matula, Július Mésároš und Milan Podrimavský verfassten Kapitel); Dejiny Slovenska, Bd. 4: Od konca 19. storočia do roku 1918 [Vom Ende des 19. Jahrhunderts bis zum Jahr 1918], hg. von Pavel HAPÁK (Bratislava 1986) (das von Jozef Butvin verfasste Kapitel).

Habsburgermonarchie müsse untergehen, die Slawen hätten dort keine Perspektive und deshalb müssten sie sich ihre Zukunft mit den eigenen vereinten Kräften unter der Obhut Russlands sichern. 1855, kurz vor seinem Tod, schickte er sein Manuskript nach Moskau, wo es erst 1867 auf Russisch publiziert wurde. Eine kritische Edition der deutschen Originalfassung erschien 1931 in Bratislava. In den Jahren des „realen Sozialismus" gab es kein Interesse für die Veröffentlichung dieser Schrift des damals schon fest etablierten Nationalhelden, weil er darin den Sozialismus kritisierte. Die erste slowakische Übersetzung erschien eineinhalb Jahrhunderte nach der Entstehung – im Jahr 1993, als nach der Gründung der Slowakischen Republik neue Versionen kollektiver Identifizierungen diskutiert wurden. Das Werk selbst und das Vorwort des Herausgebers über Štúrs Ablehnung des Westens[7] riefen heftige Diskussionen hervor. Auf die Frage, ob sich die Slowaken als Bestandteil des Westens oder des Ostens fühlten oder ob sie sich mit der Position in der Mitte des Slawentums identifizierten, sucht die slowakische Historiographie noch immer adäquate Antworten[8]. „Die Slowaken waren stets stolz darauf, dass sie den Slawen und Europa die Idee der ‚slawischen Wechselseitigkeit' gegeben haben. Auch das war eine der Ursachen des Umstands, dass sie so lange unter dem Einfluss des slawischen Mythos standen", konstatierte 2010 eine der Herausgeberinnen des Sammelbandes „Das Ostdilemma von Mitteleuropa"[9].

Neuere Beiträge analysieren das Phänomen der Russophilie in einem Teil der slowakischen nationalen Eliten, den Mythos vom Slawentum sowie die Instrumentalisierung der Ideen des Slawentums[10]. „Über das Slawentum wurde viel gesprochen, gedichtet, gesun-

---

[7] Svetoslav Bombík, Das Slawenthum ... ako Štúrovo odmietnutie Západu [Das Slawenthum ... als Štúrs Ablehnung des Westens], in: Ľudovít Štúr, Slovanstvo a svet budúcnosti [Das Slawentum und die Welt der Zukunft] (Bratislava 1993) 6–16; Vladimír Matula, Štúrovo dielo Slovanstvo a svet budúcnosti (K otázke jeho vzniku a hodnotenia) [Štúrs Werk Das Slawenthum und die Welt der Zukunft (Zur Frage seiner Entstehung und Bewertung)]. HČ 38/4 (1990) 518–555; Ders., Štúrov spis Slovanstvo a svet budúcnosti (Nové výsledky bádania o jeho vzniku, osudoch a hodnotení) [Štúrs Schrift Das Slawenthum und die Welt der Zukunft (Neue Forschungsergebnisse über deren Entstehung, Schicksale und Bewertung)], in: Ľudovít Štúr v súradniciach minulosti a súčasnosti [Ľudovít Štúr in den Koordinaten der Vergangenheit und Gegenwart], hg. von Imrich Sedlák (Martin 1997) 130–145.

[8] Tatiana Ivantyšynová, Stredná Európa na rázcestí [Mitteleuropa am Scheideweg], in: Východná dilema strednej Európy [Das Ost-Dilemma Mitteleuropas], hg. von Ders.–Daniela Kodajová (Bratislava 2010) 7–15, hier 12.

[9] Ebd. 15.

[10] Tatiana Ivantyšynová, Die slowakische Politik und der Austroföderalismus, in: Der Austroslavismus – ein verfrühtes Konzept zur politischen Neugestaltung Mitteleuropas, hg. von Andreas Moritsch (Schriftenreihe des Internationalen Zentrums für Europäische Nationalismus- und Minderheitenforschung 1, Wien–Köln–Weimar 1996) 163–174; Dies., Medzi mýtom a realitou. Rusofilstvo a národný vývin Slovákov [Zwischen Mythos und Realität. Russophilie und nationale Entwicklung der Slowaken], in: Národnostná otázka v strednej Európe v rokoch 1848–1938, hg. von Peter Švorc–Ľubica Harbuľová–Karl Schwarz (Prešov 2005) 99–107; Dies., Predstavy Slovákov o ich mieste v strednej Európe: od „Karpatoslávie" ku korunnej krajine „Slovensko" [Vorstellungen der Slowaken über ihren Platz in Mitteleuropa: von „Karpatoslavia" zum Kronland „Slowakei"], in: Historické korene integrácie (strednej) Európy. Hľadanie novej podoby strednej Európy. Fenomén integrácie a dezintegrácie od osvietenstva po 1. svetovú vojnu, hg. von Kamil Sládek–Dušan Škvarna (Bratislava 2005) 159–170; Roman Holec, „Všetci sme Slovania tam od snažnej Tatry, Rus, Poliak, Ilýr, Čech, to sú naši bratri." (K inštrumentalizácii ideí Slovanstva v 19. a 20. storočí) [„Wir sind alle Slawen dort von der schneebedeckten Tatra, Russe, Pole, Illyrer, Tscheche, das sind unsere Brüder." (Zur Instrumentalisierung der Idee des Slawentums im 19. und 20. Jahrhundert)], in: Filozofia a slovanské myšlienkové dedičstvo: osobnosti, problémy, inšpirácie [Die Philosophie und das slawische Erbe des Denkens: Persönlichkeiten, Probleme, Inspirationen], Bd. 1, hg. von Zlatica Plašienková–Barbara Szotek–Milan Toman (Bratislava 2008) 23–33.

gen, aber im Grunde genommen spielte es nur eine gewisse Kulisse nationaler Rituale, ähnlich wie Laienschauspieler, die in ihren Theaterkostümen bei Nationalfeierlichkeiten einzelne slawische Völker symbolisch vertraten."[11] Und eine ähnliche Rolle als Kulisse – wie beim „Slawentum in der Praxis" der slowakischen Nationalbewegung des 19. Jahrhunderts – spielte die slawische Perspektive auch im slowakischen historischen Narrativ.

In verschiedenen Krisenzeiten, vor allem nach politischen Zäsuren, tauchte die Frage nach der Positionierung der Slowakei in Europa auf. 1968/69 charakterisierte Ľubomír Lipták die geographische Lage dieses Landes als die eines Übergangsgebiets zwischen Ost und West, eines Grenzgebiets an der Grenze expansiver Reiche und an der Grenze der christlichen Zivilisation. Lipták verwendete nicht die von Politikern häufig benutzte Vorstellung einer Brücke, sondern er konstatierte eine markante Verspätung der Slowakei hinter den entwickelten Ländern West- und Mitteleuropas – und zugleich auch die Tatsache, dass dieses Land bei weitem nicht zu den am weitesten zurückgebliebenen Regionen Europas gehörte[12].

Vor 1918 hatte die Slowakei keine festen administrativen Grenzen und die damaligen slowakischen Historiker schilderten vor allem die Nationalgeschichte der Slowaken, meistens seit der Zeit des sogenannten Großmährischen Reiches. Nach der Etablierung des Landes Slowakei in der Ersten Tschechoslowakischen Republik und nach der Festlegung seiner festen Grenzen kam zum nationalen das territoriale Prinzip hinzu; das machte es möglich, die „slowakische" Geschichte auch in vorslawischen Zeiträumen zu erforschen. Historiker unter allen politischen Regimen konstruierten slowakische Geschichte als ein „außerordentliches Raumphänomen"[13]. Einerseits modellierten sie die Leidenstradition der Slowaken als Vorstellung von Jahrhunderten der Unterdrückung durch nichtslowakische Herrscher. Auf der anderen Seite zeichneten sie das Bild einer herausgehobenen Stellung der Slowakei im Königreich Ungarn. Diese fanden sie in der Sonderstellung des Teilfürstentums Neutra (Nitra), im Dominium des unbotmäßigen Magnaten Matthäus Čák (ung. Csák) von Trentschin (Trenčín, ung. Trencsén), im Image der bereits im Mittelalter urbanisierten und ökonomisch entwickelten Region mit weltberühmtem Bergwesen, in der zentralen Bedeutung dieses Gebietes für Ungarn unter der Herrschaft der Habsburgerdynastie in der Türkenzeit sowie im Bild der am stärksten industrialisierten Region des Königreichs im 19. Jahrhundert[14]. Der Begriff der Peripherie wurde nur für die Charakterisierung des slowakischen Territoriums im letztgenannten Zeitabschnitt benutzt.

---

[11] Daniela KODAJOVÁ, Slovanstvo v praxi na príklade osláv a pohrebov slovenských národovcov [Das Slawentum in der Praxis am Beispiel der Feiern und der Begräbnisse slowakischer Patrioten], in: „Slavme slavně slávu Slávov slavných." Slovanství a česká kultura 19. století, hg. von Zdeněk HOJDA–Marta OTT-LOVÁ–Roman PRAHL (Praha 2006) 258–270, hier 269.

[12] Ľubomír LIPTÁK, Slovensko v 20. storočí [Die Slowakei im 20. Jahrhundert] (Bratislava ²1998 [Originalausgabe 1968]) 15; DERS., Poloha Slovenska na javisku európskych dejín [Die Lage der Slowakei auf der Bühne der europäischen Geschichte], in: DERS., Storočie dlhšie ako sto rokov [Ein Jahrhundert dauert länger als hundert Jahre] (Bratislava 1999) 29–42 (der Aufsatz ist erstmals 1969 erschienen).

[13] Ivan MRVA–Vladimír SEGEŠ, Dejiny Uhorska a Slováci [Die Geschichte Ungarns und die Slowaken] (Bratislava 2012) 5.

[14] Elena MANNOVÁ, Vom „Völkerkerker" zur „Völkerfamilie"? Das Bild der Habsburgermonarchie in der slowakischen Historiographie, in: Vergangene Größe und Ohnmacht in Ostmitteleuropa. Repräsentationen imperialer Erfahrung in der Historiographie seit 1918, hg. von Frank HADLER–Mathias MESENHÖLLER (Geschichtswissenschaft und Geschichtskultur im 20. Jahrhundert 8, Leipzig 2007) 263–277, hier 269f.

Das Fehlen einer Grenze im Süden der Slowakei und das Fehlen einer stabilen Benennung des Landes in der Vergangenheit bereiteten den Historikern große Probleme
bei der Abgrenzung und Benennung des symbolischen slowakischen Raumes. Sie arbeiteten deshalb mit einer oft vagen Vorstellung einer ethnonationalen Einheit und eines
ethnischen Territoriums. Da das Land erst über die Namensgebung gebildet wird, wo-
mit sich der Raum politisiert und ein Anspruch auf Souveränität geäußert werden kann,
bezeichneten slowakische Historiker den Gegenstand ihrer Forschung einheitlich als
„Slowakei", und zwar auch für Zeiten, in denen die Region Hungaria Superior und
Oberungarn hieß[15]. Dabei muss betont werden, dass der Begriff „Oberungarn" nur für
das Mittelalter und für das 19. Jahrhundert adäquat ist. Im 16., 17. und 18. Jahrhundert
bezeichnete man mit diesem Terminus die oberen Gebiete im Verhältnis zu Wien, nicht
zu Buda (Ofen) – die 13 nordöstlichen Komitate (die heute in der Ostslowakei, in
Ungarn, im Karpatenvorland, in Transkarpatien und im westlichen Rumänien liegen)
mit dem Zentrum in Kaschau (Košice, ung. Kassa)[16]. Für diesen Zeitraum benutzte
František Bokes den Begriff „Habsburgisches Ungarn", Dušan Kováč gab dem entsprechenden Kapitel seines synthetischen Werkes die Überschrift „Die Slowakei als ‚Habsburgisches Ungarn'", Jozef Baďurík schreibt von der „sog. Habsburgischen Slowakei"
und Michal Bada von der „Slowakei"[17]. Auf kartographischen Visualisierungen isolieren
viele Autoren das Gebiet der Slowakei in ihren gegenwärtigen Staatsgrenzen aus dem
Gebiet des Königreichs Ungarn[18]. Ebenso hat die Herausnahme von Daten aus Volkszählungen und anderen Statistiken speziell für „die slowakischen Komitate", d. h. für die
Komitate mit einer Mehrheit von slowakisch sprechenden Einwohnern, dazu beigetragen, ein imaginäres autonomes Raumbild zu konstruieren. Der Begriff „Slowakei" hat
dabei für das 19. Jahrhundert keine territorial-administrative und politische Rechtfertigung, er hat aber seine Begründung als ein kulturell-ethnographischer Terminus[19].

---

[15] Der Mediävist Ján Lukačka meint aufgrund der illustrierten Chronik des Konstanzer Konzils
1414–1418, in der Ulrich von Richental Ankünfte bekannter Persönlichkeiten und ihre konkreten Be-
sitzstände auf dem Gebiet der heutigen Slowakei erwähnt, dass der Terminus Windenland (*windeschen
landen*) als „Slowakei" übersetzt werden sollte. Ján Lukačka, Hranice a etnické pomery na stredovekom
Slovensku v zrkadle Kroniky kostnického koncilu od Ulricha von Richentala [Grenzen und ethnische
Verhältnisse in der mittelalterlichen Slowakei im Spiegel der Chronik des Konstanzer Konzils von Ulrich
von Richental], in: Róbert Letz u. a., Slovenské územie v historickom kontexte (Martin 2017) 81–92,
hier 88–90.
[16] Peter Kónya, Habsburgovci a stavovský (protihabsburský) odboj [Die Habsburger und der (antihabsburgische) Ständeaufstand], in: Politický zrod novovekej strednej Európy. 500. výročie narodenia
Ferdinanda I. – zakladateľa habsburskej monarchie [Die politische Geburtsstunde des modernen Mitteleuropas. 500. Jahrestag der Geburt Ferdinands I. – Gründer der Habsburger Monarchie], hg. von Jozef
Baďurík–Kamil Sládek (Prešov 2005) 164–178, hier 177.
[17] Bokes, Entwicklung des Gebietes (wie Anm. 2) 69; Dušan Kováč, Dejiny Slovenska [Geschichte
der Slowakei] (Praha 1998) 58; Jozef Baďurík, Slovensko v zápase Ferdinanda I. o uhorskú korunu [Die
Slowakei im Kampf Ferdinands I. um die ungarische Krone], in: Slovensko a Habsburská monarchia v
16.–17. stor., hg. von Jozef Baďurík (Bratislava [1995]) 25–35, hier 25; Michal Bada, Slovenské dejiny
II. 1526–1780 [Slowakische Geschichte II. 1526–1780] (Bratislava 2017) 19.
[18] Juraj Žudel, Stolice na Slovensku [Die Komitate in der Slowakei] (Bratislava 1984); Ivan Mrva,
Slovensko a Slováci v 2. polovici 19. storočia [Die Slowakei und die Slowaken in der 2. Hälfte des
19. Jahrhunderts] (Bratislava 2010) 80f.
[19] Ivan Halász, Historické dedičstvo strednej Európy. Problém rozdielnej priestorovej perspektívy
pri výuke post-uhorských – maďarských a slovenských – dejín [Das historische Erbe Mitteleuropas. Das
Problem der unterschiedlichen räumlichen Perspektive bei der Lehre der postungarischen – der magyarischen und slowakischen – Geschichte]. *Historie – Otázky – Problémy* 2/2 (2010) 69–76. Einen Über-

Ethnozentrische Meistererzählungen:
Erbfeinde sind die Magyaren, nicht die Habsburger

Als die European Science Foundation das großartige Projekt zur Erforschung nationaler Geschichtsschreibungen förderte, bewertete Dušan Kováč im kollektiven Sammelkapitel „Habsburg's difficult legacy" den slowakischen Fall[20]. Seiner Meinung nach konstruierten slowakische Historiker im Vergleich mit anderen „Erben" der Habsburgermonarchie das am einheitlichsten ethnozentrische Narrativ, mit nur minimalen Unterschieden zwischen katholischen und evangelischen Autoren – für alle war es wichtig, die nationale Einheit zu betonen.

In der Zeit des Dualismus konnte sich in Ungarn keine nichtmagyarische nationalkulturelle Infrastruktur formieren und die slowakische Geschichtsschreibung entwickelte sich daher außerhalb des offiziellen akademischen Rahmens. Professionelle slowakische wissenschaftliche Institutionen entstanden erst nach 1918, wobei in den für die Historiographie wichtigsten – im Historischen Seminar an der Comenius-Universität und in Šafáriks Gelehrter Gesellschaft (Učená spoločnosť Šafárikova) – tschechische Professoren dominierten. Die beste institutionelle Basis für eine spezifisch slowakische historische Forschung entwickelte sich in totalitären Regimen, die einseitige geschichtliche Interpretationen protegierten (1942 Slowakische Akademie der Wissenschaften und Künste [SAVU], seit 1953 Slowakische Akademie der Wissenschaften [SAV])[21]. Die Zahl professioneller slowakischer Historiker war auch nach dem Zweiten Weltkrieg niedrig, die wenigen Professoren für mittelalterliche und frühneuzeitliche Geschichte bildeten keine eigenen Historikerschulen aus. Ľubomír Lipták charakterisierte als zwei Hauptmerkmale der modernen slowakischen Geschichtsschreibung ihr relativ junges Alter und den starken Einfluss der Periode, in der sie ihre Jugendzeit durchlebte[22]. Die wissenschaftlichen Institute und Lehrstühle spezialisierten sich entweder auf nationale oder auf allgemeine Geschichte. Auch in der Struktur der historischen Bibliographie spiegelte sich diese Trennung. Die Geschichte der Habsburgermonarchie gehörte zu keiner dieser Kategorien.

Der markanteste Vertreter des Positivismus in der slowakischen Historiographie vor 1918, der Advokat Július Botto (1848–1926), schilderte seine Konzeption der slowakischen Nationalgeschichte[23] ziemlich prodynastisch. Konsequent kritisch schrieb er über

---

blick über die Vorstellungen, Benennungen und symbolischen Repräsentationen des slowakischen nationalen Territoriums bietet Dušan ŠKVARNA, Predstavy o slovenskom území v 1. polovici 19. storočia [Vorstellungen über das slowakische Gebiet in der 1. Hälfte des 19. Jahrhunderts], in: Dušan KOVÁČ–Eva KOWALSKÁ–Peter ŠOLTÉS u. a., Spoločnosť na Slovensku v dlhom 19. storočí (Bratislava 2015) 17–35.

[20] Dušan KOVÁČ–Gernot HEISS–Arpád v. KLIMÓ–Pavel KOLÁŘ, Habsburg's Difficult Legacy. Comparing and relating Austrian, Czech, Magyar and Slovak National Historical Master Narratives, in: The Contested Nation: Ethnicity, Class, Religion and Gender in National Histories, hg. von Stefan BERGER–Chris LORENZ (Basingstoke 2008) 367–404.

[21] Dušan KOVÁČ, O historiografii a spoločnosti [Über Historiographie und Gesellschaft] (Bratislava 2010); Adam HUDEK, Najpolitickejšia veda. Slovenská historiografia v rokoch 1984–1968 [Die politischte Wissenschaft. Die slowakische Historiographie in den Jahren 1948–1968] (Bratislava 2010) 77, 222.

[22] Ľubomír LIPTÁK, Úloha a postavenie historiografie v našej spoločnosti [Aufgabe und Stellung der Historiographie in unserer Gesellschaft]. HČ 17/1 (1969) 98–118, hier 98.

[23] Julius BOTTO, Slováci. Vývin ich národného povedomia [Die Slowaken. Die Entwicklung ihres

den ungarischen (magyarischen) Adel, während „gute" habsburgische Herrscher – als Gegengewicht zum Adel – bei Botto nur gelegentlich Gnade fanden[24]. Schon kurz nach 1918 begannen sich die öffentlichen Repräsentationen der Habsburgermonarchie in der Publizistik und in Lehrbüchern um den polemischen Begriff „Völkerkerker" zu drehen. Die künstliche Hervorhebung des Jahres 1918 als Jahr der „nationalen Rettung" sollte den Sinn des neuen Staates für die Slowaken legitimieren[25]. Mehrere slowakische Historiker unterstützten den offiziösen Diskurs der gemeinsamen tschechoslowakischen Geschichte. In den 1920er Jahren lässt sich ein bedeutender Einfluss öffentlicher politischer Diskurse – mit den dort zirkulierenden Topoi und Stereotypen und mit einer spezifischen emotionalen Sprache – auf die Debatten der professionellen Historiker erkennen[26]. Laizistische Konzeptionen einer ungarländischen Geschichte in der Publizistik und Memoiren von Repräsentanten der slowakischen Nationalbewegung aus der Zeit vor 1918[27] ergänzten die Darlegungen der professionellen Geschichtsschreibung.

Daniel Rapant (1897–1988), der als der Gründer der modernen slowakischen Historiographie verehrt wird, entwickelte in der Zwischenkriegszeit auf professioneller Ebene ältere Konzeptionen von Július Botto weiter. Den einzigen Träger der slowakischen Geschichte stellte für Rapant die slowakische Nation dar, und die vorhergehende Entwicklung sollte als Vorbereitung oder Weg zur Bildung der einheitlichen slowakischen Nation wahrgenommen werden[28]. In dieser Konzeption wurde der Habsburgermonarchie nur eine marginale Rolle zuerkannt. Rapant betonte die Unterschiedlichkeit und spezifische Individualität der slowakischen Geschichte im Rahmen Ungarns. Im Unterschied zu seinen Kollegen konstruierte er die slowakische Geschichte konsequent als einen Teil der ungarländischen Geschichte – obgleich er für Ungarn im 19. Jahrhundert den Begriff „Völkerkerker" verwendete[29]. Die Mehrheit der Historiker modellierte nationale Erzählungen gegenüber den „hegemonialen Ansprüchen" der Magyaren und konzentrierte sich vor allem auf die slowakische nationale Bewegung im Rahmen des Königreichs Ungarn. Die Distanzierung von Ungarn war nicht identisch mit einer Ver-

---

Nationalbewusstseins], 2 Bde. (Turčiansky Sv. Martin 1906–1910); DERS., Krátka história Slovákov [Kurze Geschichte der Slowaken] (Turčiansky Sv. Martin 1914).

[24] Slovenská historiografia v rokoch 1901–1918. Tematická bibliografia [Die slowakische Historiographie in den Jahren 1901–1918. Thematische Bibliographie], hg. von Michal POTEMRA (Košice 1980) 117–161; Milan ZEMKO, O podobu národných dejín. Úvaha o mieste a funkcii periodizácie národných dejín v syntetických dielach o dejinách stredoeurópskych národov [Über die Gestalt der Nationalgeschichte. Überlegungen über Stellung und Funktion der Periodisierung der Nationalgeschichte in synthetischen Werken über die Geschichte der mitteleuropäischen Nationen]. Forum historiae 1/1 (2007) 30 (online verfügbar unter: http://www.forumhistoriae.sk/documents/10180/67648/Zemko.pdf) (das Manuskript stammt aus dem Jahr 1979).

[25] Roman HOLEC, Rakúsko-Uhorsko: žalár národov? [Österreich-Ungarn: ein Völkerkerker?] Historická revue 24/9 (2013) 6–11.

[26] László VÖRÖS, Rozpad Uhorska, vznik Československa a Trianon. Reprezentácie udalostí rokov 1918–1920 v maďarskej a slovenskej historiografii [Der Zerfall Ungarns, die Entstehung der Tschechoslowakei und Trianon. Die Darstellung der Ereignisse der Jahre 1918–1920 in der ungarischen und der slowakischen Historiographie], in: Miroslav MICHELA–László VÖRÖS und Koll., Rozpad Uhorska a Trianonská mierová zmluva. K politikám pamäti na Slovensku a v Maďarsku (Bratislava 2013) 21–64, hier 46f.

[27] Fedor Houdek, Štefan Janšák, Milan Hodža, Ivan Krno, Ivan Markovič, Štefan Osuský und andere. Einige von ihnen bereiteten Unterlagen für die Pariser Friedensverhandlungen vor.

[28] Viliam ČIČAJ, Staršia slovenská historiografia po roku 1989 [Die ältere slowakische Historiographie nach dem Jahr 1989]. Česko-slovenská historická ročenka 2003 (Brno 2003) 233–243, hier 235.

[29] VÖRÖS, Rozpad Uhorska (wie Anm. 26) 53.

urteilung der gesamten Habsburgermonarchie. Da sich die Habsburger oft in Spannungen oder im offenen Konflikt mit den negativ bewerteten Magyaren befanden, ist es logisch, dass sie seitens der slowakischen Historiker vielfach positiver, nachsichtiger und differenzierter eingeschätzt wurden[30]. Antiösterreichische Einstellungen in öffentlichen Diskursen der Zwischenkriegszeit waren zwar größtenteils tschechischer Import, aber die Habsburgfeindlichkeit hatte auch einheimische slowakische Wurzeln aus der jüngeren Vergangenheit – zum Beispiel die Enttäuschung der national engagierten Intelligenz über Kaiser und König Franz Joseph nach 1849 und nach 1867 oder Sympathien gegenüber Serben und Russen während der Balkankriege. Im Allgemeinen kann man konstatieren, dass sich im slowakischen Umfeld negative Konnotationen primär mit den Ungarn verbanden und erst sekundär mit der Monarchie als Ganzes[31].

František Hrušovský, der Autor der ersten Überblicksdarstellung der slowakischen Geschichte und Hofhistoriograph der 1939 entstandenen Slowakischen Republik, kritisierte die Doppelmonarchie, die angeblich ihre „Mission" in Mitteleuropa nicht erfüllte, indem sie nicht allen Nationen die Gleichstellung und freie Entwicklung gewährleistete. Er schätzte „die ersten Manifestationen des slowakischen Nationalbewusstseins" seit dem 16. Jahrhundert in Zusammenhang mit der Reformation und mit den Aufständen des ungarischen Adels gegen „die deutschen Habsburger"[32]. Die nächste populärwissenschaftliche Gesamtdarstellung der Geschichte der Slowaken und der Slowakei (und zugleich die letzte vormarxistische) veröffentlichte kurz nach dem Zweiten Weltkrieg František Bokeš[33]. Für das 19. Jahrhundert schilderte er sie vor allem als negative Spiegelung der ungarischen und ungarländischen politischen Ereignisse[34]. Seiner Interpretation nach war das Bach'sche Regime für die Slowaken das schädlichste (obwohl sie in dieser Ära einen kulturellen Aufstieg erlebten), und 1867 habe Wien die nichtmagyarischen Völker des Königreichs Ungarn im Stich gelassen.

Nach dem kommunistischen Umsturz von 1948 war die Kontinuität mit den bisherigen nationalen Narrativen nicht mehr erwünscht. Die Geschichtswissenschaft sollte das „unterdrückerische Wesen" des feudalen und des kapitalistischen Systems beweisen und die Bedeutung der Klassenkämpfe betonen. Eine slowakische marxistische Konzeption der Bewertung der Habsburgermonarchie entstand und entwickelte sich in Polemiken mit der ungarischen und der tschechischen Historiographie. Michal Suchý hat diese Debatten 1975 in seinem umfangreichen Artikel „Die Aufgaben der Habsburgermonarchie und die antihabsburgischen Ständeaufstände", der die einzige gründliche Analyse der slowakischen historiographischen Repräsentationen der ersten beiden Jahrhunderte der Geschichte der Habsburgermonarchie darstellt, geschildert[35]. In den 1950er Jahren beurteilten die slowakischen Historiker ebenso wie ihre ungarischen und tschechischen Kollegen die zentralistisch-absolutistische Politik der Habsburger insgesamt negativ,

---

[30] MANNOVÁ, „Völkerkerker" (wie Anm. 14) 265.

[31] Peter MACHO, Od cisárov k národným hrdinom. Symboly v premenách lojality medzi monarchiou a republikou [Von Kaisern zu Nationalhelden. Symbole in den Wandlungen der Loyalität zwischen Monarchie und Republik]. *Historická revue* 24/9 (2013) 59–62, hier 62.

[32] František HRUŠOVSKÝ, Slovenské dejiny [Slowakische Geschichte] (Turčiansky Sv. Martin ⁶1940) 221, 313.

[33] František BOKEŠ, Dejiny Slovákov a Slovenska od najstarších čias po prítomnosť [Geschichte der Slowaken und der Slowakei von den ältesten Zeiten bis zur Gegenwart] (Bratislava 1946).

[34] ZEMKO, O podobu národných dejín (wie Anm. 24) 31–33.

[35] Michal SUCHÝ, Úlohy habsburskej monarchie a protihabsburské stavovské povstania [Die Aufgaben der Habsburgermonarchie und die antihabsburgischen Ständeaufstände]. *HČ* 23 (1975) 73–111.

aber mit einigen Nuancen. Ľudovít Holotík erklärte, dass die Habsburger im 16. und 17. Jahrhundert zwar die Völker Ungarns unterdrückt hätten, aber „mit Rücksicht auf die Priorität des Kampfes gegen die Türken seitens der Habsburger handelte es sich um das kleinere Übel". In diesem Zusammenhang schrieb er von der objektiven Notwendigkeit der Entstehung einer zentralisierten Monarchie mit einem starken Herrscher. Die Vertreibung der Osmanen aus Ungarn stellte für ihn einen Meilenstein in der Bewertung der Habsburgermonarchie dar: „Seit dem Ende des 17. Jahrhunderts spielen die Habsburger nur die Rolle des Eroberers und Kolonisators." Auch er betrachtete das Königreich Ungarn als einen „Völkerkerker", wo nach 1526 „die doppelte fremde Unterdrückung der Nationalitäten" begann – durch die deutschen Söldner und Beamten und durch den ungarischen Adel[36]. Auf Kolloquien slowakischer und ungarischer Historiker in Bratislava (1955) und Budapest (1956) kam es zur ersten direkten Konfrontation zweier Konzeptionen der Bewertung der Habsburgermonarchie. Beide Seiten einigten sich auf die These vom reaktionären Charakter der Monarchie, aber sie unterschieden sich in der Beurteilung der antihabsburgischen Ständeaufstände. Ungarische Historiker sahen diese eindeutig positiv als progressiven „Kampf für die nationale Einigung", slowakische Historiker argumentierten dagegen mit den negativen ökonomischen Folgen der Aufstände „für das Leben des Volkes". Die Referate dieser Kolloquien wurden nicht veröffentlicht, nur Tagungsberichte. Peter Ratkoš als direkter Teilnehmer reagierte mit einem Artikel, in dem er die antihabsburgischen Aufstände nur als „Kampf der feudalen Nation (natio Hungarica), d. h. privilegierter Klassen, für das unabhängige feudale Ungarn" bewertete. Auch er präsentierte die These, dass die größte Gefahr für die Nationalitäten Ungarns und die breiten Volksmassen nicht die Habsburger, sondern die Türken darstellten. Er beurteilte die Fortschrittlichkeit der Epoche und des Regimes auf der Grundlage des Standes der Produktivkräfte, und „diese wuchsen auf dem Gebiet des habsburgischen Ungarn zweifellos, trotz des Konservativismus des ungarischen Adels und der gewaltsamen Rekatholisierung, die von den Habsburgern unterstützt wurde"[37].

An der Wende der 1960er Jahre kam es zu einer Differenzierung. Vor allem nach 1963, als eine gewisse Liberalisierung des totalitären Regimes freiere Diskussionen über einige Probleme der tschechischen und slowakischen Nationalgeschichte ermöglichte, traten die bisher obligatorischen Interpretationen kommunistischer Ideologen in den Hintergrund. Die Beteiligung von Historikern an der Parteikommission für die Rehabilitierung der Opfer der politischen Prozesse der 1950er Jahre brachte das erhöhte Selbstbewusstsein der Historikergemeinde zum Ausdruck – nicht nur gegenüber Parteiideologen, sondern auch gegenüber tschechischen und ungarischen Fachgenossen. Slowakische marxistische Historiker entdeckten die Bedeutung des Nationalismus wieder: Die Fragen der nationalen Unterdrückung und der nationalen Emanzipation wurden noch einmal zum Schlüssel für die Interpretation der Vergangenheit. Der allmähliche Abbau von Dogmatismus und Schablonenhaftigkeit bewirkte auch das Ende einiger marxistischer historischer Konstruktionen aus den 1950er Jahren[38].

---

[36] Ľudovít HOLOTÍK, K periodizácii slovenských dejín v období feudalizmu a kapitalizmu [Zur Periodisierung der slowakischen Geschichte in der Periode des Feudalismus und Kapitalismus]. HČ 1 (1953) 42–73, hier 56–58; SUCHÝ, Úlohy (wie Anm. 35) 79–82.

[37] SUCHÝ, Úlohy (wie Anm. 35) 91–97.

[38] HUDEK, Najpolitickejšia veda (wie Anm. 21) 185–188.

Die Rechtshistoriker, die vorher über den „terroristischen" Absolutismus geschrieben hatten, der die Feudalmacht befestigt und die sogenannte Zweite Leibeigenschaft legalisiert habe, bezeichneten ihn weiterhin als reaktionär. Die Leugnung jeglicher positiver Merkmale der Monarchie stand in Zusammenhang mit Bemühungen slowakischer Rechtshistoriker um eine einheitliche Interpretation der Staats- und Rechtsgeschichte auf dem Gebiet der Tschechoslowakei mit tschechischen Historikern[39]. Die Sozial- und Wirtschaftshistoriker wollten hingegen reaktionäre und positive Aspekte unterscheiden. Da die osmanische Expansion als ein retardierender Faktor angesehen wurde, war die Entstehung der Habsburgermonarchie als positive Erscheinung zu werten. Die slowakischen Historiker lehnten die Bemühungen ihrer ungarischen Kollegen ab, die ungarischen Ständerevolten als einen im Interesse der Volksmassen geführten Kampf um die ungarische/magyarische nationale Freiheit zu heroisieren. Sie kritisierten die ständische und klassenmäßige Beschränktheit der führenden Kräfte der antihabsburgischen Aufstände und ihre Zusammenarbeit mit den Türken als in allen Fällen reaktionär. Im Unterschied zu ungarischen Autoren, die das „Einrichtungswerk des Königreichs Hungarn" (1688–1690) als ein Programm zur völligen Kolonisierung, Germanisierung und Katholisierung Ungarns charakterisierten, stellte Ľudovít Haraksim dieses Werk als einen Reformplan vor, der auf die Überwindung der Rückständigkeit des feudalen Ungarn abzielte[40]. Anton Špiesz hat auf die Einseitigkeit der Argumentation älterer ungarischer und slowakischer Historiker hingewiesen, die die These von der habsburgischen Kolonialpolitik gegenüber Ungarn begründeten. Später analysierte er Bereiche, in denen sich Machtkämpfe der Herrscher mit den ungarischen Ständen abspielten (Landtag, Komitate)[41]. Im Rahmen der Reinterpretation der slowakischen Nationalgeschichte, die nicht mehr ein Anhängsel der tschechischen Geschichte bilden sollte, wurde nach 1963 auch die Revolution von 1848/49 umgedeutet. Daniel Rapant korrigierte tradierte Vorstellungen über die reaktionäre Politik Wiens während der Revolution. Seiner Meinung nach verbündeten sich die Repräsentanten der slowakischen Nationalbewegung mit „unbestritten fortschrittlichen" Verbündeten: Die Wiener Regierung habe die verfassungsmäßige, für die damalige Zeit progressive Basis der konstitutionellen Monarchie nicht verlassen und der Konstituierende Reichstag mit seinem slawischen Bestandteil sei weitaus fortschrittlicher gewesen als der ungarische Landtag[42].

Zu einem konstanten Element der marxistischen Geschichtsschreibung wurde die These von der doppelten Unterdrückung. Mit der Metapher des Doppeljochs wurden die feudal-ökonomische und die religiöse Unterdrückung des slowakischen Volkes während der Gegenreformation bezeichnet. Ján Tibenský schrieb von einer doppelten Ausbeutung des slowakischen Volkes erst für die Zeit nach dem Zusammenbruch der osma-

---

[39] Suchý, Úlohy (wie Anm. 35) 104.

[40] Ľudovít Haraksim, Slovenská účasť v protihabsburských povstaniach v druhej pol. 17. a zač. 18. storočia [Der slowakische Anteil an den antihabsburgischen Aufständen in der zweiten Hälfte des 17. und zu Beginn des 18. Jahrhunderts], in: Príspevky k dejinám východného Slovenska [Beiträge zur Geschichte der Ostslowakei] (Bratislava 1964) 157–167; Suchý, Úlohy (wie Anm. 35) 101f.

[41] Anton Špiesz, Die Wirtschaftspolitik des Wiener Hofes gegenüber Ungarn im 18. Jahrhundert und im Vormärz. *Ungarn-Jahrbuch* 1 (1969) 60–73; Ders., Absolutistické snahy Habsburgovcov a uhorské stavy v druhej polovici 17. a na začiatku 18. stor. [Die absolutistischen Bestrebungen der Habsburger und die ungarischen Stände in der zweiten Hälfte des 17. und zu Beginn des 18. Jhs.]. *HČ* 27 (1979) 208–221.

[42] Hudek, Najpolitickejšia veda (wie Anm. 21) 193.

nischen Macht in Mitteleuropa und benutzte dafür das Bild zweier Mühlsteine[43]. Seit dem 18. Jahrhundert, so Tibenský, litten die Slowaken unter einer doppelten nationalen Knechtschaft – unter jener des habsburgischen Wien (Germanisierung) sowie unter jener der ungarischen herrschenden Klassen (Magyarisierung). Trotz einiger Widersprüche untereinander fanden die Unterdrücker immer wieder „Kompromisse auf Kosten des slowakischen Volkes". Nach allen „nationalen Ausgleichen" (1711, 1867) „blieben die Slowaken auf einem toten Geleis"[44].

Obgleich die slowakische Historiographie die Geschichte der Habsburgermonarchie vernachlässigte, tauchen Überblicksdarstellungen zumindest in Nachschlagewerken der 1970er und 1980er Jahre auf. Die enzyklopädische Zeitschrift „Pyramída" notierte u. a. die reaktionäre Regierungsform, den kurzen Zeitraum der Bemühungen um Modernisierung des Staates im 18. Jahrhundert und die Epoche nach dem Wiener Kongress, als Österreich zusammen mit dem zaristischen Russland und dem Junkerstaat Preußen zum Gendarmen Europas geworden sei. Die „Encyklopédia Slovenska" („Enzyklopädie der Slowakei", 1977–1982) widmete der Dynastie, der territorialen Entwicklung der Monarchie, einzelnen Herrschern, verschiedenen Typen von Absolutismus (habsburgischer, aufgeklärter, Metternich'scher, Bach'scher), der Armee, der Währung, den Eisenbahnen und Ähnlichem relativ viel Raum. Die Habsburger werden als „die letzten fremden Unterdrücker [wörtlich: Versklaver (*zotročovatelia*)] des slowakischen Volkes" apostrophiert. Im Stichwort „Österreich-Ungarn" wird vor allem die Unterdrückung von Nationalitäten und der Arbeiterbewegung beschrieben. Das Slowakische biographische Lexikon (1986–1994), das nicht nur slowakische Persönlichkeiten im engeren Sinn, sondern auch solche mit Beziehung zur slowakischen Geschichte berücksichtigte, behandelt einzelne habsburgische Herrscher[45]. Der Kaiserhof kommt nur im Rahmen der Schilderung der Krönungsfeierlichkeiten in Pressburg (Bratislava, ung. Pozsony) vor[46].

Aus den Fachdiskussionen über die Periodisierung der slowakischen Geschichte in der zweiten Hälfte der 1980er Jahre ergab sich die Folgerung, dass der historische Fortschritt mit dem Prozess des Aufbaus der absolutistischen Monarchie verbunden gewesen sei, weil diese die Bedingungen für den Übergang vom Feudalismus zum Kapitalismus herausgebildet habe[47]. Auf einer Tagung mit sowjetischen Historikern zu diesem Thema (1987) wurden auch Fragen nach der politischen Macht im Rahmen des ganzen Reiches berücksichtigt, die vorher vernachlässigt worden waren[48]. Die Autoren der akademi-

---

[43]   Slovensko [Die Slowakei], Bd. 1: Dejiny [Geschichte], hg. von Ján Tibenský (Bratislava ²1978) 318f.

[44]   Mannová, „Völkerkerker" (wie Anm. 14) 267.

[45]   *Pyramída. Encyklopedický časopis moderného človeka* 4/38 (1974) 1216; Encyklopédia Slovenska, Bd. 2 (Bratislava 1978) 209–211, und Bd. 5 (Bratislava 1981) 31–33; Slovenský biografický slovník (od roku 833 do roku 1990) [Slowakisches biographisches Lexikon (vom Jahr 833 bis zum Jahr 1990)], 6 Bde. (Martin 1986–1994).

[46]   Štefan Holčík, Korunovačné slávnosti: Bratislava 1563–1830 (Bratislava 1986, ⁴2005), deutsche Ausgabe: Krönungsfeierlichkeiten in Preßburg / Bratislava, 1563–1830 (Bratislava 1988, ²1992).

[47]   Matúš Kučera, Postavenie starších slovenských dejín. Hlavné otázky do roku 1848 [Der Stand der älteren slowakischen Geschichte. Hauptfragen bis zum Jahr 1848]. *HČ* 35 (1987) 57–64, hier 62.

[48]   Viliam Čičaj, Politicko-spoločenské aspekty prechodu od feudalizmu ku kapitalizmu v Uhorsku [Politisch-gesellschaftliche Aspekte des Überganges vom Feudalismus zum Kapitalismus in Ungarn], in: Slovensko v období prechodu od feudalizmu ku kapitalizmu [Die Slowakei im Übergang vom Feudalismus zum Kapitalismus] (Teoreticko-metodologické a sociálno-ekonomické problémy), hg. von Vladimír Matula (Bratislava 1989) 41–61; Eva Kowalská, Otázky politickej moci a ich vyjadrenie v procese

schen Synthese „Dejiny Slovenska" aus den 1980er Jahren schätzten die Rolle der Monarchie bei der Verteidigung des Landes gegen die Türken sowie „neue fortschrittliche Tendenzen des aufgeklärten Absolutismus"[49]. Die Habsburger wurden aber im Allgemeinen weiterhin vom Klassenstandpunkt und aus nationalen Gründen kritisiert.

Die Umdeutung nach 1989 – das Mantra Mitteleuropas

Erst seit den 1990er Jahren wurden die Habsburger teilweise rehabilitiert – und zwar wiederum mit politischen Begründungen: Nach der Konstituierung des eigenen Nationalstaates 1993 und im Hinblick auf die europäische Integration solle man die Zusammenhänge der politischen Geschichte der Vorfahren der Slowaken nicht nur im ungarländischen, sondern auch im mitteleuropäischen Kontext suchen. Der Mainstream der slowakischen Geschichtswissenschaft akzeptierte den ungarländischen Rahmen, in dem sich die historische Entwicklung der Slowakei und der Slowaken abspielte, und begann den polyethnischen Charakter des Raumes und vielfältige Erscheinungen kollektiver Identifikationen zu betonen[50].

Im traditionellen Nationalnarrativ gehört mittlerweile die gesamte Habsburgermonarchie zu „unserer Vergangenheit": „Die ungarländische Vergangenheit und die Geschichte des habsburgischen Reiches sind auch unsere Vergangenheit, weil die Fundamente der modernen slowakischen Nation in ihnen zugrunde gelegt wurden, obwohl wir infolge der unbändigen Ambitionen der ungarischen politischen Eliten in die Stellung einer geduldeten und verschmähten Minderheit gerieten. Auch deshalb haben wir gegen Ende des Ersten Weltkrieges den staatlichen Rahmen gewechselt und wurden zum Bestandteil der Tschechoslowakei."[51] Eine wichtige Rolle wird den Slowaken bei der Verteidigung des Christentums zugeschrieben, da sie den größten Teil des ungarländischen Heeres bildeten, sich am Bau der Festungen beteiligten und „da die habsburgische Macht begrenzt war, betraf die Steuerpflicht vor allem slowakisches Gebiet"[52]. Die Kontinuität des Opfermythos wird nicht unterbrochen, nur die bösen Magyaren und Habsburger werden durch die Tschechen ersetzt: In der Tschechoslowakischen Republik „gerieten die Slowaken auf den Teller der Prager Politiker"[53].

Auf der anderen Seite entwickelten sich Alternativen zum ethnozentrischen Konzept – bei der Auswahl der Subjekte der nationalen „Story", bei der Auswahl von narrativen Modellen und von spezifischen Freund- und Feindbildern[54]. Anstatt der Geschich-

---

reforiem osvietenského absolutizmu [Fragen der politischen Macht und ihrer Äußerung im Reformprozess des aufgeklärten Absolutismus], in: ebd. 72–84.

[49] Dejiny Slovenska [Geschichte der Slowakei], Bd. 2: 1526–1848, hg. von Vladimír MATULA–Jozef VOZÁR (Bratislava 1987).

[50] Václav BŮŽEK–Katrin KELLER–Eva KOWALSKÁ–Géza PÁLFFY, Společnost zemí habsburské monarchie 1526–1740 v české, maďarské, rakouské a slovenské historické vědě posledního desetiletí [Die Gesellschaft der Länder der Habsburgermonarchie 1526–1740 in der tschechischen, ungarischen, österreichischen und slowakischen Geschichtswissenschaft des letzten Jahrzehnts]. ČČH 104 (2006) 485–525, hier 487.

[51] Michal HABAJ und Koll., Slovenské dejiny od úsvitu po súčasnosť [Slowakische Geschichte vom Morgengrauen bis zur Gegenwart] (Bratislava 2015) 5.

[52] Ebd. 152f.

[53] Ebd. 5.

[54] Vgl. KOVÁČ–HEISS–KLIMÓ–KOLÁŘ, Habsburg's Difficult Legacy (wie Anm. 20). Formen eth-

te eines anonymen Volkes oder einer vage definierten slowakischen Nation versuchte man sozial, ethnisch, konfessionell, geschlechterspezifisch strukturierte Gesellschaften auf dem heutigen Gebiet der Slowakei zu analysieren. Statt des plebejischen Autostereotyps der Slowaken und statt des Opfermythos als eines fundamentalen narrativen Modells der Nationalgeschichte diskutierte man über eine „normale", differenzierte Gesellschaft. Mit dieser neuen Optik haben sich auch die Koordinaten der Forschungen zur Geschichte der Monarchie teilweise verschoben.

Die Entstehung des habsburgischen Ungarn nach 1526 wurde explizit zu einem von fünf „keypoints" der slowakischen Geschichte erklärt: Dieses Staatsgebilde erstreckte sich vorwiegend auf das Gebiet der heutigen Slowakei, Pressburg war lange Zeit die Haupt- und Krönungsstadt Ungarns, und das hatte wichtige Folgen für die Geschichte des Landes und der slowakischen ethnischen Gruppe[55]. Dabei wurde allmählich das Habsburgertrauma umgeschrieben – so lehnte z. B. Roman Holec die traditionell negative Optik als vorwiegend tschechischen Import ab, und in seinem Buch über die Beziehungen der letzten Habsburger zur Slowakei zeigte er, dass die Erfahrungen der Slowaken viel differenzierter waren[56]. Kurze Beschreibungen von Schicksalen des Herrscherhauses als eines untrennbaren Bestandteils der slowakischen Geschichte und Kapitel über die politische, ökonomische und soziale Entwicklung der ganzen Monarchie sind seit den 1990er Jahren in einigen Überblicksdarstellungen erschienen[57]. Die Habsburgermonarchie wird als ein multiethnisches Reich[58], das die Schicksale Mitteleuropas bis 1918 bestimmte, bewertet – jetzt schon ohne diffamierende Beiwörter[59].

---

nischer Stereotypen und der Mechanismen ihrer Übertragung sowie ihre politische Manipulation werden in einer speziellen Nummer der elektronischen Zeitschrift „Forum historie" behandelt: Etnické stereotypy v historickom výskume [Ethnische Stereotype in der historischen Forschung], hg. von Gabriela DUDEKOVÁ. Forum historiae 6/2 (2012) (online verfügbar unter: http://www.forumhistoriae.sk/web/guest/02-2012); Peter ŠOLTÉS, Der Nationalcharakter in österreichischen und ungarländischen Statistiken 1780–1848. Ethnische Stereotypisierung von Slowaken und Ungarn, in: Diversität und Konflikt im 19. und 20. Jahrhundert, hg. von Gerhard SEEWANN (Veröffentlichungen des Instituts für deutsche Kultur und Geschichte Südosteuropas an der Ludwig-Maximilians-Universität München 139, Regensburg 2019) 13–35. Eine neue Analyse der Stereotypen und der Bilder von der Vergangenheit in den programmatischen Grundtexten der slowakischen Nationalbewegung, die zu den kanonischen Dokumenten der nationalen Aktivisten vor 1914 sowie der slowakischen Geschichtsschreibung im 20. Jahrhundert gehörten, förderte ein überraschendes semantisches Paradox zutage. In den Štúr'schen „Žiadosti slovenského národa" [„Forderungen der slowakischen Nation"] (1848) erscheinen die Magyaren als Unterdrücker, im „Memorandum" (1861) ist dagegen von einer harmonischen Koexistenz mit ihnen die Rede. Karol HOLLÝ, The Historical Narration as a Political Programme. Analysis of Images of the Past in the Texts of the Slovak National Movement's Programmes from 1848 and 1861, in: Adam HUDEK u. a., Overcoming the Old Borders. Beyond the Paradigm of Slovak National History (Bratislava 2013) 45–58 (online verfügbar unter: http://www.forumhistoriae.sk/documents/10180/285989/hudek-borders.pdf).

[55] Dušan KOVÁČ, Slovakia, the Slovaks and their history, in: Slovakia in History, hg. von Mikuláš TEICH–Dušan KOVÁČ–Martin D. BROWN (Cambridge 2011) 1–14, hier 8.

[56] Roman HOLEC, Poslední Habsburgovci a Slovensko [Die letzten Habsburger und die Slowakei] (Bratislava 2001) 7–9; DERS., Bratislavskí Habsburgovci [Bratislavaer Habsburger] (Bratislava 2019).

[57] Z. B. Ivan MRVA, Habsburgovci na uhorskom tróne [Die Habsburger auf dem ungarischen Thron], in: Krátke dejiny Slovenska [Eine kurze Geschichte der Slowakei], hg. von Elena MANNOVÁ (Bratislava 2003) 118–120; Slovensko v 20. storočí [Die Slowakei im 20. Jahrhundert], Bd. 1: Na začiatku storočia 1901–1914 [Am Beginn des Jahrhunderts 1901–1914], hg. von Dušan KOVÁČ (Bratislava 2004).

[58] Das Konzept der ethnischen Vielfältigkeit der ganzen Monarchie und des Königreichs Ungarn in den intellektuellen Diskursen seit dem Ende des 18. Jahrhunderts analysiert Peter ŠOLTÉS, „Europe in

Bisher gibt es nur wenige Versuche, die Funktionen der ganzen Monarchie für die Geschichte der Slowakei in einzelnen historischen Aspekten zu analysieren. Meistens geschah dies „auf Anregung von außen" – im Rahmen bilateraler oder multilateraler Projekte über die Geschichtsschreibung zu ehemaligen Imperien oder über Erinnerungskulturen[60]. In den 1990er Jahren bekundete die österreichische Regierung besonderes Interesse für die postsozialistischen Nachbarn und unterstützte finanziell auch die slowakische Wissenschaft. Eine Österreichisch-Slowakische Historikerkommission wurde etabliert, das Österreichische Ost- und Südosteuropa-Institut gründete Zweigstellen in Bratislava und Košice, mit Hilfe der sogenannten Aktion Österreich-Slowakei wurden zahlreiche Tagungen organisiert und Sammelbände veröffentlicht – u. a. über die Slowaken in der Habsburgermonarchie, über kulturelle Verflechtungen, die Reformation, den Neoabsolutismus, kollektive Identitäten und das historische Gedächtnis in Mitteleuropa[61].

In den letzten Jahrzehnten entstanden mehrere Bücher und Studien zur Beziehungsgeschichte (die Slowakei im Kampf von Ferdinand I. um die ungarische Krone[62], die antihabsburgischen Aufstände, der habsburgische Hof und das slowakische Bergwesen[63], die Reisen und die Herrschaften Franz Stephans von Lothringen in der Slowakei[64], die

---

Miniature." Representations of Ethnic Diversity of Hungary in Statistics and Homeland Studies until the Revolution of 1848–1849, in: Hudek u. a., Overcoming the Old Borders (wie Anm. 54) 25–43.

[59] Lexikón slovenských dejín [Lexikon der slowakischen Geschichte], hg. von Dušan Škvarna (Bratislava 1997) 215; Dušan Škvarna, Dejiny [Geschichte], in: Slovacicum. Kapitoly z dejín slovenskej kultúry [Slovacicum. Kapitel aus der Geschichte der slowakischen Kultur], hg. von Pavol Žigo (Bratislava 2004) 17–53, hier 26.

[60] Siehe z. B. das oben erwähnte Projekt der European Science Foundation, vgl. Kováč–Heiss–Klimó–Kolář, Habsburg's Difficult Legacy (wie Anm. 20), sowie zahlreiche Tagungen der Kommission für Kulturwissenschaften und Theatergeschichte der Österreichischen Akademie der Wissenschaften, u. a. den Tagungsband Habsburg postcolonial. Machtstrukturen und kollektives Gedächtnis, hg. von Johannes Feichtinger–Ursula Prutsch–Moritz Csáky (Gedächtnis – Erinnerung – Identität 2, Innsbruck u. a. 2003). Zum Nachleben der Monarchie auch: Elena Mannová, Ein höchst verwickeltes Erbe. Bilder und Repräsentationen der Habsburgermonarchie im 20. und 21. Jahrhundert, in: Kakanische Kontexte. Reden über die Mitte Europas, hg. von Peter Becher (Salzburg–Wien 2014) 201–218. Zum Multilingualismus in der Monarchie vgl. Elena Mannová–Jozef Tancer, Mehrsprachigkeit, in: Habsburg neu denken. Vielfalt und Ambivalenz in Zentraleuropa. 30 kulturwissenschaftliche Stichworte, hg. von Johannes Feichtinger–Heidemarie Uhl (Wien–Köln–Weimar 2016) 133–139.

[61] Ausführlicher im Artikel von Peter Švorc, Rakúska historiografia a slovenské dejiny [Die österreichische Historiographie und die slowakische Geschichte]. HČ 60 (2012) 673–700.

[62] Die Rolle Ferdinands I. „bei der Gestaltung der mitteleuropäischen Region" und seine Beziehung zu Bratislava erforscht Jozef Baďurík, Ferdinand I. Habsburský – medzi Viedňou a Bratislavou [Ferdinand I. von Habsburg – zwischen Wien und Bratislava], in: Na sútoku riek. Život v slovensko-rakúskom pohraničí [Am Zusammenfluss der Flüsse. Das Leben im slowakisch-österreichischen Grenzgebiet], hg. von Mária Munková–Lenka Pavlíková (Bratislava 2014) 7–21. Vgl auch Ivan Mrva, Die Bestrebungen der Habsburger um die Erwerbung der ungarischen Krone und Preßburg (Bratislava), in: Städte im Donauraum, hg. von Richard Marsina (Bratislava 1993) 220–230.

[63] Zahlreiche Studien von Miroslav Lacko, z. B. Miroslav Lacko, Ungarisches Kupfer und das Staatsfinanzwesen der Habsburgermonarchie in der Zeit des Österreichischen Erbfolgekriegs (1740–1748), in: Bergbau und Krieg, hg. von Wolfgang Ingenhaeff–Johann Bair (Wattens 2014) 109–145.

[64] Zlatá a strieborná cesta cisára Františka Štefana Lotrinského po stredoslovenských banských mestách. Die goldene und silberne Reise des Kaisers Franz Stephan von Lothringen in die mittelslowakischen Bergstädte, hg. von Eva Kowalská–Mária Čelková (Banská Bystrica 2001); Studien von Ivana Fialová, z. B. Ivana Fialová, Na trase Viedeň – Holíč – Šaštín. Vplyv viedenskej centrálnej správy na vývoj cisárskych panstiev Holíč a Šaštín [Auf der Strecke Wien – Holitsch – Sassin. Der Einfluss der Wiener Zen-

Schulreformen im 18. Jahrhundert[65], die ungarländischen Protestanten und der Wiener Hof, die Auflösung von Klöstern[66], die Haltung nobilitierter Unternehmer zum Monarchen[67], die staatliche Verwaltung versus die ungarländische ständische Administration[68], Themen aus der Militärgeschichte[69] und der Wirtschafts- und Sozialgeschichte[70], die letzten Habsburger und die Slowakei, ein slowakischer Kammerdiener des Kaisers[71] usw.). Nur selten wurde zu allgemeineren Themen ohne spezielle Beziehung zur Slowakei geforscht (das Konzept der Aufklärung in der Monarchie, die habsburgische Polizei im Vormärz, Kirchengeschichte[72]).

---

tralverwaltung auf die Entwicklung der kaiserlichen Herrschaften Holitsch und Sassin], in: Na sútoku riek (wie Anm. 62) 22–61.

[65] Eva Kowalská, Osvietenské školstvo (1771–1815). Nástroj vzdelania a disciplinizácie [Aufklärerisches Schulwesen (1771–1815). Ein Instrument der Bildung und der Disziplinierung] (Bratislava 2014); dies., Školstvo ako politicum. Osvietenstvo, elementárne vzdelávanie a habsburský štát na prelome 18. a 19. storočia [Das Schulwesen als Politikum. Aufklärung, Elementarbildung und der habsburgische Staat an der Wende des 18. und 19. Jahrhunderts], in: Kováč–Kowalská–Šoltés, Spoločnosť na Slovensku (wie Anm. 19) 420–435.

[66] Z. B. Ingrid Kušniráková, Otázka rušenia kláštorov v Habsburskej monarchii a Nemeckej ríši. (Paralely a rozdiely) [Die Frage der Aufhebung der Klöster in der Habsburgermonarchie und im Deutschen Reich. (Parallelen und Unterschiede)], in: Dušan Kováč und Koll., Slovenské dejiny v dejinách Európy. Vybrané kapitoly (Bratislava 2015) 419–443.

[67] Roman Holec, Zrod, lesk a pád podnikateľského typu novej šľachty v habsburskej monarchii [Entstehung, Glanz und Fall des unternehmerischen Typs des neuen Adels in der Habsburgermonarchie]. HČ 67 (2019) 601–631.

[68] Peter Šoltés, Rakúsky byrokratizmus versus uhorské municípiá [Österreichischer Bürokratismus versus ungarländische Munizipien], in: Kováč, Slovenské dejiny v dejinách Európy (wie Anm. 66) 285–335; Peter Šoltés, Prvé slovenské elity? Slovenskí úradníci v prvých dvoch rokoch neoabsolutizmu [Die ersten slowakischen Eliten? Slowakische Beamte in den ersten zwei Jahren des Neoabsolutismus], in: Adam Hudek–Peter Šoltés und Koll., Elity a kontraelity na Slovensku v 19. a 20. storočí. Kontinuity a diskontinuity (Bratislava 2019) 282–333.

[69] Z. B. Vojtech Dangl, Vojenská prítomnosť Habsburskej monarchie v severnom Taliansku roku 1859 do bitky pri Solferine [Die Militärpräsenz der Habsburgermonarchie in Norditalien im Jahre 1859 bis zur Schlacht von Solferino], in: Kováč–Kowalská–Šoltés, Spoločnosť na Slovensku (wie Anm. 19) 344–370; Ingrid Kušniráková, Inštitucionalizácia sociálneho zabezpečenia vyslúžilých vojakov v Habsburskej monarchii v 18. storočí [Die Institutionalisierung der Sozialversicherung ausgedienter Soldaten in der Habsburgermonarchie im 18. Jahrhundert], in: Gabriela Dudeková–Elena Mannová und Koll., Vojak medzi civilmi, civil medzi vojakmi. Vzťah armády a spoločnosti v období modernizácie [Soldat unter Zivilisten, Zivilist unter Soldaten. Das Verhältnis zwischen Armee und Gesellschaft im Zeitalter der Modernisierung] (Bratislava 2017) 35–56.

[70] Z. B. Roman Holec, Štát s dvoma tvárami. (K hospodárskemu vývoju monarchie, Uhorska a Slovenska 1848–1867) [Ein Staat mit zwei Gesichtern (Zur ökonomischen Entwicklung der Monarchie, Ungarns und der Slowakei 1848–1867)] (Bratislava 2014); Gabriela Dudeková, Právo alebo milosrdenstvo? Domovská príslušnosť ako základný princíp sociálnej starostlivosti v Uhorsku [Recht oder Barmherzigkeit? Das Heimatrecht als Grundprinzip der Sozialfürsorge in Ungarn], in: Kováč, Sondy (wie Anm. 4) 196–213.

[71] Roman Holec–Marián Bovan, V službách cisára Františka Jozefa. Z pamätí lokaja a dvornej dámy [In Diensten Kaiser Franz Josephs. Aus den Memoiren eines Lakaien und einer Hofdame] (Bratislava 2013); dies., A Slovak Lackey at the Vienna Court and his Virtual Life in Hungarian Politics and Culture. HČ 61/5 (2013) 51–80.

[72] Eva Ondrušová, Kameralistika v teórii a praxi. Prípad Habsburskej monarchie [Die Kameralistik in Theorie und Praxis. Der Fall der Habsburgermonarchie], in: Kováč, Sondy (wie Anm. 4) 158–172; dies., Koncepcia a úloha štátu v dobe osvietenstva na území habsburskej monarchie [Konzeption und Aufgabe des Staates im Zeitalter der Aufklärung auf dem Gebiet der Habsburgermonarchie], in: Priezory do dejín. Historia nova 11 (2016) 92–116; Michal Chvojka, Josef Graf Sedlnitzky als Präsident der Polizei- und Zensurhofstelle in Wien (1817–1848). Ein Beitrag zur Geschichte der Staatspolizei in der

Im Zusammenhang mit der Verteidigung des christlichen Europa gegen die osmanische Expansion wird die „gesamteuropäische Sendung" der Habsburgermonarchie gewürdigt. Durch die Eingliederung in dieses modernere Staatsgebilde – als Ständemonarchie – soll die Slowakei ein „mehr europäisches Gepräge" erlangt haben[73]. Für die dualistische Periode betonte Roman Holec, dass die Monarchie ökonomisch „zwischen der Peripherie und dem Vorbild des gegenwärtigen Europas" gestanden sei[74] und politisch „weder einen Völkerkerker noch einen Prototyp des Hauses Europa" dargestellt habe[75]. Das Königreich Ungarn charakterisierte er als ein politisches Zentrum, aber als eine ökonomische Peripherie[76].

Die historiographischen Repräsentationen der Monarchie sind nicht mehr so einseitig und eindeutig wie vor 1989 – für das späte 19. Jahrhundert wird manchmal die dynastische Loyalität der Slowaken akzentuiert[77], manchmal mehr ihre Entfremdung gegenüber Ungarn und gegenüber der gesamten Monarchie[78]; neben „traditionellen" Beschreibungen der Rückständigkeit der Monarchie[79] wird sie auch bereits als Moderni-

---

Habsburgermonarchie (SchrRIFDBM 42, Frankfurt/M. 2010); DERS., Zápas habsburskej polície s tajným hnutím talianskych karbonárov po Viedenskom kongrese [Der Kampf der habsburgischen Polizei mit der Geheimbewegung der italienischen Carbonari nach dem Wiener Kongress]. HČ 56 (2008) 223–248; Daniela HRNČIAROVÁ, Die Regelung des kirchlichen Asyls in der Habsburgermonarchie im 18. Jahrhundert. *Slovak Studies. Rivista dell'Istituto Storico Slovacco di Roma* 2/1–2 (2016) 24–38; Martin GREGOR, Finančné zabezpečenie duchovných v Habsburskej monarchii so zreteľom na kongruové zákonodarstvo v 19. storočí [Die finanzielle Sicherstellung der Geistlichen in der Habsburgermonarchie im Hinblick auf die Kongrua-Gesetzgebung im 19. Jahrhundert]. *Acta Facultatis Iuridicae Universitatis Comenianae* 36/2 (2017) 63–80.

[73] Jozef BAĎURÍK, Habsburgovci a slovenské dejiny [Die Habsburger und die slowakische Geschichte], in: Slovenské dejiny v dejinách Európy. Vedecké kolokvium [Die slowakische Geschichte in der Geschichte Europas. Wissenschaftliche Runde], hg. von Štefan FANO (Bratislava 1996) 87–90; DERS., Ferdinand I. und die Integration der Donauländer in eine mitteleuropäische Monarchie, in: The First Millenium of Hungary in Europe, hg. von Klára PAPP–János BARTA (Debrecen 2002) 142–154, hier 152; Ivan MRVA, Habsburgovci a protihabsburské povstania [Die Habsburger und die antihabsburgischen Aufstände], in: Slovensko a Habsburská monarchia v 16.–17. stor., hg. von Jozef BAĎURÍK (Bratislava [1995]) 36–49.

[74] Roman HOLEC, „Zentrum" und „Peripherie" im Modernisierungsprozess Mitteleuropas am Beispiel der Slowakei, in: Vorbild Europa und die Modernisierung im Mittel- und Südosteuropa, hg. von Flavius SOLOMON–Krista ZACH–Juliane BRANDT (Berlin–Münster 2009) 125–144; DERS., Medzi perifériou a vzorom súčasnej Európy. Ekonomika Rakúsko-Uhorska v medzinárodnom kontexte [Zwischen der Peripherie und einem Muster des zeitgenössischen Europa. Die Wirtschaft Österreich-Ungarns im internationalen Kontext]. *Historická revue* 24/9 (2013) 20–26.

[75] Roman HOLEC, Habsburská monarchia – Európsky dom alebo žalár národov? [Die Habsburgermonarchie – Europäisches Haus oder Völkerkerker?] *OS – Fórum občianskej spoločnosti* 6/5 (2002) 29–36.

[76] Roman HOLEC, Územie Slovenska ako laboratórium európskych hospodárskych dejín [Das Gebiet der Slowakei als Laboratorium der europäischen Wirtschaftsgeschichte], in: KOVÁČ, Slovenské dejiny v dejinách Európy (wie Anm. 66) 93–135, hier 110.

[77] Roman HOLEC, Dynastická vernosť ako atribút Slovákov [Dynastietreue als Attribut der Slowaken], in: Slovensko v habsburskej monarchii 1526–1918 [Die Slowakei in der Habsburgermonarchie 1526–1918], hg. von Jozef BAĎURÍK–Peter KÓNYA (Bratislava 2000) 105–122; Elena MANNOVÁ, Koncept lojality. Postoj k autoritám na Slovensku počas prvej svetovej vojny [Das Konzept der Loyalität. Die Haltung gegenüber den Autoritäten in der Slowakei während des Ersten Weltkriegs]. HČ 55 (2007) 681–698.

[78] Z. B. KOVÁČ, Dejiny Slovenska (wie Anm. 17) 122–161.

[79] Peter PODOLAN–Miriam VIRŠINSKÁ, Slovenské dejiny III. 1780–1914 [Slowakische Geschichte III. 1780–1914] (Bratislava 2014) 13.

sierungsfaktor[80] wahrgenommen. Einzelne Autoren weisen mehr auf die Komplexität ihrer wirtschaftlicher Entwicklung hin[81]. Konfrontationen mit ungarischen Kollegen in Fragen der Interpretation des antihabsburgischen Ständewiderstands gibt es noch immer[82], aber jetzt schon ohne politische Vorgaben und Interventionen aus dem Zentralkomitee der Kommunistischen Partei in Prag[83].

Prominente ungarische und andere Historiker beteiligten sich im März 2018 an der internationalen Tagung „An Empire within the Empire. Habsburg Hungary in the19[th] Century and after the Dissolution" in Bratislava[84]. Diese Benennung war von der Frage Pieter Judsons inspiriert, ob Ungarn ein Imperium im Imperium dargestellt habe. Die Konferenz versuchte seine alternative Interpretation der habsburgischen Geschichte des 19. Jahrhunderts, die sich statt auf die Desintegration auf die kohäsiven Kräfte konzentriert, auf das Königreich Ungarn und seine Nachfolgestaaten zu erweitern.

Mehrere slowakische Historiker/innen engagieren sich auch in der Popularisierung der Geschichte der Donaumonarchie. Die beliebte Monatsschrift „Historická revue" veröffentlichte in den 1990er Jahren eine Artikelserie über habsburgische Herrscher und im September 2013 eine spezielle Nummer unter dem Titel: „Österreich-Ungarn – ein Völkerkerker?" Internationale Tagungen für Lehrer und Studenten über „Historische Wurzeln der (mittel)europäischen Integration" fanden 2005 statt[85]. Historische Jubi-

---

[80] Die Habsburgermonarchie und die Slowaken 1849–1867, hg. von Dušan Ková̌c–Arnold Suppan–Emilia Hrabovec (Bratislava 2001). Neue Bewertungen des Neoabsolutismus resümiert Gabriela Dudeková, Centralizácia a represia verzus modernizácia. Vplyv neoabsolutizmu na organizáciu verejnej zdravotnej a sociálnej starostlivosti v Uhorsku [Zentralisierung und Repression versus Modernisierung. Der Einfluss des Neoabsolutismus auf die Organisation des öffentlichen Gesundheitswesens und der Sozialfürsorge in Ungarn], in: Ková̌c–Kowalská–Šoltés, Spoločnosť na Slovensku (wie Anm. 19) 183–219.

[81] Vgl. das Kapitel über die ungarländische Wirtschaft und Gesellschaft im 18. Jahrhundert unter dem Titel „Ein rückständiges Anhängsel oder die erste Kolonie der Monarchie?" in: Peter Kónya und Koll., Dejiny Uhorska [Geschichte Ungarns] (Prešov 2003) 443–462.

[82] Überblick in: Peter Kónya, Protihabsburské povstania v ranonovovekých dejinách Slovenska [Antihabsburgische Aufstände in der frühneuzeitlichen Geschichte der Slowakei], in: A közös történelem vitás kérdései – Sporné otázky spoločných dejín, hg. von László Kiss–Imrich Nagy (Acta Academiae Pedagogicae Agriensis, Nova Series 36, Sectio Historiae, Eger 2009) 13–34; Bibliographie zum Thema antihabsburgische Aufstände: Protihabsburské povstania v rokoch 1604–1711. Historiografia posledných dvoch desaťročí v prácach domácich a zahraničných autorov [Antihabsburgische Aufstände in den Jahren 1604–1711. Die Historiographie der letzten zwei Jahrzehnte in den Arbeiten einheimischer und ausländischer Autoren], hg. von Božena Šeďová. Vojenská história 15 (2011) 201–219, online: http://www.vhu.sk/data/att/1621_subor.pdf.

[83] Ivan Chalupecký, Stav a úlohy výskumu novoveku [Stand und Aufgaben der Erforschung der Neuzeit]. HČ 39 (1991) 398–403, hier 399.

[84] Die Tagung (mit dem Eröffnungsvortrag von Pieter Judson) organisierten Miloslav Szabó und László Vörös vom Historischen Institut der Slowakischen Akademie der Wissenschaften. Vgl. den Tagungsbericht von Frank Rochow: http://hsozkult.geschichte.hu-berlin.de/tagungsberichte/id=7736.

[85] Politický zrod novovekej strednej Európy (500. výročie narodenia Ferdinanda I. – zakladateľa habsburskej monarchie) [Die politische Entstehung des neuzeitlichen Mitteleuropa (Das 500-Jahr-Jubiläum der Geburt Ferdinands I., des Begründers des Habsburgermonarchie)], hg. von Jozef Baďurík–Kamil Sládek (Bratislava 2005); Hľadanie novej podoby strednej Európy (Fenomén integrácie a dezintegrácie od osvietenstva po 1. svetovú vojnu) [Die Suche nach einer neuen Gestalt Mitteleuropas (Das Phänomen der Integration und Desintegration von der Aufklärung bis zum 1. Weltkrieg)], hg. von Kamil Sládek–Dušan Škvarna (Bratislava 2005).

läen – der 300. Geburtstag Maria Theresias[86] und das Zentenarium des Ersten Weltkriegs[87] – erregten enormes Interesse der Öffentlichkeit.

In den Regalen der Buchhandlungen stehen reich illustrierte repräsentative Publikationen über „einheimische" Könige und Feldherren, darunter auch habsburgische. Anders als in staatssozialistischer Zeit schildern einige Bücher für junge Leser auch Episoden aus dem Leben einiger Habsburger und betonen dabei den Akzent, den die Dynastie
auf die Erziehung und Ausbildung der Thronfolger legte, oder die Rolle der Herrscher
bei der Modernisierung des Reiches im 18. Jahrhundert[88]. In Bratislava werden jährlich
Krönungsfeierlichkeiten inszeniert und heftige Diskussionen über eine Kopie des (1897
enthüllten und 1921 zerstörten) Maria-Theresien-Denkmals geführt, in nostalgischen
Konditoreien hängen Sissi-Portraits, zahlreiche Bücher idealisieren das multiethnische
Zusammenleben vor dem Ersten Weltkrieg. Nach Jahrzehnten negativer, aber differenzierter Ausgrenzungen primär gegenüber Ungarn und nur sekundär gegenüber der gesamten Monarchie, behauptet man heute in den synthetisierenden Standardwerken, dass
auch sie zu „unserer Geschichte" gehören. Fast ein Idyll – bis zur nächsten Reinterpretation …[89].

---

[86] Historiker reagierten u. a. mit Tagungen und Fachpublikationen, z. B. Ingrid KUŠNIRÁKOVÁ und
Koll., „Pre blaho nášho ľudu, všetkých našich kráľovstiev a provincií." Reformná politika Márie Terézie
a jej pokus o modernizáciu Uhorska [„Für die Wohlfahrt unseres Volkes, aller unseren Königreiche und
Provinzen." Die Reformpolitik Maria Theresias und ihr Modernisierungsversuch in Ungarn] (Bratislava
2016); Mária Terézia, panovníčka spätá so slovenskými dejinami. Jej život a reformy v zrkadle
knižničných fondov na Slovensku. Štúdie historikov a výberová bibliografia [Maria Theresia, eine mit
der slowakischen Geschichte verbundene Herrscherin. Ihr Leben und ihre Reformen im Spiegel der
Bibliotheksbestände in der Slowakei. Historische Studien und Auswahlbibliographie], hg. von Mária
BÔBOVÁ–Dana CHALUPEKOVÁ–Barbora SKUBACHOVÁ (Banská Bystrica 2017).

[87] Fachliteratur und Publizistik machten darauf aufmerksam, dass die Mehrheit der Slowaken für
den König und für das ungarländische Vaterland kämpfte. Aus der umfangreichen historiographischen
Produktion seien exemplarisch angeführt: Slovensko v 20. storočí [Die Slowakei im 20. Jahrhundert],
Bd. 2: Prvá svetová vojna 1914–1918 [Der Erste Weltkrieg 1914–1918], hg. von Dušan Kováč (Bratislava 2008); Ľubica HARBUĽOVÁ, Sté výročie Veľkej vojny. (K obrazu prvej svetovej vojny v slovenskej
historiografii v rokoch 2013–2015) [Das Zentenarium des Großen Krieges. (Zum Bild des Ersten Weltkriegs in der slowakischen Historiographie in Jahren 2013–2015], in: Prvá svetová vojna v Karpatoch,
hg. von Peter KÓNYA (Prešov 2016) 179–189; Karpatský front 1914/1915 [Die Karpaten-Front 1914/
1915], hg. von Miloslav ČAPLOVIČ u. a. (Bratislava 2016); Gabriela DUDEKOVÁ KOVÁČOVÁ, Človek vo
vojne. Stratégie prežitia a sociálne dôsledky prvej svetovej vojny na Slovensku [Der Mensch im Krieg.
Überlebensstrategien und soziale Folgen des Ersten Weltkriegs in der Slowakei] (Bratislava 2019). Während viele Autoren die Multiethnizität des Landes berücksichtigen, konzentrieren sich andere nur auf die
Slowaken, z. B. Róbert LETZ, Slovenské dejiny IV. 1914–1938 [Slowakische Geschichte IV. 1914–1938]
(Bratislava 2010).

[88] Z. B. Denisa GAÁLOVÁ, Stručné dejiny Slovenska pre mladých čitateľov [Kurze Geschichte der
Slowakei für junge Leser] (Bratislava 2018).

[89] Dieser Beitrag wurde von der Agentur für die Förderung der Wissenschaft und Entwicklung –
Vertrag Nr. APVV-17–0399 am Historischen Institut der Slowakischen Akademie der Wissenschaften
unterstützt.

Die Habsburgermonarchie
in der slowenischen Geschichtsschreibung

Peter Vodopivec

Die slowenische Geschichtsschreibung zeichnete die Habsburgermonarchie bis in die letzten Jahrzehnte des 20. Jahrhunderts in düsteren Farben. Die Mehrheit der slowenischen Historiker teilte die Einschätzung des britischen Historikers A. J. P. Taylor, wonach die Hauptstützen des Staates bis zu seinem Zerfall Armee, Bürokratie, Adel und Kirche gewesen seien. Fran Zwitter (1905–1988), Autor der einzigen grundlegenden slowenischen historischen Monographie über die Habsburgermonarchie und ihre Nationalitätenprobleme (erschienen 1962), vertrat allerdings die Ansicht, dass allein der Legitimismus von Armee, Bürokratie, Adel und Kirche, der sich übrigens in der Verfassungsära schon im Niedergang („in Dekadenz") befunden habe, den „langen Bestand der Monarchie" nicht erklären könne, da für ihr langes Leben auch ein bestimmter Konsens ihrer Nationen notwendig gewesen sei. Für die Deutschen und Ungarn sei die Monarchie vor allem das Mittel gewesen, eigene nationale Ziele zu verwirklichen, für alle anderen Nationen habe sie jedoch das kleinere Übel dargestellt im Vergleich zu den Gefahren, die ein Zerfall mit sich gebracht hätte. Tschechen und Slowenen hätten eben Angst vor Großdeutschland, Polen und Rumänen vor dem zaristischen Russland, die „Südslawen der adriatischen Länder" vor dem italienischen Irredentismus gehabt. Diese Motivation und der „Opportunismus der politischen Parteien in den Zeiten relativer politischer Stabilität" könnten erklären, warum „vor 1914 so wenige Bewegungen existierten, die offen gegen die Monarchie auftraten". Nach Zwitters Überzeugung hätte die Monarchie zwar seit 1848 mehrere Male die Möglichkeit gehabt, sich in eine Föderation der Nationen umzugestalten, jedoch hätte diese „demokratische Idee" wegen der großen Unterschiede zwischen den habsburgischen Völkern zahlreiche Probleme verursacht. Auch sei dies „niemals die Idee jener, die an der Macht waren", gewesen. Als der Weltkrieg ausbrach, sei der innere Konsens zu Ende gewesen, weshalb der Untergang der Monarchie unausweichlich gewesen sei[1].

---

[1] Fran ZWITTER (unter Mitarbeit von Jaroslav ŠIDAK und Vaso BOGDANOV), Nacionalni problemi v habsburški monarhiji [Nationale Probleme in der Habsburgermonarchie] (Ljubljana 1962) 38–45, 205–206. – Das Buch war das Ergebnis eines Referats, das Fran Zwitter, Jaroslav Šidak und Vaso Bogdanov 1960 für den XI. Kongress des Internationalen Komitees für historische Wissenschaften in Stockholm vorbereiteten (der kroatische Historiker Šidak und der serbische Historiker Bogdanov trugen die Abschnitte über die Nationen der ungarischen Reichshälfte bei, während Zwitter die Thesen und die Zusammenfassungen formulierte). Das Referat ist ursprünglich auf Französisch erschienen: Les problèmes nationaux dans la monarchie des Habsbourg (Beograd 1960). Zu Zwitter vgl. ferner Janez CVIRN, Zwittrov pogled na Habsburško monarhijo [Zwitters Blick auf die Habsburgermonarchie], in: Zwittrov zbor-

Die in der Öffentlichkeit durch lange Jahre beliebte und noch heute nicht ganz vergessene Bezeichnung für die Habsburgermonarchie als „Völkerkerker" ist in den slowenischen Schulbüchern und bei den meisten slowenischen Historikern (mit wenigen Ausnahmen) nicht zu finden. Warum dieser Begriff dennoch in der öffentlichen Erinnerung und im Diskurs, aber auch im Schulunterricht noch weiter präsent ist, lässt sich nicht leicht erklären. Nun stellte die slowenische Geschichtswissenschaft nach dem Zweiten Weltkrieg die Monarchie als konservativen, den Slowenen fremden Staat dar, der sich zwar zugegebenermaßen langsam veränderte, modernisierte und demokratisierte, dem es jedoch bei der andauernden Oberherrschaft der Deutschen und Magyaren nicht gelang, die Gleichberechtigung der innerhalb seiner Grenzen lebenden nichtdeutschen und nichtungarischen Nationen umzusetzen. Ebenso wenig sei es der Staatsgewalt gelungen, den in der westlichen Reichshälfte herrschenden aggressiven Germanisierungsdruck zu verhindern, der an der nördlichen slowenischen Sprachgrenze gegen Ende des 19. und am Beginn des 20. Jahrhunderts – begleitet von deutschnationalen Slogans à la „Drang nach Süden" – auch die slowenische nationale Entwicklung gefährdet habe. Nach der dominierenden Einschätzung der slowenischen Geschichtsschreibung hätten die österreichischen Regierungen und der Wiener Hof den nationalen Wünschen und Forderungen der nichtdeutschen, vor allem der slawischen Nationen wenig Gehör geschenkt. Die Slowenen hätten, so Zwitters Überzeugung, allen liberalen Slogans und Gesetzen über nationale Gleichberechtigung zum Trotz, alles, „was sie in der Zeit der Habsburgermonarchie erreicht haben", in der Zeit der konservativen Regierung Taaffe (1879–1893) errungen, und auch diese Erfolge seien ziemlich „bescheiden" gewesen[2].

In den Augen jener slowenischen Historiker, die nach dem Ersten Weltkrieg und später über slowenische Geschichte schrieben, bedeutete der Untergang der Doppelmonarchie für die Slowenen daher die „Erlösung" und der Eintritt in das Königreich Jugoslawien die „Befreiung", da dieser – trotz des Belgrader Zentralismus und seiner Pressionen in Richtung einer jugoslawischen nationalen Einheit, die viele slowenische Erwartungen enttäuschten – der slowenischen Entwicklung zahlreiche neue Perspektiven eröffnet habe. Der Terminus „Befreiung" für den Übergang der Slowenen aus dem habsburgischen in den jugoslawischen Staatsverband blieb in der slowenischen Geschichtsschreibung – zumindest bei einigen Autoren – bis in die neunziger Jahre des vergangenen Jahrhunderts in Gebrauch. In öffentlichen Diskussionen war auch der Gedanke zu hören, dass die jugoslawischen Slowenen, wenn sie nach 1918 in der Habsburgermonarchie verblieben wären, auf Grund der schnellen Germanisierung ein ähnliches Schicksal erfahren hätten wie ihre Landsleute in Kärnten, die nach dem Ersten Weltkrieg in der Ersten und nach 1945 in der Zweiten österreichischen Republik geblieben waren und die von einer relativ großen Minorität zu einer ziemlich kleinen Minderheit zusammengeschmolzen sind.

Slowenische Historiker widmeten sich seit den Anfängen der modernen slowenischen Geschichtsschreibung in den letzten Jahrzehnten des 19. Jahrhunderts meistens ausschließlich der Erforschung der slowenischen Geschichte. Entsprechend der Sozial-

---

nik. Ob stoletnici rojstva zgodovinarja dr. Frana Zwittra, hg. von Peter ŠTIH (Zbirka Zgodovinskega časopisa 31, Ljubljana 2006) 35–46.
    [2] Fran ZWITTER, The Slovenes and the Habsburg Monarchy. AHY 3/5 (1967) 159–188; DERS., Slovenci in habsburška monarhija [Die Slowenen in der Habsburgermonarchie]. Zgodovinski časopis 21 (1967) 49–76.

struktur der slowenisch sprechenden Bevölkerung, die in den höheren sozialen Schichten bis zum Beginn des 20. Jahrhunderts verhältnismäßig schlecht vertreten war, widmeten sie unter dem Einfluss der deutschen und österreichischen, nach dem Zweiten Weltkrieg aber der marxistischen Geschichtsschreibung der Erforschung der Gesellschafts- und Sozialgeschichte besondere Aufmerksamkeit – vor allem der Geschichte der slowenischen Bauern und des ländlichen Raumes. Zugleich wurde die slowenische kulturelle und politische Entwicklung von der Reformation bis zum Beginn der slowenischen Nationalbewegung (und darüber hinaus) gründlich erforscht und ebenso dargestellt. Mit der einseitigen Ausrichtung der Geschichtsschreibung auf die „Geschichte der slowenischen Nation"[3] behandelte die slowenische Historiographie auch „das Gebiet zwischen Drau und Adria", wo größtenteils eine slowenischsprachige Bevölkerung siedelte, als „slovensko narodno ozemlje" (entspricht ziemlich genau der deutschen Terminologie vom „Volksboden"), während sie seine nicht slowenischsprachigen Bewohner – einschließlich des Adels und des deutsch und italienisch sprechenden Bürgertums – als Zuwanderer und Fremde betrachtete, die Aufmerksamkeit nur als Angehörige der herrschenden nichtslowenischen Eliten, als Grundherren und nationale Gegner verdienten. Auch die staatlichen Rahmen, zu denen die Länder mit slowenisch sprechender Bevölkerung zu verschiedenen Zeiten zählten, wurden primär aus der slowenischen Perspektive beziehungsweise vom Standpunkt ihres Verhältnisses zur slowenischen Geschichte beurteilt. Das von slowenischen Historikern gezeichnete Bild von den Habsburgern und der Habsburgermonarchie war somit eng mit ihrem grundlegenden Verständnis der slowenischen Geschichte verknüpft.

Dieses von der Geschichtswissenschaft, aber auch von Dichtern und Schriftstellern entworfene Bild sah – verkürzt und leicht vereinfacht – in etwa so aus: Die Vorfahren der Slowenen siedelten sich im 6. Jahrhundert im heutigen Sprachgebiet (bzw. einem etwas größeren Raum) an; sie verselbständigten sich im 7. und 8. Jahrhundert für kurze Zeit im slawischen Fürstentum Karantanien. Seit dem 8. Jahrhundert, als sie unter die Herrschaft der Franken fielen, lebten sie unter fremden, zunächst fränkischen, später vor allem „deutschen" Herrschern. Mit der Einbindung in das fränkische Reich verschwand allmählich der eigene Adel, an seine Stelle traten in den Ländern mit slowenischer Bevölkerung fremde adelige und bürgerliche Eliten, d. h. deutsche und italienische Zuwanderer, während die slowenisch sprechende Bevölkerung zu bäuerlichen Untertanen in den Grundherrschaften der fremden, deutschen und italienischen, Grundherren wurden. Die Begründer der slowenischen Geschichtsschreibung nach dem Zweiten Weltkrieg bezeichneten 1947 das Jahrtausend der slowenischen Geschichte vom 9. bis zum 19. Jahrhundert daher einfach als „bäuerliche Geschichte" und den „Kampf der slowenischen Untertanen gegen fremde Herren" als die slowenische „Innen- und Außenpoli-

---

[3] Mit „Geschichte der slowenischen Nation" betitelte Josip Gruden seine in den Jahren 1910–1916 erschienene Überblicksdarstellung der slowenischen Geschichte bis zum 18. Jahrhundert; unter dem gleichen Titel veröffentlichte Josip Mal seinen 1928–1939 erschienen Abriss der slowenischen Geschichte seit dem 18. Jahrhundert. Milko Kos gab 1933 seinem Abriss der slowenischen Geschichte von der Besiedlung bis zum 15. Jahrhundert den Titel „Geschichte der Slowenen", während sich Bogo Grafenauer beim Titel seines umfangreichen, 1954–1962 erschienenen und 1964–1974 zum Teil neu aufgelegten Überblicks erneut für den Titel „Geschichte der slowenischen Nation" entschied. Ferdo Gestrin und Vasilij Melik gaben 1966 ihrer Darstellung der Geschichte vom Ende des 18. Jahrhunderts bis zum Ersten Weltkrieg den Titel „Slowenische Geschichte", während der 1979 bei der Cankarjeva založba in Ljubljana erschienene Sammelband den Titel „Geschichte der Slowenen" trägt.

tik"[4]. Noch in den siebziger Jahren des vergangenen Jahrhunderts erregten in diesem Sinne die Jubiläen der großen Bauernaufstände im 15., 16. und 17. Jahrhundert besondere Aufmerksamkeit, in der Öffentlichkeit ebenso wie in der Geschichtswissenschaft. Diese Bauernaufstände wurden als Zeichen eines aufkeimenden „slowenischen politischen Willens" bezeichnet; dieser sei mit dem Druck der ersten slowenischen Bücher und der Bibel in slowenischer Sprache zur Zeit der Reformation überzeugend zum Ausdruck gekommen[5].

Eine vollkommen neue Epoche der slowenischen Geschichte soll mit den absolutistischen Reformen in der zweiten Hälfte des 18. Jahrhunderts angebrochen sein. Die Reformen Maria Theresias, welche die Einführung der allgemeinen Schulpflicht und den Unterricht in den Landessprachen auf der untersten Schulstufe gebracht haben, sollen sich entscheidend auf die Anfänge einer kontinuierlichen slowenischen Kulturbewegung und auf die Bildung eines slowenischen Bewusstseins als eigene sprachlich-ethnische Gemeinschaft, die sich von anderen Slawen unterschied, ausgewirkt haben. Seit dem Anfang des 19. Jahrhunderts habe sich die slowenische Bewegung dann allmählich ausgebreitet und verstärkt; im Jahre 1848 formulierten die slowenischen Studenten und Gebildeten in Wien und Graz zum ersten Mal ihr politisches Programm. Seit dem Beginn der Verfassungsära genoss die Bewegung einmal größere, einmal schwächere Unterstützung bei den Massen der slowenisch sprechenden Bevölkerung. Die Slowenen sollen sich bis zum Ende des 19. Jahrhunderts mit Hilfe von Schulen, mit der raschen Ausbreitung des Schrifttums und der Entstehung einer höheren Bildungsschicht zu einer vollkommen ausgebildeten, in sich differenzierten Nation mit eigener Sprache, eigenen Bildungseliten, Zeitungswesen, Parteien und vielfältiger kultureller Schaffenskraft entwickelt haben. Die nichtslowenischen deutschen und italienischen Eliten in den Ländern mit slowenischer Bevölkerung hätten jedoch ebenso wie die österreichische Zentralgewalt in Wien für die Bestrebungen nach voller sprachlicher und nationaler Gleichberechtigung kein Gehör gezeigt. Eben dieses mangelnde Verständnis für die Bestrebungen nach voller nationaler und sprachlicher Gleichberechtigung soll zusammen mit dem verstärkten deutschen Druck, der die Zahl der Slowenen am Ende des 19. Jahrhunderts an der „nördlichen slowenischen Sprachgrenze" (d. h. in Kärnten und – etwas weniger – in der Steiermark) schrumpfen ließ, der Hauptgrund dafür gewesen sein, dass die politischen Führer der Slowenen vor dem Ersten Weltkrieg mit jugoslawischen und trialistischen Plänen zu kokettieren begannen und am Ende des Krieges endgültig der Monarchie den Rücken kehrten.

---

[4] Bogo GRAFENAUER, Problemi in naloge slovenskega zgodovinopisja v našem času [Probleme und Aufgaben der slowenischen Geschichtsschreibung in unserer Zeit]. *Zgodovinski časopis* 1 (1947) 11–30, hier 23f. Siehe auch Peter ŠTIH, Miti in stereotipi v podobi starejše slovenske nacionalne zgodovine [Mythen und Stereotype im Bild der älteren slowenischen Nationalgeschichte], in: Mitsko in stereotipno v slovenskem pogledu na zgodovino. Zbornik 33. zborovanja Zveze zgodovinskih društev Slovenije, hg. von Mitja FERENC–Branka PETKOVŠEK (Zbirka Zgodovinskega časopisa 32, Ljubljana 2008) 25–47, hier 41; auf Deutsch: DERS., Slowenische Geschichtsmythen und Feindbilder. *Zeitschrift des Historischen Vereines für Steiermark* 95 (2004) 59–67, und DERS., Die Nationswerdung der Slowenen und damit verknüpfte Geschichtsvorstellungen und Geschichtsmythen. *Carinthia* I 197 (2007) 365–381.

[5] Bogo GRAFENAUER, Razvoj programa slovenskih kmečkih uporov od 1473 do 1573: ob petstoletnici začetka slovenskih kmečkih uporov [Die Entwicklung des Programms der slowenischen Bauernaufstände von 1473 bis 1573. Zum Fünfhundertjahrjubiläum des Beginns der slowenischen Bauernaufstände], in: DERS. u. a., Elementi revolucionarnosti v političnem življenju na Slovenskem (Ljubljana 1973) 5–29.

Bestandteil dieses – hier natürlich nur in groben Umrissen skizzierten – Bildes der
slowenischen Geschichte in der slowenischen Geschichtsschreibung vor 1980/1990 war
auch eine geschichtliche Darstellung der Ausbreitung des habsburgischen Besitzes und
der Festigung der habsburgischen Herrschaft in den Ländern mit slowenischer Bevölkerung, der Politik der Habsburger in Europa und in den Erbländern, der Integration
dieser Länder mit Hilfe von Verwaltung und Politik und der Durchsetzung des landesfürstlichen Absolutismus seit dem 16. Jahrhundert. War in einigen nach dem Zweiten
Weltkrieg verfassten und veröffentlichten Werken noch die Bezeichnung der habsburgischen Landesfürsten als „deutsche" Fürsten präsent, so überwog in den sechziger und
siebziger Jahren des vergangenen Jahrhunderts bei der Beschreibung der Entwicklung
von Verwaltung und Politik in den habsburgischen Erblanden eine sachliche Herangehensweise bei der Vorstellung von Reformen und Veränderungen. Ähnlich wurden
auch die theresianischen und die josephinischen Reformen dargestellt, die, obwohl sie
pragmatisch der „Umgestaltung der österreichischen Hälfte der Monarchie in einen zentralisierten absolutistischen Staat" dienten, doch den Prozess der gesellschaftlichen, wirtschaftlichen und kulturellen Modernisierung auch in den Ländern mit slowenischer
Bevölkerung vorangetrieben hätten. In diesem Licht wurde den Folgen der Reformen
auf dem Gebiet der Verwaltung, des Steuerwesens, der Wirtschaftspolitik und der Kirche besonderes Augenmerk geschenkt, ebenso wie jenen Reformen, die die Situation der
Untertanen veränderten, das Schulwesen verstaatlichten und eine allgemeine Schulpflicht einführten.

Die Autoren, die sich diesen Fragen widmeten, wiesen aber auch auf die Ideen der
Aufklärung hin, die den Hintergrund für die absolutistische Reformpolitik bildeten,
und stellten fest, dass diese die „Entwicklung jener gesellschaftlichen Kräfte" gefördert
habe, die im 19. Jahrhundert zum aktiven Faktor im „nationalen Kampf" und am Anfang des 20. Jahrhunderts im Prozess der „Auflösung des Habsburgerstaates" wurden[6].
Aber schon am Ende der josephinischen Ära sollen die Reformen – wie man noch 1979
in einer umfangreichen, für breiteste Kreise konzipierten „Geschichte der Slowenen",
verfasst von namhaften Historikern, lesen konnte – durch die „Reaktion der Kirche
und des Adels" gestoppt worden sein[7]. Und mit dem Regierungsantritt Kaiser Franz' II.
sei eine neue Ära angebrochen, geprägt von der Angst vor revolutionären Slogans aus
Frankreich, von Polizeidruck und Zensur. Die herrschenden Kreise hätten sich zwar
auch in dieser Epoche, die nach den Napoleonischen Kriegen in der ersten Hälfte des
19. Jahrhunderts ihre Fortsetzung fand, nicht zur Gänze gewissen Reformmaßnahmen
entziehen können – doch erwähnten die Autoren slowenischer historischer Handbücher
und Lehrbücher bei der Aufzählung dieser Reformen interessanterweise meistens nicht
das ABGB. In ausgesprochen düsteren Farben zeichneten sie auch den Vormärz, als die
„österreichische Monarchie eine der Stützen der Heiligen Allianz und des Legitimismus
in Europa" gewesen sei. Die österreichische Regierung mit dem Fürsten Metternich an
der Spitze sei eine entschiedene Gegnerin „neuzeitlicher Ideen" und der nationalen Bewegungen gewesen, obwohl sie im gleichen Atemzug die „deutsche Hegemonie" im

---

[6] Zgodovina Slovencev [Geschichte der Slowenen] (Ljubljana 1979) 354. Das Buch war eine Synthese der Arbeiten verschiedener Autoren und ihrer Werke, für die Zeit bis 1918 vor allem eine der bis
dahin erschienenen Darstellungen der slowenischen Geschichte von Bogo GRAFENAUER, Ferdo GESTRIN
und Vasilij MELIK. Vgl. auch Bogo GRAFENAUER, Zgodovina slovenskega naroda [Geschichte des slowenischen Volkes], Bd. 5 (Ljubljana 1974) 18.
[7] Zgodovina Slovencev (wie Anm. 6) 388.

Staat angestrebt habe[8]. Nach dem Urteil einiger Autoren noch am Beginn der 1990er Jahre hätte das Jahr 1848 die erste Gelegenheit für eine profunde innere Umgestaltung der Monarchie sowie für ihre Föderalisierung und ihre Demokratisierung geboten. Unter den Deutschliberalen habe jedoch nur ein Teil der deutschböhmischen Liberalen die Bedeutung einer demokratischen Lösung der „nationalen Frage" erkannt, während bei den meisten deutschliberalen Linken eine nationalistische deutsche Ausrichtung überwogen habe, was eine Verbindung mit politischen Bewegungen der nichtdeutschen Nationen verhindert und sich schicksalhaft auf die Entwicklung der Revolution und ihre Niederlage ausgewirkt habe.

Die Revolution von 1848 und „die ersten Jahre des Absolutismus" in den 1850er Jahren hätten zwar neben der Grundentlastung und den ersten Erfahrungen eines modernen Parlamentarismus „noch manche fortschrittliche Reform" gebracht und den Prozess der gesellschaftlichen und wirtschaftlichen Modernisierung beschleunigt, doch Österreich sei, wie die Autoren der bereits erwähnten „Geschichte der Slowenen" aus dem Jahre 1979 behaupteten, auch in der Verfassungsära „kein echter parlamentarischer Staat" geworden, da der Kaiser nach wie vor den entscheidenden Einfluss in der Armee und in der Außenpolitik ausgeübt habe. Die Minister seien eher vom Willen des Kaisers als vom Parlament abhängig gewesen, und die Monarchie sei trotz der „deklarierten Gleichberechtigung der Nationen noch immer der Kerker der nichtdeutschen Völker" geblieben[9]. Das Jahr 1867 und der Dualismus hätten die Position des deutschen Bürgertums in Cisleithanien und seine Oberhoheit über die nichtdeutschen Nationen zusätzlich verstärkt. Die damals verabschiedeten liberalen Gesetze hätten den „ersten größeren Sieg der liberalen Bestrebungen" gebracht, wobei die im Artikel 19 des Staatsgrundgesetzes über die allgemeinen Rechte der Staatsbürger von 1867 formulierte Bestimmung über nationale und sprachliche Gleichberechtigung im Wesentlichen nur auf dem Papier garantiert worden sei. Das zentrale Problem der Habsburgermonarchie sei aus dieser Perspektive auch in der zweiten Hälfte des 19. Jahrhunderts die nationale Frage gewesen. Der deutsche Nationalismus habe bis zum Ende des Jahrhunderts „siegreich" über den deutschen Liberalismus triumphiert, die – traditionellen – Verbindungen zwischen den slawischen Parteien und den deutschen Konservativen seien nach dem Fall der Regierung Badeni nicht mehr möglich gewesen. Die neuen politischen Bewegungen, die vor und nach der Demokratisierung des Wahlsystems und des politischen Lebens bei allen Nationen auftraten, hätten die nationalen Gegensätze eher verschärft, der Parlamentarismus habe nach 1897 in Cisleithanien praktisch nicht mehr existiert.

Die slowenischen Historiker stimmten in diesem Sinne meistens noch in den 1980er Jahren darin überein, dass diverse Pläne für die Abschaffung des Dualismus und für eine grundlegende innere Umgestaltung der Monarchie (von großösterreichischen und trialistischen Vorstellungen bis zu Projekten einer „Föderation ethnischer Einheiten") auch in den eineinhalb Jahrzehnten vor dem Ersten Weltkrieg keine Aussicht auf Erfolg gehabt hätten, da diese Entwürfe zu unterschiedlich gewesen seien und die Realisierung irgend eines dieser Pläne unüberbrückbare Schwierigkeiten und Konflikte nach sich gezogen hätte. Trotzdem widersprachen schon Ende der achtziger Jahre des vergangenen Jahrhunderts einige Historiker der Ansicht, dass die Monarchie am Ende des 19. Jahrhunderts nicht mehr entsprechend umgestaltet hätte werden können und machten auf

---

[8] Ebd. 410.
[9] Ebd. 470.

die Ausgleichsabkommen in den Ländern Mähren, Bukowina und Galizien aufmerksam
sowie auf die Wahlrechtsreform von 1907, die einen bedeutenden „Schritt nach vorne"
bedeutet habe. Die Diskussion darüber, wie die Zukunft der Monarchie ohne den Ersten
Weltkrieg ausgesehen hätte, wirkte sich jedoch nicht sichtbar auf das geschilderte Bild
der Monarchie aus[10].

In der schon erwähnten, 1962 erschienenen einzigen slowenischen Monographie zur
Habsburgermonarchie stellte ihr Autor Fran Zwitter fest, dass die nationale Frage auf
Grund der „unterschiedlichen Sozialstruktur" und der unterschiedlichen Entwicklungs-
dynamik der verschiedenen Nationen das unlösbare Problem der Habsburgermonarchie
dargestellt habe. Nach Zwitters Überzeugung war es für das Verständnis der „nationalen
Probleme" in der Monarchie seit dem Ende des 18. Jahrhunderts bis zu ihrem Zerfall
1918 entscheidend, die Unterschiede in der Dynamik und im Prozess der Ausbildung
der Nationen zu erkennen. Von besonderer Bedeutung seien die Gegensätze zwischen
jenen Nationen, die traditionell höhere soziale Schichten und eine „höhere Kultur" in
der eigenen Sprache vorweisen konnten, und jenen Nationen, bei denen im Prozess der
Nationsbildung seit dem Ende des 18. und während des 19. Jahrhunderts höhere soziale
Schichten und die Kultur in der eigenen Sprache erst im Entstehen waren. Die Gegensätze unter den Nationen, die in der Monarchie auf Grund entwickelter höherer sozialer
Schichten eine Monopolstellung hatten, und jenen Nationen, bei denen sich die höhe-
ren sozialen Schichten erst im Laufe des 19. Jahrhunderts entwickelten, stellten nach
Zwitters Meinung das unlösbare Problem und den Hauptgrund für den Zerfall der
Monarchie 1918 dar, der durch den Weltkrieg nur beschleunigt worden sei[11]. Zwitter
beeinflusste mit seinen Ansichten über die Habsburgermonarchie und ihre inneren Gegensätze die Einschätzung der slowenischen Geschichtsschreibung bis in die heutige
Zeit. In slowenischer Sprache stand neben Zwitters Buch über die Nationalitätenprobleme in der Habsburgermonarchie bis zum Jahre 1990, als unerwartet die Biographie
des französischen Historikers Jean Paul Bled über Kaiser Franz Joseph zum Bestseller
wurde, nur die 1958 übersetzte Geschichte der Habsburgermonarchie von A. J. P. Taylor
zur Verfügung, mit einem umfangreichen Vorwort von Fran Zwitter.

In den achtziger und vor allem in den neunziger Jahren des vergangenen Jahrhunderts begann sich die Darstellung der slowenischen Geschichte und damit auch der
Habsburgermonarchie in der slowenischen Historiographie sichtbar zu verändern. Zu
einer Wende kam es nach dem slowenischen Historikertag 1982 in Celje (Cilli), als die
kroatische Historikerin Nada Klaić den slowenischen Kollegen vorwarf, dass sie sich bei
der Behandlung der mittelalterlichen Geschichte einseitig nur den Bauern widmeten,
während sie jene des Adels in den Ländern mit slowenischer Bevölkerung vernachlässigten. Weiters merkte sie an, dass durch die Apostrophierung der Adeligen als „Fremde"
diesen die „Köpfe abgeschnitten" würden und man damit die eigene Geschichte ver-
stümmelt habe. Seitdem etablierte sich allmählich die Meinung, dass das Bild des Adels
in der Geschichtsschreibung „revidiert" werden müsse und dass der Adel als ein aktiver
Faktor der slowenischen Geschichte zu behandeln sei, was vor allem bei den jüngeren

---

[10] Janez Cvirn–Jure Gašparič, Der „unvermeidbare" Zerfall der Donaumonarchie – der slowenische Standpunkt, in: Hľadanie novej podoby Strednej Európy. Fenomén integrácie a dezintegrácie od
osvietenstva po 1. svetovú vojnu, hg. von Kamil Sládek–Dušan Škvarna (Bratislava 2005) 134–142,
hier 140f.
[11] Zwitter, Nacionalni problemi (wie Anm. 1) 32–37.

Forschern ein reges Interesse für die Geschichte des Adels auslöste[12]. Zu Beginn der neunziger Jahre wies Professor Sergij Vilfan ebenfalls die lange Zeit beliebte Vorstellung, dass die Slowenen bis in die moderne Zeit ein Volk von bäuerlichen Untertanen gewesen seien, kritisch zurück und betonte, dass slowenisch sprechende Bevölkerung auch in den Städten und Märkten seit ihrer Gründung gelebt und Handwerk und Handel getrieben habe. Gleichzeitig bekämpfte er energisch die Behauptung, dass die Slowenen seit dem Verlust des eigenen Reiches im Frühmittelalter unter fremden Herrschern in fremden Reichen gelebt hätten. Die Slowenen seien, stellte er fest, unter den Habsburgern „nicht mehr und nicht weniger frei gewesen als die meisten anderen Europäer"[13].

Unter dem Einfluss dieser und ähnlicher Kritiken sowie moderner sozial- und kulturgeschichtlicher Forschungen und der Verschärfung der politischen Verhältnisse in Jugoslawien kam es in der zweiten Hälfte der 1980er Jahre in der slowenischen Geschichtsschreibung zu bedeutenden Veränderungen. Ein Teil der meist jungen Forscher wandte sich nach dem Vorbild westeuropäischer, vor allem französischer, deutscher und österreichischer Autoren, Themen zu, die weniger erforscht oder überhaupt noch nicht beachtet worden waren und Fragen der Sozial-, Alltags- und Kulturgeschichte behandelten. Eine andere Gruppe widmete sich dem Studium der nahen und weiter zurück liegenden Vergangenheit (vom Mittelalter bis zur Neuesten Geschichte) in nationaler, ideologischer und politischer Hinsicht viel entspannter als ihre Vorgänger. Peter Štih problematisierte in den vergangenen zwei bis drei Jahrzehnten überzeugend das national mythisierte Bild der slowenischen mittelalterlichen Geschichte und das Stereotyp „der tausendjährigen slowenischen Untertänigkeit" und entnationalisierte das Bild der mittelalterlichen Geschichte der Gebiete mit slowenischsprachiger Bevölkerung[14]. Eine ganz neue Bedeutung erhielt auch die Erforschung von Adel und Bürgertum, die den Adel und das deutsch und italienisch sprechende Bürgertum endlich in die „slowenische Geschichte" bzw. in das historiographische Bild jenes Raumes, in dem slowenischsprachige Bevölkerung siedelte, integrierte.

Ähnlich modifiziert wurden die Verhältnisse im 19. Jahrhundert und vor dem Ersten Weltkrieg beurteilt. Die Autoren, die sich mit der nachjosephinischen Zeit und mit dem Vormärz beschäftigten, verwiesen darauf, dass in dieser Zeit nicht nur der „Absolutismus" im österreichischen Kaisertum geherrscht habe, sondern dass dies auch die Zeit einer langsamen, jedoch kontinuierlichen, staatlich gelenkten Modernisierung gewesen sei. Diese habe wirtschaftliche und gesellschaftliche Veränderungen ermöglicht und den

---

[12] Miha PREINFALK, Zgodovinopisje na Slovenskem in njegov odnos do plemstva [Geschichtsschreibung im slowenischen Raum und ihr Verhältnis zum Adel]. *Zgodovinski časopis* 58 (2004) 507–516. Unter den slowenischen Historikern, die sich seit dem Ende der 1980er Jahre besonders der Erforschung des Adels auf dem Gebiet mit slowenischsprachiger Bevölkerung im Mittelalter widmeten, sind Peter Štih, Dušan Kos und Andrej Komac zu nennen, den Adel in der Neuzeit erforschten und erforschen Maja Žvanut, Miha Preinfalk, Marko Štuhec, Stane Granda, Barbara Žabota und andere.

[13] Sergij VILFAN, Slovenski kmečki narod? [Die slowenische Nation – eine Bauernnation?], in: 29. seminar slovenskega jezika, literature in kulture, hg. von Miran HLADNIK (Ljubljana 1993) 229–243, hier 229; Sergij VILFAN, Država in dežela od 13. do 18. stoletja [Staat und Land vom 13. bis zum 18. Jahrhundert], in: Slovenci in država. Zbornik prispevkov z znanstvenega posveta na Slovenski akademiji znanosti in umetnosti (9. bis 11. November 1994), hg. von Bogo GRAFENAUER (Slovenska akademija znanosti in umetnosti, Razred za zgodovinske in družbene vede, Razprave 17, Ljubljana 1995) 47–60, hier 59.

[14] Vgl. ŠTIH, Miti in stereotipi (wie Anm. 4), und PREINFALK, Zgodovinopisje na Slovenskem (wie Anm. 12).

Prozess der Verbürgerlichung mit der Bildung kultureller und politischer Eliten bei allen Nationen, „historischen" und „nichthistorischen", beschleunigt. Mehrere Autoren wiesen darauf hin, dass schon der Vormärz weniger düster und wirtschaftlich und kulturell lebhafter gewesen sei, als die slowenische Geschichtsschreibung bisher behauptet hatte[15]. Auch jene Historiker, die sich der national-politischen, wirtschaftlichen, gesellschaftlichen und kulturellen Entwicklung der Slowenen in der zweiten Hälfte des 19. Jahrhunderts widmeten, urteilten genauer und ausgewogener als bisher über die Entwicklung von Verfassung und Politik in Cisleithanien seit dem Beginn der Verfassungsära und hoben hervor, dass die Zeit der deutschliberalen Reformen und der Regierungen von 1867 bis 1879, die von der slowenischen Geschichtsschreibung bisher nur einseitig vom nationalen antideutschen Standpunkt aus betrachtet worden war, auch eine Zeit wichtiger Veränderungen auf der Ebene der Gesetzgebung und der Verfassung gewesen sei. Ferner habe sich in dieser Phase der moderne Parlamentarismus durchgesetzt, ebenso hätten die konfessionelle Freiheit, die Presse- und Versammlungsfreiheit, der laizistische Staat und der moderne Schulunterricht begonnen, was die Entwicklung aller Völker in der Monarchie vorangetrieben habe[16].

Eine jüngere Generation von Historikern des 19. Jahrhunderts wurde vor allem von Professor Vasilij Melik (1921–2009) beeinflusst, der darauf hinwies, dass sich die Slowenen trotz der ungünstigen politischen und sozialen Verhältnisse im Jahrhundert von 1800 bis 1900 zu einer Nation entwickelt hätten, die gegen Ende des 19. Jahrhunderts hinsichtlich der Alphabetisierung nur hinter den Deutschen, Tschechen und Italienern rangiert habe. Die Slowenen hätten – so Melik – in der Verfassungsära „enorme Fortschritte" gemacht und seien „vor dem Ersten Weltkrieg zu einer vollkommen entwickelten Nation" geworden, „obwohl sie sich berechtigterweise von dem stärkeren Deutschtum bedroht fühlten". Die große Mehrheit der slowenisch sprechenden Bevölkerung (außer einer „geringen Zahl von Extremisten") sei vor dem Ersten Weltkrieg und noch während des Krieges zweifelsohne „der Dynastie verbunden" gewesen und habe die Monarchie als ihre Heimat empfunden, jedoch habe sie gleichzeitig auch die Ideen für eine Umgestaltung in einen Staat, der den Slawen im Allgemeinen, den Südslawen und den Slowenen im Besonderen nationale Gleichberechtigung ermöglicht hätte, unterstützt. Melik urteilte daher, dass sich die nationalen Gegensätze in der Monarchie seit dem Ende des 19. Jahrhunderts zwar kontinuierlich verschärft hätten, dass aber trotzdem noch immer eine nicht unerhebliche Bereitschaft zu „Konsens und Kompromissen" bestanden habe. Davon zeugten diverse Pläne für die Umgestaltung der Monarchie, die einerseits Ausdruck ihrer Krise gewesen seien, auf der anderen Seite aber auch ihrer Lebenskraft, da für „Sterbende", wie Melik bildhaft schrieb, „gewöhnlich keine Programme erstellt werden". Melik vertrat im Gegensatz zu den meisten slowenischen Historikern, die weiterhin davon überzeugt waren, dass die Monarchie auch ohne Krieg bald zerfallen wäre, schon in den 1980er Jahren die Meinung, dass man das nicht überzeugend und endgültig beurteilen könne, da erst der Krieg „alles entschied"[17].

---

[15] Peter Vodopivec, Predmarčna doba [Die Zeit des Vormärz], in: Simpozij Prešernovi dnevi v Kranju. Ob 150 letnici dr. Franca Prešerna, hg. von Boris Paternu (Kranj 2000) 9–21.

[16] Filip Čuček, Razmišljanja o demokraciji v avstrijski ustavni dobi in njeni recepciji na Slovenskem [Überlegungen zur Demokratie in der österreichischen Verfassungsära und ihrer Rezeption in Slowenien]. *Prispevki za novejšo zgodovino* 54/2 (2014) 7–29.

[17] Vasilij Melik, Leto 1918 v slovenski zgodovini [Das Jahr 1918 in der slowenischen Geschichte]. *Zgodovinski časopis* 42/4 (1988) 525–532, hier 525f. – Melik ist im deutschsprachigen Raum vor allem

Das Bild der Habsburgermonarchie in der slowenischen Historiographie veränderte sich also in den letzten zwei bis drei Jahrzehnten. Es blieb aber nach wie vor vom slowenischen national-historischen Blickwinkel und vom Blickwinkel der slowenischen Geschichte dominiert, da sich auch in dieser Zeit kein slowenischer Historiker dazu entschied, eine grundlegend neue historische Gesamtdarstellung zu verfassen. Das im Jahre 2006 erschienene Lehrbuch des – leider viel zu früh verstorbenen – Professors Janez Cvirn mit dem Titel „Die Entwicklung des Verfassungswesens und des Parlamentarismus in der Habsburgermonarchie" mit dem Untertitel „Der Wiener Reichsrat und die Slowenen (1848–1918)" ist in dieser Hinsicht eine bedeutende Neuerung, jedoch in erster Linie ein sachliches, als Hilfe für die Studenten konzipiertes Werk[18]. Nach Cvirns Meinung stellte den Hauptgrund für den Zerfall der Monarchie nicht die zu langsame und zu ungenügende Demokratisierung des politischen Lebens dar, sondern das Fehlen eines Konsenses hinsichtlich ihrer Staatsordnung. Nach der Wiederherstellung des Verfassungslebens seit den sechziger Jahren des 19. Jahrhunderts verschärfte sich die politische Lage in der Monarchie nachhaltig durch die nationalen Gegensätze und die politischen Kämpfe für die Umgestaltung des Staates im nationalen Sinne.

Wahrscheinlich geht man in der Einschätzung nicht fehl, dass die heutigen slowenischen Historiker konkrete Urteile über die Habsburgermonarchie und ihre Geschichte, wenn möglich, noch immer vermeiden. In der „Enzyklopädie Sloweniens", die in 16 Bänden von 1987 bis 2002 erschienen ist, findet man ein relativ kurzes Stichwort über die Habsburger, ein noch kürzeres über Österreich-Ungarn und eine flüchtige Notiz, dass die „Länder, die die Habsburger im Deutschen Kaiserreich besaßen, zusammen mit ihren Ländern der ungarischen Krone als Habsburgermonarchie bezeichnet werden", unter dem Stichwort „Monarchie"[19]. Das Stichwort „Habsburška monarhija" wird man jedoch vergeblich suchen.

Die Darstellung einer Gesamtansicht der Habsburgermonarchie und ihrer Geschichte bleibt demnach noch eine offene Aufgabe der modernen slowenischen Geschichtsschreibung. In den letzten Jahren erschienen allerdings drei Publikationen, in denen die Habsburgermonarchie in einer ausgewogeneren, weniger national belasteten Weise, obwohl selbstverständlich noch immer vor allem aus der slowenischen Perspektive, dargestellt wird. Andrej Rahten widmete sich in seinem Buch „Der Tod des Thronfolgers" den Reformideen Franz Ferdinands und suchte eine Antwort auf die Frage nach den Hintergründen des Attentats von Sarajevo[20]. Der von Gregor Antoličič herausgegebene Sammelband mit Beiträgen zu Kaiser Franz Joseph ist überhaupt die erste slowenische geschichtswissenschaftliche Publikation, die sich diesem Thema seit dem 1898

---

durch sein Standardwerk zur österreichischen Wahlrechtsgeschichte bekannt geworden: DERS., Wahlen im alten Österreich. Am Beispiel der Kronländer mit slowenischsprachiger Bevölkerung (Anton Gindely Reihe zur Geschichte der Donaumonarchie und Mitteleuropas 3, Wien–Köln–Weimar 1997; slowen. Originalausgabe – unter dem Titel: Volitve na Slovenskem 1861–1918 [Wahlen in Slowenien 1861–1918] – Ljubljana 1965).

[18] Janez CVIRN, Razvoj ustavnosti in parlamentarizma v Habsburški monarhiji. Dunajski državni zbor in Slovenci (1848–1918) [Die Entwicklung des Verfassungswesens und des Parlamentarismus in der Habsburgermonarchie. Der Wiener Reichsrat und die Slowenen (1848–1918)] (Ljubljana 2006).

[19] Art. Habsburžani [Die Habsburger]. *Enciklopedija Slovenije* 3 (Ljubljana 1989) 412–416; Art. Avstroogrska [Österreich-Ungarn]. *Ebd.* 1 (Ljubljana 1987) 152f.; Art. Monarhija [Monarchie]. *Ebd.* 7 (Ljubljana 1993) 213.

[20] Andrej RAHTEN, Prestolonaslednikova smrt [Der Tod des Thronfolgers] (Ljubljana 2014).

erschienenen Buch „Naš cesar" (Unser Kaiser) von Josip Apih widmet[21]. Und ein von Miha Preinfalk und Boris Golec herausgegebener Sammelband ist das erste Buch slowenischer Historiker, das Maria Theresia und ihre Zeit behandelt[22].

Bedeutende neue Publikationen auf dem slowenischen Büchermarkt sind auch die 2017 erschienene „Österreichische Geschichte" des österreichischen Historikers Ernst Bruckmüller, die er auf Anregung slowenischer Kollegen für den Verlag Slovenska matica verfasst hatte[23], und die umfangreiche Monographie des amerikanischen Historikers Pieter Judson, die in slowenischer Übersetzung 2018 im Verlag Sophia erschienen ist[24]. Bruckmüllers Buch, die erste umfassende Darstellung der österreichischen Geschichte von den ältesten Epochen bis heute in slowenischer Sprache, offenbart dem slowenischen Leser einen neuen und viel breiteren Blick auf die Habsburgermonarchie als die slowenische historische Literatur. Pieter Judsons Buch „Habsburški imperij" stellten die Historiker, die die Übersetzung angeregt hatten, als „das grundlegende Werk auf dem Gebiet der sozial-, kultur- und politischen Geschichte des habsburgischen Imperiums dar, das die herrschenden nationalistischen und ethnozentrischen Paradigmen" überwinde[25]. Die beiden Publikationen von Ernst Bruckmüller und Pieter Judson haben unter den slowenischen Historikern bisher (noch) keine lebhafteren Diskussionen angeregt.

---

[21] Franc Jožef [Franz Joseph], hg. von Gregor ANTOLIČIČ (Ljubljana 2016); Josip APIH, Naš Cesar [Unser Kaiser] (Celovec 1898).

[22] Marija Terezija. Med razsvetljenskimi reformami in zgodovinskim spominom [Maria Theresia. Zwischen aufgeklärten Reformen und der historischen Erinnerung], hg. von Miha PREINFALK–Boris GOLEC (Ljubljana 2018).

[23] Ernst BRUCKMÜLLER, Avstrijska zgodovina (Ljubljana 2017; deutsche Ausgabe unter dem Titel „Österreichische Geschichte. Von der Urgeschichte bis zur Gegenwart" Wien–Köln–Weimar 2019).

[24] Pieter M. JUDSON, Habsburški imperij [Das habsburgische Imeprium] (Ljubljana 2018; amerikan. Originalausgabe unter dem Titel „The Habsburg Empire: A new history" Cambridge, Mass.–London 2016).

[25] Aus der Darstellung des Verlages, der Judsons Buch mit dem zitierten Ausschnitt aus der Buchbesprechung von Univ.-Doz. Dr. Jernej Kosi bewarb (www.zalozba-sophia.si/katalog/2018/habsburski-imperij [25. 4. 2022]).

Die Habsburgermonarchie
als Gegenstand der italienischen Historiographie

Antonio Trampus

Vorbemerkung

Will man einen Überblick über das Interesse der Italiener an der Geschichte der Habsburgermonarchie in ihrer ganzen Komplexität bieten, so stößt man dabei aus den verschiedensten Gründen auf nicht unerhebliche Schwierigkeiten. In erster Linie, weil nach dem Zweiten Weltkrieg während einer Periode von circa drei Jahrzehnten einige so charismatische Figuren wie Adam Wandruszka, Silvio Furlani, Franco Valsecchi und Leo Valiani einen aktiven Beitrag zur Entwicklung der österreichisch-italienischen Studien geleistet haben[1]. Durch ihr Wirken entstanden so wichtige Kulturinstitute wie das Italienisch-Deutsche Historische Institut in Trient und das Istituto per gli Incontri Culturali Mitteleuropei (Institut für mitteleuropäische Begegnungen) in Görz (Gorizia). Es handelt sich bei diesen Personen um Vertreter einer Generation Intellektueller, deren Denken sich in der Zeit zwischen den beiden Weltkriegen herausgebildet hat und die den Höhepunkt ihrer wissenschaftlichen – natürlich kosmopolitisch und mehrsprachig ausgerichteten – Aktivität in eben diesen drei Jahrzehnten zwischen 1950 und 1980 erlebte. Dahinter steckt der ideologisch-politische Hintergrund, die nationalen Konflikte, die das 19. und 20. Jahrhundert vor eine Zerreißprobe gestellt haben, zu überwinden[2]. Hingegen sind sie von dem Wunsch beseelt, ihre Vision von einer europäischen, kosmopolitischen, toleranten und multiethnischen Gesellschaft zu verwirklichen beziehungsweise dieser Utopie neues Leben einzuhauchen. Doch seit den achtziger Jahren des 20. Jahrhunderts büßten diese Intellektuellen und ihr Wirken an Bedeutung ein, was keineswegs dem Zufall geschuldet war. Das Interesse der Weltgemeinschaft und die kulturellen Empfindlichkeiten in Europa verschoben sich. Grund dafür war, dass das Projekt der europäischen Einigung wieder ins Spiel gebracht wurde. Im Jahr 1984 setzte denn auch die Realisierung des Vertragsprojekts ein, aus dem die Europäische Union

---

[1] Adam Wandruszka, La crisi finale dell'Impero austro-ungarico, in: Atti del XLI Congresso di storia del Risorgimento italiano, Trento 1963 (Istituto per la Storia del Risorgimento Italiano. Atti dei congressi 9, Roma 1965) 293–312; Silvio Furlani–Adam Wandruszka, Austria e Italia: storia a due voci (Bologna 1974); Neuausgabe hg. von Maddalena Guiotto–Stefan Malfèr (Bologna 2002); Austria e province italiane 1815–1918: potere centrale e amministrazioni locali, hg. von Franco Valsecchi–Adam Wandruszka (Ann. Trento, Quaderni 6, Bologna 1981); Leo Valiani, La dissoluzione dell'Austria-Ungheria (La Cultura. Biblioteca di storia contemporanea 8, Milano 1966).

[2] Paolo Chiarini–Herbert Zeman, Italia-Austria alla ricerca di un passato comune, 2 Bde. (Atti dell'Istituto Italiano di Studi Germanici 4–5, Roma 1995–2002).

hervorgehen sollte. An die Stelle der Utopie der Nachkriegszeit ist seitdem ein pragma-
tischer Optimismus gerückt, der Europa nicht mehr als Ort miteinander in Wettstreit
liegender Nationen oder Dynastien sieht, sondern nunmehr als fast schon existierenden
Ort grenzüberschreitender kultureller Instanzen. Aus historiographischer Sicht gilt deshalb der klassische Ansatz der Studien zu den österreichisch-italienischen Beziehungen
nun als überholt und wenig aussichtsreich, da dieser in erster Linie noch darauf abgezielt
hatte, die vorherrschenden Misshelligkeiten und Feindseligkeiten zwischen den beiden
Nationen zu beseitigen. In ganz Europa setzte eine neue Phase ein, in der man sich
neuen Forschungsthemen zuwandte.

Was das Interesse der italienischen Historiographie an der Habsburgermonarchie
angeht, so hat sich in den vergangenen drei Jahrzehnten eine Wende vollzogen. Diese
lässt sich darauf zurückführen, dass die alten ideologischen Beweggründe nach dem Fall
der Berliner Mauer obsolet geworden sind. Diejenigen, die sich doch mit dem Thema
auseinandergesetzt haben, sahen sich drei wesentlichen Problemen gegenüber:

1. Die italienische Historiographie ist seit jeher sehr stark von regionalen Aspekten
geprägt, da Italien bis ins 19. Jahrhundert in mehrere Staaten zersplittert war, von denen
ein jeder unterschiedlichen Einflüssen seitens der Habsburgermonarchie ausgesetzt war.
Infolgedessen gibt es in der italienischen Historiographie – je nach geographischer Lage
und Region – seit jeher große Unterschiede hinsichtlich der Aufmerksamkeit und des
Interesses für die Habsburgermonarchie.

2. Im Laufe des 20. Jahrhunderts hat die italienische Historiographie die Habsburgermonarchie gemeinhin als eine Fremdherrschaft betrachtet, sei es aus politischer, sei es
aus kultureller und ökonomischer Perspektive. In den zurückliegenden drei Jahrzehnten
hat sich diese Sichtweise jedoch verlagert. Anstatt sich auf den Prozess der Konditionierung oder des kulturellen Einflusses von außen zu konzentrieren, treten zunehmend die
originären Merkmale der italienischen Halbinsel in den Fokus des Interesses, was einen
Blick auf die Phasen eines *nation building* ermöglicht. Auf diese Weise wird der Weg frei
für eine moderne Deutung des *nation building*, unabhängig vom Mythos des italienischen Risorgimento wie auch von der nationalistischen Kultur, die noch in der ersten
Hälfte des vergangenen Jahrhunderts die Diskussion prägte.

3. Infolgedessen kann man einen Rückgang des Interesses an der Habsburgermonarchie seitens der Italiener beobachten. Dieser Effekt lässt sich nur bedingt dadurch kompensieren, dass das leicht nachvollziehbare Interesse an der Monarchie in einigen Grenz-
gebieten wie zum Beispiel in Triest, Görz und Südtirol nach wie vor besteht.

Die Habsburgermonarchie und der Mitteleuropa-Mythos

Es ist nicht meine Absicht, diesen Beitrag auf einen Publikationskatalog italienischer
Autoren zu reduzieren, die sich mit der Habsburgermonarchie beschäftigt haben. Vielmehr sollen einige historiographische Knotenpunkte und einige Deutungsprobleme herausgearbeitet werden, die zum Niedergang des von mir bereits definierten historiographischen Interesses an der Habsburgermonarchie geführt haben und die zugleich dazu
dienen können, die neuen Forschungstendenzen im ersten Jahrzehnt dieses Jahrhunderts
zu erhellen.

Eine der Ursachen der abnehmenden historiographischen Aufmerksamkeit an der
Habsburgermonarchie liegt meines Erachtens im Niedergang des Mythos von Mittel-

europa in den vergangenen drei Jahrzehnten. Die Mehrheit der Europäer, insbesondere
der Europäer rund um das Mittelmeer, verortet die Habsburgermonarchie im 20. Jahrhundert nicht im Heiligen Römischen Reich oder in der Vielvölkermonarchie, sondern
im Schoß des Mythos von Mitteleuropa. Als Mittäter, der an diesem Mythos gestrickt
hat, ist hier an erster Stelle die österreichische Literatur selbst zu nennen. Des Weiteren
muss der große Erfolg betont werden, der Claudio Magris' 1963 in italienischer und
1966 in deutscher Sprache erschienener Doktorarbeit in den zurückliegenden 50 Jahren
beschieden war[3]. Man kann guten Gewissens behaupten, der Mythos Mitteleuropa habe
in der Nachkriegszeit des Zweiten Weltkrieges lange Zeit als Surrogat für eine ideale und
utopische europäische Einheit gedient und sei schließlich vom Pragmatismus der Europäischen Union abgelöst worden.

Das Interesse an Mitteleuropa hat also in den achtziger Jahren genauso nachgelassen
wie das Interesse an seinem Herzstück, der Habsburgermonarchie. Das erklärt auch den
Umstand, dass in jene siebziger und achtziger Jahren des vergangenen Jahrhunderts die
letzten historiographischen Reflexionen über den wechselseitigen Einfluss der italienischen und der österreichischen Forschungen datieren. Ich beziehe mich hier auf die
Beiträge von Adam Wandruszka[4] und Fritz Fellner. Wandruszka verfolgte die Tendenzen
der italienischen Historiographie sehr aufmerksam; Fellner scheute sich nicht anzupran-
gern, die österreichische Historiographie neige dazu, Themen, die nicht unmittelbar mit
der österreichischen Geschichte zusammenhingen, zu übergehen[5].

Wie dem auch sei, Mitteleuropa und die österreichische Geschichte sind schrittweise
von der italienischen Tagesordnung verschwunden. Ruft man die Internetseite des italienischen Ministeriums für Kulturgüter und kulturelle Aktivitäten auf und überfliegt
die Bibliographie der seit 1990 erschienenen italienischen Aufsätze, die den Ausdruck
Mitteleuropa enthalten, lässt sich die schrittweise Verschiebung vom Interessenschwer-
punkt Mitteleuropa hin zum Forschungsschwerpunkt „Grenzen" und „Grenzgebiete"
verfolgen[6]. Sind bis dahin Faktoren wie die „Einheit" in der europäischen Kulturgeschichte Forschungsgegenstand, so scheinen nun Faktoren wie die „Identität" der einzelnen Kulturen in den Mittelpunkt zu rücken. Es ist kein Zufall, dass sich diese Entwicklung seit 1990 immer deutlicher abzeichnet. Es ist allgemein bekannt, dass dieses
Jahr nach dem Fall der Berliner Mauer in Europa eine „neue Ära" einleitete. Die Auswirkungen dieses Ereignisses sind jedoch paradox: Es scheint, als habe das alte Europa,

---

[3] Claudio Magris, Der habsburgische Mythos in der österreichischen Literatur (Salzburg 1966;
italien. Originalausgabe Torino 1963). Dieser Erfolg Magris' konnte später auch durch seine literarische
Produktion, so vor allem durch das Buch: Donau. Biographie eines Flusses (München–Wien1988 [ita-
lien. 1986]), gefestigt werden. Vgl. z. B. 40 Jahre „Habsburgischer Mythos". Eine Ausstellung der Stadt-
bibliothek „Vincenzo Joppi" Udine und des Musil-Instituts der Universität Klagenfurt, Udine, Stadt-
bibliothek „Vincenzo Joppi", 28. Mai bis 27. Juni 2003, hg. von Luigi Reitani (Udine 2003).
[4] Adam Wandruszka, La storia moderna d'Italia nella storiografia austriaca. Storia e politica 12
(1973) 353–373; ders., Literaturbericht über die Geschichte Italiens in der Neuzeit, Teil 1: 1494–1796,
Veröffentlichungen 1957–1971. HZ Sonderh. 5 (1973) 119–201.
[5] Fritz Fellner, Die österreichische Geschichtsforschung über Italien seit 1918. Ann. Trento 11
(1985) 261–290; Pia Dusi, Stessa battaglia, tanti racconti: fonti di lingua tedesca, in: L'altro crinale. La
battaglia di Solferino e San Martino letta dal versante austriaco, hg. von Costantino Cipolla–Pia Dusi
(Laboratorio sociologico, Sociologia e storia 2, Milano 2009) 120–131.
[6] Antonio Trampus, Il declino della Mitteleuropa e l'ossimoro del confine mobile, in: Per Rita
Tolomeo. Scritti di amici sulla Dalmazia e l'Europa centro-orientale, hg. von Ester Capuzzo–Bruno
Crevato Selvaggi–Francesco Guida (Roma 2014) 5–20.

das durch die deutsche Wiedervereinigung und die Auflösung der Sowjetunion sowie
Jugoslawiens seinen Schutzraum verloren hat und das sich innerhalb weniger Jahre seiner konkreten und politischen Grenzen beraubt sieht, damit auch den Ort verloren, der
seiner Identität traditionell eine Heimat gegeben hatte. Ja, es scheint, als handle es sich
um einen psychologischen Reflex des alten Europa, sozusagen um das Bedürfnis, sich
mittels historiographischer Reflexionen dieser alten Grenzen zu vergewissern: Die nie-
dergerissenen Mauern werden im Kopf neu hochgezogen. Und je mehr die friedens-
sichernde Funktion des europäischen Einigungsprozesses hervorgehoben wird, desto
mehr Studien zur nationalen Tradition sprießen aus dem Boden. Dieses Phänomen lässt
sich auch auf sozialgeschichtlicher Ebene verfolgen; dort drückt es sich in immer zahl-
reicheren Studien aus, die sich mit Mikrokonflikten auseinandersetzen, die sich an
Grenzfragen entzünden.

Dies ist ein weiterer Grund für das abnehmende Interesse an Mitteleuropa und der
Habsburgermonarchie. Innerhalb Mitteleuropas kannte man keine Grenzen und selbst
die Grenzen der Habsburgermonarchie waren nicht klar definiert. Es herrschte eine
bunte Vielfalt an Sprachen, Verwaltungstraditionen, Religionen etc. Dagegen kommen
in Europa historische Untersuchungen über Grenzen im Laufe der neunziger Jahre geradezu in Mode. Als Höhepunkt dieser Entwicklung muss das im Jahr 1997 in Budapest
vorgestellte internationale Projekt „Microhistory of the Triplex Confinium" gelten, das
in der internationalen Forschung großes Aufsehen erregte und das auch in Italien eine
entsprechende Wirkung zeitigte[7]. Mitteleuropa war eine intellektuelle Konstruktion
und, um es mit Jacques Le Rider zu sagen, der diesem Mythos eine ganze Monographie
gewidmet hat: „Der Begriff Mitteleuropa hat nie einen geographisch genau bestimm-
baren Ort bezeichnet. [...] Jede geistige Strömung in der Mitte Europas definiert die
geographische Ausdehnung dieses potentiellen ‚Sub-Kontinents' auf ihre Weise [...]."[8]
Diese Behauptungen lassen sich in gewisser Weise auch auf die Habsburgermonarchie
übertragen, die man sich in der Geschichte als eine Raumvorstellung denken kann, für
die Unfestes und ständig sich wandelnde Grenzen charakteristisch sind. Ich beziehe
mich hierbei auf Karl Vocelka, der in dem Band der „Österreichischen Geschichte",
der der Habsburgermonarchie in der Zeit zwischen 1699 und 1815 gewidmet ist, in
dem Kapitel mit dem Titel „Räume – Lokalisierungsprobleme" mit der Geopolitik ab-
rechnet[9].

Es sei kein Zufall, so Jacques Le Rider in einem seiner sofort ins Italienische über-
setzten Bücher, dass die Debatte über Mitteleuropa auch im gesamten deutschen
Sprachraum bestimmten Zyklen unterworfen gewesen sei und sich immer dann aufs
Neue entzündet habe, sobald sich Deutschland in einer Krisensituation oder in einer
Übergangsperiode befunden habe und sich seiner geopolitischen Identität habe ver-
sichern wollen. Parallel zum Niedergang Mitteleuropas rückt der gesamte deutsche
Sprachraum zumindest ein Stück weit aus dem Zentrum, zugunsten einer Politik, die
nun die EU in den Mittelpunkt stellt. Es ist dies ein Zeichen, das von einer gewissen
Renitenz gegen die europäische Integration zeugt und sich auch gegen den Willen eini-

---

[7] Edith SAURER, Una contraddizione sistematica: i confini nella monarchia asburgica fra Sette e
Ottocento, in: Confini: costruzioni, attraversamenti, rappresentazioni, hg. von Silvia SELVATICI (Soveria
Mannelli 2005) 23–36.

[8] Jacques LE RIDER, Mitteleuropa. Auf den Spuren eines Begriffes. Essay (Wien 1994) 7.

[9] Karl VOCELKA, Glanz und Untergang der höfischen Welt. Repräsentation, Reform und Reaktion
im habsburgischen Vielvölkerstaat (Österreichische Geschichte 1699–1815, Wien 2001) 21.

ger Völker richtet, die nach einer – noch hypothetischen Form – regionaler Autonomie streben[10].

Diese kulturellen Veränderungen erweisen sich im italienischen Kontext als sehr bedeutsam, da das Erlernen der deutschen Sprache – und damit einhergehend der österreichischen Kultur – hierdurch an Prestige verloren hat wie auch seiner Funktion der kulturellen Weitergabe verlustig ging. Seit dem Beginn der achtziger Jahre des 20. Jahrhunderts macht die deutsche Sprache eine sich kontinuierlich verschärfende Krise durch, die sich zum Teil auf einen weitaus höheren Schwierigkeitsgrad der Sprache zurückführen lässt, wenn man sie mit den Weltsprachen Englisch und Spanisch vergleicht. Andererseits spielt auch das zurückgegangene Prestige der deutschsprachigen Länder mit hinein. Die uns vorliegenden Daten des Italienischen Germanistenverbands offenbaren zudem, dass insbesondere an den Oberschulen und den italienischen Universitäten das Wirtschaftsdeutsch dem Bildungsdeutsch deutlich den Rang abgelaufen hat[11].

In der wissenschaftlichen Ausbildung der Historiker in Italien wurde das ganze 20. Jahrhundert über traditionell eher wenig Gewicht auf Fremdsprachen gelegt. Das Erlernen europäischer Sprachen stand nicht auf den Studienplänen der Geschichtsstudenten, und das hat sich bis zum heutigen Zeitpunkt nicht geändert: Im gesamten Grundstudium sind für die einzige obligatorische Fremdsprache, und zwar das Englische, insgesamt 6 ECTS-Punkte vorgesehen. Das entspricht 30 Stunden Unterricht in drei Jahren. Infolgedessen verfügen nur wenige italienische Geschichtswissenschaftler über ein internationales Profil, und diejenigen, die über Fremdsprachenkenntnisse verfügen, haben sie sich im Wesentlichen autodidaktisch angeeignet. Das gilt zumindest bis zu der Generation der heute 25- bis 30-Jährigen, die gewöhnlich Studienerfahrungen im Ausland sammeln konnten. Auch aus diesem Grund wurden von der italienischen Geschichtswissenschaft in den vergangenen drei Jahrzehnten Forschungen zur nationalen Geschichte der Apenninenhalbinsel privilegiert, und in der akademischen Forschung haben jene Karriere gemacht, die sich eher mit der italienischen statt mit der internationalen Geschichte beschäftigt haben.

Ein weiteres Element, das das Interesse der italienischen Geschichtswissenschaften an der Habsburgermonarchie bestimmt, betrifft den Zugang zu den deutschsprachigen Quellen. Wie allgemein bekannt, sind die deutschsprachigen Archivquellen bis weit ins 20. Jahrhundert für gewöhnlich nicht in Lateinschrift, sondern in einer deutschen Schreibschrift („Kurrentschrift") verfasst; selbst im deutschsprachigen Raum kann diese Schrift mittlerweile kaum noch jemand entziffern, geschweige denn ein Italiener – selbst wenn er der deutschen Sprache mächtig ist. Die deutsche Schrift stellt damit ein fast unüberwindliches, ja abschreckendes Hindernis für das Studium der deutschen und österreichischen Geschichte dar. Und wen dies nicht gleich vom Studium abhält, den schränkt es doch enorm ein, die Quellen nicht aus erster Hand lesen zu können.

Diese Situation spiegelt sich in den Forschungsdoktoraten und in der Themenauswahl der letzten drei Jahrzehnte wider, die sich vor allem auf die italienische Geschichte beschränkt und in erster Linie lokalhistorische Sujets behandelt. Es liegen keine komplexen Daten zu den Forschungsthemen der Doktoratsstudien in Geschichte in Italien

---

[10] Peter M. R. STIRK, The Idea of Mitteleuropa, in: Mitteleuropa. History and Prospects, hg. von DEMS. (Edinburgh 1994) 1–35, hier 1; siehe auch Mitteleuropa. Between Europe and Germany, hg. von Peter KATZENSTEIN (Providence 1997).

[11] Bollettino dell'Associazione Italiana di Germanistica 1ff. (2008ff.).

vor. Allerdings ermöglichen mir die Daten der italienischen Gesellschaft für das Studium der Neuesten Geschichte[12] und eine kurze Umfrage, die ich zu diesem Gegenstand unter italienischen Geschichtswissenschaftlern des italienischen Historikerverbandes für Neuere Geschichte durchgeführt habe[13], ein provisorisches Bild der Situation zu zeichnen und zu erklären. Seit den achtziger Jahren haben zum Beispiel von circa 1600 Doktoratsthesen nur sechs direkt die Habsburgermonarchie zum Thema gehabt. Generell überwiegen in der Auswahl der Doktoratsthesen bis zum Jahr 2000 ganz deutlich Themen, die der italienischen und nicht der internationalen Geschichte zuzuordnen sind[14]. Erst seit etwa 2008 hat sich diese Tendenz umgekehrt, was sich wohl auf die tiefgreifende Reform der Doktoratsstudien zurückführen lässt, die eine fächerübergreifende Durchlässigkeit zwischen unterschiedlichen Fachrichtungen ermöglicht hat. Um ein weiteres Beispiel anzuführen: In den vergangenen Doktoratszyklen des Studiengangs Geschichte, die von den drei Universitäten des Veneto (Padova, Ca' Foscari und Verona) zusammen durchgeführt werden, arbeiten von 28 Doktoranden zehn an einem nicht rein italienischen Thema[15]. Möglicherweise liegt das auch daran, dass das Veneto eine Grenzregion ist und daher internationalen Fragestellungen gegenüber aufgeschlossener sein könnte. Auch das Forschungsdoktorat in Geschichtswissenschaften in Udine betont mit seiner Namensgebung „Geschichte, Kulturen und Strukturen von Grenzregionen" seine internationale Ausrichtung[16]. Genauso bedeutsam, wenn auch auf umgekehrte Art und Weise, ist zum Beispiel die Tatsache, dass die Forschungsdoktorate an der Katholischen Universität Mailand seit jeher ausschließlich italienische Themen behandeln[17].

Es versteht sich von selbst, dass all diese bisher aufgeführten Details die Rezeption der österreichischen Historiographie in Italien maßgeblich beeinflusst haben und auch weiterhin beeinflussen. In den italienischen Verlagskatalogen stammen denn auch die meisten der Beiträge über die Habsburgermonarchie nicht aus der Feder von Österreichern, sondern zum Beispiel von dem Franzosen Jean Béranger und dem Briten Robert Evans, deren Werke übersetzt worden sind.

Neue Forschungen und neue Tendenzen:
das Imperium nach dem Imperium

Dennoch ist in den vergangenen zehn Jahren eine neue Generation von Wissenschaftlern angetreten, die über internationale Erfahrung verfügen und sich neuen Themen zugewandt haben und nun wieder mit einem originellen, komparatistischen und

---

[12] Enrico FRANCIA, I dottorati di ricerca in storia contemporanea. *Il mestiere di storico.* Annali SISSCO 2002, http://www.sissco.it/articoli/annale-iii2002-1034/i-dottorati-di-ricerca-in-storia-contem poranea-1035/ [25. 4. 2015]; DERS., Le tesi di dottorato di storia contemporanea, un censimento (1994–1999). *Annali SISSCO* 2003, http://www.sissco.it/articoli/annale-iv2003-1027/le-tesi-di-dottorato-in-storia-contemporanea-un-censimento-1994-1999-1031/ [25. 4. 2022].

[13] Schriftliche Untersuchung durch die Società Italiana per lo Studio dell'Età Moderna (SISEM) vom 11. August 2013 im Besitz des Autors.

[14] Bericht von Vittorio Frajese (La Sapienza Università di Roma) an den Autor vom 24. August 2013.

[15] http://virgo.unive.it/dottoratostoria/storia-del-dottorato [Stand vom 27. 2. 2015].

[16] Bericht von Flavio Rurale (Università degli Studi di Udine) an den Autor vom 13. August 2013.

[17] Bericht von Danilo Zardin (Università Cattolica del Sacro Cuore, Milano) an den Autor vom 12. August 2013.

fächerübergreifenden Ansatz auf die österreichische Geschichte blicken. Die Imperien gehören zur Zeit zu den meistbehandelten Themen, und als ein solches dient die Habsburgermonarchie als Modell für die Kategorie Imperium schlechthin. Nicht nur die historischen und historiographischen Aspekte werden beleuchtet, sondern ebenso die politischen, ökonomischen und sozialen Wirklichkeiten in ihrer ganzen Komplexität. In diesem Sinne, in der Geschichte der internationalen Beziehungen, werden die Begriffe Imperium und imperiale Vorherrschaft als politische Organisationsformen gedeutet, die – entgegen der traditionellen Geschichtswissenschaft – nicht immer wieder dem Untergang geweiht sind, sondern ständigen Verwandlungen unterworfen sind, bis sie schließlich in den gegenwärtigen Hegemonialmächten aufgehen. Das Kaisertum Österreich bzw. die Doppelmonarchie Österreich-Ungarn verfügt also über eine kognitive Struktur, die dazu dienen kann, den gewaltigen Herausforderungen, vor denen die heutige Gesellschaft steht, entgegenzutreten, nämlich den großen Schwierigkeiten, die die Neuorientierung und die Krise der gegenwärtigen Hegemonialmächte begleiten.

Die italienische Geschichtswissenschaft arbeitet auf diesem Feld, weil Italien im Laufe der vergangenen Jahrhunderte einerseits viele Imperien (das Römische Reich, das Papsttum, Venedig) auf seinem Boden gesehen hat, andererseits – seit der Frühen Neuzeit – der Peripherie großer Imperien angehörte (Spanien, Frankreich, die Habsburgermonarchie, bis hin zu den großen Kolonialmächten des 20. Jahrhunderts, den USA und der Sowjetunion). Aus diesem Grund besinnt sich die Forschung auf „neue" Themen zurück, darunter auch auf die Habsburgermonarchie. Dazu zählt in erster Linie der Ansatz der Analyse der Mechanismen des Kulturtransfers sowie des politischen und sozialen Transfers auf der vertikalen Ebene, um nachzuweisen, wie in Schlüsselmomenten der Neuzeit und der Gegenwart alte Hierarchiemodelle zwischen sozialen Gruppen und zwischen Staaten durch neue ersetzt worden sind, wodurch die Vorherrschaft neuer politischer Subjekte etabliert werden sollte. Das sollte unter anderem auch durch die Bildung neuer Eliten, einer Verwaltung und einer lokalen Führungsschicht erreicht werden. In Italien vollzog sich diese Entwicklung vor dem Hintergrund des Niedergangs der Habsburgermonarchie als Vielvölkerstaat und des Aufkommens neuer Hegemonialmächte bis ins 19. Jahrhundert. Zweitens greift die Forschung auf eine Analyse der Mechanismen des Kulturtransfers und des politischen Transfers auf horizontaler Ebene zurück, und zwar indem der imperiale Hegemoniebegriff in der politischen Sprache, der Politik und der Literatur innerhalb eines bestimmten Zeitraumes, der sich vom 16. bis zum 20. Jahrhundert erstreckt, untersucht wird.

In diesem Sinne dient die Geschichte der Habsburgermonarchie den italienischen Historikern dazu zu verstehen, wie es dieser in den Beziehungen zur italienischen Halbinsel gelingen konnte, als ein „komplexes System" dazustehen, das im Laufe der Zeit verschiedene Formen annehmen und den lokalen italienischen Eliten eine Möglichkeit der Internationalisierung bieten konnte[18]. Es ist auch interessant, der Frage nachzugehen, wie die Eliten und die Gesellschaft als Ganzes die supranationalen Realitäten wahrnahmen und in welches Verhältnis sie sich zu diesem System von Codes setzten, die ihrem Verständnis nach universell und transnational ausgerichtet waren. Des Weiteren will man herausfinden, durch welche ideologischen, sprachlichen und politisch-

---

[18] Österreichisches Italien – Italienisches Österreich? Interkulturelle Gemeinsamkeiten und nationale Differenzen vom 18. Jahrhundert bis zum Ende des Ersten Weltkrieges, hg. von Brigitte Mazohl-Wallnig–Marco Meriggi (Zentraleuropa-Studien 5, Wien 1999).

juridischen Mechanismen der Begriff Imperium wieder aufgenommen worden ist und welche Faktoren eine Dehnbarkeit des Begriffs in sich ständig erneuernden Kontexten ermöglicht haben. Über einen langen Zeitraum hinweg waren die Führungsschichten und der gesamte Verwaltungsapparat in eine Art politisches und kulturelles Netzwerk imperialen Typs (vom Heiligen Römischen Reich bis zum spanischen Weltreich, von der Habsburgermonarchie bis zum Napoleonischen Kaiserreich und dann zum österreichischen Kaiserstaat) verwoben und es lässt sich verfolgen, wie diese Eliten dies zu nutzen wussten.

Diese methodologische Sichtweise wurde gewissermaßen bereits in dem von Maria Garbari und Davide Zaffi herausgegebenen Band „Autonomia e federalismo nella tradizione storica italiana e austriaca"[19] und dann von Luisa Bussi in „Fra unione personale e stato sovranazionale. Contributo alla storia della formazione dell'impero d'Austria" vorweggenommen[20]. Erneut aufgegriffen wurde dieser Ansatz dann explizit in dem von Marco Bellabarba, Brigitte Mazohl, Reinhard Stauber und Marcello Verga herausgegebenen Werk mit dem Titel „Gli imperi dopo l'impero nell'Europa del XIX secolo" und in dem von Marco Bellabarba und Andrea Merlotti herausgegebenen Band „Stato sabaudo e Sacro Romano Impero"[21].

Die Habsburgermonarchie in der italienischen Historiographie: territoriale versus dynastische Geschichtsschreibung

Wollen wir einer anderen Tendenz innerhalb der italienischen Geschichtswissenschaft nachgehen, die sich aus den oben beschriebenen kulturellen Transformationen herleitet, so ist zu bemerken, dass sich das Interesse von der Habsburgermonarchie als territorialer Realität oder Vielvölkerstaat definitiv hin zu einer Idee der Monarchie als dynastischem System verschoben hat – ein letztendlich durchaus plausibler Vorgang, wenn man bedenkt, dass die Geschichte des Hauses Habsburg bzw. Habsburg-Lothringen parallel zur gesamten Geschichte Europas verläuft und nicht nur zur österreichischen Geschichte. Im Zentrum der italienischen Debatte stehen also die Habsburger, und zwar sowohl als Dynastie, die über das Habsburgerreich herrschte, als auch als Dynastie, die den Kaiser stellte. Dieser Ansatz wird diachron, vom Beginn der Moderne bis zur Gegenwart, verfolgt, da sich dies in der italienischen Historiographie geradezu anbietet, um die Identität stiftende Bindung an die Habsburgermonarchie zu erhellen und mit der Geschichte der italienischen Halbinsel gemeinsame Elemente zu finden, allerdings ohne in die Deutungsparadigmen des 19. und 20. Jahrhunderts zurückzufallen.

---

[19] Autonomia e federalismo nella tradizione storica italiana e austriaca, hg. von Maria GARBARI–Davide ZAFFI (Società di Studi Trentini di Scienze Storiche. Collana di monografie 56, Trento 1996).

[20] Luisa BUSSI, Fra unione personale e stato sovranazionale. Contributo alla storia della formazione dell'impero d'Austria (Università degli studi di Sassari, Pubblicazioni del Dipartimento di Scienze giuridiche 6, Milano 2003).

[21] Gli imperi dopo l'impero nell'Europa del XIX secolo, hg. von Marco BELLABARBA–Brigitte MAZOHL–Reinhard STAUBER–Marcello VERGA (Ann. Trento, Quaderni 76, Bologna 2009); Stato sabaudo e Sacro Romano Impero, hg. von Marco BELLABARBA–Andrea MERLOTTI (Ann. Trento, Quaderni 92, Bologna 2014).

Diese Lesart findet sich insbesondere auch in den wenigen existierenden italienischen Studien zum 16. Jahrhundert, die sich mit der Habsburgermonarchie befassen. An dieser Stelle müssen wir präzisieren, dass im Zentrum der italienischen Geschichtsforschung über das 16. Jahrhundert seit geraumer Zeit Themen zur Religionsgeschichte und zur Kirchengeschichte stehen, die das Papsttum und die Inquisition als Forschungsgegenstand haben. Das Interesse an Themen außerhalb dieser Fragestellungen ist dagegen äußerst gering. Unter den wenigen Studien auf diesem Feld soll hier auf die Beiträge von Giorgio Politi hingewiesen werden, der sich zwei Jahrzehnte lang mit der Figur Michael Gaismairs und dem Bauernaufstand im Jahre 1525 auseinandergesetzt hat. Ausgangspunkt von Politis Untersuchung sind die republikanischen und antimonarchischen Tendenzen des Aufstandes, um die Natur der Gaismair zugeschriebenen Landesordnung neu zu bewerten[22]. Andere Studien über das 16. Jahrhundert behandeln die dynastischen und die imperialen Aspekte, wie zum Beispiel Blythe Alice Raviola und Franca Varallo in „L'Infanta Caterina d'Austria duchessa di Savoia (1567–1597)"[23] und ein an der Universität Salerno laufendes Forschungsvorhaben, das sich mit der „Cohortatio ad Carolum V" von Juan Ginés de Sepúlveda beschäftigt, einem Werk, das niemals ins Italienische übersetzt und bisher noch nie in Italien bearbeitet worden ist. In dem Forschungsprojekt werden die Probleme der imperialen Politik Karls V. sowie die politischen Systeme der Habsburgermonarchie und des Osmanischen Reichs einander gegenübergestellt[24].

Zahlreicher sind die Studien über das 17. Jahrhundert, doch auch hier handelt es sich in erster Linie um Forschungen, die eher eine zweitrangige Bedeutung haben und bei denen man keineswegs von einer historiographischen Tradition reden kann. Im Mittelpunkt dieser Studien steht weiterhin die Religionsgeschichte, auch wenn nun der Schwerpunkt nicht mehr auf dem Vatikan liegt, sondern eher der Katholizismus der nachreformatorischen Zeit mit all seinen Verwicklungen und Widersprüchen sowie die Bewusstseinskrise Europas in das Zentrum des Interesses rücken. Die italienischen Historiker konnten sich seit dem Jahr 1997 auf die „Storia religiosa dell'Austria" stützen, ein gemeinsames italienisch-österreichisches Projekt, das von Ferdinando Citterio und Luciano Vaccaro herausgegeben worden ist[25], allerdings nur wenig Verbreitung und geringen Widerhall gefunden hat. Eines größeren Interesses erfreuen sich dagegen die Studien zur Gesellschaft Jesu, die in der Habsburgermonarchie im 17. Jahrhundert einen festen Platz einnahm. In diesem Zusammenhang sei insbesondere auf das Werk von Francesco Gui über die Jesuiten und die „böhmische Revolution" hingewiesen, auf die beiden Werke von Flavio Rurale und Sabina Pavone über die Jesuiten in Mailand im 16. und 17. Jahrhundert und die „Monita secreta" sowie schließlich auf das Buch von Claudio Ferlan mit dem Titel „Dentro e fuori le aule", das sich nur scheinbar allein auf die Gegend um Görz konzentriert, in Wirklichkeit aber im ganzen ersten Teil die institutio-

[22] Giorgio Politi, Gli statuti impossibili. La revoluzione tirolese del 1525 e il „programma" di Michael Gaismair (Torino 1995).

[23] L'Infanta Caterina d'Austria duchessa di Savoia (1567–1597), hg. von Blythe Alice Raviola–Franca Varallo (Studi storici Carocci 196, Roma 2013).

[24] Università del Salento, Dottorato di Ricerca in Studi Storici, Geografici e delle Relazioni Internazionali, XXVII ciclo, dottorando Alberto Rescio, tutor Giuseppe Patisso.

[25] Storia religiosa dell'Austria, hg. von Ferdinando Citterio–Luciano Vaccaro (Europa ricerche 4, Milano 1995).

nelle und religiöse Geschichte Österreichs im 17. Jahrhundert einer genauen Untersuchung unterzieht[26].

Durch das bekannte Buch „La dinamica statale austriaca nel XVIII e XIX secolo" von Pierangelo Schiera sowie die Arbeiten Paolo Prodis und des Italienisch-Deutschen Historischen Instituts in Trient richtete sich die Aufmerksamkeit in den vergangenen zwanzig Jahren zunehmend auf die politische Geschichte und die politische Ideengeschichte[27]. Als außerordentlich interessant haben sich die Studien von Raffaella Gherardi über die politische Kultur der Habsburger im 17. Jahrhundert und über die Person Luigi Ferdinando Marsi(g)lis sowie die Arbeiten von Fabio Martelli über das Werk Raimondo Montecuccolis und wiederum über Marsi(g)li erwiesen[28]. Die politische und institutionelle Debatte in der Sattelzeit zwischen dem 17. und dem 18. Jahrhundert leitet auch über zu den italienischen Beiträgen zur österreichischen Rechtskultur im 18. Jahrhundert, wie sie von Maria Rosa Di Simone 1984 in ihrem Werk „Aspetti della cultura giuridica austriaca nel Settecento" angestoßen wurden und in ihrem 2006 erschienenen Werk „Percorsi del diritto fra Austria e Italia (secoli XVII–XX)" weitergeführt worden sind[29]. In dieselbe Richtung stößt die Rechtswissenschaftlerin Gigliola di Renzo Villata, die nicht nur die Rechtskultur beleuchtet hat, sondern auch die österreichische universitäre Kultur und deren Auswirkungen auf Norditalien im Allgemeinen und die Lombardei im Besonderen[30]. Als fruchtbar erwiesen hat sich dieser Forschungsstrang auch für die italienischen Studien zum ABGB im 19. Jahrhundert, auf dessen Entwicklungsgeschichte und seine Anwendung auf der italienischen Halbinsel, deren vorläufiger Höhepunkt eine Tagung war, die im Jahr 2012 organisiert worden ist und deren Tagungsband 2015 erschienen ist[31].

---

[26] Francesco GUI, I gesuiti e la rivoluzione boema: alle origini della guerra di trent'anni (Studi e ricerche storiche 137, Milano 1990); Flavio RURALE, I gesuiti a Milano: religione e politica nel secondo Cinquecento (Biblioteca del Cinquecento 53, Roma 1992); Sabina PAVONE, Le astuzie dei gesuiti: le false Istruzioni segrete della Compagnia di Gesù e la polemica antigesuita nei secoli XVII e XVIII (Piccoli saggi 9, Roma 2000); Claudio FERLAN, Dentro e fuori le aule. I gesuiti a Gorizia e nell'Austria interna (secoli XVI–XVII) (Ann. Trento, Monografie 61, Bologna 2012).

[27] La dinamica statale austriaca nei secoli XVIII e XIX. Strutture e tendenze di storia costituzionale prima e dopo Maria Teresa, hg. von Pierangelo SCHIERA (Ann. Trento, Quaderni 7, Bologna 1981); über die Forschungsthemen Paolo Prodis und des Italienisch-Deutschen Historischen Instituts in Trient siehe Anna Gianna MANCA, Il Centro ITC-isig (Centro per gli studi storici italogermanici – Italienisch-Deutsches Historisches Institut) di Trento. Historia constitucional 6 (2005) 475–487, http://www.historiaconstitucional.com/index.php/historiaconstitucional/article/viewFile/91/77 [25.4.2022].

[28] Die zuletzt erschienenen Arbeiten sind: Raffaella GHERARDI–Fabio MARTELLI, La pace degli eserciti e dell'economia. Montecuccoli e Marsili alla corte di Vienna (Bologna 2009), und La politica, la scienza, le armi. Marsili e la costruzione della frontiera dell'Impero e dell'Europa, hg. von Raffaella GHERARDI (Bologna 2010).

[29] Maria Rosa Di SIMONE, Aspetti della cultura giuridica austriaca nel Settecento (Biblioteca di cultura 283, Roma 1984); DIES., Percorsi del diritto tra Italia ed Austria (secoli XVII–XX) (Per la storia del pensiero giuridico moderno 67, Milano 2006).

[30] Gigliola DI RENZO VILLATA, Le droit public en Lombardie au XVIIIe siècle et l'Europe, in: Science politique et droit public dans les facultés de droit européennes (XIIIe–XVIIIe siècle), hg. von Jacques KRYNEN–Michael STOLLEIS (Studien zur Europäischen Rechtsgeschichte 229, Frankfurt/M. 2007) 583–612; DIES., Droit et justice à l'âge des Lumières dans la Lombardie autrichienne, in: Lombardie et Pays-Bas autrichiens. Regards croisés sur les Habsbourg et leurs réformes au XVIIIe siècle (Etudes sur le 18e siècle 36, Bruxelles 2008) 125–148.

[31] Loredana GARLATI GIUGNI, Nella disuguaglianza la giustizia. Pietro Mantegazza e il Codice penale austriaco (1816) (Pubblicazioni dell'Istituto di Storia del Diritto Italiano 29, Milano 2002); La codifica-

Dass das Interesse der italienischen Historiographie an der Habsburgermonarchie in der Neuzeit sich in erster Linie auf den dynastischen Aspekt konzentriert, wird auch durch die Studien zu den Reformen Maria Theresias und Josephs II. gestützt, die eher die Rolle der führenden Schichten und die Bedeutung der Loyalitäten und des Identitätsbewusstseins untersuchen als dass sie verwaltungsgeschichtliche Fragen oder Fragen zur Regierbarkeit des österreichischen Länderkonglomerats aufwerfen würden. An dieser Stelle sind die Arbeiten zu erwähnen, die in der Reihe „Europa delle corti" erschienen sind, die von Carlo Mozzarelli begründet worden ist und in der auch Arbeiten österreichischer Historiker in italienischer Übersetzung erschienen sind[32], ebenso wie meine eigene Arbeit aus dem Jahr 2000 über die österreichischen Jesuiten nach dem Verbot der Gesellschaft[33], bis hin zur unlängst erschienenen Maria Theresia-Biographie von Maurizio Sangalli[34]. Man muss hier auch die Monographie von Marco Bellabarba über das Kaisertum Österreich erwähnen[35]. Auch in den Studien über die Lombardei im 18. Jahrhundert, die sich in erster Linie mit der Person Pietro Verris beschäftigen und in denen der politische und kulturelle Kontext vor dem Hintergrund der Habsburgermonarchie beleuchtet wird, wird der dynastische Gedanke als Kitt in der Beziehung zur Habsburgermonarchie hervorgehoben[36].

Die Forschungen zum 19. und 20. Jahrhundert hingegen konzentrieren sich auf das Studium der österreichischen Gesellschaft und Kultur, und viele Autoren haben sich ganz spezifisch mit der Habsburgermonarchie beschäftigt. So hat Giovanni Schininà über das Denken von Albert Fuchs geforscht sowie allgemein über die italienisch-österreichischen Beziehungen in der jüngeren und jüngsten Vergangenheit[37]. Cinzia Leone hat sich eingehend mit der Biographie Karl Luegers auseinandergesetzt[38]. Felicita Ratti behandelt die Geschichte Österreichs vom Zerfall des Kaiserreichs bis zum „Anschluss"[39]. Des Weiteren ist Pasquale Cuomos Werk „Il miraggio danubiano" zu nen-

zione del diritto fra il Danubio e l'Adriatico. Per i duecento anni dall'entrata in vigore dell'ABGB (1812–2012), hg. von Riccardo FERRANTE–Pio CARONI (Futuro Anteriore 2, Torino 2015).

[32] L'Europa delle Corti alla fine dell'Ancien Régime, hg. von Cesare MOZZARELLI–Gianni VENTURI (Biblioteca del Cinquecento 51, Roma 1991). In dieser Reihe ist auch die italienische Übersetzung von Grete KLINGENSTEINS „Der Aufstieg des Hauses Kaunitz" erschienen: L'ascesa di casa Kaunitz. Ricerche sulla formazione del cancelliere Wenzel Anton Kaunitz e la trasformazione dell'aristocrazia imperiale (secoli XVII e XVIII) (Biblioteca del Cinquecento 54, Roma 1993). Eine kritische Diskussion dieser Texte bei Antonio TRAMPUS, Riforme, giuseppinismo e lumi nella monarchia asburgica: nuovi studi sulla figura del cancelliere Kaunitz. *Rivista Storica Italiana* 110 (1998) 985–1004.

[33] Antonio TRAMPUS, I gesuiti e l'Illuminismo: politica e religione in Austria e nell'Europa centrale 1773–1798 (Fondo Studi Parini Chirio 5, Firenze 2000).

[34] Maurizio SANGALLI, Maria Teresa d'Asburgo: l'arte del possibile (Biografie. Il mondo moderno 3, Napoli 2014).

[35] Marco BELLABARBA, L'impero asburgico (Bologna 2014).

[36] Economia, istituzioni, cultura in Lombardia nell'età di Maria Teresa, 3 Bde., hg. von Aldo DE MADDALENA–Ettore ROTELLI–Gennaro BARBARISI (Bologna 1982); Carlo CAPRA, La Lombardia austriaca nell'età delle riforme 1706–1796 (Torino 1987) 221; DERS., I progressi della ragione. Vita di Pietro Verri (Bologna 2002) 249.

[37] Albert FUCHS, Correnti di pensiero in Austria 1867–1918, ed. Giovanni SCHININÀ (Proteo 52, Roma 2010); Giovanni SCHININÀ, Bemerkungen zur Geschichte der Italienisch-Österreichischen Beziehungen. *Jura Soyfer. Internationale Zeitschrift für Kulturwissenschaften* 3 (1997) 3–6.

[38] Cinzia LEONE, Antisemitismo nella Vienna fin de siècle: La figura del sindaco Karl Lueger (Firenze 2010).

[39] Felicita RATTI, L'Austria dalla caduta dell'Impero all'Anschluss. La travagliata storia della prima Repubblica austriaca (1918–1938) (Milano 2011). Vgl. auch Salvatore Francesco ROMANO, La monar-

nen[40]. Giulia La Mattina, die ihr Doktorat in Turin mit einer Arbeit über „L'identità austriaca tra stato dinastico e nazione culturale 1815–1848" abgeschlossen hat, forscht weiter über das Thema[41]. Und schließlich existiert auch eine Italienische Gesellschaft für Gegenwartsgeschichte im deutschsprachigen Raum (Società Italiana per la Storia Contemporanea dell'Area di Lingua Tedesca), die in Verbindung mit der Italienischen Gesellschaft für das Studium der Gegenwartsgeschichte (Società italiana per lo studio della storia contemporanea) und dem Italienisch-Deutschen Historischen Institut in Trient entstanden ist und aufmerksam und mit lebendigem Interesse die Entwicklungen in den europäischen Regionen im deutschsprachigen Raum verfolgt, die sich im vergangenen Jahrzehnt vollzogen haben[42].

Das Bild der Habsburgermonarchie in der regionalen Historiographie

Richten wir unsere Aufmerksamkeit auf die regionale Historiographie, dann ergibt sich allerdings ein völlig anderes Bild. Eine große Bandbreite an Studien zur Habsburgermonarchie ist hier zu verzeichnen, auch wenn die großen Unterschiede hinsichtlich der geographischen Herkunft der Beiträge ins Auge stechen. Während die Habsburgermonarchie in Süditalien und in Mittelitalien eine eher untergeordnete Rolle spielt – zu beachten ist hier, dank Cinzia Recca, die kritische Ausgabe der Tagebücher von Königin Maria Karolina von Neapel[43] –, erfreut sich das Thema in der Toskana, vor allem was die Zeit des Hauses Habsburg-Lothringen betrifft, und in Norditalien, hier in erster Linie in Triest, Görz und Südtirol, einer gewissen Aufmerksamkeit.

Die piemontesische Historiographie hat sich nur am Rande für die Habsburgermonarchie interessiert, und wenn, dann vor allem unter Bezugnahme auf die dynastischen Verbindungen mit dem Haus Savoyen.

Anders in der Toskana, wo das Interesse an der Habsburgermonarchie – insbesondere im Kielwasser der Studien von Adam Wandruszka und Franz Pesendorfer – wach blieb. Hier ragen die Beiträge heraus, die sich mit Peter Leopold (Pietro Leopoldo), dem späteren Kaiser Leopold II., sowie seinen konstitutionellen Projekten auseinandersetzen, die er während seiner Regentschaft in der Toskana angestoßen und dann in Wien bis zu seinem Tod weitergeführt hat. Das interuniversitäre Forschungszentrum für die Geschichte der toskanischen Städte (Centro interuniversitario di ricerca sulla storia delle città toscane) hat unter der Leitung von Marcello Verga ein Projekt initiiert, das sich die Edition der sogenannten Verfassung Peter Leopolds zur Aufgabe gemacht hat. Grundlage dieses breit angelegten Projekts ist ein intensives Quellenstudium in Wien und Prag.

---

chia degli Asburgo d'Austria dalla riforma protestante all'austromarxismo. Momenti e problemi di un profilo storico (Civiltà del Risorgimento 10, Udine 1981), und Giorgio Marsico, Il problema dell'Anschluss austro-tedesco (1918–1922) (Milano 1983).

[40] Pasquale Cuomo, Il miraggio danubiano. Austria e Italia tra politica ed economia 1918–1936 (Studi e ricerche storiche 419, Milano 2012).

[41] Giulia La Mattina, Austria, un concetto immaginario? Società civile e identità austriaca (1815–1848) (Università degli Studi di Torino, Fondo di Studi Parini-Chirio 3/1, Torino 2013); dies., „La schizofrenia austriana": gli storici e la questione idenditaria. Passato e Presente 90 (2013) 115–130.

[42] http:///www.siscalt.it/ital/ [25.4.2022].

[43] Cinzia Recca, Sentimenti e politica. Il diario inedito della regina Maria Carolina di Napoli (1781–1785) (Milano 2014).

In Venetien konzentriert sich das Interesse an der Habsburgermonarchie vor allem auf das 19. Jahrhundert, also auf die Zeit der österreichischen Verwaltung in Venetien[44]. Unter methodologischen Gesichtspunkten hat hier eine Verschiebung einiger historiographischer Kategorien stattgefunden, insbesondere von dem bisher in der italienischen Historiografie vorherrschenden Begriff der „(Fremd-)Herrschaft" hin zu dem neutraleren Begriff der „Verwaltung". Diese semantische Verschiebung birgt jedoch aus kultureller Sicht einige Nachteile, da der Historiker sich auf diese Weise der Wahrnehmung einiger soziokultureller Aspekte beraubt sieht, die sich in diesem Kontext als typisch erweisen. Denn zweifelsohne wurde die Präsenz der Habsburgermonarchie seinerzeit aus ideengeschichtlicher Perspektive als „(Fremd-)Herrschaft" und nicht nur als „Verwaltung" empfunden. Auf der anderen Seite bietet diese Sichtweise allerdings unleugbar den Vorteil, die Aufmerksamkeit der Historiographen weg von der politischen Fragestellung und hin zu den Institutionen und den administrativen Strukturen zu lenken. Diesen Ansatz verfolgt in der letzten Zeit zum Beispiel Luca Rossetto[45]. In neuen Forschungsarbeiten – so wie es bereits der Untertitel von Rossettos Buch ankündigt – wird die bedeutende Rolle dargelegt, die in der Habsburgermonarchie und für ihre Verwaltungsbeamten sogenannten „dritten" Personen zukam. Diese Vermittler übernahmen manchmal auch die Aufgabe, interne soziale Konflikte in den „beherrschten" bzw. „verwalteten" Gebieten zu lösen.

Das österreichische Küstenland, also die Region rund um Triest, zu der in gewisser Weise auch Görz gehört, hat zu neuen Betrachtungen angeregt; hier ist vor allem auf das einschlägige Buch über das österreichische Küstenland von Eva Faber hinzuweisen[46]. Es hat nicht nur dazu beigetragen, die Debatte über die von den Habsburgern angestoßenen Verwaltungs- und Wirtschaftsreformen zu vertiefen[47], sondern es hat die Historiker vor allem für das Problem der territorialen Wahrnehmung[48] und die Funktion der sogenannten Militärgrenze sensibilisiert, die auch als soziale und kulturelle Schranke verstanden wurde[49].

Besondere Erwähnung verdienen die historiographischen Untersuchungen zu Triest unter habsburgischer Herrschaft, da in dieser Stadt das Interesse an der Habsburgermonarchie nie nachgelassen hat. Allerdings lässt sich bemerken, dass sich in den letzten zwei

---

[44] Venezia e l'Austria, hg. von Gino Benzoni–Gaetano Cozzi (Presente storico 9, Venezia 1999); Alvise Zorzi, Venezia austriaca (1798–1866) (Roma 1985); Michele Gottardi, L'Austria a Venezia: società e istituzioni nella prima dominazione austriaca (1798–1806) (Studi e ricerche storiche 166, Milano 1992).

[45] Luca Rossetto, Il commissario distrettuale nel Veneto asburgico. Un funzionario dell'impero fra mediazione politica e controllo sociale (1819–1848) (Ann. Trento, Monografie 63, Bologna 2013). Vgl. jetzt auch La città disvelata: luoghi e percorsi della giustizia nella Vicenza asburgica, hg. von Eliana Biasiolo–Luca Rossetto (Venezia 2016).

[46] Eva Faber, Litorale Austriaco. Das österreichische und kroatische Küstenland 1700–1780 (Veröffentlichungen des Steiermärkischen Landesarchives 20, Trondheim–Graz 1995).

[47] Ugo Cova, Trieste e la libera navigazione sul mare fra il XVI e il XIX secolo nelle carte governative dell'Archivio di Stato di Trieste (Fonti e studi per la storia della Venezia Giulia, Studi 21, Trieste 2014).

[48] Pierpaolo Dorsi, Da confine a frontiera. Innovazione e tradizione nella dinamica territoriale regionale al passaggio tra Sette e Ottocento, in: 1797. Napoleone e Campoformido. Armi, diplomazia e società in una regione d'Europa, hg. von Giuseppe Bergamini (Milano 1997) 56–64.

[49] I confini militari di Venezia e dell'Austria in età moderna. Genesi, struttura e aspetti militari della difesa territoriale dalle Alpi all'Adriatico, hg. von Antonio Miculian (Acta historica adriatica 1, Pirano 2005). Siehe auch den Diskussionsbeitrag von Giuseppe Trebbi in Quaderni Giuliani di Storia 27 (2005) 215–220.

Jahrzehnten die Aufmerksamkeit von der neueren Geschichte zur Zeitgeschichte verschoben hat. Das bezeugen Bücher wie zum Beispiel „Alla periferia dell'impero" von
Ester Capuzzo[50], Marina Cattaruzzas „Nazionalismi di frontiera"[51] und nicht zuletzt
die posthum erschienene Aufsatzsammlung von Angelo Ara[52]. Tatsächlich handelt es
sich bei allen drei genannten Bänden nicht um Monographien im eigentlichen Sinne,
sondern vielmehr um Sammlungen von zum Teil bereits in früheren Jahren veröffentlichten Artikeln, die also noch den Geist der Debatten der siebziger und achtziger Jahre
des vergangenen Jahrhunderts atmen. Vor allem Ester Capuzzos Beitrag nimmt in ihrem
dritten Buch einen roten Faden wieder auf, der bereits in ihren beiden vorhergehenden
Bänden angelegt ist[53]. Der wesentliche Schlüssel zum Verständnis dieser Forschungen,
zumal des dritten Bandes, besteht darin, die Beiträge und neuen Methodologien, die in
der zweiten Hälfte des 20. Jahrhunderts von einigen italienischen Gelehrten wie Ernesto
Sestan und Carlo Ghisalberti vorgebracht wurden, zu analysieren. Deren Triester Geschichtsschreibung hat die Wechselfälle der Stadt nicht mehr allein aus der Sicht der
italienischen Autonomiebestrebungen in der Habsburgermonarchie untersucht, sondern vielmehr als Paradigma der Krise der Donauwelt und des österreichischen Kaiserreichs gedeutet.

Auch Marina Cattaruzzas Aufsatzsammlung ist das Ergebnis jahrzehntelanger Forschungen. In ihrem bereits genannten Band „Nazionalismi di frontiera" aus dem Jahr
2003, dem 2007 der Band „L'Italia e il confine orientale" folgte[54], hallt das Echo von
Perry Andersons These über die kulturelle Erfindung des Konzepts der Nation nach.
Cattaruzza betont, dass sich die Grenznationalismen in der Habsburgermonarchie, und
zwar nicht nur auf italienischer, sondern auch auf kroatischer und slowenischer Seite,
nicht von innen verstehen lassen, sondern in Zusammenhang mit dem Wandel sozialer,
kultureller und religiöser Werte im 19. Jahrhundert gesehen werden müssen. Damit
einher geht die Entstehung einer politischen Sprache, die für die neuen sozialen Instanzen einen Ausdruck findet und die Bevölkerung mobilisiert.

Zuletzt möchte ich den im Jahr 2005 verstorbenen Angelo Ara erwähnen, weil sich
dessen Ansatz unterscheidet und aus verschiedenen Gründen aus dem bisher von mir
gezeichneten Bild über den Forschungsstand der Historiographie herausfällt. Ara gilt
von den 1980er Jahren bis Anfang des 21. Jahrhunderts als unangefochten bedeutend-
ster italienischer Historiker für österreichische Geschichte. Er ist einer der wenigen italienischen Historiker, die internationale Beachtung erlangt haben, und zwar vor allem
durch das gemeinsam mit Claudio Magris veröffentlichte Buch „Triest. Eine literarische

---

[50] Ester CAPUZZO, Alla periferia dell'impero. Terre italiane degli Asburgo tra storia e storiografia
(XVIII–XX secolo) (Quaderni di Clio N. S. 11, Napoli 2009).

[51] Marina CATTARUZZA, Nazionalismi di frontiera. Identità contrapposte sull'Adriatico nord-orien-
tale 1850–1950 (Le ragioni degli storici 4, Soveria Mannelli 2003).

[52] Angelo ARA, Fra Nazione e Impero. Trieste, gli Asburgo, la Mitteleuropa (Milano 2009).

[53] Ester CAPUZZO, Dal nesso asburgico alla sovranità italiana. Legislazione e amministrazione a
Trento e a Trieste (1918–1928) (Milano 1992); DIES., Dall'Austria all'Italia. Aspetti, istituzioni e problemi normativi nella storia di una frontiera (Roma 1996).

[54] Marina CATTARUZZA, L'Italia e il confine orientale, 1866–2006 (Storica paperbacks 34, Bologna
2007; amerikan. Übersetzung – unter dem Titel „Italy and Its Eastern Border, 1866–2016" – New York
2017). Vgl. auch Cattaruzzas in deutscher Übersetzung erschienenes Werk über die Arbeiterbewegung
im Küstenland in den Jahrzehnten um 1900: DIES., Sozialisten an der Adria. Plurinationale Arbeiterbewegung in der Habsburgermonarchie (Schriften des Italienisch-Deutschen Historischen Instituts in
Trient 24, Berlin 2011).

Hauptstadt in Mitteleuropa"[55]. Allerdings hat er im Gegensatz zu vielen anderen, die sich mit der Stadt Triest auseinandergesetzt haben (obwohl seine Familie ursprünglich aus Triest stammt), seine akademische Laufbahn mit einem anderen Sujet begonnen, nämlich mit der Verfassungsreform des Kirchenstaats. Schließlich unterscheidet er sich auch darin von anderen Historikern, dass er von seiner Ausbildung her ein Historiker der Frühen Neuzeit ist, auch wenn er sich in seinen Forschungen in erster Linie mit dem 19. und dem 20. Jahrhundert befasste. Das ermöglichte ihm einen langfristigen Blick auf die Geschichte der Habsburgermonarchie. In seinem letzten, postum erschienenen Buch „Tra nazione e impero"[56] sind noch einmal die Ideen zusammengefasst, die er zeitlebens vorgebracht hat und die ihn innerhalb der konventionellen italienischen Historiographie über die Habsburgermonarchie zum Außenseiter stempelten. Ara untersuchte das Phänomen der Entstehung und der Bedeutung des nationalen Bewusstseins sowie die Unabhängigkeitsbestrebungen und patriotischen Ideale der verschiedenen Völker, die innerhalb der Grenzen des österreichischen Kaiserreichs lebten, wobei er nicht müde wurde, das besondere Band dieser Völker zu betonen, die sich traditionell dem Habsburgerreich zugehörig fühlten[57].

---

[55] Angelo ARA–Claudio MAGRIS, Triest. Eine literarische Hauptstadt in Mitteleuropa (München 1995); vgl. auch Monika STROMBERGER, Analysis of the Great War – World War One research in Graz in the mirror of international approaches, in: Mapping Contemporary History II. Exemplarische Forschungsfelder aus 25 Jahren Zeitgeschichte an der Universität Graz, hg. von Helmut KONRAD–Stefan BENEDIK (Wien–Köln–Weimar 2010) 239–254.

[56] Siehe Anm. 52.

[57] Gerald STOURZH, Angelo Ara e la storia austriaca. *Rivista Storica Italiana* 119 (2007) 686–705; Marina CATTARUZZA, Angelo Ara fra Nazione e Impero: biografia e storiografia. *Studi trentini di scienze storiche* 90 (2011) 229–238.

A Problem Not Noticed:
Polish Historiography and the Habsburg Monarchy

Maciej Janowski

The Polish historiography of the Habsburg Monarchy is a difficult topic; the first temptation is to start by stating that "No such thing exists!". I will concentrate on books written after 1945 and dealing with the period between the Enlightenment and the 20th century, so books dealing with the earlier Habsburg times will be mentioned only occasionally. Naturally there are some, indeed quite numerous, books on Habsburg history. In principle, I exclude from this review the books on Galicia[1], i. e. the part of ancient Poland-Lithuania under the Habsburg rule between 1772 and 1918, unless they treat Galicia in at least partial comparison with the whole Habsburg conglomerate. I realize this criterion is rather intuitive, but otherwise I would have to deal with an innumerable mass of books that deal simply with Polish history of the 19th century – these being after all books that deal with Galicia and therefore technically with the Habsburg Monarchy, but which are intended as part of Polish history and treat Galicia predominantly in the Polish context. The national perspective has previously dominated and dominates in Polish historical thought. The problem of a multi-ethnic state as such – surprisingly, if we consider the nature of the pre-partitions Polish-Lithuanian commonwealth – did not interest Polish historiography. The Habsburg Monarchy was – and to a degree is – all too easily dismissed as a doomed anachronism. An attitude taken by Henryk Batowski in his book from the 1960s is perhaps untypical in the strength of his formulation but quite typical in its content: instead of asking about the reasons for the collapse of the Habsburg Monarchy, wrote Batowski, we should invert the question and ask how it was possible that such an unnatural phenomenon lasted for so long[2].

So, by saying "no such thing exists", I mean that there is no coherent tradition, no school that one could call a Polish vision of the Habsburg history (rather a tradition of neglecting this problem). One could, albeit with a certain degree of exaggeration, claim that the Polish historiography of the Habsburg Monarchy can be reduced to two great names and some others in the background. It is to this background that I now turn before I address in detail the two authors whom I consider most important and innovative.

---

[1] Cf. Mariusz MENZ, Recepcja Galicji we współczesnej historiografii polskiej [The Reception of Galicia in Contemporary Polish Historiography]. *Sensus Historiae* 16 (2014) 75–101.

[2] Henryk BATOWSKI, Rozpad Austro-Węgier 1914–1918. Sprawy narodowościowe i działania dyplomatyczne [The collapse of Austria-Hungary 1914–1918. Nationality Problems and Diplomatic Activities] (Kraków ²1982).

I.

Let us start, just shortly, with the period before 1945. Few historians, even during the Austrian partition, were interested in the Habsburg history as such. There were school-books, of course, such as that by Finkel and Głąbiński[3], and there were some detailed studies, such as Wacław Tokarz's book on Josephinian reforms in Galicia[4]; this book, however, as historians of historiography stress, was written as part of his academic studies and never formed an important element in Tokarz's professional outcome. There were also some interesting Polish voices in the debates about the Monarchy's future – the well-known polemics of Kazimierz Kelles-Krauz with the Austro-Marxists and the virtually unknown defense of the idea of a multinational state by Stanisław Herburt-Heybowicz – are certainly worth mentioning, but they hardly count as historical works. The single important book during the Monarchy's existence written in Polish on the topic that concerns us was the Constitutional History of Austria by one of the most eminent Polish legal historians, Oswald Balzer[5]. Balzer was not a specialist in Austrian legal history and wrote his work as a university handbook; nevertheless, he managed to present the topic in a clear and competent way. He stressed the triple genesis of modern Austria, presenting – in the medieval part of his book – Austrian, Hungarian and Bohemian constitutional histories as three equal stories that merged in the 16th century. There is a certain similarity between this idea and the idea of "synchronistic method in the Austrian history" developed by Václav Vladivoj Tomek, who also presented the modern Austria as an outcome of the parallel Austrian, Bohemian and Hungarian histories. Like various non-German (and also some German) researchers, Balzer stressed that no Austrian state existed before 1849 – even the introduction of the Austrian imperial title in 1804 did not change the legal status of the various entities that were ruled by the Habsburg monarchs on different legal grounds.

The interwar period witnessed a rapid development of Polish historiography and – among others – a growing interest in the question of the international setting of the Polish politics, both within the old Commonwealth and in the post-partitions times. This did not, however, bring to fruit any serious research on Habsburg history. The only field where the history of the Habsburg Monarchy is touched upon is the genre of books dealing with the Polish road to independence during the First World War. They stood on the edge between secondary literature and primary sources and were meant to legitimize the stance taken during the war by the authors or their political camp. The most famous among them was undoubtedly a book by Roman Dmowski, a leader of the Polish nationalists, who justified his wartime activity on the side of the Entente and was not very much interested in the Habsburg Monarchy, which he considered doomed to collapse. The most important from our point of view were the books by Michał Bobrzyński (1849–1935), one of the classic authors of Polish historiography who won fame in 1879 with an iconoclastic history of Poland arguing that the old Commonwealth collapsed because of internal weakness rather than external pressure. Bobrzyński, a staunch

---

[3] Ludwik FINKEL–Stanisław GŁĄBIŃSKI, Historia i statystyka monarchii austriacko-węgierskiej [History and Statistics of the Austro-Hungarian Monarchy] (Lwów 1897).

[4] Wacław TOKARZ, Galicja w początkach ery józefińskiej w świetle ankiety urzędowej z roku 1783 [Galicia at the Start of the Josephinian Era in the light of the Official Enquiry of 1873] (Kraków 1909).

[5] Oswald BALZER, Historia ustroju Austrii w zarysie [The Constitutional History of Austria in Outline] (2nd corrected ed., Lwów 1908).

pro-Habsburg loyalist, was a viceroy of Galicia in the turbulent years 1908–1913 and a minister for Galicia in 1916–1917. In his post-war books, historical monographs with a strong tinge of personal recollections, Bobrzyński presents the World War I Habsburg Monarchy as a viable, if weakening, political player and sees the possibility of its surviving the war as absolutely realistic. Pointing to the British Empire and the U.S. as examples, he stresses that a multi-ethnic state rather than a nation state is the most future-oriented type of polity[6]. Another important example was a book by the liberal Cracow journalist Konstanty Srokowski, entitled "Outline of the History of the NKN"[7]. (NKN, Naczelny Komitet Narodowy, or Central National Committee, was a political body established in 1914, attempting to build up a common representation of all those Polish political groups that supported the Central Powers.)

This interest in the international context of the Polish history should augur well for Habsburg studies but in fact did not bring about many books. In Warsaw, Marceli Handelsman created a school of researchers dealing with the international repercussions of the Polish question in the 19th century but they were mainly interested in the Polish émigrés in England and France as well as in the Polish political activities within the framework of the Eastern Question. The Habsburg realms were mostly left aside by them; an exception is a book by Lucjan Russjan dealing with the attitude of the Hungarian Revolution of 1848/49 to the Polish question. Handelsman himself, definitely one of the leading Polish historians of his generation, touched on the Habsburg problems only marginally in his opus magnum – a four volume biography of Prince Adam Czartoryski which he did not manage to finish and which was published only posthumously in 1948–1950. There are important and interesting fragments dealing with the 1848 revolution and possibilities of compromise between the Habsburg nationalities; there is plenty of material about the Polish aspect of Austrian politics during the Crimean War. They do not, however, form the central argument of the book. Not a member of Handelsman's school but dealing with very similar topics, Henryk Batowski wrote a synthetic book on the development of the national consciousness in the Balkans – a book that had to touch on Habsburg-related problems, too. The Habsburg Monarchy as such, however, was not a subject of important and systematic inquiry.

After 1945, things did not change for a long time – and if so, then for the worse, as the possibilities for foreign research were almost non-existent until 1956, and the official Marxist-Leninist ideology stressed the history of class struggle over political or international struggle. Only after 1956 did the issue of the international context of the Polish case return as an important research topic. What follows is an overview of topics of research between 1956 and the present with some examples. It is not a full bibliography and it may happen that even important works have escaped my attention: the bibliographical evidence is meant as exemplification of the argument rather than full documentation.

Some general works by legal historians dealt with Galicia's legal system within the context of the whole Monarchy; Konstanty Grzybowski and Stanisław Grodziski are

---

[6] Michał BOBRZYŃSKI, Wskrzeszenie państwa polskiego. Szkic historyczny [The Resurrection of the Polish state. An Historical Essay], 2 vols. (Kraków 1920–1925); IDEM, Dzieje Polski w zarysie [History of Poland in Outline], vol. 3: Dzieje porozbiorowe [Analytical History] (Warszawa–Kraków 1931).

[7] Konstanty SROKOWSKI, NKN. Zarys historii Naczelnego Komitetu Narodowego [NKN. An Outline of the History of the Central National Committee] (Kraków 1923).

relevant here, as well as in recent years Andrzej Dziadzio[8]. As regards political history, two competent and informative biographies of Habsburg rulers should be mentioned[9]. Somewhere between Galician history and the history of the Monarchy overall are the books by Waldemar Łazuga. Starting with the biography of Cracow historian and Austrian-Galician politician Michał Bobrzyński (on whom see above), he turned to one of the central issues of turn-of-the-century Austrian politics: the Kazimierz Badeni government of 1895–1897. As a synthesis, he lately published a book on Polish politics in Austria in the dualist era, stressing – contrary to the majority of the earlier historiography – the positive function of conservative Polish politics in Austria from the point of view of the Polish national interest[10]. Among other historians dealing with Galician politics against the background of the whole Monarchy, Janusz Gruchała should be mentioned: he analyzed the Polish-Ukrainian and Polish-Czech relations at the turn of the century against the background of the Viennese internal and international politics. Stanisław Pijaj dealt with the important period of constitutional transformations of the Monarchy, analyzing the Polish attitudes and politics in the face of these changes[11], whereas Michał Baczkowski analyzed the Galician attitudes towards the Austrian military[12].

It is quite telling that no synthesis of the history of Galicia existed in Polish until recently[13] – an important sign of how this province was not seen as a separate factor. Just recently, Tomasz Gąsowski published a "History of Galicia" in a four-volume long Polish history of the 19th century. Although, due to the nature of the series, the text first deals

---

[8] Konstanty GRZYBOWSKI, Galicja 1848–1914. Historia ustroju politycznego na tle historii ustroju Austrii [Galicia 1848–1914. History of the political system against the background of the Austrian political system] (Wrocław 1959); Stanisław GRODZISKI, Historia ustroju społeczno-politycznego Galicji 1772–1848 [History of the socio-political system of Galicia 1772–1848] (Wrocław 1971); IDEM, Sejm Krajowy galicyjski 1861–1914 [The Galician Landtag 1861–1914], 2 vols. (Warszawa 1993); Andrzej DZIADZIO, Monarchia konstytucyjna w Austrii (1867–1914). Władza – obywatel – prawo [Constitutional Monarchy in Austria (1867–1914). Power – citizen – law] (Kraków 2001); IDEM, Cenzura prasy w Austrii 1862–1914. Studium prawno-historyczne [Press censorship in Austria 1862–1914. A study in legal history] (Kraków 2012).

[9] Stanisław GRODZISKI, Franciszek Józef I (Wrocław 1978); Zbigniew GÓRALSKI, Maria Teresa (Wrocław 1995).

[10] Waldemar ŁAZUGA, Michał Bobrzyński. Myśl historyczna i działalność polityczna [Michał Bobrzyński. Historical Thought and Political Activity] (Warszawa 1982); IDEM, "Rządy polskie" w Austrii: gabinet Kazimierza hr. Badeniego 1895–1897 [The "Polish Government" in Galicia: the cabinet of Count Kazimierz Badeni 1895–1897] (Poznań 1991); IDEM, Kalkulować … Polacy na szczytach c. k. Monarchii [Calculate … Poles on the top of the k. k. Monarchy] (Poznań 2013); the Polish politics in Vienna are also dealt with by Józef BUSZKO, Polacy w parlamencie wiedeńskim 1848–1918 [The Poles in the Viennese Parliament 1848–1918] (Warszawa 1996), and Dorota LITWIN-LEWANDOWSKA, O polską rację stanu w Austrii. Polacy w życiu politycznym Austrii w okresie monarchii dualistycznej (1867–1918) [About the Polish reason of state in Austria. The Poles in the Austrian political life in the Period of the Dualist Monarchy (1867–1918)] (Lublin 2008).

[11] Stanisław PIJAJ, Między polskim patriotyzmem a habsburskim lojalizmem. Polacy wobec przemian ustrojowych monarchii habsburskiej (1866–1871) [Between Polish Patriotism and Habsburg Loyalism. The Poles and Constitutional Changes in the Habsburg Monarchy (1866–1871)] (Kraków 2003).

[12] Michał BACZKOWSKI, Pod czarno-żółtymi sztandarami. Galicja i jej mieszkańcy wobec austro-węgierskich struktur militarnych 1868–1914 [Under the Black-yellow Banners. The Attitudes of the Inhabitants of Galicia towards the Austro-Hungarian Military Structures 1868–1914] (Kraków 2003).

[13] Although an essay written by a serious researcher should be mentioned: Zbigniew FRAS, Galicja [Galicia] (Wrocław 2002).

with Galician Poles, it provides an overview of mainly political history, with much attention given to the period before the dualism – which is important, given the unequal state of research on various periods[14].

The centenary of World War One prompted a number of books (although less so in Poland than in Western European countries where the "Great War" occupies a much more central place in the collective memory than in Poland)[15]. An interesting study by Maciej Górny deals comparatively with the growth of national heterostereotypes within various academic disciplines, both in the sciences and the humanities. He leaves aside historians and "intellectuals" in general, whose ideas have often been analyzed. Instead he presents geographers, physical anthropologists, and doctors, who during the war legitimized the demands of various nationalities of Austria-Hungary by proving their superiority, in whatever respect, over their neighbours. Górny's book undoubtedly belongs to the most serious Polish contributions to the history of the Habsburg Monarchy as a whole in the last decade or two[16].

The nationality question is a topic where broader contexts of the whole Monarchy (and even broader) are perhaps easiest found. Here one should mention various specialists in the history and literature of various nationalities of the Monarchy. They were not historians of the Monarchy as such, but studied their respective countries and thereby contributed greatly to the history of the Monarchy as a whole. Wacław Felczak was among the best Polish specialists in Hungarian history, with his books about the nationality question in Hungary before and in the early months of the 1848 revolution, and about the Hungarian-Croatian compromise of 1868, the so-called Nagodba, as well as his outline of the history of Hungary. Felczak, marginalized before 1989 because of his staunch anti-Communist standing and prohibited from travelling abroad for many years (his Hungarian friends were providing him with excerpts of archival materials for his works), was an important person in the circles of Polish and Hungarian opposition in the 1980s. In spite of his great sympathy for Hungary, in his books he criticized the Hungarian nationalist attitude towards the national minorities, especially before and during the Revolution of 1848. His opinion was that a compromise was possible and the chances were ruined by the Hungarian intransigency[17]. In Warsaw, Jerzy Skowronek, as if continuing the traditions of the interwar period Marceli Handelsman school (he was a disciple of Stefan Kieniewicz, who was a member of Handelsman's seminar in the 1930s), studied the national movements of the Balkan peoples, and their contacts with the Polish exiles. He dealt with the Southern-Slavic question in the context of the Habsburg Monarchy, among other aspects with the attempts of Prince Adam Czartoryski to

---

[14] Tomasz GĄSOWSKI, Dzieje Galicji [History of Galicia], in: Historie Polski w XIX wieku, ed. Andrzej NOWAK, vol. II/1 (Warszawa 2013) 217–401.

[15] Cf. the synthesis by Andrzej CHWALBA, Samobójstwo Europy. Wielka wojna 1914–1918 [The Suicide of Europe. The Great War 1914–1918] (Kraków 2014).

[16] Maciej GÓRNY, Wielka wojna profesorów. Nauki o człowieku (1912–1923) [The Professors' Great War: The Humanities (1912–1923)] (Warszawa 2014).

[17] Wacław FELCZAK, Węgierska polityka narodowościowa przed wybuchem powstania 1848 roku [The Hungarian Nationality Politics before the Revolution of 1848] (Wrocław 1964); IDEM, Ugoda węgiersko-chorwacka 1868 [The Hungarian-Croatian Compromise of 1868] (Wrocław 1969); IDEM, Historia Węgier [History of Hungary] (Wrocław ²1983). Cf. also Wojciech FRAZIK, Emisariusz Wolnej Polski: biografia polityczna Wacława Felczaka (1916–1993) [The Emissary of Free Poland. Political Biography of Wacław Felczak (1916–1993)] (Kraków 2013).

broker an understanding among various southern Slavs[18]. Antoni Cetnarowicz in Cracow and later Piotr Żurek worked on the topics of national movements of the Southern Slavs in and outside the Monarchy[19]. Sociologist Jarosław Kilias wrote about the national ideas of Tomáš G. Masaryk[20]. Among the literary historians, Joanna Rapacka and Maria Bobrownicka deserve special notice as leading authorities on South Slavic literatures, and Jerzy Snopek, well known also as a translator of Hungarian literature, as an author of books on Hungarian culture and history[21]. A special place among literary historians was occupied by Egon Naganowski, an internationally acclaimed expert on the life and works of Robert Musil.

As might be expected, Galician nationality problems occupy a special place among the Polish studies of the Habsburg Monarchy nationalities. The number of works devoted to the Galician Jews and Ukrainians has grown exponentially in recent decades and their analysis would have demanded separate articles; besides, such an analysis, in order to be coherent, should not be confined to Polish works but include those in English, German, Ukrainian, and occasionally other languages. Only a few instances must suffice here. As regards the Ukrainian national movement, two books by Jan Kozik, an untimely deceased historian from Cracow, presented the developments of the Ukrainian national movement from the early 19th century to 1849[22]. Very important at the time of their publication, they retain their importance as two of the most solid compendia of the problem, not only in Polish historical literature. Later on, numerous books on Ukrainian and Jewish national movements started to appear, notably after 1989 (although the trend was already prepared in the 1980s). Among the first, the literary historian Danuta Sosnowska should be noted, who analyzed Polish-Ukrainian relations before 1848 in the context of the Czech national revival. She stressed the discrepancy between the "noble" Polish culture and "peasant" Ukrainian one, and the paternalist attitude of the Poles as one of the central factors of the conflict. The opinions of the Czech travelers to Galicia, who tended to identify with the Ukrainians rather than the Poles, form an important

---

[18] Cf. esp. Jerzy SKOWRONEK, Sprzymierzeńcy narodów bałkańskich [The Allies of the Balkan Nations] (Warszawa 1983).

[19] Antoni CETNAROWICZ, Odrodzenie narodowe w Istrii w latach 1860–1907 [National revival in Istria 1860–1907] (Kraków 2010); IDEM, Odrodzenie narodowe w Dalmacji. Od "slavenstva" do nowoczesnej chorwackiej i serbskiej idei narodowej [From "Slavdom" to the modern Serb and Croat national idea] (Kraków 2002); Piotr ŻUREK, Hotel Lambert i Chorwaci (1843–1850) [Hotel Lambert and the Croats] (Warszawa 2005).

[20] Jarosław KILIAS, Naród i idea narodowa. Nacjonalizm T. G. Masaryka [Nation and National Idea. The Nationalism of T. G. Masaryk] (Warszawa 1998).

[21] Joanna RAPACKA, Godzina Herdera. O Serbach, Chorwatach i idei jugosłowiańskiej [The hour of Herder. On Serbs, Croats and the Jugoslav idea] (Warszawa 1995); EADEM, Śródziemnomorze, Europa Środkowa, Bałkany. Studia z literatur południowosłowiańskich [The Mediterranean, Central Europe and the Balkans. Studies on South-Slavonic literatures] (Kraków 2002); Maria BOBROWNICKA, Narkotyk mitu. Szkice o świadomości narodowej i kulturowej Słowian Zachodnich i Południowych [The Narcotic of a Myth. Essays on National and Cultural Consciousness of the Western and Southern Slavs] (Kraków 1995); Jerzy SNOPEK, Węgry. Zarys dziejów i kultury [Hungary. An Outline of History and Culture] (Warszawa 2002).

[22] Jan KOZIK, Ukraiński ruch narodowy w Galicji w latach 1830–1848 [The Ukrainian National Movement in Galicia 1830–1848] (Kraków 1979); IDEM, Między reakcją a rewolucją. Studia z dziejów ukraińskiego ruchu narodowego w Galicji w latach 1848–1849 [Between Reaction and Revolution. Studies on the History of the Ukrainian National Movement in Galicia in the Years 1848–1849] (Zeszyty Naukowe Uniwersytetu Jagiellońskiego 381, Kraków 1975); English: IDEM, The Ukrainian National Movement in Galicia, 1815–1849 (Edmonton 1986).

perspective to judge the Polish-Ukrainian relations[23]. Dariusz Maciak analysed the attempt at a Polish-Ukrainian compromise from 1891, whereas there is, unfortunately, no recent work on the 1913 attempt at Galician diet reform[24].

As regards the Jewish and Polish-Jewish Galician history, Andrzej Żbikowski presented the reformed synagogue in Cracow, whereas Tomasz Gąsowski presented the debates on the roads of Jews towards modern culture and the alternatives they faced. As regards the Polish-Jewish relations, a recent book by Marcin Soboń attempts to give a synthetic picture[25]. Sławomir Tokarski in a thoroughly researched original study presented the socio-economic context of the growing Polish-Jewish conflict[26]; the only reservation one can have towards this outstanding book is that the reader may have the impression that the socio-economic relations actually caused the growth of the Polish-Jewish enmity – a conclusion that would surely be one-sided and surely against the author's wishes.

In the context of nation-building an interesting book by the sociologist Michał Łuczewski should be mentioned[27]; he deals with the village Żmiąca, that was a frequent subject of interest for sociologists since the work of Franciszek Bujak from the turn of the century. He demonstrated how relatively late, only in the 1960s, did the Polish national consciousness permeate the rural population. In this sense, the book forms an interesting study of a relative failure – contrary to various other opinions – of Polish Galician nationalizing attempts.

Polish politics of Galicia are usually studied within the context of Polish political life in all three partitions rather than in the context of the Monarchy; this is the case especially with researchers dealing with those politicians who would play an important role in the interwar independent Polish state. Here above all the central topic is the Galician activity of Piłsudski and his supporters before and during the war, as well as the controversial question of the nature of Piłsudski's relations with the Austrian intelligence[28]. Among the studies that include the Habsburg context, a monograph on the Polish Socialist Party of Galicia and Silesia by Walentyna Najdus should be mentioned. She presents not only a political history of the growth of a modern mass party, but also its cultural and social importance, the web of associations and auxiliary organizations around the party whose aim was to help the activists and their families, but also to link

---

[23] Danuta SOSNOWSKA, Inna Galicja [Another Galicia] (Warszawa 2008).

[24] Dariusz MACIAK, Próba porozumienia polsko-ukraińskiego w Galicji w latach 1885–1895 [Attempts at a Polish-Ukrainian Compromise in Galicia 1885–1895] (Warszawa 2006).

[25] Andrzej ŻBIKOWSKI, Żydzi krakowscy i ich gmina w latach 1869–1919 [The Cracow Jews and their Community 1869–1919] (Warszawa 1994); Tomasz GĄSOWSKI, Między gettem a światem. Dylematy ideowe Żydów galicyjskich na przełomie XIX i XX wieku [Between the Ghetto and the World. Ideological Dilemmas of the Galician Jews at the turn of the 19th and 20th Centuries] (Kraków 1996); Marcin SOBOŃ, Polacy wobec Żydów w Galicji doby autonomicznej w latach 1868–1914 [Poles and the Jews in Galicia in the period of autonomy 1858–1914] (Kraków 2011).

[26] Sławomir TOKARSKI, Ethnic Conflict and Economic Development: Jews in Galician Agriculture 1868–1914 (Warszawa 2003).

[27] Michał ŁUCZEWSKI, Odwieczny naród. Polak i katolik w Żmiącej [The Eternal Nation. Pole and Catholic in Żmiąca] (Toruń 2012).

[28] Ryszard ŚWIĘTEK, Lodowa ściana. Sekrety polityki Józefa Piłsudskiego 1914–1918 [The Wall of Ice. The Secrets of Józef Piłsudski's Politics 1914–1918] (Kraków 1998). On the Austrian attitudes to Piłsudski cf. also the interesting edition of primary sources from the Viennese archives (in German) by Jerzy GAUL, Józef Piłsudski. Źródła z lat 1914–1918 w Austriackim Archiwum Państwowym w Wiedniu. Quellen von 1914–1918 im Österreichischen Staatsarchiv in Wien, 2 vols. (Warszawa 2015–2017).

the everyday life of the party adherents with its ideas and aims. The book also deals with the party's cultural activity and the creation of its set of symbols, partially taken from Marxism, partially from the Polish historical tradition. As such, the book may be of interest for students of modern mass parties in other parts of the Monarchy[29]. The "techniques" of everyday Galician politics received less attention by comparison: Stanisław Grodziski's monograph of the Galician diet is of interest here, as is a recent work dealing with the Eastern Galicia Central Electoral Committee[30]. It was the main institution to assure the Eastern Galician Conservatives – the Podolaks – political supremacy, and in the early 20th century it became an institution to foster the Polish-Ukrainian conflict.

Tomasz Szubert, a Polish historian based in Vienna, published a book and a series of articles in recent years based on meticulous research in Viennese and other archives, dealing with the revolution of 1848/49 and with the Galician uprising in 1846. Especially the text relating to the last topic marks an important augmentation of our historical knowledge on Jakub Szela, the leader of the February 1846 peasant rebellion, whose biography and especially his relations with the Austrian authorities were known in a very unsatisfactory way until Szubert's works[31].

Cultural history, which lived through such great triumphs at the turn of 20th and 21st centuries, and whose interest in the fin-de-siècle Vienna was so important in historiography, curiously almost bypassed Galicia (although it should be mentioned that the sociologist Piotr Szarota recently, on the wave of the World War One centenary, published an essay on Vienna in 1913, which acquaints the Polish reader with this whole research trend[32]). Jacek Purchla and his International Cultural Centre in Cracow is perhaps the only historiographical milieu that in the 1990s took the example of Carl Schorske and his "fin-de-siècle Vienna" seriously[33]. Jacek Purchla himself, apart from various articles, wrote a book about non-economic factors of Cracow's growth[34]. His Centrum published a series of volumes dealing with various aspects of cultural life, often with elements of politics, although it did not produce a synthesis comparable to that of Schorske's that would deal with interrelations of cultural and political life. Among other topics of cultural history, literary and art historians look at the Polish fin-de-siècle culture (called variously modernism, secesja, or "Młoda Polska", i. e. Young Poland) as turn-of-the-century Cracow was for a short time probably the most important center of the Polish culture. Again, the majority of these works assumes the perspective of Polish

[29] Walentyna NAJDUS, Polska Partia Socjalno-Demokratyczna Galicji i Śląska 1890–1919 [The Polish Social Democratic Party of Galicia and Silesia, 1890–1919] (Warszawa 1983).

[30] GRODZISKI, Sejm Krajowy galicyjski (cit. n. 8); Magdalena SEMCZYSZYN, Galicyjskie wybory. Działalność Centralnego Komitetu Wyborczego w Galicji Wschodniej w latach 1867–1906 [Galician Elections. The activities of the Central Electoral Committee for Eastern Galicia 1867–1906] (Warszawa 2014).

[31] Tomasz SZUBERT, Jak(ó)b Szela (14) 15 lipca 1787 – 21 kwietnia 1860 [Jak(ó)b Szela, (14) 15 July 1787 – 21 April 1860] (Warszawa 2014).

[32] Piotr SZAROTA, Wiedeń 1913 [Vienna 1913] (Gdańsk 2013).

[33] E. g. Theatre Architecture of the Late 19th Century in Central Europe, ed. Jacek PURCHLA (Cracow 1993); Vernacular Art in Central Europe, ed. IDEM (Cracow 2001).

[34] Jacek PURCHLA, Matecznik polski. Pozaekonomiczne czynniki rozwoju Krakowa w okresie autonomii galicyjskiej [Poland's Bastion. Non-economic Factors of Cracow's Development in the Period of Galician Autonomy] (Kraków 1992); in German: Krakau unter österreichischer Herrschaft 1846–1918. Faktoren seiner Entwicklung (Wien–Köln–Weimar 1993).

culture as a whole, rarely putting the phenomena against the background of the whole Monarchy. An intellectual biography of the most important Polish symbolist painter, Jacek Malczewski, may serve as an example of relatively rich contextualization[35]. Without losing sight of his Polish context, the author presents the painter's membership in the "Secession" association, his contacts with various Austrian painters, his Viennese exhibitions and his attitude towards the contemporary trends in Austrian art (e. g. his criticism of Gustav Klimt).

Art historian Jarosław Krawczyk analyzed the fascinating topic of debates around conservation of historical monuments in Galicia using the example of Wawel royal castle in Cracow, where the severe conservationist principles of Max Dvořák clashed with the exigency of reconstructing the destroyed elements of the renaissance castle, due to the pressure of Polish patriotic opinion[36].

As regards the national stereotypes, Maria Kłańska and Marcin Siadkowski (among others) analyzed the view of Galicia in the Viennese press and public opinion. Adam Kożuchowski presented the views of the defunct Monarchy in the interwar belles-lettres and in the historiography of the post-Habsburg states. The book deserves attention as it attempts to unify the perspective history of historiography and cultural history, and does so in a comparative multinational setting[37]. Conflicting heterostereotypes of the Poles and Czechs in the Habsburg era and beyond are the topic of a very insightful essayistic book by an ethnographer, Antoni Kroh[38].

Socio-economic history was a strong side of the Polish historiography in the 1960s and 1970s; although it almost died out later, it has been slowly resurrected recently. Although – as noticed earlier – urban cultural history did not find many practitioners after the example of Carl Schorske, socio-economic urban history was more popular. After the example of Warsaw historian Ryszarda Czepulis-Rastenis, the pioneer of the social history of Polish intelligentsia, studies on other towns abounded; Irena Homola analyzed the social structure and living conditions of Cracow intelligentsia in the second half of the 19th century, and some years later Jadwiga Szymczak-Hoff did the same for material conditions and everyday life of the intelligentsia of provincial Galician towns[39]. The growth of various towns in Galicia has been analyzed in numerous local histories,

[35] Dorota KUDELSKA, Dukt pisma i pędzla. Biografia intelektualna Jacka Malczewskiego [The Way of Scripture and Brush. Intellectual Biography of Jacek Malczewski] (Lublin 2008).

[36] Wokół Wawelu. Antologia tekstów z lat 1901–1909 [Around Wawel. Anthology of Texts from 1901–1909], ed. Jarosław KRAWCZYK (Warszawa–Kraków 2001).

[37] Maria KŁAŃSKA, Daleko od Wiednia. Galicja w oczach pisarzy niemieckojęzycznych, 1771–1918 [Far away from Vienna. Galicia in the Eyes of German-speaking Authors, 1771–1918] (Kraków 1991); Marcin SIADKOWSKI, Szlachcicen. Przemiany stereotypu polskiej szlachty w Wiedniu na przełomie XIX i XX wieku ["Schlachtzitzen". The transformations of the Stereotype of the Polish Nobility in Vienna at the Turn of 19th and 20th Centuries] (Warszawa 2011); Adam KOŻUCHOWSKI, Pośmiertne dzieje Austro-Węgier. Obraz Monarchii Habsburskiej w piśmiennictwie międzywojennym (Warszawa 2009); English: The Afterlife of Austria-Hungary. The Image of the Habsburg Monarchy in Interwar Europe (Pittsburgh 2013).

[38] Antoni KROH, O Szwejku i o nas [About Švejk and about us] (Warszawa ²2002).

[39] Irena HOMOLA, Kwiat społeczeństwa. Struktura społeczna i zarys położenia inteligencji krakowskiej w latach 1860–1914 [The Flower of Society: Social Structure and Situation of the Cracow Intelligentsia 1860–1914] (Kraków 1984); Jadwiga SZYMCZAK-HOFF, Życie towarzyskie i kulturalne Rzeszowa w dobie autonomii Galicji [Social and Cultural Life of Rzeszów in the Period of Galician Autonomy] (Rzeszów 1993); EADEM, Społeczność małego miasta galicyjskiego w dobie autonomii [The Society of a small Galician town in the Era of Autonomy] (Rzeszów 1992).

which however deal almost exclusively with the western part of the province[40]. Krzysztof Zamorski also studied the demographic transformation in Galicia against the background of European demographic processes. Educational history occupied many authors, although again, this lacks contextualization within the pedagogical tendencies in the Monarchy as a whole[41].

As regards rural history, the older works of Stefan Kieniewicz are still indispensable; they deal with politics and the so-called "peasant question", but Kieniewicz was a historian with a rare width of horizons and his works, e. g. a book on the peasant question in Galicia during the 1848 revolution, present the problem as part of the Austrian politics in the revolutionary year, as Polish historical books rarely do. His synthetic book in English deals only partially with the Habsburg Monarchy, whereas his monograph on the 1846 peasant uprising, while very important as a source of information, is biased by a strong propagandist tinge; the year it was published, 1951, was among the worst for Polish 20th century historiography (if we do not count the years of German occupation, 1939–1945, when no research could be undertaken or published)[42].

As regards economic history, the problem of backwardness permeates most of the research. The leading thinkers on this topic, notably Witold Kula or Tadeusz Łepkowski, directed their interests at the Russian rather than the Austrian partition. For the Polish historians who would like to study Galicia against the background of the Monarchy as a whole, the problem was put in 1888 by Stanisław Szczepanowski, author of a famous book on "poverty of Galicia in numbers" that has influenced the thinking on Galician socio-economic matters ever since. Was Szczepanowski right? There is no recent synthesis of Galician economics that would help to answer this question. Irena Homola addressed the problem, as did, some years later, Tomasz Kargol who also analyzed the economic ideas and polity of the Cracow Chamber of Trade and Industry[43]. An old book about a Galician village by the economist Wincenty Styś is still very much worth reading and it relativizes, to a degree, the picture of overwhelming "Galician poverty"[44].

To sum up: this superficial and of necessity rather casual overview shows both strengths and weaknesses of the Polish studies of the problem. Important studies into various fields of Galician life make our knowledge of the history of the province much better, more detailed and more multifaceted. Various political streams, the socio-eco-

---

[40] Important exceptions: Łukasz T. SROKA, Rada miejska we Lwowie w okresie autonomii galicyjskiej 1870–1914. Studium o elicie władzy [The City Council in Lviv in the Period of Galician Autonomy. A Study of a Power Elite] (Kraków 2012); Konrad WNĘK–Lidia A. ZYBLIKIEWICZ–Ewa CALLAHAN, Ludność nowoczesnego Lwowa w latach 1857–1938 [The Population of Modern Lviv 1857–1938] (Kraków 2006).
[41] E. g. Czesław MAJOREK, Historia utylitarna i erudycyjna; szkolna edukacja historyczna w Galicji 1772–1918 [Utilitarian and Erudite History. Historical Education in Galician Schools 1772–1918] (Warszawa 1990).
[42] Stefan KIENIEWICZ, Ruch chłopski w Galicji w 1846 r. [The Peasants' Movement in Galicia in 1846] (Wrocław 1951); IDEM, The Emancipation of the Polish Peasantry (Chicago 1969); IDEM, Pomiędzy Stadionem a Goslarem. Sprawa włościańska w Galicji w 1848 r. [Between Stadion and Goslar. The Peasant Question in Galicia in 1848] (Wrocław 1980).
[43] Tomasz KARGOL, Izba przemysłowo-handlowa w Krakowie w latach 1850–1939. Dzieje – ludzie – polityka gospodarcza [The Chamber of Industry and Trade in Cracow 1850–1939. History – People – Economic Policy] (Kraków 2003).
[44] Wincenty STYŚ, Drogi postępu gospodarczego wsi: studium szczegółowe na przykładzie zbiorowości próbnej wsi Husowa [Roads of Economic Progress of a Village: A detailed Case Study of the Village Husów] (Wrocław 1947).

nomic situation, and political conflicts are better and better recognized; the simple picture of provincial backwardness gives way to much more complicated characteristics of various social, economic and political processes. The accumulation of knowledge is important and precious to students not only of Galicia but of the whole Monarchy or beyond – but many of the authors do not notice these broader perspectives leaving them to be found out by the readers themselves.

II.

The second part of this paper will be devoted to two outstanding researchers who really contributed in a very important way to our understanding of the history of the Habsburg Monarchy. They were very well versed in problems of international historiography and they looked at processes of nation-building as well as at socio-economic transformations both from a broad synthetic perspective and from the point of view of detailed case-studies. Józef Chlebowczyk (1924–1985)[45] is the more theoretically-minded of the two, but at the same time less accessible and more difficult to read. Born in the former Habsburg Silesia, in his adult life professor at the branch of Katowice University in Cieszyn, right at the Polish-Czechoslovak border, he was a borderland-person and this personal understanding of the dramatic identity choices faced by his heroes can be seen under the seemingly dispassionate theoretical arguments of his works. His most important book[46] deals with nation-building processes in "East-Central Europe" in the 19th century. His general view is somehow similar to Miroslav Hroch's concept of "phases", although less clear, but the real interest in his book lies in detailed analyses of various theoretical possibilities of identity formation in the borderlands on the micro-scale as well as various possibilities for development of national movements on the macro-scale. As regards the micro-scale, Chlebowczyk attempts to reconstruct the mechanisms of acquiring a new identity via living in a society whose majority language differs from one's home language – in his words, the "evolution of the mastered alien speech from a *lingua del pane*, in the individual's awareness, into a *lingua del cuore*"[47]. He builds schemes to explain various interrelations between linguistic transformations and identity transformations. Chlebowczyk's technical language may at times seem to confuse relatively simple things through a jargon – but a closer reading reveals new perspectives that deserve analysis.

Chlebowczyk introduces a concept of "lower assimilation threshold". It denotes a certain level of civilisational distance beyond which the assimilating process does not

[45] Józef Chlebowczyk – badacz procesów narodotwórczych w Europie XIX i XX wieku [Józef Chlebowczyk – Student of Nation-Building Processes in Europe in the 19th and 20th century], ed. Maria Wanda WANATOWICZ (Katowice 2007).

[46] Józef CHLEBOWCZYK, O prawie do bytu małych i młodych narodów. Kwestia narodowa i procesy narodotwórcze we wschodniej Europie Środkowej w dobie kapitalizmu (od schyłku XVIII do początków XX w.) [On the right of small and young nations to exist. National Question and nation-building processes in East-Central Europe in the period of capitalism (from the late 18th to the early 20th century)] (Warszawa ²1983).

[47] Józef CHLEBOWCZYK, Some issues of National Assimilation and Linguistic-Ethnic Borderland (in the Area of former Austro-Hungarian Monarchy). *Acta Poloniae Historica* 108 (2013) 149–195 (first published in Polish in 1972), quote 157. This essay presents in an outline some threads developed later in more detail in: IDEM, O prawie do bytu (cit. n. 46).

take place: the distance is too big. In 19th century Galicia the groups beyond this threshold were orthodox Jews, Gypsies and some mountaineers (Hutsuls)[48]. Parallel with that he introduces a concept of "assimilative capacity": whereas the "lower assimilation threshold" was a characteristic of the minority groups (would-be candidates for assimilation), the "assimilative capacity" refers to the majority: it is determined by the cultural, economic, political and social situation of the dominating group and it determines, in turn, the capacities to assimilate the minorities[49]. All these forces (and many others analyzed by Chlebowczyk, but not mentioned here) influence the outcomes of assimilation processes. The problem of how far the level both of the "assimilation threshold" and of "assimilation capacity" is transformed by the growth of capitalism belongs to the central problems addressed by Chlebowczyk's books. Analyzing the interrelations of various ethnic groups, he challenged the simple propagandistic model (used both in nationalist, Marxist, and nationalist-Marxist historiography) that divided the world into exploiters and exploited. Between the "ruling group" and the "minority group" he introduced a "dominant group" (such as the Poles in Galicia), which assumes the position of ruling group towards the minority (as the Poles towards the Ukrainians), but is itself in a position of minority towards the ruling group (as the Poles towards Vienna). Thus, he attempted to produce a conceptual framework for a trialist, not a dualist, classification of forms of dominance and subjection[50].

Chlebowczyk came from the milieu of Marxist socio-economic history; strong Marxist language is a feature of his works that may sound a bit irritating to those who do not share this ideological persuasion. At the same time, the language is used consciously, as an attempt at serious categorization of the analyzed phenomena, not as a propagandistic device. As regards the social processes, above the level of individual choices, Chlebowczyk noticed some things that were not so clear for his contemporary "modernist" researchers, writing within the paradigm of structuralist social history. Chlebowczyk clearly sees the importance of irrational factors in history thus transcending as it were his original Marxist assumptions (he notices that ethnic conflicts tend to generate much stronger emotions than class conflicts)[51]. He does not offer a theory (unless his scheme of acquiring group identity, outlined earlier, could be broadened to mean a general theory of embracing a certain set of opinions), but he clearly sees the insufficiency of socio-economic factors when it comes to explaining the rise of radical nationalism ("ideological nationalism", as he calls it) in the early 20th century. He tackles the important problem of ethnic enmity in the borderlands and he sees, somehow arguing with those authors who stress the conflict only, the possibility of developing two contrary attitudes. Borderlands, according to Chlebowczyk, generate either exclusivist chauvinism or national tolerance – indeed more than tolerance, benevolent acceptance of ethnic differences as a value in itself[52]. Chlebowczyk rejects the unilateral determinism, and the

---

[48] CHLEBOWCZYK, Some issues (cit. n. 47) 162.
[49] Ibid. 169.
[50] CHLEBOWCZYK, O prawie do bytu (cit. n. 46) 33.
[51] Ibid. 213–214; cf. also Józef CHLEBOWCZYK, Miedzy dyktatem, realiami a prawem do samostanowienia. Prawo do samookreślenia i problem granic we wschodniej Europie Środkowej w pierwszej wojnie światowej oraz po jej zakończeniu [Between dictate, realities and the right to self-determination. The right to self-identification and the problem of borders in East-Central Europe during and after the First World War] (Warszawa 1988) 133s.
[52] CHLEBOWCZYK, O prawie do bytu (cit. n. 46) 32.

balance between the inevitable (or at least very highly probable) and accidental developments is one of the most interesting aspects of his books. It is not elaborated theoretically
in a deeper way, but Chlebowczyk must have considered this problem as central, since in
his other book a short introduction is devoted precisely to stressing the openness of
historical processes and the necessity to take into account the unrealized possibilities of
historical development[53]. The whole argument of his book is that the nation-building
processes were indeed inevitable; the form they assume, however, was open. If nation-
building as a general phenomenon was conditioned by the objective developments of
modern bureaucratic state and capitalist economics, no single given national movement
had its success guaranteed. And the results of national movements were not pre-deter-
mined either; the federation of equal nations could be as possible an outcome as new
nation states.

Chlebowczyk in a sense can be said to belong to the same never proclaimed and
never defined but obviously recognizable "Habsburg school" of researchers of the nationality question, which included distinguished members such as Otto Bauer, Oszkár
Jászi, or – generationally closer to Chlebowczyk – Ernest Gellner and Miroslav Hroch[54].
His picture of growing nationality conflict is balanced with the idea that the conflict was
not inevitable; if the conservative militarist-bureaucratic Monarchy was unlikely to survive, a democratic federative state in its place was not excluded. He is as far as possible,
however, from the sentimental nostalgia of the K. (u.) K. times. His dry, matter-of-fact
way of writing, his sense of social conflicts and of social and national exploitation pre-
cludes any sort of sentimentalism.

Chlebowczyk, alas, was not a good stylist. His books are written in a heavy mix of
newspaper style and pseudo-scientific jargon. It is to be feared that the English translations make these handicaps only more visible[55]. His main work is badly composed, and
the logic of how the material is arranged is at times hardly understandable. The readers
not deterred by these obstacles, however, will reap their reward: the interpretative pro-
posals, theoretical insights, not to mention abundance of factual and bibliographical
material, put Chlebowczyk's books, in spite of their imperfect form, among the most
interesting studies of nationality problems within the broad European literature context.

Apart from his opus magnum, which mainly interested us here, and its posthumously published continuation, Chlebowczyk is the author of some other interesting
books. His study of "Elections and social consciousness" in Austrian Silesia in the second
half of the 19th century[56] deals with results of elections in a broad perspective – as a

---

[53] CHLEBOWCZYK, Między dyktatem, realiami a prawem do samostanowienia (cit. n. 51) 6s. Cf. also
Chlebowczyk's reflections on various possibilities of evolution of the 19th century Slovak national movement: IDEM, O prawie do bytu (cit. n. 46) 303.

[54] For interesting remarks about such an informal "Austro-Hungarian" type of national question
research cf. Tomasz STRYJEK, Ukraińska idea narodowa okresu międzywojennego. Analiza wybranych
koncepcji [The Ukrainian national idea in the interwar period. Analysis of selected ideas] (Wrocław
2000) 253s.

[55] Shortened English translation: Józef CHLEBOWCZYK, On small and young nations in Europe:
nation-forming processes in ethnic borderlands in East-Central Europe (Wrocław 1980).

[56] Józef CHLEBOWCZYK, Wybory i świadomość narodowa na Śląsku Cieszyńskim w drugiej połowie
XIX wieku. Przyczynek do badań nad kształtowaniem się świadomości i aktywności społecznej w okresie
kapitalizmu [Elections and Social Consciousness in Austrian Silesia in the second half of the 19th cen-
tury] (Katowice–Kraków 1966).

factor in developing national and political identity among the hitherto passive population.

Equally interesting is his other (earlier) book dealing with the economic policy in the "cameral" lands of Cieszyn (Teschen) in Silesia. The former property of the Dukes of Cieszyn was administered, after the extinction of the Cieszyn line of the Piast dynasty, by an administrative organ called the "Chamber" (*Kammer*). The attempt to reconstruct the economic policy of the Cieszyn *Kammer* in the 18th century (until the accession of Joseph II), in spite of very incomplete sources, aims to build a coherent picture of economic politics[57]. Chlebowczyk analyses both the attempts at economic modernization undertaken by the Cameral administrators (these attempts were, as he writes, "embryonic", but nevertheless important as they already indicated the path of future capitalist transformations), and – although only hypothetically, due to the state of the source material – a much more fascinating aspect. He shows elements of growth of the serfdom obligations of the peasants in the cameral lands – thus presenting how the modernization from "above", i. e. the growth of bureaucratic state structures, is financed by feudalization from "below", i. e. by growth of serf peasants' obligations. The book, an interesting example of "conscious" economic history that aims at analyzing certain problems and not just accumulating data, serves, as it were, as an introduction, both in terms of chronology of writing and chronology of analyzed events, to his later books on the nationality question.

Henryk Wereszycki (1898–1990), my second "hero", is to a certain degree a similar story, but also quite a different one. Born in Lviv (Lwów, Lemberg), a soldier in the 1920 and 1939 campaigns, he was close to the Social Democracy in the interwar period (he considered himself a Marxist then), and after the war – without essentially changing his political opinions – he became one of the most consistently anti-Communist historians. Naturally, he was not in a position to express his opinions openly; in his studies on 19th century history, however, he never gives the slightest concession to the official interpretation; he tried to combat it by irony and question marks since he could not do so openly[58]. By his stance he won great respect and moral authority in the Polish historical milieu. While allowed to work academically, he was marginalized throughout his whole life, e. g. he was not allowed to participate in the well-known conference in Bloomington, Indiana, in 1967 to commemorate the centenary of the Austro-Hungarian compromise. The text he prepared for this conference initiated his most important book, "Pod Berłem Habsburgów" (Under the Scepter of the Habsburgs), a short account of the nationality question in the Habsburg Monarchy between the era of Joseph II and 1918.

Lucidly composed and excellently written – not in the sense of any literary "fireworks" but in clear simple language free from any scientific or journalist jargon, and from kitschy emotional phraseology – the book gives an overview of nation-building processes through a century and a half. The story is well known, it has been described

---

[57] Józef CHLEBOWCZYK, Gospodarka komory cieszyńskiej na przełomie XVII–XVIII oraz w pierwszej połowie XVIII wieku [The Economy of the Cieszyn Chamber at the turn of 17th and 18th and in the first half of the 18th century] (Wrocław 1966).

[58] For Wereszycki's personality see the recent publication of his private correspondence with Stefan Kieniewicz: Stefan KIENIEWICZ–Henryk WERESZYCKI, Korespondencja z lat 1947–1990, ed. Elżbieta ORMAN (Kraków 2013). Cf. also Henryk Wereszycki (1898–1990). Historia w życiu historyka [Henryk Wereszycki (1898–1990). History in the life of a historian], ed. Antoni CETNAROWICZ–Elżbieta ORMAN (Kraków 2001).

by various historians before and after Wereszycki. What makes the book important, apart from its formal values just mentioned, is the clear presentation of alternatives, plans and possibilities of transformations for the Monarchy. Whether they had chances, Wereszycki does not answer; with his type of left-wing Polish patriotism, close to the idea of the interwar Polish Social Democracy (very strongly opposing both the rightist nationalism and the "Luxemburgist" radical internationalism), he believed that nations would never "resign from building their own states" (this is the last sentence of the book). At the same time Wereszycki did not doubt that reform would have strengthened the Monarchy – he very highly praises Palacký's letter to the Frankfurt Parliament's Committee of Fifty. Contrary to majority opinions held in historiography he does not see Palacký's "Danubian" patriotism just as a smokescreen for his Czech nationalism; he sees Palacký as a perceptive intellectual, genuinely frightened by the possibility of a Russian "universal empire" and seeing the Habsburg Monarchy as the only warrant of small nations' existence. He is very critical of the establishment of Austro-Hungarian dualism, treating it as a double supremacy over the smaller nations of the Monarchy. In his eyes, the Monarchy resigned from being a shelter for smaller nationalities, instead, according to Wereszycki, it has chosen to attempt at building two nation states, or at least states with a preponderance of a ruling nationality – German in the case of Cisleithania, Magyar in the case of Hungary. Thus – writes Wereszycki in one of his metahistorical reflections – the road to nation states was open and in consequence the road to the forced resettlements of populations after 1945. The roots of this lie in 1867 when "the idea of a multinational state that would guarantee justice to its nationalities was abandoned"[59]. Such reflections, not always convincing but always thought-provoking, are numerous in his works – they do not press themselves on the reader but they call for a reflective pause and do not permit mechanical reading.

Wereszycki seems to believe that the Hungarian complex of problems was, on the whole, the most difficult one to disentangle. Although he admits that – contrary to the Croatian claims – the Magyars in the *Nagodba* offered real concessions to the Croats, generally he believes that the privileged Hungarian position blocked the possibilities of reform of the Austrian half – the Magyars were afraid that federalism might prove contagious and imperil their rule in Transleithania. Thus, the Magyar politics were responsible for a standstill not only in the Hungarian but also in the Austrian half of the Monarchy. Wereszycki – rightly, I suppose – believed that contrary to external appearances the nationality problem in the Hungarian half of the Monarchy was much more serious than in the Austrian half, where it had at least ways of expressing itself in a legal form. Oszkar Jászi, according to Wereszycki, was "the only man in Hungary to understand the nationality question in full" but his precepts were not followed[60]. As regards the reforming projects of the early 20th century the most interesting, according to Wereszycki, were the Austromarxist idea of personal autonomy and the territorial federalism of Aurel Popovici. Of these the former was more interesting but also, notes Wereszycki, probably too complicated to be able to function in practice; Popovici was less sophisticated, but perhaps more feasible. In the debatable issue of the real character of the Archduke Francis Ferdinand's reformist plans, Wereszycki is ready to give the Archduke

---

[59] Henryk WERESZYCKI, Pod Berłem Habsburgów [Under the Scepter of the Habsburgs] (Kraków 1986) 195.
[60] Ibid. 267–269.

a certain benefit of doubt; there were serious projects of reform in his circles, Wereszycki argues, although the Archduke and his collaborators probably did not understand how deep the crisis was and how strongly the nationalist propaganda had penetrated the masses.

As the last resort, when all attempts at reform failed, the best safeguard of the Monarchy, according to Wereszycki, was that it was treated by its nationalities as a "lesser evil": the perspective of a war between Russia and Germany for the inheritance of the collapsed Monarchy, resulting in subduing the small nationalities either to one empire or to another, was frightening to most leaders of the various national movements. It is through their attempts to win as much influence as possible on the Monarchy, rather than through conscious attempts to destroy it, that the growing nationalisms proved fatal to the state[61].

More detailed and probably deeper interpretatively, but less well constructed and less well written is his three-volume monograph on the "Alliance of the Three Emperors"[62] – the relations between Prussia (Germany), Russia and Austria (Austria-Hungary) between the 1860s and 1880s. Wereszycki takes into account various elements of international politics, and his success in term of construction and artistic exposition lies first of all in his ability to present convincingly an interplay of individual psychological factors with the "objective" long time processes, social and political transformations that pressed for the co-operation of the three powers first and the dissolution of this co-operation afterwards. In my personal opinion, this psychological aspect is especially interesting. Wereszycki himself, however, seems to suppose (as the above-quoted opinion about the long-time consequences of the 1867 compromise testifies) that the long-perspective objective processes are ultimately decisive. Thus, he argues that the annexation of Alsace-Lorraine by Germany "inevitably gave birth in the future both to the German-Austrian and Franco-Russian alliances". It is a proof of Bismarck's greatness that he could delay the Franco-Russian co-operation by 15 years or so, but it was beyond his powers to prevent it[63]. Therefore, Wereszycki seems to sympathize to a certain extent with those conservative and cautious monarchs, such as William I or Francis Joseph, who were skeptical towards the brilliant combinations of their diplomats, primarily of Bismarck: If objective circumstances cannot be overcome, then cautious skepticism seems a better option than vain activism that in certain cases may only postpone the catastrophe but in other cases may hasten it. The aura of an imminent tragedy, independent of individual actions, permeates the atmosphere of Wereszycki's trilogy: The diplomats, brilliant as they were, analyzing the diplomatic situation very perceptively, brought about the results contrary to their intents: Bismarck, as mentioned, caused the great anti-German coalition he strived to avoid, and Gorchakov, by supporting the national movements in the Balkans, destroyed the Russian influence instead of strengthening it, as the new nation states wanted to liberate themselves both from Austrian and Russian tutelage. Finally, Andrássy, by agreeing to the annexation of Bosnia-Herzegovina, made the collapse of the

---

[61] Ibid. 256s.

[62] Henryk WERESZYCKI, Sojusz trzech cesarzy. Geneza 1866–1872 [The Alliance of three Emperors. Genesis 1866–1872] (Warszawa 1965); IDEM, Walka o pokój europejski 1872–1878 [Struggle for European Peace 1872–1878] (Warszawa 1971); IDEM, Koniec sojuszu trzech cesarzy [The end of the alliance of three emperors] (Warszawa 1977) (all three volumes were reprinted in 2010 with new introductions by Jerzy ZDRADA).

[63] WERESZYCKI, Sojusz trzech cesarzy (cit. n. 62) 254.

Monarchy, and thus the destruction of historical Hungary, inevitable[64]. "As a conclusion, we may reach the conviction that the influence of even the greatest statesmen on European history is much more limited than it could have seemed to their contemporaries and to later generations" the last sentence of the second volume reads[65]. It is not decisive whether we agree with this conclusion: it is the interesting way of arriving at it and the reflexive character of the whole narration that matters and forces the reader to his own reflection.

Apart from the above discussed, Wereszycki wrote numerous other studies: worth mentioning here is an interesting short handbook of Austrian history and an essay about Galicia as a research problem, advocating the study of Galicia in the context of the Habsburg Monarchy[66]. As the preceding pages show, this idea met with little enthusiasm and the Habsburg contextualization is seen only in relatively few works. Hopefully this has started to change recently.

Both Chlebowczyk and Wereszycki were one-sided at certain points. Chlebowczyk's general scheme of division between Western and East-Central European processes of nation-building (in the West states create nations, in East-Central Europe nations create states) was clearly an oversimplification. Wereszycki, on the other hand, tended to treat the national problems in an "objectivistic" way – thus, he wrote about national divisions of the Habsburg Monarchy in the epoch of Joseph II in the same terms as in the eve of World War I. The explanation lies most probably in the fact that Wereszycki was conscious of the propagandistic practices of the stronger nations which tried to delegitimize the claims of the weaker nations by denying their very existence – this is how the Germans behaved towards the Czechs or Slovenes, the Poles to the Ukrainians, the Magyars to the Slovaks etc. Most probably in order to avoid an attitude that could be considered as "patronizing", Wereszycki chose to use terms like "Ukrainian population" referring to the 1770s[67].

Their relatively minor fallacies notwithstanding, the achievements of Wereszycki and Chlebowczyk place them, in my opinion, among the most interesting researchers of the Habsburg history. At the same time it is impossible not to notice that they did not leave progeny: as is clear from the previous pages, there is no school of researchers of the nationality problems of the Habsburg Monarchy in Poland, in spite of the existence of various interesting books and articles. Perhaps this is because the general fragmentarization of intellectual life makes "schools of thought" impossible in a situation where everybody, through the internet, has access to various, very diverse intellectual influences. Perhaps this is a transitory situation, perhaps new intellectual schools will be formed across the national and state borders, independently from any existing tradition of national historiography? As it is, both Chlebowczyk and Wereszycki can supply us with abundant stuff for thoughts and inspiration.

---

[64] WERESZYCKI, Walka o pokój (cit. n. 62) 449.

[65] Ibid. 450.

[66] Henryk WERESZYCKI, Historia Austrii [History of Austria] (Wrocław 1972); IDEM, Dzieje Galicji jako problem historyczny [History of Galicia as a historical problem] [1958], in: IDEM, Niewygasła przeszłość. Refleksje i polemiki (Kraków 1987) 173–192.

[67] WERESZYCKI, Pod Berłem Habsburgów (cit. n. 59) 51.

Von den frühneuzeitlichen Chronisten zu den postkommunistischen rumänischen Historikern

Konstanten und Variablen der Darstellung der Habsburgermonarchie in der rumänischen Geschichtsschreibung

Rudolf Gräf

Eine für Rumänien schicksalhafte und wandelbare Beziehung zwischen Geschichtsschreibung und Politik prägte auch die Wahrnehmung der Habsburgermonarchie durch die rumänische Historiographie[1].

Die moderne rumänische Geschichtsschreibung wurzelt in ihren Anfängen in der Vereinigung der Donaufürstentümer Moldau und Walachei. Diese gab der historischen Forschung Raum, Ziel und eine gewisse Erwartung in der Darstellung vor. Es erwuchs die Notwendigkeit, über die älteren Chroniken hinaus, eine dynastische Tradition nicht nur der militärischen Auseinandersetzungen, sondern auch einer geistig-kulturellen Einheit und Gemeinsamkeit zu etablieren bzw. diese in der Vergangenheit ausfindig zu machen, notfalls zu konstruieren. Diese konnte sich nur durch die Beziehung auf „den anderen" behaupten und differenzieren, unabhängig davon, ob „der andere" der Nachbar im Inneren oder der Nachbar an den Grenzen war. „Der Türke" und „der Kaiser", aber auch „der Pole" oder „der Russe/der Moskauer (*muscalul*)", „die Ungarn" und die „Siebenbürger Sachsen" boten der rumänischen Geschichtsschreibung die theoretischen und ideologischen Glacis der Abgrenzung und Selbstdefinierung[2].

Im Umfeld des nationalen Erwachens und des Entstehens politischer Strukturen ethnischer Gruppen vor allem während der zweiten Hälfte des 19. Jahrhunderts entstand auch die ungarische und deutsche Geschichtsschreibung auf dem Gebiet des heutigen Rumäniens mit jeweils eigenen Wahrnehmungen der Habsburgermonarchie, die sich oft mit der rumänischen überschneiden, aber auch oft krass von ihr differieren.

In diesem Zusammenhang muss auch die Darstellung der Habsburgermonarchie in der rumänischen Geschichtsschreibung gesehen werden. Folglich kann man nur in diesem Kontext auch die Geschichte der Habsburgermonarchie in der rumänischen Historiographie verfolgen.

Im Laufe von fast zwei Jahrhunderten rumänischer Geschichtswissenschaft und, wenn wir auch die alten Chronisten dazu zählen, sogar noch länger, sollte diese eine

---

[1] Kurt SCHARR–Rudolf GRÄF, Rumänien. Geschichte und Geographie (Wien–Köln–Weimar 2008) 33.

[2] Ebd.

politische Rolle spielen bzw. die jeweiligen politischen Ziele rechtfertigen. Denn, wie Ioan Lupaş 1943 schrieb[3]: „Man kann behaupten, dass es der rumänischen Geschichtsschreibung gelungen ist, in die Hand des Volkes die Schlüssel zu legen, damit es, ‚wenn die Zeit erfüllet sei‘, das Gefängnis der hundertjährigen Knechtschaft aufsperren und allmählich das Gebäude der völkischen Einheit und der politischen Freiheit erreichen könne. In den Kämpfen, welche das Rumänentum auf beiden Seiten der Karpaten zur Wiedererlangung der Rechte der Unabhängigkeit führen musste, hat die Geschichtsschreibung ein reiches Arsenal an Waffen geliefert."

Aber diese fast messianische Rolle der Geschichtsschreibung finden wir nicht nur bei den Rumänen in Siebenbürgen. Denselben Ton benutzt im Jahre 1942 Otto Folberth, der Leiter der Zeitschrift „Deutsche Forschungen im Südosten", der im Geleitwort der ersten Nummer 1942 behauptet, dass „im Bereich der wissenschaftlichen Forschung Staatsgrenzen keine Schranken bilden dürfen, zumal nicht, wo es sich darum handelt, die verschlungenen Schicksalspfade eines naturhaft sprießenden Volkstums bis zu seinen letzten und feinsten Verästelungen hin zu verfolgen (die so oft seine aufschlussreichsten sind!), und dies alsdann zu einem großen und geschlossenen Gesamtbilde zusammenzuschauen"[4]. Folberth verlangt von seinen Mitarbeitern, ihre Arbeit „stets von einem gesamtdeutschen Blickpunkt zu betrachten" und – wohlgemerkt in Siebenbürgen, einer Provinz Rumäniens, im Jahre 1943 – auf die lokale Perspektive zu verzichten und ihr Forschungsziel „stets von einem gesamtdeutschen Blickpunkt" aus zu betrachten: „[…] es bedeutet Abkehr von einem wissenschaftlichen Spieltrieb aus selbstischer oder zufälliger Veranlassung, wie es im liberalistischen Zeitalter oft genug gegeben hat, und Hinneigung zu den großen Zusammenhängen des Lebens, vor allem aber Hingabe an das in ihnen notwendig zu Erforschende, das jeder Zeit schicksalhaft gesetzt ist."[5] Das sind nur zwei Beispiele genereller Stellungnahmen – man könnte leicht auch eine ungarische Position zitieren –, die notwendig sind, um die allgemeine Entwicklung der historischen Forschung in Rumänien um die Mitte des 20. Jahrhunderts zu verstehen[6].

Die Geschichte wiederholte sich in der kommunistischen Zeit unter anderen ideologischen und politischen Voraussetzungen, des Öfteren aber mit denselben Akteuren. Erst die Ereignisse von 1989 machten Kräfte frei, die sich einer „freien" Geschichtsforschung widmen konnten, allzu oft aber wurden die alten Akteure und Forschungsrichtungen beibehalten, deren Schüler ihrerseits den alten Kanon der rumänischen Geschichtsschreibung weiterführten. Diese wiederholten Veränderungen und Brüche prägten auch die Bilder der Beziehungen der Rumänen mit den Nachbarn, insbesondere mit jenen, in deren Staatsgrenzen Rumänen über Jahrhunderte gelebt haben.

---

[3] Ioan LUPAŞ, Zur Geschichte der Rumänen. Aufsätze und Vorträge (Sibiu 1943) 426. Lupaş bezieht sich hier auf die Geschichte der Rumänen aus dem Norden und Nordwesten Siebenbürgens, die seit dem Zweiten Wiener Schiedsspruch (30. August 1940) zu Ungarn gehörten. Interessant sind auch der Verlag, in dem das Buch erschienen ist (Krafft & Drotleff A.G., der Hauptverlag der deutschen Volksgruppe in Rumänien), und besonders die „völkische" und martialische Sprache.

[4] Otto FOLBERTH, Zum Geleit. *Deutsche Forschungen im Südosten* 1 (1942) 5.

[5] Ebd.

[6] Das Königreich Rumänien hat nach dem Ersten Weltkrieg seine Bevölkerung und sein Territorium mehr als verdoppelt („Großrumänien"). Die Minderheiten stellten 28 % der Bevölkerung, davon waren die ungarische, die deutsche und die jüdische die stärksten. Die ungarische und die deutsche Minderheit verfügten über eine eigene Geschichtstradition, die wenigstens ebenso alt war wie die rumänische.

Im vorliegenden Aufsatz versuche ich, Aspekte der Wahrnehmung der Habsburgermonarchie durch die rumänische Geschichtsschreibung im Laufe der Zeit anhand einiger Fallbeispiele darzustellen. Es stellten sich folgende Formen der Wahrnehmung durch die rumänische Historiographie heraus, die auch die Struktur dieses Beitrags bilden:

– die Benennung als Identifikationsmöglichkeit
– die Habsburgermonarchie als fremde und sich von Ferne nähernde Macht
– die Habsburgermonarchie als Unterstützer des Kampfes gegen die Türken
– die Habsburgermonarchie als Befreier bzw. Eroberer
– die Habsburgermonarchie als Lehrer und Beschützer
– die Habsburgermonarchie als Feind
– Abschied von der Monarchie
– Wiederentdeckung der Monarchie
– die Habsburgermonarchie als Teil der rumänischen Geschichte

Dabei verfolge ich eine chronologische Aufschlüsselung der Wahrnehmung der Habsburgemonarchie, die aber sowohl territorial wie auch politisch und kulturell bedingt ist. Denn bis heute findet diese Wahrnehmung in den verschiedenen Provinzen des Landes unterschiedlich statt: Die Darstellung der Habsburgermonarchie durch die rumänischen Historiker in der Moldau und der Walachei unterscheidet sich von jener in Siebenbürgen und im Banat. Ebenso wird die Monarchie in der Geschichtsschreibung aus der Zeit vor 1918 anders dargestellt als in der Zwischenkriegszeit und wieder anders in der kommunistischen Zeit (und auch in der kommunistischen Zeit verzeichnen wir wenigstens zwei Wahrnehmungs- und Interpretationsmodelle). Dazu kommt noch die Tatsache, dass sowohl die ungarische als auch die deutsche Minderheit in Rumänien über eigene Geschichtsschreibungen verfügen, die eigene Wahrnehmungs- und Interpretationsmodelle verzeichnen und von den eigenen politischen und kulturellen Interessen geprägt sind[7]. So wurden der Habsburgermonarchie von Seiten der rumänischen Geschichtsschreibung im Laufe der Zeit unterschiedliche Rollen zugewiesen.

Die Benennung als Identifikationsmöglichkeit

Von Anfang an nennen die Chronisten des 17. und 18. Jahrhunderts – Grigore Ureche (ca. 1590–1647), Ion Neculce (1672–1745), Miron Costin (1633–1691), Dimitrie Cantemir (1673–1732), Nicolae Stoica de Haţeg (1751–1833), Radu Popescu (1655–1729) und andere – die Habsburger und den Staat, den sie vertraten, die militärische Macht, die sie einsetzten, und auch ihre diplomatischen Vertreter „nemţi", „nemţii", „neamţul", d.h. „Deutsche", „die Deutschen", „der Deutsche", auch wenn die Vertreter der Monarchie in den rumänischen Ländern oft Italiener oder Spanier waren oder einer anderen Nationalität angehörten. Sie vertraten ihrer Ansicht nach das Reich und die Dynastie, für die rumänischen Gelehrten waren und sind diese teilweise auch heute noch „deutsch"; sie machten noch wenig Unterschiede zwischen Österreichern, Bayern, Hessen oder Preußen, obwohl auch das vorkommen kann.

---

[7] „Daß jede Historie im öffentlichen Leben eine politische Funktion hat, ist unbestreitbar." Reinhart KOSELLECK, Vom Sinn und Unsinn der Geschichte (Berlin 2010) 200.

Beginnend mit der Siebenbürgischen Schule („Şcoala Ardeleană"[8]) und ihren markantesten Vertretern, Gheorghe Şincai (1754–1816), Petru Maior (1756–1821), Samuil Micu (1745–1806), Ioan Budai-Deleanu (1760/63–1820) und Ioan Molnar Piuariu (1749–1815), verstanden die Rumänen Siebenbürgens den Kaiser als den „römischen Kaiser", während er für die Siebenbürger Sachsen der „deutsche Kaiser" war, mit dem sie aber nicht sehr gut auskamen, denn er (konkret Joseph II.) hob ihre Privilegien auf, die sie seit dem 12. Jahrhundert von den ungarischen Königen und siebenbürgischen Fürsten immer wieder erneuert und bestätigt bekommen hatten. Dies habe bedeutet, dass er sie als Gemeinschaft aus der Geschichte Siebenbürgens ausgewiesen habe.

Von den frühneuzeitlichen Chronisten bis ins späte 19. Jahrhundert wurden die Dynastie und ihre Vertreter „die Deutschen" („Nemţii") genannt, sogar während der Napoleonischen Kriege verzeichneten die rumänischen Soldaten der österreichischen Grenzregimenter auf ihren Gebetbüchern den Namen „Neamţul" („der Deutsche") für die Habsburger und „Franţuzul" („der Franzose") für Napoleons Truppen, ebenso nannten sie die russischen Heere „Muscalul" („der Russe") oder die polnischen Heere „leşul" („der Pole") bzw. „leşii" („die Polen")[9]. Später wurde der Kaiser als „unser Kaiser" und die Monarchie als „unser Österreich" bezeichnet, was auf eine Identifizierung der Interessen der Rumänen mit denen der Dynastie hinweist.

Die Habsburgermonarchie als fremde und sich von Ferne nähernde Macht

Es waren zunächst Chronisten aus der Moldau und der Walachei, die auf die Habsburger aufmerksam wurden, und zwar zum ersten Mal während des Langen Türkenkrieges (1593–1606), insbesondere in dem Augenblick, in dem ein rumänischer Fürst während dieses Krieges eine Rolle zu spielen begann und intensivere Kontakte mit den Habsburgern pflegte. Es handelt sich um Michael den Tapferen (Mihai Viteazul, 1593–1601), der im Namen und Auftrag Kaiser Rudolfs II. Siebenbürgen eroberte (1599), danach aber eine eigene Politik im Fürstentum verfolgte[10], was seine gewaltsame Beseitigung durch den kaiserlichen General und Rivalen Michaels, Georg Basta, zur Folge hatte (1601).

Besonders während der Zweiten Türkenbelagerung Wiens (1683), als die Fürsten der Moldau und der Walachei das osmanische Heer unterstützen mussten, sich aber auf dem Rückweg über den Sieg der Christen freuten, ist die zwiespältige Haltung der rumänischen Fürsten wahrzunehmen, in der sich eine Neuorientierung der Politik der rumänischen Fürstentümer andeutet[11].

---

[8] Die „Şcoala Ardeleană" war eine rumänische kulturelle Bewegung, generiert von der Griechisch-Katholischen Kirche in Siebenbürgen (Unierte, d. h. mit Rom vereinigte Kirche), die mit Begriffen und Argumenten aus der deutschen Aufklärung die Rechte der Rumänen in Siebenbürgen verteidigte. Sie hatte keinen antiklerikalen Charakter, im Gegenteil, ihre Vertreter kamen vorwiegend aus der Griechisch-Katholischen Kirche.

[9] Valeriu LEU, Memorie, memorabil, istorie în Banat (Timişoara 2006); DERS., Cartea şi lumea rurală în Banat 1700–1830 (Reşişiţa 1996).

[10] Nicolae BĂLCESCU, Românii supt Mihai-Voievod Viteazul, hg. von Andrei RUSU (Bucureşti 1977) 318–351.

[11] Ion NECULCE, Letopiseţul Ţării Moldovei şi O Samă de cuvinte. Text stabilit, glosar, indice şi studiu introductiv de Iorgu IORDAN (Bucureşti 1959) 71–73; Radu Popescu Vornicul, Istoriile Domnilor Ţării Româneşti, eingel. und hg. von Const. GRECESCU (Bucureşti 1963) 178f.

Die Habsburgermonarchie als Unterstützer des Kampfes gegen die Türken

Michael der Tapfere (Mihai Viteazul)

Mehrere Chronisten erwähnen die Habsburger erstmals im Kontext des Langen Türkenskrieges Rudolfs II. Dabei war Radu Popescu aus der Walachei nicht unbedingt ein Anhänger der Veränderung des politischen Systems, die später zwischen 1718 und 1739 in der Kleinen Walachei (Oltenien) erfolgte, sondern ein Anhänger der alten Bojarenordnung, in der sich rivalisierende Bojarenfamilien Macht und Einfluss in der Walachei teilten. Darum äußert er sich auch nicht immer erfreut über die Siege der „nemţii", „der Deutschen", jedoch kann er die Siege der Christen gegen „die Ungläubigen" nicht unerwähnt lassen[12]. Bei Popescu ist Kaiser Rudolf II., auf den die rumänischen Historiker nicht unbedingt gut zu sprechen sind, „Rudolf, der Kaiser der Christen"[13]. Er berichtet nach dem Sieg der Kaiserlichen bei Stuhlweißenburg (Székesfehérvár): „Als Fürst Mihai dies hörte, freute sich sein Herz in der Hoffnung, dass, wenn er gemeinsam mit den anderen das Schwert gegen die Türken erhebt, er das Joch des Türken über das Land beseitigen wird."[14] Der Chronist setzt die Waffentaten des Fürsten Michael also in direkten Zusammenhang mit den Türkenkriegen Rudolfs II.

Popescu verstand auch etwas von internationaler Politik, und beim Bericht über den Sieg Michaels über Andreas Báthory, den Nachfolger von Sigismund Báthory als Fürst von Siebenbürgen, schreibt er, Kaiser Rudolf habe sich sehr über diese Nachricht gefreut und habe Michaels Gesandte mit Goldketten beschenkt, denn, so der Chronist, „die Ungarn waren immer gegen den deutschen Kaiser"[15].

Dabei verzeichnen wir eine radikale Veränderung der Darstellung dieser Beziehungen in der rumänischen Geschichtsschreibung des neuen rumänischen Nationalstaates: Die Teilnahme Michaels des Tapferen am „Langen Türkenkrieg" wird aus einer ganz anderen Perspektive präsentiert. Michael wird als selbstständiger Akteur dargestellt, die Rolle der Beziehungen zu Rudolf II. heruntergespielt[16]. Die eigentlichen Bedingungen, unter denen Kaiser Rudolf II. Fürst Michael Unterstützung gewährte, werden nicht ausführlich behandelt, im Gegenteil schreibt Ioan Lupaş vorwurfsvoll davon, dass Rudolf ihn gedrängt habe, Siebenbürgen abzugeben, und dass er die versprochenen Subsidien nicht rechtzeitig geliefert habe. Michael wollte selbstverständlich das Land nicht abgeben und schickte Gesandte zu Rudolf, der, wie Lupaş (nach Josef Macůrek[17]) berichtet, „seine heldenhafte kriegerische Tapferkeit, seine glänzenden Verdienste und vor allem seine lobenswerte Treue und bewährte Beständigkeit im Dienste der kaiserlichen Sache"[18] gelobt und dem rumänischen Fürsten „Königsberg" in Schlesien als Entschädigung geschenkt habe[19]. Hier beschreibt der Chronist Popescu die Lage etwas anders: Bedroht von Sigismund Báthory, Ieremia Movilă (aus der Moldau) und Simion Movilă (aus der Walachei) sei Michael zu Kaiser Rudolf gegangen und habe sich über Georg

---

[12] Popescu Vornicul, Istoriile Domnilor Ţării Româneşti (wie Anm. 11) 71.
[13] Ebd. Diese und alle folgenden Übersetzungen aus dem Rumänischen stammen vom Autor; R. G.
[14] Ebd. 72.
[15] Ebd. 78.
[16] Lupaş, Zur Geschichte der Rumänen (wie Anm. 3) 281.
[17] Vgl. ebd. 293 Anm. 1.
[18] Ebd. 293.
[19] Ebd.

Basta und Sigismund Báthory beklagt, von denen er behauptet habe, dass sie „hinter-
listig" seien[20]. Der Kaiser habe ihn in seinem Glauben, Fürst von Siebenbürgen zu werden, gestärkt, doch Georg Basta habe Michael in Turda ermordet – aus Neid, sagt der
Chronist. Und er fügt noch hinzu: „Und dieses Ende hat Mihai gehabt. Durch Betrug
haben sie ihn getötet; ihn, der während seiner Herrschaft die Türken, die Moldauer, die
Ungarn besiegt hat, so dass er sie alle wie Esel behandelte."[21]

Die Niederlage von Mirăslau (am 18. September 1600) brachte Michael in Kontakt
zu den Aktionen der Habsburger und ihrer christlichen Verbündeten. Dieser Niederlage
folgte eine Reise Michaels nach Prag an den Kaiserhof. Lupaş kommt darauf zu sprechen
sowie auf die Denkschrift Michaels an den Kaiser, in der er argumentiert, dass er für die
Christenheit gekämpft habe, Siebenbürgen „schnell und ohne Wissen des Kaisers" ein-
nehmen musste, dies jedoch ebenfalls für den Kaiser getan habe[22]. Er erwähnt „die
politischen Spiele Michaels zwischen dem Kaiser, den Türken und Sigismund Báthory".
Lupaş räumt ein, dass ursprünglich hinter den Unternehmungen Michaels nicht die Idee
der Vereinigung der drei rumänischen Länder gestanden sei, er sei jedoch „der erste Voll-
zieher der national-politischen Einheit [der Rumänen; R. G.]" gewesen[23]. Popescu hingegen beschreibt die Vertreibung Michaels aus Siebenbürgen als ein Anliegen des ungarischen Adels in Siebenbürgen, der sich nicht damit abfinden habe können, dass ein
Rumäne ihr Fürst sei: „Überall bemühten sie sich, dass ihnen nicht ein Rumäne Fürst
wäre."[24]

Später, in der Zeit der romantischen Geschichtsschreibung, schrieb Nicolae
Bălcescu: „Dieser Vertrag [der Vertrag zwischen Michael und Rudolf vom 9. Juni
1598[25]] wurde von einigen Historikern viel gelobt: Die Walachei allein, sagten sie,
konnte ihre Unabhängigkeit nicht sichern; wie konnte sie das nur am besten tun, wenn
nicht indem sie sich unter so günstigen Bedingungen Österreich unterordnete. Der Anschluss der Walachei an Österreich hätte als Folge gehabt, dass sich die Rumänen in der
Walachei mit vielen Rumänen, ihren Brüdern in Siebenbürgen, dem Banat und den
östlichen Gebieten Ungarns, vereinten. Die Moldauer hätten auch nicht gezögert, sich
unter denselben Bedingungen anzuschließen wie die Bewohner der Walachei. Durch
ihren Anschluss an Österreich hätten die Rumänen aufgehört, dem barbarischen Orient
anzugehören und hätten sich dem aufgeklärten Abendland angeschlossen, und so wären
sie auch schnell auf dem Weg der Zivilisation vorangeschritten. Langsam, unter günstigen Umständen, hätten sich die Rumänen unter dem Schutze Österreichs gestärkt, ihre
nationale Einheit erhaltend, hätten sie mit der Zeit ihre Unabhängigkeit erreicht und
wären in den Genuss aller natürlichen Rechte der Nationen gelangt."[26]

Bălcescu, dessen Buch ein regelrechtes nationales Programm der Rumänen für das
nächste Jahrhundert darstellte, identifizierte als Ursachen des Scheiterns einer solchen
Politik die Unehrlichkeit in den Beziehungen zwischen schwachen und starken Partnern
und die Tendenz der Starken, ihre Macht und ihren Schutz stets im eigenen Interesse
auszunutzen. Er argumentierte, dass sich die Rumänen, um sich vor den Übergriffen

[20] Popescu Vornicul, Istoriile Domnilor Ţării Româneşti (wie Anm. 11) 80.
[21] Ebd.
[22] Lupaş, Zur Geschichte der Rumänen (wie Anm. 3) 307f.
[23] Ebd. 306 (durch die Herrschaft über Siebenbürgen).
[24] Popescu Vornicul, Istoriile Domnilor Ţării Româneşti (wie Anm. 11) 80.
[25] Michael erkannte die Oberherrschaft Rudolfs an, Rudolf versprach militärische Unterstützung.
[26] Bălcescu, Românii supt Mihai-Voievod Viteazul (wie Anm. 10) 251–255.

Österreichs – vor den „Deutschen" (den „nemţi") – zu schützen, in die Arme der Türken geworfen hätten, um sich dann später den Russen unterzuordnen: „Unglückliche, aber notwendige Oszillationen, wenn ein kleiner Staat sich zwischen großen befindet, die ihn bedrohen."[27] Und weiter: „Dies ist das unglückliche Schicksal der Nationen, die sich auf Fremde verlassen und nicht auf sich selbst; dies war und wird auch in Zukunft das Schicksal der rumänischen Länder sein, so lange sie sich nicht durch nationale Einheit stärken werden. Denn der Fremde wird immer einer Nation Schaden verursachen und seine Wohltaten sind immer ein noch größeres Übel."[28] Es ist dies die Richtung, die die rumänische Geschichtsschreibung, mit verschiedenen Nuancen, in den nächsten ein-einhalb Jahrhunderten einschlug, wie wir übrigens auch bei Lupaş einige Zeilen weiter oben sehen konnten. Dies ist im Übrigen kein Ausnahmefall in der europäischen Ge-schichtsschreibung des 19. und 20. Jahrhunderts.

Für Popescu wurde der „deutsche" Kaiser während der Zeit Michaels des Tapferen und der ihm auf dem Thron nachfolgenden Fürsten Radu Şerban und Radu Mihnea zur Appellationsinstanz, die den Sultan ersetzte. Radu Şerban verbrachte sogar seine Exil-jahre im Reich, wo er 1620 starb und im Wiener Stephansdom bestattet wurde. Erst 1640 wurden seine Gebeine in die Walachei gebracht, wo sie im Kloster Comana die letzte Ruhe fanden.

Lupaş erwähnt als ersten Habsburger, der Siebenbürgen beherrschte, Herzog Al-brecht V. von Österreich, römisch-deutscher König und König von Ungarn und Böh-men (1437–1439)[29]. Auch nach dem Abschluss des Friedens von Großwardein zwischen dem römisch-deutschen König Ferdinand I. und Johann Szapolyai (1538) gaben die Habsburger den Anspruch auf Siebenbürgen nicht auf. Lupaş behauptet jedoch, dass für die Siebenbürger die türkische Herrschaft „angenehmer sein konnte als die ungari-sche oder habsburgische". Als Argument dafür erwähnt er die Gewaltherrschaften der habsburgischen Generäle Castaldo (1551–1553) und vor allem Basta (1601–1604), die unangenehme Eindrücke hinterließen[30].

Die Belagerung Wiens

Die Siebenbürger beteiligten sich 1683 als Vasallen der Osmanen, gemeinsam mit den Moldauern und Walachen, an der Belagerung Wiens – mit nicht besonders großem Enthusiasmus; die Türken vertrauten ihnen berechtigterweise nicht. Schon damals ver-handelte Mihaly Teleki, der siebenbürgische Kanzler, mit den Kaiserlichen, ebenso freundlich den Kaiserlichen gegenüber war Gheorghe Duca, der Fürst der Moldau, der bei der Rückkehr von Wien in Alba Iulia (Weißenburg) mit dem siebenbürgischen Fürsten Michael Apafi gefeiert hatte (sc. den Sieg über die Türken). Die Freude über den Sieg der Kaiserlichen wurde dann vom Stadtschreiber von Reps (Rupea) im Magis-tratprotokoll mit: „Strick ist entzwei, und wir sind frei" verzeichnet.

Ion Neculce berichtet, dass nach der Niederlage der Türken bei Wien und den darauffolgenden Siegen der Kaiserlichen der Fürst der Walachei, Şerban Cantacuzino,

---

[27] Ebd. 255.
[28] Ebd. 256.
[29] Ioan Lupaş, Sfârşitul suzeranităţii otomane şi începutul regimului Habsburgic în Transilvania (Bucureşti 1943) 1.
[30] Ebd. 2.

den moldauischen Bojaren Constantin Cantemir unterstützt habe, die Herrschaft über die Moldau zu erlangen, und diesen aufgefordert habe, „nicht gegen die Christen zu sein, denn er [Şerban Cantacuzino; R. G.] ist es auch nicht"[31]. Neculce bemerkt, Şerban Cantacuzino habe gehofft, „die ganze Christenheit von Konstantinopel her von der Herrschaft der Türken zu befreien". Denn als er sah, dass der „deutsche Kaiser" („împăratul nemţescu") die Türken schlug und ihnen viel Land nahm, habe Şerban Vodă auch mit den Deutschen, mit den Russen und den Polen verhandelt. „Denn sein Gedanke und sein Plan waren, Kaiser in Konstantinopel zu sein."[32]

Das waren, erstmals seit Michael dem Tapferen, Zeichen einer eigenständigen Politik eines Fürsten, der die Rivalitäten zwischen den Großmächten auszunutzen wusste und sich politisch selbstständig, flexibel und im Sinne seiner eigenen Interessen bewegte, als er bemerkte, dass sein Oberherr (der Sultan) vor dem habsburgischen Kaiser zurückweichen musste.

Die Habsburgermonarchie als Befreier bzw. Eroberer

Ioan Lupaş (1880–1967) hingegen bezeichnete die habsburgische Herrschaft als „bedrückender, als die der Türken gewesen war". Und er warnte, bezugnehmend auf Worte von Michael Cserei (1667–1756), einem ungarischen Chronisten: „Das hölzerne Joch war uns zu schwer, wir wollen es abschütteln von unserem Nacken, sie haben uns aber ein eisernes Joch auferlegt, das noch schwerer ist. So ergeht es einer Nation, die immer neue Herren sucht. Lerne, Siebenbürgen, lerne, schließe Dich nicht mehr Ungarn an, denn der ungarische Brei hat Dir schon mehrere Male den Mund verbrannt und trotzdem warst Du nicht im Stande, daraus zu lernen."[33] Die Besetzung Siebenbürgens konnte Lupaş als „Siebenbürgen zwischen dem österreichischen Hammer und dem türkischen Amboß"[34] bezeichnen, denn das Land sei durch die Besatzungstruppen „erbarmungslos ausgesaugt"[35] worden – eine Auffassung, die später auch von den Historikern des kommunistischen Regimes übernommen wurde, obwohl diese mit der Person Lupaş' nichts anfangen konnten und ihn zwischen 1950 und 1955 im berüchtigten Gefängnis in Sighet inhaftierten.

---

[31] NECULCE, Letopiseţul Ţării Moldovei şi O Samă de cuvinte (wie Anm. 11) 88.

[32] Ebd. Dasselbe berichtet auch Popescu: Popescu Vornicul, Istoriile Domnilor Ţării Româneşti (wie Anm. 11).

[33] LUPAŞ, Zur Geschichte der Rumänen (wie Anm. 3) 369. Sicherlich verstanden sowohl der Chronist Cserei wie auch der Historiker Lupaş darunter, dass die finanziell straffe habsburgische Herrschaft, die strenge Verwaltung, die Unterordnung des undisziplinierten ungarischen Adels, der seine Freiheit und Unabhängigkeit gegenüber der Wiener Zentralgewalt permanent behauptete, die Freiheit des ungarischen bzw. des rumänischen Volkes stark einschränkte, was wir heute eine gravierende Verwechslung nennen können. Denn während der ungarische Adel mehrmals rebellierte und durch seine extrem nationalistische Politik sich die Rumänen, Slowaken und andere Völker der Stephanskrone entfremdete, konnten die Rumänen die positiven Folgen der Habsburgerherrschaft schon früh wahrnehmen. Es besteht kein Zweifel, dass die Regierungszeiten Maria Theresias, Josephs II. und auch Franz Josephs I. für die Rumänen von effektivem Nutzen waren (Stichworte: Konzivilitätsedikt, Militärgrenze, Griechisch-Katholische Kirche, Entwicklung des rumänischen Schulwesens usw.). Vgl. Ioan-Aurel POP–Ioan BOLOVAN, Istoria Transilvaniei (Cluj-Napoca 2013) 125–167.

[34] LUPAŞ, Zur Geschichte der Rumänen (wie Anm. 3) 375.

[35] Ebd. 376.

Die Befreiung Ofens (2. September 1686) und der Triumph der Kaiserlichen bei Mohács am 12. August 1687 sollten für Siebenbürgen „eine entscheidende politische Wendung" bringen. Das Land wurde durch die Armee Karls von Lothringen in Besitz genommen. Die österreichische Generäle Scherffenberg, Veterani und dann Antonio Caraffa wechselten sich als kommandierende Generäle in Siebenbürgen ab[36].

Der Versuch, die Herrschaft des Hauses Habsburg über die Walachei auszudehnen, und das kluge Doppelspiel von Constantin Brâncoveanu wurden von Lupaş gutgeheißen, ebenso der Aufstand der Kronstädter Bürger gegen die Habsburger im Mai 1688 und desgleichen der Vertrag Constantin Cantemirs, durch den die Moldau den Habsburgern unterstellt werden sollte (Hermannstadt, Februar 1690); als dies dann nicht zustande kam, bemerkte Lupaş, „dass sich das Zögern Constantin Brâncoveanus (1688–1714) und Dimitrie Cantemirs (1710–1711) – sich von den Türken zu trennen und den Österreichern zu unterwerfen – als begründet erwies [weil die Habsburger 1690 keine militärischen Siege mehr erzielten; R. G.], da die türkische Herrschaft eine leichter zu tragende Last war als der österreichische Schutz"[37]. Dabei rechnete er den siebenbürgischen Unterhändlern, die die Unterwerfung Siebenbürgens unter die Habsburger und die verschiedenen Diplome aushandelten, „naiven Übereifer" und den kaiserlichen Unterhändlern „echt diplomatische Arglist"[38] zu, die dazu geführt hätten, dass Siebenbürgen seine während der türkischen Schirmherrschaft ausgeübte „Unabhängigkeit" verlor. Über den Text des Leopoldinischen Diploms vom 4. Dezember 1691 schrieb Lupaş, dass dieser mit der „gewöhnlichen Doppelzüngigkeit" verfasst worden sei, so dass einerseits der Eindruck erweckt worden sei, dass die alten siebenbürgischen Autonomietraditionen respektiert würden, während sich Habsburg die Möglichkeit offen gelassen habe, direkt in die inneren Angelegenheiten des Landes einzugreifen[39]. Dazu ist zu bemerken, dass es eigentlich um die Unabhängigkeit der drei privilegierten Stände ging und dass das Leopoldinische Diplom die ersten Zeichen für ein den Rumänen freundlicheres Regime setzte. Man darf nicht vergessen, dass Lupaş seine Studie im Jahre 1943 veröffentlichte, nachdem Nordsiebenbürgen, der Norden der Bukowina und Bessarabien dem Lande entrissen worden waren und während rumänische Truppen im Bündnis mit der Deutschen Wehrmacht an der Ostfront in der UdSSR kämpften. Folglich konnte er andere Legitimitätsansprüche als die der Rumänen nicht akzeptieren.

Die Habsburgermonarchie als Lehrer und Beschützer

Maria Theresia, aber besonders Joseph II., werden von manchen rumänischen Historikern hoch geehrt, erstere wegen ihrer besonnenen Reformpolitik, zweiterer wegen seiner Volksnähe (Lupaş, Iorga, Bariţiu, Pavel), die besonders den Rumänen zugute gekommen sei, und zwar einerseits durch die Förderung und kontinuierliche Unterstützung der Kirchenunion und andererseits durch die Erweiterung der österreichischen Militärgrenze im Banat und in Siebenbürgen. Zugute gehalten wird Joseph II. die Aufhebung der Leibeigenschaft in Siebenbürgen, seine den Rumänen freundliche Einstel-

---

[36] Ebd. 382.
[37] Ebd.
[38] Lupaş, Sfârşitul suzeranităţii otomane şi (wie Anm. 29) 30.
[39] Ebd. 28.

lung, die Überzeugung, dass das siebenbürgisch-sächsische Patriziat und der ungarische Komitatsadel die Rumänen ungerecht und schikanös behandelten[40]. Es ist dies der Beginn des Mythos vom „guten Kaiser"[41].

Unter den rumänischen Autoren, die sich der Geschichte Siebenbürgens im 18. Jahrhundert widmeten, ragt vor allem David Prodan (1902–1992) heraus, besonders mit den monumentalen Werken „Supplex Libellus Valachorum"[42], „Răscoala lui Horea" („Der Aufstand Horeas")[43] und „Iobăgia în Transilvania" („Die Leibeigenschaft in Siebenbürgen")[44], jedoch auch mit „Problema iobăgiei în Transilvania" („Das Problem der Leibeigenschaft in Siebenbürgen")[45] und zahlreichen anderen. Prodan, der einem linken ideologischen Umfeld der Vorkriegszeit entstammt, im Klausenburger Archiv, in der Universitätsbibliothek und dann als Professor an der Universität tätig war und seitens der kommunistischen Behörden von der Universität entlassen wurde (1962), schrieb methodisch beeinflusst von den französchen „Annales". Er zitiert die Unterzeichner des an Kaiser Leopold II. adressierten „Supplex Libellus Valachorum Transsilvaniae" (1791 bzw. 1792), für die die Habsburgermonarchie, aber besonders „der glückliche und in ewiger Erinnerung gebliebene, unser hochgerechter und hochgelobter Kaiser Joseph II., der die einfachen und puren Rechte, sowohl des Menschen wie auch des Bürgers (*tum hominis, tum civis jura*), der die Ungerechtigkeit und Ausbeutung erkannt hat, der mit eigenen Augen erkannt hat und sich davon vollständig überzeugt hat, dass die rumänische Nation viel zahlreicher ist als die anderen Nationen der Provinz und sowohl in Friedens- wie auch in Kriegszeiten viel Nutzen bringt"[46]. Darum, zitiert Prodan den „Supplex Libellus" weiter, habe der Kaiser wiederholt beschlossen, dass die Rumänen „sich derselben Rechte und Benefizien erfreuen sollen wie auch die anderen Völker (*gentes*) des Fürstentums, auch darum, weil sie dieselben Pflichten tragen, sollen sie auch dieselben Rechte und Benefizien tragen"[47]. Dieses glänzend geschriebene Buch ist die solideste Dokumentation und beste Darstellung der Geschichte Siebenbürgens und der Siebenbürger Rumänen im 18. Jahrhundert, ihrer Beziehungen mit der Monarchie und mit den anderen Völkern des Fürstentums. Es ist eine nüchterne Anerkennung der Rolle der Monarchie (besonders Maria Theresias und Josephs II.) bei der Wiederherstellung ihrer rechtlich garantierten Stellung im politischen Leben des Fürstentums, eine Anerkennung der Bedeutung des josephinischen Reformabsolutismus bei der Neugestaltung des wirtschaftlichen Lebens durch die Verbesserung der Urbarialregelungen, der

---

[40] Ders., Zur Geschichte der Rumänen (wie Anm. 3) 436.

[41] Vgl. Doru Radosav, Arătarea Împăratului. Intrările imperiale în Transilvania şi Banat, sec. XVIII–XIX. Discurs şi prezentare (Cluj-Napoca 2002) 194f.; Simona Nicoară–Toader Nicoară, Mentalităţi colective şi imaginar social (Cluj-Napoca 1996).

[42] David Prodan, Supplex Libellus Valachorum. Din istoria formării naţiunii române (Bucureşti 1948; hier zit. nach der Ausgabe Bucureşti 1984). Im Vorwort zu dieser Ausgabe betont der Verfasser, dass er das Buch vor 34 Jahren geschrieben habe, in einer Zeit, in der die Romanität und Latinität der Rumänen, die „Siebenbürger Schule", als reaktionär und nationalistisch und die rumänische Sprache der Koriphäen der Siebenbürgischen Schule als eine „künstliche" und unverständliche Sprache betrachtet worden seien.

[43] Ders., Răscoala lui Horea, 2 Bde. (Bucureşti 1979).

[44] Ders., Iobăgia în Transilvania în secolul al XVI-lea (Bucureşti 1967); ders., Iobăgia în Transilvania în secolul al XVI-lea (Bucureşti 1986).

[45] Ders., Problema iobăgiei în Transilvania 1700–1848 (Bucureşti 1989).

[46] Aus dem „Supplex Libellus Valachorum Transsilvaniae", zit. nach Prodan, Supplex Libellus (wie Anm. 42) 16.

[47] Ebd.

Beziehungen zwischen dem Adel (der Ungarischen und der Sächsischen Nationsuniversität) und den rumänischen Bauern (Leibeigenen), indem der Bauer unter den Schutz des Staates gestellt wurde, sowie für das Erziehungs- und das Gesundheitswesen, die Kirche (Union mit Rom), das Militär (Grenzregimenter) und die Justiz: eine auf aufklärerischen Ideen basierende Reform des Reiches, Ungarns und Siebenbürgens, durchgeführt vom Kaiserhaus gegen den Willen der privilegierten Stände[48].

Die Auffassung von Nicolae Iorga, auf den weiter unten noch näher eingegangen werden wird, entsprach den Zielen der nationalen rumänischen Politik in den ersten Jahrzehnten des 20. Jahrhunderts. Sie sollte mehr als ein halbes Jahrhundert lang der rumänischen Geschichtsschreibung als Vorbild dienen, diese prägen und auch die kommunistische Zeit überleben. Es sollte jedoch nicht die einzige sein.

Eine ganz andere Sichtweise kann bei einem rumänischen Chronisten aus dem Banat, Nicolae Stoica de Haţeg (1751–1833), bemerkt werden, der in seiner „Banater Chronik"[49] (1826–1827) ein anderes Europaverständnis vertritt als die Chronisten der Moldau und der Walachei. In der Einleitung zur „Banater Chronik" spricht er von „unserem Europa" und identifiziert hier den Platz der Rumänen, beziehungsweise der Banater Rumänen, und die Bedeutung, die Österreich für diese einnimmt: „Unser Europa hat drei Kaiserreiche, unser Österreich, das der Russen, der Türken, dann des Papstes von Rom, und 13 Königreiche: England, Frankreich, Preußen, Schweden, Dänemark, Spanien, Portugal, Sardinien, Neapel, Bayern, Württemberg, Sachsen, Holland. Alles weiße Menschen, gelehrte!"[50] Stoica de Haţeg versteht sich als Bewohner „unseres Österreich" als Teil Europas, er sieht die Vorteile, zu diesem Europa zu gehören, und befürwortet dies: „Europa ist die Schule der Wissenschaften, des Lernens, alle Teile der Welt übertrifft es."[51] Wir haben es hier mit einer Entdeckung Europas zu tun[52] sowie mit einer Aufklärung des eigenen europäischen Bewusstseins, die identisch ist mit der Entdeckung und Anerkennung des eigenen Selbstbewusstseins. Es ist dies eine Entdeckung, die Stoica de Haţeg früher machte als seine Landsleute, weil er belesener war, weil er mehr Lebenserfahrung sammeln konnte (schon als Kind war er immer an der Seite wichtiger Persönlichkeiten im Dienst, bei Bischöfen, Generälen etc., auch Kaiser Joseph II. diente er als Übersetzer; dieser wollte ihn sogar zum Offizier ernennen, doch der Vater Stoicas, der Pfarrer Athanasie, widersetzte sich) – eine Lebenserfahrung, die dann auch seine Landsleute machen sollten, im Lande und außerhalb des Landes (in zahlreichen Kriegen vom Bayerischen Erbfolgekrieg 1778/79 bis zum Österreichisch-Preußischen Krieg von 1866). Während all dieser Kriege sind sie in ganz Europa herumgekommen, konnten sehen und vergleichen, so dass die Grenzer zu treuen Anhängern des Hauses Habsburg wurden. Eine gewisse Zeit in ihrer Geschichte stimmten ihre

---

[48] Das Werk von David Prodan (der „Supplex Libellus Valachorum" wurde auch ins Deutsche übersetzt) ist das umfassendste, sachlichste und objektivste Geschichtswerk, das diesem Jahrhundert und dieser Problematik von der rumänischen Geschichtsschreibung gewidmet wurde (obwohl von einem national-rumänischen Standpunkt aus geschrieben).

[49] Nicolae STOICA DE HAŢEG, Cronica Banatului. Studiu introductive, glosar şi indice de Damaschin MIOC (Timişoara 1981) 56.

[50] Ebd.

[51] Ebd. 57.

[52] Zum Unterschied von dem von Larry Wolff „entdeckten" Osteuropa, entdeckt Stoica de Haţeg Europa von der an die Donau grenzenden Provinz aus. Larry WOLFF, Inventing Eastern Europe. The Map of Civilization on the Mind of the Enlightenment (Stanford, Calif., 1994; rumän. Ausg. Bucureşti 2000).

Interessen mit jenen der Habsburger überein, so dass sie während der Revolution von 1848/49 die treuesten Verteidiger der Monarchie waren, auf den Kriegsschauplätzen in Italien und in Ungarn, aber auch in Siebenbürgen und im Banat, wo sie die revolutionären „Ungarn", die Deutsche waren, zur Ruhe brachten – sie, die „Österreicher", die Rumänen waren.

Relevant für die Art und Weise, wie sich die Beziehungen zwischen den Banater Rumänen und dem Kaiserhaus entwickelten, ist die Schilderung von Stoica de Haţeg über die Reise Josephs II. durch das Banat[53] und über seine Bemühungen, die Rumänen davon zu überzeugen, Grenzsoldaten zu werden. In Bozovici gelang es ihm, trotz zahlreicher Versprechen von seiner Seite, nicht, die rumänischen Bauern zu überzeugen, und er gab seine Bemühungen auf, angeblich mit dem Wort „Sakrament". In Mehadia aber erwarteten ihn schon seine Soldaten. Er machte den Burschen Geschenke, erließ Strafen, und in Rusca Teregova hörte er auf den Rat eines Oberleutnants, der zugunsten der Rumänen sprach, gegen die Aussage eines Feldmarschalls[54].

Zwei Jahrhunderte später schrieb ein anderer rumänischer Historiker, Liviu Maior, über die verschiedenen Formen, in denen der Kaisermythos Gestalt annahm (als konstruktiver Diskurs, der zur Grundlage für die dynastische Loyalität wurde): der Kaiser als Soldat, der Kaiser als „heiliger Kaiser", der Kaiser als Reformator, der Kaiser als Bauherr und der Kaiser als Vater des Vaterlandes[55].

Studien zur Geschichte der österreichischen Verwaltung im Banat, in Siebenbürgen und in der Bukowina sollten die internen Strukturen der neuen Herrschaft erläutern[56]. Editionen von Chroniken sollten das Bild der Zeit erweitern, neue Themenfelder sollten eröffnet werden, besonders nach 1989[57].

George Bariţiu (1812–1893), ein rumänischer Intellektueller und Politiker, zeigte später eine andere Haltung den Habsburgern gegenüber[58]. Er sprach von den habsburgischen Kaisern als Herrschern, die den Rumänen entgegengekommen seien. Die Diplome der Kaiser, die die Gründung der Griechisch-Katholischen Kirche anordneten, die Gründung der rumänischen Grenzregimenter, all dies wurde von Bariţiu als positiv für die Rumänen verzeichnet. Bariţiu war aber, zum Unterschied vom späteren Iorga, ein Bürger der Habsburgermonarchie, und er war sich seines besseren Standes im Vergleich zur Lage der Rumänen in der Walachei und in der Moldau bewusst.

Nicolae Bocşan (1947–2016) sah den Erfolg der österreichischen Reformen im Banat darin begründet, dass Wien hier nicht die Opposition eines Komitatsadels zu bekämpfen hatte[59]. Nachdem 1778 das bis dahin direkt von Wien aus verwaltete Banat Ungarn angegliedert worden war, wurde der ungarische Komitatsadel nicht wieder her-

[53] Vgl. Ileana BOZAC–Teodor PAVEL, Călătoria împăratului Iosif al II/lea în Transilvania la 1773 / Die Reise Kaiser Josephs II. durch Siebenbürgen im Jahre 1773, 2 Bde. (Klausenburg 2006 und 2011).

[54] Vgl. STOICA DE HAŢEG, Cronica Banatului (wie Anm. 49) 202f.

[55] Liviu MAIOR, Habsburgi şi Români. De la loialitatea dinastică la identitate naţională (Bucureşti 2006) 19. Vgl. Auch Simona NICOARĂ, Naţiunea modern. Mituri, simboluri, ideologii (Cluj-Napoca 2002) 148.

[56] Costin FENEŞAN, Administraţie şi fiscalitate în Banatul imperial (1716–1778) (Timişoara 1997); DERS., Cnezi si obercnezi in Banatul Imperial (1716–1778) (Bucureşti 1996).

[57] Sorin MITU, Geneza identităţii naţionale la românii ardeleni (Bucureşti 1997); RADOSAV, Arătarea Împăratului (wie Anm. 41).

[58] George BARIŢIU, Părţi alese din istoria Transilvaniei pre două sute de ani în urmă, 3 Bde. (Sibiu 1889–1891).

[59] Nicolae BOCŞAN, Contribuţii la istoria iluminismului românesc (Timişoara 1986) 84.

gestellt, sondern es bildete sich ein neuer Adel, der sich in den Adelsstand einkaufte, dessen Solidarität jedoch (mit Ausnahme der Ungarn) nicht den alten Ständen galt. Besonders die Makedo-Rumänen identifizierten sich eher mit der rumänischen Nationalbewegung und trugen diese mit[60]. Das Kaiserhaus und die Reformen (u. a. des Schulwesens) sicherten den Rumänen – wie in Siebenbürgen, aber unter besseren Voraussetzungen – die Bedingungen zum Aufbau einer eigenen Elite, bestehend aus dem Klerus, dem (neuen) Adel, den Knesen (Ortsvorsteher), dem Militär (den Grenzern) sowie Intellektuellen[61].

Die Habsburgermonarchie als Feind

Um die Mitte des 19. Jahrhunderts, als die erste Generation rumänischer Intellektueller, die in Paris studiert hatten, in den Fürstentümern Moldau und Walachei versuchte, die aus Westeuropa mitgebrachten Ideen in der Praxis anzuwenden, Revolutionen organisierte und die Walachei in die Nähe Frankreichs bringen wollte, schrieb Nicolae Bălcescu seine Geschichte der Rumänen unter Michael dem Tapferen. Aus einer romantischen Perspektive beschreibt er den Verfall der Walachei, die „Vereinigung" der drei Fürstentümer (Moldau, Walachei, Siebenbürgen) unter Michael, die Feindschaft „Österreichs" (nicht des Deutschen Reiches, nicht der Habsburger) und bemerkt, dass die „großzügigen Nationen [die Ungarn und die Rumänen], deren Interesse ihnen geradezu vorschreibt, miteinander brüderlich zu leben, sich gegenseitig zerschmettern zugunsten Österreichs"[62]. Michael, sagt Bălcescu, sei Opfer eines Meuchelmordes geworden, er sei von den „Österreichern" ermordet worden. Diese trügen folglich die Verantwortung für den Verfall der Rumänen, aber auch für die Hoffnungen, die das Christentum und alle Nationen im Osten in die Rumänen gesetzt hätten[63].

Nicolae Iorga (1871–1940) war vielleicht der bedeutendste rumänische Historiker der Vor- und Zwischenkriegszeit, ein Vertreter einer „organischen" Geschichte und Geschichtsschreibung, tonangebend und richtungsweisend für die rumänische Historiographie. Im Jahre 1917, nachdem das rumänische Heer den Vormarsch der deutschen Truppen im August 1917 aufgehalten hatte, jedoch das Land so erschöpft war, dass das Heer keine Kraft mehr hatte, weiteren Widerstand zu leisten, und die rumänische Regierung in Iași den Frieden suchte – Russland war als Bündnispartner nach der Revolution ausgefallen –, verfasste er eine der interessantesten, schärfsten, gleichzeitig besten, aber auch bissigsten Analysen der Geschichte Österreichs beziehungsweise des Hauses Österreich und seiner Rolle in der europäischen Geschichte. Iorga bestreitet darin das Existenzrecht Österreich-Ungarns und die Loyalität seiner Völker. Er geht dabei von der Prämisse aus, dass nicht die Monarchie ihre Völker „erzogen" habe, sondern dass diese Völker bereits zuvor als solche mit dem Bewusstsein ihrer Bedeutung oder wenigstens mit dem „Instinkt" dieser Bedeutung existiert hätten[64]. Ebenso bestreitet er den deutschen Charakter der Monarchie sowie die Rolle der deutschen Kultur als Bindeglied

---

[60] Ebd. 84f.
[61] Ebd. 143.
[62] Nicolae Bălcescu, Românii supt Mihai-Voievod Viteazul (București 1977) 20.
[63] Ebd.
[64] N[icolae] Iorga, Originea și desvoltarea statului austriac, zece lecții ținute la Iași (Iași 1918) 1–3.

zwischen den Völkern für ein „langes, aber fatales" Zusammenleben. Desgleichen betrachtet er die wirtschaftlichen, sozialen und kulturellen Maßnahmen für ein lebens-
fähiges zukünftiges Mitteleuropa als sinnlos, denn diese würden nicht Verständnis und
Zusammenarbeit zwischen dessen Völkern mit sich bringen, wenn die Monarchie geret-
tet würde[65]. Ausgehend von der Urkunde Ottos III. aus dem Jahre 996, in der erstmals
„Ostarrîchi" erwähnt wird, und zurückblickend auf die vorkarolingische Zeit, behauptet
Nicolae Iorga, dass „der erste Kern österreichischen Lebens", „das erste Zeichen historischen Lebens" eine Stiftung der Kirche gewesen sei, veranlasst „von der neuen Expansion
des römischen Geistes ohne jedwelche Bedeutung der barbarischen Energie der Germanen"[66], also, in der Auffassung von Iorga, ohne jeden „nationalen" Beitrag. Iorga spricht
von zwei „Österreich", einem fränkischen und einem slawischen, getragen vom missio-
narischen Willen der katholischen Kirche[67]. Selbst Rudolf von Habsburg erkennt er
keinen höheren Willen zu bei seiner Wahl zum römisch-deutschen König (1273), und
er schreibt ihm nur geringes Verdienst zu bei dem Sieg auf dem Marchfeld über Ottokar II. Přemysl, einem Sieg, der ihm trotzdem den Besitz der Herzogtümer Österreich
und Steiermark eingetragen habe und die Grundlage für seine zukünftige Machterwei-
terung bilden sollte. Den Willen zur Macht hatten aber, so Iorga, die Reichsfürsten,
nicht Rudolf.

Ab dem 14. Jahrhundert sieht Iorga das Entstehen des Antagonismus zwischen der
französischen und der germanischen Expansion, das Ende der Mission Böhmens, die
dann von den Ungarn übernommen worden sei, und dann, ab Karl IV., das Entstehen
des tschechischen nationalen Lebens. Die ersten geistigen Auswirkungen dessen, was im
Heiligen Römischen Reich geschah, sieht Iorga in der Verbreitung der Ideen von Jan
Hus, was zu einer ersten Übersetzung der Bibel ins Rumänische geführt haben soll[68].

Für Iorga bedeutet die Zeit der Türkenkriege unter Władysław III. (gest. 1444),
König von Polen und Ungarn, den Beginn einer Epoche, in der die einheimische Bevölkerung Ungarns und Polens sowie des Balkans zum Bewusstsein ihrer Interessen gelangt
sei. Und er fragt sich: Wo war während dieser Zeit das Österreich der Habsburger? Was
war ihre Mission? Er behauptet, dass sich Österreich mit einigen kleinen Erbschaften
zufrieden gegeben habe[69]. Iorga sieht hier keine Mission. Auch die Gründung der Prager
Universität unter Karl IV. (1348) wird von ihm dem französischen Einfluss zugeschrieben. In gleicher Weise betrachtet er die Ausdehnung der Besitztümer der Habsburger
nach Spanien und in die Niederlande, nach Burgund und in den Osten, nach Ungarn
und Siebenbürgen. Die einzige Rechtfertigung für die Präsenz der Habsburgermonarchie am unteren Lauf der Donau sieht Iorga in der Türkenabwehr. Jeden Friedensschluss
mit den Osmanen betrachtet er als „schändlichen Verzicht" auf diese Rolle. Der Aufstieg
des Hauses Habsburg im 17. Jahrhundert, die totale Eingliederung Böhmens während
des Dreißigjährigen Krieges, die Eroberung Ungarns, Siebenbürgens, des Banats und
eines Teiles Serbiens nach der Belagerung Wiens von 1683 sowie die Neugestaltung
dieser Länder werden von Iorga eher als Ausdruck der katholischen Expansion gedeutet
denn als Folge einer inneren Energie, eines „nationalen Gedankens und Ideals", die für

---

[65] Ebd. 3.
[66] Ebd. 3f.
[67] Ebd.
[68] Ebd. 42.
[69] Ebd. 36f.

Iorga und für seine Zeit so wichtig waren[70]. Die Inbesitznahme Siebenbürgens durch die Habsburger ist für Iorga eine Folge der internationalen Konjunktur und der Mission der katholischen Kirche durch die Jesuiten. Iorga zeigt, dass in diesem Augenblick „Österreich" noch „keines der konstitutiven Elemente eines modernen Staates"[71] besaß. Seine „Finanzen und seine militärischen Mittel kamen ihm aus dem Ausland zu, von wo auch die Initiativen kamen"[72]. Iorga behauptet sogar, dass keine österreichische Souveränität existiert habe und dass Karl VI., um seiner Tochter die Erbschaft über alle seine Länder zu sichern, zunächst ein „Österreich gründen musste, das [bisher] nicht existiert hatte", was ihm durch die Pragmatische Sanktion gelungen sei, konkret durch die Übernahme des preußischen Modells durch eine kosmopolitische Elite, die dies erreicht habe, indem sie eine Vereinheitlichung der Verwaltung projektiert und durchgesetzt habe. Iorga stellt jede gute Absicht der Reformer im Zusammenhang mit den Völkern, über die das Haus Habsburg herrschte, in Abrede, er konnte jedoch nicht umhin, die Bedeutung der Gründung der Griechisch-Katholischen Kirche und der rumänischen Grenzregimenter für die Emanzipation der Rumänen in Siebenbürgen anzuerkennen, desgleichen den Schlag, den das Lehrwesen der Jesuiten während der Regierungszeit Maria Theresias durch die Gründung der Normalschulen erlitt. Die Vereinheitlichung in „Form und Geist" spricht Iorga Joseph II. zu[73].

Nicolae Iorga ist der rumänische Historiker, der die österreichische Herrschaft in Siebenbürgen mit den kritischsten Augen sieht: Er sucht in allen seinen Schriften nach Argumenten, um das Überleben einer rumänischen Elite zu beweisen, egal ob diese nun aus den Reihen der Geistlichkeit, der Dorfvorsteher oder der Bauern hervorgegangen ist.

Joseph II., dessen Hass auf den Übermut des ungarischen Adels und dessen Unterstützung für die Bauern, die er von der Leibeigenschaft befreite, Iorga anerkennt, sieht er trotzdem als Sinnbild der Tyrannei, und alle Reformmaßnahmen Josephs werden als „letzte Angriffe auf die letzten Konkurrenten des Absolutismus" gedeutet. Denn, so Iorga, „wer die Macht den unteren Klassen gibt, die keine Ambitionen und keine Macht haben, der will die Macht nur für sich allein"[74].

Die Freiheitskriege gegen Napoleon hätten, so Iorga, die Völker der Monarchie zusammengeschweißt und ihnen ein gemeinsames Bewusstsein gegeben, den „österreichischen Geist", der dann später ein Hindernis für die Befreiung dieser Völker geworden sei[75]. Österreich hingegen habe in der Ära Metternich eine wahre Mission des Schutzes gegen den revolutionären Geist ausgeübt.

Es sei dann ein neues Österreich gewesen, das Österreich von und nach 1848, als der Kaiser und das Reich von den Truppen Avram Iancus gegen die ungarische Revolution verteidigt worden seien, ein Österreich der Nationen in einem Staat, der nach den Worten des jungen Kaisers Franz Joseph ein Einheitsstaat gewesen sei; ein Staat allerdings, in dem nach dem Ausgleich mit Ungarn von 1867 der östliche Teil der Monarchie den Ungarn überlassen worden sei. Das sei ein fataler Fehler gewesen, der die Monarchie

---

[70] Über die Durchsetzung des Absolutismus und der Herrschaft der Habsburger in Böhmen sagt Iorga: „Der Österreichische Staat bildet sich auf dem Ruin eines blühenden provinziellen Lebens." Ebd. 74.

[71] Ebd. 79.

[72] Ebd.

[73] Ebd.

[74] Ebd.

[75] Ebd. 103.

letztendlich die Existenz kosten sollte. In diesem Kontext habe sich die rumänische Frage behauptet, konkretisiert im „Supplex Libellus Valachorum" von 1791 bzw. 1792, im Aufstand der Motzen unter der Führung von Avram Iancu 1784 und, als Höhepunkt, im Memorandum der Siebenbürger Rumänen aus dem Jahre 1892.

Es ist das Feindbild par excellence, formuliert noch vor dem Ende des Ersten Weltkrieges und bevor man dessen Ende voraussehen konnte: Franz Joseph lehnte es ab, die Delegation der Memorandisten zu empfangen und billigte als ungarischer König die Maßnahmen gegen die Rumänische Nationale Partei in Siebenbürgen. Wien ließ den Thronfolger Franz Ferdinand als Hoffnungsträger der Slawen und der Rumänen erscheinen, der die Hoffnung auf einen föderativen Staat keimen ließ, in dem auch die Rumänen ihren Platz finden sollten, aber nach seiner Ermordung in Sarajevo brach der Krieg gegen Serbien aus, und für Iorga war es klar, „welches die Beziehungen waren zwischen dem Seligen und dem Deutschen Reich, welche Zentralisierung und Germanisierung der alte Kaiser verfolgte und welche geheimen Pläne, eine neue katholische und absolutistische Dominanz durchzusetzen, der alte Kaiser hatte"[76].

Auch Franz Ferdinand billigte Iorga nicht viel Glaubwürdigkeit zu, er unterstellte ihm absolutistische Germanisierungs- und Katholisierungsabsichten, besonders die letzteren waren in der Auffassung Iorgas eine Maxime in der Geschichte Österreichs und des Hauses Habsburg.

Die Inbesitznahme des Banats ab 1718, obwohl schon beim ersten Vordringen der Habsburger nach Lipova, Lugoj und Caransebeş mit der Unterstützung der lokalen rumänischen Elite erfolgt, die dann später in habsburgische Dienste eintrat, betrachtete Iorga als ein brutales Eingreifen in die Angelegenheiten des Landes, ja er behauptete sogar, dass „die neue österreichische Herrschaft auch vom raffiniertesten orientalischen Raub nicht übertroffen werden konnte". Es war dies sicherlich eine überspitzte subjektive Meinung, die mit Iorgas jahrzehntelangen Aktivitäten in der „Liga pentru unitatea culturală a tuturor românilor" („Liga für die kulturelle Einheit aller Rumänen") korrespondiert[77].

Abschied von der Monarchie

Mit dem Zerfall Österreich-Ungarns am Ende des Ersten Weltkrieges wandten sich alle hier erwähnten und viele weitere rumänischen Historiker der Zwischenkriegszeit der Geschichte des neuen rumänischen Nationalstaats („Großrumänien") zu. Sie betrachteten es als ihre Aufgabe, die Unausweichlichkeit des Zusammenbruchs der Habsburgermonarchie und die Legitimität des Entstehens Großrumäniens zu rechtfertigen. Dabei ging es ihnen aber in erster Linie darum, die Beziehungen zu Ungarn zu klären, auf dessen Kosten sich der rumänische Nationalstaat beträchtlich vergrößert hatte. Die Argumentationen wurden teilweise bereits für die Pariser Friedenskonferenz ausgearbeitet. Die siebenbürgischen rumänischen Historiker Silviu Dragomir[78] und Ioan Lupaş

---

[76] Ebd. 116.

[77] Nicolae IORGA, Istoria Românilor din Ardeal şi Ungaria (Bucureşti 1989) 216.

[78] Silviu DRAGOMIR, La Transylvanie avant et après l'arbitrage de Vienne (Bibliotheca rerum Transsilvaniae 1, Sibiu 1943); DERS., Les Roumains de Transylvanie à la veille du mouvement de résurrection nationale (Bucureşti 1938).

widmeten sich auch weiterhin dem Studium des Kampfes der Rumänen für nationale Rechte und für die Vereinigung mit dem Königreich Rumänien. Dragomir gründete in Cluj die Zeitschrift „Revue de Transylvanie"; die Lehrstühle für Geschichte der Universität Cluj waren intensiv in die Erforschung der siebenbürgischen Geschichte involviert. Die Zeitschrift wurde nach dem Zweiten Wiener Schiedsspruch, als Nordsiebenbürgen wieder Ungarn zugesprochen wurde, 1942 bis 1948 vom „Centrul de Studii și Cercetări privitoare la Transilvania" („Zentrum für Studien und Forschungen über Siebenbürgen") der Universität Cluj-Sibiu herausgegeben. Das Institut wurde übrigens nach 1990 unter dem Namen „Centrul de Studii Transilvane" („Siebenbürgisches Studienzentrum") neugegründet und gehört heute zur Rumänischen Akademie der Wissenschaften. Mit der „Transylvanian Review" und seinen Publikationsreihen ist das Institut eines der aktivsten Forschungszentren zur siebenbürgischen Geschichte. Die Historiker aus dem Königreich Rumänien (dem „Altreich") widmeten sich bevorzugt dem Höhepunkt der rumänischen Geschichte, der Vereinigung von 1918.

Eingeleitet wurde der Abschied von der Monarchie von den rumänischen Soldaten des österreichisch-ungarischen Heeres. Ihre Erinnerungen verdeutlichen am besten, welchen Beitrag sie zur Gründung Großrumäniens geleistet haben[79].

Die Wiederentdeckung der Monarchie

Nach 1989 veränderte sich einiges in der Wahrnehmung der Habsburger und der Habsburgermonarchie durch die rumänische Geschichtsschreibung. Gleich im Jahr 1991 wurde in Bistritz, dem ehemaligen Sitz eines (österreichischen) Grenzregiments, eine Tagung abgehalten, die der Militärgrenze gewidmet war. Die Autoren des daraus hervorgegangenen Sammelbandes[80] bringen eine neue Perspektive auf die Rolle der österreichischen Militärgrenze, besonders betonen sie die Rolle der österreichischen Verwaltung für die wirtschaftliche und kulturelle Entwicklung der Provinz. Übrigens hatten bereits Liviu Groza (Oberst der Reserve im kommunistischen Heer Rumäniens) und noch früher Antoniu Marchescu in einem immerhin neutralen Ton über die Geschichte der Militärgrenze geschrieben.

Nach 1990 differenzierte und vervielfältigte sich die rumänische Geschichtsschreibung, neue Forschungsschwerpunkte werden gesetzt, neue Ansätze werden gesucht, alte Tabus werden überwunden, der alte Kanon überlebt aber immer noch in einigen der seither erschienenen Synthesen.

Den ersten Schritt in eine neue Richtung machte Florin Constantiniu mit seiner „ehrlichen" Geschichte des rumänischen Volkes[81]. Während die Bände 6 bis 8 der von der Rumänischen Akademie der Wissenschaften herausgegebenen „Istoria Românilor" („Geschichte der Rumänen") gewissermaßen (was die Fragestellungen betrifft) noch immer dem traditionellen Zugang, wenn auch nicht in der Darstellung und Interpretation, verpflichtet blieben, ist die 2008 erschienene „Istoria Transilvaniei" („Geschichte

---

[79] Siehe Marele Război in memoria bănățeană 1914–1919, hg. von Valeriu Leu–Nicolae Bocșan, 2 Bde. (Cluj-Napoca 2012 und 2013).
[80] The Austrian Military Border. Its Political and Cultural Impact, hg. von Liviu Maior–Nicolae Bocsan–Ioan Bolovan (Iași 1994).
[81] Florin Constantiniu, O istorie sinceră a poporului român (București 1997).

Siebenbürgens")[82] ein erster Versuch einer Geschichte Siebenbürgens mit Beiträgen von rumänischen, ungarischen und deutschen Historikern aus Siebenbürgen. Im dritten Band, der die Geschichte Siebenbürgens während der habsburgischen Zeit behandelt (1711–1918), werden rechtliche Stellung, Verwaltung und Institutionen, Reformen und soziale Bewegungen, die nationale Bewegung, Kulturleben und Unterrichtswesen sachlich, im nationalen und internationalen Kontext behandelt. Stärken und Schwächen der Habsburgerzeit werden hervorgehoben, sodass der Leser sich ein fundiertes Bild von der Monarchie und ihren Auswirkungen auf das Leben in Siebenbürgen machen kann. Die positiven Wirkungen der Reformen für die rumänische Bevölkerung werden benannt, aber auch die negativen Auswirkungen der Zeit nach dem Ungarischen Ausgleich mit den fatalen Folgen der Magyarisierungspolitik sowohl für die rumänische als auch für die deutsche, besonders die schwäbische, aber auch die siebenbürgisch-sächsische Bevölkerung. Zum ersten Mal sind in einer rumänischen Synthese der Geschichte Siebenbürgens der ungarischen und der deutschen Minderheit eigene Kapitel gewidmet.

Dieselbe Linie hält auch die vor wenigen Jahren erschienene „Istoria Transilvaniei" von Ioan-Aurel Pop und Ioan Bolovan[83]. Auch hier wird Maria Theresia und Joseph II. und ihrer Reformpolitik besondere Aufmerksamkeit geschenkt, ebenso der Griechisch-Katholischen Kirche, aber auch den Grenzregimentern, der wirtschaftlichen und demographischen Entwicklung.

Mihai Răzvan Ungureanu spricht von zwei Etappen der Modernisierung Siebenbürgens im 18. Jahrhundert, den Reformen Maria Theresias bzw. Josephs II., die tiefgreifende Veränderungen im Bereich der Wirtschaft (Landwirtschaft, Industrie, Bergbau, Hüttenindustrie, aber auch Manufakturwesen), des Sozialen und Politischen (Aufhebung der Leibeigenschaft), der Gründung der Grenzregimenter sowie des geistig-kulturellen Lebens zur Folge hatten (Griechisch-Katholische Kirche, Ausbau des Schulwesens, Vergrößerung des Anteils der rumänischen Intellektuellen aus Siebenbürgen und der Bukowina an der Gesamtzahl der rumänischen Intellektuellen von ca. 11 % im 17. auf rund 50 % im 18. Jahrhundert)[84]. Übrigens bestätigt Bogdan Murgescu in demselben Sammelband die Auffassung, dass „die wichtigsten Exponenten der rumänischen Aufklärung in der zweiten Hälfte des 18. Jahrhunderts unierte Kleriker waren, die ihre Ausbildung in Wien und Rom erhielten. Das Phänomen ist als Şcoala ardeleană (Siebenbürgische Schule) bekannt."[85]

In einem glänzend geschriebenen Buch über die rumänische Aufklärung hebt Nicolae Bocşan die Rolle hervor, die die Habsburgermonarchie für die kulturelle und geistige Entwicklung der Banater Rumänen, für die Verbreitung der Ideen der Aufklärung gerade durch die Kirche (ein widersprüchliches Phänomen) im Rahmen der Habsburgermonarchie, spielte[86].

---

[82] Istoria Transilvaniei, hg. von Ioan-Aurel Pop–Thomas Nägler–Magyari András, 3 Bde. (Cluj-Napoca, 2008).

[83] Ioan-Aurel Pop–Ioan Bolovan, Istoria Transilvaniei (Cluj-Napoca 2013).

[84] Mihai-Răzvan Ungureanu, Die rumänischen Länder in der späten Neuzeit, in: Rumänien. Raum und Bevölkerung, Geschichte und Geschichtsbilder, Kultur, Gesellschaft und Politik heute, Wirtschaft, Recht und Verfassung, Historische Regionen, hg. von Thede Kahl–Michael Metzeltin–Mihai-Răzvan Ungureanu (Berlin–Wien 2006) 237–250, hier 238.

[85] Bogdan Murgescu, Die rumänischen Länder in der frühen Neuzeit, in: ebd. 221–236, hier 232.

[86] Nicolae Bocşan, Contribuţii la istoria iluminismului românesc (Timişoara 1986).

Etwas abweichend von dieser Auffassung ist der Standpunkt von Serban Papacostea in seinem Buch über die kurzzeitige österreichische Herrschaft in der Kleinen Walachei[87]. Er betrachtet die Inbesitznahme durch das Haus Habsburg nicht mehr nur als eine Konsequenz „imperialistischer Tendenzen", sondern als Folge eines Konfliktes innerhalb des rumänischen Landadels (des Bojarentums mit seinem neuen Fürsten Constantin Mavrocordat, der die Reihe der Phanariotenherrscher in der Moldau und in der Walachei eröffnete), eines Konfliktes, der letztendlich dem Haus Österreich die Tore der Kleinen Walachei geöffnet habe.

Für die Zeit des Ersten Weltkrieges sei noch einmal auf die vor wenigen Jahren publizierten Erinnerungen rumänischer Soldaten in den Reihen des k. u. k. Heeres und der k. u. Honvéd hingewiesen, deren Loyalität in der Mehrzahl bis zum Ende des Krieges andauerte[88].

In Siebenbürgen selbst sind in den letzten Jahren mehrere Synthesen erschienen, die der Habsburgermonarchie eine nicht unbedeutende Rolle im Prozess der Nationsbildung der Rumänen zugestehen[89].

Eine neue Generation siebenbürgischer Historiker widmet sich seit der Jahrtausendwende Aspekten der siebenbürgischen Wirtschaftsgeschichte und Fragen der Modernisierung. Sie analysiert die entsprechende Gesetzgebung, die industrielle Entwicklung sowie die Reformen in Finanzwesen, Industrie und Transportwesen, aber auch die Entwicklung der Sozialstruktur und der Modernisierung des Staates. Iosif Marin Balog untersuchte diese Aspekte im Kontext der neoabsolutistischen Epoche sowie in den ersten acht Jahren nach dem Ausgleich, als zunächst das neoabsolutistische Regime von Wien aus und anschließend der ungarische Staat in seinem Modernisierungsbestreben in Siebenbürgen grundlegende Veränderungen in die Wege leiteten[90].

Die Art und Weise, in der sich die Siebenbürger Sachsen nach der Revolution von 1848/49 auf die zentralen Behörden in Wien bezogen, untersuchte der Klausenburger Historiker Loránd Mádly. Es ist dies eine ausgezeichnete Studie, in der in vergleichender Perspektive die politischen Ziele und Entwicklungen der Siebenbürger Sachsen und der Siebenbürger Rumänen analysiert werden, die damals noch eigenständige Stellungen in der Monarchie innegehabt und während der ungarischen Revolution noch gemeinsame Positionen vertreten hatten, und die sich nun angesichts der Bedrohung durch den Ausgleich entweder mit der ungarischen Regierung arrangieren wollten oder neuerlich nach gemeinsamen Positionen suchten[91].

Dabei muss erwähnt werden, dass schon in der kommunistischen Zeit einige Autoren über die Geschichte der verschiedenen Landesteile während der „österreichischen Besetzung" geschrieben und dabei wichtige Themen angesprochen haben, so zum Beispiel Nicolae Bocşan über die Aufklärung im Banat[92].

---

[87] Serban PAPACOSTEA, Oltenia sub stăpânirea austriacă 1718–1739 (Bucureşti 1998).

[88] Marele Război in memoria bănăţeană (wie Anm. 79).

[89] Siehe Liviu MAIOR, Românii în armata habsburgică: soldaţi şi ofiţeri uitaţi (Bucureşti 2004); Marele Război in memoria bănăţeană (wie Anm. 79).

[90] Iosif Marin BALOG, Dilemele modernizării. Economie şi societate în Transilvania 1850–1875 (Cluj-Napoca 2007).

[91] Loránd L. MÁDLY, De la privilegiu la uniformizare. Saşii transilvăneni şi autorităţile austriece în deceniul neoabsolutist (1849–1960) (Cluj-Napoca 2008).

[92] BOCŞAN, Contribuţii la istoria iluminismului românesc (wie Anm. 59).

Es sind im Wesentlichen zwei große Themen der rumänischen Geschichte, für deren Erforschung ein Blick in die Geschichte der Habsburgermonarchie unumgänglich ist: die Geschichte der Griechisch-Katholischen Kirche und die Geschichte der rumänischen Grenzregimenter. Beide wurden entscheidend von den Habsburgern gefördert, um sich einerseits im Land Alliierte gegen den ungarischen Adel zu schaffen, und um andererseits die Südostgrenze der Monarchie gegen die Türken zu beschützen. Beide Phänomene trugen entscheidend zum Entstehen einer rumänischen Elite in Siebenbürgen bei, beide spielten eine hervorragende Rolle beim Aufbau einer rumänischen nationalen Identität und später bei der Gründung des rumänischen Einheitsstaates. Man kann ohne Zweifel feststellen, dass die Habsburger die nationalen Eliten der späteren Nachfolgestaaten aufgebaut haben. In dieser Hinsicht war die Monarchie ein Lehrer, Freund und Förderer.

Dazu kommt ein drittes Thema, das ebenso wichtig war, der Kampf für die nationale Einheit bzw. für die Vereinigung Siebenbürgens, des Banats, des Gebiets von Bihar und der Marmarosch mit dem Königreich Rumänien. Dieses Thema behandelten insbesondere Historiker der Zwischenkriegszeit und der zweiten Hälfte des 20. Jahrhunderts. Hier finden wir die Monarchie eher als Gegner, als Hindernis auf dem Weg zur Erfüllung des nationalen Ideals.

Fazit: Die Habsburgermonarchie als Teil der rumänischen Geschichte

Die Geschichte der Habsburgermonarchie nimmt einen bedeutenden Platz in der rumänischen Historiographie ein, weil sie, eingestandenermaßen oder nicht, „Teil" dieser Geschichte ist. Umgekehrt kann man auch sagen, dass die rumänische Geschichte Teil der Geschichte der Habsburgermonarchie ist.

Die Wahrnehmung der Habsburgermonarchie durch rumänische Chronisten und Historiker hat sich im Laufe der Jahrhunderte grundlegend verändert: vom entfernten Nachbarn über den Unterstützer des Kampfes gegen die Osmanen zum Besetzer und Feind sowie zum kulturellen, politischen und ökonomischen Vorbild.

Dabei muss man zwischen den Wahrnehmungen der Historiker vor 1918 und jenen nach 1918, zwischen den Werken der Historiker, die aus den ehemals österreichischen Provinzen, und jenen, die aus den Donaufürstentümern stammen, aber auch zwischen der unterschiedlichen Wahrnehmung in der kommunistischen und in der postkommunistischen Zeit unterscheiden. Auch gibt es einen wesentlichen Unterschied zwischen den Geschichtsschreibungen der drei Ethnien in Siebenbürgen, also zwischen der rumänischen, der deutschen[93] und der ungarischen Historiographie.

Nicht angesprochen habe ich die Art und Weise, in der die Revolution von 1848 und die Teilnahme Rumäniens am Ersten Weltkrieg dargestellt werden. Hierzu sei abschließend nur kurz bemerkt: Während für die Rumänen die Ereignisse von 1848/49 eine Gelegenheit boten, ihre Position dem ungarischen Adel gegenüber zu stärken (sie kämpften im Siebenbürgischen Westgebirge unter schwarz-gelber Fahne, von österreichischen Grenzoffizieren beraten), sind die Habsburger für wesentliche Teile der ungarischen Geschichtsschreibung bekanntlich die Feinde par excellence. Die tiefe Enttäuschung, die die Rumänen dann mit dem Ausgleich von 1867 erlebten, spiegelt sich auch

---

[93] Siehe SCHARR–GRÄF, Rumänien (wie Anm. 1).

in der rumänischen Geschichtsschreibung, ebenso übrigens in jener der Siebenbürger Sachsen wider.

Was den Ersten Weltkrieg betrifft, wird der Kriegseintritt Rumäniens gegen die Mittelmächte im Jahr 1916 als Element des Kampfes für die Vereinigung aller Rumänen in einem gemeinsamen Nationalstaat gesehen, obwohl auch hier viele Nuancen nicht beachtet werden. Die rumänischen Soldaten des österreichisch-ungarischen Heeres sollten sich als die kaisertreuesten bewähren und bis zum Ende des Krieges ausharren (zum Unterschied von anderen). Dieser Aspekt findet unter anderem in der vor wenigen Jahren publizierten Erinnerungsliteratur Erwähnung[94].

Eine von der Regel abweichende Stimme in der rumänischen Geschichtsschreibung ist die des Bukarester Professors Lucian Boia, des Leiters des von ihm gegründeten „Instituts für Stereotypenforschung". Boia verfolgt ein eigenes Entmythisierungsprogramm, indem er die großen Themen der rumänischen Geschichtsschreibung anspricht und untersucht und Fragen in die Debatte wirft, die nicht immer leicht zu beantworten sind. Oft in Form von historischen Essays geschrieben, behandeln die meisten Bücher Lucian Boias offene, manchmal lange übersehene Fragen, auf die oft politisch und nicht wissenschaftlich geantwortet wurde[95].

Das Bild der Habsburgermonarchie in der rumänischen Geschichtsschreibung ist also sehr vielfältig und facettenreich, und es wird durch Studien der jüngeren Historikergeneration, die die Erfahrung von Auslandskontakten gemacht hat, immer nuancenreicher.

---

[94] Marele Război in memoria bănățeană (wie Anm. 79); Nicolae ILIEŞIU, Monografia istorică a Banatului, hg. von Dumitru ȚEICU (Bucureşti 2011).

[95] Vgl. Lucian BOIA, Istorie şi mit în conştiinţa românească (Bucuresti 1997 [mehrere Auflagen]); DERS., „Germanofilii" Elita intelectuală românească în anii Primului Război Mondial (Bucuresti 2014); DERS., Două secole de mitologie naţională (Bucuresti 2012); DERS., Primul Război Mondial. Controverse paradoxuri reinterpretări (Bucuresti 2014).

The Changing Image of the Habsburg Empire in Modern Serbian Historiography

Miloš Ković

I.

This article has two tasks[1]. The first is to show how the Habsburg Empire's culture and identity making policy influenced and shaped modern Serbian historiography. And next is to analyse how Serbian historiography saw the Habsburg Monarchy, how it depicted its image, from the beginning of the 18th to the beginning of the 21st century. Thus, I will focus on the two-way process, with the Habsburg Empire in its centre, as an agent in the process of making modern Serbian historiography, and as the subject of its enquiry.

In short, my main arguments will go along the following lines. Modern Serbian historiography was born in the Habsburg Empire. Its foundations were laid by the Habsburg subjects, Đorđe Branković and Jovan Rajić, from the late 17th century to the last decades of the 18th century. However, the cultural exchange between the Habsburg Empire and the Serbs was transformed into feverish hostility in less than a hundred years. After the re-emergence of the autonomous and then independent Serbian state south of the Sava and Danube rivers, and the reorientation of the Habsburg Empire's foreign policy towards the southeast, after the defeats in Italy and Germany, the friction between Habsburg imperialism and Serbian nationalism brought about important changes. Mainstream Serbian historiography deliberately and gradually turned from the Viennese academic patterns to the theoretical models of Paris and London, mainly in the works of the former French students, Slobodan Jovanović and Jovan Skerlić. The image of the old Danubian Monarchy became gloomy, even in the works of the former Viennese students, Vladimir Ćorović, Jovan Radonić, Stanoje Stanojević, and many others. The First World War only reinforced this trend. In the period between the two world wars Serbian historiography focused on the relations between the Habsburg Empire and Serbia on the eve of the First World War, and on the question of war guilt. Thus, Vladimir Ćorović initialized the tradition which continued well into the socialist period with the works of Dimitrije Đorđević, Andrej Mitrović, Milorad Ekmečić, Dragoljub R. Živojinović, Mihailo Vojvodić, and others. The Second World War was perceived by the Serbs as another liberation war against Central European imperialism.

[1] The article is the result of the work on the Project "History of Political Ideas and Institutions in the Balkans in the 19th and 20th centuries" (registration number 177011), funded by the Ministry of science and education of the Republic of Serbia.

Besides that, Tito's regime of socialist Yugoslavia built its legitimacy on the official story of the sufferings in World War II, the Revolution and "National Liberation War". During the process of the destruction of Yugoslavia, the new nationalism replaced the old communist ideology. All of this contributed further to the bad image of the Habsburg Empire in Serbian culture. For present day Serbian historiography that is the real challenge. In my opinion, its task is to understand, instead of giving normative judgements, and to look for new ways, instead of repeating the good old phrases, made in the bad old times.

II.

The advance of the Ottoman Empire and the collapse of the last Serbian medieval states in the fourteenth and fifteenth centuries forced large numbers of Serbs to migrate into the Kingdom of Hungary, the future Habsburg lands. In the sixteenth century the Habsburg Military Frontier was already largely occupied by Serbian refugees from the Ottoman Empire. As Orthodox Christians, however, they never won the complete confidence of the Habsburg state authorities. During the seventeenth century attempts to convert the Serbs to the Catholic faith became increasingly numerous. According to A. J. P. Taylor, the Orthodox Christians, namely the Serbs and the Romanians, were never fully integrated into the organism of the state and culture of the old Central European Empire[2].

The War of the Holy League (1683–1699) was a crossroads in the history of the Habsburg Empire, as well as a watershed in the history of the Serbs. Pushing the Ottomans back from Central Europe, the Habsburg armies occupied large areas of the former Hungarian kingdom, including the regions populated by the Serbs. They then crossed Sava and Danube rivers, continuing their advance through the territory of former medieval Serbia. When they appealed to the Balkan Christians for help, the Ottoman Serbs, led by cautious Patriarch Arsenije Čarnojević, were not eager to respond, but since they had no real choice, they joined the Austrian ranks. Consequently, when the French threat and Turkish recovery forced the Habsburg armies to retreat from Serbia, more than 40,000 Serbs led by the Patriarch, headed north together with the Habsburg armies, in order to avoid inevitable Ottoman revenge. When they realised that Serbia was to stay in Ottoman hands, they finally settled in central and southern Hungary.

With this "Great Migration" in 1690 the population and importance of the Serbs in the Habsburg Empire suddenly increased. But the social structure of the Serbian refugees was more important than their numbers. Among the Serbs, the Patriarch was not only the spiritual but the political leader as well. Together with him, it was the most active members of Serbian society – the Church hierarchy, soldiers, merchants, and wealthy peasants – who moved from the Ottoman to the Habsburg Empire. Thus, in 1690 the centre of Serbian religious, political and economic life was transferred from the Balkan, Byzantine, and Ottoman worlds to Central Europe.

---

[2] Alan J. P. TAYLOR, The Habsburg Monarchy 1809–1918: A History of the Austrian Empire and Austria-Hungary (London 1972 [¹1948]) 31; Sima M. ĆIRKOVIĆ, The Serbs (London 2004) 115–120; Wayne S. VUCINICH, The Serbs in Austria-Hungary. *AHY* 3/2 (1967) 3–47, at 8s.; Robert J. W. EVANS, The Making of the Habsburg Monarchy 1550–1700: An Interpretation (Oxford 1979) 422s.

Before entering Habsburg lands special privileges were granted to the Patriarch and the Serbs by Emperor Leopold I. The majority of the Serbs were settled in the Military Frontier as the emperor's soldiers, ready in case of war. As they were subordinated directly to the Emperor, they managed to avoid subjugation to the Hungarian and Croatian feudal landlords, who were traditionally suspicious of the Emperor's centralising ambitions. Thus, as Wayne Vucinich pointed out, "a Serbian preference corresponded with imperial interest"[3].

But though the Emperor guaranteed personal freedom and undisturbed Orthodox Christian worship, this did not constitute Serbian autonomy in the sense of a political or national territory. Leopold I immediately imprisoned the Serbian Count Đorđe Branković when he proposed the political unification of the territories populated by the Serbs and other Orthodox Christian peoples in the Balkans under his rule, in exchange for Serbian military support to Vienna.

During his years of imprisonment, firstly in Vienna, and then in Cheb, from 1690 to 1711, Đorđe Branković wrote the 2681 pages long "Slavic-Serbian Chronicles", the first modern history of the Serbs[4]. In contrast to the main genre of medieval Serbian historiography, biographies of the rulers and archbishops, the "Chronicles" are the history of the Serbs, placed in the wider context of the history of the Byzantine Empire, the histories of the Romanians, Hungarians, Poles and Turks. Branković was able to speak and write in many languages, and thus he used a wide range of different historical sources. However, he was compiling and citing in extenso, in the manner of the medieval chroniclers; he was obviously not familiar with the new methods introduced by his contemporaries Jean Mabillon or Charles du Cange.

The most relevant part of the "Chronicles" are the last chapters where they evolve into Branković's memoirs. For the topic of this article the most important point is that Branković's endeavour with "Chronicles" was addressed to the Habsburgs and their officials. Đorđe Branković's main aim was to prove that he was descended from the Branković dynasty which ruled medieval Serbia, and that the Serbs, with their glorious and noble past, were worthy of having their own state, and even to unite neighbouring peoples under their own flag and historical traditions. This is why his "Chronicles" are considered to be the first articulated proto-national program of the Serbs. Even before his death in the Habsburg prison Count Đorđe Branković found his place in the collective memory of the Serbs, as a symbol of Austria's hypocrisy and a source of dilemma concerning loyalty to the Habsburgs[5].

---

[3] Vucinich, The Serbs in Austria-Hungary (cit. n. 2) 12; Ćirković, The Serbs (cit. n. 2) 140–145; Jovan Tomić, Deset godina iz istorije srpskog naroda i crkve pod Turcima (1683–1693) [Ten Years in the History of the Serbian People and Church under the Turkish Rule (1683–1693)] (Beograd 1902); Charles Ingrao, The Habsburg Monarchy 1618–1815 (Cambridge 2000 [¹1994]) 75–83.

[4] The "Chronicles" of Đorđe Branković have remained unpublished until today. However, it was widely read in manuscript.

[5] Jovan Radonić, Grof Đorđe Branković i njegovo vreme [Count Đorđe Branković and his Times] (Beograd 1911); Jelka Ređep, Geneza Hronika grofa Đorđa Brankovića [The Genesis of Count Đorđe Branković's Chronicles] (Novi Sad 2004); idem, Grof Đorđe Branković i usmeno predanje [Count Đorđe Branković and the Oral Traditions] (Novi Sad 1990); Radovan Samardžić, Đorđe Branković: Istorijske i političke osnove prvoga srpskog programa [Đorđe Branković: Historical and Political Foundations of the First Serbian Programme], in: idem, Pisci srpske istorije 3 (Beograd 1986) 7–28; Nikola Radojčić, O hronikama grofa Đorđa Brankovića [On the Chronicles of Count Đorđe Branković].

The basis of Count Đorđe Branković's patriotism was his Orthodox Christian faith. In order to compel the Emperor to release him, he sought to establish contact with the Russian Tsar, Peter the Great. In fact, during the course of the 18th century, in reaction to the enduring pressure, especially from the Jesuits, to convert to Catholicism, the Habsburg Serbs were importing Russian books and teachers, while young Serbian priests looked to Russian schools for higher education. The most important feature, however, was that Serbs in the Habsburg lands introduced the Russian-Slavic language into their literature, and into the church liturgy as well. In the Middle Ages the Slavic cultures were unified by the old Slavic literary and liturgy language; Russian-Slavic was a "proto-national", Russian recension of the old Slavic language. There was also Serbian-Slavic, which, in the course of the seventeenth and eighteenth centuries, was gradually disappearing. However, the Serbian medieval vernacular survived, though it changed with time[6].

The "Chronicles" of Count Đorđe Branković were written in Serbian-Slavic, but he was one of the last Serbian writers who were able to use this language. The fact that he died as a Habsburg prisoner was an irony of history, because now the Habsburg authorities had to deal not only with Serbian "proto-national" sentiment, but with the far more dangerous ambitions of imperial Russia. Cultural influence over the Serbs might involve Russia in the internal political affairs of the Habsburg state. Moreover, because of its old ties with Russia, the Serbian Church hierarchy now became much more suspect than Đorđe Branković and other secular Serbian leaders. It quickly became apparent to the Habsburg court that in order to regain the hearts of the Serbs, a new, loyal Serbian elite needed to be produced.

The reforms of Maria Theresa and Joseph II, which aimed at modernizing and centralizing the complex Habsburg Empire, cut deep into the collective identity of the Serbs. Through successive "Regulaments", "Rescripts" and other state decrees and orders from 1769 till 1779, Maria Theresa's administration finally limited the powers of the Serbian Church hierarchy to purely religious duties, while putting the Serbian Church under full state supervision. Furthermore, a special publishing house was established in Vienna, which was granted exclusive rights to the publication of Serbian books by the Empress herself, while the import of books from Russia was forbidden. In addition, everything published there was subjected to severe state censorship. Moreover, in this same decade, the Serbian Orthodox Church lost control over education as Serbian pupils were sent to state-controlled schools with a new curriculum, books and teachers. The system of administration imposed in 1769–1779 would continue to be used until 1868[7]; and in conjunction with general trends in the economic, social and intellectual modernization of the Empire, this system would create a new educated Serbian middle class, primarily secular intellectuals and merchants. It was they who would provide the edu-

---

Prilozi za književnost, jezik, istoriju i folklor 6 (1926) 1–45; TOMIĆ, Deset godina (cit. n. 3) 42s., 68–77, 87–121.

[6] Mita KOSTIĆ, Grof Koler kao kulturnoprosvetni reformator kod Srba u Ugarskoj u XVIII veku [Count Koller as a Cultural and Educational Reformer Among the Serbs in 18th Century Hungary] (Beograd 1932) 14–30; ĆIRKOVIĆ, The Serbs (cit. n. 2) 146–175.

[7] KOSTIĆ, Grof Koler (cit. n. 6) 48–102, 159–177, 196–206; VUCINICH, The Serbs in Austria-Hungary (cit. n. 2) 34–42. See Derek BEALES, Joseph II, vol. I: In the Shadow of Maria Theresa, 1741–1780 (Cambridge 1987) 439–479; Robin OKEY, The Habsburg Monarchy c. 1765–1918: From Enlightenment to Eclipse (London 2001) 25–67.

cated elite for the cultural renaissance of the end of the 18th and the beginning of the 19th century and for the newly established Serbian 19th century national state.

The reign of Joseph II was marked by a movement towards religious tolerance and civic equality, which was enough to produce a new mood of optimism among his Orthodox, Protestant and Jewish subjects. The enthusiasm of the Serbs was aroused especially by the emperor's Balkan plans, and his alliance with Catherine the Great of Russia. Dositej Obradović (1740–1811) was the leading representative of the new generation of secular Serbian intellectuals called "Josephinists" because of their admiration for Joseph II. He was not only the leading figure of the Serbian Enlightenment, but also the founder of modern Serbian national ideology[8].

According to Robert Kann, the year 1804, when Francis II, Emperor of the Holy Roman Empire, proclaimed himself Emperor of Austria, marked not only the official year of the birth of the Habsburg Empire, but also the beginning of the disintegration of Habsburg power[9]. By coincidence – or was it a sign of troubles in store? – in the same year a new, independent, revolutionary Serbian state was formed on the Empire's southeastern border. The sixty-six years old Dositej was one of the Habsburg Serbs who hastened to the free Serbian state in search of national fulfilment and a job. He was invited and warmly welcomed by the leader of the Serbs, Karađorđe, and was soon appointed minister of education in the first Serbian government. From the moment Dositej arrived in Serbia (1806) he became an ardent enemy of the Habsburg Empire; more precisely, he became a supporter of the idea of a wholly independent Serbian state. In order to provide a counterbalance to the influence of the Habsburg Empire, he advised Karađorđe to establish closer relations with Russia[10].

However, the ideological basis of Karađorđe's revolution were less Dositej's moralistic and educational works and more another big history of the Serbs, written by an Orthodox Christian monk, the archimandrite of a monastery in Habsburg Bačka, Jovan Rajić. His "History of the Various Slavic Peoples, Particularly the Bulgarians, Croats and Serbs", published in Vienna in 1794 and 1795[11], had an even stronger influence on the Serbian historiography and politics than Branković's "Chronicles".

A learned theologian, inspired by enlightenment ideas, Jovan Rajić wrote about Serbian history in the broader context of the past of the South Slavs. Compared to Đorđe Branković, he was much more diligent and careful in finding and dealing with his sources. However, there are many similarities, and they all came from the Habsburg context of the life and work of Rajić and Branković. Rajić's "History" is another broad and comprehensive narrative, which gradually narrows into the history of the Habsburg lands populated by the Serbs in his own lifetime. Rajić's main goal is to discover who the Serbs were, but also to prove their significance among the other nations, and to defend

---

[8] George R. Noyes, Introduction, in: The Life and Adventures of Dimitrije Obradović: Who as a monk, was given the name Dositej, transl. and ed. by George R. Noyes (Berkeley 1953) 19–107.

[9] Robert A. Kann, A History of the Habsburg Empire 1526–1918 (Berkeley–London 1980 [¹1974]) XI, 218s.

[10] Mita Kostić, Dositej Obradović u istorijskoj perspektivi XVIII i XIX veka [Dositej Obradović in the Historical Perspective of the 18th and 19th centuries] (Beograd 1952) 105s., 108; Slavko Gavrilović, Vojvodina i Srbija u vreme Prvog srpskog ustanka [Voivodina and Serbia at the time of the First Serbian Uprising] (Novi Sad 2004) 172, 451; Noyes, Introduction (cit. n. 8) 36–38.

[11] Jovan Rajić, Istorija raznih slovenskih naroda, posebice Bugara, Hrvata i Srba [History of the Various Slavic Peoples, Particularly the Bulgarians, Croats and Serbs], 4 vols. (Vienna 1794–1795, photomechanical reprint Novi Sad 2002).

Orthodoxy against Catholicism. Since he insists particularly on the imperial privileges given to the Serbs by the emperors and his book, like Branković's "Chronicles", is some-times written in the manner of a diplomatic memorandum, some researchers have ex-pressed the opinion that with his "History" Rajić was addressing the Habsburg court. In short, both Branković's "Chronicles" and Rajić's "History" are the result of a cultural and political dialogue, an exchange between the Serbian educated elites and the Habsburg Empire[12].

Jovan Rajić's broad outlook and rationalist deliberation remained a standard in Ser-bian historiography not to be attained long after him. However, in the era of Romanti-cism he was thought of as being too timid a patriot. While in Germany, France and England historiography as an academic discipline gained in self-confidence by improv-ing its methods, the Serbs did not even publish the most important sources for their history. During the dominance of the "patriotic trend" in Serbian historiography, the best history of contemporary Serbia remained "Die Serbische Revolution" by Leopold Ranke (1829). However, it should be stressed that this book was written thanks to the crucial help of Vuk Karadžić, and especially of Jernej Kopitar, Court librarian in Vienna and the state's censor of Slavic books.

The case of Vuk Karadžić and Jernej Kopitar further demonstrated the ability of the Habsburg Empire to handle Serbian nationalism. Vuk was born in Serbia, and his family came from Herzegovina yet the success of his reform of the Serbian language – replacing Russian-Slavic with Serbian vernacular – was another result of Habsburg identity-mak-ing policy. The person who decisively influenced him and gave him his final direction was Jernej Kopitar. He certainly had a good deal of enthusiasm for the cause of the Slavs but at the same time, as a good Austrian patriot, he regularly submitted reports about Vuk's activity to the imperial authorities. Here he urged them to support Vuk's linguistic reforms, in order to cut off Serbian ties with Russia, to weaken the influence of the Russophile Serbian Church hierarchy, and to strengthen the ties between Serbs and their Catholic relatives, the Croats. Thus, by managing the cultural development of the Serbs, the Empire could both pacify its own Serbian subjects and the new Serbian state on its borders as well. Additionally, Kopitar believed that in the future Serbs would be gradu-ally assimilated into the Catholic Central European cultural sphere[13].

While Dositej Obradović still combined the vernacular with the Russian-Slavic, Vuk finally and definitely introduced the vernacular as the sole literary language of the Serbs. His radical language reform finally pushed Russian-Slavic out of Serbian literature, re-ducing it to being the language of the Church alone.

With the help of Kopitar's personal and academic contacts, Vuk and his collections of the Serbian songs reached European universities, journals, and authorities such as

---

[12] Nikola RADOJČIĆ, Srpski istoričar Jovan Rajić [The Serbian Historian Jovan Rajić] (Beograd 1952); Jovan Rajić: Život i delo [Jovan Rajić: Life and Work], ed. Marta FRAJND (Beograd 1997); Radovan SAMARDŽIĆ, Jovan Rajić, in: IDEM, Pisci srpske istorije 1 (Beograd 1976) 29–76; Sima ĆIRKO-VIĆ, Jovan Rajić, in: Enciklopedija srpske istoriografije, ed. Sima ĆIRKOVIĆ–Rade MIHALJČIĆ (Beograd 1997) 612–614.

[13] Duncan WILSON, The Life and Times of Vuk Stefanović Karadžić 1787–1864: Literacy, litera-ture, and national independence in Serbia (Oxford 1970) 81–83; Ljubomir STOJANOVIĆ, Život i rad Vuka Stefanovića Karadžića [The Life and Work of Vuk Stefanović Karadžić] (Beograd 1924) 733–747; Golub DOBRAŠINOVIĆ, Vuk pod prismotrom policije [Vuk under Police Surveillance] (Beograd 1986) 15–54.

Jacob Grimm, Goethe and Ranke. Kopitar introduced Vuk to Ranke, and during the summer of 1828 in Vienna, they worked together on the book which would be published in 1829 under Ranke's name. In exchange, Ranke could count on Kopitar's help and support in reaching all the precious archival materials from the Habsburg Empire, from the Court library to Venetian archives[14].

Through Kopitar and Vuk's broad circle of academic friends, European intellectuals discovered the "national genius" and history of the Serbs, and their epic poetry became widely known[15]. The Principality of Serbia was eager to acquire the favour of European public opinion. So it is not an exaggeration to say that, through Kopitar, the Habsburg Empire played a major role in Serbian national propaganda.

As a historian, Vuk Karadžić wrote about the times of creation of the modern Serbian state, of Karađorđe and Prince Miloš Obrenović's Serbian revolution[16]. On the one hand, Vuk had no formal education; on the other, he was a natural-born writer, and a contemporary witness. Vuk was struggling with Prince Miloš Obrenović's ambition to control his work; however, he was an intelligent and very well informed observer. The ethnographic and linguistic material collected by him is still a precious source for historians interested in not only political, but also cultural history[17].

Vuk met Kopitar in Vienna; he spent most of his life in the Habsburg capital and married a Viennese woman, Anna Maria Krauss. However, his work can be considered to be the beginning of the emancipation of Serbian culture from its Habsburg patterns. In his historical works, he treated the old Empire with all possible kindness. Nevertheless, compared to Branković and Rajić, he feels no need to crave for Habsburg help, or to defend his nation from the Catholic Church and Habsburg authorities. The Serbs in the Principality of Serbia, south of the Sava and Danube, had their own state, and though it was only semi-independent and autonomous, they could survive without the clemency of the Habsburgs. Moreover, in contrast to Branković and Rajić, Vuk was not interested in the noble, aristocratic and religious Middle Ages. His histories were devoted to the peasant rebels and revolutionaries of his age, who fought for their rights and freedom. Even the old epic songs about the Serbian medieval kings and heroes that were collected by Vuk had a specific plebeian "flavour", since they in fact depicted how poor Serbs, the Ottoman subjects, *raya*, saw their noble medieval ancestors. What Karađorđe did in Serbian politics and society, Vuk Karadžić achieved in culture: Serbian society, politics,

---

[14] Vladimir STOJANČEVIĆ, Leopold Ranke i njegova "Srpska revolucija" [Leopold Ranke and his "Serbian Revolution"], in: Leopold RANKE, Srpska revolucija (Beograd 1991) 9–23; Nikola RADOJČIĆ, Rankeova nova koncepcija srpske istorije [Ranke's new conception of Serbian History], in: ibid. 185–226; Miloš KOVIĆ, Leopold Ranke i njegova "Srbija i Turska u 19. veku" [Leopold Ranke and his "Serbia and Turkey in the 19th century"], in: Leopold RANKE, Srbija i Turska u 19. veku [Serbia and Turkey in the 19th century] (Novi Sad 2019) 659–673.

[15] WILSON, The Life and Times of Vuk Stefanović Karadzić (cit. n. 13) 112s., 190–207, 226–229; Leften S. STAVRIANOS, The Balkans since 1453 (London 2001 [¹1958]) 242–243.

[16] Vuk Stefanović KARADŽIĆ, Istorijski spisi [Historical writings], 2 vols. (Sabrana dela Vuka Karadžića 15–16, ed. Radovan SAMARDŽIĆ, Beograd 1969).

[17] Radovan SAMARDŽIĆ, Vuk Stefanović Karadžić' "Serbische Geschichte". *Österreichische Osthefte* 29 (1987) 231–250; IDEM, Vuk Stefanović Karadžić, in: IDEM, Pisci srpske istorije 1 (Beograd 1976) 77–166; IDEM, Vukov povratak istoriji [Vuk's Return to History], in: IDEM, Pisci srpske istorije 2 (Beograd 1981) 71–136; IDEM, Vuk Stefanonič Karadžić, in: Pisci srpske istorije 3 (Beograd 1986) 43–108; IDEM, Vuk Stefanović Karadžić, in: IDEM, Pisci srpske istorije 2 (Beograd 1981) 7–108; Vladimir STOJANČEVIĆ, Vuk Karadžić: Kultura i istorija [Vuk Karadžić: Culture and History] (Beograd 2014).

culture and state gained a specific democratic, egalitarian shape and identity. It was all very different from the aristocratic, conservative, paternalistic character of the Habsburg Empire.

Although the Habsburg lands had ceased since 1804 to be the main political centre of the Serbs, the city of Novi Sad in the territory of southern Hungary remained their main cultural centre; until the 1870s, it was the Serbs from the Habsburg Empire who, as the only educated elite in the Principality of Serbia, played the major role in its cultural, educational and legal life[18].

In Vuk's collections of the folk ballads, Serbian romanticist historians finally found their "pure", "unspoiled" "national soul". They admired glorious Serbian kings from the Middle Ages, and longed for a final, heroic battle against the Ottomans. In particular they developed a special respect for the Serbs of the Principality of Montenegro, an isolated mountain state, which emerged directly from the pre-modern theocracy, in the wars against the Ottomans, side by side with the Principality of Serbia.

When the time for the final, heroic battle against the Turks ultimately came, Serbian romanticists experienced bitter disappointments. After the Serbian uprising in Herzegovina and Bosnia in 1875, Serbia and Montenegro jointly went to war against the Ottoman Empire. Patriotic enthusiasm quickly disappeared with the first battles against the Ottoman army; but the real disappointments were still to come. By the decision of the Great Powers at the Congress of Berlin (1878), Serbia and Montenegro achieved independence and acquired new territories; however, Bosnia and Herzegovina, which represented the main goal of the Serbian national movement, was occupied by Austria-Hungary. Moreover, Habsburg troops were allowed to continue their advance towards the southeast and into the territory of the Sandžak of Novi Pazar – a narrow passage between Serbia and Montenegro – to prevent the unification of Serbia with Montenegro[19].

III.

The advance of Habsburg troops into Bosnia, Herzegovina and the Sandžak of Novi Pazar in 1878 was the real turning point in the story of the Habsburg Empire and the Serbs. This was the beginning of a continuous, mutual aversion. Until 1881, through a number of agreements with Prince Milan Obrenović, Austria-Hungary steadily drew Serbia into its sphere of interest. Finally, in 1883 and 1887 respectively, Romania and Bulgaria also became allies of the Central Powers[20].

In Bosnia and Herzegovina, in order to prevent Serbian nationalism, Benjámin Kállay, the head of the provincial administration, aimed to build a new, distinctively "Bosnian" national identity, representing all inhabitants of the province: Orthodox, Muslims and Catholics. In doing so, he introduced a large number of sophisticated measures, from the reform of education to the censorship of newspapers. Kállay even banned his

---

[18] Traian STOIANOVICH, The Pattern of Serbian Intellectual Evolution 1830–1880. *Comparative Studies in Society and History* 1/3 (March 1959) 242–272, at 243–250.

[19] Dimitrije ĐORĐEVIĆ, The Serbs as an Integrating and Disintegrating Factor. *AHY* 3/2 (1967) 48–82, at 70–72.

[20] Francis Roy BRIDGE, The Habsburg Monarchy among the Great Powers 1815–1918 (New York–Oxford–Munich 1990) 133–175; IDEM, From Sadowa to Sarajevo: The Foreign Policy of Austria-Hungary, 1866–1914 (London–Boston 1972, Reprint 2002) 103–153.

own "History of the Serbs", where he had argued that Bosnia and Herzegovina were ethnically and historically Serbian lands[21].

In 1878 Serbian nationalism seemed to have been reinforced by newly won independence (1878) and the status of a kingdom (1882); but after only a few years Serbia succumbed to the will of the omnipresent Habsburgs, as Habsburg lands and allies now surrounded Serbia on all sides. The prevailing feeling in Serbian society was one of imminent danger.

From 1879, over the next few decades, Serbian historiography was shaken by tempestuous disputes. Ilarion Ruvarac, an archimandrite of a Serbian monastery in Syrmia, in Austria-Hungary, systematically published articles and launched fierce debates in which he tried to distinguish between the facts and fiction in most important Serbian historical and national traditions[22]. He criticized heavily the romanticist and popular images of the Kosovo battle of 1389, of the Great Migration led by Patriarch Arsenije Čarnojević, of the Habsburg prisoner and national martyr Đorđe Branković, and of the heroic traditions of Montenegro. Ruvarac was publishing his works around the times of the anniversaries of important national events. In the heated disputes that followed his publications, the opposing side led by Panta Srećković, a professor at Belgrade's Velika Škola (Great School), the precursor of Belgrade University, claimed that in historiography national memory and traditions should have priority over the self-confident reasoning of an individual. Ruvarac argued that myths and folklore are of no value for historians and that the study of history should be based on systematic gathering and careful analysis of historical sources. The adversaries of Ruvarac maintained that by writing about these foundation stones of Serbian national pride, without due respect, he in reality harmed Serbian national interest and undermined national self-confidence at a time when important national tasks were to be accomplished. He was also accused of being more faithful to Austria-Hungary than to Serbia.

However, Ruvarac did not hesitate to proclaim his loyalty to the Habsburgs. In the time of the upsurge of the Serbian national movement in the Habsburg Empire, during the 1860-s, there was a plan to finally publish the "Chronicles" of Đorđe Branković; the political intention was to show how unfaithful the Habsburgs always were towards the Serbs. Until then, the "Chronicles" were still kept as a manuscript in the Church archives. Ruvarac was asked by the Church authorities to prevent this, in order to avoid trouble with the Habsburg authorities. He did it by claiming that Branković's "Chronicles" were not reliable, and consequently not worthy of publishing. In his later works, Ruvarac even called Branković a liar, who purposely fabricated his noble ancestry in order to deceive the Habsburgs. Moreover, Ruvarac claimed that all the privileges given by the emperor to the Patriarch Arsenije Čarnojević, which were the basis of all the

---

[21] VUCINICH, The Serbs in Austria-Hungary (cit. n. 2) 28s.

[22] Ilarion RUVARAC, O knezu Lazaru [On Prince Lazar] (Novi Sad 1887); IDEM, Odlomci o grofu Đorđu Brankoviću i Arseniju Crnojeviću patrijarhu: S tri izleta o takozvanoj Velikoj seobi srpskog naroda [Excerpts on Đorđe Branković and Patriarch Arsenije Crnojević: With Three Excurses on the so-called Great Migration of the Serbian People] (Beograd 1896); IDEM, O cetinjskoj štampariji pre četiri stotine godina [On Cetinje's Printing House Four Hundred Years Ago]. *Glas Srpske Kraljevske Akademije* 40 (1893) 1–46; IDEM, Montenegrina (Prilošci istoriji Crne Gore) [Montenegrina (Contributions to the History of Montenegro)] (Sremski Karlovci 1898); Zbornik Ilariona Ruvarca: Odabrani istoriski radovi [Collection of Works of Ilarion Ruvarac: Selected historical works], ed. Nikola RADOJČIĆ (Posebna izdanja 103, Beograd 1934).

political actions of the Serbs in the Habsburg Empire, were fabricated later by the Serbs themselves.

Even Ruvarac's followers confessed that, in contrast to his other works, when dealing with Branković and Čarnojević he was wrong. However, in Serbian historiography and culture, Ruvarac definitely won with his *credo* that for historians the facts ought to be more important than patriotism, and that true patriotism requires a realistic and critical view of the past[23].

Ruvarac's victory was cemented in 1894 when his follower Ljuba Kovačević was appointed a professor of national history at the Great School, after Panta Srećković had retired. By 1905 Ljubomir Jovanović, Stanoje Stanojević and Jovan Radonić, who favoured Ruvarac's critical method, were also appointed professors at the Great School. This time saw the maturation of a generation of disciples of Ruvarac in Serbian historiography. The most important among them were Stanoje Stanojević, Jovan Radonić, Nikola Radojčić and Aleksa Ivić. They were born as subjects of Austria-Hungary, and like Ruvarac, were educated in Vienna, then the most influential centre for Slavic studies in Europe. They all had their publications printed in Berlin's "Archiv für slavische Philologie", which was founded and edited by their Viennese professor Vatroslav Jagić[24].

However, a fact of special importance was that after 1895 there was no pro-Austrian political party in Serbia. Thus, from the 1890s, the only friend of Austria-Hungary and Germany in Serbia was the Obrenović dynasty. In order to defend their foreign policy orientation and to maintain the authority of the Crown, King Milan and then his son King Alexandar Obrenović (1889–1903) looked to the contemporary German and Austrian, primarily conservative political models. Serbian opposition, mostly the People's Radical Party, along with some liberals and progressives, preferred Western liberal, democratic and socialist ideas from the ideological traditions and political practice of France, England, Switzerland and the USA[25].

Thus, attempts to reshape Serbian culture, in order to leave behind the Central European cultural and political orientation, which were perceived as colonial and oppressive, and to adopt Western patterns, had already started under the Obrenović dynasty. Outside political party life, the most important attempt to define this new cultural orientation was undertaken by a group of young Belgrade University professors and secondary school teachers. In 1901 they founded the "Serbian Literary Herald" maga-

---

[23] Spomenica Ilariona Ruvarca (1832–1932) [Memorial Volume in Honour of Ilarion Ruvarac (1832–1932)] (Sremski Karlovci 1932); Braća Ruvarac u srpskoj istoriografiji i kulturi [The Ruvarac Brothers in Serbian Historiography and Culture], ed. Čedomir POPOV–Negovan VITOMIROVIĆ (Novi Sad–Sremska Mitrovica 1997); Boško SUVAJDŽIĆ, Ilarion Ruvarac i narodna književnost [Ilarion Ruvarac and Folk Literature] (Beograd 2007); Radovan SAMARDŽIĆ, Između Rajića i Ruvarca [Between Rajić and Ruvarac], in: IDEM, Pisci srpske istorije 1 (Beograd 1976) 60–76; IDEM, Ilarion Ruvarac, in: IDEM, Pisci srpske istorije 4 (Beograd 1994) 241–247; Kosta MILUTINOVIĆ, Studije iz srpske i hrvatske istoriografije [Studies in Serbian and Croatian Historiography] (Novi Sad 1986) 25–79; Sima ĆIRKOVIĆ, Prelomno razdoblje srpske istoriografije [The Crucial Period of Serbian Historiography]. *Vojnoistorijski glasnik* 1/2 (1994) 277–287, at 281–285.

[24] MILUTINOVIĆ, Studije (cit. n. 23) 163–212; Sima ĆIRKOVIĆ, Aleksa Ivić, in: Enciklopedija srpske istoriografije (cit. n. 12) 395s.; IDEM, Nikola Radojčić, in: ibid. 607s.; Đuro TOŠIĆ, Jovan Radonić, in: ibid. 610s.; Momčilo SPREMIĆ, Stanoje Stanojević, in: ibid. 650s.

[25] Miloš KOVIĆ, From Vienna to Paris: Serbian Elite Between Central and Western Europe (1893–1914), in: Serbien in Europa: Leitbilder der Moderne in der Diskussion, ed. Gabriella SCHUBERT (Forschungen zu Südosteuropa. Sprache – Kultur – Literatur 3, Wiesbaden 2008) 53–60.

zine (Srpski književni glasnik), which would soon become the most important and most influential magazine in modern Serbian history.

After the coup d'état in 1903 and the change of dynasty in Serbia, intellectuals from the "Herald" finally came to power. They became prime ministers, ministers, diplomats, or King Peter I Karađorđević's personal friends. Operating as an influential interest group they took control over the main national cultural institutions, such as the University of Belgrade, the Royal Academy of Sciences, the National Theatre, the National Library, and others. Thus, they were able to impose their ideas on the educated Serbian elite, and the ideology of the "Herald" became the nucleus of the official Serbian culture, right up until the fall of the Kingdom of Yugoslavia in 1941[26].

Educated mainly in Paris, Geneva, Lausanne, they were trying to emancipate Serbian historiography from the Slavic studies and philology oriented Viennese school of Vatroslav Jagić and Konstantin Jireček, who right at that time published his great "Geschichte der Serben" (1911). Slobodan Jovanović and Jovan Skerlić, who were the most prominent among them, insisted on looking for the patterns in French and British historiography, in the works of Jules Michelet, Charles-Augustin Sainte-Beuve, Hyppolite Taine, Ernest Renan, Thomas Carlyle, John Morley. Influenced by the early positivists Taine and Renan, they insisted on a multidisciplinary and especially on a sociological approach, broad perspectives and big monographs. They both produced volumes of books, devoted to the history of Serbia and Serbian literature in the 19th century, and a number of smaller articles and essays. From the history of the aristocratic, religious Middle Ages, Serbian historians turned to the democratic traditions of the Karađorđe revolution[27]. The best work devoted to the Serbian revolution produced by this generation was, no doubt, Mihailo Gavrilović's "Miloš Obrenović"[28]. Educated at the École Pratique des Hautes Études, Gavrilović published a stern critique of the works of Benjámin Kállay and Lajos Thallóczy, which sounded clearly as a manifesto of the emancipation of Serbian historians from their Central European supervisors[29]. In this, as in their broad, multidisciplinary approach combined with the scrupulous work with the sources, their real predecessor was Stojan Novaković, probably the most important Serbian historian of the 19th century, and the real founder of modern Serbian historiography[30].

---

[26] Miloš Ković, Politička uloga "Srpskog književnog glasnika" [The Political Role of the "Serbian Literary Herald"], in: Sto godina "Srpskog književnog glasnika". Aksiološki aspekt tradicije u srpskoj književnoj periodici, ed. Staniša Tutnjević–Marko Nedić (Beograd 2003) 363–378.

[27] Sabrana dela Slobodana Jovanovića [Collected Works of Slobodan Jovanović], 12 vols., ed. Radovan Samardžić–Živorad Stojković (Beograd 1990–1991); Sabrana dela Jovana Skerlića [Collected Works of Jovan Skerlić], 12 vols., ed. Midhat Begić (Beograd 1964–1967); Radovan Samardžić, Ipolit Ten kod Srba [Hyppolite Taine among the Serbs], in: idem, Pisci srpske istorije 1 (Beograd 1976) 239–269; idem, Jovan Skerlić i istorija [Jovan Skerlić and History], in: ibid. 271–281; idem, Istoričari srpske revolucije i kulturni preobražaj početkom XX veka [Historians of the Serbian Revolution and the Cultural Transformation at the Beginning of the 20th century], in: idem, Pisci srpske istorije 3 (Beograd 1986) 221–229; idem, Slobodan Jovanović, in: idem, Pisci srpske istorije 4 (Beograd 1994) 109–161.

[28] Mihailo Gavrilović, Miloš Obrenović, 3 vols. (Beograd 1908–1912).

[29] Mihailo Gavrilović, Istorija srpskog ustanka 1807–1810 od Benjamina Kalaja [History of the Serbian Uprising 1807–1810 by Benjámin Kállay]. Srpski književni glasnik 25 9/10 (1910) 787–797. See Robin Okey, A Trio of Hungarian Balkanists: Béni Kállay, István Burián and Lajos Thallóczy in the Age of High Nationalism. Slavonic and Eastern Europe Review 80 (2002) 234–266.

[30] Stojan Novaković, Izabrana dela [Selected Works], 16 vols. (Beograd 2001–2007); idem, Nekolika teža pitanja srpske istorije [Some Difficult Questions of Serbian History], in: idem, Iz srpske istorije, ed. Radovan Samardžić (Novi Sad 1972) 65–149; Stojanu Novakoviću u spomen o osamdesetogodišn-

Slobodan Jovanović's and Jovan Skerlić's main contribution was made in the field of the history of political ideas. After all, they did not teach history at the University; Jovanović taught law and Skerlić history of literature. Gavrilović served as the director of the State Archives. Conversely, Ilarion Ruvarac's followers, Stanoje Stanojević and Jovan Radonić, educated in Vienna, were entrenched in the Belgrade University history department. However, the pressure of Austria-Hungary on Serbia after 1903, especially in the Annexation Crisis of 1908–1909, and the Balkan Wars of 1912–1913 immersed them in the movement of cultural resistance to what was perceived as Habsburg cultural imperialism[31]. Horrified by the Habsburg annexation of Bosnia and Herzegovina, and by the subsequent international crisis, Stanoje Stanojević produced the particularly important, politically engaged syntheses "History of Bosnia and Herzegovina" and "History of the Serbian People"[32].

Another former Viennese pupil, influential geographer Jovan Cvijić, stood in the centre of this movement. His multidisciplinary works were widely read among the Serbian historians. Together with Jovan Skerlić, Cvijić was the main Serbian prophet of the Yugoslav idea. Scrupulously cultivated by Jernej Kopitar and many generations of Habsburg scholars, the idea of South Slav unity, when in the hands of Belgrade, became a powerful weapon directed against Habsburg interests. However, in the hands of the Habsburgs, and centred in Zagreb, it could still attract Slavs, help the Empire to survive and even support its advance to the southeast[33].

One of the clear signs of how much things had changed from the times of Kopitar, when the Habsburg Monarchy handled Serbian nationalism skilfully, was the Zagreb trial (1909). Beginning in August 1908, 53 Serbs from Croatia and Slavonia were imprisoned and charged for high treason and collaboration with Serbia. The important part of the indictment, which was published in January 1909 and widely spread as a pamphlet, was devoted to the new, Kafkian interpretation of the history of the Serbs. According to it, the Serbs were a newly created identity in Croatia, since historically they never existed on its soil. Furthermore, they were ethnic Croats and "Vlachs" who were converted to "Serbdom" by the Serbian Orthodox Church and Greater Serbian propaganda. Moreover, and not by coincidence, the Trial of Zagreb took place at the same time as the annexation of Bosnia and Herzegovina and the subsequent crisis[34].

jici smrti [Memorial Volume in Honour of Stojan Novaković: 80 Years since his Death], ed. Andrej Mitrović (Beograd 1996); Stojan Novaković: Povodom proslave stogodišnjice rođenja [Stojan Novaković: On the Occasion of the Celebration of One Hundred Years Since his Birth] (Beograd 1943); Spomenica St. Novakovića [Memorial Volume in Honour of Stojan Novaković] (Beograd 1921); Mihailo Vojvodić, Stojan Novaković u službi nacionalnih i državnih interesa [Stojan Novaković in the Service of National and State Interests] (Beograd 2012); Radovan Samardžić, Stojan Novaković: Utemeljitelj savremene srpske istoriografije [Stojan Novaković: Founder of Contemporary Serbian Historiography], in: idem, Pisci srpske istorije 1 (Beograd 1976) 189–243.
[31] Miloš Ković, Austria-Hungary's "Civilizing Mission" in the Balkans: A View from Belgrade (1903–1914). Balcanica 48 (2017) 107–122.
[32] Stanoje Stanojević, Istorija srpskog naroda [History of the Serbian People] (Beograd 1908); idem, Istorija Bosne i Hercegovine [History of Bosnia and Herzegovina] (Beograd 1909).
[33] Miloš Kovich, Protector, Neighbour, Enemy: the Habsburg Empire and the Serbs (1780–1914). Studies in Ethnicity and Nationalism 5 (2005) 81–102, at 98s.
[34] Obtužnica koju je kr. državno odvjetničtvo u Zagrebu dne 12. siečnja 1908. podiglo protiv Adama Pribićevića i 52 druga radi zločina veleizdaje [Indictment of Adam Pribićević and 52 others raised on 12 January 1908 by the State Attorney in Zagreb for the Crime of Treason] (Zagreb 1909); Vasilije

The Serbian historians were compelled to answer these menacing allegations. Ljubomir Kovačević, close collaborator of Ilarion Ruvarac in his fierce polemics against the
Serbian "patriot historians", published "The Serbs in Croatia and the High treason process" (1909), while young Radoslav Grujić, educated in Vienna and Zagreb, wrote his
"Apology of the Serbian people in Croatia and Slavonia" (1909)[35]. The trial was at-
tended, among others, by intellectuals who were to play an important role in future
European historiography and politics – Pavel Milyukov, Robert William Seton-Watson,
and Tomaš Garrigue Masaryk. In Czech culture and historiography Masaryk already
played a similar role to Ruvarac in Serbian. Masaryk not only published his critical
account of the Zagreb trial; after the Friedjung trial of 1909, Masaryk discovered that
the documents which were used as the basis of the new set of allegations against the
Serbs, made by Viennese historian and journalist Heinrich Friedjung, had even been
forged in the Habsburg legation in Belgrade[36].

IV.

Thus, at the end of the 19th and beginning of the 20th century, the setting for the bad
image of the Habsburg Empire in Serbian 20th century culture and historiography had
already been established. In less than one hundred years, the old protector became the
main enemy.

The First World War only reinforced the mutual misunderstanding. At the end, the
old Danubian Monarchy disappeared, while Serbia became part of Yugoslavia; however,
the question of war guilt remained. In the Kingdom of Yugoslavia, historians who dealt
with the history of the Habsburg Empire focused mainly on that topic. Of special importance is Vladimir Ćorović's (another former Viennese pupil) huge work "The Relations of Serbia and Austria-Hungary in the 20th century". It was printed in 1935 but it
was not published (until 1992), since at that time the Yugoslav authorities were trying
not to provoke Hitler's anger. Almost all the copies, including even the translation into
English, which was due to be published at Stanford University, were destroyed[37]. Ćoro-

---

KRESTIĆ, Istorija Srba u Hrvatskoj i Slavoniji 1848–1914 [History of the Serbs in Croatia and Slavonia
1848–1914] (Beograd 1991) 489–523.

[35] Ljubomir KOVAČEVIĆ, Srbi u Hrvatskoj i Veleizdajnička parnica 1909 [The Serbs in Croatia and
the High treason process 1909] (Beograd 1909); Radoslav M. GRUJIĆ, Apologija srpskoga naroda u
Hrvatskoj i Slavoniji i njegovih glavnih obeležja. Povodom "Optužnice" kr. držav. odvetnika u Zagrebu
od 12. I. 1909. g. [Apology of the Serbian people in Croatia and Slavonia and of their Main Attributes.
On the Occasion of the State Attorney's Indictment released in Zagreb on 12 January 1909] (Novi Sad
1909).

[36] Thomas G. MASARYK, Der Agramer Hochverratsprozess und die Annexion von Bosnien und
Herzegowina (Wien 1909); Karel ČAPEK, Talks with T. G. Masaryk (North Haven 1995) 188s.; see also:
Le procès de l'Agram et l'opinion Européenne (Paris 1909); Robert W. SETON-WATSON, The Southern
Slav Question and the Habsburg Monarchy (London 1911) 174–194.

[37] Vladimir ĆOROVIĆ, Odnosi između Srbije i Austro-Ugarske u XX veku [The Relations of Serbia
and Austria-Hungary in the 20th century] (Beograd 1992). Vasilj Popović was another former Viennese
student and professor of the University of Belgrade. He was focused on the history of the international
relations, and made important contributions to the studies of the Balkan policy of the Habsburgs in the
19th century: Vasilj POPOVIĆ, Meternihova politika na Bliskom Istoku [Metternich's Near Eastern Policy]
(Beograd 1931); IDEM, Politika Francuske i Austrije na Balkanu u vreme Napoleona III [French and
Austrian Policy in the Balkans in the time of Napoleon III] (Beograd 1925).

vić's "Black Book", devoted to the atrocities committed during the war by the Habsburg authorities against their own Serbian subjects in Bosnia and Herzegovina, did not experience the same fate, because it was published much earlier[38]. Even worse atrocities committed by the Habsburg army in 1914 in Serbia were a well-known fact. However, as a special topic, they did not find their historian, in spite of the huge evidence collected by the Swiss pathologist and criminologist (Rodolphe) Archibald Reiss[39].

At the same time, aside from these dark issues, some Serbian historians, who came from the formerly Habsburg lands, which now belonged to Yugoslavia, made crucial contributions to the social and intellectual history of the Serbs in the 18th century Habsburg Empire. The works of Mita Kostić, Tihomir Ostojić and Dušan Popović were partly inspired by the studies of Jovan Skerlić who drew the attention of historians to this epoch, as a turning point in the modern intellectual history of the Serbs[40]. The history of Banat, Bačka, Baranja and Syrmia from the earliest epoch to the 18th century was covered by Aleksa Ivić's huge "History of the Serbs in Vojvodina"[41] and by the unfinished, but very thorough collection of works "Vojvodina". Stanoje Stanojević, Jovan Radonić, and Nikola Radojčić continued their work in Belgrade academic institutions. However, the tradition of the city of Novi Sad as an important centre of Habsburg studies, has survived right up until the present day[42].

The Second World War made the existing trends even stronger. Austria provided huge numbers of Third Reich soldiers, who destroyed and occupied Yugoslavia. Some of them had even participated in the Austro-Hungarian invasion of Serbia in the First World War; some of the former Habsburg, now Third Reich officers (general Alexander Löhr, general Franz Böhme, general Walter Hinghofer, among others) committed war crimes in the same towns and villages where the mass atrocities took place in 1914 (Belgrade, Šabac, Prnjavor, Loznica). The leaders of Croatian fascists, *ustaše*, who committed genocide against the Serbs and Jews on the territory of the puppet Independent State of Croatia (Ante Pavelić, Slavko Kvaternik, Andrija Artuković and others) were born and politically shaped in Austria-Hungary. They were mainly former members

---

[38] Vladimir Ćorović, Crna knjiga: Patnje Srba Bosne i Hercegovine za vreme svetskog rata 1914–1918 [Black Book: Sufferings of the Serbs of Bosnia and Herzegovina during the time of the World War 1914–1918] (Beograd–Sarajevo 1920).

[39] Rodolphe A. Reiss, Report upon the Atrocities Committed by the Austro-Hungarian Army During the First Invasion of Serbia, Submitted to the Serbian Government (London 1916).

[40] Đorđe Bubalo, Tihomir Ostojić, in: Enciklopedija srpske istoriografije (cit. n. 12) 547s.; Slavko Gavrilović, Mita Kostić, in: ibid. 448s.; Nikola Gaćeša, Dušan J. Popović, in: ibid. 592s.; Vladimir Stojančević, Iz srpske istorije i istoriografije [From Serbian History and Historiography] (Leskovac 1996) 173–187; Mita Kostić, Izabrana dela [Selected Works], 3 vols. (Zagreb 2010); Tihomir Ostojić, Dositej Obradović u Hopovu: Studija iz kulturne i književne istorije [Dositej Obradović in Hopovo: A Study in Cultural History and History of Literature] (Novi Sad 1907); Dušan Popović, Srbi u Vojvodini [The Serbs in Vojvodina], 3 vols. (Novi Sad 1957–1963).

[41] Vojvodina, 2 vols., ed. Dušan Popović (Novi Sad 1939, ²2008); Aleksa Ivić, Istorija Srba u Vojvodini od najstarijih vremena do osnivanja Potisko-pomoriške granice (1703) [History of the Serbs in Vojvodina from Ancient Times to the Creation of the Tisa-Moriš Frontier (1703)] (Knjige Matice srpske 50, Novi Sad 1929, first shorter edition Zagreb 1914).

[42] The main centres of the Habsburg studies in the pre-Second World War Novi Sad were the Matica srpska and the Historical society of Novi Sad, while after the War they were the University of Novi Sad and the Matica srpska. See Nikola Gaćeša, Matica srpska, in: Enciklopedija srpske istoriografije (cit. n. 12) 149–154; Dušanka Dinić-Knežević, Filozofski fakultet u Novom Sadu – Odsek za istoriju [Faculty of Philosophy in Novi Sad – Department of History], in: ibid. 154–156.

and followers of Josip Frank's "Pure Party of Right", which organized pogroms against the Serbs in 1902 and 1914, and was very instrumental in organizing the Zagreb trial of 1909. The Hungarian army occupied Baranja and Bačka; among its war crimes, the worst were committed against the Jews and Serbs in Novi Sad in January 1942. The story of war crimes was very frequently retold in socialist Yugoslavia; the Second World War was its cradle and birthplace, and the history of the national revolution against "the foreign enemies and domestic traitors" was the ideological basis of the Yugoslav type of socialism. It was not the best context for healing the old wounds[43].

However, while the war brought death and exile to some of the leading Serbian historians, including Vladimir Ćorović and Slobodan Jovanović, the majority of the members of the Serbian academic community at the University of Belgrade survived and kept the same positions. At the central institutions of Serbian historiography, the Department of History of the Faculty of Philosophy, and Serbian Academy of Sciences and Arts, the methods and academic beliefs remained the same[44].

Vladimir Ćorović's tradition in dealing with the Habsburg-Serbian pre-1914 conflict, through the scrupulous scrutiny of huge amounts of archival materials, was continued in the works of Dimitrije Đorđević, Andrej Mitrović, Milorad Ekmečić, Dragoljub Živojinović, Mihailo Vojvodić, Đorđe Mikić and others[45]. Vladimir Dedijer's "Sarajevo 1914" became one of the most successful works of Serbian historiography, since it was translated into many languages[46]. The main topics of the history of the Serbs and other South Slav nations in the Habsburg Monarchy from the 18th to early 20th century were broadly covered by Milorad Ekmečić, Vasilije Krestić, Tomislav Kraljačić, Čedomir Popov, Slavko Gavrilović, Ljubomirka Krkljuš and others[47]. These generations

---

[43] Predrag J. MARKOVIĆ–Miloš KOVIĆ–Nataša MILIĆEVIĆ, Historiography in Serbia: Developments since 1989, in: (Re)Writing History. Historiography in Southeast Europe after Socialism, ed. Ulf BRUNN-BAUER (Studies on South East Europe 4, Münster 2004) 277–278.

[44] Đorđe STANKOVIĆ–Ljubodrag DIMIĆ, Istoriografija pod nadzorom [Historiography under Surveillance] (Beograd 1996).

[45] Dimitrije ĐORĐEVIĆ, Carinski rat Austro-Ugarske i Srbije 1906–1911 [The Customs War of Austria-Hungary and Serbia 1906–1911] (Beograd 1962); Andrej MITROVIĆ, Prodor na Balkan: Srbija u planovima Austro-Ugarske i Nemačke 1908–1918 [*Drang* to the Balkans: Serbia in the Schemes of Austria-Hungary and Germany 1908–1918] (Beograd 1981); Milorad EKMEČIĆ, Ratni ciljevi Srbije 1914 [Serbia's War Aims in 1914] (Beograd 1973); Mihailo VOJVODIĆ, Skadarska kriza 1913 [The Scutari Crisis of 1913] (Beograd 1969); Đorđe MIKIĆ, Austro-Ugarska i Mladoturci 1908–1912 [Austria-Hungary and the Young Turks 1908–1912] (Banjaluka 1983).

[46] Vladimir DEDIJER, Sarajevo 1914 (Beograd 1966); English translation: The Road to Sarajevo (New York 1966).

[47] Milorad EKMEČIĆ, Stvaranje Jugoslavije 1790–1918 [The Making of Yugoslavia 1790–1918], 2 vols. (Beograd 1989); IDEM, Dugo kretanje između klanja i oranja: Istorija Srba u Novom veku (1492–1992) [The Long Passage between Slaughter and Plowing: The History of the Serbs (1492–1992)] (Beograd 2007); Ivan BOŽIĆ–Sima ĆIRKOVIĆ–Milorad EKMEČIĆ–Vladimir DEDIJER, History of Yugoslavia (New York 1974); Vasilije Đ. KRESTIĆ, Srpsko-hrvatski odnosi i Jugoslovenska ideja u drugoj polovini 19. veka [Serbian-Croatian Relations and the Yugoslav Idea in the second half of the 19th century] (Beograd 1988); IDEM, Istorija Srba u Hrvatskoj i Slavoniji 1848–1914 [History of the Serbs in Croatia and Slavonia 1848–1914] (Beograd 1991); IDEM, Srbi u Ugarskoj 1790–1918 [The Serbs in Hungary 1790–1918] (Novi Sad 2014); Tomislav KRALJAČIĆ, Kalajev režim u Bosni i Hercegovini 1882–1903 [Kállay's Regime in Bosnia and Herzegovina 1882–1903] (Sarajevo 1987); Milorad EK-MEČIĆ–Đorđe MIKIĆ–Dragoljub ŽIVOJINOVIĆ–Nikola B. POPOVIĆ, Politički procesi Srbima u Bosni i Hercegovini 1914–1917 [The Political Trials Against Serbs in Bosnia and Herzegovina 1914–1917] (Laktaši 1996); Slavko GAVRILOVIĆ, Srbi u Habzburškoj monarhiji 1792–1849 [The Serbs in the Habsburg Monarchy 1792–1849] (Novi Sad 1994); IDEM, Iz istorije Srba u Hrvatskoj, Slavoniji i Ugarskoj

of Serbian historians produced a "History of the Serbian People" in ten volumes, which summed up, among other topics, all the results of the studies of the history of the Serbs in the Habsburg Empire[48].

Some of the important works of the history of the Habsburg Monarchy were translated into Serbian recently, including Carl Schorske's "Fin-de-siècle Vienna", Jean Paul Bled's "Franz Joseph", "Franz Ferdinand", and "L'agonie d'une monarchie: Autriche-Hongrie, 1914–1920", Catherine Horel's "Cette Europe qu'on dit Centrale", or Heinz-Dieter Heimann's instructive "Die Habsburger: Dynastie und Kaiserreiche"[49].

The impulse given by the translation of Philippe Ariès' and Georges Duby's "L'histoire da la vie privée" produced "History of the private life among the Serbs" in four volumes, which includes parts devoted to the private life of the Serbs in the Habsburg empire[50]; one of the results was Miroslav Timotijević's seminal "Private life of the Serbs in the Habsburg Monarchy from the end of the 17th to the beginning of the 19th century" as well. Art historian Miroslav Timotijević's works remind one of the traditions of the culturally oriented history of the Serbs in the 18th century Habsburg Monarchy[51]. One of his students, Vladimir Simić, published a book about the complex idea of patriotism among the Serbs in the Habsburg Empire of the 18th century, based on a variety of sources, from the visual arts to literature. The images of Russian rulers in the literature and painting of the 18th century Serbs of the Habsburg Monarchy are thoroughly researched in another Simić' book[52]. Collaboration of Serbian historians with the Depart-

---

(XV–XVIII vek) [From the History of the Serbs in Croatia, Slavonia and Hungary (15th–18th century)] (Beograd 1993); IDEM, Srem od kraja XVII do sredine XVIII veka [Syrmia from the end of the 17th to the mid of the 18th century] (Novi Sad 1979); Građa bečkih arhiva o Prvom srpskom ustanku [Documents from the Viennese Archives on the First Serbian Uprising], 4 vols., ed. IDEM (Beograd 1985–1994). With this work Gavrilović continues Ivić's collection of documents: Spisi bečkih arhiva o Srpskom ustanku [Documents from the Viennese Archives on the Serbian Uprising], 11 vols., ed. Aleksa IVIĆ (Beograd 1935–1977); Dušan BERIĆ, Hrvatsko pravaštvo i Srbi [Croatian "Rightists" and the Serbs], 2 vols. (Novi Sad 2005); Svetozar MILETIĆ, Sabrani spisi [Collected Works], 3 vols., ed. Čedomir POPOV–Dejan MIKAVICA (Beograd 1999–2002); Jaša TOMIĆ, Sabrana dela [Collected Works], 25 vols., ed. Ljubomirka KRKLJUŠ–Nikola GRDINIĆ–Vasilije KRESTIĆ–Radovan POPOVIĆ–Ana STOLIĆ–Ilija RADULOVIĆ (Novi Sad 2006–2007).

[48] Istorija srpskog naroda [History of the Serbian People], 6 vols., ed. Sima ĆIRKOVIĆ–Jovanka KALIĆ–Radovan SAMARDŽIĆ–Slavko GAVRILOVIĆ–Vladimir STOJANČEVIĆ–Andrej MITROVIĆ (Beograd 1981–1993); see: Sima ĆIRKOVIĆ, Istorija srpskog naroda 1–6, in: Enciklopedija srpske istoriografije (cit. n. 12) 12–15.

[49] Karl E. ŠORSKE, Fin-de-siecle u Beču: Politika i kultura (Beograd 1998); Žan-Pol BLED, Franc Jozef (Beograd 1998); IDEM, Franc Ferdinand (Beograd 2014); Katrin OREL, Srednja Evropa: Od ideje do istorije (Beograd 2012); Hajnc-Diter HAJMAN, Habzburzi: Dinastija i carstva (Novi Sad 2020).

[50] Istorija privatnog života [History of the Private Life], 5 vols., ed. Pol VEJN–Žorž DIBI–Rože ŠARTIJE–Mišel PERO–Antoan PROST–Žerar VINSEN (Beograd 2000–2005); Privatni život u srpskim zemljama srednjega veka [Private Life in the Serbian Lands in the Middle Ages], ed. Smilja MARJANOVIĆ-DUŠANIĆ–Danica POPOVIĆ (Beograd 2004); Privatni život u srpskim zemljama u osvit modernog doba [Private Life in the Early Modern Serbian Lands], ed. Aleksandar FOTIĆ (Beograd 2005); Privatni život kod Srba u devetnaestom veku [Private Life of the Serbs in the 19th Century], ed. Ana STOLIĆ–Nenad MAKULJEVIĆ (Beograd 2006); Privatni život kod Srba u dvadesetom veku [Private Life of the Serbs in the 20th Century], ed. Milan RISTOVIĆ (Beograd 2007).

[51] Miroslav TIMOTIJEVIĆ, Rađanje moderne privatnosti: Privatni život Srba u Habzburškoj monarhiji od kraja 17. do početka 19. veka [The Birth of the Modern Privateness: Private life of the Serbs in the Habsburg Monarchy from the end of 17th to the beginning of the 19th century] (Beograd 2006).

[52] Vladimir SIMIĆ, Za ljubav otadžbine: Patriote i patriotizmi u srpskoj kulturi XVIII veka u Habzburškoj monarhiji [For Love of the Country: Patriots and Patriotism in the Serbian Culture of the 18th

ment of Southeast European History at the University of Graz was another productive impulse. However, it was focused on Balkan rather than Habsburg studies[53].

The works of Vojin Dabić are the most important Serbian contribution to the study of the history of the Habsburg Military Frontier (*Krajina*) in the last few decades[54]. Dabić's students recently produced monographs devoted to the Banat Military Frontier (1764–1800), and to the Serbian Church Councils in the short period of Habsburg rule over Serbia south of the Sava and Danube (1718–1739)[55].

The First World War centenary, and the role of Austria-Hungary in the conflict, attracted considerable attention from Serbian historians. Many volumes dealing with WWI were published between 2014 and 2018. Some of them will be of interest for Habsburg studies, such as the Serbian Academy of Sciences and Arts' collection of works "The Serbs and the First World War", Mira Radojević and Ljubodrag Dimić's "Serbia in the First World War", Vojislav Pavlović's "From Serbia to Yugoslavia", or Mile Bjelajac's "1914–2014: Why Revision"[56]? All available sources regarding Gavrilo Princip, Franz Ferdinand's assassin, were collected in one volume in 2014[57]. The political ideas of the Young Bosnia movement were scrutinized recently as well[58]. The translation of Anton Holzer's "Das Lächeln der Henker" into Serbian renewed interest in the topic of the Austro-Hungarian extermination of Serbian civilians in Bosnia and Herzegovina and Serbia[59]. In recent years, with his elaborate biography of Prince Eugene of Savoy, Branko Bešlin demonstrated the ability of mainstream Serbian historiography to turn towards wider European topics[60]. The intellectual biography of the 18th century Serbian writer

---

century in the Habsburg Monarchy] (Novi Sad 2012); IDEM, Romanovi i Srbi: Recepcija slike ruskih vladara u umetnosti XVIII veka [The Romanovs and the Serbs: The Perception of the Image of Russian Rulers in the arts of the 18th century] (Novi Sad 2018).

[53] Between the Archives and the Field: A Dialogue on historical anthropology of the Balkans, ed. Miroslav JOVANOVIĆ–Karl KASER–Slobodan NAUMOVIĆ (Beograd–Graz 1999); Childhood in South East Europe: Historical Perspectives on Growing Up in the 19th and 20th Century, ed. Miroslav JOVANOVIĆ–Slobodan NAUMOVIĆ (Beograd–Graz 2001); Gender Relations in South Eastern Europe, ed. Miroslav JOVANOVIĆ–Slobodan NAUMOVIĆ (Beograd–Graz 2002).

[54] Vojin DABIĆ, Banska krajina (1688–1751): Prilog istoriji srpskog i hrvatskog naroda i krajiškog uređenja u Baniji [Ban's Military Frontier (1688–1751): A Contribution to the History of the Serbian and Croatian Peoples and of the Military Frontier Organisation in Banija] (Beograd–Zagreb 1984); IDEM, Vojna krajina: Karlovački generalat (1530–1746) [Military Frontier: Karlovac General Command] (Beograd 2000). Cf. IDEM, Knezovi u Vojnoj krajini u Hrvatskoj i Slavoniji do polovine 18. veka [The *Knez* in the Military Frontier in Croatia and Slavonia until the middle of the 18th century]. *Zbornik o Srbima u Hrvatskoj* 6 (2007) 7–123.

[55] Jelena ILIĆ, Banatska vojna krajina (1764–1800) [Banat Military Frontier (1764–1800)] (Beograd 2020); Isidora TOČANAC, Srpski narodno-crkveni sabori od 1718 do 1735 [The Serb People and the Church Councils (1718–1735)] (Beograd 2008).

[56] The Serbs and the First World War 1914–1918, ed. Dragoljub R. ŽIVOJINOVIĆ (Belgrade 2015); Mira RADOJEVIĆ–Ljubodrag DIMIĆ, Serbia in the Great War 1914–1918 (Belgrade 2014); Vojislav PAVLOVIĆ, De la Serbie vers la Yougoslavie: La France et la naissance de la Yougoslavie 1878–1918 (Belgrade 2015); Mile BJELAJAC, 1914–2014: Zašto revizija? Stare i nove kontroverze o uzrocima Prvog svetskog rata [1914–2014: Why revision? Old and New Controversies on the Causes of WWI] (Beograd 2014).

[57] Gavrilo Princip: Dokumenti i sećanja [Gavrilo Princip: Documents and Recollections], ed. Miloš KOVIĆ (Novi Sad–Beograd 2014).

[58] Miloš VOJINVIĆ, Političke ideje Mlade Bosne [Political Ideas of Young Bosnia] (Beograd 2015).

[59] Anton HOLZER, Dželatov osmeh: Nepoznati rat protiv civilnog stanovništva 1914–1918 [Hangman's Smile: The Unknown War against Civilians 1914–1918] (Novi Sad–Beograd 2015).

[60] Branko BEŠLIN, Evgenije Savojski i njegovo doba [Prince Eugene of Savoy and his Time] (Novi Sad 2014).

and historian Simeon Piščević, a Military Frontier Captain, who after emigration from the Habsburg Monarchy rose to the position of General of the Russian Imperial Army, was thoroughly researched by Đorđe Đurić[61]. Duško Kovačević and other historians from the University of Novi Sad produced a sequence of syntheses and biographies of the leading Serbian personalities in the political life of the 19th century Habsburg Empire[62]. The "History of the Hungarians" written in Serbian by a group of Hungarian historians from the University of Novi Sad is widely read and frequently cited[63].

Finally, the works of Mihailo Vojvodić, Dušan Bataković, and Slavenko Terzić shed light on the role Austria-Hungary played in the struggle for Old Serbia and Macedonia that marked the last decades these regions spent under Ottoman rule[64]. Slavenko Terzić's extensive synthesis of Russian policy in the Balkans in the 19th century, based mainly on Russian sources, gives important insight into the role of the Habsburg Monarchy in the Balkans and Great Power rivalries of this era[65].

The translation of the book "The Influence of Austria-Hungary on the Creation of the Albanian Nation 1896–1908", written by the Bulgarian historian Teodora Toleva, sparked interest in the policy of the Habsburg Monarchy in creating identity among the Albanians[66]. A similar topic, but placed within an elaborate theoretical framework and based on a broader number of more compressed historical sources, including the works

---

[61] Đorđe Đurić, Od Seobe naroda do *Seoba*: Istorija srpskog naroda Simeona Piščevića [From Migration Period to *The Migrations*: The History of the Serbian People by Simeon Piščević], in: Simeon Piščević, Istorija srpskog naroda (Novi Sad–Šid 2018) 7–133.

[62] Duško Kovačević, Jakov Ignjatović: Politička biografija [Jakov Ignjatović: A Political Biography] (Sremski Karlovci 1994); idem, Svetozar Miletić: Život i politika [Svetozar Miletić: Life and Politics] (Beograd 2009); Dejan Mikavica, Mihailo Polit-Desančić, vođa srpskih liberala u Austro-Ugarskoj [Mihailo Polit-Desančić, the Leader of Serbian Liberals in Austria-Hungary] (Novi Sad 2007); idem–Nenad Lemajić–Goran Vasin–Nenad Ninković, Srbi u Habzburškoj monarhiji od 1526. do 1918 [The Serbs in the Habsburg Monarchy from 1526 to 1918], 2 vols. (Novi Sad 2016); Goran Vasin, Arhijereji Karlovačke mitropolije [The Bishops and Patriarchs of the Metropolitanate of Karlovci] (Novi Sad 2018); Dejan Mikavica–Goran Vasin–Nenad Ninković, Prečanski Srbi u Velikom ratu 1914–1918 [The Serbs from the Habsburg Monarchy in the Great War 1914–1918] (Novi Sad 2018); Saša Marković, Vasa Stajić (Novi Sad 2016); Žarko Dimić, Đorđe Stratimirović u Revoluciji i ratu 1848–1849 [Đorđe Stratimirović in the Revolution and War of 1848–1849] (Novi Sad 2018).

[63] Petar Rokai–Zoltan Đere–Tibor Pal–Aleksandar Kasaš, Istorija Mađara (od njihovog dolaska u Panonsku niziju do 1990) [History of the Hungarians (from their Arrival to the Pannonian Basin until 1990)] (Beograd 2002); see also: Tibor Pal, Mađarska politička javnost i srpsko pitanje na Balkanu 1860–1878 [Hungarian Public Opinion and the Serbian Question in the Balkans 1860–1878] (Novi Sad 2001); Zoltán Györe, Mađarski i srpski nacionalni preporod [Hungarian and Serbian National Rebirth] (Novi Sad 2009).

[64] Mihailo Vojvodić, Srbija u međunarodnim odnosima krajem XIX i početkom XX veka [Serbia in International Relations at the end of 19th and the beginning of the 20th century] (Beograd 1988); idem, Srbija i Balkansko pitanje (1875–1914) [Serbia and the Balkan Question (1875–1914)] (Novi Sad 2000); Dušan Bataković, Serbia's Kosovo Drama. A Historical Perspective (Belgrade 2012) 52–82; idem, The Kosovo Chronicles (Belgrade 1992) 52–60; Slavenko Terzić, Stara Srbija (XIX–XX vek): drama jedne civilizacije. Raška. Kosovo i Metohija. Skopsko-tetovska oblast [Old Serbia (19th–20th century): The Drama of a Civilization. Raška. Kosovo and Metohija. Region of Skopje and Tetovo] (Novi Sad–Beograd 2012) 113–243.

[65] Slavenko Terzić, Na kapijama Konstantinopolja: Rusija i Balkansko pitanje u 19. veku [On the Gates of Constantinople: Russia and the Balkan Question in the 19th century] (Beograd–Novi Sad 2021).

[66] Teodora Toleva, Uticaj Austrougarske imperije na stvaranje albanske nacije 1896–1908 [The Influence of Austria-Hungary on the Creation of the Albanian Nation 1896–1908] (Beograd 2016).

of contemporary Habsburg Albanology, was scrutinized by Dušan Fundić in "Austria-Hungary and the Emergence of Albania (1896–1914)"[67].

In very recent years, there is an obvious trend of learning the German language and turning towards Habsburg topics. The youngest generation of Serbian historians, the PhD students, are dealing with subjects such as the history of the Jews in Bosnia and Herzegovina under the Habsburg rule, or comparisons between Austrian rule in Bosnia and Herzegovina and British rule in Egypt.

V.

To conclude, the crucial point of this story is obviously the 19th century, or more precisely, the period between 1878 and 1914. Today's Serbian historians perhaps cannot change the direction of the national political and cultural orientation, but they certainly have some influence on it. After all, they are free to choose: looking to the end of the 19th and the beginning of the 20th century, the image of the Habsburg Empire is dark and gloomy; on the other hand, the 18th century presents the scene of a fruitful cultural exchange. Normative judgements about the old Empire always find their way easily into the wider public and media. Nevertheless, the quest for understanding remains the essence of the historian's craft.

---

[67] Dušan FUNDIĆ, Austrougarska i nastanak Albanije (1896–1914) [Austria-Hungary and the Emergence of Albania (1896–1914)] (Beograd 2021).

Die Habsburgermonarchie
in der deutschen, britischen, nordamerikanischen,
französischen, russischen und belgischen
Geschichtsschreibung

Die Habsburgermonarchie in den deutschen Forschungen zur Geschichte des Alten Reiches

Gabriele Haug-Moritz

Wenige Themen der frühneuzeitlichen Geschichte sind in Europa im Allgemeinen, in der Zweiten Republik Österreich im Besonderen geschichtspolitisch aufgeladener als dasjenige, das hier behandelt werden wird. Nur knapp in Erinnerung gerufen seien der im Mai 2000 gegenüber der bundesrepublikanischen Politik formulierte Vorwurf des französischen Außenministers Chèvenement, die rechtsrheinischen Nachbarn würden „noch immer vom heiligen Römisch-Germanischen Reich träumen"[1], oder die heftigen österreichischen Reaktionen im Umfeld der Gründung des „Deutschen Historischen Museums" (1987) in Berlin. Weiteres ließe sich anführen[2]. Die Thematik ist demnach eine verminte[3] und bedarf daher der Offenlegung der den folgenden Erörterungen zugrunde liegenden Vorannahmen.

Prämissen

(1) Den Begriffen „deutsch" bzw. „Deutschland" eignet seit der Entstehung der modernen Geschichtswissenschaft (nicht nur) im deutschen Sprachraum[4] der Charakter von Kampfbegriffen. Spätestens seit dem letzten Drittel des 19. Jahrhunderts wurde, auch und gerade in der Historiographie, gänzlich Unterschiedliches mit diesen Begriffen

---

[1] So der französische Außenminister Jean-Pierre Chèvenement im Mai 2000 (Zitat nach Miloš Vec, Vergleichende Verfassungsgeschichte. Historiographische Perspektiven. *Rechtshistorisches Journal* 20 [2001] 90–110, hier 99 Anm. 10), und der Vorwurf, Deutschland wolle in der EU ein Viertes Reich errichten, wurde auch im Zusammenhang der griechischen Finanzkrise von journalistischer Seite erhoben: *Profil. Das unabhängige Nachrichtenmagazin Österreichs*, 43. Jg., Nr. 26 (25. Juni 2012) 54, Interview mit Stathis Stavropoulos. – Das Manuskript wurde im Frühjahr 2015 abgeschlossen. Die ergänzten Hinweise auf seither erschienene Literatur erheben keinerlei Anspruch auf Vollständigkeit.

[2] Vgl. Alfred Kohler, Österreich und die deutsche Nation. Politische und kulturelle Distanz?, in: Die deutsche Nation im frühneuzeitlichen Europa. Politische Ordnungen und kulturelle Identität?, hg. von Georg Schmidt (Schriften des Historischen Kollegs, Kolloquien 80, München 2010) 3–14, hier 3f.; Wolfgang Burgdorf, Rezension zu: Harm Klueting, Das Reich und Österreich 1648–1740 (Münster 1999), in: H-Soz-u-Kult, 19.10.2000, http://hsozkult.geschichte.hu-berlin.de/rezensionen/id=470 (Aufruf: 27.02.2015).

[3] Einige knappe Anmerkungen zur Problematik aus europäischer Perspektive, die bis heute Geltung beanspruchen dürfen, bei Peter Moraw, Das Reich und Österreich im Spätmittelalter, in: Sacrum Imperium. Das Reich und Österreich 996–1806, hg. von Wilhelm Brauneder–Lothar Höbelt (Wien–München–Berlin 1996) 92–130, hier 93–96.

[4] Vgl. die Beiträge von Joachim Bahlcke, Elena Mannová und Tibor Frank im vorliegenden Band.

etikettiert. Seit der Gründung des Kaiserreiches 1870/71 verfestigten sich die vielgestaltigen und widersprüchlichen Deutschlandkonzepte der ersten Hälfte des 19. Jahrhunderts[5] zu zwei, sich ausschließenden Erzählungen. Auf der einen Seite steht die
kleindeutsche Deutungstradition mit den Protagonisten Johann Gustav Droysen und
Heinrich von Treitschke, in der „preußisch", „protestantisch" und „deutsch" synonym
gesetzt und die reichsgeschichtliche Betrachtung um den Aufstieg Brandenburg-Preußens seit der Mitte des 17. Jahrhunderts zentriert wurde[6]. Unter umgekehrten Vorzeichen durchaus kompatibel mit der borussianischen Sicht ist diejenige Geschichtserzählung, die unter dem Schlagwort der „österreichischen Gesamtstaatsidee" die „Bildung
der österreichisch-ungarischen Monarchie" spätestens im Jahr 1526 beginnend vorstellte
und sie ihrer Bezüge zum Reich vollständig entkleidete[7]. Verfochten wurde sie etwa in
der von Alfons Dopsch 1901 neu bearbeiteten Ausgabe eines Lehrbuchs[8] von Alfons
Huber[9], das als Grundlagenwerk für das per Gesetz 1893 in Österreich eingeführte juri-
dische und bald auch geschichtswissenschaftliche Pflichtfach „Österreichische Reichsgeschichte (Geschichte der Staatsbildung und des öffentlichen Rechts)" diente[10]. Akten-
editionen bzw. großangelegte Publikationsunternehmen wie die „Acta Borussica"
(1887ff.) auf der einen, die Geschichte der österreichischen Zentralverwaltung (1907ff.)
von Thomas Fellner und Heinrich Kretschmayr auf der anderen Seite, belegten die
„Richtigkeit" der je eigenen Sichtweise aus den Quellen. Weder mit dem borussianischen noch dem österreichischen Verständnis von „deutsch" bzw. „österreichisch"
konform ging schließlich die großdeutsch-katholische Geschichtsschreibung[11]. In deren
Betrachtungsperspektive war gerade die mehr als tausendjährige Geschichte von „Kaiser
und Reich" ein zentrales Argument, um die Gleichsetzung von „deutsch" mit dem preu-

---

[5] Dieter LANGEWIESCHE, Reich, Nation und Staat in der jüngeren deutschen Geschichte, in: DERS.,
Nation, Nationalismus, Nationalstaat in Deutschland und Europa (München 2000) 190–216.

[6] Vgl. hierzu Gabriele HAUG-MORITZ, Einleitung, in: Verfassungsgeschichte des Alten Reiches, hg.
von DERS. (Basistexte Frühe Neuzeit 1, Stuttgart 2014) 7–37, hier 15–20.

[7] So etwa Herm(ann) Ign(az) BIDERMANN, Geschichte der österreichischen Gesammt-Staats-Idee
1526–1804, 2 Bde. (1526–1740) (mehr nicht erschienen) (Innsbruck 1867–1889); vgl. auch R(obert)
J. W. EVANS, Historians and the State in the Habsburg Lands, in: Visions sur le développement des états
européens. Theories et historiographies de l'état moderne, hg. von Wim BLOCKMANS–Jean-Philippe
GENET (Collection de l'École Française de Rome 171, Rome 1993) 203–218, hier 209f.; Holger Th.
GRÄF, Reich, Nation und Kirche in der groß- und kleindeutschen Historiographie. *Historisches Jahrbuch*
116 (1996) 367–394.

[8] Alfons HUBER, Österreichische Reichsgeschichte. Geschichte der Staatsbildung und des öffentlichen Rechts, 2., erw. und verb. Aufl., aus dessen Nachlass hg. und bearb. von Alfons DOPSCH (Prag–
Wien–Leipzig 1901) (digital verfügbar: http://archive.org/stream/osterreichischer00hubeiala#page/n3/
mode/2up) (Aufruf: 27.02.2015).

[9] Zu Huber vgl. den knappen bio-bibliographischen Abriss bei Anna CORETH, Art. Huber, Alfons.
Neue Deutsche Biographie 9 (1972) 689 (Onlinefassung: http://www.deutsche-biographie.de/
pnd119266407.html [Aufruf: 27.02.2015]), und Alfons Huber (1834–1898), ein Gelehrter aus dem
Zillertal. Österreichische Geschichtswissenschaft im Spannungsfeld zwischen Region und Nation, hg.
von Gunda BARTH-SCALMANI–Hermann J. W. KUPRIAN (Innsbruck 2000).

[10] Zu seiner Genese vgl. Gerald STOURZH, Der Umfang der österreichischen Geschichte, in: Probleme der Geschichte Österreichs und ihrer Darstellung, hg. von Herwig WOLFRAM–Walter POHL
(VKNGÖ 18, Wien 1991) 3–27, hier 10–14.

[11] Zu deren historiographiegeschichtlichem Standort und insbesondere zu deren in den Vormärz
zurück reichenden Wurzeln vgl. Thomas BRECHENMACHER, Großdeutsche Geschichtsschreibung im
neunzehnten Jahrhundert. Die erste Generation (1830–1848) (Berliner historische Studien 22, Berlin
1996) 15–73.

ßisch-deutschen Nationalstaat bzw. „österreichisch" mit der Habsburgermonarchie des 19. Jahrhunderts zurückzuweisen. An sie schloss auch, nach dem Zusammenbruch des Jahres 1918, die sog. „gesamtdeutsche Geschichtsinterpretation" der Ersten Republik Österreich an, wie sie insbesondere Heinrich (Ritter von) Srbik (1878–1951) besonders prominent verfocht[12]. Dafür plädierend, nicht nur den „Nationalstaatsgedanken" zum Maßstab der Betrachtung zu machen und dadurch die groß- wie kleindeutsche Geschichtsschreibung gleichermaßen überwindend, verankerte Srbik das Deutsche in den universalistischen und föderalistischen Traditionen des mitteleuropäischen Raumes.

Dass keine dieser teleologischen Geschichtserzählungen und ihre widersprüchlichen Konzeptualisierungen dessen, was unter „Deutschland" zu verstehen ist, heutzutage als Grundlage herangezogen werden kann, auch und gerade in einer historiographiegeschichtlichen Perspektive, um die komplexe Verflechtungsgeschichte mitteleuropäischer Staatlichkeit zu beschreiben, hat Dieter Langewiesche mehrfach mit überzeugenden Argumenten ausgeführt[13]. Würde ich also dieser historiographiegeschichtlichen Skizze für den vorgegebenen Untersuchungszeitraum die nationalstaatliche Kategorie „Deutschland" zugrunde legen, so wäre dies ein Anachronismus, der die Einsichten der neueren Forschung negieren und auch zu einer ausführlicheren Würdigung der „Meistererzählungen" nötigen würde, die an dieser Stelle nicht zu leisten ist[14]. Ich werde daher im Folgenden die historiographischen Bemühungen aus der Zeit ausführlicher vorstellen, zu der im zeitgenössischen Verständnis „Deutschland" und „Österreich" zu analytisch trennscharfen Bezeichnungen geworden sind – d. i. die Zeit nach dem Zweiten Weltkrieg. Ich beschränke mich zudem darauf, die Frage nach Integration bzw. Ausgrenzung der Habsburgermonarchie in die bzw. aus der Reichsgeschichte „nur" für die Geschichte des neuzeitlichen Reichsverbandes (um 1500 bis 1806) zu skizzieren.

(2) Die Geschichtsschreibung zur Geschichte des Heiligen Römischen Reiches, das seit dem ausgehenden 15. Jahrhundert meist den Zusatz „Deutscher Nation" trug, kurz: die Reichsgeschichte, ist ein altüberkommenes, in seinen Anfängen bis in das 17. Jahrhundert zurückreichendes Forschungsfeld. Allem grundlegenden epistemologischen Wandel zum Trotz ist es methodologisch im Kern immer noch seinen Anfängen verbunden. Die Beschäftigung mit der Geschichte des Reiches bedeutete von Anbeginn

---

[12] Zu Srbik vgl. Thomas BRECHENMACHER, Österreich steht außer Deutschland, aber es gehört zu Deutschland. Aspekte der Bewertung des Faktors Österreich in der deutschen Historiographie, in: Ungleiche Partner? Österreich und Deutschland in ihrer gegenseitigen Wahrnehmung. Historische Analysen und Vergleiche aus dem 19. und 20. Jahrhundert, hg. von Michael GEHLER u. a. (Stuttgart 1996) 31–53, hier 47f.; Fritz FELLNER, Heinrich von Srbik. Urenkelschüler Rankes, in: DERS., Geschichtsschreibung und nationale Identität. Probleme und Leistungen der österreichischen Geschichtswissenschaft (Wien–Köln–Weimar 2002) 330–345 sowie, in kritischer Auseinandersetzung mit Fellner, Gernot HEISS, Die „Wiener Schule der Geschichtswissenschaft" im Nationalsozialismus: „Harmonie kämpfender und Rankescher erkennender Wissenschaft"?, in: Geisteswissenschaften im Nationalsozialismus. Das Beispiel der Universität Wien, hg. von Mitchell G. ASH–Wolfram NIESS–Ramon PILS (Wien–Göttingen 2010) 397–426, und Martina PESDITSCHEK, Heinrich (Ritter von) Srbik (1878–1951), in: Österreichische Historiker. Lebensläufe und Karrieren 1900–1945, hg. von Karel HRUZA, Bd. 2 (Wien–Köln–Weimar 2012) 263–328.

[13] Dieter LANGEWIESCHE, Deutschland und Österreich. Nationswerdung und Staatsbildung in Mitteleuropa im 19. Jahrhundert, in: DERS., Nation, Nationalismus, Nationalstaat in Deutschland und Europa (München 2000) 172–189. Dieser Band insgesamt sowie DERS, Reich, Nation, Föderation. Deutschland und Europa (München 2008) sind für die Thematik grundlegend.

[14] Vgl. aber den Beitrag von Wolfram Siemann in diesem Band.

und bis zum heutigen Tag die Beschäftigung mit dessen „Verfassung"[15]. In der zu Beginn der 1860er Jahre ausgefochtenen Sybel-Ficker-Kontroverse[16] über die mittelalterliche Kaiserpolitik trafen erstmals die Positionen hart aufeinander, die seit dem letzten Drittel des 19. Jahrhunderts auch für den – soeben vorgestellten – kontroversiellen Blick auf die neuzeitliche Reichsgeschichte bestimmend werden sollten. War die mittelalterliche Reichsgeschichte demnach seit dem Entstehen der modernen Geschichtswissenschaft in der Mitte des 19. Jahrhunderts eines ihrer zentralen Forschungsfelder, so wuchs das wissenschaftliche Interesse an der Geschichte des Reiches seit 1500 erst im Gefolge der Gründung des deutschen Kaiserreichs (1870/71). „The great events of 1866 and 1870 reflect back so much light upon the previous history of Germany, and so much need, [...] to be viewed in their relation to the character and influence of the Old Empire", so die Begründung des Oxforder Juristen und Diplomaten James Bryce für die Erweiterung seiner Monographie zur Reichsgeschichte um sechs, der neuzeitlichen Entwicklung des Reichsverbands gewidmete Kapitel[17]. Trotz dieser, sich in Bryces Monographie manifestierenden internationalen Präsenz des Reiches als Forschungsgegenstand, die sich in jüngster Zeit gerade im anglophonen Raum wieder intensiviert[18], wurde und wird Reichsgeschichte jedoch primär von Historikern – und seit der jüngsten Vergangenheit auch von Historikerinnen – geschrieben, die dem deutschen Sprachraum entstammen[19].

Dass sich die österreichische Geschichtswissenschaft der Zweiten Republik von der Reichsgeschichte als Forschungsgegenstand jedoch abwandte und Fritz Fellner die For-

---

[15] Vgl. hierzu jetzt in knappem Überblick HAUG-MORITZ, Einleitung (wie Anm. 6) 9–14 (mit der einschlägigen Literatur). Es ist dieser konzeptionelle Rahmen, der zur Folge hat, dass wichtige, von der bundesrepublikanischen Geschichtswissenschaft vorgelegte Arbeiten, z. B. zur lokalen Herrschaftspraxis, die einzelne Länder der Habsburgermonarchie in ihre vergleichende Betrachtungsperspektive integrieren, im Folgenden nicht zur Debatte stehen. Stellvertretend genannt seien die Arbeiten Stefan Brakensieks und seines Schülerkreises, z. B. Ergebene Diener ihrer Herren? Herrschaftsvermittlung im alten Europa, hg. von Stefan BRAKENSIEK–Heide WUNDER (Köln 2005).

[16] Vgl. Thomas BRECHENMACHER, Wieviel Gegenwart verträgt historisches Urteilen? Die Kontroverse zwischen Heinrich von Sybel und Julius Ficker über die Bewertung der Kaiserpolitik des Mittelalters (1859–1862), in: Historisierung und gesellschaftlicher Wandel in Deutschland im 19. Jahrhundert, hg. von Ulrich MUHLACK (Berlin 2003) 87–112; knapp: GRÄF, Reich (wie Anm. 7) 371–373.

[17] James BRYCE, The Holy Roman Empire (New York [4][1886]) Vorwort.

[18] Dieses wieder erwachte Interesse an der neuzeitlichen Geschichte Mitteleuropas im anglophonen Raum wurde durch das 200-Jahr-Jubiläum der Auflösung des Reiches, 2006, stimuliert, aber auch durch die fortdauernd ungeklärte Rolle des wiedervereinigten Deutschland in Europa evoziert. Dass die Thematik auch noch zu Beginn des 21. Jahrhunderts geschichtspolitisch aufgeladen ist, davon kündet nicht zuletzt, dass in Österreich das Geschehen des Jahres 1806 „vergessen" wurde. Vgl. an wichtigeren neuen englischsprachigen Studien: The Holy Roman Empire, reconsidered, hg. von Jason Philip COY–Benjamin MARSCHKE–Warren David SABEAN (New York u. a. 2010); The Holy Roman Empire 1495–1806, hg. von R(obert) J. W. EVANS–Michael SCHAICH–Peter H. WILSON (Oxford 2011); The Holy Roman Empire, 1495–1806: A European Perspective, hg. von R(obert) J. W. EVANS–Peter H. WILSON (Leiden 2012); sowie die Forschungssynthesen von Joachim WHALEY, Germany and the Holy Roman Empire, 2 Bde. (Oxford 2012, deutsch Darmstadt 2014); vgl. auch Peter H. WILSON, The Holy Roman Empire 1495–1806 (Basingstoke 1999, [2]2011), und (etwa zehnmal so umfangreich) DERS., Heart of Europe. A History of the Holy Roman Empire (Cambridge, Mass., 2016). Zu den Arbeiten von Whaley und Wilson siehe auch meine Rezension in der ZHF 41 (2014) 281–285.

[19] Zur internationalen Forschungssituation sehr instruktiv sind die einschlägigen Beiträge von Christophe DUHAMELLE zu Frankreich und Dariusz MAKIŁŁA zu Polen in: Imperium Romanum – irregulare corpus – Teutscher Reichs-Staat. Das Alte Reich im Verständnis der Zeitgenossen und der Historiographie, hg. von Matthias SCHNETTGER (VIEuGM, Abt. Universalgeschichte, Beihefte 57, Mainz 2002).

schungssituation in Österreich, bis in die jüngste Zeit hinein füglich[20], als von einer „negatio Imperii" geprägte vorstellen konnte[21], zeugt einerseits von der fortdauernden Wirkmächtigkeit der Meistererzählungen des 19. Jahrhunderts und wird andererseits verständlich, weiß man um die Publikationstätigkeit des profiliertesten Forschers zur neuzeitlichen Reichsgeschichte in den 1930er Jahren – Heinrich von Srbik[22]. Bereits im Ständestaat ideologisch überfrachtet[23], kontaminierten Einschätzungen wie die folgende, von Srbik 1942 vorgetragene, das Forschungsfeld nachhaltig. Er führte aus, „[d]as nationalstaatliche Dritte Reich" trage „noch immer und wieder eine große übernationale Verpflichtung, das Erbe des ersten Heiligen Reiches und seines Kaisertums, des Deutschen Bundes und Österreichs: die Verantwortung des deutschen Volkes für die Neuordnung im Osten und im Westen, ausstrahlend von dem festen Kern des geeinten deutschen Staates und Volkes"[24].

Dass die Neukonzeptualisierung der Reichsgeschichte daher in der Bonner Republik der 1960er Jahre einsetzte, ist kein Zufall. Ich werde sie im Folgenden am Beispiel solcher Autorinnen und Autoren vorstellen, die ihre eigene Herangehensweise in programmatischen Aufsätzen begründet und zugleich forschungspraktisch erprobt haben – Peter Moraw und Volker Press (1975/2000), Georg Schmidt (2001) und Barbara Stollberg-Rilinger (2002)[25].

---

[20] Von einer solchen Sicht grenzen sich mit ihrem Plädoyer, die Geschichte der Habsburgermonarchie nicht in der Summe der nationalstaatlich geprägten Diskurse aufgehen zu lassen, programmatisch ab: Petr MAŤA–Thomas WINKELBAUER, Einleitung. Das Absolutismuskonzept, die Neubewertung der frühneuzeitlichen Monarchie und der zusammengesetzte Staat der österreichischen Habsburger im 17. und frühen 18. Jahrhundert, in: Die Habsburgermonarchie 1620 bis 1740. Leistungen und Grenzen des Absolutismusparadigmas, hg. von DENS. (FGKÖM 24, Stuttgart 2006) 7–42.

[21] Fritz FELLNER, Geschichte als Wissenschaft. Der Beitrag Österreichs zu Theorie, Methodik und Themen der Geschichte der Neuzeit, in: DERS., Geschichtsschreibung (wie Anm. 12) 36–91, hier 77; DERS., Die Historiographie zur österreichisch-deutschen Problematik als Spiegel der nationalpolitischen Diskussion, in: Österreich und die deutsche Frage im 19. und 20. Jahrhundert. Probleme der politisch-staatlichen und soziokulturellen Differenzierung im deutschen Mitteleuropa, hg. von Heinrich LUTZ–Helmut RUMPLER (WBGN 9, München 1982) 33–59.

[22] Zu Srbik vgl. die in Anm. 12 angeführte Literatur.

[23] Fritz FELLNER, Das Problem der österreichischen Nation nach 1945, in: DERS., Geschichtsschreibung (wie Anm. 12) 185–209, hier 188f.

[24] Zitiert nach HEISS, Wiener Schule (wie Anm. 12) 5; zum weiteren Kontext Fritz FELLNER, Reichsgeschichte und Reichsidee als Probleme der österreichischen Historiographie, in: DERS., Geschichtsschreibung (wie Anm. 12) 173–184.

[25] Peter MORAW–Volker PRESS, Probleme der Sozial- und Verfassungsgeschichte des Heiligen Römischen Reiches im späten Mittelalter und in der frühen Neuzeit (13.–18. Jahrhundert). Zu einem Forschungsschwerpunkt [1975], Wiederabdruck in: Volker PRESS, Das Alte Reich. Ausgewählte Aufsätze (Historische Forschungen 59, Berlin ²2000) 3–17; Georg SCHMIDT, Das frühneuzeitliche Reich. Komplementärer Staat und föderative Nation. HZ 273 (2001) 371–399; Barbara STOLLBERG-RILINGER, Die zeremonielle Inszenierung des Reiches, oder: Was leistet der kulturalistische Ansatz für die Reichsverfassungsgeschichte?, in: Imperium Romanum (wie Anm. 19) 233–246; die drei Aufsätze sind jetzt wieder abgedruckt in: Verfassungsgeschichte des Alten Reiches (wie Anm. 6) 81–93, 95–116 und 117–129; Matthias SCHNETTGER, Von der „Kleinstaaterei" zum „komplementären Reichs-Staat", in: Geschichte der Politik. Alte und neue Wege, hg. von Hans-Christof KRAUS–Thomas NICKLAS (HZ Beih. N. F. 44, München–Wien 2007) 129–154, v. a. 136–154.

Die Habsburgermonarchie in der reichsgeschichtlichen Forschung der BRD

„Für Deutschland bedurfte es der Katastrophe von Nationalstaat und Machtstaat, um dem Alten Reich eine angemessene Behandlung in der Historiographie zu sichern – nun nicht ohne die Gefahr einer einseitigen Verherrlichung."[26] Mit diesem Satz fasste Volker Press 1981 den für den Neuansatz reichsgeschichtlicher Forschung entscheidenden zeitgeschichtlichen Kontext prägnant zusammen[27]. Eine Forschergruppe in Gießen und Mainz, der Karl Otmar Freiherr von Aretin (1923–2014), Peter Moraw (1935–2013), Volker Press (1939–1993) und Hermann Weber (1922–2014) angehörten, nahm sich dieser Aufgabe an. Die beiden jüngeren Mitglieder, Moraw und Press, unterbreiteten 1975 ein Forschungsprogramm, das einen Antrag dokumentierte, der im Rahmen des DFG-Schwerpunktprogramms „Deutsche Sozial- und Verfassungsgeschichte des späten Mittelalters und der frühen Neuzeit" eingebracht und im Februar 1975 genehmigt worden war. Weniger Institutionen denn personelle Netzwerke hatten sie zusammengeführt. Die Neuzeit-Historiker von Aretin, Weber und Press waren Schüler von Franz Schnabel und Max Braubach. Moraw lehrte, ebenso wie Press, seit Beginn der 1970er Jahre an der Justus-Liebig-Universität Gießen. Sie waren sich ihres eigenen zeitgeschichtlichen wie historiographiegeschichtlichen Standortes bewusst. So machten sie darauf aufmerksam, dass sowohl die Europaeuphorie der Nachkriegszeit als auch die jenseits der Kernlande des Alten Reiches wie des Kaiserreiches, Österreichs wie Preußens, angesiedelte BRD ihrem Unterfangen, die borussianische Meistererzählung zu verabschieden, entgegenkomme. Als eine der Wurzeln ihres eigenen Nachdenkens machten sie zudem die großdeutsch-katholische Geschichtserzählung[28] der Vorkriegszeit, wie sie prominent von ihren Lehrern vertreten wurde, namhaft, die sie nunmehr freilich auf eine gänzlich anders geartete methodologische Grundlagen stellten[29]. Der erneute grundlegende Wandel der europäischen wie deutschen Staatlichkeit seit dem letzten Dezennium des 20. Jahrhunderts und der damit unauflöslich verwobene geschichtswissenschaftliche Paradigmenwechsel führten, besonders pointiert in den Arbeiten von Georg Schmidt (geb. 1951) und Barbara-Stollberg-Rilinger (geb. 1955), zwar nicht zu einer Neukonzeptualisierung, aber doch zu einer Modifikation des seinerzeitigen Forschungsprogramms. Ihrer beider akademische Genealogie reicht ebenfalls auf Franz Schnabel zurück, waren doch ihre akademischen Lehrer Johannes Kunisch (1937–2015) und Volker Press Schüler des Schnabel-Schülers Friedrich Hermann Schubert (1925–1973).

Als die Gießener und Mainzer Forschergruppe sich seit den ausgehenden 1960er Jahren anschickte, die spätmittelalterliche und neuzeitliche Reichsgeschichte als Bestandteil der europäischen Geschichte neu zu schreiben, taten sie dies vor dem Hinter-

---

[26] Volker PRESS, Das römisch-deutsche Reich. Ein politisches System in verfassungs- und sozialgeschichtlicher Perspektive [1981], Wiederabdruck in: DERS., Das Alte Reich (wie Anm. 25) 18–41, hier 18.

[27] Zum „Umschreiben" als solchem vgl. Dieter LANGEWIESCHE, Über das Umschreiben der Geschichte. Zur Rolle der Sozialgeschichte, in: Wege der Gesellschaftsgeschichte, hg. von Jürgen OSTERHAMMEL–Dieter LANGEWIESCHE–Paul NOLTE (Geschichte und Gesellschaft, Sonderheft 22, Göttingen 2006) 67–80.

[28] Vgl. auch zur akademischen „Großvätergeneration", insbesondere zu Hermann Oncken als Lehrer Schnabels, BRECHENMACHER, Österreich (wie Anm. 12) 48–51.

[29] Besonders prägnant PRESS, Reich (wie Anm. 26); vgl. aber auch Karl Otmar von ARETIN, Das Alte Reich, Bd. 1: Föderalistische oder hierarchische Ordnung (1648–1684) (Stuttgart 1993) Vorwort.

grund einer Meistererzählung[30], die bis heute nicht verabschiedet ist[31]. Und auch wenn die Deutungen der Reichsgeschichte zu keinem Zeitpunkt in dieser Meistererzählung preußischer Provenienz aufgingen, so ist es doch die borussianische Erzählung, der es wie keiner anderen gelang, sich in die europäische Erinnerungskultur einzuschreiben. Hierfür steht allen voran das Werk des Oxforder Juristen und Diplomaten James Bryce. Seine dem kleindeutschen Geschichtsbild verpflichtete Reichsgeschichte erlebte zwischen den 1860er und den 1960er Jahren mehr als 20 englische Auflagen. Sie wurde zu Beginn des 20. Jahrhunderts ins Deutsche (1873), Italienische (1886, 1907), Französische (1890) und Ungarische (1903) und 1988 schließlich auch ins Chinesische übersetzt[32]. Bryce verfocht ein Geschichtsbild, das insbesondere im Werk Treitschkes besonders prägnant entgegentrat. Schon der Aufbau des ersten Kapitels im ersten, dem „Untergang des Reiches" gewidmeten Buch seiner „Deutschen Geschichte im 19. Jahrhundert"[33] gibt die interpretatorische Grundlinie zu erkennen. Unter der Überschrift „Deutschland nach dem Westphälischen Frieden" wird in drei Abschnitten zuerst die „Reichsverfassung"[34], dann der „preußische Staat" und sodann die „neue Literatur", worunter die „classische Literatur" protestantischer Provenienz[35] subsumiert wird, abgehandelt. Fest auf dem Boden der von der mediävistischen Forschung seiner Zeit entwickelten Erzählung vom „Niedergang der kaiserlichen Herrlichkeit" (3) im Spätmittelalter stehend, entfaltete Treitschke sein Geschichtsbild. In der Auseinandersetzung mit der „deutschem Geiste" entsprungenen Reformation entschied sich die Geschichte, wurzelt der deutsche Beruf Preußens. „Das Kaiserthum der Habsburger ward römisch […] und ist fortan bis zu seinem ruhmlosen Untergange der Feind allen deutschen Wesens geblieben." (4) 1648 war der Wendepunkt erreicht: „Aus dem Durcheinander verrotteter Reichsformen und unfertiger Territorien hob sich der junge preußische Staat empor" (7), getragen von „protestantischem Geist" (6) und protestantischer Kultur. Im „Kaiserthum der Habsburger" aber, konfrontiert mit der „verschlungene[n] Politik des ungarisch-slavisch-walachischen Völkergemisches der unteren Donaulande" (10), „verflachte" „der Frohmuth des österreichischen Deutschthums in gedankenloser Genußsucht" (10). Endgültig 1648 schied Österreich, unter der „verlogenen Gemüthlichkeit einer pfäffischen Regierung" (11), „aus der Gemeinschaft des deutschen Lebens" (11) aus. Was im Westfälischen Frieden grundgelegt worden war, mündete in der Regierungszeit Kaiser Leopolds I. (1658–1705) in die „Geschichte der neuen österreichischen Großmacht" (13) ein. „Deutschland und Österreich waren nunmehr zwei selbständige Reiche, allein durch die Formen des Staatsrechts künstlich verbunden." (13) Wehrlos

---

[30] Konrad H. Jarausch–Martin Sabrow, „Meistererzählung". Zur Karriere eines Begriffs, in: Die historische Meistererzählung. Deutungslinien der deutschen Nationalgeschichte nach 1945, hg. von dens. (Göttingen 2011) 9–32.

[31] So bereits Heinrich Lutz–Helmut Rumpler, Einleitung, in: Österreich und die deutsche Frage (wie Anm. 21) 23–31, hier 25f.; vgl. auch den Beitrag von Wolfram Siemann in diesem Band.

[32] Haug-Moritz, Einleitung (wie Anm. 6) 21.

[33] Heinrich von Treitschke, Deutsche Geschichte im Neunzehnten Jahrhundert, Bd. 1: Bis zum zweiten Pariser Frieden (Leipzig 1879) 3–103. Zitate werden im Folgenden mit Seitenzahlen im Text nachgewiesen.

[34] Heinrich von Treitschke, Deutschland nach dem Westphälischen Frieden [1879], wiederabgedruckt in: Verfassungsgeschichte des Alten Reiches (wie Anm. 6) 41–59.

[35] „[…] erwuchs, sobald das erschöpfte Volk wieder geniale Naturen zu ertragen vermochte, unsere neue Wissenschaft und Dichtung, die wirksamste Literatur der neuen Geschichte, protestantisch von Grund aus und doch weltlich und frei"; Treitschke, Deutsche Geschichte (wie Anm. 33) 86.

und entkräftet unter der Herrschaft der „entdeutschten kaiserlichen Maiestät" (19), hielten allein die „nationale Form der Rechtssprechung" und das „Recht des Kaisers" (24) das Reich beisammen, bevor es 1806 sang- und klanglos sein Ende fand.

Die Habsburger und die Hohenzollern, Österreich und Deutschland, katholisch und protestantisch, Reich und Staat, deutscher Geist und österreichische Gemütlichkeit, waren damit, so lässt sich resümieren, als sich ausschließende und austauschbare Begriffspaare etabliert. Ihnen hatte im Kern auch die katholisch-großdeutsche Interpretation nichts entgegenzusetzen, galt doch auch ihr der „nationale Machtstaat", so Holger Gräf, „als endliches Ziel historischen Geschehens – vorausgesetzt er wurde katholisch regiert und politisch von Österreich geführt"[36]. Die Stimme eines Onno Klopp[37], der mit (zu) viel Emphase nachdrücklich insistierte, dass die nationalstaatliche Betrachtungsweise eines politischen Gebildes wie des Reiches in die Irre führe, verhallte gegenüber dieser dichotomischen, durchaus mit erzählerischem Können vorgetragenen Deutung weitgehend ungehört.

Die dergestalt aus der „deutschen" Geschichte ausgegrenzte „österreichische" Geschichte in die Forschungen zur frühneuzeitlichen Reichsgeschichte in ganz spezifischer Weise zu re-integrieren, lautete demnach eine der Aufgabenstellungen, der sich eine „neue" Reichsgeschichtsschreibung gegenübersah. Im Rückgriff auf Otto Hintze und auf der Grundlage der Brunnerschen Modell- und Begriffskritik formulierte die Forschergruppe zu Beginn der 1970er Jahre ihr Programm. Präzise die aus den bislang forschungsleitenden Prämissen resultierenden Verkürzungen benennend, wurde angestrebt, hierin ganz den methodisch-theoretischen Ansätzen der Zeit verpflichtet, durch eine „Strukturanalyse" des Reiches zu einem vertieften historischen Verständnis von dessen Geschichte vorzudringen. Um zu einer adäquaten Einschätzung der politischen Ordnung des Alten Reiches zu gelangen, gelte es, die „Querverbindungen zwischen den Bereichen des Königs/Kaisers und den Gebilden, die dieses Reich ausmachten"[38], in den Blick zu nehmen. Um diesen „Querverbindungen"[39] nachzuforschen, setzte die Forschergruppe eine Reihe von Prämissen, die für die Art und Weise, wie das von ihnen vorgeschlagene Forschungsprogramm bislang größtenteils umgesetzt wurde, entscheidend werden sollten. Ausgehend von der Einsicht, dass König und Kaiser den zentralen legitimatorischen Bezugspunkt des Reiches bilden, plädierten sie dafür, den „königliche[n]/kaiserliche[n] Hof als Ausgangs- und Zielpunkt wechselseitiger Wirkungszusammenhänge" ins Zentrum der Betrachtung zu rücken und den „Entwurf einer politisch-strukturellen Landkarte des Reiches vom König her" in Angriff zu nehmen[40]. Von diesem Blickwinkel aus sollten zum einen die „Herrschaftsinstitutionen" (genannt werden: Reichstag, Reichsjustiz, Reichskirche und Reichskreise) untersucht werden, zum

---

[36] GRÄF, Reich (wie Anm. 7) 374.

[37] Zu Klopp vgl. BRECHENMACHER, Geschichtsschreibung (wie Anm. 11) 26f.; HAUG-MORITZ, Einleitung (wie Anm. 6) 15–20.

[38] MORAW–PRESS, Probleme (wie Anm. 25), zitiert nach dem Wiederabdruck in: Verfassungsgeschichte des Alten Reiches (wie Anm. 6) 83.

[39] Zu der sich hinter dieser Begrifflichkeit mit ihrer Gegenüberstellung von Reich und Territorium verbergenden problematischen Konzeptualisierung von Raum vgl. Gabriele HAUG-MORITZ, Was heißt „Reichs- und Landesgeschichte verbinden"? Zur fortdauernden Aktualität eines alten Forschungspostulats, in: Netzwerk Landesgeschichte. Gedenkschrift für Sönke LORENZ, hg. von Dieter BAUER–Dieter MERTENS–Wilfried SETZLER (Tübinger Bausteine zur Landesgeschichte 21, Ostfildern 2013) 17–30.

[40] MORAW–PRESS, Probleme (wie Anm. 25), zitiert nach dem Wiederabdruck in: Verfassungsgeschichte des Alten Reiches (wie Anm. 6) 85 und 88.

anderen sollten deren „Träger", das sind die „politischen Führungsgruppen", thematisiert und schließlich, drittens, der „Dualismus von Hausmachtkönigtum [...] und Territorien" eingehender betrachtet werden, da „Stellung und Wirken des Königs/Kaisers viel stärker als bisher von seiner Hausmacht (seinen Erblanden) her interpretiert [...] werden sollten"[41]. Die Erforschung der „in ihrer Bedeutung für das Reich ganz vernachlässigten inneren Strukturen der königlichen Hausmacht (Erblande)" seien dabei von „großer Wichtigkeit"[42], so wird ausgeführt. Kurzum – als erkenntnisfördernd wird ein Zugang zur politischen Ordnung des Reichs propagiert, der dessen Geschichte um das institutionalisierte wie personelle Beziehungsgefüge von königlicher Person wie königlichem Amt zentriert und zugleich postuliert, dass dies nur angemessen geschehen könne, wenn der königlichen Hausmacht und deren historischer Entwicklung die Aufmerksamkeit gelte. Mit der „Zeitschrift für Historische Forschung", deren erster Jahrgang 1974 erschien, und der Schriftenreihe „Beiträge zur Sozial- und Verfassungsgeschichte des Alten Reiches", in der zwischen 1977 und 2006 unter der Ägide der universalgeschichtlichen Abteilung des Instituts für Europäische Geschichte in Mainz 18 Bände publiziert wurden, schufen sie zugleich wichtige wissenschaftsorganisatorische Voraussetzungen, ihr Forschungsprogramm im Fach zu etablieren.

Betrachtet man die Umsetzung dieses Forschungsprogramms, was hier exemplarisch an dem 2001 von Wolfgang Reinhard in der 10. Auflage des Gebhardt gegebenen Überblick geschehen soll[43], so ist der Befund eindeutig. Postulierend, dass sich deutsche Geschichte nur als europäische Geschichte schreiben ließe[44], erzählt Reinhard entlang des Staatsbildungsparadigmas die Reichsgeschichte als die Geschichte eines Gemeinwesens, das von „notorische[r] Uneindeutigkeit der politischen Struktur"[45] gekennzeichnet gewesen sei. Die Reichsinstitutionen und die habsburgische Dynastie sowie deren „Helfer", das sind die Machteliten[46], erscheinen als diejenigen Momente der Verfassungsordnung, die das Reich verklammerten und seinen Charakter als Friedens- und Rechtsordnung gewährleisteten[47]. Reinhard fasst damit prägnant die primär sozial- und institutionengeschichtlich ausgerichtete Forschung zur Reichsgeschichte seit den 1970er Jahren zusammen[48]. Er belichtet die von der Forschung hervorgehobene zentrale Rolle des Wiener Hofes für das Verständnis der Reichsgeschichte etwas unter, und er gibt in seinen Ausführungen zugleich den Teil des Forschungsprogramms zu erkennen, der bis zum heutigen Tag eine Leerstelle markiert – die systematische Untersuchung der wechselseitigen Bedingtheit von königlich-kaiserlicher Rolle und der Entwicklung der königlichen Hausmacht. Mehr gemeinsam geglaubt, denn eingehend erforscht, ist damit der Teil des Geschichtsbildes, der die kaiserliche und die erbländische Rolle des Oberhaupts der habsburgischen Dynastie spätestens seit der Zeit Josephs II. für unvereinbar erklärt.

---

[41] Ebd. 87f.

[42] Ebd. 88.

[43] Wolfgang Reinhard, Probleme deutscher Geschichte 1495–1806, in: Gebhardt. Handbuch der deutschen Geschichte 9, hg. von dems. (Stuttgart [10]2001) 3–107.

[44] Ebd. 73–75.

[45] Ebd. 91.

[46] Hierzu zuletzt das magistrale Werk von Sigrid Jahns, Das Reichskammergericht und seine Richter. Verfassung und Sozialstruktur eines höchsten Gerichts im Alten Reich, 2 Teile in 3 Bden. (Köln u. a. 2003–2011).

[47] Reinhard, Probleme (wie Anm. 43) 88–95.

[48] Eine aktuelle Auswahlbibliographie in: Verfassungsgeschichte des Alten Reiches (wie Anm. 6) 275–279.

Dass im Literaturverzeichnis Reinhards unter der Rubrik „Geschichte deutscher Länder und ehemaliger Bestandteile des Reiches"[49] nur die zweite Auflage des Uhlirz'schen Handbuches von 1963, das bis 1526 reicht, sowie die Zöllner'sche Überblicksdarstellung genannt werden, ist symptomatisch[50]. Die Feststellung, dass sich an der in den 1970er Jahren programmatisch geforderten, aber forschungspraktisch nicht umgesetzten Einbeziehung der Geschichte der Habsburgermonarchie in die Reichsgeschichte[51] bis heute nichts geändert hat, führt zum letzten Teil meiner Ausführungen – der aktuellen reichsgeschichtlichen Forschung.

Grundsätzlich divergieren die Prämissen von Georg Schmidt und Barbara Stollberg-Rilinger. Schmidt geht es darum, wie schon der programmatische Untertitel „Staat und Nation in der Frühen Neuzeit" seiner 1999 publizierten Reichsgeschichte zu erkennen gibt[52], das Alte Reich in die Entwicklungslinien frühneuzeitlicher europäischer Staatlichkeit zu integrieren, um damit den in der Geschichtsschreibung zum 19. Jahrhundert wurzelnden, immer noch präsenten und als verhängnisvoll beschriebenen Gegensatz von Reich auf der einen, Staat bzw. Nation auf der anderen Seite zu überwinden. Ganz anders Stollberg-Rilinger. Im Vorzeichen des der Dekonstruktion verpflichteten Cultural turn, so führt sie aus, bestehe der vielversprechendste Weg, das Reich für die Menschen des 21. Jahrhunderts „interessant"[53] zu machen, nicht darin, so charakterisiert sie das Bemühen Schmidts, „das Alte Reich zur politischen Identifikation anzubieten"[54] und damit, so lässt sich ergänzen, eine neue Meistererzählung zu initiieren. Stattdessen sei es an der Zeit, sich der Reichsgeschichte mit dem methodischen Instrumentarium der Kulturanthropologie und -soziologie zu nähern, sie als Ritualgeschichte zu konzeptualisieren und damit zugleich die grundsätzliche Fremd- und Andersartigkeit frühneuzeitlicher Staatlichkeit, nicht nur des Reiches im Übrigen, zu akzentuieren. Schmidt gestaltet seine der Chronologie folgende Erzählung entlang der Begriffe „komplementärer Reichs-Staat" und „föderative Nation". Verweist, so führt er aus, der Begriff „komplementär" auf die Tatsache, „daß das, was gemeinhin als einheitliche Staatsgewalt gedacht

---

[49] Reinhard, Probleme (wie Anm. 43) 17f.

[50] Die Synthese Zöllners – Erich Zöllner, Geschichte Österreichs. Von den Anfängen bis zur Gegenwart (Wien [8]1990) – steht in der Tradition der Geschichtsschreibung der österreichischen Reichsgeschichte. Folgerichtig widmet er der Niederlegung der Reichskrone 1806 einen einzigen Satz (337).

[51] In der hier nicht zur Diskussion stehenden englischsprachigen Forschung ist es insbesondere Charles W. Ingrao ein Anliegen, seinen Arbeiten eine integralere Sicht zugrunde zu legen; vgl. z. B. Charles W. Ingrao, The Habsburg monarchy, 1618–1815 (Cambridge [2]2000). Vgl. auch Harm Klueting, Das Reich und Österreich 1648–1740, in: Sacrum Imperium (wie Anm. 3) 162–287 (erneut in monographischer Form mit gleichem Titel und nur marginalen Ergänzungen publiziert: Münster 1999). Zu Kluetings Arbeit vgl. Burgdorf, Rezension (wie Anm. 2).

[52] Georg Schmidt, Geschichte des Alten Reiches. Staat und Nation in der Frühen Neuzeit 1495–1806 (München 1999). Ein knapper Abriss der Kontroverse um die Schmidt'sche Darstellung bei Haug-Moritz, Einleitung (wie Anm. 6) 25–28.

[53] Stollberg-Rilinger spielt hier auf einen im Umfeld der kontrovers (und zum Teil polemisch) geführten Debatte um die Schmidt'sche Reichsgeschichte erschienenen Aufsatz von Johannes Burkhardt an: Johannes Burkhardt, Über das Recht der Frühen Neuzeit, politisch interessant zu sein. Eine Antwort an Martin Tabaczek und Paul Münch. *GWU* 50 (1999) 748–756. Hier akzentuiert Burkhardt eine Sicht (auch) der Reichsverfassungsgeschichte, die sich in ihren Grundlinien mit der von Schmidt angebotenen Deutung einig weiß und die er breit in seinem Werk: ders., Vollendung und Neuorientierung des frühmodernen Reiches 1648–1763 (Gebhardt. Handbuch der deutschen Geschichte 11, Stuttgart [10]2006) entfaltet.

[54] Stollberg-Rilinger, Inszenierung des Reiches (wie Anm. 25), zitiert nach dem Wiederabdruck in: Verfassungsgeschichte des Alten Reiches (wie Anm. 6) 117.

wird, im Reichs-Staat auf unterschiedliche Ebenen verteilt war", so steht der Begriff „Reichs-Staat" für eine Staatlichkeit, die sich als „gemeinsame [...] auf Deutschland gerichtete [...] Handlungseinheit" präsentiert[55]. Aufgeruht habe diese Staatlichkeit auf einem, „auf säkularen Werten und Handlungsmustern basierende[n] föderative[n] Nationskonzept, das allgemein akzeptierbare Werte wie Freiheit, Eintracht oder Friede mit speziellen Tugenden, der deutschen Sprache und der als Inklusions- und Exklusionskriterium genutzten Bereitschaft zur Abwehr aller Angriffe auf das ‚deutsche Vaterland' verband"[56]. Methodisch konsequent verzichtet Stollberg-Rilinger darauf, das Reich auf den Begriff zu bringen und schildert in ihrer Monographie „vier Akte auf der Bühne des Reiches": die Reichstage von 1495, 1530 und 1653/54 sowie die Krönung Josephs II. 1764/65 in den „Parallelwelten: Frankfurt – Regensburg – Wien". Erntete die Schmidtsche Deutung heftigen Widerspruch[57], so erhielt Stollberg-Rilinger für ihre Reichsgeschichte 2013 den Preis des Historischen Kollegs verliehen[58]. So unterschiedlich demnach die beiden Deutungsansätze von der Zunft goutiert wurden, so ähnliche, wenn auch nicht identische, Konsequenzen zeitigen sie für die Einordnung der Habsburgermonarchie in die Reichsgeschichte.

Schmidt wie Stollberg-Rilinger streichen, hierin ganz den überkommenen Forschungsansätzen verpflichtet, die herausragende Bedeutung des Kaisers und des kaiserlichen Personals für die politische Ordnung des Reiches heraus, auch und gerade, weil die symbolisch-rituelle Inszenierung des Reichs „vor allem dem Kaiser [gelang]"[59]. Sie wissen sich auch darin einig, dass der kaiserliche Hof in Wien einen der zentralen Integrationspunkte des Reiches darstellte[60]. Belässt es Stollberg-Rilinger darüber hinaus im letzten von ihr geschilderten, 1764/65 stattfindenden „Akt" der frühneuzeitlichen Reichsgeschichte bei dem Hinweis, dass sich der Schwerpunkt des riesigen habsburgischen Territorienkomplexes im Laufe der frühneuzeitlichen Geschichte immer mehr aus dem Reichsverband heraus entwickelt habe, dass Wien aber dennoch ein „Schauplatz des Reiches" geblieben sei[61], so schenkt Schmidt diesem, wie er formuliert, „Länderkonglomerat" in seiner Darstellung umfassendere Aufmerksamkeit. Er tut dies allerdings in einer Weise, die bei näherer Betrachtung frappierend derjenigen der borussianischen Meistererzählung ähnelt. Zwar relativiert er die seit dem 19. Jahrhundert stark gemachte Zäsur des Jahres 1648, sieht aber, wie schon Treitschke, bereits bei Leopold I. die Unterordnung der Reichs- unter die erbländischen Interessen beginnen[62]. Karl VI. schließlich

[55] SCHMIDT, Geschichte des Alten Reiches (wie Anm. 52) 44.

[56] SCHMIDT, Das frühneuzeitliche Reich (wie Anm. 25), zitiert nach dem Wiederabdruck in: Verfassungsgeschichte des Alten Reiches (wie Anm. 6) 111.

[57] Ein knapper Abriss der Kontroverse um die Schmidt'sche Darstellung bei HAUG-MORITZ, Einleitung (wie Anm. 6) 25–28. Dass die Argumentationen der Kontroverse durchaus, was den Protagonisten wohl nicht bewusst war, an die 150 Jahre zuvor ausgefochtene Sybel-Ficker-Kontroverse (vgl. oben Anm. 16) erinnern, sei am Rande angemerkt.

[58] Ihre inzwischen auch in französischer Übersetzung (Paris 2013) vorliegende Studie wurde zudem 2013 neu aufgelegt.

[59] Barbara STOLLBERG-RILINGER, Des Kaisers alte Kleider. Verfassungsgeschichte und Symbolsprache des Alten Reiches (München 2008) 222.

[60] SCHMIDT, Geschichte des Alten Reiches (wie Anm. 52) 258; STOLLBERG-RILINGER, Des Kaisers alte Kleider (wie Anm. 59) 281–297.

[61] STOLLBERG-RILINGER, Des Kaisers alte Kleider (wie Anm. 59) 281.

[62] SCHMIDT, Geschichte des Alten Reiches (wie Anm. 52) 198: „Wichtiger schien ihm [dem Kaiser] sein eigenes Länderkonglomerat."

sei der letzte Kaiser gewesen, der „das Reich deutscher Nation inklusive Österreichs als ein einheitliches politisches System wahrnahm"[63]. Eine Entwicklung, die sich auch in einer in der zweiten Hälfte des 17. Jahrhunderts einsetzenden, endgültig seit 1740 offenkundig werdenden kulturellen Divergenz manifestiert habe: „Statt des rationalen Appells an Fleiß, Ordnung und Genügsamkeit, statt des intellektuellen Diskurses bildeten Fühlen und Handeln die Grundlage des künstlerisch angelegten katholischen Ordnungskonzepts."[64] Von hier ist es dann nur noch ein kurzer Weg zum deutschen protestantischen Geist und der österreichischen katholischen Gemütlichkeit. Eine solche Sicht der Dinge versetzt umso mehr in Erstaunen, als gerade Schmidts Arbeit die Grundlagen der borussianischen Meistererzählung zu erkennen gibt, wurzeln diese Vorstellungen doch in der preußischen Publizistik, insbesondere derjenigen des Siebenjährigen Krieges[65]. Dass diese Sicht zu kurz greift, das freilich deutet auch die Arbeit Stollberg-Rilingers an, wenn sie ausführlich darlegt, wie viel zeremonielle Arbeit seit 1764 (und bis 1780), als kaiserliche und erbländische Herrschaft nicht in eins fielen, sondern zwischen Sohn und Mutter aufgespalten waren, auf die „alltägliche [...] Inszenierung des Verhältnisses von Kaiserwürde und erbländischer Königswürde"[66] verwandt wurde.

Fazit

Am Ende lässt sich damit eine erstaunliche Bilanz ziehen. Auf der einen Seite steht die in vielen, hier nicht einmal ansatzweise thematisierten Detailstudien erarbeitete neue Sicht des Alten Reiches, die die borussianische Niedergangserzählung definitiv verabschiedet hat. Auf der anderen Seite aber gibt gerade die Frage nach der In- und Exklusion der Habsburgermonarchie in die reichsgeschichtliche Forschung deren lange Dauer zu erkennen. Der Exklusion des „entdeutschten" Kaisers als Herrschers der österreichischen Großmacht im borussianischen Geschichtsbild wird in den 1970er Jahren die Forderung nach einer integraleren Sicht programmatisch entgegengestellt, ohne dass sie forschungspraktische Konsequenzen gezeigt hätte. In der Gegenwart schließlich begegnet in der Arbeit Georg Schmidts, mit graduellen Modifikationen, das borussifizierte Geschichtsbild erneut bzw. wird, so bei Barbara Stollberg-Rilinger, der gesamte Fragenkomplex weitgehend ausgeblendet. Nicht gebannt scheint demnach eine Be-

---

[63] Ebd. 247.

[64] Ebd. 262. Auf die konfessionell konnotierte kulturelle Differenz macht bereits Evans aufmerksam, allerdings beschreibt er sie nicht als ein die Habsburgermonarchie vom Reich unterscheidendes, sondern die habsburgische Position im Reich stärkendes Moment: R(obert) J. W. Evans, Das Werden der Habsburgermonarchie 1550–1700. Gesellschaft, Kultur, Institutionen (FGDR 6, Wien–Köln–Graz 1986 [engl. Originalausgabe 1979]) 203–224. Selbstverständlich weiß auch Schmidt um die „Katholizität [...] als Integrationsstrategie" (264), sieht ihr integratives Potential aber 1740 an ihr Ende gelangt (263): „Wenn hier ein Gegensatz zwischen evangelischem Norden und katholischem Süden Deutschlands konstruiert wurde, so ist dies sicherlich auch eine Rückprojektion der dualistischen Entwicklung nach 1740." Vgl. aber zur fortdauernden Bedeutung des Faktors Konfession als ein die Verflechtung der erbländischen und der reichischen Geschichte bestimmender und in der zweiten Hälfte des 18. Jahrhunderts immer bedeutsamer werdender Faktor Gabriele Haug-Moritz, Protestantisches Einungswesen und kaiserliche Macht. Die konfessionelle Pluralität des frühneuzeitlichen Reiches (16. bis 18. Jahrhundert). ZHF 39 (2012) 189–214 (mit der älteren Literatur).

[65] Schmidt, Geschichte des Alten Reiches (wie Anm. 52) 278–285.

[66] Stollberg-Rilinger, Des Kaisers alte Kleider (wie Anm. 52) 283. Vgl. jetzt auch dies., Maria Theresia. Die Kaiserin in ihrer Zeit. Eine Biographie (München 2017).

fürchtung, die Thomas Brechenmacher bereits 1996 in Hinblick auf die bundesrepublikanische Forschung äußerte: „Gleichwohl bleibt die Gefahr, jenen anderen Fehler, denjenigen von 1871, zu wiederholen: aufgrund [...] neuerwachter nationalstaatlicher Norm [i. e. die deutsche Wiedervereinigung 1990] in Selbstbespiegelung zu verfallen und der Rolle Österreichs nicht mehr zu gedenken."[67]

Wie notwendig daher ein Versuch, wie ihn die Beiträge dieses Sammelbandes dokumentieren, ist, zu Beginn des 21. Jahrhunderts die historiographischen Aporien der Vergangenheit und partiell noch der Gegenwart zu überwinden und den implizit oder explizit nationalstaatlich geprägten Heuristiken einen europäisch vergleichenden „Sehepunkt" entgegenzustellen, hoffe ich verdeutlicht zu haben. Erst von diesem „Sehepunkt" aus werden sich neue Antworten auf die alte Frage nach der Eigenart der Staatlichkeit des Reiches finden lassen, die es erlauben, das Reich in angemesseneren Kategorien als denjenigen von „deutsch" oder „österreichisch" zu beschreiben.

---

[67] BRECHENMACHER, Österreich (wie Anm. 12) 53.

Die Habsburgermonarchie (ab ca. 1830) und Österreich (ab 1918) im preußisch-deutschen Geschichtsbild

Wolfram Siemann

Dieser Sammelband schenkt der Staatlichkeit der Habsburgermonarchie in ihrer historischen Entwicklung besonderes Augenmerk. Dabei offenbart die hier behandelte Thematik eine verblüffende, parallellaufende Analogie zwischen „Deutschland" und „Österreich". Beide verkörpern für den rückblickenden Historiographen „die sich im Zeitverlauf ändernden staatlich-territorialen Räume"[1]. Mit anderen Worten: Beide Staatlichkeiten änderten zwischen 1815 und heute ihre Verfasstheit und ihr Raummuster. Für Historiker oder Historikerinnen lauert dabei die Versuchung, aus der Gegenwart heraus gleichsam einen historischen Prototyp als eigentliches Ziel der nationalen Geschichte aufzusuchen. Alphons Lhotsky hat aus der Sicht der Zweiten Republik Österreich von 1945 aus dieses „Vor-Bild" in der räumlichen Einheit der österreichischen Erblande um 1500 präfiguriert gesehen und fand so durch die Geschichte die „kleinösterreichische Lösung" legitimiert[2]. Vergleichbar ließ Heinrich August Winkler die deutsche Geschichte, rückgreifend bis zum *regnum Teutonicorum* des 11. Jahrhunderts, in der vereinigten Bundesrepublik Deutschland 1990 ihr Ziel erreichen: „Durch den Zwei-plus-Vier-Vertrag von 1990 wurde Bismarcks ‚kleindeutsche Lösung' […] bestätigt […]."[3] Diese Sichtweisen mögen Bedürfnisse der Geschichtspädagogik befriedigen; der historischen Sache dienen sie nicht.

Es muss demgegenüber der räumlich-territoriale Wandel der Formationen „Deutschland" und „Österreich" zunächst einmal unvoreingenommen vorausgesetzt werden, ohne eine durchgehende, unveränderliche „nationale" Identität aufzuspüren zu wollen. Im Folgenden soll deshalb das „preußisch-deutsche Geschichtsbild" an die historisch besonderen Staatlichkeiten gekoppelt werden, aus denen heraus die Geschichtsschreiber ihr Bild von „Österreich" und dessen Rolle in der deutschen Geschichte konstruierten. Betrachtet man die jeweilige staatliche Organisation Deutschlands als den gemeinsamen, Epoche prägenden Erfahrungshintergrund einer Generation, dann lassen sich in den zurückliegenden zweihundert Jahren sechs Generationen hervorheben. Es ist dabei unerheblich, ob eine einzelne Generation die traditionellen dreißig Jahre umspannte.

---

[1] Vgl. Thomas WINKELBAUER, Einleitung: Was heißt „Österreich" und „österreichische Geschichte"? In: Geschichte Österreichs, hg. von DEMS. (Stuttgart ²2016) 15–31, hier 29.

[2] Vgl. ebd. 26.

[3] Heinrich August WINKLER, Einleitung, in: DERS., Der lange Weg nach Westen, Bd. 1: Deutsche Geschichte vom Ende des Alten Reiches bis zum Untergang der Weimarer Republik (München 2000, ⁷2010) 1–3, hier 2.

- Die erste Generation vom Wiener Kongress bis 1866 besaß als einen solchen gemein-samen Erfahrungshintergrund noch das staatliche Fundament des Deutschen Bun-des, an welchem das Kaisertum Österreich, das sogenannte „Dritte Deutschland" und das Königreich Preußen gemeinsam teilhatten.
- Die nächste Generation erfuhr „Königgrätz" als Inbegriff der Ablösung „Österreichs" von „Deutschland". Staatlich äußerte sich das nach dem „Ausgleich" mit Ungarn 1867 in der Begründung der habsburgischen Doppelmonarchie und der gelungenen Proklamation des kleindeutsch-preußischen Kaiserreichs 1870/71. Der Baseler His-toriker Jacob Burckhardt erspürte wie kaum ein anderer den neuen historiographi-schen Zeittakt, als er die Jubelhymnen preußischer Historiker über die Reichseini-gung in einem Brief mit der berühmten Wendung kommentierte, es müsse nun „die ganze Geschichte von Adam an siegesdeutsch angestrichen werden"[4], und er meinte dabei „preußisch-deutsch".
- Die dritte Generation der Weimarer Republik teilte die Erfahrung der „Urkatastro-phe" des Ersten Weltkriegs und des parallelen Zusammenbruchs zweier Kaiserreiche: der Hohenzollern- und der Habsburgermonarchie. Die zunächst als künstlich emp-fundene Situation des deutschsprachigen Rest-Österreichs – der Ersten Republik – verlieh der Diskussion kleindeutsch vs. großdeutsch, nicht zuletzt im Horizont des 75-jährigen Jubiläums der 1848er Revolution und des Paulskirchenparlaments, eine neue Dynamik.
- In der vierten Generation mit dem Erfahrungshintergrund des so genannten „Groß-deutschen Reiches" hatten kleindeutsch-preußische Geschichtsschreiber, wenn sie denn bei ihrer Sicht der Dinge blieben, begreiflicherweise keine guten Karten.
- Das änderte sich sofort für die fünfte Generation des Nachkriegseuropas 1945, als die wieder bzw. neu gegründeten Bundesrepubliken – die österreichische und die deut-sche – die preußisch-deutsche Sicht erneut zu begünstigen schienen, wobei die dritte Nachkriegsstaatlichkeit – die Deutsche Demokratische Republik – die preußisch-deutsche Sicht auf Österreich noch verstärkend zu duplizieren schien.
- Schließlich lässt sich eine letzte – sechste – Generation beschreiben, die mit der welthistorischen Wende 1989/90 und dem Zusammenbruch des staatlichen und ideologischen Ost-West-Gegensatzes zusammenhängt. Die Vereinigung der alten Bonner Republik und der DDR zu einem neuen deutschen Bundesstaat mit sech-zehn Ländern veränderte abermals den Blick auf die deutsche Geschichte. Inwiefern und ob man überhaupt nach der Auflösung des Staates Preußen im Jahre 1946 noch von einem „preußisch-deutschen Geschichtsbild" sprechen kann, soll am Ende dieses Beitrags erörtert werden.

Allein die angeführte Generationenfolge wird einer Historikerin oder einem Historiker, der/die halbwegs mit der Materie vertraut ist, Exponenten des Faches in Erinnerung rufen, deren Name mit teilweise erbittert geführten akademischen Fehden verbunden war, und dies vor einem politisch hoch aufgeladenen Hintergrund. Die Fronten verliefen zwischen sogenannten „großdeutschen" und „kleindeutschen" Historikern, zwischen „Österreichern" und „Preußen", zwischen „Partikularisten" und „Zentralisten", zwi-schen vermeintlich „ultramontanen" Katholiken und ebenso vermeintlich aufgeklärten

---

[4] Vgl. Philipp MÜLLER, Erkenntnis und Erzählung. Ästhetische Geschichtsdeutung in der Historio-graphie von Ranke, Burckhardt und Taine (Köln–Weimar–Wien 2008), das Zitat mit Herkunftsnach-weis 350.

Protestanten, zwischen angeblichem Rück- und Fortschritt. Klischees von „Kleinstaa-terei", „Flickenteppich" und rationaler „Flurbereinigung" mögen auch dazu gehören – und über allem schwebte am Ende die Diskussion über die Frage eines „deutschen Son-derwegs", der die Entwicklung in Richtung auf 1933 zu erklären helfen sollte und die Apologeten des Bismarckreichs dafür auf der Anklagebank erscheinen ließ. An ein ver-mintes Gelände zu denken, erscheint nicht abwegig.

Fast alle Begriffe aus dem Feld dieser national aufgeladenen Geschichtsschreibung enthalten Vor-Urteile, d. h. sie sind nicht neutral. Man zieht es deshalb aus dem Abstand der Zeiten besser vor, auf die Lust an der „Ermordung der Großväter" zu verzichten. Mit dieser Sentenz empfahl Thomas Nipperdey, die Geschichtsschreibung zu entnationali-sieren. Das ist nach wie vor aktuell[5]. Hier können nun nicht gleichgewichtig die sechs Generationen nacheinander abgehandelt werden. Das wäre Stoff für ein ganzes Buch. Es wäre in vieler Hinsicht ein Pendant zu der lange versäumten Auseinandersetzung mit der „Großdeutschen Geschichtsschreibung", wie sie Thomas Brechenmacher in einem ers-ten Anlauf begonnen hat[6]. Es sollen stattdessen gleichsam idealtypisch die Prägephase während der Zeit des Deutschen Bundes (erste Generation) und die revisionistische Phase nach 1945/1990 (fünfte/sechste Generation) ins Blickfeld gerückt werden[7]. Dem Vorhandensein und der Rolle der Habsburgermonarchie (bis 1918) in diesem Ge-schichtsbild gilt dabei besondere Aufmerksamkeit.

Droysens Damaskus-Erlebnis

Die erste Generation, welche gleichsam in der Prägephase des kleindeutsch-preußi-schen Geschichtsbilds lebte, hatte als Sprachrohr die Protagonisten Johann Gustav Droysen und Heinrich von Sybel. Diese formulierten die entscheidenden Grundannah-men. Mit Droysen lässt sich dabei der „Paradigmenwechsel" als Neujustierung der his-toriographischen Koordinaten veranschaulichen.

Droysen war 1840 als 32jähriger auf das Ordinariat für Geschichte an die Universität Kiel berufen worden. Schon im Wintersemester 1842/43 hielt er eine Vorlesung über die allgemeine europäische Geschichte vom Aufstand der amerikanischen Kolonien bis zum Zweiten Wiener Frieden 1815[8]. Otto Hintze schrieb darüber richtig, sie sei „weniger eine pragmatische Geschichtserzählung, als das historische Fundament für ein politi-sches Programm"[9]. Gleichsam bedauernd urteilt Hintze aus seiner kleindeutsch-preußi-schen Perspektive freilich: „Eine deutliche und entschiedene Ansicht über die Zukunft Deutschlands, über die Lösung der deutschen Frage finden wir noch nicht."[10] Anders gewertet heißt das: Droysens Reformimpuls als Triebfeder seiner Geschichtsschreibung

[5] Vgl. Thomas Nipperdey, Historismus und Historismuskritik, in: ders., Gesellschaft, Kultur, Theorie. Gesammelte Aufsätze zur neueren Geschichte (Göttingen 1976) 59–73, hier 65.

[6] Vgl. Thomas Brechenmacher, Großdeutsche Geschichtsschreibung im neunzehnten Jahrhun-dert. Die erste Generation (1830–48) (Berliner Historische Studien 22, Berlin 1996).

[7] Vgl. zum Begriff des „Revisionismus" für die Zeit nach 1945 Winfried Schulze, Deutsche Ge-schichtswissenschaft nach 1945 (München 1993) 207–227.

[8] Unverändert gedruckt in: Johann Gustav Droysen, Vorlesungen über die Freiheitskriege, 2 Theile (Kiel 1846).

[9] Vgl. Otto Hintze, Johann Gustav Droysen. ADB 48 (Leipzig 1904) 82–114, hier 92.

[10] Ebd.

war noch nicht auf Preußen fixiert, sondern fußte auf dem Fundament des Deutschen Bundes; der angehende „politische Professor" warb – die europäische Geschichte beschwörend – für die äußere Freiheit und Unabhängigkeit der Staaten; für die nationale Geschichte forderte er die innere Freiheit, indem er die Staatsmacht an die wiederbelebten oder neu gestifteten Elemente der Selbstbestimmung der Völker gekoppelt wissen wollte – durch konstitutionelle Verfassungen. Mit seinem kühnen und zugleich aufsehenerregenden Programm einer modernen Zeitgeschichte empfahl Droysen sich hinreichend als Festredner, um am 10. August 1843 die Rede zur tausendjährigen Gedächtnisveranstaltung des Vertrages zu Verdun an der Universität Kiel zu halten. König Friedrich Wilhelm IV. hatte in seinem romantisch-historisierenden Verständnis des Alten Reiches eine solche große Jubelfeier für Berlin angeregt, allerdings, um die öffentliche Nationalbegeisterung zu zügeln, nur im kirchlichen Rahmen. Auf Droysens Initiative hin fand nun auch eine Feier in erheblich größerem Rahmen in Kiel statt, zu der nach seiner Schätzung rund 6.000 Teilnehmer herbeiströmten, darunter sogar die Bauern aus der Umgebung[11].

Die in ihrer historiographischen Bedeutung bisher wohl unterschätzte Festrede muss hier wegen ihres authentischen Quellenwerts ausführlicher zitiert werden. Weil sie aus der Hand des später profiliertesten Propagandisten der frühen kleindeutsch-preußischen Geschichtsdeutung stammt, kann sie als ein Schlüsseldokument für die historisierende nationale Bewusstwerdung gelten, und dies umso mehr, da der Text in die vormärzliche entstehende politische Öffentlichkeit hineingesprochen und anschließend publiziert wurde. Der Festredner beschwor hier über ein „Jahrtausend deutscher Geschichte"[12]. Luther erscheint darin als Befreier von der „romanischen Hierarchie"[13]. Droysen begriff die Spaltung in Konfessionen als eine Teilung der Nation. Das Ende des Reiches empfand er als „schmachvoll"[14]. Der 1815 gegründete Deutsche Bund erschien ihm – dem späteren Kleindeutschen – als zu klein, denn er garantiere nicht mehr das „so weit die deutsche Zunge reicht"[15]; die Brüder im Elsass, im Deutschen Ordensland würden fehlen. Er spielte hier an auf das seit den Befreiungskriegen gleichsam zur heimlichen Nationalhymne aufgestiegene Lied Ernst Moritz Arndts von 1813[16]. Doch er hob das Positive der deutschen Staatsgründung von 1815 hervor: Es sei „ein einiges Deutschland gegründet worden"[17]. Er vermisste darin aber noch die Einheit der Verfassungen, des Rechtes und der Wehrpflicht. Jedoch: Napoleon habe das „Heilige Reich" zerstört, „die letzten Fäden des alten guten Rechts zerrissen"[18], d. h., Droysen bewertete hier das Alte Reich noch positiv als rechtsbewahrende nationale Instanz. In dem 1815 gegründeten

[11] Vgl. Wilfried NIPPEL, Johann Gustav Droysen. Ein Leben zwischen Wissenschaft und Politik (München 2008) 52–55.
[12] Johann Gustav DROYSEN, Rede zur tausendjährigen Gedächtnißfeier des Vertrages zu Verdun, auf der Christian-Albrechts-Universität zu Kiel am 10. August in Auftrag des academischen Consistoriums gehalten (Kiel 1843) 4.
[13] Ebd.
[14] Ebd.
[15] Ebd.
[16] Vgl. Ernst Moritz ARNDT, Des Deutschen Vaterland. Königsberg, März 1813, in: Die Erhebung gegen Napoleon 1806–1814/15, hg. von Hans-Bernd SPIES (Quellen zum politischen Denken der Deutschen im 19. und 20. Jahrhundert 2, Darmstadt 1981) 256f.
[17] DROYSEN, Rede (wie Anm. 12), 5.
[18] Ebd. 30.

Deutschen Bunde – „Da ward ein neues Deutschland gegründet"[19] – sei ungeachtet aller
Widrigkeiten „ein unendlich Großes" erreicht worden, weil seine Glieder sich verpflichtet hätten, keine gegen die Sicherheit des Bundes oder einzelner Bundesmitglieder gerichteten Verträge zu schließen oder sich untereinander zu bekriegen oder Streitigkeiten
mit Gewalt auszutragen, weil sie sich dem Richtspruch des Bundes zu unterwerfen hätten[20]. Innerer Friede und Recht erschienen hier Droysen als mindestens ebenso würdige
Aufgaben des Staates wie die Förderung der Nationalität. Zugleich sollte dieses Deutschland föderativ sein, um „in der Einheit des Ganzen die möglichst freie Entwicklung der
einzelnen Stämme zu ermöglichen". Nachdrücklich warnte er vor der „Zentralisation
unserer Nachbarn"[21], der Franzosen, aber auch der sonst für ihre freiheitliche Verfassung
gepriesenen Briten: „vor jener Gewaltherrschaft innerhalb des Vaterlandes, die das him-
melschreiende Unrecht gegen ein unterdrücktes Irland fortsetzen muß mit immer neuen
Gewaltsamkeiten"[22]. Die nationale Einheit begriff er folgerichtig als föderative: als
Schutz der freien Bewegung unzähliger Eigentümlichkeiten, in allen Teilen des Vaterlandes eine bunte Entwicklung zu gewährleisten, einen „Reichthum von Mittelpunkten
der Heimathlichkeit"[23], des Verkehrs, des geistigen Lebens. Daraus erwachse der Segen
des Vaterlandes.

Als leitendes Ziel für die Zukunft beschrieb er den Bundesstaat mit eigener höchster
Gesetzgebung als Vereinigung aller seiner Souveräne. Der Bund habe lange Friedens-
jahre gewährt, sei aber reformbedürftig. Die Rheinkrise 1840 habe die Bundesmacht
gestärkt und die Fürsten und Völker einander angenähert. Und er verhieß: „Noch ist
die Verfassung des Bundes jeder weiteren Entwicklung offen."[24] Droysen erwartete dieses Deutschland als „groß, stark, frei, in der Einheit seiner Völker blühend, weiterstre-
bend in der treu bewahrten Mannigfaltigkeit seiner Stämme, mächtig zu Schutz und
Trutz, unauflöslich in gerechter Eintracht, ein unbezwingbarer Damm gegen den Eis-
gang von Osten, gegen den Vulkan im Westen"[25]. Hier war noch von keiner Berufung
Preußens die Rede; denn er beschrieb Gleichwertigkeit der beiden deutschen Vormächte
und bekräftigte den deutschen Föderalismus. Kein negatives Wort fiel in Richtung
Habsburg. Im Gegenteil: Droysen beschwor eine geopolitische Situation, in welcher
die Eintracht der beiden kontinentalen Mächte Österreich und Preußen einen unver-
zichtbaren Schutz gegen das revolutionäre Frankreich im Westen und das absolutistische
Zarenreich im Osten gewährleistete. Sein Konzept entsprach der erstmals intensiv im
Jahre 1812/13 entwickelten und propagierten Mitteleuropa-Politik Metternichs, der
für das Zentrum des Kontinents die Einmütigkeit der Großmächte Österreich und
Preußen als die einzige Gewähr für einen dauerhaften europäischen Friedenszustand
ansah[26].

Wie wurde das Alte Reich bewertet? Man kann von einer Regel sprechen, die sich
bildlich im Prinzip einer Balkenwaage äußert: Je schwerer das positive Urteil über das

---

[19] Ebd.
[20] Ebd. 31.
[21] Ebd.
[22] Ebd. 31f.
[23] Ebd. 32.
[24] Ebd. 34.
[25] Ebd. 36.
[26] Vgl. Wolfram SIEMANN, Metternich. Stratege und Visionär. Eine Biografie (München ²2017)
385–389.

Reich wog, umso stärker hob sich die Bewertung Preußens ins Negative. Oder umgekehrt: Je glorreicher Preußen in der deutschen Geschichte erscheinen sollte, umso vernichtender musste das Urteil über das Alte Reich ausfallen. Das Alte Reich und der Deutsche Bund wurden bei diesem Abwägen wie siamesische Zwillinge behandelt. Im Bewusstsein der Zeitgenossen war das föderative „Deutschland" der Zeit seit 1815 staatlich, völkerrechtlich und national die Nachfolgeorganisation des Heiligen Römischen Reiches. Vom Rednerpult der Frankfurter Nationalversammlung aus erklärte etwa Droysens Kieler Kollege Georg Waitz am 20. Oktober 1848: „Der deutsche Bund ist nur die Continuität des Reichs."[27]

Bisher wird üblicherweise der Befreiungskampf gegen Napoleon als Gründungsmythos für die kleindeutsch-preußische Geschichtsschreibung angesehen. Der eigentliche Zündfunke, der die Teilung der nationalen Geschichtsbilder provozierte, lag jedoch erheblich früher: in dem Kampf des Alten Reiches während der Revolutionskriege seit 1792. Reichspatrioten begriffen das zunächst als Kampf gegen das revolutionäre Frankreich um die „teutsche Freiheit" im Verfassungsgehäuse des Alten Reiches. Den Prüfstein für die nationale Zuverlässigkeit bildete das Verhalten der Mitglieder des Reiches, wie stark sie diesem in dem Reichskrieg aller „Deutschen" beistanden, in dem schließlich von einzelnen Reichsfürsten und schließlich sogar vom Reichsoberhaupt selbst vor dem Reichstag 1793/94 unter den Auspizien eines Patriotismus die „Volksbewaffnung" erwogen wurde[28]. Die Feuerprobe für die Tendenz der Geschichtsschreibung, die über Preußens und Österreichs historisches Handeln urteilte, vollzog sich im Urteil über den Baseler Frieden von 1795, als Preußen seinen Separatfrieden mit Frankreich schloss, dabei gegen alles Reichsrecht einseitig das linke Rheinufer preisgab und aus dem Reichskrieg ausschied.

Droysen erblickte darin eine Abtrennung Norddeutschlands; es habe „die Zerspaltung Deutschlands vollbracht"; Preußen beabsichtige, „sich demnächst auf Kosten des Reichs und der Reichsverfassung zu vergrößern"[29]. Er schilderte in respektvoller Weise die Bemühungen des Kaisers, den Reichskrieg gegen das revolutionäre Frankreich fortzusetzen. Hier ist keineswegs die Rede davon, das Reich sei nur noch ein toter, handlungsunfähiger Körper; im Gegenteil: er beklagte „Preußens undeutsche Stellung"[30], als die preußischen Politiker sich weigerten, den Krieg fortzusetzen, wenn Kaiser und Reichstag nicht die preußische Armee finanzierten.

Ein ganz anderer Droysen tritt uns im Sommer 1849 nach dem Scheitern der gesamtdeutschen Revolution entgegen. Eine mit dem Datum des 7. August 1849 unterzeichnete Denkschrift spiegelt sein Damaskus-Erlebnis wider: die Umpolung vom reichsdeutschen Befürworter des Deutschen Bundes zum kleindeutschen Propagandisten Preußens. Gleich die ersten Sätze offenbaren die neuen Koordinaten seines Denksystems: „Die preußische Monarchie […] hat weder die Nothwendigkeit einer geschlossenen Nationalität, noch die natürlicher Umgrenzungen; ihre Nothwendigkeit ist eine geschichtliche und ihre Existenz der Ausdruck einer Aufgabe."[31]

---

[27] Vgl. DERS., *Der deutsche Bund ist nur die Continuität des Reichs ...* Über das Weiterleben des Alten Reiches nach seiner Totsagung im Jahre 1806. GWU 57 (2006) 585–593.

[28] Vgl. DROYSEN, Freiheitskriege (wie Anm. 8) 1, 466; SIEMANN, Metternich (wie Anm. 26) 161f.

[29] DROYSEN, Freiheitskriege (wie Anm. 8) 2, 11.

[30] Ebd. 1, 467f. (Kolumnentitel).

[31] DERS., Preußen und das System der Großmächte. Als „Gutachten eines Schleswig-Holsteiners"

Die Koordinaten lauteten nun: Eine Nation muss homogen „deutsch" sein, ein geschlossenes Territorium besitzen und eine Legitimation aus der Geschichte beziehen. Fortan war der geschichtlich notwendige Auftrag Preußens in Deutschland als Leitlinie vorgezeichnet, und da die Legitimation aus der Geschichte kam, entnahm der Historiker daraus seinen Auftrag. Wieder funktionierte das Balkenwaagenprinzip: Die nun eintretende Abwertung Österreichs und der habsburgischen Politik in Deutschland schuf den Raum für die Aufwertung Preußen-Deutschlands. In Droysens Worten: „Wer mißkennete die glorreiche Vergangenheit dieser stolzen Habsburger Monarchie; während wir anderen Deutschen verkamen und unsres Namens Schande trugen, hatte Österreich seine Türkensiege, seine Herrschaft über Italien und Ungarn, seine europäische Politik. Aber es lebte von dem Verkommen Deutschlands; seine Größe war bedingt durch unsere Ohnmacht. Die Politik Österreichs war und ist, Deutschland nicht zu sich selbst kommen zu lassen."[32]

Nun – nach der Revolution und dem gescheiterten „Versuch, die politische Einheit Deutschlands durch Beschlüsse einer nationalen Gesammtvertretung herzustellen" – bedeuteten für Droysen Österreich und Deutschland zweierlei; vor der Revolution bedauerte er den Untergang des Reiches, nun urteilte er, auf den Frieden von Basel anspielend: „Man sagt wohl, durch Preußen sei das Reich deutscher Nation zu Grunde gegangen. Es wäre richtiger, Gott zu danken, daß sich aus der Zersplitterung, aus der Fäulniß des Reiches ein deutscher Staat erhob, an den sich eine nationale Entwickelung anlehnen und aufrichten konnte, [...] als Friedrich II. begann, erlosch das Haus Habsburg."[33] Preußen hat in dieser Sicht eine Mutation erfahren: vom Reichsverräter wurde es zum deutschen Staat schlechthin. Folgerichtig – so muss man schlussfolgern – war Österreich gemäß Droysens alter Terminologie „undeutsch" geworden. Dann fährt er fort: „Neues Leben war da, nur nicht so, daß es das alte unbrauchbar gewordene Gebäude, das Reich deutscher Nation, wieder belebte. Es war da in der Nation. Man weiß, welch ein geistiges Regen und Schaffen sich in Friedrichs Tagen und an seiner nationalen Macht erhob. Man kann nicht sagen, dass es protestantisch war; aber auf dem protestantischen Boden Deutschlands erwuchs es, um Gesammteigenthum der Nation zu werden. Zum ersten Male seit den Tagen Luthers ward die Nation geistig wieder geeint."[34]

Der preußische „Reichsverrat" durch den Baseler Frieden bekam einen höheren Sinn geschichtsnationaler Notwendigkeit und erschien dadurch gerechtfertigt. Er zählte nicht mehr als geschichtlicher Bezugspunkt. In diesen historischen Rang stieg nun die Erhebung gegen Napoleon auf und wurde als nationale (deutsche) Tat Preußens gedeutet; Österreich erhielt die Rolle des nationalen Störenfrieds, weil es die mittel- und kleinstaatlichen Bedürfnisse nach Souveränität gefördert und damit der Zersplitterung Vorschub geleistet habe; es habe den Zwiespalt zwischen „unserer Entdeutschung und nationalen Selbstheit"[35] hervorgerufen. Mit anderen Worten: Österreich zerstörte die nationale Identität – keine Rede mehr von der föderativen Vielfalt. Das Urteil pflanzte sich folgerichtig beim Deutschen Bund fort; dieser habe „die alte Bedeutung Preußens

---

gedruckt (Berlin 1849), Wiederabdruck in: DERS., Abhandlungen. Zur neueren Geschichte (Leipzig 1876) 133–152, hier 135.

[32] Ebd. 136.
[33] Ebd. 136f.
[34] Ebd. 138.
[35] Ebd.

für Deutschland paralysiert, Preußen war an Österreich gekettet"[36]. Preußen müsse immer mehr „seinen Beruf und seine Kraft in der deutschen Entwickelung suchen"[37], je mehr der Deutsche Bund – quasi als antinationales Element – diese behindert habe.

Das Revolutionsjahr hat den meisten Politikern, die an der deutschen Einheit mitwirken wollten, überhaupt erst einmal die Augen geöffnet, mit welchen Problemen sie es bei der „deutschen Frage" aufnahmen. Diese Erfahrung machte auch Droysen: „Die Wirklichkeiten begannen über die Ideale, die Interessen über die Abstractionen zu siegen. Der Blick ernüchterte sich. Es begann klar zu werden, wie gar anders Östreich deutsch war und sein wollte als das übrige deutsche Land, wie der Gedanke der nationalen Entwickelung, der Ausgangspunkt der deutschen Bewegung, in Östreich zu Resultaten führte, welche das Selbstgefühl der deutschen Östreicher verletzten und ihre mit dem Bestande des uns feindseligsten Systems vollkommen verwachsenen Interessen bedrohten."[38]

Das Tischtuch war schon zerrissen mit dem „großdeutschen" Entwurf der Frankfurter Nationalversammlung, die habsburgische Gesamtmonarchie gleichsam zu spalten, die deutschen Gebiete anzugliedern, die außerdeutschen Bestandteile lediglich in bloßer Personalunion zum Ganzen zu belassen. Damit sei dem deutschen Enthusiasmus der Österreicher ein Ende und der Verfassung von Kremsier der Weg bereitet worden. „Das einige Deutschland schwand in dem Maße dahin, als das einige Östreich durchdrang."[39] Als seine Gegner erkannte Droysen nunmehr Österreicher, Demokraten, Ultramontane und Partikularisten. Für ihn existierte nur noch das in Frankfurt verhandelte Einigungskonzept; die lockerere Föderation des Deutschen Bundes als Lösung der nationalen Frage, wie sie auch anderen großen Bundesmitgliedern, wie etwa Bayern, entgegenkam, war nunmehr obsolet, mochte dieser föderative Bund auch ein „nationales Band" sein und zugleich den Erhalt der habsburgischen Gesamtmonarchie ermöglichen, wie es Metternich in seinem Denken mit „zusammengesetzten Staatlichkeiten" in Mitteleuropa 1815 so feinsinnig ausgeklügelt hatte[40].

Droysen forderte, man müsse Preußen folgen. Unter allen Möglichkeiten, die Österreich biete, sei „jede perfider, anachronistischer, rückläufiger als die andere, jede nur darauf gewandt, Deutschland nicht zu sich kommen zu lassen und darum Preußen zu schwächen, zu isolieren, wo möglich zu zerbröckeln. Und noch jetzt gilt von Östreich, was Napoleon von Metternich sagte: ‚il prend l'intrigue pour la politique.' In der That Preußen und Deutschland haben wieder lernen können, was das bedeute."[41] Bereits am 6. April 1848, als Droysen in Frankfurt angekommen war, hatte sich für ihn die Qualität des Deutschen Bundes verändert – also noch vor jeglicher Kampfkontroverse in den Herbst- und Winterdebatten um „kleindeutsch" und „großdeutsch". Denn er behauptete, „das alte Schwebesystem des Bundes", das Österreich und Preußen in gleicher Weise zu umfassen vermochte, sei „durch das Erstarken des nationalen Faktors dahin"[42]. Die

---

[36] Ebd. 141.

[37] Ebd.

[38] Ebd. 145.

[39] Ebd.

[40] Vgl. zum nationalen Charakter der 1815 konstruierten „zusammengesetzten Staatlichkeit" Siemann, Metternich (wie Anm. 26) 71–82, 514f.

[41] Droysen, Preußen und das System der Großmächte (wie Anm. 31) 147.

[42] Johann Gustav Droysen, Schreiben an … Die politische Lage betreffend, in: ders., Beiträge zur neusten deutschen Geschichte. Vier Aufsätze (Braunschweig 1849) 1–7, hier 4.

Alternativen zwischen Preußen und Österreich lauteten nun in seiner Begrifflichkeit: die Wahl zwischen dem „positiven" (Preußen) oder „negativen Pol" (Österreich), zwischen „national" und „reformativ" (Preußen) oder „dynastisch" und „destruktiv" (Österreich). Schon jetzt vor dem Zusammentreten der Nationalversammlung lautete sein Fazit: „[D]ie ganze Monarchie Preußen ist nun deutsch – die österreichische kann es nicht werden."[43] Man sieht: Hier bahnte sich zugleich ein terminologisch munitionierter, auf Polarisierung angelegter Kampf um die Deutungshoheit über die nationale Geschichte an.

Öffentlicher Kampf um „invention of tradition" und die Verfestigung des kleindeutsch-preußischen Geschichtsbilds

Droysen hatte maßgeblich das Arsenal des kleindeutsch-preußischen Geschichtsbilds bereitgestellt. Folgende Grundannahmen prägten fortan dieses auf Preußen fokussierte Geschichtsbild:

– Das Alte Reich galt nun als ein anachronistisches Monstrum, dem Untergang geweiht, eine Beute Habsburgs. Preußen verkörperte das wahre Deutschland.
– Den zündenden Funken bot nicht die kleindeutsch okkupierte Mythenbildung, es sei die „deutsche Erhebung" gegen Napoleon auf preußischen Bajonetten erfolgt. Der eigentliche Brennpunkt lag im Urteil über Preußens Verhalten im Reichskrieg gegen das revolutionäre Frankreich seit 1792: Der nachfolgende Baseler Separatfriede Preußens 1795 zählte nicht mehr als Verrat am Reich, sondern als politisch zwingende, national heilsame Tat.
– Das nationale Staatsverständnis verschob sich von der „föderativen Nation"[44], idealiter verkörpert in der Habsburgermonarchie, wie etwa František Palacký sie herbeiwünschte, hin zum zentralistisch organisierten Nationalstaat unter Preußens Vorhut.
– Zentralisierung im Staatsaufbau impliziere per se Effizienzsteigerung. Die dezentralkorporative Verfassung des Alten Reichs, der Habsburgermonarchie und auch des Deutschen Bundes produziere Schwäche und Scheitern.
– Das Verständnis dafür, was der Staat für seine Angehörigen zu leisten habe, hat sich fundamental verschoben: Der „zusammengesetzte Staat" des 18. Jahrhunderts wollte das Recht der Ordnung und darin der Mindermächtigen gewährleisten. Der „moderne" Staat des 19. Jahrhunderts sollte als vermeintlich homogener Nationalstaat durch Kampf und Krieg gestiftet werden und als „Ressourcengemeinschaft" (Dieter Langewiesche) und „Machtmaschine" (Ernest Renan) fungieren.
– Das Urteil über den „Deutschen Bund" wurde zum Lackmustest der kleindeutschen Geschichtsschreibung. Diese verdrängt ihn, erklärt ihn als Nachfolgeorganisation des Alten Reichs für überlebt und fragil. Das trifft dessen Reformversuche ebenso wie die Rolle Österreichs darin.

---

[43] Ebd.
[44] Vgl. Dieter LANGEWIESCHE, Föderativer Nationalismus als Erbe der deutschen Reichsnation. Über Föderalismus und Zentralismus in der deutschen Reichsgeschichte, in: Föderative Nation. Deutschlandkonzepte von der Reformation bis zum Ersten Weltkrieg, hg. von DEMS.–Georg SCHMIDT (München 2000) 215–244.

– Die Formel „Preußen geht fortan in Deutschland auf", welche Friedrich Wilhelm IV. am 21. März 1848 ausgab, nahm die Gleichsetzung von Deutschland und Preußen vorweg. Sie wurde später Glaubensbekenntnis der kleindeutschen Geschichtsschreibung, die darin Preußens nationalen „Beruf" erkannte und damit die Ausgrenzung Österreichs meinte.

Die eigentliche Initialzündung für den öffentlichen Durchbruch der kleindeutsch-preußischen Geschichtsschreibung lieferte hingegen Heinrich von Sybel in seiner seit 1853 erscheinenden „Geschichte der Revolutionszeit 1789 bis 1795". Der Angelpunkt lag in der Tat auch hier in Preußens Rolle im Baseler Frieden. Der damit verknüpfte Historikerstreit schlug seine Wellen bis in die Sitzung des preußischen Abgeordnetenhauses vom 5. September 1862[45] und erreichte so erstmals eine breite politische Öffentlichkeit. Sybel war sich dabei für Schläge unter der Gürtellinie nicht zu schade, wenn er seinen akademischen Gegner doppelzüngig in das Bedeutungsfeld „von Lumpen und sonstigen Abfällen" rückte und dabei „große, andauernde Heiterkeit" erntete[46]. Dagegen protestierte der angesprochene hannoversche Historiker Onno Klopp in einem Beitrag, den er in einem späteren Nachdruck mit dem Rahmentitel „Kleindeutsche Geschichtsbaumeister" überschrieb. Kann man „invention of tradition" (Eric Hobsbawm) kongenialer übersetzen? Klopp hatte, wie er ausdrücklich hervorhob, eine Schule der Geschichtsschreibung ausgemacht, denn es ging ihm „um die Richtung und nicht um die Personen". Hier ist also noch einmal zu betonen: Der nationale Legitimations- und Stiftungsmythos, den die kleindeutsch-preußische Geschichtsschreibung „erfand", lief der Reichsgründung von 1870/71 voraus. Das vollbrachten ausgerechnet Historiker wie Droysen und Sybel, welche in der Methodologie und Quellenkritik brilliert und neue Standards gesetzt hatten. Ihr wissenschaftliches Handwerkszeug hätte die manifeste politische Instrumentalisierung der Geschichte eigentlich verbieten müssen. Droysen selbst wies in seiner Historik auf den konstrukthaften Charakter der Geschichtsschreibung hin, was ihn bei einiger Selbstreflexion zum Abstand gegenüber seinem historischen Gegenstand hätte veranlassen können. Nun wurden er und Sybel distanzlose „Geschichtsbaumeister". Schon vor 1871 wappnete sich die neue Schule auch auf dem institutionellen Feld, wo um Deutungshoheit gekämpft wurde. Während Onno Klopp auf die „Historisch-politischen Blätter" zurückgreifen konnte, stiftete Heinrich von Sybel 1859 die wohl bedeutendste Plattform für die kleindeutsch-preußische Historiographie: die „Historische Zeitschrift" als Fachorgan der neuen Geschichtswissenschaft. Im Vorwort des ersten Bandes erklärte er, das Programm sei unvereinbar mit dem Ultramontanismus und der großdeutschen Geschichtsschreibung. Erfolgreich verhinderte er demgemäß, quellenkritisch durchaus begründetem Widerspruch zu seiner „Geschichte der Revolutionszeit" Raum zu geben, wenn er, wie ihm schien, von der falschen Seite kam. Der ausgegrenzte Bonner Rechtshistoriker Hermann Hüffer musste das schmerzlich erfahren[47].

---

[45] Onno KLOPP, Geschichte der Revolutionszeit von 1789–1795. Von Heinrich v. Sybel, in: DERS., Kleindeutsche Geschichtsbaumeister (Freiburg im Breisgau 1863) 151–280, und DERS., Vorwort, in: ebd. IIIf., hier IV. Klopp bezog sich auf die Stenographischen Berichte des Hauses der Abgeordneten zu Berlin von 1862, 1547f.

[46] DERS., Vorwort (wie vorige Anm.) IV.

[47] Vgl. Volker DOTTERWEICH, Heinrich von Sybel. Geschichtswissenschaft in politischer Absicht (1817–1861) (Schriftenreihe der Historischen Kommission bei der Bayerischen Akademie der Wissenschaften 16, Göttingen 1978) 213–217, 329–331.

Die nachfolgenden Generationen preußisch-deutscher Prägung des Kaiserreichs, der Weimarer Republik und des sogenannten „Dritten Reiches" modifizierten, ergänzten und akzentuierten diese Grundannahmen – hier wäre der Anteil des bereits Bekannten am größten, so dass für die wesentlichen Konstellationen und Personen auf die vorzügliche Analyse Thomas Brechenmachers verwiesen sei[48].

Als führender Propagandist der zweiten Generation im neu begründeten deutschen Kaiserreich brachte sich der Sachse Heinrich von Treitschke zur Geltung, und das auf überwältigende Weise, indem es ihm gelang, mit seinen fünf Bänden „Deutsche Geschichte im neunzehnten Jahrhundert"[49] ab 1879 die Buchregale des gebildeten Bürgertums zu erobern. Alle zuvor skizzierten kleindeutsch-preußischen Klischees und Grundannahmen über die Rolle der Habsburger, des alten deutschen Kaisertums und des Deutschen Bundes tauchten bei ihm auf, nun aber in einem bisher nicht gehörten Maße leidenschaftlich, aggressiv, unerbittlich und imperialistisch gegenüber den nichtdeutschen Völkern. Nicht zufällig erschien im selben Jahr seine aufsehenerregende Schrift, welche in eine Zeitanalyse zur internationalen Lage eine mehrseitige Polemik gegen „die Juden" einbettete und den bald allseits kolportierten Slogan „Die Juden sind unser Unglück!" in die Welt setzte[50].

Die Habsburgermonarchie rückte für ihn nun in die Rolle eines Allianzpartners: Das „Schutz- und Trutzbündniß mit Österreich schob den Gefahren, die von Osten her drohten, einen Riegel vor"[51]. Die Nachfolger Treitschkes im Kaiserreich, wie Erich Marcks, feierten Bismarck in heilsgeschichtlichen Dimensionen von Verheißung und Erlösung, aber „panikartige Abschottungsforderungen" nach dem Muster Treitschkes hatten sich überlebt[52]. Die Idee eines starken mitteleuropäischen Machtblocks, der durch den 1879 abgeschlossenen Zweibund eine Schicksalsgemeinschaft gestiftet hatte, rückte in den Vordergrund; dieses Bündnis schien alte Ideen von 1848/49 zu verwirklichen sowie die Polarität von „kleindeutsch" und „großdeutsch" abzumildern.

Die dritte Generation der „Kleindeutschen" sah sich nach 1918 plötzlich mit der Chance konfrontiert, die Reichseinigung mit dem neuen „Deutschösterreich" doch noch zu vollenden. Zwar verhinderte der Friede von St. Germain den von der deutschösterreichischen Provisorischen Nationalversammlung erstrebten „Anschluss" an die Weimarer Republik, aber es entstand nun die paradoxe Situation, dass Verfechter einer „großdeutschen" Geschichtssicht, wie etwa Heinrich Ritter von Srbik, aus „Positionen längst überwunden geglaubter kleindeutscher Einseitigkeit" angegriffen wurden. Erich Brandenburg, Friedrich Meinecke und Fritz Hartung rühmten die Leistungen Preußens

---

[48] Ich folge für die Periode bis 1945 hier der kenntnisreichen, ausgewogenen Behandlung des Themas bei Thomas BRECHENMACHER, *Österreich steht außer Deutschland, aber es gehört zu Deutschland*. Aspekte der Bewertung des Faktors Österreich in der deutschen Historiographie, in: Ungleiche Partner? Österreich und Deutschland in ihrer gegenseitigen Wahrnehmung. Historische Analysen und Vergleiche aus dem 19. und 20. Jahrhundert, hg. von Michael GEHLER–Rainer F. SCHMIDT–Harm-Hinrich BRANDT–Rolf STEININGER (Historische Mitteilungen 15, Stuttgart 1996) 31–55, für die hier nur skizzierten Zeitepochen bes. 43–53.
[49] Vgl. Heinrich von TREITSCHKE, Deutsche Geschichte im 19. Jahrhundert, 5 Bde. (Leipzig 1879–1889).
[50] DERS., Unsere Aussichten. *Preußische Jahrbücher* 44 (1879) 559–576, hier 575.
[51] Ebd. 565.
[52] Vgl. BRECHENMACHER, Österreich (wie Anm. 48) 46f.

für die deutsche Nation, distanzierten sich demgegenüber aber von einem „austrophilen Universalismus" Srbiks[53].

Auf dem Boden des „Großdeutschen Reiches" der kurzen vierten generationellen Staatlichkeit öffnete sich eine Kluft zwischen dem kleindeutsch-preußischen Geschichtsbild nach dem Muster Treitschkes und der nun salonfähigen Imprägnierung mit einer „primitiven Blut-, Boden- und Rassenideologie"[54]. Brechenmacher hebt hier insbesondere Srbiks Berliner Vorträge zum Thema „Österreich in der deutschen Geschichte" hervor und betont die „Differenzen zwischen diesem rassistischen, über das Konstrukt gemeinsamen ‚Blutes' operierenden und dem kulturellen, idealistischen Volksbegriff Treitschkes, der sich zentral auf die Kategorien ‚Protestantismus' und ‚Preußentum' stützte"[55]. Diese Tendenzen haben sich auch in Srbiks schon 1925 erschienener Metternich-Biographie niedergeschlagen[56].

Kleindeutsch-preußische Geschichtsschreibung nach 1945?

Kurzzeitig gab es nach 1945 eine programmatische Auseinandersetzung mit der borussischen Schule als maßgeblicher Ausrichtung der deutschen Geschichtsschreibung. Der Augsburger Redaktion der Zeitschrift „Neues Abendland" war gelegen „an einer Revision der seit Ranke, Treitschke, Droysen, Sybel verpreußten deutschen Geschichtsschreibung und an Pflege der föderalistisch-universalistisch geschichtsrevisionistischen Tradition der Hurter, Gfrörer, Böhmer, Ficker, des späten Gervinus, der Frantz, Klopp, Roesler, Weiss, Redlich, Kralik und Kaindl"[57]. Die Hoffnungen richteten sich vor allem auf Franz Schnabel. Karl Dietrich Erdmann, der den auf die Zeitgeschichte bezogenen Band von Gebhardts „Handbuch der deutschen Geschichte" herausgegeben hatte, plädierte ursprünglich in ähnlicher Zielrichtung dafür, „auch die Geschichte Österreichs nach 1918, ja selbst nach 1945" in die Neuauflage mit einzubeziehen[58]. Schließlich scheiterte er in seiner Kieler Vorlesung von 1985 mit seinem Versuch, die Zugehörigkeit Österreichs zur deutschen Geschichte nach 1945 in der steilen These von „drei Staaten – zwei Nationen – ein Volk?" unterzubringen. Österreichische Historiker erkannten darin eine „Wiedervereinnahmung" und widersprachen vehement, den österreichischen Staat in einem „dreigeteilten Deutschland" quasi als „Drittes Deutschland" untergebracht zu sehen[59]. Auch dies war wie bei den eingangs erwähnten Beispielen ein fehlgeleitetes Hantieren mit überzeitlichen nationalen Identitäten. Man kann in diesem Versuch einer „Revision" des Blicks auf die österreichische Geschichte kaum mehr als einen „verflachenden Aufschwung" ohne großen Einfluss auf die allgemeine nationale Interpretation der deutschen Geschichte erkennen[60].

---

[53] Ebd. 50.
[54] Ebd. 51.
[55] Heinrich von Srbik, Österreich in der deutschen Geschichte (München 1936).
[56] Vgl. Siemann, Metternich (wie Anm. 26) 21–30.
[57] Schulze, Geschichtswissenschaft (wie Anm. 7) 211.
[58] Vgl. Fritz Fellner, Die Historiographie zur österreichisch-deutschen Problematik als Spiegel der nationalpolitischen Diskussion, in: ders., Geschichtsschreibung und nationale Identität. Probleme und Leistungen der österreichischen Geschichtswissenschaft (Wien–Köln–Weimar 2002) 145–172, hier 147.
[59] Vgl. Ernst Bruckmüller, Nation Österreich. Kulturelles Bewußtsein und gesellschaftlich-politische Prozesse (Wien–Köln–Graz ²1996) 53–55.
[60] So Schulze, Geschichtswissenschaft (wie Anm. 7) 212.

Ob Revisionsversuche aus katholisch-süddeutsch-antiborussischer Sicht oder in der Kontroverse um das Bismarck-Bild in den 1950er Jahren: Der Mainstream der deutschen Historiker nach 1945 vermochte sich nur schwer „von der bisher sanktionierten Konstruktion der nationalen Geschichte"[61] abzuwenden. Die Historiographie blieb in der DDR ebenso wie in der Bundesrepublik zur Geschichte des 19. Jahrhunderts „in hohem Maße auf den kleindeutschen Nationalstaat fixiert"[62]. Auch nach dem Untergang Preußens scheint es gerechtfertigt, noch mit einer fortdauernden kleindeutsch-preußischen Geschichtsperspektive zu rechnen. Dieser Konditionierung konnten sich selbst so respektable historische Synthesen wie diejenigen Thomas Nipperdeys und Hans-Ulrich Wehlers nicht entziehen. Österreich oder die Habsburgermonarchie und der Deutsche Bund führten – im Blick auf das 19. Jahrhundert – ein Schattendasein. Auf welche Weise das geschah, soll hier an drei Beispielen veranschaulicht werden. Alle ragen durch ihre Popularität oder ihren Lehrbuchcharakter heraus.

Der von Walter Bußmann herausgegebene fünfte Band des „Handbuchs der europäischen Geschichte"[63] mag als prägnantes Beispiel für eine in den 1960er Jahren konzipierte Geschichtsschreibung gelten, in welcher die Habsburgermonarchie in eigentümlicher Weise marginalisiert wurde, gemäß dem Motto: „Die Geschichte Österreichs wird im Zusammenhang mit der allgemeinen deutschen Geschichte bis 1866 behandelt."[64] Erst im sechsten Band für die Zeit von 1867 bis 1918 taucht Österreich als Habsburgermonarchie wieder auf. Der fünfte Band erstrebte eine Kompromisslinie im damals diskutierten Streit um den Primat von Außen-, Innen-, Gesellschafts-, Handels- und Wirtschaftspolitik. Konzeptionell beschreibt man im Hauptteil „[d]ie Geschichte der europäischen Staaten". Alle bereits konstituierten europäischen Nationalstaaten werden erfasst, auch die supranationalen Imperien Großbritannien, Russland und das Osmanische Reich. Bemerkenswert ist dabei überdies: Auch die noch nicht als Nationalstaat konstituierten Bewegungen, nach den Worten von Hans Rothfels „eine Art Nationsanwärter"[65], erhalten eigene Kapitel: also Polen und Italien. Deutschland erscheint unter der Überschrift „Vom Hl. Römischen Reich deutscher Nation zur Gründung des Deutschen Reiches". Zwei Tatsachen sind festzuhalten: Der Deutsche Bund als eigene staatliche Organisationsform wird so gut wie ignoriert, erhält kein eigenes Kapitel, gilt gar nicht als Staat. Ebenso wenig existiert die Habsburgermonarchie als Gesamtreich in dieser Gliederung. Durch die konsequente Ausrichtung auf die entstehenden Nationalstaaten fehlt auch die Hierarchie zwischen den Großmächten der Pentarchie und den Mächten zweiten und dritten Ranges. Die Habsburgermonarchie als Gesamtreich fehlt vollständig: Das ist augenfällig Geschichtsschreibung aus preußisch-deutschem Gesichtswinkel, denn das Telos des Jahrhunderts ist eindeutig das Bismarckreich. Der Herausgeber betont zwar, man wolle „einen Rückfall in eine nationalstaatliche Geschichtsauffassung vermeiden, also nicht im Nationalstaat das gleichsam vorgegebene Ziel der

[61] Ebd. 226.

[62] Dieter LANGEWIESCHE, Reich, Nation und Staat in der jüngeren deutschen Geschichte. *HZ* 254 (1992) 341–381, hier 362; vgl. BRECHENMACHER, Geschichtsschreibung (wie Anm. 6) 44f.

[63] Europa von der Französischen Revolution zu den nationalstaatlichen Bewegungen des 19. Jahrhunderts, hg. von Walter BUSSMANN (Handbuch der europäischen Geschichte 5, Stuttgart 1981).

[64] Ebd. XIX.

[65] Hans ROTHFELS, Grundsätzliches zum Problem der Nationalität. *HZ* 174 (1952) 339–358, hier 343.

Geschichte sehen"[66]. Gerade das Konzept aber verwirklicht das. Der Nationalstaat, und zwar derjenige, der in den 1960er Jahren noch existierte, ist das Telos. Das galt für alle Staaten außer für die Habsburgermonarchie.

Die sozialgeschichtliche Wende in den 1980er Jahren verstärkte die Blindheit gegenüber den fortwirkenden vormodernen supranationalen dezentralen Reichen im 19. Jahrhundert. Unter der Einwirkung des Modernisierungskonzepts erschien die Identität von Nation und Territorium – das Konstrukt des modernen Nationalstaats – als der Inbegriff von Staatlichkeit in einer modernen Gesellschaft. Andere Formen erschienen demgegenüber als feudal, rückständig, schlicht als nicht mehr zeitgemäß. Dieses Konzept schrieb nach Otto Dann dem Staat vier Aufgaben zu: 1. die administrative, militärische und rechtliche Durchdringung, sprich Konzentration, 2. die Identitätsbildung, darin inbegriffen die sprachlich-kulturelle Assimilation, 3. die Partizipation an der Herrschaft, 4. schließlich die Distribution zur Herstellung des modernen Wohlfahrtsstaats[67]. Hier ist in der Spur der kleindeutsch-preußischen Tradition die Beschwörung des Nationalstaats als Inbegriff von Macht und Ressourcen wiederzuerkennen, freilich theoretisch überhöht. Ungefragt wird in diesem Konzept der Modernisierung das Bismarckreich als Ziel des sozialen Wandels assoziiert, selbst da, wo noch der Deutsche Bund existierte. Es entstand ein Paradoxon: Der Inbegriff des Staates wurde als Nationalstaat hypostasiert, die Vielfalt der existierenden Staatlichkeiten, darunter die Dimensionen der Imperien ebenso wie der deutsche Föderalismus auf Länder- und auf kommunaler Ebene, blieben ausgeblendet. Auch hierin ist eine Kontinuität der preußisch-deutschen Tradition zu erkennen. Implizit wird damit zugleich unterstellt, die Nation sei anderen, nämlich traditionellen „Solidaritätsverbänden", wie Rainer Lepsius es formulierte, überlegen; er meinte damit Klassen, Konfessionen, abweichende ethnische Gruppen, Verwandtschafts- und Sippengebilde[68].

Dieses Konzept wurde noch 2001 in der neuesten (zehnten) Auflage des Gebhardt mit dem Titel „Das lange 19. Jahrhundert" realisiert. Der Untertitel lautet bezeichnenderweise „Arbeit, Nation und bürgerliche Gesellschaft". Von Staatlichkeit ist eigens nicht die Rede: Sie ist im Begriff der Nation inkorporiert. Typisch für das 19. Jahrhundert erscheinen – dem Modernisierungskonzept des sozialen Wandels gemäß – als Ordnungskategorien Industrialisierung, Bevölkerungsexplosion, die Nationalstaaten und die Verbürgerlichung. Der Deutsche Bund interessiert nicht als staatliche Organisation, denn der Band behandelt ihn lediglich „untersuchungsräumlich"[69], also als Territorium. Dieses wird aber für Zwecke der Bevölkerungsstatistik auch für die Zeit des Deutschen Bundes auf den Gebietstand des nachfolgenden Deutschen Reiches reduziert, d. h. es werden die Zahlen für Österreich (!) und Luxemburg aus dem Bundesterritorium herausgerechnet, um die Kontinuität zum Deutschen Reich von 1871 sowie zur Bundesrepublik Deutschland konstruieren zu können[70]. Das Habsburgerreich firmiert als

[66] BUSSMANN, Europa (wie Anm. 63) 7.
[67] Nationalismus und sozialer Wandel, hg. von Otto DANN (Hamburg 1978) 12. Vgl. in diesem Sinne auch Jürgen KOCKA, Das lange 19. Jahrhundert. Arbeit, Nation und bürgerliche Gesellschaft (Gebhardt, Handbuch der deutschen Geschichte 13, Stuttgart 2001) 90.
[68] Vgl. M. Rainer LEPSIUS, Nation und Nationalismus in Deutschland. *GG* Sonderheft 8 (1982) 12–27, hier 13.
[69] KOCKA, Das lange 19. Jahrhundert (wie Anm. 67) 41.
[70] Ebd. 78.

„europäisches Nachbarland"[71], nicht – wie von den Zeitgenossen bis 1866 noch wahrgenommen – als Teil „Deutschlands", von dem schon 1815 in der Deutschen Bundes-
akte die Rede war. Es verwundert deshalb auch nicht, dass Metternich, neben Napoleon
die prägende Kraft des frühen 19. Jahrhunderts, in der Darstellung nicht vorkommt.
Auch hier wird von den konkreten komplexen Staatlichkeiten abstrahiert und alles der
Doktrin vom Inbegriff des „modernen Staates" untergeordnet. Dieser ist das zwingende
Telos, charakterisiert als geschlossenes Territorium mit zentraler, bürokratischer Verwaltung und Gewaltmonopol. Demgegenüber erscheinen staatliche Gefüge wie das Alte
Reich als „altertümlich"[72]. Es muss nicht betont werden, dass die jüngere Frühneuzeitforschung in der Struktur des Alten Reiches moderne Elemente entdeckt hat, die durch
zukunftsweisende, heute an Strukturen der Europäischen Union erinnernde Elemente
und Regularien mit der eindimensionalen Staatshypostasierung konkurrieren. Darstellungen, in denen die streng auf den Nationalstaat bezogene und subkutan „kleindeutsch-preußische" Perspektive für die Epoche bis 1866 als unhistorisch und damit
unsachgemäß behandelt wird, werden in diesem Buch als „partielle Rückkehr zu neu-
alten Mustern" abgetan, „die schon vor dem Ersten Weltkrieg entstanden"[73], so als solle
hier in geschichtspolitisch restaurativem Sinne eine „großdeutsche" Geschichtslegende
wiederbelebt werden. Dabei wird nicht nur die Habsburgermonarchie als Teil der damaligen deutschen Geschichte ausgegrenzt, sondern auch die politische Rolle kleinerer
politischer Einheiten als Teil des nationalen Projekts. Der föderative, teilweise lockere
Charakter der „zusammengesetzten Staatlichkeit" in der deutschen Entwicklung bleibt
dem beobachtenden Blick verschlossen.

     Heinrich August Winklers Bestseller „Der lange Weg nach Westen" verkörpert aus
dem Kreis allerneuester „Meistererzählungen" ein besonders eindrucksvolles Beispiel für
die unterschwellig fortwirkende kleindeutsch-preußische Fokussierung[74]. Es ist eine politische Geschichte eigener Art, weil sie immer auch die Geschichtsdeutungen der Zeitgenossen einfließen lässt, wobei sich der Autor in kritischen Fragen gern hinter einem
dezidierten Votum eines Zeitgenossen verbirgt. Zum Beispiel vernichtete Joseph Görres
jegliche Existenzberechtigung des Deutschen Bundes mit seinem Urteil, dieser sei eine
„jämmerliche, unförmliche, mißgeborene, ungestaltete Verfassung". Gegenläufige Urteile, wie das oben angeführte Droysens, unterschlägt der Autor[75]. Winklers Ziel der
deutschen Geschichte ist 1990 erreicht, denn damals habe, wie eingangs erwähnt, der
Zwei-plus-Vier-Vertrag „Bismarcks ‚kleindeutsche Lösung' zumindest insoweit bestätigt,
als diese eine Absage an die ‚großdeutsche Lösung' des deutschen Problems, die Lösung
mit Österreich, war"[76]. Winkler operiert also noch mit den Antagonismen des 19. Jahrhunderts. Dass unter dem Dach des Alten Reiches eine höchst komplexe Verfassungsordnung existierte, welche das Modell eines „zusammengesetzten Staates" verkörperte,
bleibt auch dieser Sicht verschlossen, im Gegenteil: Eine solche Formation gilt als das

---

[71] Ebd. 72.
[72] Ebd. 90.
[73] Ebd. 39.
[74] WINKLER, Der lange Weg nach Westen, Bd. 1 (wie Anm. 3).
[75] Ebd. 73.
[76] Ebd. 2.

Abnorme, als „defizitäre Staatsbildung"[77], der zentralisierte, auf die homogene Nation bezogene Machtstaat als das Reguläre.

Das eigentlich Fragwürdige dieser „Meistererzählung" hat bereits Dieter Langewiesche herausgestellt[78]. Winkler konstruiert aus der Tradition des Alten Reiches heraus einen „Reichsmythos", den er für den „deutschen Sonderweg" auf der Bahn in den Nationalsozialismus verantwortlich machte. Er hatte die 1866/71 vollzogene Verschiebung des Reichsverständnisses nicht realisiert: von dem multinationalen Gebilde mit tausendjähriger Tradition, in dem unterschiedliche Nationalitäten koexistierten, hin zu einem neuen deutschen Reichsverständnis, das eine Mythenbildung im Dienste der Hohenzollern war – ein „evangelisches Kaisertum" in Deutschland, wie Bismarck es formulierte[79]. Das Koordinatensystem der Werte funktioniert bei Winkler noch eindeutig preußisch-deutsch, wenn er schreibt: „Die Gründung eines deutschen Nationalstaats bedeutete zunächst einmal ein Stück Verwestlichung oder Normalisierung: Die Deutschen unterschieden sich, nachdem sie sich von den universalistischen Traditionen des Alten Reiches und dem konföderativen Gebilde des Deutschen Bundes verabschiedet hatten, von den Nationalstaaten Westeuropas weniger als zuvor."[80]

Weitet man den Blick über den wissenschaftlichen akademischen Raum hinaus in die Medien, die Geschichtswissen als politisch bildende Erinnerungskultur pflegen, stechen besonders die anspruchsvollen Organe der Journalistik und die Museen ins Auge, wenn sie im Takt der historischen Gedenktage große Ereignisse ins Gedächtnis rufen. Es mag verblüffen, wie auch hier immer noch ungetrübt von allen neueren Forschungserkenntnissen das kleindeutsch-preußische Geschichtsbild – oft unausgesprochen oder unbewusst – propagiert und weiter zementiert wird. Noch jüngst widmete sich das Wochenmagazin „Der Spiegel" in einem Sonderheft dem Thema „Das Reich der Deutschen"[81]. Es lässt die deutsche Geschichte mit der Kaiserkrönung Ottos I. beginnen und dann im Jahre 1871 kulminieren. Das Bismarckreich funktioniert hier in gleicher Weise wie bei Winkler als Referenzpunkt. Die Essays zur Politik kreisen allesamt bevorzugt um Preußen, das „Land der Mirakel", sie betrachten „Preußens Aufstieg zur Großmacht", Friedrich II. als Antipoden Maria Theresias, er, der „Preußen als fünfte europäische Großmacht" etablierte, „als wagemutiger und auch glücklicher Feldherr", und durch das 19. Jahrhundert begleitet Theodor Fontane durch seinen journalistischen Blick den Weg Preußens bis zum „Reichsgründer Bismarck". Geradezu typisch muss es anmuten, dass in diesem Heft für das 19. Jahrhundert der habsburgisch geprägte „Deutsche Bund" (1815–1866) nicht vorkommt.

---

[77] Vgl. Dieter LANGEWIESCHE, Kleinstaat – Nationalstaat, in: DERS., Reich, Nation, Föderation. Deutschland und Europa (München 2008) 194–210, hier 198.

[78] Vgl. Dieter LANGEWIESCHE, Das Alte Reich nach seinem Ende. Die Reichsidee in der deutschen Politik des 19. und frühen 20. Jahrhunderts. Versuch einer nationalgeschichtlichen Neubewertung in welthistorischer Perspektive, in: DERS., Reich, Nation, Föderation (wie Anm. 77) 211–234, hier 211–213.

[79] Siehe z.B. Paul MAJUNKE, Geschichte des Kulturkampfes in Preußen-Deutschland (Paderborn 1902, ND Paderborn 2015) 12f.

[80] Heinrich August WINKLER, Der lange Weg nach Westen, Bd. 2: Deutsche Geschichte vom „Dritten Reich" bis zur Wiedervereinigung (München 2000, ⁵2010) 640f.

[81] *Spiegel Geschichte* 3/2016: Das Reich der Deutschen. 962–1871.

Wie es anders geschehen kann, bewies eine groß angelegte Ausstellung im völlig neu gestalteten Militärhistorischen Museum in Dresden[82] unter dem Thema „200 Jahre Befreiungskriege". 2013/14 wurden dort die Besucher mit einem Geschichtsbild konfrontiert, das alle kleindeutsch-preußischen Tendenzen abgelegt hatte. Die Erfahrung eines Weltkriegs, der keinen europäischen Staat verschont und bis nach Südamerika ausgegriffen hatte, der Gewalterfahrungen vermittelte, die das Massensterben im modernen Krieg des 20. Jahrhunderts vorwegzunehmen schienen, Ausstellungsstücke, die den Verwesungsgestank der Schlachtfelder statt Heldengeschichten und gefeierte Märtyrer assoziieren ließen – ein Geschichtspanorama, das dem Mythos der nationalen Befreiung durch Preußen nüchterne Fakten und Relikte entgegenstellte[83]. Der Katalog findet in schlüssiger Weise auch Raum für die österreichischen Generäle, die Rolle Österreichs und seiner Alliierten und beleuchtet die preußischen Reformen und die preußischen Freikorps durchaus kritisch.

Parallel dazu ließe sich hier sprechen über die augenfälligen gegenläufigen Bestrebungen der deutschsprachigen Geschichtsschreibung, etwa über die Historische Kommission bei der Bayerischen Akademie der Wissenschaften, die begonnen hat, in einem monumentalen Projekt die Quellen zum Deutschen Bund zu edieren und mit fundamentalen Monographien zu begleiten; es wäre zu reden über deutschsprachige Autoren wie Wolf D. Gruner, Dieter Langewiesche, Heinrich Lutz, Manfred Botzenhart, Werner Kaegi, Harm-Hinrich Brandt, Jürgen Osterhammel, welche in der Geschichte des 19. Jahrhunderts den „Faktor Österreich" (Thomas Brechenmacher) konsequent in ihre Forschungen integrieren. Ebenso wichtig erscheint außerdem, auf die aktuellen Impulse der europäischen, vor allem auch der angelsächsischen Geschichtsschreibung hinzuweisen, welche im Blick auf die deutsche Geschichte nicht einer nationalstaatlichen Binnenperspektive unterliegen und das Fortwirken der zusammengesetzten, dezentralen deutschen Staatlichkeiten im 19. Jahrhundert zu registrieren bereit sind. Hier ist zu denken an die großen Synthesen anglo-amerikanischer Autorinnen und Autoren wie James Sheehan, Christopher Bayly, Brendan Simms, Abigail Green, Tim Blanning oder John Darwin. Diese Erscheinung von komplexerer Staatlichkeit findet sich vor allem in Überlegungen zum transnationalen Charakter der Imperien, was aus britischer Sicht geläufiger und auch der Habsburgermonarchie adäquat ist[84]. Der von politischer Pädagogik inspirierten kleindeutsch-preußischen Geschichtsschreibung Winklers lassen sich die Worte John Darwins entgegenhalten: „In der Tat erwies es sich als überaus schwierig, autonome Staaten auf einer rein ethnischen Basis zu gründen, [...] so dass Reiche, in denen verschiedene Ethnien Untertanen eines gemeinsamen Herrschers waren, in der Geschichte ein Grundmodell politischer Organisation waren. Imperiale Macht war im Grunde der Normalfall."[85] Das scheint den sachgemäßeren Zugang zum 19. Jahrhundert zu eröffnen, jenseits der preußisch-deutschen Fixierung auf den hypostasierten Na-

---

[82] Vgl. Blutige Romantik. 200 Jahre Befreiungskriege, hg. von Gerhard BAUER–Gorch PIEKEN–Matthias ROGG, 2 Bde. Essays und Katalog (Dresden 2013).

[83] Vgl. Christian STAAS, *Ich will den Haß!* Ausstellung „Blutige Romantik". *Die Zeit* 41/2013, 2. Oktober 2013.

[84] Zur Rolle der transnationalen Imperien vgl. SIEMANN, Metternich (wie Anm. 26) 490–493.

[85] John DARWIN, Der imperiale Traum. Die Globalgeschichte großer Reiche 1400–2000 (Frankfurt/Main–New York 2010) 35.

tionalstaat im Werden[86]. Der österreichischen Geschichtsschreibung ist der Durchbruch zu einer Geschichtsschreibung auf dem Fundament einer multinationalen Reichsordnung gelungen in dem monumentalen Werk der Reihe „Die Habsburgermonarchie 1848–1918", das inzwischen auf zwölf Bände mit zahlreichen Teil- und zwei Ergänzungsbänden angewachsenen ist[87]. Darin ist es gelungen, die Autoren und Autorinnen der verschiedenen Nationalitäten zu gewinnen, welche das Reichsterritorium ehemals bevölkerten. Wer aus deutscher Sicht die Konditionierung durch die kleindeutsch-preußische Geschichtskonstruktion hinter sich lassen will, findet auch hier Anknüpfungspunkte, um „die österreichisch-deutsche Problematik der Vergangenheit außerhalb einer nationalpolitischen Diskussion in wissenschaftlicher Analyse darzulegen"[88].

---

[86] Vgl. in diesem Sinne auch Heinrich Lutz, Zwischen Habsburg und Preußen. Deutschland 1815–1866 (Berlin 1985).
[87] Vgl. zur historiographischen Einordnung des Werks Wolfram Siemann, Habsburg, Deutschland und Mitteleuropa im „langen neunzehnten Jahrhundert". *Sehepunkte* 11 (2011), Nr. 5 (15. 5. 2011), http://www.sehepunkte.de/2011/05/11838.html [25. 4. 2022]; ders., Helmut Rumpler (1935–2018). *HZ* 308 (2019) 401–413.
[88] So Fellner, Zur österreichisch-deutschen Problematik (wie Anm. 58) 172.

British Historians and the Habsburg Monarchy
(1500–1918)

A Survey of the Historiography from ca. 1850

Robin Okey

To cover a century and a half of British work on four hundred years of Habsburg history is no easy matter[1]. The Habsburg Monarchy was a composite state, whose story must take into account not only the fortunes of the dynasty and the central authorities but the national histories of the component countries with which they interacted. To place this work, moreover, within the discourse of one's native historiography requires a sensitivity to this discourse not always present in these days of specialization. The long period since 1850 has involved great changes in the development of history as a discipline, both in institutional structures and thematic concerns. Suffice it to say that the guidelines for this volume face contributors with a fascinating but difficult task. Acquitting this task involves some initial problems of method. The guidelines' call for "master narratives" and the wide scope of the project suggests a roughly chronological approach, as one best suited to bring out the shape of the evolving historiography and draw attention to patterns of continuity and change. What is to count as British historiography is not always clear-cut where migration is involved. The principle broadly followed below is to include historians of British upbringing or whose mature work was written in Britain. Additionally, work of Commonwealth and Irish historians may here find a home, except when careers have been pursued in the United States. Attention will be drawn to marginal cases. British historiography of the Monarchy is naturally influenced by other Anglophone work. Here the relationship with American scholarship will be borne in mind. Historically relevant material need not always be written by historians or academics and the contribution of other informed commentators will be given due weight. Finally, this presentation will touch on all aspects of the historiography, while keeping in view as central theme British assessments of the Monarchy as a state in the international context.

---

[1] I am grateful to the editors of *Zgodovinski časopis* for permission to republish a very slightly different version of this chapter, without the Addendum, which appeared in their journal, vol. 74/1–2 (2020) 146–174.

British historians, the Monarchy and European politics: to 1945

British historiography of the Monarchy developed slowly at first, despite a tradition of political support for Austria as a key factor in the European balance of power. The nineteenth century saw historians everywhere in Europe preoccupied with the documentation of their native land. Additionally, in Britain laissez-faire traditions delayed the institutionalization of historical studies along central European Rankean lines. The "English Historical Review" (1886) appeared decades after "Historische Zeitschrift" (1859) and its Hungarian counterpart "Századok" (1867), and the tradition of formal training imparted through the graduate seminar was less developed than in central Europe or for that matter the United States. Cultural difference was fed by physical remoteness. Britain was a globally-orientated island power, for which European stability mattered chiefly insofar as it left her free to pursue her overseas interests. Henry Wickham Steed (1871–1956), long-standing Vienna correspondent of the London "Times", reports that of 17,000 subscribers' answers to his paper's request for comments on its coverage only one mentioned foreign affairs, an old woman who wanted more news of Assam because her son was a tea-planter there[2]. Anecdote aside, there seems little doubt that the wider British public's engagement with the Monarchy was limited[3].

This is the background to the fact that little on the Monarchy was written by academic historians between 1850 and 1914. Perhaps the most ambitious British historical project on general history before 1914, the multi-volume "Cambridge Modern History" (1902–1910), intended by its prime mover, the liberal historian Lord Acton, to go beyond a conventional history of states towards a "universal history", is thin on the Monarchy, reflecting a perceived dissociation between it and the wider themes selected[4]. For the early modern period Austrian history is largely subsumed in discussion of the Holy Roman Empire; for the later it is subordinated to the rise of Prussian Germany. Relevant contributors were often German or, in the case of Dualism, the Frenchman Louis Eisenmann, suggestive of the work's international ambition but also of the absence of authoritative native expertise. This disregard may have owed something to James Bryce's famous history of the Holy Roman Empire, which denied "odious" Austria any significant link with that Empire's ideals and in the modern context of self-governing nation states saw their inheritance in the German Reich[5].

Yet the limitations of academic British engagement in the pre-1914 period do not mean these years should be overlooked. The obverse of Britain's non-state orientated culture was the relative abundance of energetic individuals who pursued intellectual interests on their own initiative across the globe. Habsburg-related books between 1850 and 1914, where contemporary history and travelogue mixed with historical exegesis, were written by diplomats or their wives, journalists, teachers of English, people who married into Habsburg society, commentators on European public affairs or

---

[2] Henry Wickham STEED, Through Thirty years, 1892–1922. A Personal Memoir, 2 vols. (London 1924) 1 273.

[3] Tibor FRANK, Picturing Austria-Hungary. The British Perception of the Habsburg Monarchy 1865–1870 (Boulder, Colo. 2005) 79–89.

[4] The Cambridge Modern History 1, ed. Sir Adolphus WARD–Sir George PROTHERO–Sir Stanley LEATHES (Cambridge 1902) vi–vii.

[5] James BRYCE, The Holy Roman Empire (London ⁵1915) 397, 426–428, 440.

wealthy travellers who developed into gentleman scholars[6]. Imbued with Britain's own version of the national historical narrative of nineteenth-century Europe – a synthesis of constitutional liberty and economic progress through which the British had avoided continental upheavals in the rise to great power status – their work exemplified a mix of liberal and imperial concerns, and also the diversity of positions it could produce. The national poet Tennyson's phrase "freedom broadening down from precedent to precedent" exactly caught the law-abiding note of a British parliamentary constitutionalism accepted by all, but correspondingly open to liberal, conservative or radical inflections. These standpoints, together with strong Protestant convictions, long continued to frame British mentalities.

Unsurprisingly, constitutional principles and religious sentiment outweighed elements of fellow feeling between English and Austrian aristocrats for public opinion at large. Two factors, however, moderated coolness towards the Monarchy in practice. Pervasive patriotic pride made all but the stoutest liberal sensitive to British national interests. Austria was a bulwark against the Russian bear, seen as the main threat to the British Empire and the route to India. Second, Britain as an empire was like the Monarchy a composite state of venerable heritage, in which a dominant culture presided over a variety of other peoples, themselves ranged hierarchically. This applied also to the Celtic/Germanic division in the British Isles themselves. Lord Acton had invoked the Habsburg experience in a famous essay "On Nationality" in 1862, where he rated the political state based on civic values higher than the ethnic state based on race. He thus saw a beneficial role for a leading nation, like the German speakers in the Habsburg Monarchy and the English in the British Empire[7]. A multiethnic state, under German constitutional leadership, was perfectly acceptable in British eyes. In 1861, however, the more radical liberal John Stuart Mill had warned that differences of nationality in the state, particularly involving language, endangered the "united public opinion" necessary for representative government. Yet Mill too distinguished between superior cultures and inferior ones, including the Welsh and Scottish Highlanders among the latter[8]. His approach opened the way only potentially for a re-assessment of the Monarchy at a later phase. Since foreign secretary George Canning's ringing endorsement of Latin American freedom from Spain in 1826 ("I called the new world into existence to redress the balance of the old"), support for nationality had figured as part of the official British self-image[9]. A selective vein of quixotic enthusiasm about small nations went back to Byron. But as Eric Hobsbawm has pointed out, mid-nineteenth liberal assumption limited serious consideration of national rights to large groupings like Germans, Italians and Poles[10]. Nationality had a much qualified place in the liberalism on which Britons took

---

[6] Professional historians still accounted for only some twenty per cent of the 649 works recorded in: The Habsburg Monarchy 1804–1918. Books and pamphlets published between 1818 and 1967, ed. Francis Roy Bridge (London 1967).

[7] John E. Dahlberg-Acton, Baron, Essays on Freedom and Power, ed. John Figgis (London 1907) 271–300.

[8] John Stuart Mill, Utilitarianism, Liberty, Representative Government (London–Toronto–New York 1910) 359–366. The Durham Report of 1841, arguing on similar lines, had led to the division of Canada into Upper and Lower provinces, effectively English and French speaking respectively.

[9] Harold Temperley, The Foreign Policy of Canning 1822–1827. England, the Neo-Holy Alliance and the New World (London ²1966) 156.

[10] Eric Hobsbawm, Nations and Nationalism since 1780 (Cambridge 1991) 42s.

pride. The balance between constitutionality, nationality and stability varied according to circumstance and temperament.

Thus at the outset of the period under review judgement on the revolutionary years 1848–49 combined condemnation of Austria – "[h]er despotism rests on no saving basis of a common nationality" – with sharp criticism of the Hungarian declaration of independence[11]. The liberty theme and Britons' roving interests made Hungary a continuing early preoccupation. Despite several popular biographies, the weightier works were by no means Kossuth worship. Impressed by the civilizational aspirations of the south Slavs, Andrew Paton, an enterprising traveller of the Near East who entered British consular service in the Balkans, preferred Austrian centralism, given general constitutional and cultural rights, to Hungarian nationalism as a means of keeping Russia at bay[12]. John Paget, settled on his Hungarian wife's estate and seeing in the more passive Slovaks the "fate" of the British Celts, was less critical of the Magyars, and still less so the first professor of English in Budapest university, Arthur Patterson[13]. After 1867 and Magyar nationalism's successful affirmation British approval, as for the Monarchy as a whole, became less qualified. Ferenc Deák for his anonymous British biographer in 1880 was a Hampden "born in a happier hour"[14]. As the pertinacious moderate, he was the natural hero in Cecil Knatchbull-Hugesson's political history of 1908. This substantial work combined glowing praise of Hungarians' struggle for their constitutional rights against faithless Vienna with regret that they had had to violate their legal obligations to the dynasty in 1848. It called on them to accept Deák's Compromise with an Austria which had learnt its lesson and ultimately represented the West vis-à-vis still more "retrograde" Russia[15]. "Separatistic [...] fads" of the "fractional" non-Magyars were tartly dismissed[16]. This was the freedom theme in its most conservative British guise. Hence the advocate of Hungary Cecil Knatchbull-Hugesson, an aristocrat married into the Habsburg elite, arrived at the same pro-Habsburg stance as Geoffrey Drage, the Conservative politician and exemplar of the informed policy expert in his massive history of Dualist economic affairs. In both British geopolitical awareness is clearly present[17].

It was present too in the first British gentleman scholar to make the move, eventually, to university professor, with whom systematic British study of the Habsburg lands may be said to begin. Robert W. Seton-Watson (1879–1951), of Scottish landed stock, approached the Monarchy like his contemporaries through the German language, probably never more familiar to the British elite than in these years, and was successively

---

[11] History of the House of Austria, ed. Walter KELLY (London ⁴1895) cxvi–cxvii, cxxvii. Kelly's comments came in his extension to 1848 of Archdeacon William COXE's well-known book under this title, first published in 1807.

[12] Andrew PATON, Highlands and Islands of the Adriatic, including Dalmatia, Croatia, and the Southern Provinces of the Austrian Empire, 2 vols. (London 1849) 1 vi, 111s.; 2 152s.

[13] John PAGET, Hungary and Transylvania; with remarks on their condition, social, political and economical, 2 vols. (London ²1850) 81; Arthur PATTERSON, The Magyars. Their country and institutions, 2 vols. (London 1869).

[14] [Florence ARNOLD-FORSTER], Francis Deák. Hungarian Statesman. A Memoir (London 1880) x. Hampden was an English parliamentary hero imprisoned by Charles I.

[15] The Hon. Cecil KNATCHBULL-HUGESSON, The Political Evolution of the Hungarian Nation, 2 vols. (1908) 2 79, 245–247.

[16] Ibid. 1 322; 2 333.

[17] Geoffrey DRAGE, Austria-Hungary (London 1909). For Drage's political perspective see partic. 707–724.

drawn by curiosity to learn Magyar and then Slavic languages[18]. Disillusionment with
Magyarization led him to detailed analysis of Magyar policies to non-Magyars from the
1860s in path-breaking books of 1908 and 1911[19]. Seton-Watson's strong support for
the survival of the Monarchy, albeit reformed, reflected British convention. His aban-
donment of this commitment in 1914 was undoubtedly influenced by his belief, shared
by Henry Wickham Steed, author of a searching study of the Monarchy, that Germany
was supplanting Russia as the threat to the British Empire: the Dual Monarchy as Germany's key ally had forfeited its balancing role[20]. Seton-Watson's ceaseless campaigning
for various political combinations during the war bespeaks a boundless sense of British
entitlement to reorder the continent, and of his own role in the process. Yet it reflected
more than national egoism alone. Seton-Watson's hopes for Austria rested on belief in
the possibility of equal national entitlement in a common state, such as his generation of
Scots took to exist in the United Kingdom. He was coming to realise even before the war
that this perspective appeared less plausible to South Slavs[21].

Personal admiration for Slav and Romanian leaders, belying ideas that they belonged
to "inferior" ethnicities, facilitated his switch to a John Stuart Mill nation-state model, to
be implemented in a "New Europe". Byron's quixotism can be seen in the enthusiastic
support of the New Europe by men like the archaeologists Ronald Montagu Burrows
and (later Sir) Arthur Evans, excavator of Knossos. Several English envoys at Versailles,
in the words of the historian-diplomat Harold Nicolson "sang hymns round heaven's
gate", at the thought of the new Serbia, the new Bohemia, the new Poland[22]. Harold
Temperley, co-editor of British documents on the origins of the First World War, also
published a history of Serbia in 1917. Seton-Watson's later career reflected the drive to
provide a historiographical underpinning for what had happened in 1918. The British
Hungarian historian, László Péter, has shrewdly judged that British liberals' attitude to
small nation nationalism has been ultimately linked to the characteristic wish for constitutional stability and order[23]. Where the Monarchy was judged to have failed, a new
order was required.

The actual historiographical consequence of the First World War was a certain bifurcation. While Seton-Watson's energies, as a leading founder of the School of Slavonic
Studies in London (1915), centred around the Monarchy's "succession states", Britain's
leading diplomatic historians were drawn by the collapse of the European state system
and the Versailles settlement to reflect on the Congress of Vienna and the European
Concert after it, where Metternich was a key figure. Of these, Llewelyn Woodward and

---

[18] For elements of Germanophilia in pre-1914 British historians: Robert J. W. Evans, The Creight-
on Century. British Historians and Europe, 1907–2007. *Historical Research* 82 (2009) 320–339.

[19] Robert Seton-Watson, Racial Problems in Hungary (London 1908); idem, The Southern Slav
Question and the Habsburg Monarchy (London 1911).

[20] Ibid. vii, 177, 337, for Seton-Watson's conditional prewar support for the Monarchy; Henry
Wickham Steed, The Habsburg Monarchy (London 1913); for Steed's belief that Austria-Hungary
was a prisoner of Germany see also idem, Through Thirty years 1 (cit. n. 2) 261, 323.

[21] Hugh & Christopher Seton-Watson, The Making of a New Europe. R. W. Seton-Watson and
the last years of Austria-Hungary (London 1981) 76.

[22] Harold Nicolson, Peacemaking 1919 (London 1933) 26.

[23] László Péter, R. W. Seton-Watson's Changing Views on the National Question (The Habsburg
Monarchy and the European Balance of Power), in: idem, Hungary's Long Nineteenth Century. Con-
stitutional and National Traditions in a European Perspective, ed. Miklós Lojkó (Central and Eastern
Europe 1, Leiden–Boston 2012) 438–465.

George Peabody Gooch did write on other Habsburg themes, Joseph II and Maria Theresa respectively. Behind the bifurcation there remained in the interwar years, indeed, a commonality of background. Britain was an imperial power at its maximum extent, preoccupied with international crises in Ireland, Egypt, India and mandated Palestine, as well as the transition from empire to Commonwealth for the so-called White Dominions. This explains the interest in international relations: chairs in International Politics were founded in the University College of Wales, Aberystwyth (1919), the London School of Economics (1924) and Oxford (1930). But it also explains Seton-Watson's concerns: his aspiration to provide encouragement and forum to east-central European scholars on behalf of the liberal values he believed his country stood for in the new order. These values were reflected also in the diplomatic historians, despite differences of emphasis between Harold Temperley, historian of foreign secretary Canning, and Charles Webster, temperamentally more akin to his conservative predecessor Castlereagh. Indeed, it was Webster who wrote that the outcome of Metternich's diplomatic skill was to entrench "a system of repression and negation" in place of the "splendid hopes" of the War of Liberation[24]. Another eminent diplomatic historian, Llewelyn Woodward, was still more trenchant[25]. All the more interesting, then, was the eloquent endorsement of Metternich's skepticism about nineteenth-century liberalism and nationalism by the former Conservative foreign secretary Algernon Cecil, in the most significant of a number of Metternich biographies[26].

Yet interwar Britain was an over-extended power. The fortunes of the School of Slavonic Studies showed the limitations of the liberal empire for which Seton-Watson had hoped to train specialists. The first institution in Britain with an area studies brief, the School and its journal "The Slavonic Review" (later "The Slavonic and East European Review"), dealt extensively with Czechoslovak, Galician and south Slav historical and cultural themes, with a purpose as much educative as academic; Romanian and later on Hungarian topics also figured. Treatment of Austrian German and the Monarchy as such was confined to occasional reviews by Seton-Watson, who had become holder of a new Masaryk Chair of Central European History in the University of London in 1922. But the School received niggardly official support, and attracted few students, so had to rely on language teaching and foreign funding; its status within the University of London was long unclear and its facilities inadequate[27]. Britain in the 1930s had less than sixty thousand university students. Despite the institutionalization that the School represented, Carlile Macartney (1895–1978), the leading new specialist on the Danubian lands was, like Seton-Watson before him, a gentleman scholar, as was Gooch and the large majority of some twenty authors who published on this area between the wars, rarely touching on domestic affairs. Two shorter works by significant figures show that the liberal critique dominant in 1918 still prevailed. Wickham Steed, now a university lecturer teacher, emphasized the inflexibility of Emperor Franz Joseph. Lewis Namier argued that the triple domination of Austro-Germans, Magyars and Poles was irremedi-

---

[24] Charles K. Webster, The Foreign Policy of Castlereagh 1815–1822 (London 1925) 176; Temperley, The Foreign Policy of Canning (cit. n. 9).

[25] E. Llewelyn Woodward, Three Studies in European Conservatism (London 1928) 16–108. Woodward also wrote on Joseph II.

[26] Algernon Cecil, Metternich (1773–1859) (London ²1943) partic. 10–20, 45–52.

[27] I(an) W. Roberts, History of the School of Slavonic and East European Studies, 1915–2005 (Studies in Russia and Eastern Europe 5, London ²2009).

ably unbalanced by the First World War, whether the Central Powers won or lost[28]. Namier (later Sir Lewis Namier), a Galician Jew by birth, became an acclaimed historian of England in the interwar years[29]. Thus Seton-Watson's lonely position was not fundamentally challenged. In particular his "History of the Czechs and Slovaks", published in the Second World War but partly written before it, amounted effectively to a study of the Monarchy as a whole. Old-fashioned in approach, its speculation that, had the facts adduced been available earlier, the book might have served as a "timely warning", shows the author's highly political sense of his role and importance[30]. It is however impressive in the sweep of the interrelated narrative from 1526. The early problem of the Monarchy is seen in the tug between German and south-eastern orientations and the intransigence of the Catholic Church, of the latter in its failure to meet the rise of "nationality"[31]. Seton-Watson is true to his liberal constitutionalism in putting almost as much blame on Czech tactical obstinacy as Austrian German obtuseness, just as he had looked askance at "the crime" of Sarajevo in a book on 1914[32]. Leopold II, not the over "doctrinaire" and "autocratic" Joseph II, or his mother, is chosen as the best of the Habsburgs[33]. Overriding, however, is the "numbing influence" of Franz Joseph, his misplaced faith in the "canker" of Dualism and his connivance at Magyar policies[34]. It is implied that a solution might have been reached with more will in the Hofburg, but the point is not pursued, setting a precedent for vagueness on this score[35].

Two other significant but very different figures concerned themselves with internal affairs in this period. Carlile Macartney, of Irish Protestant landlord descent, came to his Hungarian specialism by the familiar route via initial interest in Austria. Published by the Royal Institute of International Affairs in 1937, his major work explored the fortunes of the territories taken from Hungary by the Treaty of Trianon and was intended as a contribution to problems of treaty revision[36]. Yet necessarily it contained much information on the pre-1918 situation. While Macartney accepted Seton-Watson's criticisms of official nationality policy in Dualist Hungary, he was more willing to accept that Magyarisation could also be a voluntary process. By contrast, A. J. P. Taylor (1906–1990) was a new type of visitor to Vienna, a northern England radical of relatively humble background, with an academic trajectory in mind. His book on the Habsburg Monarchy, first published in 1941, show-cased his brilliant, hard-hitting narrative style, yielding argument through paradox. The comprehensively rewritten 1948 version added more paradoxes, in places more show than substance, but retained some factual errors[37].

---

[28] Henry Wickham STEED, Doom of the Habsburgs (London 1936); Sir Lewis NAMIER, The Downfall of the Habsburg Monarchy, in: IDEM, Vanished Supremacies (London 1958) 139–202. This essay was first written in 1919.

[29] For Namier's Habsburg background, see Julia NAMIER, Lewis Namier: a Biography (London 1971).

[30] Robert SETON-WATSON, A History of the Czechs and Slovaks (London 1943) 5.

[31] Ibid. 93s., 204.

[32] Ibid. 209s., 218; Robert SETON-WATSON, Sarajevo. A study in the origins of the Great War (London 1926) 129.

[33] SETON-WATSON, Czechs and Slovaks (cit. n. 30) 152, 160.

[34] Ibid. 312, 244.

[35] Ibid. 242, 249.

[36] Carlile MACARTNEY, Hungary and her Successors (London 1937) v.

[37] Alan J. P. TAYLOR, The Habsburg monarchy, 1815–1918; a history of the Austrian Empire and Austria-Hungary (London 1941); 2nd edn.: The Habsburg Monarchy 1809–1918; a History of the

Basically, the main arguments remained the same, though the hopeful gloss on the Kremsier settlement was dropped. Taylor grounded his political narrative on a strong social argument for the importance of the emancipation and subsequent partial urbanization of the peasantry. This politicized ethnicity, making nationalism and the relations of "historic" peoples, "non-historic" peoples and the dynasty the central issues of the later Monarchy. "The conflict between a supra-national dynastic state and the national principle had to be fought to the finish; and so, too, had the conflict between the master and subject nations."[38] Several of Taylor's insights anticipate later tropes: the three-stage development of nationalism; the fact that the nations fought against each other, not the state; and that most people went about their business oblivious of their national "oppression" till alerted by nationalist activists[39]. Flamboyance apart, his emphases actually followed Seton-Watson's quite closely: the critique of Austrian German arrogance, of the dynasty and above all of Hungarian nationality policies, the praise for the "noble" moderate Deák, the esteem for Masaryk and Czech culture[40]. The socialist Taylor is an interesting illustration of the common threads which run through a national historiography, for all differences of temperament and affiliation, and which are clearer in treatments of foreign themes[41]. To be sure, a certain sharper tone is evident in Taylor. Seton-Watson's concerns with the political organization of central Europe had always been linked with notions of British liberal mission and his embrace of the national principle. For Taylor, the dispassionate academic, politics was about power, the basis on which he charged Robert Kann with failing to see that the Monarchy was not an exercise in multinationalism but a supranational instrument of dynastic will[42]. A cooler attitude to the nationality principle by the end of the Second World War can be seen also in Alfred Cobban's distinction between west and east Europeans' understanding of national self-determination and, in a different context, Namier's famous critique of the "revolution of the intellectuals" in central Europe in 1848[43].

It is commonalities which this section of the chapter has sought to stress, however. Up to 1945 British historiography of the Habsburg Monarchy was limited in volume, but it engaged some of the leading historians of the age because of the great issues in which the Monarchy, like Britain, were involved, and because it raised questions affecting the core values held by British historians as members of a cohesive national culture. The postwar period requires a separate framing, both as concerns Britain and the study of history.

Austrian Empire and Austria-Hungary (London 1948). Examples are Taylor's treatment of Croatian politics in the years after 1868 and his idiosyncratic denial of the "invented" Ukrainian nationality.

[38] Ibid. 9 (1948 edn.).

[39] Ibid. 41, 216 (1941 edn.); Alan J. P. TAYLOR, Europe. Grandeur and Decline (London 1967) 128s. (three stages).

[40] The adjective "noble" (TAYLOR, Habsburg Monarchy, 1941 edn., 118) disappeared from the second edition. For the high view of Czech culture, see the 1941 version, 227.

[41] For Taylor, see R(obert) COLE, A. J. P. Taylor. The Traitor within the gate (Utah, MI–Basingstoke 1993).

[42] Alan J. P. TAYLOR, The Failure of the Habsburg Monarchy, in: IDEM, Europe (cit. n. 39) 127–132.

[43] Alfred COBBAN, The Nation State and National Self-Determination (London 1944); Lewis NAMIER, The Revolution of the Intellectuals (London 1942). Cobban concluded, essentially, that the world should be governed under the auspices of Britain, the United States and the Soviet Union.

Postwar British history writing on the Habsburg Monarchy

Social and political changes eroded the leisured upper middle class from which men like Seton-Watson, Macartney and Gooch had come. Assumptions of interaction between an intellectual and a political elite in a governing class had already been dealt a blow by official rejection of the rôle they wished to play in the Second World War[44]. Knowledge of German in such circles declined. The tradition of the independent historian was not extinct, though now linked to journalism rather than private means: Gordon Brook-Shepherd, biographer of the emperor Karl and other Habsburgs, and Edward Crankshaw reflected continued interest in Habsburg matters from the level of an educated public, if not academia[45]. Ultimately the decline of Britain's global role narrowed horizons. English-language work on the Monarchy became overwhelmingly an American affair, reflected by the launching of the "Journal of Central European Affairs" in 1944 and the "Austrian History Newsletter / Yearbook" in 1961/65. Historical publication in Britain increased from an average of some 348 books a year on European history in 1946–56 to 531 in 1971–75, but more than four-fifths of these were on British and Irish history. Works on Austrian, Hungarian and Czechoslovak history totalled 27 in each period, or 4.1 % and 5.8 % of all those on continental Europe. If translations, new editions and books falling outside the Habsburg period are excluded the annual figures relevant to the present theme are five and ten respectively[46]. The main interests of Seton-Watson's longest-serving successor as Professor of Central European history in London, Francis Carsten, lay outside the Monarchy. Carsten bore witness, however to one tendency in which Britain followed the United States after the war: the growing role which foreign-born scholars were coming to play in research on Habsburg-related topics. Helmut Koenigsberger, Peter Pulzer, Zbyněk Zeman, Harry Hanák, Ernst Wangermann and László Péter all began working in Britain in the early postwar decades.

Meanwhile, the 1960s saw a breakthrough in Britain for social history and the use of sociological and anthropological insights. In following decades cultural history became increasingly influential and in its wake postmodernist, global and other discourses further broadened the range of historical perspectives. From the mid-1960s university expansion in Britain dramatically increased student numbers. This drive, and the accompanying regimen of targets, research assessments and "impact"-orientated state funding were responses to a felt need to modernize Britain in a competitive environment, and to justify public expenditure. These trends doubtless worked against Habsburg studies in relative terms. Outside major universities like London, Oxford and Cambridge, which also attract foreign postgraduates interested in Habsburg-related themes, specialists, while growing in number, lagged behind historians of the other traditional European powers. Some 74 doctorates on Habsburg-related subjects were completed between 1945 and 2013, a small percentage of British historical doctorates as a whole,

---

[44] Agnes BERETSKY, A Devoted and Frustrated Friend of Hungary (1940–1945), in: British-Hungarian Relations since 1848, ed. László PÉTER–Martyn RADY (SSEES occasional papers 62, London ca. 2004) 237–246; SETON-WATSON, Making of a New Europe (cit. n. 21) 428–431.

[45] Gordon BROOK-SHEPHERD, The Last Habsburg (London 1968); Edward CRANKSHAW, The Fall of the House of Habsburg (London 1963), among other works.

[46] Calculated from the Bibliography of historical works published in the United Kingdom for successive congresses of Anglo-American historians 54, 177.

which rose from around 140 to 600 annually in the period[47]. Inevitably, though, there have been somewhat wider thematic concerns, even in traditional fields of British interest. The result has been a pattern of innovation and continuity. The issue of the Monarchy as factor in the European state system in a nationalist age has retained its appeal, but the Jewish experience and the cultural/intellectual efflorescence of fin-de-siècle Austria have also attracted attention. The early modern period, largely neglected before 1945 except as background, has developed a significant scholarly profile, and the reform movement of the Austrian Enlightenment has also seen some notable studies. The discussion below describes these distinctive features, while attempting to situate British work in the framework of Anglophone Habsburg historiography of which it is now a minor component.

The early modern history of the Monarchy has quite different characteristics from what followed. Its focus is on state formation rather than decline, as the Monarchy emerged from the chrysalis of the Holy Roman Empire. Unlike British work on the later period whose roots lie in a native discourse of liberal democracy, early modern historiography is integrated in an academic enquiry into notions of a purported "absolutism" which is European in scope. In place of the triumph of absolutism over provincial estates has come greater recognition of the role of the latter alongside central government in the "coordinating state" and of religion's place in the potential contestation. The interrelation of political, religious and social flux in a turbulent age makes for a richly layered history, and British Habsburgists are closer to British colleagues working in the wider central European context than are their later modern counterparts. Helmut Koenigsberger's concept of composite monarchies like the Habsburg Empire played an important part in evolving discussion. It provides a significant example of the impact of a Habsburgist's work on British historiography, aiding a new focus on the multinational dimension of the "English Civil War", from which developed a certain vogue for "four nations' history" over a longer span[48]. More recently, in major interventions Joachim Whaley and Peter Wilson have applied revised notions of early modern statehood to the Holy Roman Empire itself. Far from Bryce's disparagement, they see it as reflecting an evolving form of decentralized constitutionality, resting on a distinctive German tradition of corporate, consensus-based governance, which remained important in the purview of Habsburg rulers almost till its end[49]. Wilson argues for a relatively late conscious Habsburg move towards notions of separate sovereignty and underlines the empire's and the

---

[47] Calculated from the Historical Research for Higher Degrees in the United Kingdom, published annually by the Institute of Historical Research of London University. My figures exclude research MAs and MPhils.

[48] Helmut KOENIGSBERGER, The Habsburgs and Europe 1516–1660 (Ithaca–London 1971); IDEM, Dominium Regale and Dominium Politicum et Regale. Monarchies and Politics in Early Modern Europe, in: IDEM, Politicians and Virtuosi. Essays in Early Modern European History (Studies presented to the International Commission for the History of Representative and Parliamentary Institutions 69. History series 49, London 1986) 1–26, at 9. For the adaptation to Britain: Conrad RUSSELL, The Fall of the British Monarchies, 1637–1642 (Oxford–New York, 1991) 37–41; Hugh KEARNEY, The British Isles: a History of Four Nations (Cambridge 1989).

[49] Joachim WHALEY, Germany and the Holy Roman Empire, 2 vols. (Oxford 2012), partic. 1 1–17, 640; 2 3–10, 417s., 546.

emerging Monarchy's continued Italian links. Nor did the much-maligned imperial courts function so badly[50].

Meanwhile, the period's religious dimension has been explored in several studies: the Irish historian Graeme Murdock's investigation of the Hungarian role in international Calvinism, Elaine Fulton's work on the counter-Reformation protagonist Georg Eder, and the monograph on Styria by the German-born but British-based Regina Pörtner, which takes the implications of Church and lay leaders' mutual dependence in the protracted process of Counter-Reformation – highlighted also by Fulton – well beyond the dates of her title[51]. Tom Scott on Austrian Freiburg and the Breisgau and Sheilagh Ogilvie on seventeenth-century Bohemian serfs show an openness to modern, social-orientated themes largely lacking in historians of the later Monarchy[52]. Other topics have been broached which have been little touched on by British scholars of the later period: military history by John Stoye and Andrew Wheatfield (the latter alert to contemporary interest in cultural representation); and legal history in László Péter and Martyn Rady's role in the translation and explication of the influential sixteenth-century Hungarian jurist István Werbőczy[53]. In a productive field a particular place goes to Peter Wilson's panoramic survey of the Thirty Years' War. It was a fitting successor for English-speaking readers to Veronica Wedgwood's survey from the interwar years, a widely popular product of extensive research in the best spirit of the "gentleman scholar" tradition[54].

The biggest contribution to the history of the emerging Monarchy, however, has come from the (now retired) Regius Professor of Modern History at Oxford, R. J. W. Evans (born 1943). In his magisterial "The Making of the Habsburg Monarchy, 1550–1700", Evans, with his equally grounded knowledge of the Monarchy's German, Hungarian and Czech-speaking lands and his comprehensive treatment of socio-political, cultural and intellectual themes, has offered a path-breaking interpretation for the early modern period as a whole[55]. In it the critique of an absolutist-orientated approach is taken well beyond the defeat of Bohemian rebellion in 1620, to present a largely consensual linkage of monarch and regionally based magnates, lubricated by Counter-Reformation Catholicism and a distinctive Baroque culture. Evans rejects discussion of European civilization in terms of backward east and progressive west and argues for the

---

[50] Peter WILSON, Heart of Europe: A History of the Holy Roman Empire (Cambridge 2016) 427–482 and passim.

[51] Graeme MURDOCK, Calvinism on the Frontier 1600–1660. International Calvinism and the Reformed Church in Hungary and Transylvania (Oxford–New York 2000); Elaine FULTON, Catholic belief and survival in late sixteenth-century Vienna. The case of Georg Eder (1523–1587) (Aldershot 2007); Regina PÖRTNER, The Counter-Reformation in central Europe. Styria 1580–1630 (Oxford 2001).

[52] Tom SCOTT, Freiburg and the Breisgau. Town-country relations in the Age of Reformation and Peasants' War (Oxford 1986); Sheilagh OGILVIE, Communities and the second serfdom in early modern Bohemia. *Past and Present* 183 (2005) 69–120.

[53] John STOYE, The Siege of Vienna (London 1964); IDEM, Marsigli's Europe 1680–1730. The Life and Times of Luigi Ferdinando Marsigli (New Haven–London 1994); Andrew WHEATCROFT, The Enemy at the Gate. Habsburgs, and the Battle for Europe (London 2008); Stephan WERBŐCZY, The Customary Law of the Renowned Kingdom of Hungary in three parts (1517), ed. and trans. by János BAK–Peter BANYÓ–Martyn RADY, with an introductory study by László PÉTER (The Laws of Hungary 1/5, Budapest 2005).

[54] Peter WILSON, Europe's Tragedy. A New History of the Thirty Years War (London 2009); C. Veronica WEDGEWOOD, The Thirty Years War (London 1938).

[55] Robert J. W. EVANS, The Making of the Habsburg Monarchy, 1500–1700 (Oxford 1979).

central European zone occupied by the Monarchy as a distinctive cultural sphere in its own right. Yet the conditionality of this sphere's emergence, as in all historical process, is caught in his reference to the period 1550–1600 as a "false dawn" in which the Danube lands stood closest to western European norms[56]. The empathetic appreciation of the more "closed" Baroque culture which succeeded it is combined with awareness of its weaknesses, stemming from the incomplete triumph of Counter-Reformation values, leaving it vulnerable to the challenge of the Enlightenment and the return of pre-Baroque traditions revived in localist/nationalist forms. The dynasty responded with "a new conception of official spiritual conformity" reflected in Josephinism[57]. The multi-faceted sophistication of the analysis of the mentalities of the age as compared to earlier historiography appears in Evans's monograph on Rudolf II, of whom Seton-Watson could only write: "never in [the Monarchy's] long history anything so pitiable or so eccentric as Rudolf [...] the most incompetent and negative" of all its rulers[58].

Evans's work thus points ahead to the Austrian Enlightenment. This period also sees a certain concentration of early modern British work. The chief development has been growing awareness of the existence of reform currents in wider circles than the dynasty and its immediate advisors and a resiling from notions of a revolutionary Joseph – Taylor had called him "the [French] Convention in a single man"[59]. The tendency in English-speaking historiography around the liberal 1960s for Joseph II to be criticized from the left may be seen as conjuncturally related, though its reflection in Ernst Wangermann's work came in a career only partly pursued in Britain[60]. The two major British contributors to the field have been outstanding not so much for conceptual innovation as the exemplary thoroughness of their research, a quality particularly important where the sheer complexity of subject matter and source material can easily lead to the recycling of misinformation. Here Peter Dickson's elucidation of Austrian statistics and Derek Beales's comprehensive biography of Joseph II have performed invaluable service. The former probes into the tissues of Austrian society, the latter into the heart of the relationship between Joseph and his mother[61]. The theme of reform touches the core of the British liberal gradualist tradition, whose differing emphases are reflected in attitudes to the empress and her impatient son. Though thoroughly alive to Joseph's defects of personality, Beales presents a figure less belligerent in foreign policy and readier to respond to advice than in more hostile appraisals; it is tempting to see in Dickson's verdict that Maria Theresa was basically a feudal monarch empathy with more conservative continuities[62]. In another major historian's treatment domestic questions are set squarely in a formerly dominant context. For Tim Blanning the ease with which Leopold II's diplomacy defused the empire's crisis after Joseph's death suggests "a classic example of

---

[56] Ibid. xxiii, 3.

[57] Ibid. 449.

[58] Robert J. W. EVANS, Rudolf II and his world. A Study in intellectual history, 1576–1612 (Oxford 1973); SETON-WATSON, Czechs and Slovaks (cit. n. 30) 96, 105.

[59] TAYLOR, Habsburg monarchy (cit. n. 37) (1948 edn.) 19.

[60] Ernst WANGERMANN, From Joseph II to the Jacobin trials: government policy and public opinion in the Habsburg dominions in the period of the French Revolution (London 1966, ²1969). Wangermann has also contributed an admirable survey: The Austrian Achievement 1700–1800 (London 1973).

[61] Derek BEALES, Joseph II, 2 vols. (Cambridge 1987 and 2009); P(eter) G. M. DICKSON, Finance and Government under Maria Theresia 1740–1780, 2 vols. (Oxford 1987).

[62] DICKSON, Finance and Government 1 325.

the primacy of foreign policy"[63]. It is a straw in the wind, matched by Hamish Scott's interpretations of eighteenth-century foreign policy, and attempts to roll back notions of the primacy of domestic policy felt to have become too prominent[64]. In stressing the deep-seated nature of "reform Catholicism" Blanning shares common ground. Robert Evans has argued that at a grass roots level a "Counter-Counter-Reformation", questioning Baroque religion and more open to tolerance and civic values, was important in preparing the ground for what has been dubbed "Josephinism". Always keeping in view both the centre and the regions, he sees a transition from a court to a state-based culture in this period, as army, bureaucracy, and economic management came to complement the triad of dynasty, Church and noble elite[65].

The later modern period has still drawn probably the greater part of British postwar attention. One work, Carlile Macartney's survey of the empire from 1790, published in 1968, deserves special note as the most comprehensive in English, particularly rich in socio-economic and financial matters. Overall, Macartney, the candid friend of the Magyars, represented the more conservative wing of the British liberal constitutional approach, as the more radical Seton-Watson had been the candid friend of the Slavs. Yet there are affinities. Both, besides their national specialisms, combined an exhaustive knowledge of the German-language historical and autobiographical literature with a lifetime's sense of familiarity with the Habsburg lands. While Macartney conceded that socio-economic issues concerned many citizens more than "national" disputes of the politicians, his book shared basic features of traditional British critiques. It was an assessment of viability, or, as he called it, "the history of the retreat"[66]. The verdict on Metternich was essentially negative; "the fundamental philosophy of the system" set in the 1850s that the state was a-national had failed in face of mounting national feeling; Austrian Germans' sense of themselves as a "staatserhaltendes Element" was basically incompatible with post-1867 perspectives of popularly-based government. In 1914 the peoples of the Monarchy were further apart than ever, so that its future was "at best problematical". Macartney concluded that foreign and domestic factors were inextricably tied up in the dissolution which followed in 1918[67].

These central themes dominated the treatment of the Monarchy in general surveys. The Marxist Eric Hobsbawm stressed "increasingly unmanageable national problems" facing a state which remained a great power only through its size and international convenience. The south Slav problem was the most dangerous because this involved both halves of the Monarchy and tied in with the Balkan question; Austria-Hungary was virtually doomed after the collapse of the Ottomans unless it could prove its vitality in this arena[68]. To James Joll in a well-known textbook in 1973 the failure of Austrian universal suffrage to stem nationalism suggested the problem was insoluble; Austria-

---

[63] Tim C. W. BLANNING, Joseph II (London–New York 1994) 202.

[64] Hamish M. SCOTT, The Emergence of the Eastern Powers, 1756–1775 (Cambridge 2001); IDEM, The Birth of a Great Power System, 1740–1815 (London–New York 2006); Brendan SIMMS, The Return to the Primacy of Foreign Policy. *German History* 21 (2003) 275–291.

[65] Robert J. W. EVANS, Austria, Hungary, and the Habsburgs. Essays on Central Europe c. 1683–1867 (Oxford 2006) 44–55, 73 and passim; BLANNING, Joseph II (cit. n. 63) 40–44, 51.

[66] Carlile A. MACARTNEY, The Habsburg Empire 1790–1918 (London 1968) 637.

[67] Ibid. 190–192, 441, 637s., 652, 810.

[68] Eric J. HOBSBAWM, The Age of Capital, 1848–1875 (London 1975) 101; IDEM, The Age of Empire (London 1987) 322–324.

Hungary and Russia were described together as "autocratic countries" and the Index contained the ominous entry: "Austria-Hungary: subject nationalities in"[69]. Habsburg specialists ranged somewhat more widely: nationalism, the dynastic nature of the state, Hungary/dualism figured as long-term issues, and the Balkan question and the war as proximate ones. The international framework (Concert of Europe or alliance system) could be both. Participants in the field were too few to engage in overt mutual debate, though differences of emphasis were apparent. Alan Sked agreed with Macartney on the interaction of foreign and domestic issues and with Hobsbawm on the importance of the Balkans, but broke new ground in his attack on ideas of inevitable decline. The Monarchy's greatest crisis had come in 1848–49; thereafter the economy strengthened, the nationalities did not seek to overthrow the state; in implicit contradiction of Macartney domestic circumstances were, "if anything", improving before 1914. For Sked, however, the dynastic issue was crucial; Franz Joseph's concept of his role and honour led him into a war in 1914 which could have been avoided[70]. In his view of the Monarchy's staying power Sked was no doubt influenced by his work on Radetzky's successful come-back in Lombardy in 1848–49, an important monograph paralleled by another on Habsburg Venice in the revolution[71]. Sked did take explicit issue with the American diplomatic historian Schroeder's argument that a desirable European Concert was undermined by British Whiggery, which helped precipitate both the war and the dissolution of the Monarchy at its end[72]. While the leading British diplomatic historian Francis Roy Bridge questioned aspects of British policy he stressed other factors weakening the Monarchy's position: the narrowing of its diplomatic options as nationalism affected even Tsarist Russia, and the negative role of the German alliance[73]. He presented the Monarchy as a "weak agrarian power", deprived of an economic base for military assertion and dependent on diplomatic skill and the chance of shifting alignments[74]. Though other powers largely accepted the nationality question as the Monarchy's internal concern, its elites' passive acceptance of the problems raised, particularly by Hungarian policy under dualism, increased their exposure to factors outside their control, leading them in 1914 to risk all on German victory[75]. Discussions of the path to war and breakup almost inevitably acquire a negative aura. Christopher Clark's recent best-seller "Sleepwalkers" avoids censoriousness not by denying the weaknesses of Austria-Hungary's pre-war leaders but

[69] James JOLL, Europe since 1870 (London 1973) 122, 175.

[70] Alan SKED, The Decline and Fall of the Habsburg Empire 1815–1918 (London–New York 1989) 256 (quotation), 267–269. In a second edition, Sked broadens but somewhat polemicizes his argument: IDEM, The Decline and Fall of the Habsburg Empire (London ²2001) 278–323.

[71] Alan SKED, The Survival of the Habsburg Empire: Radetzky, the imperial Army and the class war, 1848 (London 1979); Paul GINSBORG, Daniele Manin and the Viennese revolution in 1848 (Cambridge 1979, London ²2001) 278–323.

[72] SKED, Survival of the Habsburg Empire (cit. n. 71) 246s.

[73] Francis Roy BRIDGE, From Sadowa to Sarajevo. The Foreign Policy of Austria-Hungary 1866–1914 (London–Boston 1972).

[74] Ibid. 2.

[75] Francis Roy BRIDGE, Österreich-Ungarn unter den Großmächten, in: Die Habsburgermonarchie im System der internationalen Beziehungen, ed. Adam WANDRUSZKA–Peter URBANITSCH (Die Habsburgermonarchie 1848–1918, vol. VI/1, Wien 1989) 196–373, at 367s.

by detailing the errors of the other powers and the relative decency of the regime which was to fall[76].

The Seton-Watson legacy is evident in the attention directed to the wartime years 1914–1918, if not in the conclusions. The Czech-born but British-based scholar Zbyněk Zeman prompted a new phase in discussion of the theme of the Monarchy's break-up by sharply downgrading the role traditionally credited to the Slav exiles. In Zeman's picture the strategic calculations of the Allied powers were overwhelmingly more important. Decisive was the collapse of hopes to win Austria-Hungary for a separate peace in 1918[77]. In following years this theme of the relationship of propaganda and diplomacy in the Monarchy's eclipse was returned to repeatedly, wholly or partly from a British angle. The evolution of British public attitudes towards the Monarchy during the war; British monitoring of the Slav exile movement in America and elsewhere; and the formulation of British Habsburg policy in the context of international diplomacy are examples of topics which have received monographic treatment[78]. The role of Seton-Watson was the subject of a detailed study by his sons[79]. British concern with the field has been capped most recently by Mark Cornwall's comprehensive examination of the role and efficacy of wartime propaganda in the strategy both of the Monarchy and its opponents[80]. Certain themes have emerged from this relatively sustained enquiry. The characteristic cast of British constitutional democracy came out in its conservative aspect in the continued degree of empathy with a fellow empire revealed on the part of British leaders even when in conflict with it, and in their disinclination to see a venerable state vanish from the European stage. On the other hand, the Monarchy no longer figured importantly in its own right in British calculations. A fairly widespread sense of its decrepitude seems to have existed in influential circles and it was seen essentially in terms of its relationship with Germany. Hence successive initiatives to weaken the Monarchy as Germany's partner through Italy and Romania, however tactical in origin, were made without systematic concern almost to the war's end for their cumulative effect on the Monarchy's viability. As the war dragged on the felt need to justify its sacrifices led to pressures for more clearly defined war goals which liberals like Seton-Watson used to project an alternative vision of a "New Europe" on national lines. Officials drawn into relations with anti-Habsburg exiles for opportunistic reasons became familiar with ideas of self-determination quite foreign to British diplomacy at the outset, a familiarity which could become increasingly sympathetic as hopes for a separate peace faded. Thus interpretation could do justice both to Zeman's pathbreaking exposé of the overriding strategic concerns of the powers and to the role of exiles in inserting national questions onto the international agenda. But Cornwall's work has corrected the exaggerated emphasis

---

[76] Christopher CLARK, The Sleepwalkers. How Europe Went to War in 1914 (New York 2013), see partic. 76–78.

[77] Zbyněk ZEMAN, The Break-up of the Habsburg Empire (London 1961).

[78] Harry HANAK, Great Britain and Austria-Hungary during the First World War. A Study in the Formation of Public Opinion (London 1962); Kenneth CALDER, Britain and the Origins of the New Europe 1914–1918 (Cambridge 1976); Wilfried FEST, Peace or Partition. The Habsburg Monarchy and British Policy 1914–1918 (New York 1978). I mention Fest, a German scholar, in this connection as his work originated as an Oxford doctorate and its historiographical context is very largely British as is Calder's, a Canadian.

[79] SETON-WATSON, The Making of a New Europe (cit. n. 21).

[80] Mark CORNWALL, The Undermining of Austria-Hungary. The Battle for Hearts and Minds (Basingstoke–New York 2000).

on British war propaganda in earlier accounts. It has broadened enquiry, particularly with regard to the Italian propaganda campaigns; and it has deepened it by systematically demonstrating propaganda's strictly limited role.

British scholarship on the later Monarchy has thus continued to be fruitful in fields of traditional strength. A new journal, "Central Europe", published by the School of Slavonic Studies from 2003 should also be mentioned. It has responded, too, to some of the impulses felt following the cultural turn in historical studies. These have been very largely, however, the preserve in the Anglophone world of the more numerous cohorts of American scholarship. The cultural efflorescence highlighted by Carl Schorske, the political life less negatively presented by Pieter Judson and John Boyer and prior work on growth trends in the Dualist economy have helped underpin a sense of potential for an interpretation of the later Monarchy in different terms from Macartney's "retreat". In a seminal article Gary Cohen called in 1998 for historians to look for the neglected positive aspects of the Habsburg experience[81]. British contributions within this sphere have not necessarily come from historians narrowly defined. Germanists have been active in cultural and intellectual history, both individually and through "Austrian Studies", appearing annually in Edinburgh since 1990. Themed volumes have covered topics like the Austrian Enlightenment, the Habsburg legacy, Freud, and Herzl. The founding editors, Edward Timms and Ritchie Robertson, are authors of important works on Karl Kraus and Franz Kafka respectively[82]. William Yates was perhaps the leading Anglophone scholar of the nineteenth-century Austrian theatre, a theme of socio-political as well as literary importance, while the musicologist David Jones has written extensively on Haydn and Beethoven[83]. The main British contributor to study of Austrian feminism themes, Harriet Anderson, trained as a Germanist; Andrew Wheatcroft wrote on representations of the Habsburgs as a lecturer in English[84].

Clear from the above is the substantial British contribution to the flourishing of Jewish studies. Peter Pulzer was an early figure to set anti-Semitism in the context of modern liberalism's rejection by traditionalist elements in the region[85]. Robert Wistrich, London-born but now Jerusalem-based, shows how research has moved on to examine identity issues of the Jews themselves[86]. Steven Beller, a productive independent scholar, has played a leading role in the discussion[87]. His thesis that Jews' status as a discriminated community prompted universalist aspirations on their part, which gave them a crucial role in the transition from tradition to modernity, goes to the heart of debates about Austrian liberalism, the phenomenon of "Vienna 1900" and anti-Semitic reactions to modernity[88]. Four of the seven main protagonists of Jonathan Kwan's probing study of

---

[81] Gary Cohen, Neither Absolutism nor Anarchy. New Narratives on Society and Government in Late Imperial Austria. *AHY* 29 (1998) 37–61.

[82] Ritchie Robertson, Kafka. Judaism, politics and literature (Oxford 1987); Edward Timms, Karl Kraus. Apocalyptic satirist. Culture and catastrophe in Habsburg Vienna (New Haven–London 1986).

[83] William Yates, Theatre in Vienna, a critical history, 1776–1945 (Cambridge 1996); David Wyn Jones's latest work is: Music in Vienna 1700, 1800, 1900 (Woodbridge 2016).

[84] Harriett Anderson, Utopian Feminism: women's movements in fin-de-siècle Vienna (New Haven–London 1992); Andrew Wheatcroft, The Habsburgs: embodying empire (London 1995).

[85] Peter Pulzer, The Rise of Political Anti-Semitism in Germany and Austria (New York–London 1964).

[86] Robert Wistrich, The Jews of Vienna in the Age of Franz Joseph (Oxford–New York 1989).

[87] See his "Introduction" to Rethinking Vienna 1900, ed. Steven Beller (New York 2001) 1–25.

[88] Steven Beller, Vienna and the Jews, 1867–1938: a cultural history (Cambridge 1989). Mention

late nineteenth-century Austrian German liberalism were Jewish. The review editor of the internet site Habsburg.com, Kwan takes issue with Judson on the continuity of the liberal movement, which he plausibly qualifies as nationalist in its later decades[89].

Nationalism has been one of the leading themes of the new Anglophone Habsburg historiography. Questioning perceived assumptions of nationalism's pervasive role, local studies have registered widespread bilingualism and national indifference. Taken together with the emphasis on this Monarchy's achievements, a perspective emerges for re-evaluation, in which the national factor is not seen as an aspect of modernity, asserting itself, however divisively, against an outmoded social and dynastic system, but as an ideological force corroding the structures of a potentially forward-looking civic pluralism. These are fascinating perspectives, and the need for a great many more detailed studies against which generalisations can be tested emerges as a vital field for future research. British specialists are too few to have made much impact on this potentially vast field, though Laurence Cole's German-language work on the development of German national consciousness in Tyrol is a valuable contribution to the theme of regional variety[90]. It should be said that new approaches are in their early stages and that bilingual towns like Budweis/(České) Budějovice or German-Slav border regions cannot necessarily be a basis for generalisation. Recent emphasis of multiculturalism and multilingualism in the Monarchy begs certain questions. Traditionally, multilingualism has been more a feature of undeveloped or tribal societies than of modern ones; the ability to bargain in a market does not connote ability to write a convincing job application. Research on national questions will benefit from the insights of social linguistics. Indeed, Robert Evans's Oxford inaugural lecture broached the important linguistic theme[91]. His work and that of Macartney is also a necessary check on tendencies in recent Anglophone historiography to treat Cisleithania as if it were the Monarchy, overlooking the problems Dualist Hungary poses for too sanguine a presentation of evolving democracy. Evans provides a counterweight to the tendency to blame the Hungarians for tensions between the two leading peoples of the Monarchy. Hostile Austrian stereotypes of Hungary and the "assymetrical intellectual relation" whereby educated Magyars knew German but not vice-versa, helped foster "a gradual alienation" after 1867[92]. British historiography actually offers a take on a uniquely Hungarian tradition in László Péter's astringent analyses of Hungarian constitutional law, though one hesitates to claim this dual patriot with his keen interest in west European liberal traditions for any country but Hungary[93].

It is understandable, given memories of the Holocaust and the wars of the 1990s, that the national question, on which British and American liberals criticised the Monarchy, is now the ground on which, also from liberal premises, it is increasingly de-

---

may also be made here of the British-based Australian David RECHTER, author of The Jews of Vienna and the First World War (London 2013), and a monograph on Bukovinian Jews.

[89] Jonathan KWAN, Liberalism and the Habsburg Monarchy, 1861–1895 (Basingstoke 2013).

[90] Laurence COLE, "Für Gott, Kaiser und Vaterland". Nationale Identität der deutschsprachigen Bevölkerung Tirols 1850–1914 (Studien zur historischen Sozialwissenschaft 28, Frankfurt/M.–New York 2000).

[91] Robert J. W. EVANS, The Language of History and the History of Language, an inaugural lecture delivered at the University of Oxford on 11 May 1998 (Oxford 1998); IDEM, Language and State-building: the Case of the Habsburg Monarchy. AHY 35 (2004) 1–24.

[92] EVANS, Austria, Hungary, and the Habsburgs (cit. n. 65) 228–265, partic. 231, 264s.

[93] PÉTER, Hungary's Long Nineteenth Century (cit. n. 23).

fended. But revulsion at nationalism can lead to overstatement and a blurring of insights already reached. Historians from large nations are prone to be dismissive of small ones. There is some exaggeration of the degree to which an older historiography bought into nationalist narratives about the Monarchy. A. J. P. Taylor for one anticipated current arguments about national indifference and the role of nationalist ideologues, and thought the chief cause of the Monarchy's downfall was not nationalism, but the absence of any sustaining idea other than the dynastic[94]. Nor was nationalism the only potentially destabilising factor. The social turn in historiography of the 1960s increasingly linked the national question with the social. The clash between secular modernity and mobilizing religion has become more salient both through historiography and contemporary events, as has the febrile nature of great power relationships. The significance of nationalism was to create frameworks, through social mobilisation based on mother-tongue education, which in times of crisis like 1918 could offer alternatives to traditional structures. In 2001 the present writer sought to capture nationalism's ambiguities by distinguishing between its ideological and functional roles, the former showing the limitations of its penetration remarked on above, the latter the much wider role it could potentially play when authority wavered[95]. The aim, within a survey of the later Monarchy, was to do justice to it as a European state undergoing similar modern processes, socio-economic and politico-cultural, as elsewhere, while showing how the national problem emerged from these processes.

British scholars have given Anglophone Habsburg historiography more general surveys than one might expect, in view of their decreasing share in the historiography as a whole. The figures are too small overall for substantive comment, but this feature may partly reflect the interest in the nature of the Habsburg state with which British writing began. The need to provide a narrative entails the risk of teleology, in that the fall of the Monarchy may shadow accounts of its evolution, at least in treatment of the later modern period. Macartney's "history of the retreat" could be seen in these terms, and Seton-Watson and Taylor certainly traced patterns of political failure. Writers who wish to emphasise the positive criticize this tendency, but have been chary of developing their own syntheses[96]. Steven Beller in the latest British general history notes the tendency towards more favourable assessments of the Monarchy but does not endorse them. His critique reaches back to the Counter-Reformation. Austria never really recovered from the events of 1809–11; the empire's modernization remained "problematic". These are sharp verdicts from a historian associated with discussion of Vienna 1900 and Austrian Jewry which tend towards more sympathetic treatments of the later Monarchy[97].

The historiography of the Monarchy stands at a critical point, when issues of development, ethnicity and multiculturalism confront a perplexed world. It challenges historians to approach it from the full range of possible angles. British historians have not exploited all these angles, but in this they have reflected a certain ingrown tendency in

---

[94] TAYLOR, Europe (cit. n. 39) 131.

[95] Robin OKEY, The Habsburg Monarchy, c. 1765–1918 (Basingstoke–New York 2001) 283–305, 397–400.

[96] See, though, since this was first written, Pieter JUDSON, The Habsburg Empire: A New History. (Cambridge, MA–London 2016).

[97] Steven BELLER, A Concise History of Austria (Cambridge 2006) 64, 114, 129, 142. Beller's very negative view of Franz Joseph appeared in his previous biography, IDEM, Francis Joseph (London–New York 1996).

the historiography of the Monarchy as a whole. New approaches, as in the emerging theme of empire, may offer fresh perspectives. It has developed for the same reason as recent revalorization of the Monarchy, though differently expressed. If "[E]mpires were transitional structures that were created to mobilize the resources of the world", as Anthony Hopkins has said[98], then 1918 represented a point at which European continental empires were felt to have played out their role. It is the problems of the nation state system that filled the vacuum which have revived interest in the imperial predecessors. The empire-orientated approach concentrates on three aspects: the comparative resources at empires' disposal to carry out their role externally vis-a-vis other powers, and internally as regards demography, economy and finance; their structural organization (centre/periphery, direct/indirect rule, symmetry/asymmetry etc.); and the means used to maintain control in multicultural peripheries and to integrate these with the centre (army, communications, bureaucracy, religion, imperial figurehead and associated symbols).

To be sure, much of this is merely a reframing of familiar themes, but the comparative aspect can be illuminating. It is surely interesting to note that multiethnic states can emphasize cultural decentralization over political, like the Soviet Union, or the other way round, like modern Spain, where political freedoms are balanced by the constitutional obligation for citizens to know Spanish. The implications of the Austrian "Staatsgrundgesetz über die allgemeinen Rechte der Staatsbürger" from December 1867 prohibiting the compulsory learning of a second language are relevant here. The categories of political scientists sit uneasily with Hungary's position in the Monarchy at different times but some of the terms above can help situate discussion. Even over-abstract formulas like that which makes a democratising egalitarianism the distinguishing mark between empires and multinational states can provide food for thought in the objections they provoke. How, after all, is equality to be defined? Maria Theresa already spoke of a "God-pleasing equality" in the context of peasant protection measures. Metternich also stressed that the Habsburg Monarchy recognised the absolute equality of men before the law. Czech socialists' split from the multinational Austrian Social Democratic Party before 1914 was spurred by the claim that national equality involved economic as well as language justice. Likewise, assuming democracy and empire are necessarily incompatible is to take a very formalist view of democracy. The nature of imperial power indeed entails deference to a pattern of symbols and traditions that go beyond the common coin of modern democratic legitimation. But that a sovereign's aura might be used to strengthen a modern polity is what the Austrian Social Democrat Karl Renner foresaw when, with Franz Joseph favouring universal suffrage in Austria and appearing to do so against the Hungarian elite, he invoked "an empire of the peoples" (Völkerkaisertum), "an imperial idea of the common people [der Kleinen], in both a national and a social sense"[99]. Analysing the terms in which debate about empires versus democratic modernity has been conventionally framed relativizes the case for an Austrian multinational model; what is at stake, namely, is not a clash of ideological opposites but a pragmatic weighing of pro's and con's. The implication is that the case for the later Monarchy might be as

---

[98] Anthony Hopkins, Back to the Future: From National History to Imperial History. *Past and Present* 164 (1999) 218–243, at 205.

[99] Rudolf Springer (i. e. Karl Renner), Grundlagen und Entwicklungsziele der Österreichisch-Ungarischen Monarchie (Wien–Leipzig 1906) 236s.

plausibly put by stressing the conservatism of modern practice as the extent to which the Monarchy approached modern ideals.

Britain's own imperial legacy helps explain the prominence of British historians in discussion of empires, but also their relative neglect of the largely land-locked Monarchy. Paul Kennedy's innovative discussion of great powers concentrated on the Spanish Habsburgs, with conventional British treatment of Metternich and the national problem, but a modern emphasis shows in his prioritization of resources as the Monarchy's chief weakness[100]. Christopher Bayly and John Darwin refer to the Monarchy only incidentally, but the former's thesis on the first global age of imperialism – a period of growing international competitiveness from the mid-eighteenth century, requiring states to step up mobilisation of military and fiscal resources if they were to survive – fits the Monarchy eminently well, and his comments on proto-patriotism and the rise of "elite nationality" in the eighteenth century explicitly put eighteenth-century Austria in wider context[101]. Similarly, Darwin's general case for the "default" position of imperial power in world history makes Franz Joseph's dynasticism appear less merely willful than it did to his critics in the first blush of a world "safe for democracy"[102]. An offshoot of British imperialism, radical Indian historians' work on "subaltern studies", takes up a theme which might seem interesting in a Habsburg context, for they seek to critique both ruling and nationalist elites. Indeed, "subaltern" seems a subtler term to suggest the often neglected psychological aspect of ethnic relations in the Monarchy than James Joll's "subject peoples".

It is not surprising, given the Monarchy's uniqueness, that comparisons with other milieux are rare in Habsburg studies[103]. But breadth of perspective remains most important with regard to the Monarchy itself. To write of it requires an even-handed grasp of the three major theatres in German-speaking Austria, Hungary and the Bohemian lands. Here again Robert Evans's role must be stressed. His study of the development of collaborating elites in these regions is a masterly account of a crucial process in the success of empire. In suggestive articles, lectures and book chapters he has extended his analysis of the Habsburg scene from the early modern period to 1867, probing the interrelations of these three centres, and a further relationship, that of the Monarchy with the wider central European world. With the passage to the later period the elite structures which underpinned the court-orientated society began to weaken both in Bohemia and Hungary; secularization lent an ethnic twist to existing religious communities; the pull of a western higher culture stimulated a push for self-affirmation of local elites defined by mother tongue. None of this is presented in terms of a teleology of decline, however. Thus, for Hungary "the revolutionary outcome was still extremely remote in November 1847"; the belief in mother tongue as crucial for individual maturity was "an implausible

[100] Paul KENNEDY, The Rise and Fall of the Great Powers. Economic Change and Military Conflict from 1500 to 2000 (London 1989) 208–214.

[101] Christopher BAYLY, The First Age of Global Imperialism, c. 1760–1830. *Journal of Imperial and Commonwealth History* 25 (1997) 28–47; IDEM, The Birth of the Modern World 1780–1914. Global connections and comparisons (Madison–Oxford 2004) 67s.

[102] John DARWIN, After Tamerlane. The Rise and Fall of Global Empires, 1400–2000 (London 2008) 491, 497–499.

[103] For a minor example, see Robert Evans' comparison of nineteenth-century Wales and Slovakia in his Austria, Hungary, and the Habsburgs (cit. n. 65) 159s.

view, on previous evidence"[104]. Evans blames the failures of neo-absolutism and of the foreign policies of the 1860s, not on inherent illogic of the attempted reforms or the impossibility of a settlement of the German problem, but on over-extension: juggling with too many, sometimes contradictory balls. One may suspect that the over-extension hides cumulative stress here, but the wish to keep possibilities open is admirable[105].

Evans sets the Habsburg Monarchy in the context of central Europe. Its ultimate role was to maintain a centuries old "weak hegemony" in that space[106]. This perspective fits in well with empire and global historians' functional view of empire as facilitating the organisation of territory and resources in a given situation. The distinctive feature of the Habsburg Monarchy as an empire was that the relationship between core and periphery was blurred, for the three main units, Austrian-German, Bohemian and Hungarian, were roughly equivalent in power. This explains both the relative weakness of the centre and also its longevity, because of the absence of obvious geopolitical alternatives. In the terms of late medieval marriage politics, any one of them could, indeed briefly did, become focal point for the others. That the enduring union occurred under a German-speaking dynasty was not quite chance because of the wider role of the German language (and the link with the Holy Roman Empire) in the region, though in reaction to nationalist historiography Robert Evans rightly plays down the advance of German in the early Monarchy. However, as the pace of change accelerated, the Austro-German cultural and economic lead over non-Germans was reduced. Peripheral centres re-emerged in their own right, economically and in the alternative visions to Vienna's fin-de-siècle which cultural historians are now highlighting in Budapest and Prague. This internal process was not of itself enough to overturn the empire, but related developments were also modifying the international situation. Tomáš Masaryk wrote later that already before 1914 he envisaged that "if social and democratic movements should gain strength in Europe"[107]. Czechs might hope to win independence. Arguably, great power politics and the loss of the Monarchy's perceived relevance to the international balance in Germany, Italy and finally the Near East played a more significant role than Masaryk's social movements. Yet the core association of imperial systems with hierarchy and social conservatism remains. Franz Joseph did not, after all, respond to Renner's call, which entailed universal suffrage in Hungary also. It was the collapse of several empires in the First World War which made alternative methods of organization, ostensibly more directly orientated to national and social concerns through the "democratic nation state", appear attractive, necessary and possible[108].

This density of factors involved in assessing the Monarchy is nicely brought out by Dominic Lieven, the major British contributor to the undeveloped discussion of the Monarchy as empire. Like Evans, Lieven sees its domestic difficulties but withholds judgement. Austria's nationality problem by the twentieth century was indeed insoluble, but can be relativized in light of the complexities of the modern European Union. In the circumstances the progress made towards multinational democracy was "impressive".

---

[104] Ibid. 190, 111.

[105] Ibid. 266–292.

[106] Ibid. 266.

[107] Thomas G. MASARYK, The Making of a State. Memories and Observations 1914–1918 (London 1927) 47.

[108] This paragraph is based largely on an unpublished paper given at Oxford: Robin OKEY, The Habsburg Monarchy as a Multinational Community: Pro's and Con's of an Empire (2009).

This was emphatically not true of Hungary, however. The Monarchy's chief weakness as a Great Power was relatively limited resources, which meant it could only be successful in alliance with others. Foreign policy errors were thus the main determinants of its fate, like wars fought alone and the prioritization of prestige in 1914, with disastrous general consequences which belied the fact that as an empire it was not different morally from Britain, only less powerful and not, like Britain, operating outside Europe[109].

It is fitting to conclude this survey with these wider perspectives. Lieven's unexpectedly moralizing conclusion recalls the fact that the roots of British historiography of the Monarchy did not lie in academia so much as the curiosity of members of another empire, whose self-image as a liberal constitutional great power inclined them to an interest in international politics, while arousing qualms at the aspect of the Monarchy which Sked has called the state as "Hausmacht"[110]. It follows that political concerns played a prominent role, whether in support of the Monarchy as a bulwark of stability, the Seton-Watson switch to a nation-state perspective, or diplomatic historians' interest in the European state system. Indeed, it is notable how many leading British historians wrote on Habsburg themes in the period of British imperial power up to 1945. National self-confidence made them less alert to any comparison between themselves and the seemingly more conflicted Monarchy. Thus little direct reflection of Habsburg scenarios is to be found in the historiography of Britain itself, with the exception of the issue of composite monarchy in the seventeenth-century civil war mentioned above. The politician Arthur Griffith held up Dualist Hungary as a potential model for Ireland but it took an Irishman rather than a British historian to make the parallel, as did another subaltern nationalist Karel Havlíček in the Monarchy[111]. The irony is that the British Empire was a far more bizarre creation than the Habsburg Monarchy and much shorter-lived. Since 1945 the expansion of academic history and decline of topical resonance, till recently, of the Monarchy's fall, have enabled more engagement with the far longer story of its early modern rise: a story where emphasis has been on the successful emergence of a polity and its adaptation through the eighteenth-century reforms, if not wholly unproblematic in each case. The current resonance of issues of cultural identity and multiethnic organization, which seems unlikely to decline, can only sustain interest in the totality of its experience. It is to be hoped that British historians will continue to have a contribution to make to these challenging themes. The recent formation of the Cambridge New Habsburg Studies Network to explore fresh approaches to the history and culture of Central and Eastern Europe in a multidisciplinary and comparative context is good earnest for the future.

Addendum after completion of the manuscript

Thematic generalisation is difficult for the short period and thus limited output since previous updating. This has been concentrated on the later modern period. There are many references to circumstances in the Monarchy, however, in the comprehensive dis-

---

[109] Dominic C. B. LIEVEN, Empire: the Russian empire and its rivals (London 2000) 158–198, partic. 190–198.

[110] SKED, Decline (cit. n. 70) 4.

[111] Arthur GRIFFITH, The Resurrection of Hungary. A parallel for Ireland (Dublin ⁴1918).

cussion of the economic efficiency of European guilds by the Canadian scholar and long-term professor at Cambridge, now Oxford, Sheilagh Ogilvie[112]. Covering the eleventh to the nineteenth centuries and organised thematically, not by country, this path-breaking study comes to negative conclusions. Another wide-ranging work, Martyn Rady's "The Habsburgs: rise and fall of a world power"[113] offers a stimulating overview of the entire span of Habsburg history: his book's main focus is on the dynasty and its members but it is interspersed with frequent cultural reference and piquant asides, detailed socio-economic coverage is not attempted[114]. From another scholar in retirement, Norman Stone, has come "Hungary: A Short History"[115]. His Habsburg-relevant coverage is thinner than Rady's because it is weighted to the post-1918 period, but the chapter on Dualist Hungary is strong on socio-economic themes and the book shares Rady's lively presentation. The Hungarianist and Slovakist Thomas Lorman is joint editor with Ferenc Hörcher of "A History of the Hungarian Constitution"[116]. He is also author of "The Making of the Slovak People's Party"[117], whose tentative beginnings in the Habsburg Monarchy he describes. Another edited volume exploring the causes and consequences of the Sarajevo assassination is the initiative of Mark Cornwall[118]. Cornwall is also a contributor along with British historians F. Roy Bridge and Robin Okey: the latter's "Taming Balkan Nationalism"[119] should perhaps have been mentioned in the main text above. Finally, and now in the First World War itself, Alexander Watson's "Fortress. The Great Siege of Przemysl"[120] offers a vivid account of contestation for this Galician city between Russia and Austria-Hungary, combining military analysis and socio-political acumen. Particularly valuable is Watson's awareness that the First World War already showed many of the signs of descent to barbarity associated with the Second.

"Austrian Studies" continues to offer insights into literary and intellectual history, as in a volume, whose theme is "Fragments of Empire: Austrian Modernisms and the Habsburg Imaginary"[121]. The art historian Michel Rampley, together with Markian Prokopovych and Nóra Veszprémi, has published "The Museum Age in Austria-Hungary"[122].

One book, by Steven Beller, has particular interest for its honest wrestling to reconcile his formerly fairly negative view of the Monarchy (see main text of this survey above) with more positive revisionist appraisals[123]. The revisionist school has made a great con-

---

[112] Sheilagh OGILVIE, European Guilds. An Economic Analysis (Princeton, NJ, 2019).

[113] Martyn RADY, The Habsburgs: rise and fall of a world power (London 2020).

[114] Rady has also produced a lucid, helpful survey of basic political and constitutional issues: Martyn RADY, The Habsburg Empire. A Very Short Introduction (Oxford 2017).

[115] Norman STONE, Hungary: A Short History (London 2019).

[116] A History of the Hungarian Constitution. Law, Government and Political Culture in Central Europe, ed. Thomas LORMAN–Ferenc HÖRCHER (London–New York 2019).

[117] Thomas LORMAN, The Making of the Slovak People's Party. Religion, Nationalism and the Culture War in Early 20th-Century Europe (London–New York 2019).

[118] Sarajevo 1914. Sparking the First World War, ed. Mark CORNWALL (London–New York 2020).

[119] Robin OKEY, Taming Balkan Nationalism. The Habsburg "Civilizing Mission" in Bosnia, 1878–1914 (Oxford 2007).

[120] Alexander WATSON, The Fortress. The Great Siege of Przemysl (London 2019).

[121] Fragments of Empire: Austrian Modernisms and the Habsburg Imaginary, ed. Clemens PECK–Deborah HOLMES (Austrian Studies 28, Cambridge 2020).

[122] Michel RAMPLEY–Markian PROKOPOVYCH–Nóra VESZPRÉMI, The Museum Age in Austria-Hungary: Art and Empire in the Long Nineteenth Century (Philadelphia, PA, 2021).

[123] Steven BELLER, The Habsburg Monarchy 1815–1918 (Cambridge–New York 2018).

tribution to revitalising Habsburg studies, showing the Monarchy for what it was, a unique world of interaction of ethnic groups and cultures which should not be seen primarily through its fall. Politically, though, while outlining tendencies towards "implicit federalization" (p. 210) – Hungary is overlooked here – Beller acknowledges that corresponding administrative overhaul did not occur, so that the effect was to increase the power of Austria's centralist bureaucracy. He speaks also of the "almost impossible feats of legerdemain" (p. 275) involved in reform and of the failure of the "Austrian Idea" to achieve "cogent meaning" (p. 286). He might acknowledge that politically, at least, the traditional vs. revisionist framework he is using belongs to the "world of binary logic" he rightly criticizes (p. 22). Recent writers show a tendency to see a doom-laden perspective in their predecessors' assessment of the Monarchy's last phase. The latter, while not denying the economic and cultural achievements of this phase, felt it necessary to explain the problems for its delicate peacetime balance as of 1914 which a major war would provoke. War was quite likely in the combustible circumstances of the time. The problems, going beyond potential blunderings of the military, were multiple and several would have destabilised the prewar balance even if the Central Powers had won. Many factors were in play and correspondingly many views can be taken of them which outstrip the bounds of revisionist-declinist binaries.

Finally, an article by Robert Evans traces long-term roots of weakness in the later Monarchy[124]. Taking as base works by Louis Eisenman, Josef Redlich, C. A. Macartney and other historians, Evans draws out the significance of growing Hungarian alienation from Vienna after 1867, problems of Austrian Germans in reconciling their Austrian and German identities and the "dynastic deficit" in Habsburg leadership. It offers a fittingly panoramic perspective with which to round off this review.

---

[124] R. J. W. Evans, Remembering the Fall of the Habsburg Monarchy One Hundred Years on: Three Master Interpretations. *AHY* 51 (2020) 269–291.

Historical Scholarship on the Habsburg Monarchy (1526–1918) in North America

Gary B. Cohen

Since World War II scholars in the United States and Canada have developed a distinguished tradition of research and teaching on the history of the Habsburg Monarchy[1]. As might be expected, historians of the monarchy in North America have treated this field with a broader historical perspective and greater political and intellectual distance than have their Central European colleagues. Distance and different institutional environments have created challenges for North American scholars in gaining adequate training and access to documents and scholarly literature, but the best of their work has won respect in Europe and elsewhere in the world.

Although historians of the monarchy in the United States and Canada have often had different outlooks, perspectives, and methodologies from their counterparts in the successor states of the monarchy and Western Europe, they have often addressed the same topics. Their themes have included the development of the Habsburg state, its institutions, and laws; the careers of Habsburg monarchs; warfare and diplomacy; the growth of the modern national movements and nationality conflicts; major intellectual and cultural developments, particularly in the sixteenth, seventeenth, and late nineteenth centuries; religious history; and, of course, the dissolution of the monarchy.

Thanks to the influence of European scholarship and the impact of émigré Central European scholars and the large Central European immigrant communities in the United States and Canada, North American historians have not been isolated from the intellectual traditions of their European counterparts. Yet, compared to historians in Central Europe, many of the North American scholars have frequently addressed wider concerns about how events in the Habsburg lands fit into larger historical developments. The North Americans have typically been trained more broadly in European history and have had wider teaching responsibilities than many of their Central European counterparts. As a result, American and Canadian historians have been more willing to draw

---

[1] I am grateful to the editors of *Zgodovinski časopis* (Ljubljana) for permission to publish here a slightly modified version of the article, which appeared under the same title in their journal, vol. 75/3–4 (2021) 438–474. Portions of this article appeared in earlier forms in Gary B. COHEN, Reinventing Austrian and Central European History. *German Studies Association Newsletter* 33/2 (Winter 2008–09) 28–38, and IDEM, Austrian Studies in the United States, in: Global Austria: Austria's Place in Europe and the World (Contemporary Austrian Studies 20, New Orleans–Innsbruck 2011) 266–273, and are used here with the kind permission of the German Studies Association and the editor of *Contemporary Austrian Studies*. I am deeply grateful to Pieter M. Judson, Howard P. Louthan, Franz A. J. Szabo, and Thomas Winkelbauer for their helpful comments on earlier drafts of this essay.

comparisons to the rise and decline of other monarchies and imperial states and have addressed the development of governmental, political, social, and economic structures in the Habsburg lands in broader conceptual terms. Indeed, in recent decades some North American historians of the monarchy have written consciously conceptual history and employed explanatory models drawn from the social sciences. In some cases, of course, adopting conceptual approaches has resulted in thesis-driven studies which have drawn predictable criticism.

The distinctive profile of North American studies of the history of the Habsburg Monarchy has both cultural and institutional roots. Thanks to the organizational patterns of American and Canadian higher education and how scholarly disciplines have developed in the two countries, many historians who have written on the Habsburg Monarchy would not necessarily describe themselves as specialists in this field. In this respect North American institutional arrangements have played an important part.

Between 1900 and World War II, only a few North American historians taught and wrote about the Habsburg Central European lands in any period. Due to the small size of history departments in many North American universities and the more limited degree of field specialization in the humanities and social sciences than what developed after 1945, most of the scholars interested in the Habsburg territories worked more broadly in European history or European and international politics. It should be noted that even at Harvard University, the Faculty of Arts and Sciences in 1919–1920 counted a total of only eight professors of history at all ranks with two additional lecturers[2]. As late as 1960 the University of Toronto, the largest research university in Canada, had a history department with a teaching staff of no more than twenty on continuing appointments[3]. At the University of Minnesota, which was one of the largest state research universities in the United States throughout the twentieth century, the history department in 1919–1920 had nine professors and one instructor and in 1960–1962 eighteen professors and two instructors[4]. Taken in general terms, history departments in the United States and Canada before World War II tended to focus on their respective national histories, the British heritage, and Western Europe with spotty treatment of other parts of the world, depending on local circumstances[5].

In major American universities before World War II, most historians were trained in the United States, with only a few able to study in Europe. Similarly, in English-speaking Canada, many historians were educated at home, although some of the major universities favored appointing scholars with British training[6]. Expectations for research and publication by professors grew during the 1920s and 1930s in the major universities, and that encouraged more field specialization and requirements for professors to have doctoral degrees[7]. Since doctoral training developed during the early decades of the

---

[2] Harvard University Catalogue 1919–1920 (Cambridge, MA 1920) 326–331.

[3] Donald Wright, The Professionalization of History in English Canada (Toronto–Buffalo–London 2005) 169.

[4] The Bulletin of the University of Minnesota. The College of Science, Literature, and the Arts. Announcement of Courses for the Year 1919–1920 (Minneapolis 1919) 7–14; Bulletin of the University of Minnesota. Graduate School, 1960–1962 (Minneapolis 1960) 143.

[5] John Higham, History: Professional Scholarship in America, rev. ed. (Baltimore–London 1989) 3–67; Wright, Professionalization (cit. n. 3) 53–64.

[6] Wright, Professionalization (cit. n. 3) 35–37, 54s.

[7] See ibid. 52–64. On the professionalization of historians in the United States, see Higham, History: Professional Scholarship (cit. n. 5) passim; and from the perspective of the question of objectiv-

twentieth century on a larger scale in the United States than in Canada, Canadian history departments began to appoint scholars with American advanced degrees in increasing numbers.

Archibald Cary Coolidge (1866–1928), who taught at Harvard after 1899 and was professor of history there from 1908 until his death, exemplified the best expertise on the history of the Habsburg Monarchy and modern Central and East Central Europe to be found in the United States and Canada during the early twentieth century. After graduating from Harvard College in 1887, Coolidge studied at the University of Berlin and the École des Sciences Politiques in Paris and earned a doctorate at the University of Freiburg im Breisgau in 1892. For periods during the 1890s he served in American legations and embassies in St. Petersburg, Paris, and Vienna. Although highly knowledgeable about Austria and Central Europe, Coolidge was very much a generalist scholar of European history. At Harvard, he taught broad courses on European history as well as more specialized ones on northern and eastern Europe, the Far East, and Russia[8].

Through the end of World War I, the United States government had little permanent research and intelligence staff for foreign affairs in the State Department or the military. Late in the war the Wilson administration asked Coolidge to head the East European section of the research group, called "The Inquiry", to help prepare American diplomats for the peace conference. The State Department sent him to Russia in 1918 to survey conditions there and then to Vienna in 1919 to report on the former Habsburg lands.

Generalist scholars of European history like Coolidge or Arthur J. May, who taught at the University of Rochester for nearly forty years after the mid-1920s, dominated North American historical studies of the Habsburg Central European territories through the 1930s and 1940s. Coolidge's own Harvard graduate students figured prominently among his assistants in "The Inquiry" and as members of the fact-finding Coolidge Mission in Central Europe in 1919. Later during the 1930s and 1940s, some of Coolidge's students emerged as leading figures in American studies of Central and East European history. They included the specialist in modern European diplomatic history William L. Langer at Harvard University; Lawrence D. Steefel, a scholar of nineteenth century Germany and Central Europe at the University of Minnesota; Robert J. Kerner, a specialist on Czech, East European, and Russian history at the University of California, Berkeley; and Frank A. Golder, an historian of Russia and the first curator of the Hoover Institution Archives at Stanford University[9]. In contrast, Canadian universities had few specialists for the history of Habsburg Central Europe before World War II.

In both the United States and Canada before World War II, historians published little on the Habsburg Monarchy during the early modern era. Archibald Coolidge's own historical monographs focused on the United States as a world power and the Triple

---

ity in the historical discipline, Peter NOVICK, The Noble Dream: The "objectivity question" and the American historical profession (Cambridge 1988).

[8] On Coolidge, see Harold Jefferson COOLIDGE–Robert Howard LORD, Archibald Cary Coolidge: Life and Letters (Boston–New York 1932), and Robert F. BYRNES, Awakening American Education to the World: The Role of Archibald Cary Coolidge, 1866–1928 (Notre Dame–London 1982).

[9] See War, Revolution, and Peace in Russia: The Passages of Frank Golder, 1914–1927, ed. Terence EMMONS–Bertrand M. PATENAUDE (Stanford, CA 1992); William L. LANGER, In and Out of the Ivory Tower: The Autobiography of William L. Langer (New York 1977).

Alliance[10]. In 1943 the American Henry F. Schwarz produced a pioneering book on the development of the imperial Privy Council (*Geheimer Rat*) in the seventeenth century, based on his 1938 Harvard doctoral dissertation[11]. It remains a classic contribution to understanding how the Habsburg sovereigns began to create institutions to govern their own domains. Sidney Fay and William Langer at Harvard guided Schwarz's graduate work, and the Viennese historian Alfred F. Přibram suggested the imperial Privy Council as a dissertation topic. Schwarz took an analytic approach toward the Habsburg emperors' early efforts to develop central state institutions, and he located the process in the context of state-building and legal developments throughout the Holy Roman Empire, a broad perspective consistent with the scholarly instincts of his American mentors and Pribram as well.

The two world wars in the twentieth century gave a great boost to North American teaching and research on the history and politics of foreign lands in general, and Central and East European studies expanded significantly from the interwar period onward. Immigration from those lands to the United States and Canada had grown strongly from the 1870s to World War I and began to impact university education as immigrants and their offspring came to study in increasing numbers. In the 1920s and 1930s North American universities appointed a few distinguished Central and East European émigré scholars to their faculties, and these professors were eventually joined by the offspring of immigrants. European-born scholars, whether trained in their native lands or in North America, had a strong influence on American and Canadian historical studies of the Habsburg Monarchy from the 1930s well into the 1960s and even beyond in some universities.

The professors in North American universities who were trained in Europe brought with them the traditions of European scholarship and personal knowledge of primary sources, a matter of critical importance in an era before the advent of easy air travel, library union catalogs, published archival guides, or internet bibliographical resources. The Hungarian Oszkár Jászi (1875–1957), for example, was educated as a political scientist at the University of Budapest and taught at Oberlin College in Ohio from 1925 to 1942. There he wrote the first major English-language analysis of the fall of the monarchy[12]. The numbers of émigré Central European intellectuals who found teaching positions in American and Canadian universities increased sharply in the 1930s and 1940s as many fled from National Socialism in Germany and Austria, the rightwing dictatorships in East-Central Europe, warfare, and then the post-war miseries and the advance of communist rule. Their expertise greatly enriched North American studies of the Habsburg Monarchy and the successor states. European émigrés of this era, such as Robert A. Kann, Hans Kohn, Klemens von Klemperer, Radomír Luža, and Otakar Odložilík, contributed to a flowering of teaching and publications on the history of Austria and Habsburg Central Europe from the late 1940s through to the 1970s.

More émigrés who were born in the monarchy's other successor states found positions in North America than scholars from the Austrian Republic. This circumstance

---

[10] Archibald Cary COOLIDGE, The United States as a World Power (New York 1908); IDEM, Origins of the Triple Alliance (New York 1917, ²1926).

[11] Henry Frederick SCHWARZ, The Imperial Privy Council in the Seventeenth Century (Harvard Historical Studies 53, Cambridge, MA 1943).

[12] Oscar JÁSZI, The Dissolution of the Habsburg Monarchy (Chicago 1929, reissued 1961).

encouraged a strong focus on the rise of modern national movements, nationalist politics, and the seemingly inevitable weakening and eventual collapse of the Habsburg Monarchy. Ideological and policy commitments in the United States and Canada to the spread of democratic nation-states and the influence of Central and East European immigrant communities strengthened such tendencies[13]. Particular Central and East European interests also found expression in North American writings on religious history, as, for example, studies of the Hussite movement in the Bohemian lands and its legacy[14]. Ultimately, some immigrant communities initiated the establishment of endowed chairs and research institutes to study their homelands and peoples. Notable in this regard was the development after the mid-1970s of endowed chairs and centers for Ukrainian studies at the University of Toronto, the University of Alberta, Harvard University, and other institutions.

After World War II an increasing number of native-born North American scholars joined the European-born colleagues, and by the late 1950s a substantial cohort of professors had emerged whose research focused on Austrian and Central European history, culture, and society, even if their teaching typically ranged over a wider terrain of European and international topics. Carlton J. H. Hayes (1882–1964) was a classic generalist in modern European history, but during his long teaching career at Columbia University from 1907 to 1950 he pioneered historical studies of nationalism in the United States. Out of his seminars in the 1930s and 1940s came a number of doctoral dissertations on Austrian and Central European history, including that of a young émigré Austrian lawyer, Robert A. Kann. The Kansas-born R. John Rath finished his doctorate in the Columbia University history program in 1941 and went on to write on the Habsburg Monarchy during the nineteenth century and the first Austrian Republic. Rath founded the "Austrian History Yearbook" in 1965.

In Canada, H. Gordon Skilling (1912–2001) was a major force for the development of studies of Central and East European politics, history, society, and culture from the late 1950s through the 1980s. Born in Toronto in 1912, he studied politics, economics, and history at the University of Toronto and then Czech, Russian, and East European history and politics at University College London. He completed a doctorate in 1940 in the London School of Slavonic and East European Studies with a dissertation on the history of the Czech-German political conflict in Bohemia during the late nineteenth century, supervised by R. W. Seton-Watson[15]. Skilling served at the University of To-

---

[13] S(amuel) Harrison THOMSON, Czechoslovakia in European History (Camden, CT ²1965), and Josef KORBEL, Twentieth-century Czechoslovakia: The meanings of its history (New York 1977), exemplify this outlook.

[14] See, for examples, Frederick G. HEYMANN, John Žižka and the Hussite Revolution (Princeton 1955); IDEM, George of Bohemia: King of Heretics (Princeton, NJ 1965); Peter BROCK, The Political and Social Doctrines of the Unity of Czech Brethren in the fifteenth and early sixteenth centuries ('s-Gravenhage 1957); Howard KAMINSKY, A History of the Hussite Revolution (Berkeley 1967); Matthew SPINKA, John Hus: A Biography (Princeton, NJ 1968); John M. KLASSEN, Nobility and the Making of the Hussite Revolution (Boulder, CO–New York 1978), and IDEM, Warring Maidens, Captive Wives and Hussite Queens: Women and men at war and at peace in fifteenth century Bohemia (Boulder, CO–New York 1999).

[15] H. Gordon SKILLING, The German-Czech national conflict in Bohemia, 1879–1893 (Ph.D. dissertation, University College London 1940). See Skilling's memoirs, IDEM, The Education of a Canadian. My Life as a Scholar and Activist (Montreal 2000), and the obituary, H. Gordon Skilling, 89, Expert on Czechoslovakia. *New York Times* (March 18, 2001).

ronto from 1959 to his retirement in 1982, with a primary appointment in political science. He joined other Canadian and American scholars of his generation in building the institutional bases for a flowering of research and teaching in North America on Habsburg Central Europe and the East European lands.

The experiences of the Great Depression and then the cataclysm of World War II deeply affected both the European-born specialists in Austrian and Central European history in North America and the growing number of American and Canadian-born colleagues who came to prominence after the war. Many of the latter began their undergraduate or graduate education before 1939 and deepened their interests in Central Europe during the war years. Coolidge's student, William Langer, helped shape a whole generation of American specialists on German, Austrian, and Central European history and politics by recruiting graduate students and junior professors from various universities to staff the research and analysis branch of the United States Office of Strategic Services (O.S.S.) during World War II. Carl Schorske, Eugene Anderson, Leonard Krieger, and Henry Cord Meyer, to name but a few, were all involved in U.S. military intelligence during the war. Others assisted the war effort by teaching military personnel about Central and East European affairs. Skilling, for example, taught for the U.S. War Department at the University of Wisconsin and also worked for the fledgling international service of the Canadian Broadcasting Corporation[16].

Growth after World War II in the size of North American history departments and the number of specialties they offered made possible more work on the Habsburg Monarchy. That the Iron Curtain ran through the heart of Central Europe and separated the Austrian Republic from the other successor states of the monarchy gave special urgency to study of the history, politics, and cultures of the former Habsburg lands. Nonetheless, many of the scholars who came to the fore in this field were still appointed as experts in European history and politics more broadly and often were trained by scholars who were not Austrian or Central European specialists as such. This latter tradition has continued to the present, in fact, with many distinguished American and Canadian historians of the Habsburg lands, including Schorske, John W. Boyer, Paul R. Magocsi, and Franz A. J. Szabo, for example, not having such specialists as their primary graduate advisors. Their broader education and outlooks have clearly shaped their writing and teaching.

On the other hand, specialists on the Habsburg lands did train a number of American and Canadian historians. Robert Kann, during his long tenure at Rutgers University from 1947 to 1976, mentored many historians of the Habsburg Monarchy and its successor states, as did Barbara and Charles Jelavich at Indiana University from 1961 to the early 1990s. S. Harrison Thomson made the history of Central and East-Central Europe from medieval times to the modern era one of his major interests, and during his service at the University of Colorado from 1936 to 1964, he taught many young scholars of medieval and early modern Central Europe, including the specialists on eighteenth-century Habsburg history, Paul Bernard and William E. Wright, the historian of modern Hungary, George Barany, and the specialist on nineteenth-century Czech political history, Stanley Z. Pech. Paul W. Schroeder, Bernard's longtime colleague at the University of Illinois, completed his doctorate at the University of Texas, Austin, in 1958, during John Rath's time there. In 1962 Schroeder published a monograph on Metternich's diplomacy in the 1820s, and one can argue that in the 1960s the two leading historians

¹⁶ SKILLING, The Education of a Canadian (cit. n. 15) 89–94.

of Metternich's diplomacy were the Americans Schroeder and Enno E. Kraehe. During the 1970s and 1980s, another American, Alan Reinerman, added to North American research on Habsburg diplomacy in the Metternich era with work on Austria's relations with the papacy. Reed Browning, who taught at Kenyon College in Ohio, contributed to studies of the monarchy's warfare in the eighteenth century with a 1993 book on the War of the Austrian Succession. More recently, Brian E. Vick has continued the tradition of studies in Habsburg diplomacy with new research on the Congress of Vienna and its broader ramifications; and the U.S. foreign policy expert, A. Wess Mitchell, has published a sweeping re-examination of Habsburg foreign policy strategy from the early eighteenth century to 1866[17].

The Hungarian-born István Deák, a professor at Columbia University from 1964 until retirement in 1997, trained an impressive number of doctoral students who have made important contributions to historical writing on the monarchy and its various territories. They include, among others, Eagle Glassheim, Pieter Judson, Jeremy King, Miriam Levy, Robert Nemes, Claire Nolte, Cynthia Paces, Marsha Rozenblit, Daniel Unowsky, and Nancy Wingfield. Deák brought to the task his early experience in Hungary along with his American doctoral training in modern European history and a skeptical, at times iconoclastic, stance toward conventional generalizations about Habsburg history. This was apparent as early as the famous 1966 conference at Indiana University on the 1867 Austro-Hungarian Compromise. There Deák challenged a panel on the dominant nationalities of the monarchy with the argument that "there were no dominant nationalities in the Austro-Hungarian Monarchy [...] only dominant classes, estates, institutions, interest groups, and professions"[18]. His fresh outlook and eye for a broad range of evidence were apparent in his masterly social history of the Habsburg officer corps in the late nineteenth century[19]. Deák challenged his students to rethink the received wisdom on the historical issues they addressed[20]. In the North American context, it proved easier for some to break free of conventional historical narratives than it was for many of their contemporaries in Central Europe.

By the early 1970s there was a well-established coterie of historians of the Habsburg Monarchy and its various lands teaching in North American colleges and universities. Some, of course, had family connections to Central Europe; and a number focused their research on questions specific to the region with little broader comparative interest. The rise and fall of the monarchy, considered as a unique entity, and the eventual victory of centrifugal nationalist movements loomed large in their publications, colored either by celebrating the emergence of independent nation-states or occasionally nostalgia for

---

[17] Paul W. SCHROEDER, Metternich's Diplomacy at its Zenith, 1820–1823 (Austin, TX 1962); Enno E. KRAEHE, Metternich's German Policy, 2 vols. (Princeton, NJ 1963, 1984); Alan REINERMAN, Austria and the Papacy in the Age of Metternich, 2 vols. (Washington, D.C. 1979, 1989); Reed BROWNING, The War of the Austrian Succession (New York 1993); Brian E. VICK, The Congress of Vienna: Power and Politics after Napoleon (Cambridge, MA 2014); IDEM, The Congress of Vienna as an Event in Austrian History. *AHY* 46 (2015) 109–133; A. Wess MITCHELL, The Grand Strategy of the Habsburg Empire (Princeton, NJ 2019).

[18] István DEÁK, Comment. *AHY* 3/1 (1967) 303.

[19] István DEÁK, Beyond Nationalism: A Social and Political History of the Habsburg officer corps 1848–1918 (Oxford–New York 1990).

[20] For a sampling of the work of Deák's former graduate and undergraduate students, see Constructing Nationalities in East Central Europe, ed. Pieter M. JUDSON–Marsha L. ROZENBLIT (New York–Oxford 2005).

what was lost in a larger polity that had provided a modicum of peace, economic development, and the free movement of people and goods.

Through the 1970s and 1980s the master narratives for the Habsburg Monarchy during the early modern and modern eras that were favored in most of the North American scholarship posited a Habsburg *Sonderweg* and differed little in many basic elements from the conventional views in general histories published in the Republic of Austria or in the other successor states – allowing for admixtures in the latter of local nationalism and Marxist-Leninist framing[21]. As in much Central European scholarship on the Habsburg Monarchy during the early modern era, tropes of constructing a state with central institutions strong enough to bind together the disparate crown lands dominated North American studies from the 1960s through the 1980s. During those same decades, American and Canadian studies of the monarchy during the long nineteenth century typically worked within a master narrative of an early modern absolutist state which could not readily accommodate modern nationalist political movements and democratizing pressures or the social impacts of belated agricultural and industrial modernization. The British historian A. J. P. Taylor did much to propagate this narrative in the English-speaking world with his brilliantly written 1948 survey history of the monarchy in the nineteenth century[22]. In this view lags in political, economic, and social development compared to Western Europe and North America engendered irresolvable conflicts and repeated crises, which led to irreversible decline[23].

Increasingly since the 1970s, however, many North American writings on the Habsburg lands during the sixteenth and seventeenth centuries have shown a wider perspective than that of many Central European accounts by treating the Habsburg crown lands in relationship to other parts of the Holy Roman Empire and to an extent to the Polish Commonwealth and Ottoman-held southeastern Europe as well. The Habsburg sovereigns' deep involvement in the Holy Roman Empire throughout the early modern era and their own territories' sharing much the same evolution of politics, social structures, and religious affairs made drawing such broader connections inescapable. Indeed, many North American scholars interested in Central Europe during the sixteenth and seventeenth centuries have seen no sharp division between research on the Habsburgs' sovereign territories and the wider Holy Roman Empire. The broader teaching assignments of many North American historians of the Habsburg Monarchy compared to their Central European colleagues and the participation of many Americans and Canadians in wider international scholarly conversations have also led them to consider comparisons with developments elsewhere in Europe. Many North American historians have been open to

---

[21] On the *Sonderweg* of the Habsburg Monarchy in the modern era, see John W. BOYER, Some Reflections on the Problem of Austria, Germany and Mitteleuropa. *CEH* 22 (1989) 311–326; IDEM, Culture and Political Crisis in Vienna: Christian Socialism in Power, 1897–1918 (Chicago, IL 1995) xii–xiii, 452–460; Gary B. COHEN, Neither Absolutism nor Anarchy: New Narratives on Society and Government in Late Imperial Austria. *AHY* 29/1 (1998) 37–61; John DEAK, The Great War and the Forgotten Realm: The Habsburg Monarchy and the First World War. *JMH* 86 (2014) 340–344.

[22] A(lan) J(ohn) P(ercivale) TAYLOR, The Habsburg Monarchy, 1809–1918. A History of the Austrian Empire and Austria-Hungary (London 1948; reissued, Chicago, IL 1976).

[23] In addition to JÁSZI, The Dissolution (cit. n. 12), the survey histories of the monarchy most read in North America through the mid-1970s were Robert A. KANN, A History of the Habsburg Empire, 1526–1918 (Berkeley, CA 1974), C. A. MACARTNEY, The Habsburg Empire 1790–1918 (New York 1969), Arthur J. MAY, The Hapsburg Monarchy, 1867–1918 (Cambridge, MA 1951), and TAYLOR, Habsburg Monarchy (cit. n. 22).

more consciously analytic approaches, drawing in varying degrees on the social sciences. This has led some to write more conceptually and to explore new explanatory models more explicitly than many Central European colleagues, for whom it might be easy to remain within the established interpretive modes of their respective national histories.

After the mid-1970s a new generation of scholars emerged in the British Isles and North America who wrote on the Holy Roman Empire and the Habsburg crown lands during the early modern era. They included, among others, Robert J. W. Evans in the United Kingdom; Thomas A. Brady, H. Erik Midelfort, David Sabean, John P. Spielman, and James Allen Vann in the United States; and Robert W. Scribner, first in the United Kingdom and later at Harvard University[24]. They explored complex relationships between social, cultural, and political change; and their interpretations replaced older historical tropes and simpler teleologies about confessionalism, the roots of absolutist states, and other developments during the Reformation and Counter-Reformation eras[25]. The interest in deeper explorations of social, political, and cultural developments and their intertwining in the Holy Roman Empire and the Habsburg territories ex-

[24] Among the most notable books from this period were R(obert) J. W. Evans, Rudolf II and His World: A Study in Intellectual History, 1576–1612 (Oxford 1973); idem, The Making of the Habsburg Monarchy, 1550–1700 (Oxford 1979); Thomas A. Brady, Jr., Ruling Class, Regime and Reformation at Strasbourg, 1500–1555 (Leiden 1978); idem, Turning Swiss. Cities and Empire, 1450–1550 (Cambridge 1985); H. C. Erik Midelfort, Witch Hunting in Southwestern Germany, 1562–1684 (Stanford, CA 1972); David Warren Sabean, Landsbesitz und Gesellschaft am Vorabend des Bauernkriegs (Stuttgart 1972); idem, Power in the Blood: Popular culture and village discourse in early modern Germany (Cambridge 1984); John P. Spielman, Leopold I of Austria (London 1977); idem, The City & the Crown. Vienna and the imperial court, 1600–1740 (West Lafayette, IN 1993); James Allen Vann, The Swabian Kreis: Institutional Growth in the Holy Roman Empire, 1648–1715 (Brussels 1975); idem, The Making of a State: Württemberg, 1593–1793 (Ithaca, NY 1984); Robert W. Scribner, For the Sake of Simple Folk: Popular propaganda for the German Reformation (Atlantic Highlands, NJ 1986); idem, The German Reformation (Atlantic Highlands, NJ 1986); idem, Popular Culture and Popular Movements in Reformation Germany (London–Ronceverte, WV 1987).

[25] See, for examples, Robert Bireley, Religion and Politics in the Age of the Counterreformation: Emperor Ferdinand II, William Lamormaini, S.J., and the Formation of Imperial Policy (Chapel Hill, NC 1981); idem, Ferdinand II, Counter-Reformation Emperor, 1578–1637 (New York 2014); Elisheva Carlebach, The Death of Simon Abeles: Jewish-Christian Tension in Seventeenth-Century Prague (Third Annual Berman Memorial Lecture, New York 2003); Rebecca Gates-Coon, The Landed Estates of the Esterházy Princes: Hungary during the Reforms of Maria Theresia and Joseph II (Baltimore, MD 1994); Rachel Greenblatt, To tell their children: Jewish communal Memory in early Modern Prague (Stanford, CA 2014); James Van Horn Melton, Nobility in the Bohemian and the Austrian Lands, 1620–1780, in: The European Nobilities, ed. H(amish) M. Scott, vol. 2 (New York 1995) 110–143; James Palmitessa, The Prague Uprising of 1611: Property, Politics and Catholic Renewal in the Early Years of Habsburg Rule. CEH 31 (1998) 299–328; R(onnie) Po-Chia Hsia, The World of Catholic Renewal 1540–1770 (Cambridge ²2005); Howard Louthan, The Quest for Compromise: Peacemakers in Counter-Reformation Vienna (Cambridge 1997); idem, Converting Bohemia: Force and Persuasion in the Catholic Reformation (Cambridge 2009); Karin J. MacHardy, The Rise of Absolutism and Noble Rebellion in Early Modern Habsburg Austria, 1570 to 1620. Comparative Studies in Society and History 34 (1992) 407–438; eadem, War, Religion and Court Patronage in Habsburg Austria. The social and cultural dimensions of political interaction, 1521–1622 (New York 2003); Joseph F. Patrouch, A Negotiated Settlement: The Counter-Reformation in Upper Austria under the Habsburgs (Leiden 2000); idem, Queen's apprentice: Archduchess Elizabeth, Empress Maria, the Habsburgs, and the Holy Roman Empire, 1554–1569 (Leiden 2010); Spielman, The City & the Crown (cit. n. 24); Balázs A. Szelényi, The Dynamics of Urban Development: Towns in sixteenth-seventeenth century Hungary. AHR 109 (2004) 360–386; idem, New Burgher Revolution in Sixteenth-Seventeenth Century Hungary. Social History 34 (2009) 231–249.

tended to North American studies of art history and the history of science, with many of these works crossing older disciplinary boundaries[26]. These new departures constituted a revolution in historical studies of early modern Central Europe which many British and North American scholars embraced, as eventually did colleagues in Germany, Austria, and other former Habsburg lands as well.

North American writing on the Habsburg Monarchy during the eighteenth century showed the same general tendencies after the 1960s and 1970s as research on the sixteenth and seventeenth centuries in seeking connections between the social, cultural, and political spheres. North American historians of the eighteenth century have drawn on the best scholarship of their counterparts in Austria, Germany, and Britain along with their own new archival research to find fresh understandings of the powers and limits of the Habsburg absolutist state, its diplomacy, war-making, and domestic reform efforts. They have cast new light on the negotiated bases of the eighteenth-century state's authority and the political and social drivers of reform initiatives[27]. Since the late 1970s Robert Bireley, Paula Sutter Fichtner, Charles Ingrao, and Franz Szabo have produced foundational studies of several Habsburg emperors and statesmen and their impacts on state-building, foreign relations, and social and economic development[28]. Relations between the imperial center and individual crown lands attracted the attention of Miriam Levy, who produced a monograph on the Italian-speaking part of Tyrol[29]. More recently, the American scholar William Godsey, working at the Austrian Academy of Sciences, has contributed to new, subtler understandings of the functioning of Habsburg absolutism in the crown lands through his research on the Lower Austrian estates[30]. Like many European colleagues, a number of North American historians, including Fichtner, Ingrao, Thomas Barker, Karl Roider, and Gunther Rothenberg, have written on Habs-

---

[26] For examples in art history, see Michael BAXANDALL, The Limewood Sculptors of Renaissance Germany, 1475–1525: Images and Circumstances (New Haven, CT 1980); Thomas DaCosta KAUFMANN, The School of Prague: Painting at the Court of Rudolf II (Chicago, 1988); IDEM, Court, Cloister, and City: The Art and Culture of Central Europe, 1450–1800 (Chicago 1995); Joseph Leo KOERNER, The Moment of Self-Portraiture in German Renaissance Art (Chicago 1997); Larry SILVER, Hieronymus Bosch (New York 2006); IDEM, Marketing Maximilian: The visual ideology of a Holy Roman Emperor (Princeton, NJ 2008); Jeffrey Chipps SMITH, Nuremberg, A Renaissance City, 1500–1618 (Austin, TX 1983); IDEM, German Sculpture of the Later Renaissance, c. 1520–1580: Art in an Age of Uncertainty (Princeton, NJ 1994); IDEM, Sensuous Worship: Jesuits and the Art of the Early Catholic Reformation in Germany (Princeton, NJ 2002); IDEM, The Northern Renaissance (London 2004). For examples in the history of science and culture, see Darin HAYTON, The Crown and the Cosmos: Astrology and the Politics of Maximilian I (Pittsburgh, PA 2015); Tara E. NUMMEDAL, Alchemy and Authority in the Holy Roman Empire (Chicago, IL 2007); Pamela L. SMITH, The Business of Alchemy: Science and Culture in the Holy Roman Empire (Princeton, NJ 1994).

[27] See the discussion in Christine MUELLER, Enlightened Absolutism. Review article. AHY 25 (1994) 159–183.

[28] Paula Sutter FICHTNER, Ferdinand I of Austria: The Politics of dynasticism in the age of the Reformation (Boulder, CO–New York 1982); EADEM, Emperor Maximilian II (New Haven, CT 2001); BIRELEY, Religion and Politics (cit. n. 25); IDEM, Ferdinand II (cit. n. 25); Charles W. INGRAO, In quest and crisis: Emperor Joseph I and the Habsburg Monarchy (West Lafayette, IN 1979); Franz A. J. SZABO, Kaunitz and Enlightened Absolutism 1753–1780 (Cambridge 1994).

[29] Miriam J. LEVY, Governance and Grievance: Habsburg Policy and Italian Tyrol in the Eighteenth Century (West Lafayette, IN 1988).

[30] William D. GODSEY, Habsburg Government and Intermediary Authority under Joseph II (1780–90): The Estates of Lower Austria in Comparative Perspective. CEH 46 (2013) 699–740; IDEM, The Sinews of Habsburg Power. Lower Austria in a Fiscal-Military State 1650–1820 (Oxford 2018).

burg diplomacy and warfare during the seventeenth and eighteenth centuries[31]. The
domestic policy initiatives and reform efforts of the eighteenth-century monarchs have
attracted surprisingly little writing by North American historians, but one should note
here Szabo's magisterial work on Maria Theresa's minister Prince Wenzel Kaunitz and
James Van Horn Melton's insightful study of the development of compulsory primary
education in Prussia and Austria[32]. Since the late 1940s a succession of North American
scholars have made important original contributions to studies of agriculture and rural
social structures in the Habsburg territories from the sixteenth century to the 1840s,
including Jerome Blum's 1948 monograph on noble landowners in early nineteenth-
century Austria, William E. Wright's work on agrarian reform in eighteenth-century
Bohemia, Lutz Berkner's analyses of Austrian peasant family structures, and more recently Hermann Rebel's new interpretations of the changing structures of peasant households and peasants' relations to governmental taxing and regulatory powers[33].

Even more strongly than for work on earlier historical periods, a well-defined master
narrative and set of widely accepted approaches long influenced both European and
North American research on the Habsburg Monarchy during the long nineteenth century, at least until the 1980s. There was a conventional trope of the Habsburg Monarchy's nineteenth-century *Sonderweg* predicated on retarded modern economic development, belated evolution of parliamentary institutions, rising nationalist political
contention, and gradual erosion of the monarchy's ability to govern. This constituted a
portrait of deficit and decay which led inexorably to the collapse in 1918. Through the
1970s studies of domestic and international politics and the prevalent political ideas
dominated historical publications on the monarchy in North America as well as Western

[31] See Thomas M. BARKER, The Military Intellectual and Battle: Raimondo Montecuccoli and the
Thirty Years War (Albany, NY 1975); IDEM, Double Eagle and Crescent: Vienna's second Turkish siege in
its historical setting (Albany, NY 1967); IDEM, Army, Aristocracy, Monarchy: Essays on War, Society and
Government in Austria, 1618–1780 (Boulder, CO–New York 1982); Paula Sutter FICHTNER, Terror and
Toleration: The Habsburg Empire confronts Islam, 1526–1850 (London 2008); Karl ROIDER, The Re-
luctant Ally. Austria's policy in the Austro-Turkish War, 1737–1739 (Baton Rouge, LA 1972); IDEM,
Austria's Eastern Question, 1700–1790 (Princeton, NJ 1982); IDEM, Baron Thugut and Austria's Response to the French Revolution (Princeton, NJ 1987); Gunther E. ROTHENBERG, The Austrian military
border in Croatia, 1522–1747 (Illinois Studies in the Social Sciences 48, Urbana, IL 1960); IDEM, The
Military Border in Croatia: A study of an imperial institution (Chicago, IL 1966); IDEM, Napoleon's
Great Adversary: Archduke Charles and the Austrian Army, 1792–1814 (Bloomington, IN 1982); and
the chapters on foreign policy in the survey by Charles W. INGRAO, The Habsburg Monarchy, 1618–
1815 (Cambridge ³2019).
[32] James Van Horn MELTON, Absolutism and the Eighteenth-century Origins of Compulsory
Schooling in Prussia and Austria (Cambridge–New York 1988).
[33] Jerome BLUM, Noble Landowners and Agriculture in Austria, 1815–1848: A study in the origins
of the peasant emancipation of 1848 (Baltimore, MD 1948); William E. WRIGHT, Serf, Seigneur, and
Sovereign: Agrarian reform in eighteenth-century Bohemia (Minneapolis, MN 1966); Lutz K. BERKNER,
The Stem Family and the Developmental Cycle of the Peasant Household. *AHR* 77 (1972) 398–418;
IDEM, Social Structure and Rural Industry: A Comparative Study of the Waldviertel and the Pays de Caux
in the 18th century (Ph.D. dissertation, Harvard University, Cambridge, MA 1973); Hermann REBEL,
Peasant Classes: The Bureaucratization of Property and Family Relations under Early Habsburg Absolu-
tism, 1511–1636 (Princeton, NJ 1983); IDEM, What do the Peasants Want Now? Realists and Funda-
mentalists in Swiss and South German Rural Politics, 1650–1750. *CEH* 34 (2001) 313–356; IDEM,
'Right-Sizing' in Oftering Parish: Labor Hoarding Peasant Firms in Austria, 1700–1850. *CEH* 46
(2013) 469–494; IDEM, Between Heimat and Schubsystem: Walking the Homeless to Death in Early
Modern Austria. *CEH* 48 (2015) 461–479.

and Central Europe, with little attention to social or economic history. General historical accounts left developments in the arts, philosophy, and the natural sciences largely to more specialized disciplinary histories. Since the 1980s, however, North American writing on the monarchy and its various crown lands during the nineteenth century has shown a radical transformation in themes, approaches, and interpretations.

Over the last four decades, North American scholars have taken the lead in breaking down many old paradigms about the Habsburg Monarchy in its last century and challenging older notions of an Austro-Hungarian *Sonderweg*. This does not mean that they have abandoned research on political action, nationalist political movements, and the relationship between society and the state. Rather, they have been asking questions in new ways about broader patterns of political, social, and economic change; the evolution of popular loyalties to community, nation, and state; the social bases for political action; and the development of citizens' relations with government. North American historians began to examine social and political loyalties and group identities as dynamic phenomena and to treat governmental authority as a complex force in society with which the citizenry interacted in manifold ways. Compared with the best work on modern German, British, French, and North American history from the last three or four decades, much may be familiar in the analytic methods which the North American scholars have brought to bear on the Habsburg realm in its last century, but much of this has been innovative – and often explicitly revisionist – compared to earlier research in the Habsburg field.

A characteristic example of the revisionist North American research on economic history was David F. Good's "The Economic Rise of the Habsburg Empire, 1750–1914", published in 1984[34]. Good used rigorous quantitative economic measures to reassess how much development was actually achieved from the late eighteenth century to the beginning of the twentieth. His findings contradicted many aspects of the conventional narrative about retarded economic growth and the impacts of peasant emancipation and political change. Other economic historians trained in the United States, such as Scott M. Eddie, John Komlos, and Richard Rudolph, broke new ground on issues of estate agriculture, trade, the relationship of economic development to nutritional levels, and the role of banking in industrial development[35]. The North American writings on Central European economic history gained wide influence, and over the last twenty-five years economic historians in Central Europe have increasingly adopted many of the same methods and approaches.

North American historians have also opened new perspectives on the relationship of intellectual and cultural life to society and politics in the Habsburg Monarchy during the

---

[34] David F. GOOD, The Economic Rise of the Habsburg Empire, 1750–1914 (Berkeley, CA 1984).

[35] Scott M. EDDIE, Farmer Response to Price in Large-Estate Agriculture: Hungary, 1870–1913. *Economic History Review* 24 (1971) 571–588; IDEM, Agriculture as a Source of Labor Supply: Conjectures from the History of Hungary, 1870–1913, in: Essays on the Habsburg Economy, ed. John KOMLOS (New York 1983) 101–116; IDEM, Economic Policy and Economic Development in Austria-Hungary, 1867–1913, in: The Cambridge Economic History of Europe, vol. VIII, ed. Peter MATHIAS–Sidney POLLARD (Cambridge 1989) 814–886; John KOMLOS, The Habsburg Monarchy as a Customs Union: Economic development in Austria-Hungary in the nineteenth century (Princeton, NY 1983); IDEM, Nutrition and Economic Development in the Eighteenth-Century Habsburg Monarchy: An anthropometric history (Princeton, NY 1989); Richard L. RUDOLPH, Banking and Industrialization in Austria-Hungary: The role of banks in the industrialization of the Czech crownlands, 1873–1914 (Cambridge–New York 1976).

nineteenth century. In a series of essays published in the late 1960s and 1970s and then a
Pulitzer Prize-winning book in 1980, Carl Schorske examined Viennese cultural life
around 1900 with the interest of many North American intellectual and cultural historians of his generation in finding connections between broader intellectual developments
and their political and social context[36]. In elegant prose Schorske drew out the linkages
in the work of diverse figures such as Hugo von Hofmannsthal, Arthur Schnitzler, Otto
Wagner, Adolf Loos, Gustav Klimt, Oskar Kokoschka, Arnold Schönberg, and Sigmund
Freud and found impulses for their innovative work in the advance of modern urban
industrial life and the decline of liberal politics. Popular and scholarly interest in Viennese artists and thinkers around 1900 was already growing internationally during the
1960s and 1970s, and Schorske's writings won wide acclaim. Other scholars took inspiration from Schorske and the broader interest in Vienna 1900, and North American
historians produced a stream of works after the 1970s on German-, Magyar-, and Czech-
speaking intellectuals and artists in the Habsburg lands between the 1880s and the
1920s[37].

The growing interest of historians of science during recent decades in the social and
political context of scientific research has led to original new studies of the natural and
social sciences in the Habsburg Monarchy during the nineteenth century. Since the late
1970s North American scholars have produced a raft of writings on Sigmund Freud and
the development of psychiatry and the behavioral sciences in the monarchy[38]. Among

---

[36] Schorske combined the earlier essays with three new ones and an introduction in Carl E.
SCHORSKE, Fin-de-siècle Vienna: Politics and culture (New York 1980). He published several more essays
dealing with Austrian intellectual figures in IDEM, Thinking with History: Explorations in the passage to
modernism (Princeton, NJ 1998).

[37] See for examples, William M. JOHNSTON, The Austrian Mind: An intellectual and social history
(Berkeley, CA 1972); IDEM, Zur Kulturgeschichte Österreichs und Ungarns 1890–1938. Auf der Suche
nach verborgenen Gemeinsamkeiten (Wien–Köln–Graz 2015); William J. McGRATH, Dionysian Art
and Populist Politics in Austria (New Haven, CT 1974); Allan JANIK–Stephen E. TOULMIN, Wittgenstein's Vienna (New York 1973); Allan JANIK, Wittgenstein's Vienna Revisited (New Brunswick, NJ
2001); Steven BELLER, Vienna and the Jews, 1867–1938: A cultural history (Cambridge 1989); Lee
CONGDON, The Young Lukács (Chapel Hill, NC 1983); Mary GLUCK, Georg Lukács and his Generation, 1900–1918 (Cambridge, MA 1991); James SHEDEL, Art and Society: The New Art Movement in
Vienna, 1897–1914 (Palo Alto, CA 1981); Michael P. STEINBERG, The Meaning of the Salzburg Festival:
Austria as theater and ideology, 1890–1938 (Ithaca, NY 1990); IDEM, Jewish Identity and Intellectuality
in Fin-de-Siècle Austria: Suggestions for a historical discourse. New German Critique 43 (Spring 1988) 3–
33; Michael GUBSER, Time's Visible Surface: Alois Riegl and the Discourse on History and Temporality
in Fin-de-Siècle Vienna (Detroit, MI 2006); Diana REYNOLDS CORDILEONE, Alois Riegl in Vienna
1875–1905: An Institutional Biography (Farnham, Surrey–Burlington, VT 2014); Anthony ALOFSIN,
When Buildings Speak: Architecture as Language in the Habsburg Empire and its Aftermath, 1867–
1933 (Chicago, IL–London 2006); Katherine DAVID-FOX, The 1890s Generation: Modernism and National Identity in Czech Culture, 1890–1900 (Ph.D. dissertation, Yale University 1996); EADEM,
Prague–Vienna, Prague–Berlin: The hidden geography of Czech modernism. Slavic Review 59 (2000)
735–760; Scott SPECTOR, Prague Territories: National conflict and cultural innovation in Franz Kafka's
fin de siècle (Berkeley, CA 2000); Thomas ORT, Art and Life in Modernist Prague: Karel Čapek and his
generation, 1911–1938 (New York 2013); Julie M. JOHNSON, The Memory Factory: The Forgotten
Women Artists of Vienna 1900 (West Lafayette, IN 2012); Larry WOLFF, Dynastic Conservatism and
Poetic Violence in Fin-de-siècle Cracow: The Habsburg Matrix of Polish Modernism. AHR 106 (June
2001) 735–764; Rethinking Vienna 1900, ed. Steven BELLER (New York–Oxford 2001); and the forum
The Other Modernisms: Culture and politics in East Central Europe. AHY 33 (2002) 141–237.

[38] For a few examples, see Frank J. SULLOWAY, Freud, Biologist of the Mind: Beyond the Psychoanalytic Legend (New York 1979); Dennis B. KLEIN, Jewish Origins of the Psychoanalytic Movement

the most prominent of the North Americans who have worked on the natural sciences in middle and late nineteenth-century Austria are Deborah R. Coen, who published an insightful first book on the Exner family and more recently a wide-ranging study of the development of climate science in Austria, and Michael D. Gordin, who has produced a sensitive portrait of Albert Einstein's brief tenure as a professor in Prague's German Charles-Ferdinand University in 1911–12[39].

Interest in social history among North American and British historians since the late 1960s and 1970s has inspired an expanding body of studies on everyday life, leisure activities and tourism, family relations, women's experience, and sexuality for the Habsburg territories during the early modern and modern eras[40]. When American, Canadian, and British historians first began to publish on women's experience, gender, and sexuality, they had few counterparts among historians in Central Europe. In recent decades that gap has largely disappeared, and a vigorous trans-Atlantic conversation has developed on current research questions in these areas.

The master narrative on political development in the Habsburg Monarchy during the nineteenth and early twentieth centuries which prevailed through the 1970s in Europe and North America envisioned a polity full of contradictions and increasingly riven by nationalist ambitions for self-government which could never be satisfied by an immobile Habsburg state. Popular loyalties to that old polity presumably declined steadily over the late nineteenth century as national identities grew stronger, even though hardly any of the Habsburg Monarchy's critics and dissidents demanded complete independence. Among the most salient contributions of North American scholars since the 1980s to changing historiography on the Habsburg Monarchy during the long nineteenth century has been their innovative work on the development of popular loyalties to community, nation, and the state, which has revised in fundamental ways older views of loyalties in the various crown lands.

Previously, conventional historical accounts focused on the rise of the nationalist political movements during the nineteenth century and their struggles for national rights against the Habsburg Monarchy and the dominant German and Hungarian national-

---

(Chicago, IL–London 1985); William J. McGRATH, Freud's Discovery of Psychoanalysis: The Politics of Hysteria (Ithaca, NY 1986); Michael S. ROTH, Psycho-Analysis as History: Negation and Freedom in Freud (Ithaca, NY 1987); Louis ROSE, The Freudian Calling: Early Viennese Psychoanalysis and the Pursuit of Cultural Science (Detroit, MI 1998); IDEM, The Survival of Images: Art Historians, Psychoanalysts, and the Ancients (Detroit, MI 2001); Peter GAY, Freud: A life for our time (New York 2006).

[39] Deborah R. COEN, Vienna in the Age of Uncertainty: Science, Liberalism, and Private Life (Chicago, IL–London 2007); EADEM, Climate in Motion: Science, Empire, and the Problem of Scale (Chicago, IL–London 2018); Michael D. GORDIN, Einstein in Bohemia (Princeton, NJ–Oxford, 2020).

[40] For examples of North American work on these subjects, see Alison Frank JOHNSON, The Pleasant and the Useful: Pilgrimage and Tourism in Habsburg Mariazell. *AHY* 40 (2009) 157–182; Alison F. FRANK, The Air Cure Town: Commodifying Mountain Air in Alpine Central Europe. *CEH* 44 (2012) 185–207; Mary GLUCK, The Invisible Jewish Budapest: Metropolitan Culture at the Fin de Siècle (Madison, WI 2016); Patrick J. HOULIHAN, Catholicism and the Great War: Religion and Everyday Life in Germany and Austria-Hungary, 1914–1922 (Cambridge 2015); Tait KELLER, Apostles of the Alps: Mountaineering and Nation Building in Germany and Austria, 1860–1939 (Chapel Hill, NC 2016); Britta McEWEN, Sexual Knowledge: Feeling, Fact, and Social Reform in Vienna, 1900–1934 (New York–Oxford 2012); Scott SPECTOR, Sex, Crime, and Utopia in Vienna and Berlin, 1860–1914 (Chicago, IL–London 2016); Keely STAUTER-HALSTED, The Devil's Chain: Prostitution and Social Control in Partitioned Poland (Ithaca, NY 2015); Nancy M. WINGFIELD, The World of Prostitution in Late Imperial Austria (Oxford–New York 2017).

ities. These writings typically presumed the age-old existence of the various nationalities based on their distinctive languages and history in particular territories or on a combination of language, religion, territory, and history. In the mid-1970s North American scholars began to conduct local and regional studies to examine the efforts of nationalist activists during the middle and late nineteenth century to develop popular political loyalties and organize support for their causes. Yet when these historians studied linguistically mixed localities, as I did in my doctoral dissertation on the German-speaking minority of Prague, they found evidence of ambiguity and mutability in national group identities among the population and what were *processes* of constructing national loyalties and group solidarities[41]. Local national activists labored to firm up loyalties and repeatedly criticized the "amphibians" or "hermaphrodites" who changed their national loyalties to fit circumstances or those who tried to remain ambiguous. Another American, Jeremy King, followed with a doctoral dissertation and 2002 book on the southern Bohemian city of Budějovice, where he found that ambiguity and mutability of national allegiances persisted into the early twentieth century[42]. Pieter Judson's 2006 book "Guardians of the Nation" on the work of nationalist activists in small towns and rural districts in the Bohemian and southern Alpine crown lands with mixed German-speaking and Czech- or Slovene-speaking populations showed that ambiguous or mutable identities could persist into the early twentieth century and that some local inhabitants proved to be indifferent or resistant to the efforts of national activists. When viewed through this lens, the so-called language borders (*Sprachgrenzen*) disappeared as sharply defined boundaries and appeared more as politically useful rhetorical constructs. Yet another American historian, Tara Zahra, examined the work of nationalist activists in the Bohemian Crown Lands to combat ambiguity and mutability in loyalties by trying to deny parents freedom of choice between Czech- and German-language schools and ensuring that they raised their children as members of their own nation and sent them to nationally appropriate schools[43].

This body of research supported an argument that modern national loyalties and group solidarities were politically and socially constructed phenomena and that one could not simply assume that national loyalties and solidarities were predetermined by putative ethnic origins. Studies by political theorists and anthropologists during the 1970s and 1980s, particularly Ernest Gellner's "Nations and Nationalism" and Benedict Anderson's "Imagined Communities: Reflections on the Origin and Spread of Nationalism", both first published in 1983, bolstered these inquiries and helped give them analytic clarity. The pioneering research on Transylvania conducted by the American anthropologist Katherine Verdery after the mid-1970s helped inspire further research on Central and East-Central Europe[44]. In the 1990s the writings of the American polit-

---

[41] Gary B. COHEN, The Prague Germans 1861–1914: The Problems of Ethnic Survival (Ph.D. dissertation, Princeton University 1975); and the ensuing monograph, IDEM, The Politics of Ethnic Survival: Germans in Prague, 1861–1914 (Princeton, NJ 1981; rev. second ed., West Lafayette, IN 2006).

[42] Jeremy KING, Budweisers into Czechs and Germans: A local history of Bohemian politics, 1848–1948 (Princeton, NJ 2002).

[43] Tara ZAHRA, Kidnapped Souls: National Indifference and the Battle for Children in the Bohemian Lands, 1900–1948 (Ithaca, NY–London, 2008).

[44] Katherine VERDERY, Transylvanian Villagers: Three Centuries of Political, Economic, and Ethnic Change (Berkeley, CA–Los Angeles, CA–London 1983); EADEM, The Vanishing Hectare: Property and Value in Postsocialist Transylvania (Ithaca, NY–London 2003).

ical sociologist Rogers Brubaker helped refine thinking about the political processes at work in constructing national loyalties, and he added an emphasis on the importance of the political and social *performance* of such loyalties and a critique of the pitfalls of methodological nationalism, that is, letting implicit or explicit nationalist presumptions influence research on matters of national loyalty and group solidarities[45]. Reflecting on the theoretical writings and historical scholarship on modern national identities and nationalist movements in Central and Eastern Europe and elsewhere, Zahra has gone on to argue that for too long scholars underestimated or simply ignored indifference to national identity as a significant phenomenon and that it should be a category of analysis in studies of cultural and national pluralism anywhere in the world[46].

The interest of North American historians in the processes of national identification and the construction of national loyalties in the Habsburg territories has inspired innovative new research on the development and expression of national loyalties among industrial workers and Social Democratic organizations during the late nineteenth century. Karl Bahm drew on workers' memoirs and a variety of other sources in producing a highly original study of national loyalties among northern Bohemian workers in his doctoral dissertation and an influential 1998 journal article[47]. In a prize-winning 2017 monograph, Jakub Beneš examined workers' culture and organizations to produce new understandings of the character, strength, and dynamics of national loyalties among Czech- and German-speaking Social Democrats during the last decades of the monarchy[48].

The research initiated by North American scholars on the construction of national loyalties and the persistence of ambiguity and mutability in identities in parts of Central Europe to the end of the nineteenth century or even later sparked a wave of new studies of culturally mixed regions there. North American scholars have played a prominent part in this. Dominique K. Reill, for instance, produced a highly original study of how influential intellectual and political figures in Habsburg Dalmatia, Trieste, and Venezia during the middle decades of the nineteenth century resisted simple national identification and how distinctive notions of national identity developed there in the context of strong local and regional identities and much ambiguity[49]. Straddling the disciplines of anthropology and history, Pamela Ballinger examined in Istria and neighboring Adriatic coastal areas the lived realities of multiculturalism, mixed loyalties, and hybrid identities[50].

---

[45] Rogers Brubaker, Nationalism Reframed: Nationhood and the National Questions in the New Europe (Cambridge 1996); idem–Frederick Cooper, Beyond 'Identity'. *Theory and Society* 29 (2000) 1–47. See also the discussion in Jeremy King, The Nationalization of East Central Europe: Ethnicism, Ethnicity, and Beyond, in: Staging the Past: The Politics of Commemoration in Habsburg Central Europe, 1848 to the Present, ed. Maria Bucur–Nancy M. Wingfield (West Lafayette, IN 2001) 112–152.

[46] Tara Zahra, Imagined Non-Communities: National Indifference as a Category of Analysis. *Slavic Review* 69 (2010) 93–119.

[47] Karl F. Bahm, Class and nation: National integration, class mobilization, and identity in the German-Bohemian Workers' Movement, 1870–1911 (Ph.D. dissertation, University of Chicago 1993); idem, Beyond the Bourgeoisie: Rethinking Nation, Culture and Modernity in Nineteenth-Century Central Europe. *AHY* 29/1 (1998) 19–33.

[48] Jakub S. Beneš, Workers and Nationalism. Czech and German Social Democracy in Habsburg Austria, 1890–1918 (Oxford 2017).

[49] Dominique Reill, Nationalists Who Feared the Nation: Adriatic multi-nationalism in Habsburg Dalmatia, Trieste, and Venice (Stanford, CA 2012).

[50] Pamela Ballinger, History in Exile: Memory and Identity at the Borders of the Balkans (Prince-

The interest in a deeper and more nuanced examination of modern national identification has also informed the writings of a growing number of North American historians since the 1980s on Jews in the Habsburg lands. Discussions of national loyalties, allegiances to the state, and assimilation have figured prominently in the synthesis on the history of Jews in the Habsburg Monarchy by William McCagg and in articles and monographs by McCagg, Lois C. Dubin, Hillel J. Kieval, Michael Miller, Ian Reifowitz, Alison Rose, Marsha L. Rozenblit, Joshua Shanes, Daniel Unowsky, and this author[51]. Here, too, ambiguity and mutability in national identities and the constructed character of loyalties have emerged in ever greater relief.

Not surprisingly, the North American scholarship on the formation of modern national identities and the persistence of ambiguity and mutability in some circumstances into the early twentieth century has drawn a mixed response in the former Habsburg lands. Austrian historians who have been working to reinvigorate studies of the monarchy and modern Central and Eastern Europe have tended to welcome much of the North American research on national identification[52]. The eminent Austrian scholar, Gerald Stourzh, however, has called for more precision in the concept of national indifference, since when taken broadly, it subsumes a range of individuals' possible stances, including ambivalence and mutability as well as simple indifference to a distinct national identity[53]. In the other successor states of the monarchy, many historians have found it more difficult to abandon the major tenet of the older nationalist narratives that nations

---

ton, NJ 2003); EADEM, Multiculturalism against the State. Lessons from Istria, in: Understanding Multiculturalism: The Habsburg Central European Experience, ed. Johannes FEICHTINGER–Gary B. COHEN (New York–Oxford 2014) 101–121; EADEM, Liquid Borderland, Inelastic Sea? Mapping the Eastern Adriatic, in: Shatterzone of Empires: Coexistence and Violence in the German, Habsburg, Russian, and Ottoman Borderlands, ed. Omer BARTOV–Eric D. WEITZ (Bloomington–Indianapolis, IN 2013) 423–437.

[51] William O. McCAGG, Jr., A History of Habsburg Jews, 1670–1918 (Bloomington–Indianapolis, IN 1989); IDEM, Jewish Nobles and Geniuses in Modern Hungary (Boulder, CO– New York 1972); Gary B. COHEN, Jews in German Liberal Politics: Prague, 1860–1914. *Jewish History* 1 (1986) 55–74; Lois C. DUBIN, The Port Jews of Habsburg Trieste. Absolutist politics and enlightenment culture (Stanford, CA 1999); GLUCK, The Invisible Jewish Budapest (cit. n. 40); Hillel J. KIEVAL, The Making of Czech Jewry. National conflict and Jewish society in Bohemia, 1870–1918 (New York–Oxford 1988); IDEM, Languages of Community. The Jewish experience in the Czech lands (Berkeley, CA–Los Angeles, CA–London 2000); Michael L. MILLER, Rabbis and Revolution: The Jews of Moravia in the age of emancipation (Stanford, CA 2011); Ian REIFOWITZ, Imagining an Austrian Nation: Joseph Samuel Bloch and the search for a multiethnic Austrian identity, 1845–1919 (Boulder, CO–New York 2003); Alison ROSE, Jewish Women in fin de siècle Vienna: Jewish history, life, and culture (Austin, TX 2008); Marsha L. ROZENBLIT, The Jews of Vienna, 1867–1914: Assimilation and identity (Albany, NY 1983); EADEM, Reconstructing a National Identity. The Jews of Habsburg Austria during World War I (Oxford–New York 2001); EADEM, Jews, German Culture, and the Dilemma of National Identity: The Case of Moravia, 1848–1938. *Jewish Social Studies* 20 (2013) 77–120; EADEM, Creating Jewish Space: German-Jewish Schools in Moravia. *AHY* 44 (2013) 108–147; Joshua SHANES, Diaspora Nationalism and Jewish Identity in Habsburg Galicia (Cambridge–New York 2012); Daniel L. UNOWSKY, The Plunder: The 1898 Anti-Jewish Riots in Habsburg Galicia (Stanford, CA 2018).

[52] See for examples the reviews of Judson's "Guardians of the Nation" by the Austrian scholar, Peter HASLINGER for H-Soz-Kult, 21.01.2009, https://www.hsozkult.de/publicationreview/id/reb-9786 [25.04.2022] and the German historian, Tatjana TÖNSMEYER, in: *sehepunkte* 8 (2008) Nr. 7/8 [15.07.2008], http://www.sehepunkte.de/2008/07/13815.html [25.04.2022].

[53] Gerald STOURZH, The Ethnicizing of Politics and 'National Indifference' in Late Imperial Austria, in: IDEM, Der Umfang der österreichischen Geschichte. Ausgewählte Studien 1990–2010 (Wien–Köln–Graz 2011) 283–323.

and basic national or ethno-cultural group identities existed in earlier forms before the rise of modern national political movements[54]. Some historians in East-Central Europe reject the constructivist accounts as excessively voluntarist and see older roots for individuals and groups identifying with national causes. Miroslav Hroch, for example, has agreed that the process of forming a nation is "not preordained or irreversible", but argues that it still requires several kinds of pre-existing objective relationships, be they "economic, political, linguistic, cultural, religious, geographical, or historical"[55]. One senses that some scholars in these lands perceive in the more radically "constructivist" accounts of national identification a questioning of the authenticity of their national identities.

In fact, the research on national identification and modern national movements by North American scholars and like-minded colleagues elsewhere over the last several decades has not undermined studies of nationalist politics nor has it delegitimized the examination of nation-building efforts in the lands of Habsburg Central Europe. Rather, this work has taken seriously nation-building as a complex of social and socio-cultural processes which have accompanied emerging political action. Through those processes nationalist activists built supporting social solidarities for their political movements and cultivated – and at times disciplined – popular loyalties to the nation. This, in fact, is what nationalist activists themselves often said they were doing.

Before World War I, perceptive observers of imperial Austrian politics, such as Karl Renner, recognized that Austria's nationality conflicts were, in fact, a "struggle for the state" rather than against it[56]. After 1918 many ardent nationalist politicians strove to preserve parts of the monarchy's legal and administrative structures to use in service of their own interests under the new flags. Much of the political action during and after 1918 was not aimed at revolutionizing the whole system of government but rather sought to capture and preserve parts of the existing state structures for the benefit of the new leadership. The result was that strong state bureaucratic authority, some degree of autonomy for local and regional authorities, and a preference for corporatist solutions to economic and social problems persisted in many parts of Central Europe from the last decades of the monarchy through the 1920s and 1930s. The strength of the old legal and administrative frameworks and the persistence after 1918 of elements of the long-established civic and bureaucratic cultures calls for a fresh examination of citizens' relations to governmental authority and their attitudes toward the state during the last decades of the monarchy. Over the last thirty years, several North American scholars have begun to connect the new understandings of nation-building efforts with studies of citizens' roles in civil society and their relations with governmental institutions. Monographs and essays by John Boyer, Jeremy King, Pieter Judson, Tara Zahra, Maureen Healy, Daniel Unowsky, Nancy Wingfield, and John Deak have all offered new insights on how parties, interest groups, and individual citizens interacted with a changing state and its

---

[54] The reviews of Judson's "Guardians of the Nation" and Zahra's "Kidnapped Souls" by Pavel KLADIWA, in: *Historica. Revue pro historii a příbuzné vědy* 1 (2010) 218–220, 221–224, display something of a change of course among Czech historians and take a fundamentally favorable stance while expressing skepticism on some points.

[55] Miroslav HROCH, From National Movement to the Fully-Formed Nation: The Nation Building Process in Europe. *New Left Review* 93:198 (1993) 3–20.

[56] Rudolf SPRINGER (i. e., Karl RENNER), Der Kampf der österreichischen Nationen um den Staat, Bd. 1: Das nationale Problem als Verfassungs- und Verwaltungsfrage (Wien–Leipzig 1902).

administrative and legislative organs during the half century before 1918. Their findings do not fit neatly into the old narrative of recurring crises, governmental paralysis, and a steep decline of the state; and they have demonstrated that even if there was little far-reaching democratization, voters, interest groups, and political parties were increasingly implicated in the making of laws and public policy and in the administrative work of governmental bodies at various levels across the Habsburg realm.

Since the 1980s North American historians have produced an impressive series of studies on the development of civil society in late nineteenth-century Austria and Hungary and the changing relations between citizens and governmental authority. Previously, general histories of the Habsburg Monarchy depicted the rise of nationalist parties and popular political action as leading to the increasing paralysis of legislative processes and consequently to a growing government reliance on bureaucratic authority. Those accounts emphasized the recurring crises and disruption of legislative work in several crown land diets and in the Austrian and Hungarian parliaments tempered by interventions of the emperor-king and his ministers[57]. Conventional accounts pointed to the failure of liberal revolutions in 1848 and argued that only after military defeats between 1859 and 1866 did Franz Joseph grudgingly accept a constitutional system without intending any far-reaching liberalization. Historians' emphasis on rising domestic political conflict and the seeming immobility of governmental structures after around 1880 often obscured the circumstances that civil society and popular political participation underwent significant structural evolution and that advanced legal systems, an array of modern governmental services, and modern notions of citizenship developed after the 1860s.

North American historians' contributions to research on political life and the relations between civil society and government during the late nineteenth century began with intensive archivally-based studies of the foundations and supporting structures for several major political parties and local community politics. In the 1960s and 1970s, when few Austrian historians published on German nationalist and antisemitic politics in late imperial Austria, the American Andrew Whiteside produced studies of the early German national socialist formations and of Georg von Schönerer and the Pan-German movement in Cisleithania. Later, in 1992 another American, Bruce Pauley published a needed synthesis on modern Austrian antisemitism[58]. In 1978 Bruce Garver authored a comprehensive study of the Young Czech Party, which analyzed its social bases and modes of organization, highlighting that party's pivotal role in the transition from middle-class *Honoratioren* parties to mass politics in the Bohemian Crown Lands and its effective use of autonomous city governments and the Bohemian Diet[59]. John Boyer's monumental two-volume study of the Christian Social movement in Vienna and the Austrian Alpine lands, published in 1981 and 1995, replaced the old simple dichotomy

---

[57] See the discussion in COHEN, Neither Absolutism nor Anarchy (cit. n. 21). Lothar Höbelt used the phrase "absolutism and anarchy" in Lothar HÖBELT, Parliamentary Politics in a Multinational Setting: Late Imperial Austria, Working Paper 92–6 (Center for Austrian Studies, University of Minnesota, 1992) 8.

[58] Andrew G. WHITESIDE, Austrian National Socialism before 1918 (The Hague 1962); IDEM, The Socialism of Fools: Georg von Schönerer and Austrian Pan-Germanism (Berkeley, CA 1975); Bruce F. PAULEY, From Prejudice to Persecution: A History of Austrian Anti-Semitism (Chapel Hill, NC–London 1992).

[59] Bruce M. GARVER, The Young Czech Party, 1874–1901, and the Emergence of a Multi-party System (New Haven, CT 1978).

between the liberal parties of notables and the later mass-based, populist parties with a more sophisticated analysis which pointed to a linear evolution from the German Liberals' locally-based deferential politics of middle-class citizens to the populist, antisemitic communitarianism of the Christian Social Party[60]. Local studies published in the 1980s such as William Hubbard's book on society and politics in late nineteenth-century Graz, my monograph on the German-speaking minority in Prague, and Evan Bukey's book on Linz added to the understanding of urban politics[61]. This body of research helped lay the foundations for Pieter Judson's subtle 1996 synthesis on the development of the German Liberals' social bases, political action, and ideology, which traced the evolution from middle-class liberal to German nationalist political formations in Cisleithania more broadly[62].

Much of the recent North American research on the Habsburg Monarchy during the late nineteenth century has focused on Vienna and the Alpine and Bohemian crown lands, but North American historians have also published innovative studies on Galicia and Hungary, which have offered similar treatments of the growth of modern political formations, their social bases, and ideology. They have undertaken less research on the Habsburg territories in northern Italy during the eighteenth and nineteenth centuries but for Trieste and the neighboring coastal areas. The Canadian Institute of Ukrainian Studies, which opened at the University of Alberta in 1976, benefited during its early years from the intellectual leadership of the historian Ivan Lysiak-Rudnytsky and has long encouraged research in Canada on Galicia[63]. Between 1983 and 2001, John-Paul Himka at the University of Alberta and Keely Stauter-Halsted, then at Michigan State University, published monographs on the rise of modern popular politics in Galicia, particularly the Social Democratic movement and the nationalist political formations of Polish and Ukrainian peasants[64]. Himka went on to write insightful studies of religion and Ukrainian popular culture and politics[65]. Brian Porter-Szücs and Daniel Unowsky have advanced understanding of the development of nationalist ideology and popular antisemitism in Galicia and the Polish lands more generally[66]. Holding the chair in Ukrainian studies at the University of Toronto for more than forty years, Paul Robert Magocsi has produced a rich body of publications on national identity, nationalist poli-

---

[60] John W. Boyer, Political Radicalism in Late Imperial Vienna: Origins of the Christian Social Movement, 1848–1897 (Chicago, IL 1981); idem, Culture and Political Crisis (cit. n. 21).

[61] William H. Hubbard, Auf dem Weg zur Großstadt: Eine Sozialgeschichte der Stadt Graz 1850–1914 (München 1984); Cohen, Politics of Ethnic Survival (cit. n. 41); Evan B. Bukey, Hitler's Hometown: Linz, Austria, 1908–1945 (Bloomington, IN 1986).

[62] Pieter M. Judson, Exclusive Revolutionaries: Liberal politics, social experience, and national identity in the Austrian Empire, 1848–1914 (Ann Arbor, MI 1996).

[63] For a characteristic publication of the Canadian Institute of Ukrainian Studies in the early years, see Rethinking Ukrainian History, ed. Ivan L. Rudnytsky–John-Paul Himka (Edmonton, AL–Downsview, ON 1981).

[64] John-Paul Himka, Socialism in Galicia: The emergence of Polish social democracy and Ukrainian radicalism (1860–1890) (Cambridge, MA 1983); idem, Galician Villages and the Ukrainian National Movement in the Nineteenth Century (New York 1988); Keely Stauter-Halsted, The Nation in the Village: The genesis of peasant national identity in Austrian Poland, 1848–1914 (Ithaca, NY 2001).

[65] John-Paul Himka, Religion and Nationality in Western Ukraine: The Greek Catholic Church and the Ruthenian national movement in Galicia, 1867–1900 (Montreal, QC– Kingston, ON–London–Ithaca, NY 1999); idem, Last Judgment Iconography in the Carpathians (Toronto, ON 2009).

[66] Brian A. Porter, When Nationalism began to Hate: Imagining Modern Politics in Nineteenth-century Poland (New York 2002); Unowsky, The Plunder (cit. n. 51).

tics, and the general history of Subcarpathian Ruthenia, Galicia, and Ukraine[67]. Alison Frank Johnson's pioneering study of the rise and decline of the oil industry in Galicia contributed significantly to economic, business, labor, and political history[68]. More recently, Larry Wolff produced an erudite and highly original study on the idea and meaning of Galicia as a unique space: governed by imperial Austria, historically part of Poland, but having its own specific character and experience[69]. The impact on this territory of rule from Vienna and the resulting mixture of Austrian and local Polish elements in its political culture and governance was the subject of Iryna Vushko's 2015 monograph, which shed new light on how Austrian state officials went about their work in Galicia from the partitions of Poland to 1867, developed relations with local society, and tried to reconcile Austrian government policy with local circumstances[70].

The history of the Habsburg Monarchy's Hungarian lands has attracted a smaller number of North American scholars than research on the Alpine and Bohemian lands, due in part to the difficulty of finding adequate language instruction in Magyar. Between 1968 and 1985, three scholars born in Hungary but trained as historians in the United States, George Barany, István Deák, and Gabor Vermes, published much needed political biographies of István Széchenyi, Lajos Kossuth, and István Tisza, respectively[71]. Since the 1990s other North American scholars, including Alice Freifeld, Robert Nemes, and Paul Hanebrink, have begun to trace the development of modern civil society in the Hungarian crown lands and the connections of political ideology to popular culture and religious traditions in research which parallels to some degree the North American work on Vienna and the Alpine and Bohemian crown lands[72].

Studies by American and Canadian historians over the last three decades on the evolution of modern civil society, political parties, and social movements in the Habsburg Monarchy have demonstrated the dynamism of political mobilization after the mid-nineteenth century and the impact of popular political action on government. From 1860 onward, citizens and political formations of all stripes pressed to influence policymaking and legislative work. North American specialists on the late nineteenth century have taken up a favorite theme of Czech colleagues regarding the autonomy enjoyed by communal governments and the crown land diets in Cisleithania[73]. In con-

---

[67] See for examples, Paul R. Magocsi, The Shaping of a National Identity: Subcarpathian Rus', 1848–1948 (Cambridge, MA 1978); idem, A History of Ukraine (Toronto, ON 1996); idem, Of the Making of Nationalities There is no End (New York 1999); idem, The Roots of Ukrainian Nationalism: Galicia as Ukraine's Piedmont (Toronto, ON 2002).

[68] Alison F. Frank, Oil Empire: Visions of Prosperity in Austrian Galicia (Cambridge, MA 2005).

[69] Larry Wolff, The Idea of Galicia: History and Fantasy in Habsburg Political Culture (Stanford, CA 2010).

[70] Iryna Vushko, The Politics of Cultural Retreat: Imperial Bureaucracy in Austrian Galicia, 1772–1867 (New Haven, CT 2015).

[71] George Barany, Stephen Széchenyi and the Awakening of Hungarian Nationalism, 1791–1841 (Princeton, NJ 1968); István Deák, The Lawful Revolution: Louis Kossuth and the Hungarians, 1848–1849 (New York 1979); Gabor Vermes, István Tisza: The liberal vision and conservative statecraft of a Magyar nationalist (Boulder, CO–New York 1985).

[72] See for examples, Alice Freifeld, Nationalism and the Crowd in Liberal Hungary, 1848–1914 (Washington, DC–Baltimore, MD 2000); Robert Nemes, The Once and Future Budapest (DeKalb, IL 2005); Paul A. Hanebrink, In Defense of Christian Hungary: Religion, Nationalism, and Antisemitism, 1890–1944 (Ithaca–London 2006).

[73] For Czech scholarship on communal and provincial autonomy, see Jiří Klabouch, Die Gemeindeselbstverwaltung in Österreich, 1848–1918 (Wien 1968), and Milan Hlavačka, Zlatý věk České

trast, government in Hungary after 1867 had a more unitary structure with the counties increasingly controlled by the central authorities. The autonomy of the diets and the communal governments in Cisleithania offered possibilities to political parties and interest groups for some direct participation in policymaking and administration, which grew steadily after the 1870s and 1880s as the public services provided by the communes and the crown lands expanded. Even if political crises and deliberate obstruction repeatedly blocked the normal functioning of the Cisleithanian parliament after the mid-1890s, political parties and interest groups gradually increased their influence in ministerial policymaking through lobbying and negotiation. The Cisleithanian ministries and their officials in the crown lands responded to demands from the political parties, interest groups, and a changing society with administrative ordinances and the initiation of new public services[74].

In recent years, historians of the Habsburg Monarchy working in Europe and their North American counterparts have come to some broad agreement on general patterns of development during the late nineteenth century for political parties and interest groups, their engagement in the representative bodies and administrative work of the local communes and the crown lands, and the growth of public services at all levels of government. North American scholars, however, have been more willing to conclude that government in Cisleithania demonstrated a great ability to develop than was recognized under the old narrative tropes of political stalemate and inexorable state decline even if governance in Hungary showed a slower pace of structural change. American and Canadian historians point, for example, to the compromises with contending national forces which the Cisleithanian authorities were able to conclude in Moravia (1905), Bukovina (1910), Galicia (1914), and the Bohemian city of (České) Budějovice / (Böhmisch) Budweis (1914). Those compromises changed constitutional and legal provisions to allow partitioning the electorate and some representative bodies on national lines and thereby advanced the collective representation of the nationalities in political and legal affairs[75].

With this increased appreciation of the relationship between developing civil society and a gradually changing system of governance, some North American historians have begun to argue that something of a symbiotic relationship evolved between civil society

---

samosprávy. Samospráva a její vliv na hospodářský, sociální a intelektuální rozvoj Čech 1862–1913 [The Golden Age of Czech self-government. Self-government and its influence on the economic, social and intellectual development of Bohemia 1862–1913] (Praha 2006). For an American study of the role of autonomous local governments, see Jeremy KING, The Municipal and the National in the Bohemian Lands, 1848–1914. *AHY* 42 (2011) 89–109.

[74] See, for examples of such work, BOYER, Political Radicalism in Late Imperial Vienna (cit. n. 60); IDEM, Culture and Political Crisis (cit. n. 21); COHEN, Neither Absolutism nor Anarchy (cit. n. 21); IDEM, Nationalist Politics and the Dynamics of State and Civil Society in the Habsburg Monarchy, 1867–1914. *CEH* 40 (2007) 241–278; KING, Budweisers into Czechs and Germans (cit. n. 42); T. Mills KELLY, Taking It to the Streets: Czech National Socialists in 1908. *AHY* 29/1 (1998) 93–112; IDEM, Without Remorse: Czech national socialism in late-Habsburg Austria (Boulder, CO–New York 2006); Daniel L. UNOWSKY, The Pomp and Politics of Patriotism: Imperial celebrations in Habsburg Austria, 1848–1916 (West Lafayette, IN 2005); Nancy M. WINGFIELD, Flag Wars and Stone Saints: How the Bohemia lands became Czech (Cambridge, MA 2007).

[75] KING, Budweisers into Czechs and Germans (cit. n. 42) 137–147; T. Mills KELLY, The Last Best Chance or Last Gasp? The Compromise of 1905 and Czech Politics in Moravia. *AHY* 34 (2003) 279–303; COHEN, Nationalist Politics and the Dynamics (cit. n. 74) 271–273.

and government in Cisleithania after the 1860s[76]. A changing governmental system allowed and indeed created political space for civil society and political parties and gradually conceded, even if haltingly, policy measures in response to pressures from society. The growth of nationalist politics first in liberal and then in more radical populist forms and of popular agrarian and socialist movements functioned as both drivers and results in this process. The symbiotic relationship between a developing civil society and dynamic governmental institutions in Cisleithania meant, in effect, that civil society and the state were mutually constitutive during the late nineteenth century. In this regard, some North American scholars no longer see popularly based nationalist politics and the Austrian state as simply antagonistic to each other. They emphasize that most nationalist politicians before World War I did not work for the dissolution of the Habsburg state, but rather eagerly pursued negotiations and bargains. The American Daniel Unowsky and the British scholar Laurence Cole have produced some fascinating research on state-sponsored celebrations and local visits by the emperor-king and other members of the imperial family which shows how nationalist politicians used such occasions to demonstrate both their fidelity to the Habsburg crown and their leadership within their national communities[77].

John Boyer has summed up the role of nationalist politics in the changing landscape of the state and civil society in late nineteenth-century Austria: "The nationality conflict in Austria was not merely the destructive, centrifugal process that usually appears in the historiography. It was also an emancipatory centripetal process that reshaped the 1867 state in ways that allowed all bourgeois ethnic groups to be agents, as well as subjects, of their political destiny."[78] In a monograph on Austrian state-building during the nineteenth century, one of Boyer's former doctoral students, John Deak, has presented a portrait of the developmental processes in the structures of government and bureaucracy which challenges the old narrative of rigidity and eventual decay[79]. My study of secondary and higher education in Cisleithania during the late nineteenth century depicted the substantial growth in the institutions and how government authorities at various levels responded to pressures from society for increased access[80]. At least part of the larger argument about the intertwined development of civil society and the state applies to the Hungarian half of the monarchy as well, but with fewer North American scholars

---

[76] See COHEN, Neither Absolutism nor Anarchy (cit. n. 21) 59–60; IDEM, Nationalist Politics and the Dynamics (cit. n. 74) 241–278; IDEM, Our Laws, Our Taxes, Our Administration: Citizenship in Imperial Austria, in: Shatterzone of Empires: Coexistence and Violence in the German, Habsburg, Russian, and Ottoman Borderlands, ed. Omer BARTOV–Eric D. WEITZ (Bloomington, IN 2013) 103–121; DEAK, The Great War and the Forgotten Realm (cit. n. 21) 357–364; Pieter M. JUDSON, The Habsburg Empire: A New History (Cambridge, MA–London 2016) passim; KING, Budweisers into Czechs and Germans (cit. n. 42) passim; UNOWSKY, Pomp and Politics (cit. n. 74) passim.

[77] UNOWSKY, Pomp and Politics (cit. n. 74); Laurence COLE, Patriotic Celebrations in Late Nineteenth- and Early-Twentieth-Century Tirol, in: Staging the Past: The Politics of Commemoration in Habsburg Central Europe, 1848 to the Present, ed. Maria BUCUR–Nancy M. WINGFIELD (West Lafayette, IN 2001) 75–111; The Limits of Loyalty: Imperial Symbolism, Popular Allegiances, and State Patriotism in the Late Habsburg Monarchy, ed. Daniel UNOWSKY–Laurence COLE (New York–Oxford 2007).

[78] BOYER, Culture and Political Crisis (cit. n. 21) xii.

[79] John DEAK, Forging a Multinational State: State making in Imperial Austria from the Enlightenment to the First World War (Stanford, CA 2015).

[80] Gary B. COHEN, Education and Middle-class Society in Imperial Austria, 1848–1918 (West Lafayette, IN 1996).

working on the Hungarian lands than on Cisleithania during the late nineteenth century, less research has been done in the United States or Canada to ask the same questions for Transleithania.

Among the North American historians, Pieter Judson has produced perhaps the boldest revisionist account to date of the Habsburg Monarchy's evolution from the 1780s to 1918[81]. He argues against understanding that period primarily as a history of increasingly contentious nationalities which inevitably sundered an anachronistic and dysfunctional polity. Rather, in his view the state had genuine dynamism and a capacity to seek ways to advance economic and social development and try to accommodate its varied geographical and popular components. With the advance of civil society, elements of the citizenry joined in the process and during the second half of the century used administrative and legislative mechanisms to their advantage wherever they could. Rather than consistently opposing the central authorities, most nationalist politicians right up to World War I found ways at times to collaborate with officials to gain concrete benefits.

Judson has not convinced all historians of the Habsburg Monarchy in North America, let alone Central European colleagues who remain loyal to old national narratives, that the governmental structures were so dynamic and responsive to societal elements during the middle and late nineteenth century[82]. John Connelly, for instance, in his massive general history of modern East-Central Europe, is not persuaded by the arguments for progressive developments in the Habsburg state during the late nineteenth century nor by the revisionist findings regarding persisting ambiguity and mutability of national loyalties among some popular elements up to the beginning of the twentieth century. Rather, Connelly espouses the older view of the ineluctable rise of the national movements, the strength of their popular support during the decades before 1914, and the inability of the Habsburg Monarchy to accommodate aspirations for national self-government, which condemned it to decline and eventual dissolution[83]. In a 2018 survey history of the Habsburg Monarchy after 1815, another American historian, Steven Beller, gives some credence to the revisionist view of the dynamism of governmental structures and policies during the late nineteenth century, but he, too, remains unconvinced by arguments for the Habsburg polity's ability to develop in significant ways and find meaningful accommodations with societal interests. For Beller, the constitutional structures established in the 1867 compromise retained too much authority for the sovereign and the ministerial bureaucracy in each half of the realm to allow for any far-reaching democratization. In fact, the compromise created a rigidity in the constitutional arrangements which made it impossible to resolve the growing national and class conflicts and ultimately doomed the monarchy[84]. Nonetheless, even though the revisionist accounts have evoked some serious criticism, historians on both sides of the Atlantic now accept as central concerns for research the development of governance and admin-

---

[81] JUDSON, The Habsburg Empire (cit. n. 76).

[82] See the reviews of JUDSON, The Habsburg Empire, by R(obert) J. W. EVANS in *The New York Review of Books* 64/5 (23 March 2017) 36, and Alan SKED, Rethinking the History of the Habsburg Empire: Judson's New History. *Canadian Journal of History* 54/1–2 (2019) 166–174.

[83] John CONNELLY, From Peoples into Nations: A History of Eastern Europe (Princeton, NJ–Oxford 2020). See my review essay on Connelly's book, Gary B. COHEN, John Connelly's Long March through East European History. *AHY* 52 (2021) 273–279.

[84] Steven BELLER, The Habsburg Monarchy 1815–1918 (Cambridge–New York 2018).

istrative structures across the Habsburg territories, the rise of civil society and changing relations between citizens and governmental authority, and the work of nationalist activists to win and maintain popular loyalties in the context of a changing state and civil society.

The new writings on government and civil society in the monarchy during the last decades before 1914 have raised such serious doubts about the old narrative of an inexorably declining Habsburg polity that several North American historians have initiated new studies on when and how popular confidence in the government of the monarchy actually began to dissolve. New research on the home front during the Great War has borne fruit in important publications by the Americans Maureen Healy, John Deak, and Jonathan Gumz[85]. They have offered new insights on how dictatorial rule in Cisleithania, the suffering of those in uniform, the deepening material privation of the civilian population, and the growing exhaustion of the government administration during the later years of the war destroyed public faith in its basic competence and led to the collapse of the state at home in autumn 1918.

While North American historians since the 1980s have done much research on the domestic politics of the monarchy during the late nineteenth century, they have published much less on the first half of the century, but for studies of international relations and Metternich's diplomacy. In general, historians in North America have shown declining interest in traditional diplomatic and military history over the last three decades. One can find notable exceptions, however, in studies of the Habsburg Monarchy, such as Solomon Wank's work on Habsburg foreign relations during the late nineteenth century and his biography of foreign minister Alois Lexa von Aehrenthal, Lawrence Sondhaus' books on Habsburg naval policies and his biography of Franz Conrad von Hötzendorf, Roy Austensen's articles on Austria's relations with the other German states in the mid-nineteenth century, and Nicole Phelps' recent book on relations between the United States and the monarchy[86]. Phelps' work shows the influence of new broader studies in the history of international relations which have begun to take the place of diplomatic history in North American historical research.

---

[85] See Maureen HEALY, Becoming Austrian: Women, the State, and Citizenship in World War I. *CEH* 35 (2002) 1–35; EADEM, Vienna and the Fall of the Habsburg Empire (Cambridge–New York 2004); DEAK, The Great War and the Forgotten Realm (cit. n. 21) 336–380; Jonathan GUMZ, The Resurrection and Collapse of Empire in Habsburg Serbia, 1914–1918 (Cambridge 2009).

[86] Solomon WANK, In the Twilight of Empire. Count Alois Lexa von Aehrenthal (1854–1912), Imperial Habsburg Patriot and Statesman, vol. 1: The Making of an Imperial Habsburg Patriot and Statesman, vol. 2: From Foreign Minister in Waiting to de facto Chancellor (VKNGÖ 102/1–2, Wien–Köln–Weimar 2009 and 2020); Lawrence SONDHAUS, In the Service of the Emperor: Italians in the Austrian armed forces, 1814–1918 (Boulder, CO–New York 1990); IDEM, The Habsburg Empire and the Sea: Austrian naval policy, 1797–1866 (West Lafayette, IN 1989); IDEM, The Naval Policy of Austria-Hungary, 1867–1918: Navalism, industrial development, and the politics of dualism (West Lafayette, IN 1994); IDEM, Franz Conrad von Hötzendorf: Architect of the apocalypse (Boston, MA–Leiden 2000); Roy A. AUSTENSEN, Austria and the "Struggle for Supremacy in Germany," 1848–1864. *JMH* 52 (1980) 196–225; IDEM, Einheit oder Einigkeit? Another Look at Metternich's View of the German Dilemma. *German Studies Review* 6 (1983) 41–57; IDEM, The Making of Austria's Prussian Policy, 1848–1852. *The Historical Journal* 27 (1984) 861–876; IDEM, Metternich, Austria, and the German Question, 1848–1851. *The International History Review* 13 (1991) 21–37; Nicole PHELPS, U.S.–Habsburg Relations from 1815 to the Paris Peace Conference: Sovereignty transformed (Cambridge–New York 2013).

At their best, the broader perspectives of American and Canadian historians and their greater distance from the events than among their Central European counterparts have allowed the North Americans to see with greater clarity long-term chains of development in political culture, civil society, and governmental institutions in modern Habsburg Central Europe, which transcend the conventional dividing lines of 1867, 1918, 1938, and 1945. North Americans' research on the modern era and on earlier periods as well has evoked growing interest, along with debate, among colleagues in Central Europe and elsewhere. There are, to be sure, historians who defend older interpretations against the revisionist challenges, particularly in Central Europe, where some scholars retain loyalties to traditional national narratives. The numbers of the latter have been gradually declining, however, since the fall of the communist governments and the end of the Cold War, as younger Central European historians have increasingly questioned old narratives. In the meantime, international interest in the North American research, the increase in international conference activity over recent decades, and the advance of instantaneous internet communication is drawing North American scholars into ever closer conversations with their counterparts in Europe and around the world. All these developments raise a tantalizing question as to how distinctive North American writing on the history of the Habsburg Monarchy may still be ten or twenty years from now compared to scholarship produced elsewhere in the world.

Jenseits der Völker und der Nationen, jenseits des Absolutismus

Die Auflösung des Staates als Forschungsgegenstand in der französischen Historiographie am Beispiel der Habsburgermonarchie

Marie-Elizabeth Ducreux

Zwar ist die französische Historiographie zur Habsburgermonarchie nie sonderlich umfangreich gewesen, sie fand aber durchaus seit dem Ende des 19. Jahrhunderts ihre Autoren. Allerdings hat sie sich nie zu einer „Geschichte der Habsburgermonarchie" im engeren Sinne entwickelt. Dies ist unter anderem darauf zurückzuführen, dass sich viele französische Spezialisten nicht als Historiker der Habsburgermonarchie oder von deren zentralen staatlichen Behörden verstanden haben, sondern als Historiker der Länder und Völker Mitteleuropas, die von den Habsburgern beherrscht wurden. So verhielt es sich mit den Pionieren, und es blieb so, zumindest in gewissem Umfang, bei den Generationen, die ihnen folgten.

Ein erster Grund hierfür wäre in den Biographien und dem persönlichen – auch dem politischen – Engagement der einschlägigen Personen zu suchen. Ein zweiter liegt ohne Zweifel in der Beschaffenheit der Disziplinen an den französischen Universitäten und dem geringen Stellenwert, der der Geschichte fremder Länder im Vergleich zur Geschichte Frankreichs an den historischen Seminaren lange Zeit zugekommen ist. Vor 1918, ja sogar bis zum Zweiten Weltkrieg, dürften auch die französische außenpolitische Haltung gegenüber Österreich und den Nachfolgestaaten sowie die französische Rolle bei der Neuordnung Europas eine Rolle gespielt haben. Auch waren – und zwar zum Teil aus eben diesen Gründen – viele Historiker Österreichs und der ehemaligen Länder der Habsburgermonarchie, Deutschlands und der ostmitteleuropäischen Staaten Kulturwissenschaftler (*civilisationnistes*), meist Germanisten oder Slawisten etc. So lehrten einige von ihnen eben nicht in historischen Seminaren, sondern an den sprach- und kulturwissenschaftlichen Abteilungen. Es ist in diesem Zusammenhang nicht uninteressant, dass der erste Lehrstuhl, der in Frankreich „Mitteleuropa" (und nicht der Habsburgermonarchie) gewidmet war, nicht dessen Geschichte behandelte, sondern den Raum: Es war dies der Lehrstuhl für Osteuropäische Geographie, der 1946 an der École Nationale des Langues Orientales Vivantes, der Nationalen Schule für lebende orientalische Sprachen (heute INALCO), eingerichtet wurde. Die Schaffung der beiden einzigen historischen Lehrstühle, die an den französischen Universitäten bestehen, ist noch nicht so lange her: Der ältere stammt aus dem Jahre 1985 und befindet sich an der Universität Paris I Panthéon-Sorbonne. Er widmete sich nicht der Habsburgermonarchie, sondern der Neusten Geschichte Ostmitteleuropas. Zuerst bekleidete ihn Bernard Michel (bis 2004), dann bis 2020 Antoine Marès und heute hat ihn Paul Gradvohl inne. Seit nicht einmal zehn Jahren besteht an der gleichen Universität ein Lehrstuhl für die Geschichte Mitteleuropas und Deutschlands in der Frühen Neuzeit; Lehrstuhlinhaberin ist Christine Lebeau. Weder Ernest Denis noch Victor-Lucien Tapié, Jean Bérenger oder heute Olivier Chaline und auch kein anderer der (in der Regel nicht spezialisierten) Historiker, die an den Universitäten außerhalb von Paris Lehrveranstaltungen zur Geschichte eines Landes oder mehrerer Länder der ehemaligen Donaumonarchie abhalten, hatten bzw. haben einen Lehrstuhl für die Geschichte Mitteleuropas inne, sondern immer nur einen Lehrstuhl für Allgemeine Geschichte[1]. Eine weitere französische Eigenheit ist die Existenz des „Centre National de la Recherche Scientifique" (CNRS), das Forscher wegen ihrer wissenschaftlichen Projekte und nicht wegen ihrer Lehrkompetenzen rekrutiert. Auch hier sind Historiker, die sich mit Mitteleuropa befassen, rar. In den letzten vierzig Jahren wurden nur vier angestellt: Catherine Horel nach ihrer Dissertation über die Juden Ungarns in der ersten Hälfte des 19. Jahrhunderts, ich selbst mit einem Projekt zur Rückkehr der böhmischen Länder zum Katholizismus nach 1620 und schließlich (seit 2012) Laurent Tatarenko (Geschichte Polen-Litauens und der unierten griechisch-katholischen Kirche in der Frühen Neuzeit) und Fabio Giomi (Geschichte Bosniens von 1878 bis heute).

Der erste Teil des Gegenstands, der die Autorinnen und Autoren des vorliegenden Bandes zusammengeführt hat, also die Habsburgermonarchie, die im zweiten Teil mit der Frage nach dem Staat – nach dem Spannungsfeld konkurrierender Staatskonzepte – als Forschungsgegenstand kombiniert wird, war also in Frankreich nicht immer sichtbar. Das ist noch nichts Außergewöhnliches: Erstens ist der Begriff „Habsburgermonarchie" nicht immer und überall der systematische Terminus zur Bezeichnung der (Doppel-) Monarchie und der Gesamtheit der von den Habsburgern beherrschten Länder gewesen. Zweitens handelt es sich bei dieser Bezeichnung, auf die wir uns heute alle geeinigt haben, um einen Minimalkonsens, um eine eher dünne Definition. Sie vermeidet die Einbeziehung der Zeitlichkeit, aber sie erlaubt eine integrierende Geschichte aller räumlichen und historischen Bestandteile der Monarchie. Dabei legt sie aber den Akzent auf die Rolle der Dynastie: Das bedeutet es zumindest implizit, wenn man vor allem nach dem Staat fragt[2]. Und schließlich hat sie sich meiner Ansicht nach in der spezialisierten Historiographie in Frankreich durchgesetzt nach und wegen des Zusammenbruchs der kommunistischen Regime in den Nachfolgestaaten. Wo sie bereits vorher in Frankreich

---

[1] Aus dem Französischen übersetzt von Michael G. Esch und Christian Scharnefsky, revidiert von der Autorin.

Allerdings wurden in jüngster Zeit drei Maître de conférences-Stellen (d. h. Assistenzprofessuren) für Geschichte der Frühen Neuzeit (2010) und für Neuere Geschichte (2002) Ostmitteleuropas eingerichtet, und zwar an der Universität Paris IV (Marie-Françoise Vajda, Erforscherin der ungarischen Komitate im 18. Jahrhundert, und Nicolas Richard, Historiker der böhmischen Kirche im 17. Jahrhundert, die beide davor Dissertanten Olivier Chalines gewesen waren) und an der Universität Paris I (Alain Soubigou, Autor einer Biographie T. G. Masaryks). Marie-Françoise VAJDA, Le royaume des républiques? Noblesse et administration en Hongrie sous Marie-Thérèse (thèse de doctorat inédite, Université Paris-Sorbonne und Eötvös Lóránd Universität Budapest 2006); Nicolas RICHARD, Clergé paroissial et changement religieux dans l'archidiocèse de Prague du Concile de Trente à la fin du XVIIᵉ siècle (thèse de doctorat inédite, Universität Paris-Sorbonne und Karlsuniversität Prag 2013).

[2] Siehe zum Beispiel Marie-Elizabeth DUCREUX, Nommer l'État et définir l'Empire. Monarchie des Habsbourg, Autriche-Hongrie. *Monde(s)* 2 (2012) 39–66.

üblich war, etwa bei Victor-Lucien Tapié[3], stand sie in Konkurrenz zu anderen Bezeichnungen. Im Übrigen könnte man sich die Frage stellen, ob die Bezeichnung in Österreich früher die gleiche Bedeutung hatte wie heute, seit den 1980er Jahren, als die Österreichische Akademie der Wissenschaften mit der Veröffentlichung ihrer berühmten Reihe über die Zeit von 1848 bis 1918 begann. Jedenfalls will es mir scheinen, dass heute, angesichts einer gründlichen De-Essenzialisierung des Konzepts „Nation", die erneute Hinwendung zur Frage des Staates – und damit zur Natur der Habsburgermonarchie – in völlig anderer Weise erfolgt als dies vor zwanzig oder dreißig Jahren geschehen wäre.

Die Begründer einer ersten französischen Tradition, 1860 bis 1920

Es ist keine leichte Aufgabe, auf wenigen Seiten die Entwicklungslinien selbst einer so randständigen Historiographie wie der französischen hinsichtlich der Konzeptionen des Staates und der öffentlichen Angelegenheiten zu analysieren. Man müsste versuchen, interpretatorische Achsen festzulegen, die nicht allzu sehr simplifizieren – was sie natürlich tun werden. Ich werde also mit kurzen Ausführungen zu den Begründern der historiographischen Tradition über die Habsburgermonarchie oder ihrer Bestandteile beginnen. Die ersten, Louis Leger (1843–1923) und Ernest Denis (1849–1821), waren oder verstanden sich vor allem als Fachleute für die Slawen innerhalb der Monarchie, insbesondere für die Tschechen, außerdem noch – insbesondere Denis – für Slowaken und Südslawen sowie – Leger – für Russland und die Russen. Louis Leger war nach zwei berühmten Polen, dem Dichter Adam Mickiewicz und dem Linguisten und Volkskundler Borejko Chodzko, der erste Franzose auf dem Lehrstuhl für Slawische Sprachen und Literaturen am Collège de France. Er veröffentlichte 1879 eine „Histoire de l'Autriche-Hongrie", in der er nicht eine Geschichte der Dynastie und der Großmacht, sondern eine Geschichte der Völker, der Länder, der Nationen und der drei wichtigsten „Rassen" – der Deutschen, Slawen und Magyaren – präsentieren wollte[4]. Darin erklärte er zwölf Jahre nach dem österreichisch-ungarischen Ausgleich von 1867, dass er keine der „Nationen" der Monarchie bevorzugen und alle unparteiisch beschreiben wolle. Für ihn war Österreich-Ungarn „vor allem ein Staat historischen Rechts"[5]. Allerdings beherzigten die Vorworte der späteren Ausgaben des Werks, dessen letzte Auflage 1920 erschienen ist, dieses erklärte Neutralitätsprinzip nicht, sondern verurteilen den Egoismus und die Blindheit der Deutschen und der Ungarn in der Monarchie, die die übrigen Nationalitäten nach 1867 unterdrückt hätten. Louis Eisenmann wiederum (1869–1937), Jurist und, wie man heute sagen würde, Politologe, widmete seine Dissertation in Politik- und Wirtschaftswissenschaften, die er 1904 in Dijon verteidigte, einer eindringlichen und äußerst kritischen Analyse des österreichisch-ungarischen Ausgleichs[6]. Ganz Männer ihrer Zeit, entwickelten Denis und Eisenmann bei allen Unterschieden in der Herangehensweise ihre Fragestellung von der Frage der Nationalitäten und der eth-

---

[3] Insbesondere in Victor Lucien TAPIÉ, Monarchie et Peuples du Danube (Paris 1969).
[4] Louis LEGER, Histoire de l'Autriche-Hongrie (Paris ¹1879) I.
[5] Louis LEGER, Histoire de l'Autriche-Hongrie (Paris ⁴1895) 32.
[6] Louis EISENMANN, Le compromis austro-hongrois de 1867: étude sur le dualisme (Paris ¹1904, ²1969).

nischen Minderheiten her und gingen von der Überzeugung aus, dass eine Vorherrschaft bestehe, die mit der Moderne und dem (historischen) Staatsrecht unvereinbar sei. Vor allem davon betroffen seien die Tschechen, beiden Autoren zufolge die legitimen Erben des Staates und Königreichs Böhmen. Für sie war diese Vorherrschaft gleichzeitig die einer Dynastie, die die historischen Grundlagen ihrer Bindung insbesondere an das Land der Krone Böhmens vergessen hatte, und die zweier Nationen über andere Nationen. Für Leger, der im Sinne des europäischen Gleichgewichts eine starke Monarchie wollte, die zwischen Russland und Deutschland stand, gab es 1879 gar keinen Zweifel an der Zerbrechlichkeit des österreichischen Staates, der nur durch Reformen überlebensfähig bleiben würde[7].

Leger, Denis und Eisenmann waren zudem engagierte Beobachter und Kommentatoren der Politik der Doppelmonarchie in deren letzten Jahrzehnten. Auch spielten sie bekanntlich während des Ersten Weltkriegs die Rolle von Lobbyisten und Experten – die beiden letztgenannten auch auf der Pariser Friedenskonferenz von 1919 bis 1920 – und setzten sich für den neuen tschechoslowakischen Staat ein. Jeder von ihnen produzierte in seinem Bereich grundlegende Texte, veritable „Meistererzählungen". Die Bücher zur Geschichte Böhmens von Ernest Denis, insbesondere sein „La Bohême depuis la Montagne Blanche"[8], das zu Beginn des 20. Jahrhundert von Jindřich Vančura ins Tschechische übersetzt und in einer Volksbüchereireihe publiziert wurde, haben zur Konsolidierung des tschechischen Identitätsdiskurses in der ersten Hälfte des 20. Jahrhunderts beigetragen: Zum einen untermauerten sie ein Geschichtsbild, das dem Habsburgs und Österreichs diametral entgegengesetzt war, zum anderen stützten sie nationalistische Auffassungen, in Sonderheit die der Jungtschechen. Aber Leger und Denis werden in Frankreich nicht mehr gelesen und herangezogen, außer von Spezialisten, während die Studie Louis Eisenmanns über den österreichisch-ungarischen Ausgleich bis heute ein Standardwerk an den französischen Universitäten ist.

Die Mehrzahl der französischen Historiker, die diesen drei Gründungsvätern nachgefolgt sind, hat ihre berufliche Laufbahn ebenfalls mit einem persönlichen Bezug zu einem der Länder der ehemaligen Monarchie begonnen, sei dieser nun affektiv oder rein intellektuell und wissenschaftlich. Für manche – nicht für alle! – begann dies zunächst mit dem Erlernen einer oder mehrerer Sprachen neben dem Deutschen. Für Victor-Lucien Tapié war es dann die Tschechoslowakei, oder eigentlich eher die tschechischen Gebiete, ebenso für Bernard Michel aus einer jüngeren Generation, und auch bei mir selbst verhält es sich so. Für Jean Bérenger war es zunächst Ungarn, ebenso für Catherine Horel. Für die beiden Historiker Jean-Paul Bled und Christine Lebeau, deren Konzepte und Arbeitsbereiche offensichtlich sehr unterschiedlich sind, waren es Österreich und Deutschland. Bei Tapié, Bérenger und Michel, die alle drei an der Sorbonne gelehrt haben – die beiden erstgenannten Geschichte der Frühen Neuzeit, der letztere Neuere und Zeitgeschichte – stammt der interpretatorische Rahmen häufig aus einer historischen Unterdisziplin, der Geschichte der Außenbeziehungen. Antoine Marès, der Nachfolger Bernard Michels an der Sorbonne, dessen Kompetenzbereich mit dem Jahr 1918

---

[7] Louis LEGER, Histoire de l'Autriche-Hongrie (Paris [1]1879) 583: „A moins d'un revirement imprévu, sa situation reste absolument précaire, et son avenir inspire les plus graves inquiétudes à ceux qui croient l'existence d'un grand Etat danubien nécessaire à l'équilibre de l'Europe."

[8] Siehe Ernest DENIS, La Bohême depuis la Montagne Blanche (Paris 1903); tschechische Übersetzung von Jindřich VANČURA: Čechy po Bílé hoře (Praha 1904).

beginnt, war vor allem ein Historiker der Tschechoslowakei und ihrer Nachfolgestaaten, ein sogenannter Historiker des modernen Mitteleuropas. Schließlich dürfen wir eine gleichsam strukturelle Dimension für den Wunsch nicht vergessen, in Frankreich gelesen und verstanden zu werden: die Notwendigkeit der Mittel- und Osteuropahistoriker, historische Synthesen zu veröffentlichen, sei es als Handbücher für die Studierenden, sei es als an ein breiteres Publikum gerichtete Essays. Diese Notwendigkeit entsteht aus der Randposition Mitteleuropas (oder der Habsburgermonarchie) innerhalb des Feldes der historischen Disziplin in Frankreich. Damit erklärt sich ohne Zweifel auch, warum wir in Frankreich eine große Zahl an Biographien über Mitglieder der Habsburgerdynastie haben, die sich an ein gebildetes und nicht nur an ein Fachpublikum wenden. Von den einschlägigen Historikern und Politologen seien François Fejtö[9] (Joseph II.), Jean-Paul Bled (Maria Theresia, Franz Joseph I., die Erzherzoge Rudolf und Franz Ferdinand)[10], Jean Bérenger (Leopold I., Joseph II.)[11] oder zuletzt Claude Michaud (mit seiner neuen bemerkendwerten Biographie Kaiser Ferdinands I.) genannt[12].

Nach diesem allgemeinen Überblick orientiert sich mein Beitrag im Folgenden entlang von zwei Hauptachsen, die zugleich auch generationelle Achsen sind. Ich werde zunächst eine knappe Bestandsaufnahme der Art vornehmen, in der die bekanntesten französischen Historiker der Habsburgermonarchie die auf der Wiener Konferenz 2013 diskutierte Frage behandelt haben – oder wie sie es eben nicht getan haben: die Frage nach dem Staat in einer Phase, in der die Dekonstruktion von Begriffen wie Staat, Reich und „Nation" in der Historiographie noch nicht sehr üblich war, zumindest in der französischen Historiographie über die Habsburger. Da ich an dieser Stelle nicht die gesamte historiographische Produktion der zitierten Autoren besprechen kann, muss ich eine Auswahl treffen und werde nur auf jene Schriften eingehen, die es uns ermöglichen zu verstehen, wie diese Historiker den Staat aufgefasst haben. Ich werde dann in einem letzten Schritt die jüngsten Arbeiten erwähnen; diese beschäftigen sich allesamt mit der Frühen Neuzeit und belegen einen grundlegenden Perspektivenwandel. Paradoxerweise ist es heute gerade die Fragmentierung des Gegenstandes „Staat" in eine Geschichte des Steuerwesens, des Krieges, die Kultur- und Symbolgeschichte des Politischen oder der Verwaltungspraktiken sowie eine Geschichte, die weitaus stärker als früher die übrigen Sozialwissenschaften einbezieht und es damit heute den jüngsten Arbeiten ermöglicht, zu jener vielstimmigen Geschichte der Habsburgermonarchie beizutragen, die wir als Teilnehmerinnen und Teilnehmer an der Wiener Tagung vorantreiben wollen. Eine in unterschiedlichen Ländern in einer gemeinsamen, aber transversalen Perspektive geschriebene Geschichte setzt eine Konvergenz, wenn nicht sogar einen Konsens über ihre Objekte und Methoden voraus. Mir scheint, dass genau dies das wichtigste Ergebnis dieser letzten vierzig Jahre ist, zumindest was die neuere Geschichte der Habsburgermonarchie in Frankreich betrifft.

---

[9] François FEJTŐ, Joseph II, un Habsbourg révolutionnaire (Paris ¹1953, ²2004).
[10] Jean-Paul BLED, Marie-Thérèse d'Autriche (Paris 2001); DERS., François-Joseph (Paris 1987); DERS., Rodolphe et Mayerling (Paris 1989); DERS., François Ferdinand d'Autriche (Paris 2012).
[11] Jean BÉRENGER, Léopold Ier, 1640–1705: Fondateur de la puissance autrichienne (Paris 2004); DERS., Joseph II: Serviteur de l'État (Paris 2007).
[12] Claude MICHAUD, Ferdinand Ier de Habsbourg (1503–1564) (Paris 2013).

Die Frage des Staates und die zweite und dritte Generation von Historikern
der Habsburgermonarchie in Frankreich (1950–2000)

Die Frage des Staates ist in der französischen Historiographie über die Habsburgermonarchie allerdings bis in die jüngste Zeit nur selten für sich genommen behandelt und
kaum systematisch untersucht worden. Gleichwohl kann man die Idee eines Staatssystems, das eine Dynastie, ein Staatsrecht und bereits davor existierende „Nationen" miteinander in Konflikt bringt, ganz gewiss schon bei Victor-Lucien Tapié und einem seiner
Schüler, Bernard Michel, ausmachen, ohne dass es als solches untersucht wird. Wir
stoßen neuerlich auf die Dynastie und das Staatsrecht bei einem anderen Schüler Tapiés,
Jean Bérenger, aber ohne die Idee eines Staatssystems. Hinsichtlich der Nationen
schwankt Bérenger dagegen zwischen abweichenden Konzeptualisierungen, sieht er
doch die Nationen einmal als historische Entitäten, die vor der Dynastie existiert haben,
und ein anderes Mal sind sie für ihn die Agenten der Auflösung der gegenwärtigen
Ordnung des 20. Jahrhunderts.

Das Ende der Habsburgermonarchie ist sicherlich nicht der direkte Weg zur Behandlung der Frage des Staates, gleichwohl möchte ich dort einsetzen. Bernard Michel,
der einzige Spezialist für Neuere Geschichte unter den drei Genannten, ist auch der
einzige (mit der Ausnahme Jean-Paul Bleds im Jahr 2014)[13], der diesem Ende ein Buch
gewidmet und der sich in einer weiteren Publikation mit wichtigen Entwicklungen auf
dem Weg dorthin beschäftigt hat[14]. Er hat sich niemals in letztgültiger Weise über die
Gründe für den Zusammenbruch der Habsburgermonarchie geäußert. Aber er verurteilt
sehr unmissverständlich das Neuverhandeln des Ausgleichs (insbesondere der sogenannten Quote) alle zehn Jahre und die „exorbitante Privilegierung" der Ungarn innerhalb
der Monarchie, die letztendlich sogar die Anwendung der Verfassungen von 1867 ver-
eitelt habe. Mit der Form, die er in „La Chute de l'Empire Austro-Hongrois" wählt,
nämlich die eines Journals, das praktisch für jeden einzelnen Tag den Ereignissen zwischen dem Tod Franz Josephs und dem November 1918 folgt, vermeidet er es, sich zur
Verantwortung der einzelnen Akteure, die er für den Leser in Szene setzt, äußern zu
müssen[15]. Aber es unterliegt keinem Zweifel, dass die Nationen und die Nationalisten,
die Politiker, die er immer einer Ethnie oder Nation zuordnet, in seiner Sichtweise eine
sehr große Rolle gespielt haben, die er mit der Loyalität der Völker Cisleithaniens gegenüber der Dynastie in Einklang zu bringen versucht.

Betrachten wir nun, wie Jean Bérenger, der einzige der vorgenannten drei Historiker,
der sich unmittelbar für das Staatskonzept interessiert hat, seinen Gegenstand in der
Einleitung zu seiner „Geschichte des Habsburgerreichs" von 1990 eingrenzt[16]. Er bekräftigt dort die Existenz von „historischen Nationen", die „vor dem Haus Österreich
bestanden haben", und außerdem ein beständiges „nationales Bewusstsein" bei den Völkern, die sich unter der Regierung der Habsburger zusammengeführt finden[17]. Dabei

---

[13] Jean-Paul Bled, L'agonie d'une monarchie. Autriche-Hongrie, 1914–1920 (Paris 2014).

[14] Bernard Michel, La Chute de l'Empire austro-hongrois 1916–1918 (Paris 1991); ders., L'empire austro-hongrois. Splendeur et modernité (Paris 2006); ders., Autriche-Hongrie, légitimité dynas-
tique, légitimité nationale, in: L'Europe des nationalismes aux nations. Autriche-Hongrie, Russie, Alle-
magne, hg. vonBernard Michel–Nicole Piétri–Marie-Pierre Rey (Paris 1996) 1–74.

[15] Michel, La Chute (wie Anm. 14) 117, 179.

[16] Jean Bérenger, Histoire de l'Empire des Habsbourg (Paris 1990).

[17] Ebd. 3–5.

zieht er die Bezeichnung Donaumonarchie, die den Akzent auf die deutschsprachigen
Gebiete Österreichs und auf Ungarn legt, allen anderen Möglichkeiten vor. Allerdings
ist sein eigentliches Interessengebiet die Dynastie, das „Haus Österreich", und deshalb
beginnt seine Synthese mit dem Jahr 1273. In gewisser Weise bricht er dadurch mit einer
Tradition, die Leger, Denis und Eisenmann begründet haben. Im Übrigen steht sein
Interpretationsrahmen eher in einer Linie mit den österreichischen Historikern des
20. Jahrhunderts, die das Konzept von Österreich als Großmacht entwickelt haben.
Auch wenn sich Bérenger auf den Begriff des Imperiums bezieht, also auf die Ambitionen einer Dynastie, so ist sein roter Faden doch eher die Notwendigkeit eines dauerhaften Systems, das auf europäischer Ebene das Gleichgewicht der Großmächte zu wahren in der Lage ist. Auf diese Weise ist eine Analyse der Begriffe Staat, Monarchie und
Imperium unnötig, da sie als unumstößliche Organisationsprinzipien vorausgesetzt werden. Im gleichen Sinne sieht er vier Entwicklungsphasen des Hauses Österreich, die er
als Gliederung seiner Darstellung wählt. Ich zitiere: „eine deutsche Monarchie im Mittelalter, eine universelle Monarchie am Beginn der Neuzeit, eine europäische Großmacht im Zeitalter der Aufklärung und, nach der Schlacht bei Königgrätz (1866), eine
regionale Großmacht, die bis zu ihrem Ende 1918 ihren multinationalen Charakter
bewahrte." Das Buch schließt mit dem Gedanken, dass der Zusammenbruch Österreich-Ungarns im Jahre 1918 in Osteuropa ein Vakuum geschaffen habe, dessen Nachwirkungen noch 1990, zum Zeitpunkt des Erscheinens des Buches, spürbar seien[18].

   Victor-Lucien Tapié, der akademische Lehrer Jean Bérengers, hat in seinem Buch
„Monarchie et Peuples du Danube", das 1969 veröffentlicht wurde, eine ganz andere
Position eingenommen, obwohl auch er zumindest in seinem Titel die Donau als Bezugspunkt wählt. Er legt das Gründungsjahr auf 1526, also auf – ich zitiere – „die Zu-
sammenführung der Alpenbesitzungen des Hauses Österreich, Böhmens und der ihm
angeschlossenen Provinzen sowie Ungarns unter einem einzigen Fürsten aus der Dynastie der Habsburger"[19]. Es ist also die Personalunion von 1526, die, wie er betont, durch
die Wahl Ferdinands I. zum König Böhmens und Ungarns durch die Stände zustande
kam, die für ihn den Ausgangspunkt für die Habsburgermonarchie darstellt. Tapié wendet davon ausgehend eine Perspektive an, die weitgehend der entspricht, die später Jean
Bérenger in seiner Dissertation entwickeln wird. Tapié erläutert in einem Kapitel, dass
„dieser König, gewählt oder als Thronfolger, nur ein Organ des Staates ist", und dass
„die wahre legislative Gewalt den Ständen zustehe und in der Realität den Großgrundbesitzern" zukomme[20]. Er bezeichnet die Habsburgermonarchie nach dem Westfälischen Frieden als Ansammlung von „nebeneinander bestehenden Staaten" „unter der
Souveränität des Hauses Österreich"[21]. Darin sieht er die Verlängerung einer „mittelalterlichen" und „realistischen" Konzeption, die „der einen Dynastie die erworbenen
Territorien und Nachfolgeperspektiven" sicherte, die jedoch ein empirisches, auf Erfahrung beruhendes System sei und die „Unvollkommenheit der Staatsbildung" verdeut-
liche[22]. In seiner Kommentierung des Endes der Österreichisch-Ungarischen Monarchie

---

[18] Ebd. 747: „Mais, en favorisant la destruction de l'Autriche-Hongrie, les puissances de l'Entente
ont, pour des intérêts à court terme, créé un vide en Europe orientale et le problème posé en 1918 n'est
toujours pas résolu de façon satisfaisante en 1990."
[19] TAPIÉ, Monarchie et Peuples (wie Anm. 3).
[20] Ebd. 93: „[…] ce roi «élu ou héréditaire» n'est qu'un organe de l'Etat."
[21] Ebd. 137.
[22] Ebd. 137, 139.

im Jahre 1918 erklärte er dieses Unvollendet-Sein („l'inachèvement") des Staates, das „schädlich für die Wirksamkeit der Zentralgewalt, aber doch eher günstig für die Völker selbst"[23] gewesen sei, zusammen mit dem Ersten Weltkrieg zu einer der Hauptursachen für den Zusammenbruch des „Vielvölkerstaats".

Tapié war ein großer Mittler zwischen Mitteleuropa und Frankreich und hat seine Schüler nachhaltig geprägt. Er hatte einen sehr weiten Blick und sehr umfassende Kenntnisse, die er in Form von erklärend-deutenden Essays zum Ausdruck brachte, die die Gesamtheit der Länder der Habsburgermonarchie zum Thema hatten, die Habsburgermonarchie im 18. Jahrhundert behandelten oder sich mit dem Barock beschäftigten. Gleichwohl war die Auseinandersetzung mit den Räderwerken des Staates weder das Hauptproblem des Buches von Tapié aus dem Jahre 1969 noch das eines späteren Werkes, in dem er den aufgeklärten Absolutismus behandelt: „L'Europe de Marie-Thérèse".[24]

Jean Bérenger dagegen widmete seine 1975 veröffentlichte und durch eine Edition der Gravamina der ungarischen Landtage des 17. Jahrhunderts ergänzte[25] Doktorarbeit „Finances et Absolutisme autrichien dans la seconde moitié du XVIIᵉ siècle" gerade der Funktionsweise des Staates[26]. Tatsächlich erhob das Buch den Anspruch, über eine Untersuchung des Steuerwesens „eine Vision einer Totalgeschichte der Regierung der österreichischen Monarchie" zu bieten und eine „Geschichte des Staates" unter der Herrschaft Leopolds I. zu sein, dabei gleichzeitig eine Studie über die Außenbeziehungen der europäischen Staaten in jener Zeit[27]. Bérenger stellt nicht die Existenz des Absolutismus in Frage, den er als das System Frankreichs unter Ludwig XIV. identifiziert, das bereits unter Ludwig XIII. von einigen Juristen (beispielsweise Cardin Le Bret, auf den er sich bezieht[28]) entworfen worden sei. Dieser Absolutismus sei jedoch in den kaiserlichen Ländern nicht praktiziert worden; Bérenger sieht in ihnen in erster Linie eine „Staatenkonföderation", eine „komplexe Struktur, die das 1867 angenommene System vorwegnimmt"[29]. Da aber das Modell des französischen Absolutismus in der Konzeption von Le Bret die Existenz von Ständeversammlungen zulasse, solange diese vom Souverän kontrolliert werden, müsse die Besonderheit der Habsburgermonarchie anderswo gesucht werden. Bérenger verwendet daher die Idee und den Begriff der Dyarchie, der Doppelherrschaft, um das Verhältnis zwischen den Landtagen und dem Souverän zu charakterisieren; diese hätten als zwei Blöcke funktioniert, die beide mit unantastbaren Prärogativen ausgestattet gewesen seien. Durch diese Essentialisierung der Stände und des Souveräns kann Bérenger den Begriff „Staatsrecht" auf die Ständefreiheiten und -privilegien anwenden, einen Begriff also, der zwar bereits bei den Juristen des 18. Jahrhunderts in Gebrauch war, dessen Bedeutung in den politischen Auseinandersetzungen des 19. Jahrhunderts aber einem starken Wandel unterlag. Gleichzeitig bleibt das abso-

---

[23] Ebd. 422.

[24] Victor-Lucien Tapié, L'Europe de Marie-Thérèse (Paris 1988).

[25] Jean Bérenger, Les „Gravamina", remontrances des Diètes de Hongrie de 1665 à 1681. Recherches sur les fondements du droit d'Etat au XVIIe siècle (Paris 1973).

[26] Jean Bérenger, Finances et Absolutisme autrichien dans la seconde moitié du XVIIe siècle (Paris 1975).

[27] Ebd. VII.

[28] Ebd. 15,18, 111–112 (unter wörtlicher Bezugnahme auf Cardin Le Bret, Traité de la souveraineté du Roy [Paris 1632]).

[29] Ebd. 493.

lutistische Paradigma, wie Le Bret es definiert, für ihn das Kriterium des Staatsideals, und im Verhältnis dazu beschreibt er die Lage in der Habsburgermonarchie[30]. Tatsächlich könne der Kaiser in seinen Ländern im konkreten Sinne kein absoluter Souverän sein, weil er an die Ständefreiheiten gebunden sei und weil er mit den Ständen über die Einhaltung des Rechts[31] und die Erhebung von Steuern verhandeln müsse. Deshalb konnte, ich zitiere, „die Leistungsfähigkeit der Institutionen" – unter denen hier die Institutionen des idealen, weil absoluten Staates zu verstehen sind – „nur dürftig sein". Dann fasst er unter Bezugnahme auf Alfred Francis Přibram das Thema seines Buches in entsprechende Begriffe: „Wir können die Frage stellen, ob die Schwäche der österreichischen Monarchie einer ökonomisch besonders unvorteilhaften Konjunktur geschuldet war oder ob sie der Struktur des Staates selbst anzulasten ist."[32] Bérenger unterstreicht die Vielzahl der Gesetze der unterschiedlichen Länder, ebenso die Teilung der legislativen Gewalt zwischen dem Souverän und den einzelnen Landtagen der Monarchie[33] einschließlich Böhmens und Mährens, wo seit den Verneuerten Landesordnungen von 1627 und 1628 das Recht zur Gesetzgebung nur mehr allein dem König zustand[34]. An anderer Stelle erwähnt er eine österreichisch-böhmische Integration, die es ihm erlaubt, mit Blick auf die Beziehungen zwischen Leopold I. und Ungarn von einer Vorform des Dualismus von 1867 seit der Frühen Neuzeit zu sprechen. Darüber hinaus ist die Monarchie für ihn eine Oligarchie einiger Dutzend Familien aus dem Herrenstand, die die gesamte politische Macht in ihren Händen vereinen[35].

Jean Bérenger zeigt in seinem umfangreichen und in einigen Teilen zumindest in Frankreich innovativen Buch eine wirklich beeindruckende Kenntnis der Quellen und Details. Das immer noch nützliche Buch zeugt aber auch von einer Art, die Geschichte des habsburgischen Staates und der Habsburgermonarchie zu schreiben, mit der man heute kaum mehr einverstanden sein wird. Letztlich ist die hier angewandte Methode additiver Art, eine Methode der Aggregation, sie fügt Einzelbeobachtungen aneinander. Zum anderen nimmt sie kaum Rücksicht auf Veränderungen im historischen Zeitverlauf, da sie von einigen chronologischen Schnitten ausgeht und die Lage der einzelnen Länder zu einem undifferenzierten Gesamtbild zusammenfügt. Im Grunde konstruiert diese Verfahrensweise ein Idealobjekt: die Steuerbewilligung durch die Landtage auf der Ebene der gesamten Monarchie. Zu diesem Zweck synthetisiert die Studie die Funktionsweisen der Landtage von Niederösterreich und Böhmen auf der Grundlage einiger ausgewählter Jahre. Eine solche Herangehensweise vermeidet jegliche Kontextualisie-

---

[30] Ebd. 18.

[31] Ebd. 385: „[…] le rendement des institutions ne pouvait être que médiocre."

[32] Ebd. 19: „Nous pouvons nous demander si la faiblesse de la monarchie autrichienne était due à une conjoncture particulièrement économique défavorable, ou bien si elle était imputable à la structure même de l'Etat."

[33] Ebd. 14.

[34] Olivier Chaline scheint dieses Konzept in einem vor einigen Jahren veröffentlichten Beitrag übernommen zu haben, indem er zum Beispiel, sich auf Bérengers Arbeiten stützend, über einen Vergleich zwischen Frankreichs Ludwig XIV. und Kaiser Leopold I. nachdenkt: „Weder in Böhmen noch im Erzherzogtum Österreich hat er [Kaiser Leopold I.] die finanziellen oder politischen Vorrechte der Landtage eingeschränkt. Und sogleich muss ich hinzufügen, dass auch Kaiser Ferdinand II. sie nicht vernichtet hatte, auch nicht in Böhmen nach der Schlacht am Weißen Berge." Olivier CHALINE, Ludwig XIV. und Kaiser Leopold als Herrscher. Mythos oder Wirklichkeit des absoluten Fürstentyps?, in: Die Frühe Neuzeit als Epoche, hg. von Helmut NEUHAUS (HZ, Beiheft 49, München 2009) 35–60, hier 38.

[35] BÉRENGER, Finances et Absolutisme autrichien (wie Anm. 26) 502.

rung: Sie legt eine Besonderheit der Habsburgermonarchie offen und bezieht sich dabei
auf ein theoretisches und juristisches Modell des zentralisierten Funktionierens der
Staatsgewalt und der administrativen Leistungsfähigkeit, das in Frankreich von Cardin
Le Bret ausgearbeitet worden war. So wird mit einem Mal selbst das, was Bérenger als
eine politische Neuerung Leopolds I. ansieht, die Ablehnung des Ministeriats (*ministe-
riât*), als ein den Staat schwächender Faktor bewertet. Auf der anderen Seite treibt er die
Dyarchie, die bei ihm eine Eigenheit der Habsburgermonarchie darstellt, bis ins Extrem,
wenn er sie als überzeitliches Funktionsprinzip des Staates beschreibt. Man könnte also
sagen, dass Jean Bérenger in seinem Buch die Diversität der lokalen Verhältnisse den
vom Historiker konstruierten Entitäten unterordnet. Indem diese nicht historisiert werden, werden sie gleichsam zu überzeitlichen Idealtypen: „das Staatsrecht", „der Landtag"
als solcher anstelle der konkreten, je unterschiedlich verfassten Landtage, „der Herrenstand", „der geistliche Stand" anstelle des Herrenstandes bzw. des geistlichen Standes in
jedem einzelnen Land usw.

Ich kann an dieser Stelle nicht in angemessenem Umfang auf die Arbeiten Jean-Paul
Bleds, insbesondere auf seine 1988 veröffentlichte Dissertation „Les fondements du conservatisme autrichien 1859–1879", eingehen oder auf die Arbeiten Victor-Lucien Tapiés, etwa auf „L'Europe de Marie-Thérèse", und auch nicht auf das jüngste Buch Jean
Bérengers, das erst nach der Tagung erschienen ist, „Les Habsbourg et l'argent", in dem
der Autor mit derselben additiven Methode wie in „Finances et absolutisme" seine große
Kenntnis vieler verschiedener Quellen zusammenfasst und seine Ansichten weiter entwickelt[36]. Ich wende mich daher abschließend anderen aktuellen Tendenzen der Forschungen zur Habsburgermonarchie in Frankreich zu.

Die aktuelle Fragmentierung des Konzeptes „Staat"

Erstaunlicherweise ist die Neuere Geschichte, insbesondere die Zeit von 1848 bis
1918, wenn man einige neuere Arbeiten über den Ersten Weltkrieg in Mitteleuropa
ausnimmt[37], hier kaum oder gar nicht vertreten, abgesehen von Synthesen oder Gesamtdarstellungen, die im Übrigen mitunter das Werk der bereits erwähnten Historiker
sind[38]. Die jüngste französische Historiographie zur Habsburgermonarchie behandelt
also eher die Frühe Neuzeit und reicht allenfalls bis zum Vormärz. In mancherlei Hinsicht lässt sich dabei eine komplette Neubestimmung früherer Perspektiven wahrnehmen. Für diese Entwicklung gibt es mehrere Gründe. Der erste ist außerwissenschaftlich
und allgemein: Der Zusammenbruch der kommunistischen Regime hat eine ganz neue,
bis dahin unvorstellbare Internationalisierung der Forschung zur Habsburgermonarchie
ermöglicht. Tatsächlich hat er zur Entstehung einer Art gemeinsamer Werkstatt der

---

[36] Jean-Paul BLED, Les Fondements du conservatisme autrichien (Paris 1988); Victor-Lucien TAPIÉ,
L'Europe de Marie-Thérèse (Paris 1988); Jean BÉRENGER, Les Habsbourg et l'argent (Paris 2013).

[37] Zum Beispiel Etienne BOISSERIE, Les Tchèques dans la Grande Guerre. „Nous ne croyons plus
aucune promesse" (Paris 2017).

[38] Siehe unter anderem BÉRENGER, Histoire de l'Empire (wie Anm. 16); Marie-Elizabeth DUCREUX,
La Monarchie des Habsbourg de 1700 à 1900. La Hongrie et la Bohême, in: Histoire de l'Europe du
Centre-Est, hg. von Natalia ALEKSIUN–Daniel BEAUVOIS–Marie-Elizabeth DUCREUX–Jerzy KŁOCZOW-
SKI–Henryk SAMSONOWICZ–Piotr WANDICZ (Paris 2004) 337–484; Pierre BEHAR, L'Autriche-Hongrie,
une idée d'avenir? Permanences géopolitiques de l'Europe centrale et balkanique (Paris 1991).

Geschichte der Monarchie geführt. Die nationalen Trennlinien sind nicht mehr in Kraft und werden durch Themen und Forschungsgegenstände ersetzt, beispielsweise den Hof, die Residenzen, die Krönungen, Rituale, aber auch den Adel usw. Der zweite Grund ist die Art, in der Historiographie aufgefasst und praktiziert wird. Wir sehen in Frankreich bei den neuen Forschungseinrichtungen der historischen Disziplin nicht nur die Forderung nach einer neuen Reflexivität und nach einem Transfer von Konzepten und Herangehensweisen aus den übrigen Sozialwissenschaften, sondern auch die Folgen von Debatten, die zunächst in den USA, dann nach 1989 in Frankreich vor allem im Umkreis der Historiker der Annales über die epistemologischen Wenden in der historischen Disziplin geführt wurden – über den Linguistic Turn, über den Spatial Turn, über den Transnational Turn, aber auch über die Frage der Repräsentationen, über die Mikrogeschichte, zuletzt über die neue Geschichte des Politischen usw. Diese Art der französischen Geschichtsschreibung heute, besonders für die Geschichte der Frühen Neuzeit, legt großen Wert auf das Zusammenspiel der drei Dimensionen Gegenstand, Raum und Kontexte, das heißt, sie betreibt eine möglichst weitgehende Rekontextualisierung der behandelten theoretischen oder übergeordneten Gegenstände. Die Geschichte der Habsburgermonarchie hat sich so in Frankreich in den „Mainstream" einer historischen Forschung eingefügt, die die Grenzen der habsburgischen Länder überschreitet und die den Dialog mit parallel in Deutschland, Österreich, der Tschechischen Republik, der Slowakei oder in Ungarn unternommenen Arbeiten pflegt.

Der wichtigste Punkt für unsere Diskussion scheint mir in der Fragmentierung des Staates als Untersuchungsobjekt zu liegen, zu der es unter den Hieben einer neuen Geschichte des Politischen und genauer der Infragestellung des Absolutismusparadigmas, aber auch durch die Verallgemeinerung der vergleichenden Dimension gekommen ist. Das Konzept der „Monarchie composite", das in Frankreich aus die Historiographie der spanische Monarchie (durch einen Transfer des Begriffs „Monarchia compuesta") stammt, oder, wie Thomas Winkelbauer schreibt, einer „zusammengesetzten Monarchie" der Habsburger[39], wird nun von allen französischen Historikern verwendet, wobei seine genaue Verwendung, seine Formen und sein Inhalt Gegenstand von Debatten sein können. Über alle diese die Form der Monarchie und des Staates betreffenden Fragen ist in Frankreich der Dialog mit den Spezialisten für den spanischen Zweig des Hauses Österreich noch unzulänglich entwickelt.

Hier könnte man auch weitere Fragen stellen über das von Jean Bérenger vorgeschlagene Konzept der Dyarchie, indem es sich bei ihm um ein ins Extreme gesteigertes Modell handelt, in welchem der Herrscher und die Stände zwei durch ein überzeitliches Recht definierte Entitäten darstellen[40].

Die Gesamtheit der erwähnten Umstände – das Ende der kommunistischen Regime und der Einfluss der Sozialwissenschaften auf die Geschichtswissenschaft – mündet, in Frankreich ebenso wie anderswo, in die Fragmentierung des Forschungsgegenstands „Staat", der heute nicht mehr als theoretische Entität oder als alles überstrahlende Idee

---

[39] „[…] eine monarchische Union monarchischer Unionen von Ständestaaten und ein aus zusammengesetzten Staaten zusammengesetzter Staat". Thomas WINKELBAUER, Ständefreiheit und Fürstenmacht. Länder und Untertanen des Hauses Habsburg im konfessionellen Zeitalter, Teil 1 (Wien 2003) 25. Zum Begriff „Composite Monarchy" siehe u. a. John H. ELLIOTT, A Europe of Composite Monarchies. *Past and Present* 137 (1992) 48–71.

[40] Koenigsberger vertritt einen diametral entgegengesetzten Standpunkt in: Helmut G. KOENIGSBERGER, Politicians and Virtuosi. Essays in Early Modern History (London 1986) 2–4.

betrachtet wird. Dieser grundlegende Wandel resultiert in der Vervielfachung möglicher Fragestellungen zur Analyse des Staates, der nun als permanenter Anpassungsprozess verstanden wird, und vor allem anderen als Feld vielfältiger Interaktionen. Ich habe den Eindruck, dass diese Fragestellungen in Frankreich zwei großen Fragenkomplexen folgen. Der erste ist jener der Konstruktion eines Staatsapparates, der Staatsbildung durch administrative, ökonomische und steuerliche Praktiken und Modelle, zu dem dann noch die Wechselwirkungen innerhalb des Netzwerks der administrativen Akteure kommen. Diese erste Richtung wird von Christine Lebeau und einigen ihrer Schüler vertreten[41]. So analysiert Benjamin Landais, der kürzlich seine Dissertation verteidigt hat, die wechselseitige Konstruktion ethnischer und sozialer Kategorien durch die Art, in der Beamte im Banat des 18. Jahrhunderts soziale Ordnung in der Praxis umgesetzt haben[42]. Die andere Richtung steht der Geschichte der Selbstdarstellung souveräner und adliger Herrschaft und der Kultur- und Sozialgeschichte des Politischen nahe, und sie berücksichtigt auch die räumlichen Dynamiken. Hier ließe sich die raumbezogene Lektüre des Wiener Hofs einordnen, wie sie Eric Hassler vorführt, wenn er Funktionsweise und Attraktivität des Hofes für die Aristokratie in Konkurrenz zu anderen Räumen der Monarchie – hier Böhmens, Mährens und der österreichischen Erblande – untersucht[43]. Man kann auch, wie ich es in einem aktuellen Projekt versuche, in einer akteurszentrierten Perspektive Netzwerke, Praktiken, Rituale, Sakralität und Religion auf der Ebene des Souveräns und seiner beiden Königreiche Böhmen und Ungarn im 17. Jahrhundert zueinander in Beziehung setzen und dabei die Reichsdimension und jene der Symbolpoli-

---

[41] Christine LEBEAU, Staatsgedächtnis an der Wende zum 19. Jahrhundert. Zur transnationalen Herausbildung der Finanzwissenschaft, in: Europäische Erinnerungsräume, hg. von Kirstin BUCHINGER–Claire GANTET–Jakob VOGEL (Frankfurt/Main–New York 2008) 219–231; DIES., Quel gouvernement pour quel empire. Du Saint-Empire à l'Empire d'Autriche. *Monde(s)* 2 (2012) 151–166; DIES., Des aristocrates à la croisée des mondes. Politique aristocratique et pouvoir administratif en Europe dans la deuxième moitié du XVIIIe siècle, in: Adel im ‚langen' 18. Jahrhundert, hg. von Gabriele HAUG-MORITZ–Hans Peter HYE–Marlies RAFFLER (Zentraleuropa-Studien 14, Wien 2009) 187–204; DIES., Finanzwissenschaft und diplomatische Missionen: Machtstrategien und Ausbildung der Staatswissenschaften in Frankreich und in der Habsburgischen Monarchie (1750–1820), in: Akteure der Außenbeziehungen. Netzwerke und Interkulturalität im historischen Wandel, hg. vonHillard von THIESSEN–Christian WINDLER (Köln–Wien–Weimar 2010) 151–171; DIES., Gouvernement en absence ou à distance? La monarchie des Habsbourg d'Autriche à l'époque moderne, in: Le gouvernement en déplacement. Pouvoir et mobilité de l'Antiquité à nos jours, hg. von Sylvain DESTEPHEN–Josiane BARBIER–François CHAUSSON (Rennes 2019) 515–528.

[42] Benjamin LANDAIS, Nations, privilèges et ethnicité à l'époque des Lumières: l'intégration de la société banataise dans la Monarchie des Habsbourg (unveröffentlichte PhD Dissertation, Université de Strasbourg und Eötvös Lórand Universität Budapest 2013); DERS., Habsburg's State and the Local Orthodox Elite: The Case of the Banat of Temesvár (1750–1780), in: Encounters in Europe's Southeast: The Habsburg Empire and the Orthodox World in the Eighteenth and Nineteenth Centuries, hg. von Harald HEPPNER–Eva POSCH (Bochum 2012) 109–120; DERS., Découverte et usages administratifs de la zadruga dans le sud de la Monarchie habsbourgeoise au XVIIIᵉ siècle. *Revue des études slaves* 91/3 (2020) 277–291; DERS., Gouverner le Banat habsbourgeois au milieu du XVIIIᵉ siècle: Édition critique de la correspondance de François Perlas, président du Banat, avec Charles-Ferdinand Königsegg-Erps, président de la Chambre aulique (1754–1756) (Brăila 2020).

[43] Eric HASSLER, La cour de Vienne 1680–1740. Service de l'empereur et stratégies spatiales des élites nobiliaires dans la monarchie des Habsbourg (Strasbourg 2013); DERS., Measuring Regular Noble Presence at Court: The Example of Vienna, 1670–1740. *The Court Historian* 22/1 (2017) 38–52; DERS.–Pauline LEMAIGRE-GAFFIER, Les sociétés de cour en Europe, in: Faire de l'histoire moderne, hg. von Nicolas LE ROUX (Paris 2020) 211–234.

tik des Hauses Habsburg miteinander verbinden[44]. Diese Erweiterungen stützen sich auf eine historiographische Praxis, die unterschiedliche Skalengrößen und lange Zeit für unvereinbar gehaltene Methoden miteinander kombiniert: jene der Makrogeschichte, die quantitative Strömungen und Konjunkturen verfolgt, und jene der Mikrogeschichte, die von Einzelfällen und der Verschiedenheit der Kontexte ausgeht. Diese Art, heute Geschichte zu betreiben, die wohlgemerkt weit davon entfernt ist, auf Frankreich und die hier zitierten Arbeiten beschränkt zu sein, überwindet die Grenzen und Begrenztheiten der Forschungsfelder, die lange Zeit als voneinander separiert erschienen sind. Sie berücksichtigt die konzeptuellen Anregungen betreffend die Mobilität von Personen[45]. Sie kann auch, wie es die Autorin dieser Zeilen macht, anregen, die Liturgie zu historisieren, ein Untersuchungsobjekt, das bisher erst wenig in die Sozial- und Politikgeschichte der Habsburgermonarchie integriert ist, und zwar über das Studium der Rituale und des Zeremoniells hinaus[46].

Man sieht also: Die allgemeine Auflösung des Staates als einheitlicher Forschungsgegenstand erlaubt auch in der französischen Historiographie der Habsburgermonarchie zahlreiche neue Experimente, im Dialog mit und parallel zu einer internationalen Historiographie, die durch die Wenden der Globalgeschichte und der transnationalen Geschichte gekennzeichnet ist.

---

[44] Es handelt sich um ein Buch, an dem die Autorin des vorliegenden Beitrags derzeit arbeitet.

[45] Beispielsweise David Do Paço, Tempo, Scales and Circulations: the Lazarets in Eighteenth Century Trieste. Ler História 78 (2021) 61–68; Marie-Elizabeth Ducreux, Early Modern Mobilities and People on the Move: An Epistemological Challenge. Dějiny – Teorie – Kritika 2020, Heft 1, 9–35; dies., Circulations centre-européennes à l'époque moderne. Une perspective de recherche? Monde(s) 14 (2018) 31–52.

[46] Für einige erste Teilergebnisse siehe Marie-Elizabeth Ducreux, Gloire, prestige et liturgie au xviiᵉ siècle: l'entrée de saint Venceslas au Bréviaire romain, in: Musarum Socius, jinak téż Malý Slavnospis, hg. von Josef Förster–Peter Kitzler–Václav Petrbok–Hana Svatošová (Praha 2011) 437–460; Dévotion et légitimation. Patronages sacrés dans l'Europe des Habsbourg, hg. von ders. (Liège 2016); dies., Qu'est-ce qu'un propre des saints dans les pays de l'Empereur? Une comparaison des livres d'offices liturgiques imprimés au xviiᵉ et xviiiᵉ siècles, in: Ex oriente amicitia. Mélanges offerts à Frédéric Barbier à l'occasion de son 65ᵉ anniversaire, hg. von Claire Madl–István Monok (Vernetztes Europa 7, Budapest 2017) 157–234; dies., Liturgical Books after the Council of Trent. Implementation, Innovation and the Formation of Local Tradition in the Habsburg Lands, in: Print Culture at the Crossroads. The Book and Central Europe, hg. von Elizabeth Dillenburg–Howard Louthan–Drew B. Thomas (Leiden–Boston 2021) 105–124; dies., Patronage, Politics, and Devotion: The Habsburgs of Central Europe and Jesuit Saints. Journal of Jesuit Studies 9 (2022) 53–75.

Habsburg Monarchy Studies in the Russian Intellectual Tradition of the 19th and the Early 20th Centuries

Olga Pavlenko

There are certain topics in historiography that have a special destiny. Depending on public preferences, they regularly go from being the talk of the town and provoking stormy debates to being completely neglected. In the Russian intellectual tradition, the process of understanding the Habsburg monarchy phenomenon underwent several stages. Surges of keen interest were followed by periods when the subject lost its relevancy and the history of the Danubian monarchy was perceived merely as a background for more important processes taking place on Slavic territories. Then the comparative studies of empires provoked a renewal of interest in the comprehensive study of the monarchy that, in its turn, rekindled relevant discussions and brought about the development of new concepts. Despite a long tradition of nearly one hundred and fifty years, the Russian historiography of the Habsburg monarchy never developed into a separate intellectual project. The reason lies in the long-term co-existence of several factors directly affecting the state of historiography of the subject. They can be divided into three groups: (1) geopolitical factors; (2) Slavic factors; (3) disruptions in the tradition of schools of thought and drastic paradigm shifts within Russian historical studies.

A combination of geopolitical factors brought about a particular vision of "Empire" as the core code of Russia's collective identity[1]. This particular perspective in the history of state-building came to be decisive in the study of the Habsburg monarchy as compared to Russia. Both states constituted major polysynthetic empires in the east of Europe. One of them comprised certain regions of Central Europe and a part of the Balkans, the other one, a gigantic Eurasian space. But the majority of nations united under Habsburg rule already enjoyed the heritage of parliamentarianism and state-building, whereas the ethnocultural composition of Russia was, on the contrary, so heterogeneous, with glaring contrasts and conflicts, that it constantly required the highest concentration of powers of the centre to maintain control over restless provinces. Russian authorities always generated a power of geopolitical expansion. Government's efficiency was largely determined by its capacity to annex and preserve new territories. It should come as no surprise then that Russia regarded the Habsburg state's loss of certain territories in the second half of the nineteenth century as evidence of its decline. Constitutional experiments in Vienna, a search for national and civil consensus, coincided with the Great Reforms in Russia. But having nearly made it to a constitution, Russia was turned away

---

[1] Olga PAVLENKO, Geopolitical Visions in Russia: the Post-Soviet Interpretations, in: Russlands Imperiale Macht, ed. Bianka PIETROW-ENNKER (Wien–Köln–Weimar 2012) 103–123.

from it towards a traditional unitary order. The focus shifted from the development of parliamentarianism to a geopolitical expansion in Central Asia, the Caucasus and the Far East. In this respect, Russia was much more of an empire with a strong solid centre than Austria-Hungary. Nonetheless, it was the experience of Austria-Hungary that turned out to be the most coveted at the beginning of the twentieth century, when the sprouts of parliamentarianism started to appear on the political landscape of Russia, and the constitution-related debates resumed within its society.

Throughout history, a special system of codes and meanings is formed within cultures of states and societies, and they are revealed by means of symbolic interaction between self and other[2]. Theoretical speculations of the Russian school led by Mikhail Bakhtin on the gnoseological and ontological bases of the "dialogue of cultures" allowed the scope of interdisciplinary approach to be expanded[3]. The process of separation of self from other always created special meanings in the Russian intellectual tradition. The Habsburg and Romanov monarchies were linked not only by a common border but also by long-term historical cooperation, in the course of which a multilevel sociocultural system of communications was formed. For several centuries, the awareness of the collective Russian self of itself, its singularity and relevance came about through its contacts with the Austrian other, with which it had in common both concurring and opposing geopolitical interests. A whole array of images of the other, perceived as friend-enemy-rival-competitor-ally, clearly manifested itself in the Russian-Austrian diplomatic relations and public perceptions, including historiographic projections.

The Slavic factors, in my opinion, had the biggest impact on the topic-related priorities and approaches in Russian research. There are numerous preconceptions surrounding the "Slavic question", given that it is very difficult to draw a line between a scientific discourse and a political update of the Slavdom topic with its inevitable distortions and speculations. The history of Slavic nationalism invariably contained stormy debates on the role of Russia. In any historiography – Russian, Czech, Slovak, Polish, Serb, Slovenian, Bulgarian or Ukrainian – the subject of Russia's influence has always been one of the most sensitive ones. Despite an abundance of interpretations, it is not difficult to draw the conclusion that over the last two centuries this created a fairly strong tradition of studying the history of Slavic nations against the background of the geopolitical Russia versus Europe/West dichotomy.

In Russia, the Slavic agenda traditionally occupies its own niche in historiography and public opinion. It comprises domestic and international contexts since it is closely linked to the research into the processes of state-building and collective identity of the Russian Empire, the understanding of the role of the Slavic question in both bilateral relations between Moscow and Vienna and diplomatic combinations of the entire "Eu-

---

[2] Sergey BORODAVKIN, Gumanizm i gumannost' kak dva yazyka kul'tury [Humanism and humanity as two languages of culture] (Sankt-Petersburg 2004) 11–60; Nikolas ONUF, Constructivismus: A User's Manual, in: International Relations in a Constructed World, ed. Vendulka KUBALKOVA–Nicolas ONUF–Paul KOWERT (Armonk–New York 1998) 58–78; Alexander WENDT, The Agent-Structure-Problem in International Relations Theory. *International Organization* 41/3 (1987) 335–370; David CAMPBELL, Writing Security. United States Foreign Policy and the Politics of Identity (Manchester 1992); Jeffrey T. CHECKEL, Norms, Institutions and National Identity in Contemporary Europe. *International Studies Quarterly* 43 (1999) 84–114.
[3] In his paper "Uses of the Other" Iver Neumann emphasises the importance of the unique Russian school of dialogism for postmodern theories: Iver B. NEUMANN, Uses of the Other. "The East" in European Identity Formation (Minneapolis 1998).

ropean concert" of the second half of the nineteenth and beginning of the twentieth centuries.

The third factor, disruptions in the tradition of schools of thought and paradigm shifts, had a considerable impact on the approaches and methods of Russian research of the Habsburg monarchy. Russian historical science suffered two major disruptions in the intellectual tradition, and each time a change of political system brought about a new historiography that began with an emphatic rejection of the previous tradition. Following the October revolution of 1917, positivism was replaced by the Marxist-Leninist methodology based on class approach and theory of social formation that remained dominant up until the collapse of the USSR. The nineties witnessed stormy historiographic discussions between "pro-Western specialists" and "nationalists", as well as an overall "methodological shock". It was only by the beginning of the twenty-first century that new schools of thought appeared, integrated into the international environment, and started to develop interdisciplinary research methods[4].

This article will look at the studies that, in my opinion, constituted an intellectual breakthrough and laid down new research areas in the Russian historiography of the Habsburg monarchy. Thousands of papers were written over the past one hundred and fifty years, and it is a challenging task to select the most important ones among them[5]. All the more so since any selection is highly subjective, depending on author's preferences and vision of historiographic situation. The suggested schema does not claim to present a universal classification. It is more of an attempt to reveal the principal directions in which the knowledge of the Habsburg monarchy and its Slavic nature as well as the relations between Moscow and Vienna in the nineteenth and beginning of the twentieth centuries progressed[6]. Having analysed various possibilities, I have opted for a chronological principle. This should make it easier to feel the mood of the times in different historical eras and to see the way that intellectual preferences and political updating affected research methodology, infiltrating research papers.

---

[4] Lorina REPINA, Istoricheskaya nauka na rubezhe XX–XXI vv.: Sotsial'nye teorii i istoriograficheskaya praktika [Historical Science at the turn of the twentieth and twenty first centuries: Social theories and historiographic practices] (Moskva 2011) 9–25; Olga PAVLENKO–Alexander BEZBORODOV, Die Aktualisierung historischer Erfahrung in russischen Lehrbüchern der 1990er und 2000er Jahre, in: Wirtschaft. Macht. Geschichte. Brüche und Kontinuitäten im 20. Jahrhundert. FS Stefan KARNER, ed. Gerald SCHÖPFER–Barbara STELZL-MARX (Graz 2012) 589–607.

[5] In my opinion, there are three bibliographies of Russian, Soviet and post-Soviet papers on the Habsburg monarchy which are the most important. A complete bibliography citing major pre-revolutionary studies was compiled by Nina Pashaeva (see n. 16). A selected bibliography with a particular focus on purely Austrian research (that disregarded numerous Slavic writings) was compiled by Oksana VELICHKO, Avstriya X–XXI vekov. Istoriya. Politika. Kul'tura. Bibliografiya [Austria, 10th–21st centuries. History. Politics. Culture] (Moskva 2012). Recent studies of the history of Austrian Slavs are mentioned in: Trudy Instituta slavyanovedeniya. 1997–2007. Bibliograficheskij ukazatel' [Bibliographic index] (Moskva 2007).

[6] Already in 1995 an attempt was made to carry out comprehensive research of the Soviet historiography on Austria-Hungary, initiated by the *Austrian History Yearbook*. A research team led by Tofik Islamov, head of the Department of History of Austro-Hungarian Nations, Institute for Slavic and Balkan Studies, analysed the key directions and progress of the Soviet historiography and revealed its specific nature: Tofik ISLAMOV–Alexey MILLER–Olga PAVLENKO–Marina GLAZKOVA–Sergey ROMANENKO, Soviet Historiography on the Habsburg Empire. *AHY* 26 (1995) 165–188.

Slavonic Studies and History of the Habsburg Monarchy
at the End of the Nineteenth, Beginning of the Twentieth Centuries

Since the second half of the nineteenth century, a new school began to develop in Russia: academic Slavonic studies[7]. Chairs of Slavic philology were set up in major universities of Moscow, Petersburg, Warsaw, Tartu and Kiev, where they taught not only Slavic languages and literature but also the history of Slavic nations, both ancient and modern. There were no special Slavic History chairs. But it was obligatory for every single university, as well as ecclesiastical and military academies, even the Higher Courses for Women (*vysshie zhenskie kursy*), to have in their curriculum courses on the history and literature of Slavic nations; they published special magazines such as "Slavyanskie Izvestiya", "Slavyanskoe Obozrenie", etc.[8]. Thus, gradually a tradition of studying Slavic nations separately, regardless of their state affiliation and the general history of the Habsburg monarchy, took shape. It was one of those cases in historiography when the principle of ethnicity overpowered the principle of historicism. The history and culture of Slavic nations were turning into independent research subjects, thus leading to a dual perception of the Habsburg monarchy and a fundamental distortion of its history that was divided into a "Slavic" and a "non-Slavic" one.

There are two reasons that can explain this clear separation of Austrian Slavs from the general Austrian history that became so typical of Russian historiography. Firstly, the emergence of Slavonic studies coincided with the construction of a new collective identity of the Russian Empire based on the Slavdom code (Russia as a centre of the Slavic world with no boundaries or dividing lines)[9]. Secondly, the impulse to set the history of Slavic nations aside as separate research subjects, regardless of their dependence on Austria-Hungary, was coming from the Austrian Slavs themselves. National movements grew aware of their identity and political goals in opposition to the centre – Vienna and *Österreichertum*. It is commonly known that future Russian professors had to serve a two- to three-year internship abroad, particularly in German universities and then go on a journey through Slavic lands where they were supposed to visit local archives and libraries, monuments and museums. A voluminous correspondence of the time between Russian scientists and their colleagues from the Slavic lands of Austria-Hungary indicates active scientific cooperation and a considerable Czech, Slovak and Polish influence on the development of Slavonic studies in Russia. All the more so since this new disci-

---

[7] The history of Slavonic studies in Russia has been thoroughly analysed. See its comprehensive analysis in: Lyudmila LAPTEVA, Istoriya slavyanovedeniya v Rossii v XIX v. [History of Slavonic Studies in Russia in the 19th cent.] (Moskva 2005); EADEM, Istoriya slavyanovedeniya v Rossii v kontse XIX–pervoj treti XX v. [The history of Slavic studies in Russia at the end of the nineteenth – first third of the twentieth cent.] (Moskva 2012); Vladislav BUZESKUL, Vseobshhaya istoriya i ee predstaviteli v Rossii XIX–nachale XX veka [General history and its representatives in Russia of the nineteenth – early twentieth century] (Moskva 2008) (the book itself was written in 1924–1929, but published only 75 years later, after the death of its author); Slavyanovedenie v dorevolyutsionnoj Rossii. Bibliograficheskij slovar' [Slavic studies in pre-revolutionary Russia. Bibliographic dictionary] (Moskva 1979); Slavyanovedenie v dorevolyutsionnoj Rossii. Izuchenie yuzhnykh i zapadnykh slavyan [Slavic studies in pre-revolutionary Russia. Study of the southern and western Slavs] (Moskva 1988).

[8] Lyudmila LAPTEVA, Krizis slavyanovedeniya v Rossii v period s 1917 do serediny 30-kh godov [The crisis of Slavic studies in Russia from 1917 to the mid-30s]. *Slavia. Časopis pro slovanskou filologii* 79 (2012) 168.

[9] Olga PAVLENKO, Panslavizm [Pan-Slavism]. *Slavyanovedenie* 6 (1998) 43–60.

pline was already taught in the universities of Prague, Vienna, Belgrade, Sofia and others by the end of the nineteenth century[10].

The multidisciplinary Slavonic studies encompassing historical, linguistic, ethno-graphic and culturological research were a unique phenomenon in Russian humanities. Formed at the confluence of romantic fascination with Slavic reciprocity and academic interest in common cultural and historical heritage, the academic Slavonic studies, having survived the temptation of political Pan-Slavism in 1860–1880, made serious progress by the end of the nineteenth century[11]. Considerable achievements were accomplished in comparative Slavic philology and auxiliary sciences of history (Slavic palaeography, sphragistics, numismatics, archaeology).

However, according to Lyudmila Lapteva, an expert in the history of Slavonic studies, it took historians a long time to break away from Pan-Slavic interpretations. Only in 1870–1880 did the positivist methodology allow them to gradually oust from academic papers the speculations on the "great future of Slavic world" and the ideas of unconditional Russophilism of foreign Slavs. But Russian historiography never managed to fully overcome the "Slavophilistic approach"[12].

Liberal professor Alexandr Pypin was a prominent representative of critical positivism. He conducted a major comparative study of the way the academic Slavonic studies and the ideology of Pan-Slavism developed in Russia, Austria-Hungary and the Balkans based on different printed sources of the 17th–19th centuries[13]. As a gutsy polemist, he took a stand against Slavophilism. Long before the "linguistic change of course" of the eighties, Pypin analysed literary works as a reflection of the "internal organic process" of formation of the nations of modern Eastern Europe[14]. He used numerous examples to prove that the factor of statehood was of particular importance for the forming Slavic nations. The Austrian Slavs, in his opinion, were closely related to the Habsburg dynasty and the Austrian-German culture for centuries, they shared a common historical experience of coexistence of various nations within the boundaries of the Danubian monarchy. They used their "ostentatious Russophilism" as a political tool to fight for their rights but by no means to reunite with Russia, as certain Russian Panslavists seemed to think[15].

---

[10] LAPTEVA, Istoriya slavyanovedeniya (cit. n. 7) 10s.

[11] The progress of Russian Slavonic studies, in particular in the field of medieval and early modern history, is analysed in: Lyudmila LAPTEVA, Istoriya zapadnykh i yuzhnykh slavyan v osveshhenii russkoj istoriografii [History of the Western and Southern Slavs in the coverage of Russian historiography] (Moskva 2013).

[12] LAPTEVA, Istoriya slavyanovedeniya (cit. n. 7) 9.

[13] Aleksandr PYPIN, Panslavizm v proshlom i nastoyashhem [Pan-Slavism in the past and present] (Sankt-Petersburg 1913).

[14] Aleksandr PYPIN, Kharakteristika literaturnykh mnenij: ot dvadtsatykh do pyatidesyatykh godov [The Characteristics of literary opinions from the 20-ies to the 50-ies] (Sankt-Petersburg 1890) 4; Aleksandr PYPIN–Vladimir SPASOVICH, Vozrozhdenie i panslavizm [Re-emergence and Pan-Slavism], in: Obzor istorii slavyanskikh literatur (Sankt-Petersburg 1865). Only contemporary historiography set a high value on Pypin's work, his voluminous heritage was analysed, his biography reconstructed, and his previously unknown research brought into circulation: A. N. Pypin i problemy slavyanovedeniya [A. N. Pypin and problems of Slavic Studies], ed. Marina DOSTAL' et al. (Moskva–Stavropol' 2005).

[15] Olga PAVLENKO, Rekonstruktsiya panslavizma v trudakh A. N. Pypina [Reconstruction of Pan-Slavism in the works of A. N. Pypin], in: ibid. 66–78. About the controversy with Slavophilism see: Vladimir SOLOV'EV, Slavyanofil'stvo i ego vyrozhdenie [Slavophilism and its degeneration], in: Natsional'nyj vopros v Rossii, issue 2 (Sankt-Petersburg 1891) 35–40; Nikolaj KAREEV, Slavyanskoe vozrozhdenie, panslavizm i messianizm [Slavic revival, pan-Slavism and messianism], in: Istoriya zapadnoj Evropy v

The very existence of Slavic movements in Austria-Hungary provoked fierce debates about the Russian identity among the intellectuals. Virtually all Slavic communities with their territorial claims and awareness of their role in Europe served as study subjects. Scientific justification for these processes was reflected at first in the logical positivism of historical and philological studies of Slavic nations, then later in general socio-political writings.

Starting from the second half of the nineteenth century, an in-depth study of Slavdom was accompanied by a growth of interest in the history and current situation of Austria-Hungary, despite the fact that the Russian-Austrian relations continued swinging from rapprochement to a dramatic chill[16]. Major statistical studies were translated into Russian on an annual basis. Particular attention was paid to military statistics and the financial situation of the state[17].

In historical studies, one can make out three topical clusters that attracted the most attention. First of all, it was the magnificent eighteenth century when the German policy of Catherine the Great brought about a considerable rapprochement between Petersburg and Vienna. Russian historians still hold in high esteem the writings of Pavel Mitrofanov that provide a detailed analysis of the domestic and foreign policy of Joseph II, his attempt to combine state pragmatism and idealism, and the reasons for his interest in Russia[18]. The prevailing opinion was that the union of two empires allowed them to advocate common interests in the "Eastern question", despite their differences in the vision of the role of the Ottoman Empire in European policy. Nonetheless, Russian research emphasized the fact that the support of Vienna enabled Russia to integrate into Europe as a great power. Just as much interest was provoked by the evolution of relations between the two empires within the Holy Alliance and the policy of State Chancellor

novoe vremya, vol. 5 (Sankt-Petersburg 1903) 405–421; Pavel MILYUKOV, Razlozhenie slavyanofil'stva [Decomposition of Slavophilism], in: Iz istorii russkoj intelligentsii. Sbornik statej i ehtyudov (Sankt-Petersburg 1902) 270–282.

[16] The most complete bibliography of the pre-revolutionary research was compiled by Nina PASHAE-VA, Avstriya i avstro-slavyanskie otnosheniya v russkoj i sovetskoj istoricheskoj literature (X v.–1918 g.) [Austria and Austro-Slavic relations in Russian and Soviet historical literature], in: Mezhdunarodnye otnosheniya v Tsentral'noj i Vostochnoj Evrope i ikh istoriografiya (Moskva 1966).

[17] Grigorij VESELOVSKIJ, Finansovoe polozhenie Avstrijskoj imperii [The financial situation of the Austrian Empire]. Zhurnal ministerstva gosudarstvennykh imushhestv 6 (1843) 285–316; Vzglyad na novejshuyu statistiku Avstrijskoj imperii [A look at the latest statistics of the Austrian Empire]. Istoricheskij, statisticheskij i geograficheskij zhurnal 1 (1828) 123s.; Voennaya statistika Avstrijskoj imperii [Military statistics of the Austrian Empire]. Voennyj Zhurnal 6 (1841) 21–140; Artur von BUSCHEN, Obzor administrativnoj statistiki Avstrii [A Review of Administrative Statistics in Austria]. Zhurnal ministerstva vnutrennikh del 44/10 (1860) 19–68.

[18] Pavel MITROFANOV, Materialy k istorii Iosifa II. [Materials for the history of Joseph II]. Zhurnal Ministerstva Narodnogo Prosveshheniya 436/2 (March 1903) 41–120; IDEM, Oppozitsiya reforme Iocifa II v Vengrii [Opposition to the reform of Joseph II in Hungary] (Sankt-Petersburg 1905); IDEM, Politicheskaya deyatel'nost' Iosifa II, ee storonniki i ee vragi (1780–1790) [Political activities of Joseph II, its supporters and enemies (1780–1790)] (Sankt-Petersburg 1907); IDEM, Joseph II. Seine politische und kulturelle Tätigkeit, 2 Teile (Wien–Leipzig 1910). Other studies: Yakov GROT, Nol'ken. Imperator Iosif II v Rossii. Doneseniya shvedskogo poslannika Nol'kena [Emperor Joseph II in Russia. Swedish ambassador Nolcken's reports]. Russkaya starina (November 1883) 309–328; Nikolaj SBOEV, Imperator Iosif II i ego vostochnaya politika [Emperor Joseph II and his Eastern policy] (Moskva 1884); Aleksandr TRACHEVSKIJ, Soyuz knyazej i nemetskaya politika Ekateriny II, Fridrikha II, Iosifa II: 1780–1790 gg. [The alliance of the Princes and the German Policy of Catherine II, Frederick II, Joseph II: 1780–1790] (Sankt-Petersburg 1877).

Metternich[19]. Since the second half of the nineteenth century, the diplomatic collections of imperial archives have gradually become accessible to the public. There were published treaties with foreign powers, official correspondence, diplomatic reports. A multi-volume edition by Friedrich Martens that laid the foundations for a systematic study of the foreign policy history of Russia was particularly valuable[20]. Researchers used these documents to prove that the relations between Petersburg and Vienna, sealed by the Holy Alliance, were far from the principles of conservative legitimism. Despite their ostentatious solidarity, the tensions between the two empires continued to intensify. There were many reasons for this: the Jewish question, relations with the Slavs, the status of Baltic Germans. A famous specialist in diplomatic history, Sergej Tatichtchev, proved that ever since 1837 Russia had tried to become closer to England, the most important financial and economic power in the world, which greatly irritated Metternich. It was only the "Spring of Nations" in 1848–1849 that reminded the two empires of their allied obligations in the face of revolutionary unrest in Hungary and Galicia[21].

In the second place, particular interest was aroused by the military history of Austria-Hungary. Since the end of the nineteenth century, a series of lectures on the history of Austrian victories and defeats, army development and military reforms was prepared for the officers of the General Staff Academy[22]. The third in order of importance and num-

---

[19] Vladimir Zotov, Zapiski Metternikha [Metternich's notes]. *Istoricheskij Vestnik* (February 1880) 374–392; (May 1881) 100–113; (June 1881) 321–336; Khristian Insarov, Knyaz' Metternikh. Ego zhizn' i politicheskaya deyatel'nost'. Biograficheskij ocherk [Prince Metternich. His life and politics. Curriculum Vitae] (Sankt-Petersburg 1905); K. T. Knyaz' Metternikh i politika Avstrii s 1805 po 1848 g [Prince Metternich and the politics of Austria from 1805 to 1848]. *Atenej* II/5 (1859) 85–102; II/6 (1859) 177–189; II/7 (1859) 353–362; II/8 (1859) 538–564; Isaak Levin, Vostochnaya politika Metternikha [Metternich's Eastern Policy]. *Russkaya Mysl'* VII/3 (1914) 37–40.

[20] Friedrich Martens, Sobranie traktatov i konventsij, zaklyuchennykh Rossiej s inostrannymi derzhavami [Collection of treatises and conventions concluded by Russia with foreign powers], 12 vols. (Sankt-Petersburg 1898); idem, Ocherk istorii ministerstva inostrannykh del (1802–1902) [Essay on the history of the Ministry of Foreign Affairs (1802–1902)] (Sankt-Petersburg 1902).

[21] Sergej Tatichtchev, Imperator Nikolaj I i avstrijskij dvor [Emperor Nicholas I and the Austrian court]. *Istoricheskij Vestnik* 27 (January 1887) 82–109; (February 1887) 364–401. See also: Doneseniya avstrijskogo poslannika pri russkom dvore Lebtsel'terna za 1816–1826 gg. [Reports of the Austrian envoy at the Russian court Lebzeltern for 1816–1826], ed. Nikolaj Mikhajlovich, vel. knyaz' (Sankt-Petersburg 1913); Viktor Serebrennikov, Diplomaticheskie peregovory otnositel'no predpolagavshegosya braka velikoj knyazhny Ol'gi Nikolaevny s avstrijskim ehrtsgertsogom Stefanom (1839–1845 gg.) [Diplomatic negotiations regarding the alleged marriage of Grand Duchess Olga Nikolaevna with Archduke Stephen of Austria (1839–1845)]. *Istoricheskij Vestnik* 148 (1917) 78–114; Mikhail Taube, Vostochnyj vopros i avstro-russkaya politika v pervoj polovine XIX stoletiya [The Eastern Question and Austro-Russian Politics in the First Half of the 19th Century] (Sankt-Petersburg 1916); Vladimir Timoschuk, Aleksandr I i pol'skij vopros na Venskom kongresse (po dokumentam venskoj tajnoj politsii) [Alexander I and the Polish question at the Congress of Vienna (according to documents of the Vienna Secret Police)]. *Russkaya Starina* (February 1914) 386–395; idem, Imperator Aleksandr I na Venskom kongresse. Po doneseniyam agentov venskoj tajnoj politsii [Emperor Alexander I at the Congress of Vienna. According to agents of the Vienna Secret Police]. *Russkaya Starina* (January 1914) 135–145; idem, Tajnaya politsiya na Venskom kongresse [Secret Police at the Congress of Vienna]. *Russkaya Starina* (December 1913) 558–574; Andrej Petrov, Russkie diplomaty na venskikh konferentsiyakh 1855 g. [Russian diplomats at the Vienna conferences of 1855]. *Istoricheskij Vestnik* 11 (April 1890) 22–50; (May 1890) 265–289; (June 1890) 534–534.

[22] Nikolaj Sukhotin, Napoleon. Avstro-frantsuzskaya vojna 1809 g. Lektsii po istorii voennogo iskusstva, chitannye v Nikolaevskoj akademii General'nogo shtaba [Napoleon. The Franco-Austrian War of 1809. Lectures on the History of the Military art, read in the Nicolas General Staff Academy], vol. 4 (Sankt-Petersburg 1885); Veniamin Baskakov, Sostoyanie vooruzhennykh sil Avstrii v ehpokhu

ber of publications was the history of Austrian parliamentarianism, the development of the legislative system and insurance policy[23]. Even a brief review allows the conclusion that for all the abundance of information and strong interest in its closest European neighbour, there was no major work written on the subject in Russia. General studies reflected a "divided" history, with a clear separation between "Germans/Hungarians" and the "downtrodden Slavs"[24]. Despite a critical vision of the policy of liberal compromises of the Habsburg monarchy, Russia closely followed the development of its parliamentarianism. The nostalgia for a once close yet lost ally, who maintained its socio-cultural appeal for Russian society for all their diplomatic differences, tinges the historical research dating back to the cusp of the nineteenth and twentieth centuries.

Ideological Priorities and Topics Analysed in Soviet Historiographic Studies, 1930–1980

After the revolution and the collapse of the Romanov dynasty, a new historiography was created drawing on the synthesis of works of Marx, Engels and Lenin – Marxism-Leninism. Marx's great social and economic theory and Lenin's revolutionary theory were simplified and brought together into a general methodology of class struggle and formational approach. Pluralism of opinions was out of the question. Soviet historians were supposed to use quotes from the "classical authors of Marxism-Leninism" as their basic arguments in reference to various historical subjects. In the hostile environment of censorship, the methodology of study of all historical eras and processes was determined

revolyutsionnykh vojn. Po lektsiyam, chitannym v Nikolaevskoj akademii General'nogo shtaba [The Condition of the Armed Forces of Austria in the Era of the Revolutionary Wars. Based on the Lectures Given at the Nikolaev Academy of the General Staff] (Sankt-Petersburg 1898); Srazhenie pri Lisse. (Mezhdu avstrijskim i ital'yanskim flotami 20 iyulya 1866 g.) [The Battle of Lissa. (Between the Austrian and the Italian Fleets on the 20th of July 1866)]. *Morskoj sbornik* 2 (1867) 1–43; Avstriya, ee voennoe polozhenie v Italii [Austria, its Martial Law in Italy]. *Biblioteka dlya Chteniya* 155/5 (1859) 1–17; Avstriya i ee voennoe mogushhestvo v Italii [Austria and its Military Power in Italy]. *Otechestvennye Zapiski* 124/1/5 (1859) 213–236.
[23] Avstriya. Zakony. Obshhee grazhdanskoe ulozhenie Avstrijskoj imperii, 1814 g. [The General Civil Code of the Austrian Empire, 1814] (Sankt-Petersburg 1884); Konstitutsionnye uchrezhdeniya Avstrii i dvizheniya, kak v Vengrii, tak i v drugikh oblastyakh imperii [The constitutional institutions of Austria and the movement, both in Hungary and in other areas of the empire]. *Biblioteka dlya Chteniya* 1/163 (1861) 7–17; Konstitutsiya Avstrijskoj imperii [The Constitution of the Austrian Empire]. *Ibid*. 3/164 (1861) 24–32; Aleksandr Bashmakov, Izbiratel'naya reforma v Avstrii i vybory v rejkhsrat po novomu zakonu o vsenarodnom golosovanii [Electoral Reform in Austria and Reichsrat Elections Under the New Voting Act] (Sankt-Petersburg 1907); Avstrijskij gosudarstvennyj sovet [The Austrian State Council]. *Biblioteka dlya Chteniya* 5/165 (1861) 1–11; Avstriya, ministerstvo grafa Bel'kredi [Austria, the Ministry of Count Belcredi]. *Otechestvennye Zapiski* CLXII/2/9 (1865) 86–94; Anatolij Kulomzin, Finansy Avstrii v ehpokhu ministerstva fon Shmerlinga [Austrian finance in the era of the von Schmerling ministry]. *Russkij Vestnik* 5/69 (1867) 235–265; 7/70 (1868) 135–168, https://viewer.rsl.ru/ru/rsl60000289254?page=235&rotate=0&theme=white (69) and https://viewer.rsl.ru/ru/rsl60000289255?page=1&rotate=0&theme=white (70) [25.04.2022].
[24] Spiridon Palauzov, Politicheskoe i ehtnograficheskoe sostoyanie narodnostej Avstrii [Political and Ethnographic Status of the Nationalities of Austria] (Sankt-Petersburg 1861); Nikolaj Lange, Obozrenie Avstrijskoj imperii [Austrian Empire Review] (Sankt-Petersburg 1854); Vladimir Spasovich, Novejshaya istoriya Avstrii [The recent history of Austria]. *Vestnik Evropy* 5 (May 1873) 122–157; 7 (July 1873) 148–189; 12 (December 1873) 632–688; Avstro-Vengriya [Austria-Hungary], in: God "Vestnika Evropy". Istoriko-politicheskoe obozrenie. 1873–1874, vol. 2 (Sankt-Petersburg 1874) 344–374.

by the principle of class struggle. Scientists had no other choice but to broaden their knowledge through archival research and reconstruct historical narratives to the last detail. Archival positivism became a sort of response to the submission of historical studies to political goals. Any conceptual deviation from the "classics" and attempts to create new theories could have led to repressions.

The Soviet historiography of the Habsburg monarchy was also unable to escape this fate. From the very beginning, it evolved within the narrow bounds of comments of Marx and Engels on Austrian topics, published mainly by "Neue Rheinische Zeitung" during the revolutionary period of 1848–1849, that called for a Pan-German revolutionary march against the "reactionary Slavs" and imperial Russia and assailed the Habsburg policy[25]. The negative judgements of Marx and Engels regarding the "reactionary nature" of Slavic nations, caused by their bitter disappointment in the "Spring of Nations", became some sort of postulate for the Soviet historical school. One of its founding fathers, Mikhail Pokrovsky, claimed that Pan-Slavism and the support of Slavic movements served the "reactionary purposes of the tsarist government"[26]. Particular emphasis was also placed on the critical assessment of the Habsburg state as a "prison of nations" made by Lenin in his writings, in which he analysed ways of dealing with the issue of inter-ethnic relations[27]. This political scepticism with regard to the Danubian monarchy, typical of the "classics of Marxism-Leninism", defined the methods of Soviet historiography for years to come.

Following the revolution, the Slavonic studies as a comprehensive discipline found itself in a deep crisis. Ideologues of Marxism-Leninism considered it a product of "reactionary Pan-Slavism". Many reputed scientists (A. Pogodin, V. Frantsev, I. Yastrebov, etc.) were forced to emigrate. Russian universities were hit by a series of waves of reorganisation, "bourgeois professors" were cleaned out and replaced by the "red professordom", the ideologues of Marxism-Leninism. The Academy of Sciences lost its auto-

---

[25] Carl MARX–Friedrich ENGELS, Stat'ya iz "Neue Rheinische Zeitung" 1 iyunya–7 noyabrya 1848 [Articles from the "Neue Rheinische Zeitung", June 1 – November 7, 1848], in: IIDEM, Sochineniya, vol. 5 (1932) 83–85, 160–162, 212–215, 391–393, 401s., 488s., 490s., 492–494; 9 noyabrya 1848–19 maya 1849 [November 9, 1848–May 19, 1849], in: ibid., vol. 6 (1934) 175–180, 208s., 289–306, 357–359, 409–412, 550–560; Friedrich ENGELS, Nachalo kontsa Avstrii [Beginning of the end of Austria], in: ibid., vol. 4 (1955) 471–478 – 2nd Edition https://www.marxists.org/russkij/marx/cw/t04.pdf [25.04.2022]; IDEM, Revolyutsiya i kontrrevolyutsiya v Germanii. C. 8 (Polyaki, chekhi i nemtsy), C. 9 (Panslavizm. Shlezvig-Gol'shtejnskaya vojna) [Revolution and Counter-Revolution in Germany, no. 8 (Poles, Czechs, and Germans), no. 9 (Panslavism. The Second Schleswig War)], in: Izbrannye proizvedeniya K. Marksa i F. Ehngel'sa v 3-kh tt., vol. 1 (Moskva 1983) 355–362; IDEM, Bol'noj chelovek Avstrii [The sick man of Austria], in: MARX–ENGELS, Sochineniya, vol. 15 (1941) 132–135; Carl MARX, Rossiya ispol'zuet Avstriyu. Varshavskij kongress [Russia uses Austria. The Congress of Warsaw], in: ibid. 183–186; Friedrich ENGELS, Avstriya. Razvitie revolyutsii [Austria. Development of the revolution], in: ibid. 242–245.

[26] Mikhail POKROVSKY, M. P. Pogodin, in: Istoricheskaya nauka i bor'ba klassov, vol. 2 (Moskva 1933) 266; IDEM, Panslavizm na sluzhbe imperializma [Pan-Slavism at the service of imperialism]. *Pravda*, 26 June 1927.

[27] Vladimir LENIN, Kriticheskie zametki po natsional'nomu voprosu [Critical Notes on the National Question], in: IDEM, Polnoe sobranie sochinenij, vol. 24 (Moskva ⁵1973) 113–150; IDEM, Liberaly i demokraty v voprose o yazykakh [Liberals and Democrats on the Question of Languages], in: ibid., vol. 23 (1973) 423–426; IDEM, Natsional-liberalizm i pravo natsij na samoopredelenie [National Liberalism and the Right of Nations to Self-Determination], in: ibid., vol. 24 (1973) 247–249; IDEM, O razvrashhenii rabochikh utonchennym natsionalizmom [On the corruption of workers with refined nationalism], in: ibid., vol. 25 (1969) 144–147; IDEM, Tezisy po natsional'nomu voprosu [Abstracts on the national issue], in: ibid., vol. 23 (1973) 314–322.

nomy[28]. Academician Nikolaj Derzhavin tried to resurrect the tradition of comprehensive research in the Leningrad Institute of Slavic Studies that he created in 1931. He intended to use the Marxist-Leninist ideology in order to explicate the history of class struggle in the new Slavic countries formed as a result of the Treaty of Versailles. Slavic linguistics was to become a tool of class development, a future projection of revolutionary outbursts. But this audacious project did not last long. Already in the middle of the thirties the "Affair of Slavicists" that led to the arrest of over 70 scientists in Moscow and Leningrad broke out, and the Institute was closed[29].

Priorities of Marxist-Leninist ideology were also reflected in the diplomatic history. The Bolsheviks disavowed the historical experience of Tsarist Russia, accusing the Romanov dynasty and government of "imperialistic ambitions" and unleashing of World War One. The history of Russian revolutions and revolutionary movements was being written on a clean slate, with not only the Habsburg monarchy but also the Romanov Empire viewed as a black and white issue, a necessary evil overcome by forward-thinking classes. A new diplomatic history was being created on the heels of events, capitalizing on the wave of massive declassification of tsarist documents[30].

By revealing the secrets of imperial chancelleries, the new government pointedly declined responsibility for any liabilities of the overthrown monarchy. Originally, the Soviet approach to the study of foreign policy of the Russian Empire was focused on exposing the "cahoots" between bourgeois governments. Even in the twenties, the editors of "Krasnyj Arkhiv" were forced to admit that the first releases "were thrown together hastily, that would have been the end of any argument about 'parties at fault', not because there weren't any but because everyone was to blame, and way more than they thought they were"[31].

There was a dramatic change in historiography during World War Two and the first postwar decade. Soviet ideology had once again turned to the slavophile idea of an "age-long struggle between Slavdom and Germandom". The Kremlin began to discuss the project of a "new Slavic movement" in Europe. In 1941 the All-Slavic Committee, publisher of "Slavyane" magazine, and All-Slavic rallies were organised[32]. Starting approxi-

---

[28] For more details see: Lyudmila LAPTEVA, Krizis slavyanovedeniya v Rossii v period s 1917 do serediny 30-kh godov [The Crisis of Slavic Studies in Russia in the period from 1917 till the mid-30s]. *Slavia* 79 (2010) 167–180; Elena AKSENOVA, Ocherki iz istorii otechestvennogo slavyanovedeniya. 1930-e gody [Essays of the History of the Domestic Slavic Studies. 1930s] (Moskva 2000); Mikhail ROBINSON, Sud'by akademicheskoj ehlity: otechestvennoe slavyanovedenie (1917–nachalo 1930-kh godov) [The Lives of the Academic Elite: Domestic Slavic Studies (from 1917 till the beginning of 1930s)] (Moskva 2004); Andrej GORYAINOV, V Rossii i ehmigratsii: ocherki o slavyanovedenii i slavistakh pervoj poloviny XX veka [In Russia and in the Emigration: Essays on Slavic Studies and Slavists of the first part of the 20th century] (Moskva 2006).

[29] Fedor ASHNIN–Vladimir ALPATOV, "Delo slavistov": 30-e gody ["The Case of the Slavists": 30s] (Moskva 1994) 88–206.

[30] Mezhdunarodnaya politika novejshego vremeni v dogovorakh, notakh i deklaratsiyakh. c. 1. Ot Frantsuzskoj revolyutsii do imperialisticheskoj vojny [International Politics of Modern Times in Treaties, Notes and Declarations. Part 1. From the French Revolution to the Imperialistic War], ed. Yurij KLYUCH-NIKOV–Andrej SABANIN (Moskva 1925); Russko-germanskie otnosheniya (1873–1914) [Russian-German relations (1873–1914)] (Moskva 1922); Tsarskaya Rossiya v mirovoj vojne [Tsarist Russia in the World War] (Leningrad 1925); Materialy po istorii franko-russkikh otnoshenij za 1910–1914 gg. [Materials on the History of Franco-Russian relations in the period of 1910–1914] (Moskva 1922).

[31] Mikhail POKROVSKIJ, Predislovie [Foreword]. *Krasnyj Arkhiv* 1 (Moskva 1922) 5.

[32] Nikolaj DERZHAVIN, Vekovaya bor'ba slavyan s nemetskimi zakhvatchikami [The age-old struggle

mately from 1944, the USSR began to promote a new strategy designed to include Central and Eastern European countries in its zone of geopolitical influence. The historical policy had once again taken a sharp turn, having revived its "Slavic heritage" but this time based on Marxism-Leninism. Historical studies were charged with a task "of summarising the revolutionary and democratic experience, as well as the class struggle of Slavic nations", articulated by the Soviet delegation at the Slavic Congress Reunion in Belgrade in 1946[33].

In reality, it was a state order for the history of national radicalism and revolutionary movement of Slavic nations. In the forties the Institute of Slavic Studies of the Academy of Sciences of the USSR and the Department of Southern and Western Slavic History of the Moscow State University were created. Even though by the end of the forties the Kremlin had already given up its "Slavic project", the Slavic discourse continued to be relevant in historical research all throughout the Soviet era. The sovietisation of Eastern and East-Central European countries raised the issue of the heritage of Austria-Hungary that turned out to be divided and this time not on paper but by the actual national frontiers. The majority of Eastern and East-Central European countries became part of the Soviet block. It is small wonder that after the beginning of the Cold War the neutral Austria became the focus of particular attention from the USSR and the USA. Both states were well aware of the political and symbolic importance of Vienna for Central and Eastern European nations. The very idea of perceiving Austria-Hungary as an integration core of the Danube region was a challenge in itself, provoking division between historians of Eastern and Western Europe.

In the fifties, a project for the study of the "united state and all-Austrian idea (*Gesamtstaatsidee*)", supported by the Rockefeller Foundation and several major US universities, began to develop in Austria[34]. At the same time, other thematic priorities were gaining their place in Soviet historiography. Let us review some of the trends that pre-

---

of the Slavs with the German invaders] (Moskva 1943); IDEM, Geroicheskaya bor'ba narodov Chekhoslovakii s nemetskimi varvarami [The heroic struggle of the peoples of Czechoslovakia with the German barbarians] (Moskva–Leningrad 1942); Stepan ZINICH, Vekovaya bor'ba khorvatskogo naroda protiv nemetskikh, ital'yanskikh i vengerskikh ugnetatelej [The age-old struggle of the Croatian people against the German, Italian and Hungarian oppressors]. *Slavyane* 5/6 (1942) 48–52; Konstantin BAZILEVICH, Pobeda slavyanskikh narodov v vekovoj bor'be protiv nemetskikh zakhvatchikov i nemetskoj tiranii. Stenogramma publichnoj lektsii [Victory of the Slavic peoples in the age-old struggle against the German invaders and German tyranny. Transcript of the public lecture] (Moskva 1945); Sergej BAKHRUSHIN, Geroicheskoe proshloe slavyan [The Heroic past of the Slavs] (Moskva 1941); Dragotin GUSTINČIČ, Natsional'no-osvoboditel'naya vojna khorvatskogo naroda [The National Liberation War of the Croatian People]. *Istoricheskaya Zhizn'* 7 (1942) 86–92; Yana EFIMOVA, K istorii avstro-germanskoj agressii na Balkanakh [On the history of Austro-German aggression in the Balkans]. *Slavyane* 9 (1944) 12–16; Alexandr KOZYREV, Slavyane. Ocherki o kul'ture slavyanskikh narodov i ikh bor'be za svoyu nezavisimost' [Essays on the culture of the Slavic peoples and their struggle for independence] (Stavropol' 1945). See about the ideological grounds of the "Slavic fight against fascism" in: Alexander KIRILLOV, Vseslavyanskij komitet [All-Slavs Committee]. *Voprosy istorii* 7 (1977) 208–213.

[33] Marina DOSTAL, Slavyanskij kongress v Belgrade v 1946 g. [The Slavic Congress in Belgrade in 1946], in: Slavyanskie sjezdy XIX–XX vv., ed. Elena AKSENOVA et al. (Moskva 1994) 128–142.

[34] Hugo HANTSCH, Das Forschungsprojekt zu einer Gesamtdarstellung der Geschichte und Kultur der österreichisch-ungarischen Monarchie. *Anzeiger der ÖAW, Phil.-hist. Klasse* 97 (1960) 65–74; Olga PAVLENKO, Zarubezhnaya istoriografiya Gabsburgskoj monarkhii. XIX – nachalo XX veka [Foreign historiography of the Habsburg monarchy. 19th and the beginning of the 20th century]. *NNI* 2013/2 97–102.

vailed in Soviet research of the Habsburg monarchy[35]. Firstly, the highest priority was given to the history of protest movements in various regions governed by the monarchy, the status of working social groups, the evolution of radical nationalist parties and ideologies. In other words, Soviet historiography was focused on labour- and peasant-related issues. The topic of revolutions and their continuity in Europe was essential for Marxist historiography. Any manifestation of social conflicts became the subject of the most detailed study. This tradition was already established in 1948, at the moment of the celebration of the "Spring of Nations"[36]. Revekka Averbukh, Sergej Kan, and Ivan Udal'tsov subjected the national liberal forces that "betrayed" the revolutionary cause to sharp criticism. The importance of extremist groups was greatly exaggerated. Austro-slavism, the motto of the Prague Slavic Congress of 1848, was seen as a "reactionary and conservative" phenomenon. It must be noted that Marxist publications from Eastern and East-Central European countries significantly affected the progress of Soviet historiography. These writings were translated into Russian and always accompanied by reviews of Soviet historians in leading magazines. Russian historians adopted a conceptual approach only if it did not contradict the "classics of Marxism-Leninism"[37]. In the history of the Habsburg monarchy a key emphasis was placed on the revolutions of 1848–49. They were the starting point in the development of labour movement and history of social democracy. Thus, a historical continuity between the revolutions of 1848, the Russian revolutions of 1905 and 1917 and the revolutions of 1918 was established[38].

---

[35] In 1995, an article on the Soviet historiography of the Habsburg Empire was written for the "Austrian History Yearbook" (US) under the guidance of Tofik Islamov: ISLAMOV et al., Soviet Historiography (cit. n. 6).

[36] K stoletiyu revolyutsii 1848 g. [On the centenary of the revolution of 1848] (Moskva 1948); Revolyutsii 1848 g. [The Revolutions of 1848], 2 vols. (Moskva 1952); Revekka AVERBUKH, K stoletiyu vengerskoj revolyutsii 1848 g. [On the centenary of the Hungarian revolution of 1848]. *Voprosy Istorii* 6 (1948) 115–117; EADEM, Oktyabr'skoe vosstanie v Vene v 1848 g. [The October uprising in Vienna in 1848]. *Ibid.* 10 (1948) 93–106; EADEM, Predposylki i nachalo revolyutsii 1848–1849 gg. v Vengrii [Background and beginning of the revolution of 1848–1849 in Hungary], in: Revolyutsionnoe dvizhenie i stroitel'stvo sotsializma v Vengrii (Moskva 1963) 214–277; Sergej KAN, Revolyutsiya 1848 g. v Avstrii i Germanii [The Revolution of 1848 in Austria and Germany] (Moskva 1948); Ivan UDAL'TSOV, Iz istorii Prazhskogo vosstaniya 1848 g. [From the history of the Prague uprising of 1848]. *Voprosy Istorii* 12 (1948) 97–114; IDEM, Natsional'no-politicheskaya bor'ba v Chekhii v 1848 g. i F. Palatskij. Avtoreferat [National-political struggle in Bohemia in 1848 and F. Palacký. Autoabstract] (Moskva 1949); IDEM, Ocherki iz istorii natsional'no-politicheskoj bor'by v Chekhii v 1848 g. [Essays of the National-political struggle in Bohemia in 1848] (Moskva 1951); IDEM, K kharakteristike politicheskoj deyatel'nosti Frantishka Palatskogo [On the characterization of the political activity of František Palacký]. *Voprosy Istorii* 10 (1950) 72–85.

[37] Dokumenty o vengerskoj revolyutsii i osvoboditel'noj bor'be 1848–1849 gg. [Documents of the Hungarian Revolution and the Liberation War of 1848–1849] (Budapest 1948); Ivan UDAL'TSOV, Rev. of 1848 god v Chekhii. Nachalo cheshskogo rabochego dvizheniya [The Revolution of 1848 in Bohemia. The beginning of the Czech labor movement], by Ivan KLÍMA. *Voprosy istorii* 7 (1948) 123–127; Revekka AVERBUKH, Rev. of Ugnetennye narody Avstrijskoj imperii i Vengerskaya revolyutsiya 1848–1849 gg. [The Revolution of the Oppressed Peoples of the Austrian Empire and the Hungarian Revolution of 1848–1849], by Péter HANÁK. *Voprosy istorii* 6 (1955) 161–163; Karel KREJCÍ, Bor'ba chekhov i slovakov za natsional'noe osvobozhdenie v XIX – nachale XX v. (Stat'ya iz Pragi) [The struggle of Czechs and Slovaks for national liberation in the nineteenth and early twentieth centuries. (Article from Prague)]. *Vestnik istorii mirovoj kul'tury* 3 (1953) 78–97.

[38] Ivan KHRENOV, Vliyanie russkoj revolyutsii 1905–1907 gg. na slavyanskie strany [Influence of the Russian Revolution of 1905–1907 on Slavic countries]. *Kratkie soobshheniya Instituta slavyanovedeniya* 20 (1956) 3–12; Yurij PISAREV, Polozhenie trudyashhikhsya v yuzhnoslavyanskikh oblastyakh Avstro-Ven-

Secondly, a separate discipline focused on the history of Pan-Germanism began to develop starting from the sixties. It originated at the confluence of German and Slavonic studies with a focus on the ideological mission of fighting against the *Ostforschung*, the Eastern European research that was gaining momentum in Western historiography. In this field the collections of "Slavyano-germanskie issledovaniya" were published, featuring the narratives of confrontation between Slavic nations and German community, from colonization to two world wars. In this context, the Habsburg monarchy was obviously seen as an oppressive state, a tool for political supremacy of Germans over Slavs[39]. The choice of historical sources was very selective, thus giving even academic discussions a tone of violent political controversy.

The review of *Drang nach Osten* in the seventies and eighties is a textbook example of the penetration of politics into science and vice versa. But here, similar to the study of revolutionary movements, Soviet historiography was affected by the subjects and approaches of the national historiographies of Eastern and East-Central European countries dominated primarily by the concept of "liberation movements". At that time, Soviet historiography begins to actively work with diplomatic sources on German politics kept in Russian archives, to reconstruct in detail the interactions between Russia, Austria, Germany and England in the Balkans on the cusp of the nineteenth and twentieth centuries, to analyse the institutional and ideological foundations of the Austrian Pan-German movement[40].

---

grii v 1905–1907 gg. [The situation of workers in the Southern Slavic regions of Austria-Hungary in 1905–1907], in: Trudy Moskovskogo istoriko-arkhivnogo instituta, vol. 12 (1958) 79–115; Jan BERÁNEK et al., Vliyanie russkoj revolyutsii 1905–1907 gg. na revolyutsionnoe dvizhenie v cheshskikh zemlyakh [Influence of the Russian Revolution of 1905–1907 on the revolutionary movement in the Czech lands]. *Voprosy Istorii* 11 (1955) 94–104; Evgeniya RUBINSHTEJN, Iz istorii rabochego i sotsialisticheskogo dvizheniya v Avstrii (Tsislejtanii) vesnoj i letom 1917 g. [From the history of the labor and socialist movement in Austria (Cisleithania) in the spring and summer of 1917]. *NNI* 1960/4 36–52; Vladimir TUROK, Krizis revolyutsionnogo rezhima Gabsburgov (yanvar'–mart 1918 g.) [The crisis of the revolutionary regime of the Habsburgs (January–March of 1918)]. *Uchenye Zapiski Instituta Slavyanovedeniya* 7 (1953) 325–347; IDEM, Podem avstrijskogo rabochego dvizheniya pod vliyaniem Velikoj Oktyabr'skoj sotsialisticheskoj revolyutsii. Yanvarskaya zabastovka 1918 g. [The rise of the Austrian labor movement under the influence of the Great October Socialists' Revolution. January strike of 1918]. *Izvestiya Akademii Nauk SSSR: seriya istorii i filosofii* 3 (1952) 280–290; Friedl FÜRNBERG, Vliyanie Velikoj Oktyabr'skoj sotsialisticheskoj revolyutsii na Avstriyu [Influence of the Great October Socialists' revolution on Austria] (Moskva 1957).

[39] Boris TUPOLEV, Avstro-Vengriya v planakh pangermantsev v kontse XIX–nachale XX v. [Austria-Hungary in the plans of the Pan-Germans in the late nineteenth – early twentieth century], in: Slavyano-germanskie otnosheniya (Moskva 1964) 95–134; Vladimir TUROK, Nekotorye problemy istorii Avstro-Vengrii [Some problems of the history of Austria-Hungary]. *Sovetskoe Slavyanovedenie* 4 (1965) 17–27; Yurij PISAREV, Voennaya ugroza i antimilitaristskoe dvizhenie v yuzhnoslavyanskikh zemlyakh Avstro-Vengrii nakanune pervoj mirovoj vojny [Military threat and anti-militarist movement in the South Slavic lands of Austria-Hungary on the eve of the First World War], in: Trudy Moskovskogo istoriko-arkhivnogo instituta, vol. 18 (1963) 375–390; IDEM, Osvoboditel'noe dvizhenie yugoslavyanskikh narodov Avstro-Vengrii 1905–1914 [The liberation movement of the South slavic peoples of Austria-Hungary 1905–1914] (Moskva 1962).

[40] The research of Jiří Kořalka and Jan Beránek influenced the development of these topics in Soviet historiography: Jiří KOŘALKA, O kharaktere i osobennostyakh pangermanizma v Germanii i Avstrii v kontse XIX v. [On the nature and particularities of pan-Germanism in Germany and Austria at the end of the 19th century], in: Slavyano-germanskie otnosheniya (Moskva 1964) 63–94; Jan BERÁNEK, Avstrijskij militarizm i bor'ba protiv nego v Chekhii [Austrian militarism and the struggle against it in Bohemia]. *Voprosy Istorii* 4 (1967) 178s. In my opinion, the most interesting Soviet studies of that era include:

Thirdly, a new research area began to gather momentum from the end of the sixties, turning into a priority area in the eighties and managing to preserve its status in post-Soviet historiography as well. The area in question is the comparative study of the Slavic factor in the ideology of national movements and the politics of the Russian Empire. At that time, the Institute of History of the Academy of Sciences was divided into the Institute of Russian History and the Institute of World History. Accordingly, the Slavonic studies were concentrated in the Institute of Slavonic Studies and the Department of Southern and Western Slavic History of the Moscow State University, whereas the Austrian and German Studies were based in the Institute of World History. That said, the history of Russian diplomacy was being analysed in all three Institutes. Such a division of institutions secured the academic dualism in the Habsburg studies, but it was no longer based on the "Slavic" criterion. The Institute of Slavic Studies was charged with studying Romanian and Hungarian history and as for the Institute of World History, it was focused on Austro-German and Austro-Italian history, as well as the history of Austrian lands.

In the sixties to eighties, the system concepts of the history of the Habsburg monarchy were elaborated and the Central European discourse asserted itself in the West, while in the USSR it was opposed by the Slavic discourse up until the beginning of the nineties. Under heavy pressure of ideological censorship, Soviet historians took little heed of comprehensive approach. It is no wonder that the historiographical image of Austria-Hungary was painted in black and white: The dominant "Austro-German" reactionary feudal and bourgeois groups opposed the "progressive" revolutionary and democratic movements, but the latter still managed to ensure the destruction of the Habsburg Empire. This simplified image was built up by the first generation of Marxist historians (Vladimir Turok, Aleksandr Ivanovich Molok) under the influence of their close contacts with Austrian social democrats and communists in the twenties. The next generation (Tofik Islamov, Il'ya Galkin, Vladimir Izrailevič Frejdzon, Il'ya Miller), although still shackled by Marxist-Leninist methodology, was already more open to new concepts and ideas[41].

Nadezhda RATNER, Avstrijskij pangermanizm i slavyanskie narody Avstrii [Austrian Pan-Germanism and the Slavic peoples of Austria]. *Sovetskoe Slavyanovedenie* 4 (1965) 40–49; Kirill VINOGRADOV, Vneshnyaya politika i diplomatiya Avstro-Vengrii v nachale Balkanskikh vojn (oktyabr' 1912 – yanvar' 1913 g.). Avtoreferat [Foreign policy and diplomacy of the Austro-Hungarian Empire in the beginning of the Balkan Wars (October 1912 – January 1913). Autoabstract] (Leningrad 1953); Arkadij ERUSALIMSKIJ, Bor'ba derzhav za Balkany i prolivy v kontse XIX v. (Germanskaya diplomatiya i antirusskaya politika Avstro-Vengrii i Anglii na Balkanakh) [The struggle for the Balkans and the straits by the powers in the end of the 19th century. (German diplomacy and anti-Russian policy of Austria-Hungary and England in the Balkans)]. *Voprosy Istorii* 9 (1947) 83–104; Lev SHNEERSON, Avstro-prusskaya vojna 1866 g. i diplomatiya velikikh evropejskikh derzhav. (Iz istorii germanskogo voprosa) [The Austro-Prussian War of 1866 and the Diplomacy of the Great European Powers. (From the history of the German question)] (Minsk 1962); Vera KONDRAT'EVA, Sgovor Avstrii i Turtsii s tsel'yu podavleniya natsional'no-osvoboditel'nogo dvizheniya na Balkanakh v 60 – e gody XIX v. (Po konsul'skim doneseniyam) [Collusion of Austria and Turkey with the aim of the emergence of a national liberation movement in the Balkans in the 60s of the 19th century. (According to consuls' reports)]. *Kratkie soobshheniya Instituta slavyanovedeniya* 36 (1963) 44–60.
   [41] Vladimir TUROK, Krizis revolyutsionnogo rezhima Gabsburgov (yanvar'–mart 1918 g.) [The crisis of the Habsburg revolutionary regime (January – March 1918)]. *Uchenye Zapiski Instituta Slavyanovedeniya*, vol. 7 (Moskva 1953) 325–347; IDEM, Ocherki istorii Avstrii (1918–1929) [Essays on the History of Austria (1918–1929)] (Moskva 1955). A certain impact was made by: Eva PRIESTER, Kratkaya

The international contacts enabling the creation of "scientific bridges" between East and West and breaking through the walls of academic isolation assumed a considerable significance in the sixties to eighties. The sixties were marked by the magic of landmark anniversary celebrations: the 50th anniversary of the beginning and the end of the World War One; the 100th anniversary of the Austro-Hungarian Compromise of 1867; the 50th anniversary of the collapse of the monarchy and the creation of new states. To commemorate these dates, major international conferences in Bloomington (USA), Vienna, Bratislava, and Warsaw were organised; multi-authored publications saw the light of day. Soviet historians were able to participate in these conferences. Under the influence of academic communications, the historiographic images, approaches and research methodology gradually began to undergo some adjustments. One can distinguish several major topics that initiated the process of rethinking and departure from the "Marxist-Leninist directives".

Slavic Ideology and Slavic Question in the Habsburg Monarchy and Russia

This topic was not addressed by Soviet historiography until the end of the sixties. While there were hundreds of papers written on the subject in the Russian Empire, especially during the last decades of its existence, Marxist historiography considered it to be a marginal issue. Two factors have drastically changed the situation. For one thing, even in the fifties foreign researchers began to manifest keen interest in Pan-Slavism that was interpreted as one of the types of nationalism of the developing Slavic communities. But the historiographic stand was rather one-dimensional, which was generally typical of the Cold War period. American historians made direct comparisons between the situation in Austria-Hungary and the sovietisation of Eastern Europe. The question of the limits of acceptable analogies and the actual part that Pan-Slavism played in the foreign policy of imperial Russia was not even raised. All the more so, as Western historians had no access to a major part of diplomatic documents. This created a historiographic myth about the existence of a Russian project of an all-Slav empire that was accepted even by the most reputable encyclopaedias[42]. Such a blatant politicization of the subject of Pan-Slavism in the West resulted in its ban in the USSR. "Slavyanskie komitety v Rossii v 1858–1876 gg." ("Slavic committees in Russia in 1858–1876") (Moskva 1960), a brilliant paper by Sergej Nikitin based on an in-depth analysis of

---

istoriya Avstrii [A Short History of Austria] (Moskva 1952). See also: Il'ya GALKIN, Avstro-Vengriya (1867–1914). Stenogramma lektsii VPSH [Austria-Hungary (1867–1914). Transcript of a lecture by the Higher Party School] (Moskva 1940); IDEM, Avstro-Vengriya i Italiya v 1870–1914 gg. Lektsii [Austria-Hungary and Italy, 1870–1914. Lectures] (Moskva 1952); Evgeniya RUBINSHTEJN, Krushenie avstro-vengerskoj monarkhii [The collapse of the Austro-Hungarian monarchy] (Moskva 1963).

   [42] Hans KONS, The mind of modern Russia. Historical and Political Thought of Russia's Great Age (New Jersey–New Brunswick 1955) 9–11; IDEM, Art. Pan-Slavism. *Encyclopaedia Britannica* 17 (Chicago etc. [14]1968) 231s.; Frank FADNER, Seventy years of Panslavism in Russia: Karamzin to Danilevsky, 1800–1870 (Washington 1962); Art. Pan-Slavism. *The Encyclopedia Americana* 21 (Danbury 1986) 248. A more graduated approach, in my opinion, was adopted in: Michael Boro PETROVICH, The Emergence of Russian Panslavism 1856–1870 (New York 1956); Nicholas Valentine RIASNOVSKY, Russia and the West in the Teaching of the Slavophiles. A study of Romantic Ideology (Cambridge 1952); IDEM, A History of Russia (New York 1963).

archival records and press, constituted a breakthrough in the research of Pan-Slavism and Slavic policy in Russia[43].

For another thing, the Czech historiography of the sixties witnessed stormy debates on the role of Russophilism and Slavdom (*slovanství*) in the national movement of the nineteenth and beginning of the twentieth centuries. Even though the Marxist writings of Zdeněk Nejedlý about the revolutionary "Russo-Slavic brotherhood", reflecting the official stance, were reprinted in the USSR and Czechoslovakia, fierce discussions around the Slavic topic began, launched by the Slavic Institute in Prague. Two approaches, apologetic and critical, conflicted at major conferences in Bratislava in 1959 and 1961, in Smolenice in 1959 and 1966, and in Opava in 1966. The focus of these debates was the interpretation of value dimensions in the study of national identity and regulatory bias, myths and reality within the general context of Slavic subject. The question raised was what would be "in the best interests" of the national goals of Czechs and Slovaks? There were many various speculations on this point. Importantly, a question of historical terminology and its modern interpretations was raised for the first time. In the twentieth century, the all-Slavic notions created in the nineteenth century, like chameleons, were changing their connotation and meanings in response to the political environment. A consensus was reached concerning the use of the base concept of *slovanství* that encompasses the entire bulk of historically changing forms of collective consciousness reflecting the idea of Slavic community. The prime objective was to bring to light the very core of this phenomenon and to determine its relations with other components of national ideology. The evolution of the critical *slovanství* theory was interrupted for nearly twenty years due to the Warsaw Pact invasion of Czechoslovakia in 1968 and the ideological purges in universities and academic institutions that followed. However, the intellectual potential of Czech and Slovak discussions gave an impetus to a new interpretation of the Slavonic topic in the Soviet historiography of the eighties.

A first attempt was made by Vladimir Volkov in 1969, when he tried to compare the Pan-German and Pan-Slavic movements under the Habsburg Monarchy[44]. But there was no continuation to this ambitious attempt. Researchers of Slavic ideology chose to stay away from terminological discussions, invoking the absence of clear criteria for classification[45]. Only in "Pol'sha na putyakh razvitiya i utverzhdeniya kapitalizma"

[43] For more details about the scientific work of Sergej Nikitin, his difficult life and the creation of the renowned school for Balkan studies, see in: Slavyane i Rossiya. K 110-letiyu so dnya rozhdeniya S. A. Nikitina [Slavs and Russia. On the occasion of the 110th birthday of S. A. Nikitin], ed. Iskra CHURKINA et al. (Moskva 2013).

[44] Vladimir VOLKOV, K voprosu o proiskhozhdenii terminov "panslavizm" i "pangermanizm" [On the origin of the terms "Pan-Slavism" and "Pan-Germanism"], in: Slavyano-germanskie kul'turnye svyazi i otnosheniya (Moskva 1969) 25–69.

[45] Inna LESHHILOVSKAYA, Kontseptsiya slavyanskoj obshhnosti v kontse XVIII – pervoj polovine XIX veka [The concept of Slavic community at the end of the nineteenth and in the first half of the twentieth century]. *Voprosy istorii* 12 (1976); Vladimir D'YAKOV, Politicheskie interpretatsii idei slavyanskoj solidarnosti i razvitie slavyanovedeniya s kontsa XVIII v. do 1939 g. [Political interpretations of the idea of Slavic solidarity and the development of Slavic studies from the end of the 18th cent. until 1939], in: Metodologicheskie problemy istorii slavistiki, ed. IDEM (Moskva 1978), IDEM, Slavyanskij vopros v obshhestvennoj mysli dorevolyutsionnoj Rossii [The Slavic question in social thought of pre-revolutionary Russia], in: Mezhdunarodnyj sjezd slavistov: istoriya, kul'tura, ehtnografiya, fol'klor slavyanskikh narodov (Moskva 1988) 29–41; Aleksandr MYL'NIKOV, Rol' kul'tury v stanovlenii natsional'nogo samosoznaniya narodov Tsentral'noj i Yugo-Vostochnoj Evropy [The role of culture in the development of national identity of the peoples of Central and Southeast Europe], in: Formirovanie natsional'nykh

("Poland on the paths to the development and establishment of capitalism") was it recognized that the "official Pan-Slavism" in Russia coexisted with the "idea of Polish Pan-
Slavism", the dream of a Slavic federation led by Poland. Its authors emphasised the fact
that the all-Slavic messianism was generally common to collective identities of Austrian
Slavs.

Even in the eighties, the Soviet Slavonic studies had amassed a considerable amount
of empirical materials regarding the nation formation processes in Central and South-
Eastern Europe, which allowed progression to a large-scale comparative analysis. Key
emphasis was still placed on the study of Slavic ideology. It was recognized that this
ideology was created in opposition to Italian and German processes of unification, as
well as in response to Hungarian nationalism. In contradiction to former Marxist directives, the leading role of national businessmen and intelligentsia was recognized[46]. But
the evaluation criteria ("reactionary" bourgeois liberals and "progressive" bourgeois democrats) continued to be reproduced[47].

In a major general publication "Osvoboditel'nye dvizheniya narodov Avstrijskoj imperii" ("Liberation movements of the peoples of the Austrian Empire") in 1981 a special
article was dedicated to the typology of "Slavisms". Vladimir I. Frejdzon distinguished
"progressive and reactionary moments" in the nationalism of each "small nation". Various projects of Slavic solidarity were, in his opinion, merely tools used by diverse nationalist parties to achieve their own political goals[48]. Thus, the idea of *slovanství* being
secondary to the national "self discourse", defended in the sixties by the critical historiography of Czechoslovakia, was accepted by Soviet historians twenty years later. Types of
nationalist movements were devised with due account for local characteristics, social
structure and the role of Slavic ideology in Polish (Svetlana Falkovich, Alexei Miller,
Leonid Gorizontov), Croatian (Frejdzon, Sergej Romanenko), Slovenian (Iskra Churkina), Czech and Slovak territories (Lyudmila Lapteva, Zoya Nenasheva, Klavdia Gogi-
na)[49]. Soviet historiography abandoned the ideas of unconditional Russophilism of foreign Slavs, it analysed their pragmatic interests in relations with Russia, as well as
Habsburg priorities. Lyudmila Lapteva made a considerable contribution to a new interpretation of Russo-Slavic relations, she managed to use an enormous mass of sources
from academic archives to reconstruct the development of scientific ties between Russia
and foreign scientific communities and to prove the maturity of the Russian positivist
school of Slavonic studies at the end of the nineteenth and the beginning of the twentieth centuries[50].

---

kul'tur v strankakh Tsentral'noj i Yugo-Vostochnoj Evropy (Moskva 1981); IDEM, Ob istokakh stanovle-
niya slavyanovedeniya v Rossii [On the origins of the formation of Slavic studies in Russia], in: Istorio-
graficheskie issledovaniya po slavyanovedeniyu i balkanistike (Moskva 1984) 10–17, 25–30; Iskra CHUR-
KINA, Ideya slavyanskoj vzaimnosti v slovenskom natsional'nom samosoznanii [The idea of Slavic
reciprocity in the Slovenian national identity], in: Formirovanie natsional'nykh kul'tur v strankakh Tsentral'noj i Yugo-Vostochnoj Evropy (Moskva 1977) 37–50.

[46] Pol'sha na putyakh razvitiya i utverzhdeniya kapitalizma [Poland on the paths to the development
and establishment of capitalism] (Moskva 1984) 235–237.

[47] D'YAKOV, Politicheskie interpretatsii (cit. n. 45) 234; IDEM, Slavyanskij vopros (cit. n. 45) 29–43.

[48] Osvoboditel'nye dvizheniya narodov Avstrijskoj imperii [Liberation movements of the peoples of
the Austrian Empire] (Moskva 1981) 241s.

[49] For more details about regional schools in Soviet research, see in: ISLAMOV et al., Soviet Historiography (cit. n. 6) 179–188.

[50] For a detailed bibliography of the writings of Lyudmila Lapteva, see in: Polveka v slavyanovedenii.

Significant results were achieved in the studies of Russia's Slavic policy. The ideas expressed by Sergej Nikitin were carried on by his pupils, Iskra Churkina and Vladimír Matula. In archives, they managed to find a group of documents shedding light on various aspects of the activities of Mikhail Rayevsky (1811–1884), arch-priest of the Russian ambassadorial church in Vienna, and his extensive contacts with Austrian Slavs in the second half of the nineteenth century. The Neo-Slavism research carried out by Zoya Nenasheva significantly complemented the knowledge of "Slavic projects" in Russia and Russian-Austrian diplomatic relations in the beginning of the twentieth century[51].

Typology of Nationalist Movements under the Habsburg Monarchy

The turning point in Soviet historiography stemmed from a refusal to blindly idealise the anti-Habsburg liberation movements. It was understood that the humanistic oriented "cultural nationalism" of the age of Enlightenment and Romanticism, embodied by the ideal figure of the "citizen of the world", on the cusp of the nineteenth and twentieth centuries made way for "integral nationalism", radical and belligerent. This new type of nationalism was directed not only against the polyethnic monarchy, but also against other nations in general co-existing under the same state-operated roof. These issues were discussed at a joint meeting of the Czech-Yugoslav Commission[52]. But the theory of complete and incomplete social structure of nationalist movements in Austria-Hungary, developed in the seventies and eighties by Il'ya Miller, Vladimir Frejdzon and Tofik Islamov under the influence of writings of Polish historian Józef Chlebowczyk, was the one that reflected most fully the new trends. In the social structure of emerging nations, emphasis was laid on their "historical nobility" as a carrier of "historical conscience". In conformity with this theory, the movements that preserved historical elites (Hungarian, Polish) were the ones that achieved the best results in the consolidation of the nations of modern Europe. This approach made it possible to deviate from the standard Marxist-Leninist scheme, to focus academic research on a comprehensive analysis of collective identities of the nations of Austria-Hungary. It can be said that the eighties witnessed a break with Slavocentrism that opened up new opportunities and horizons for system research.

K yubileyu L. P. Laptevoj [Half a century in Slavonic studies. On the anniversary of L. P. Lapteva], ed. Olga PAVLENKO et al. (Moskva 2013).

[51] Zoya NENASHEVA, Idejno-politicheskaya bor'ba v Chekhii i Slovakii v nachale XX veka [The ideological and political struggle in Bohemia and Slovakia at the beginning of the 20th century] (Moskva 1984); Svetlana DANCHENKO–Iskra CHURKINA, S. A. Nikitin i ego nauchnaya shkola istorikov-slavistov [S. A. Nikitin and his scientific school of Slavic historians], in: Slavyane i Rossiya. K 110-letiyu so dnya rozhdeniya S. A. Nikitina (Moskva 2013) 8–35.

[52] Myšlenkový vývoj Čechů, Slováků a Jihoslovanů od poloviny 18. století do buržoazní revoluce 1848–1849 [The Intellectual Development of Czechs, Slovaks, and South-Slavs from the middle of the 18th century until the Bourgeois Revolution of 1848–49] (Praha 1985).

Habsburg Studies in Russia in the 1990s and 2000s: Methodology, Interpretation, Research Practices

Over the last twenty-five years, Russian historiography has witnessed monumental debates and methodological schisms, a search for new narratives, declassification of archives and change of generations. To this day, the community of professional historians is unable to overcome the so-called "civilization gaps" and restore the continuity between the imperial, Soviet and post-Soviet periods. To this day, the society is being rocked by heated debates about revolutions and wars, Soviet heritage and codes of collective identity[53].

Following the collapse of the USSR, the interpretation of the historical past underwent a considerable transformation in both collective memory and academic science. This situation was similar to the one experienced by Austria after World War II, when the historical image of the Habsburg Monarchy was recreated through major research projects and reinvented in public discourse, thus becoming the key code for the new Austrian identity. A particular emphasis was laid on the reinterpretation of the role played by Austria-Hungary in the lives of peoples of Central and South-Eastern Europe[54]. In the 1990s, the images of the Russian Empire and the Soviet Union were reconstructed anew in the collective memory of post-Soviet states. And while for Russian historiography this process has been unfolding within the confines of nationwide and civil codes, the national historiographies of post-Soviet societies so far tend to reject their common historical experience. The "Empire" episode is seen above all as a way of asserting their own national origins.

The reinterpretation of the history of the Habsburg Monarchy in Russian historiography began in the 1990s, along with the new trends in the analysis of the Russian empire. It was particularly important for historians not only to integrate the imperial experience of Russia into the big picture of its history, but also to explain the way it was reflected in the memory culture of its modern society. In recent studies, the development of the Russian state is usually described in terms of plurality and integrity[55]. The

---

[53] Alexander Chubar'yan, Vtoraya mirovaya vojna v sovremennoj istoriografii i obshhestvennom soznanii [World War II in modern historiography and public mind]. *Vestnik Rossijskoj akademii nauk* 86/5 (2016) 387; idem, Rol' gumanitarnogo znaniya v sovremennom obshhestve [The role of humanitarian knowledge in modern society], in: Rol' gumanitarnykh nauk v sovremennom obshhestve: sostoyanie i perspektivy sbornik statej, ed. Efim Pivovar–Vera Zabotkina–Christoph Wolf (Moscow 2015) 38–42; Alexander Bezborodov–Anatoly Korchinskij–Olga Pavlenko–Pavel Shkarenkov, Istoricheskoe znanie i professional'noe gumanitarnoe obrazovanie [Historical knowledge and professional education in the humanities]. *Vestnik RGGU. Seriya Politologiya. Istoriya. Mezhdunarodnye otnosheniya. Zarubezhnoe regionovedenie. Vostokovedenie* (2017) no. 4–2 (10) 290–299; iidem, Kul'turnaya istoriya kak osnova istoricheskogo obrazovaniya gumanitariev [Cultural history as a foundation for historical studies of humanities scholars]. *Ibid.* 300–305; Olga Pavlenko, Katastrofa "russkoj Marsel'ezy" 1917 g. i ee osmyslenie v sovremennoj istoriografii [The Disaster of the "Russian Marseillaise" and its interpretation in the modern historiography]. *Istoricheskij vestnik* 23 (2018), Revolyutsionnyj tranzit, 12–35; eadem–Alexander Bezborodov, Die Aktualisierung historischer Erfahrung in russischen Lehrbüchern der 1990er und 2000er Jahre, in: Wirtschaft. Macht. Geschichte (cit. n. 4) 589–606.

[54] Olga Pavlenko, Zarubezhnaya istoriografiya gabsburgskoj monarkhii. XX – nachalo XXI veka [Foreign historiography of the Habsburg Monarchy, twentieth – beginning of the twenty-first centuries]. *NNI* 2013/2 94–109.

[55] Vadim Parsamov, Russkij XIX vek [The Russian nineteenth century]. *NNI* 2013/2 450–504; Boris Mironov, Kontseptsii i paradigmy v sovremennoj istoriografii [Concepts and paradigms in the

main emphasis is on the historical experience of coexistence and its multicultural component. This approach makes the Russian and Austrian historiographies similar in their analysis of the phenomenon of a polysynthetic state. But historians differ greatly in their assessment of efficiency of the models of evolution of these two monarchies in Central and Eastern Europe.

In the 1990s, "nationalism" remained the key concept that Russian researchers turned to in order to describe the crisis phenomena in the history of the Habsburg Monarchy. They used it to analyze national movements from the viewpoint of practicability and efficiency of political actions. Through this approach, a very simple and understandable scheme emerged, where the history of the monarchy was reduced to the process of social and cultural emancipation of ethnic groups from the "oppression" of "German centralism". And despite the fundamental changes in research methodology, despite new, more sophisticated terms and approaches, the traditional opposition between nationalism and empire continued to persist.

From the beginning of the 1990s, the focal point of the new historiography was the Department of History of the Austro-Hungarian Nations, Institute for Slavic Studies, headed by Tofik Islamov. His publications on the history of Hungary and Austria in the nineteenth and the beginning of the twentieth centuries, featuring most recent trends in foreign research, had a major impact on the creation of a comprehensive approach to the history of the Habsburg Monarchy. The Department became the center of attraction for leading researchers aiming to overcome previous methodological "gaps" in ethnic and nationwide narratives. Prominent scholars from Austria, Hungary, USA, Germany, Canada came there. They prepared joint publications on the controversial aspects of the history of Austria-Hungary[56]. This opened up new perspectives in the understanding of social, economic and political processes. For the first time, the works of such distinguished authors as Solomon Wank, Péter Hanák, Valeria Heuberger, John C. Swanson, and Gary Cohen, were published in Russian.

One can only deplore the fact that the collections containing the documents of several international conferences on Austro-Hungarian history never turned into large-scale thematic publications. However, they did boost further Russian research and closer contacts with foreign scholars. This cooperation in the interpretation of the history of the Habsburg Monarchy is a perfect example of the underlying processes taking place within the Russian humanities, where new ideas and approaches continue to interpenetrate and reshape one another, thus destroying the existing boundaries and barriers and creating a common research area.

---

modern historiography], in: Rossijskaya imperiya: ot traditsii k modernu, vol. 1 (Moscow 2014) 31–69, 75–94, 228–233, 251–258; IDEM, Rossijskaya imperiya: ot traditsii k modernu [Russian Empire: from tradition to modernism], vol. 3 (St. Petersburg 2015) 606s.

[56] Avstro-Vengriya. Opyt mnogonatsional'nogo gosudarstva [Austria-Hungary. The experience of a multinational state], ed. Tofik ISLAMOV–Alexei MILLER (Moscow 1995); Natsiya i natsional'nyj vopros v stranakh Tsentral'noj i Yugo-Vostochnoj Evropy vo vtoroj polovine XIX – nachale XX v. [Nation and ethnic problem in the countries of Central and South-Eastern Europe in the second half of the 19th and the beginning of the 20th centuries], in: AN SSSR, In-t slavyanovedeniya i balkanistiki, ed. Tofik ISLAMOV (Moscow 1991); Avstro-Vengriya: integratsionnye protsessy i natsional'naya spetsifika [Austria-Hungary: integration processes and national specific features] (Moscow 1997); Ochagi trevogi v Vostochnoj Evrope (Drama natsional'nykh protivorechij) [Pockets of unrest in Eastern Europe (Tragedy of national conflicts)], ed. Vladlen VINOGRADOV–Tofik ISLAMOV (Moscow 1994).

The opening of Austrian libraries in Moscow and Saint Petersburg in 1993, initiated by Wolfgang Kraus – politician, culturologist and writer – was yet another important factor in the evolution of new approaches[57]. In Saint Petersburg, the Library brought together a circle of specialists in Germanic studies: Ada Berezina, Alexander Belobratov, Alexey Zherebin and Larisa Poluboyarinova[58]. Zherebin, with his research on Russian-Austrian relations and parallels on the cusp of the nineteenth and twentieth centuries, is the most prominent figure in this list. He engages in controversy with the postmodern interpretation of Austrian modernism by attributing its rise and particular features to the trauma provoked by the decline of the Austro-Hungarian Monarchy. According to Zherebin, the crisis of the imperial ideology and policy at the turn of the century resulted in the reevaluation of history, with the *belle époque* seen as a paradoxical era of "merry apocalypse" (Hermann Broch), whereas the fall of the empire was seen as a borderline event that should be followed by the ideal state of a crisis-free being-in-the-world. Thus began the process of invention of the future, known as Austrian or Viennese modernism. The world view it created was tinted with nostalgia for the lost imperial past and based on the modernized version of a theocratic utopia. This interpretation of Viennese modernism brings it closer to Russian modernism and the Russian philosophical thought on the cusp of the nineteenth and twentieth centuries.

Starting from the autumn of 1992, the Library began to organize regular symposiums on Austrian culture and literature: "Österreich und Russland in literarischen Widerspiegelungen" (1992), "Dostojewskij und die russische Literatur in Österreich seit der Jahrhundertwende" (1994), "Interkulturelle Erforschung der österreichischen Literatur" (1996), "Wien und St. Petersburg um die Jahrhundertwende(n): kulturelle Interferenzen" (2000), etc.

In 1994, the Austrian Ministry of Culture funded the publication of the "Ezhegodnik Avstrijskoj biblioteki v Sankt-Peterburge" (Jahrbuch der Österreich-Bibliothek in St. Petersburg). The Saint Petersburg Library also launched a series of books featuring translations of modern Austrian authors: Thomas Bernhard, Elfriede Jelinek, Robert Menasse, Josef Winkler, Peter Rosei, Thomas Glavinic, etc.

The opening of the Moscow Library brought about the idea of introducing a new major in Austrian Studies, along with the major in German Studies, at the Comparative Literature Department, Faculty of History and Philology (RSUH), thus creating spe-

---

[57] I wish to express my gratitude to Prof. Natalia Bakshi, RSUH, for this text, written at my request, designed to throw light on the way both Austrian history and literature were perceived by the Russian intellectual milieu in the 1990s and noughties.

[58] Ada Berezina, Vmesto poslesloviya: Avstrijskaya literatura na katedre istorii zarubezhnykh literatur Sankt-Peterburgskogo universiteta [In lieu of epilogue: Austrian literature at the Department of Foreign Literature History of the Saint Petersburg University], in: Avstrijskaya literatura XIX–XX vv. (Saint Petersburg 1995) 106–109; Alexander Belobratov, Robert Musil. Metod i roman [Robert Musil. Method and novel] (Leningrad 1990); Alexey Zherebin, Vertikal'naya liniya. Venskiĭ modern v smyslovom prostranstve russkoĭ kul'tury [A vertical line. Viennese Modernism within the semantic space of the Russian culture] (Saint Petersburg 2011); Larisa Poluboyarinova, Poehtika avstrijskoj prozy XIX veka [Poetics of the Austrian prose of the 19th century] (Kemerovo 1995); eadem, Leopold von Sacher-Masoch – avstrijskij pisatel' ehpokhi realizma [Leopold von Sacher-Masoch – an Austrian writer of the epoch of realism] (Saint Petersburg 2006).

cialists in Austrian Literature. Its initiator, Professor Nina Pavlova, became the head of the Department and the major in question[59].

The current historiographic situation in Russia is rich in alternative hypotheses and interpretations. In my opinion, there are several schools of thought that considerably improve the insight into the history of Austria-Hungary: 1) comparative imperial studies; 2) studies of intercommunications and inter-influences based on the constructivist methodology; 3) Slavic integration projects in the diplomatic relations between Vienna and Petersburg; 4) a humanitarian dimension of the Russo-Austrian relations.

The writings of Solomon Wank and Péter Hanák had a particular impact on the genesis of new schools of thought and approaches in the historical research on the Habsburg Monarchy in Russia. Tofik Islamov and Vladimir Frejdzon, by means of their conceptual papers, engaged in controversy with Austrian scholars, thus creating a critical yet highly interested discussion of the most recent concepts and narratives in the world historiography of the Habsburg Monarchy[60].

At the same time, one cannot help but feel that the Russian studies in the 1990s played second fiddle to the Western research. They tended to have a particular predilection for archive documents and historiographic analysis. A substantial corpus of archive documents has always been the Russian standard of academic research. Due to a massive declassification of new funds in Russian archives, historians were faced with a very complex task. On the one hand, new, unknown sources had to be introduced into a scientific discourse. On the other hand, Russian historical science was seriously lagging behind the methodologies of the Western humanities.

It was highly important to become familiar with foreign theories and research practices to make sense of new notions, as well as the intellectual line of reasoning previously beyond the reach of Soviet historiography. In the 1990s, a new comprehensive approach started making its way, overcoming the resistance of advocates of the traditional pro-Slavic narrative of the history of Central and South-Eastern Europe. As such, two alter-

---

[59] Nina PAVLOVA, Priroda real'nosti v avstrijskoj literature [The nature of reality in the Austrian literature] (Moscow 2005).

[60] Péter HANÁK, Ugnetennye narody Avstrijskoj imperii i vengerskaya revolyutsiya [Oppressed peoples of the Austrian Empire and the Hungarian revolution] (Moscow 1953); IDEM, Natsional'naya kompensatsiya za otstalost' [National compensation for underdevelopment], in: Avstro-Vengriya: opyt mnogonatsional'nogo gosudarstva (Moscow 1995); Salomon WANK, Dinasticheskaya imperiya ili mnogonatsional'noe gosudarstvo: razmyshleniya o nasledii imperii Gabsburgov v natsional'nom voprose [Dynastic empire or multinational state: reflections on the heritage of the Habsburg Monarchy in terms of the national issue], in: Avstro-Vengriya: opyt mnogonatsional'nogo gosudarstva (Moscow 1995); Tofik ISLAMOV, Konets sredneevropejskoj imperii. Razmyshleniya otnositel'no mesta i roli imperii Gabsburgov v evropejskoj istorii [The end of the Central European Empire. Reflections on the place and role that the Habsburg Empire played in European history], in: Avstro-Vengriya: opyt mnogonatsional'nogo gosudarstva (Moscow 1995) 25–48; IDEM, Imperiya Gabsburgov. Stanovlenie i razvitie. XVI–XIX vv. [The Habsburg Empire. Rise and Growth. 16th – 19th centuries]. NNI 2001/2 11–40; IDEM, Imperiya Gabsburgov. Stanovlenie i razvitie. XVI–XIX vv. [The Habsburg Empire. Rise and Growth. 16th – 19th centuries]. NNI 2001/3 11–40; IDEM, Modern v Srednej Evrope. Istoricheskaya obuslovlennost'. Zarozhdenie. Realizatsiya [Modernism in Central Europe. Historical conditionality. Genesis. Realization], in: Modern. Modernizm. Modernizatsiya: Po materialam konferentsii "Ehpokha modern". Normy i kazusy v evropejskoj kul'ture na rubezhe XIX–XX vekov. Rossiya, Avstriya, Germaniya, Shvejtsariya, ed. Nina PAVLOVA–Olga PAVLENKO (Moscow 2004) 47–84; Vladimir FREJDZON, Ne uvlekat'sya krajnostyami [Go easy on the extremes], in: Avstro-Vengriya: integratsionnye protsessy i natsional'naya spetsifika (Moscow 1997).

native discourses, Central European and Slavic, have been co-existing in Russian historiography for nearly a decade. Only in the first decade of the twenty-first century did their methodological convergence finally begin, consequently shaping the domestic infrastructure of the Austrian research.

At present, its scope is quite extensive. The key research centers are located in Moscow and Saint Petersburg. They collaborate closely with the regional schools that appeared in the Caucasus area, i.e. Stavropol[61] and Tambov[62]. One should also note a particular interest that the scholars from Tomsk[63], Nizhny Novgorod[64], and Voronezh[65] show in the Austrian theme.

In Moscow, each research center specializes in a particular area of the Habsburg studies, thus ensuring their complementarity and a close cooperation. The Institute of World History of the Russian Academy of Sciences (RAS) puts a special emphasis on the eighteenth and the first half of the nineteenth centuries (Elena Kotova[66], Maria Petrova[67]). The Institute for Slavic Studies of RAS analyses the All-Austrian topics (Olga

---

[61] Igor KRYUCHKOV–Natalia KRYUCHKOVA, Russia and Austria-Hungary: Non-Political Dialogue of Two Empires in the last third of the nineteenth – the beginning of the twentieth century. *Bylye Gody* 49/3 (2018) 1175–1185; IIDEM, Istoricheskaya pamyat' i gabsburgskij mif: posttravmaticheskij sindrom cheloveka XX v. i tovar obshhestva massovogo potrebleniya [Historical memory and the Habsburg myth: posttraumatic syndrome of the 20th century man and mass consumer goods]. *Dialog so vremenem. Al'manakh intellektual'noj istorii* 66 (2019) 86–100; Igor KRYUCHKOV–Mikhail CHERNOV, Industrializatsiya avstrijskoj poloviny imperii Gabsburgov (Tsislajtanii) vo vtoroj polovine XIX – nachala XX vv. [Industrialization of the Austrian half of the empire (Cisleithania) in the second half of the 19th – beginning of the 20th centuries] (Stavropol 2018); Andrey PITTSYN, Krizis rossijsko-avstro-vengerskikh otnoshenij vo vtoroj polovine 1880-kh godov i ego posledstviya [Crisis in the Russo-Austro-Hungarian Relations in the second half of the 1880s and its consequences]. *Problemy otechestvennoj i zarubezhnoj istorii: mneniya, otsenki, razmyshleniya. Uchenye zapiski kafedry Otechestvennoj i zarubezhnoj istorii*, no. 10 (Pyatigorsk 2008) 262–282.

[62] Vladimir MIRONOV, Avstro-Vengerskaya armiya v pervoj mirovoj vojne: razrushenie oplota Gabsburgskoj monarkhii [The Austro-Hungarian army in World War I: The destruction of the pillar of the Habsburg Monarchy] (Tambov 2011).

[63] Sergey FOMINYKH–Alexey STEPNOV, Status slavyanskikh yazykov v universitetakh Avstro-Vengrii v kontse XIX – nachale XX v. (na materialakh zhurnala "Slavyanskij vek") [The status of Slavic languages at the Universities of Austria-Hungary at the end of the 19th – beginning of the 20th centuries (based on documents from *Slavyanskij vek magazine*)]. *Rusin* (2016) no. 4 (46) 141–151.

[64] MAXIM MEDOVAROV, Krizis Avstro-Vengrii i russkaya konservativnaya mysl' nakanune Pervoj Mirovoj Vojny [Austro-Hungarian crisis and Russian conservative thought on the eve of World War I]. *Vestnik Nizhegorodskogo universiteta im. N. I. Lobachevskogo* (2015) no. 1 69–77.

[65] MIKHAIL SEMENOV, Istoricheskij opyt organizatsii narodnogo prosveshheniya v Avstro-Vengrii i Rossii v kontse XIX – nachale XX veka (na primere Narodnogo universiteta v Vene i Voronezhskogo obshhestva narodnykh universitetov) [Historical experience in organizing public education in Austria-Hungary and Russia at the end of the 19th – beginning of the 20th centuries]. *Manuscript* (2016) no. 1 159–164.

[66] ELENA KOTOVA, Vostochnyj vopros v Rossijsko-Avstrijskikh otnosheniyakh v 20-e – 30-e gg. XIX v. [The Eastern question in the Russo-Austrian relations in the 1820s and 1830s]. *Ehlektronnyj nauchno-obrazovatel'nyj zhurnal "Istoriya"* 10 (2019) no. 5 (79), https://history.jes.su/s207987840006138-0-1/ [25.04.2022]; EADEM, Problema transformatsii absolyutistskoj imperii Gabsburgov v konstitutsionnuyu monarkhiyu v 1860-e gg. i natsional'nyj vopros [The issue of transformation of the absolutist Habsburg Empire into a constitutional monarchy in the 1860s and the national question]. *Ehlektronnyj nauchno-obrazovatel'nyj zhurnal "Istoriya"* 9 (2018) no. 8 (72), https://history.jes.su/s207987840002462-7-1/ [25.04.2022].

[67] MARIA PETROVA, Vneshnepoliticheskie proekty Ekateriny i Iosifa II [Foreign-policy designs of Catherine II and Joseph II]. *RAA* 2014 27–41; EADEM, Jozefinizm i problemy religioznogo obrazovaniya

Khavanova [era of enlightened absolutism], Lidia Pakhomova, Mikhail Dronov, etc.)[68]; the history of the Austro-Hungarian regions (the Kingdom of Hungary – Olga Khavanova[69]; Polish territories – Maria Klopova[70]; Slovenian territories – Iskra Churkina[71], Lyubov Kirilina[72]). The Austrian studies are included in the curriculum of comparative imperial studies of both research institutes[73].

Researchers from the Department of History of Southern and Western Slavs, Faculty of History, Moscow State University (MSU), successfully carry out several studies of Neo-Slavism, Czech-German relations, Slavic history and culture (Lyudmila Lapteva[74], Zoya Nenasheva[75], Anastasia Zhdanovskaya[76], Evgenij Firsov[77]).

---

v avstrijskoj monarkhii v poslednej chetverti XVIII v [Josephinism and the problems of religious education in the Austrian Monarchy of the last quarter of the 18th century], in: Religioznoe Obrazovanie v Rossii i Evrope V Kontse XVIII – nachale XIX vekov, ed. Evgenia TOKAREVA–Marek INGLOT (Sankt-Petersburg 2009) 95–116.

[68] Olga KHAVANOVA, Userdie, chestolyubie i kar'era. Chinovnichestvo v monarkhii Gabsburgov v ehpokhu prosveshhennogo absolyutizma [Assiduity, ambition and career. Officialdom at the Habsburg Monarchy in the era of enlightened absolutism] (Moscow 2018); Politicheskie partii i obshhestvennye dvizheniya v monarkhii Gabsburgov, 1848–1918. Ocherki [Political parties and social movements in the Habsburg Monarchy, 1848–1918. Essays] (Mikhail Vashhenko, Oksana Velichko, Mikhail Dronov, Anastasia Zhdanovskaya, Liubov Kirilina, Maria Klopova, Liudmila Novosel'tseva, Lidia Pakhomova, Kirill Popov, Sergey Romaneno, Alexander Stykalin, Olga, Khavanova, Andrey Shemyakin), ed. Liubov KIRILINA–Alexander STYKALIN–Olga KHAVANOVA (ed. in chief) (Moscow 2018).

[69] Olga KHAVANOVA, Vengriya v "bol'shom pestrom sadu" Frantsa Iosifa: politicheskaya real'nost' i istoricheskij mif [Hungary in the "big colorful garden" of Franz Joseph: Political reality and historical myth]. Slavyanskij mir v tret'em tysyacheletii 12 (2017) 274–281.

[70] Maria KLOPOVA, Natsional'nye dvizheniya vostochnoslavyanskogo naseleniya Galitsii XIX–XX vv. v sovremennoj russkoj i ukrainskoj istoriografii [National movements of the East Slavic population of Galicia in the 19th – 20th centuries]. Slavyanskij al'manakh (Moscow 2015) vol. 1–2, 365–378; EADEM, Galitsiya [Galicia], in: Politicheskie partii i obshhestvennye dvizheniya v monarkhii Gabsburgov 1848–1914. Ocherki (Moscow 2018).

[71] Iskra CHURKINA, Rossiya i slavyane v ideologii slovenskikh natsional'nykh deyatelej XVI v. – 1914 g. [Russia and the Slavs in the ideology of Slovenian national public figures, 16th cent. – 1914] (Moscow 2017) 576; EADEM, Izuchenie russkogo yazyka sloventsami v 1860–1870-e gody. Slovenskij yazyk, literatura i kul'tura v slavyanskom i evropejskom kontekste [Study of Russian language by the Slovenes in 1860–1870. Slovenian language, literature and culture in the Slavic and European context] (Moscow 2016) 114–116.

[72] Lyubov KIRILINA, Nekotorye aspekty partijnoj bor'by v slovenskikh zemlyakh v kontse XIX – nachale XX v. [Some aspects of political struggle in the Slovenian territories at the end of the 19th – beginning of the 20th centuries], in: Slavyane i Rossiya: Problemy vojny i mira na Balkanakh. XVIII–XXI vv. K 100-letiyu so dnya rozhdeniya akademika YU. A. Pisareva (Moscow 2017); EADEM, Vliyanie Balkanskikh vojn 1912–1913 godov na natsional'no-politicheskie protsessy v slovenskikh zemlyakh [Consequences of the Balkan Wars of 1912–1913 for the national and political processes in Slovenian territories]. Slavyanovedenie (2014) no. 1, 3–11.

[73] Center for the Study of History of the Multinational Austrian Empire, Institute for Slavic Studies of RAS, https://inslav.ru/nauchnye-podrazdeleniya/centr-po-izucheniyu-istorii-mnogonacionalnoy-avstriyskoy-imperii; Department of Modern and Contemporary History, Institute of World History of RAS, http://igh.ru/departments/30?locale=ru.

[74] Lyudmila LAPTEVA, Russko-cheshskie nauchnye svyazi vo vtoroj polovine XIX – pervoj chetverti XX veka. Po dannym perepiski uchenykh [Russian-Czech scientific relations in the second half of the 19th – first quarter of the 20th centuries. Based on the correspondence of scholars]. NNI 2016/1 68–93; EADEM, Galitskij slavist Yakov Fedorovich Golovatskij (1814–1888) i ego svyazi s cheshskimi uchenymi (k 200-letiyu so dnya rozhdeniya) [Galician Slavist Yakov Golovatskij (1814–1888) and his relations with Czech researchers (for his 200th anniversary)]. Slavyanskij al'manakh (2015) nos. 1–2, 335–344; EADEM, Istoriya slavyanovedeniya v Rossii v kontse XIX – pervoj treti XX v. [History of Slavic studies in Russia at the end of the 19th – first third of the 20th centuries] (Moscow 2012).

For several decades now, the Russian State University for the Humanities (RSUH) has been organizing projects of comparative studies of the Russian Empire and the Habsburg Monarchy. These interdisciplinary efforts have brought together historians, culturologists and literary critics from Russia, Austria, Germany and Switzerland. Such international scientific cooperation enables scholars to analyze the phenomenon of the Habsburg Monarchy on an interdisciplinary level, using a considerable array of sources recently made available to them. The key questions remain relevant to this day: What kind of influence, direct or indirect, did the Habsburg Monarchy have on Russia? What kind of interactions, visible as well as hidden, existed between these major polysynthetic states for almost 300 years? What kind of effect do these mighty, vanished yet not forgotten empires have on the historical memory and historiography of modern societies?

The first successful joint projects revolved around the Austrian literature of the nineteenth and the beginning of the twentieth century, with the most prominent publication being "Wien als Magnet?" ("Vienna as a magnet?") edited by Nina Pavlova and Gertraud Marinelli-König[78]. Yet another major project at the RSUH was initiated by professor Moritz Csáky, founder of the school of modern thought and head of the Commission for Culture Studies and Theatre History, Austrian Academy of Sciences, Vienna. Russian scholars together with their colleagues from the University of Graz as well as with German and American colleagues undertook a large-scale comparative study entitled "Drug ili vrag. Avstro-Vengriya i Rossiya kak dva mnogosostavnykh gosudarstva v kontse 19- nachale 20 vv." ("Friend or Foe. Austria-Hungary and Russia as two polysynthetic states at the end of the nineteenth and the beginning of the twentieth centuries").

This resulted in the publication of three books: "Modern – modernism – modernizatsiya. Sravnitel'nyj analiz Rossii, Avstrii, Shvejtsarii na rubezhe 19–nachale 20 vv." ("Modern – modernism – modernization. Comparative analysis of Russia, Austria, Swit-

---

[75] Zoya NENASHEVA, Cekhi v rossii mezhdu dvukh revolyutsij: mechty, illyuzii i real'nost' [The Czechs in Russia between two revolutions: dreams, illusions and reality]. *Sovremennaya Evropa* (2017) no. 7 (79) 88–97; EADEM, "Konservativnoe" rusofil'stvo i "progressivnoe" zapadnichestvo chekhov nakanune i v nachale Velikoj vojny v traktovke rossijskogo obshhestva i ofitsial'nykh struktur ["Conservative" Russofilism and "progressive" Occidentalism of Czechs on the eve and at the beginning of the Great War as seen by the Russian society and officials], in: Pervaya mirovaya vojna: vzglyad spustya stoletie. 1914 god: ot mira k vojne: doklady i vystupleniya uchastnikov III Mezhdunarodnoj nauchno-prakticheskoj konferentsii (Moscow 2015) 506–521; Tofik ISLAMOV–Olga KHAVANOVA–Sergey ROMANENKO–Zoya NENASHEVA, Avstro-Vengriya v period Pervoj mirovoj vojny. Vojna i obshhestvo v XX v. [Austria-Hungary in World War I. War and society in the 20th century], 3 vols. (Moscow 2008).

[76] Anastasia ZHDANOVSKAYA, Politicheskie partii i obshhestvennye dvizheniya v monarkhii Gabsburgov, 1848–1918. Ocherki [Political Parties and Social Movements in the Habsburg Monarchy, 1848–1918. Essays] (Moscow 2018); EADEM, Pervyj sredi ravnykh? Avstrijskoe yazykovoe zakonodatel'stvo 1880-kh gg. i diskussiya o gosudarstvennom yazyke Tsislejtanii [First among equals? Austrian language legislation in the 1880s and the debate about the official language of Cisleithania]. *Vestnik Moskovskogo universiteta* (2018) no. 4, 46–69.

[77] Evgenij FIRSOV, Cheshskij narod na puti k nezavisimosti: uvekovechenie pamyati Yana Gusa v Prage v 1915 g. [Czech nation on its way to independence: the perpetuation of the memory of Jan Hus in Prague in 1915], in: Doklady i vystupleniya uchastnikov V Mezhdunarodnoj nauchno-prakticheskoj konferentsii (Moscow 2016) 601–606; IDEM, Masarik v predvoennoj Rossii i razvitie cheshsko-russkikh svyazej [Masaryk in pre-war Russia and the development of Czech-Russian relations], in: Materialy ezhegodnoj mezhdunarodnoj nauchno-prakticheskoj konferentsii Pervaya mirovaya vojna. Vzglyad spustya stoletie (Moscow 2015) vol. 4, 532–540.

[78] Wien als Magnet? Schriftsteller aus Ost-, Ostmittel- und Südosteuropa über die Stadt, ed. Gertraud MARINELLI-KÖNIG–Nina PAVLOVA (Wien 1996).

zerland on the cusp of the nineteenth and the twentieth centuries"), "Mekhanizmy vlasti. Sravnitel'nyj analiz politicheskoj kul'tury monarkhii Gabsburgov i Rossii" ("Power mechanisms. A comparative analysis of the political culture of the Habsburg Monarchy and Russia"), and "Konfliktszenarien um 1900: politisch – sozial – kulturell. Österreich-Ungarn und das Russische Imperium im Vergleich"[79]. In these publications, Russian, Austrian, German and Swiss scholars compared the models of power presentation, codes and symbols of collective identity of both states, their modernization dynamics and results, national policies and local contexts, conflict scenarios and visions of the future as perceived by the intellectuals and politicians on the cusp of two centuries. It was a first experience of close international cooperation that resulted not only in an active exchange of knowledge, but also in new approaches to the comparative analysis of two monarchies in this period.

Most importantly, these papers interpreted politics as the action zone of empires, where separate ethnic communities were perceived in the nationwide context. This approach facilitated a reconstruction of the life of the big empire in greater and more precise details, in all the beauty of its everyday life, as well as an understanding of the strategies of legitimization of nationalism of some of its ethnic groups. Yet the question remains – how should one evaluate the efficiency of specific imperial mechanisms? Should one devise special assessment criteria to determine the imperial center's ability to withstand various social and political challenges? What is more important, an experience in parliamentary government and constitutional development or strong centralized control?

The Institute of Art Studies carried out several large-scale comparative studies on the art culture of Austria-Hungary[80].

The North-Caucasus Federal University (NSFU) together with RSUH and the Institute for Slavic Studies succeeded in gathering together different research papers on the Habsburg Monarchy from regional universities of Russia. As a result, there have already been seven editions of "Rossijsko-avstrijskij al'manakh: Istoricheskie i kul'turnye paralleli" ("Russo-Austrian almanac: historical and cultural correlations")[81]. The NSFU students regularly defend theses on the history of Austria-Hungary[82].

---

[79] Modern – modernism – modernizatsiya. Sravnitel'nyj analiz Rossii, Avstrii, Shvejtsarii na rubezhe 19–nachale 20 vv. [Modern – modernism – modernization. Comparative analysis of Russia, Austria, Switzerland on the cusp of the nineteenth and the twentieth centuries] (Moscow 2004); Mekhanizmy vlasti. Sravnitel'nyj analiz politicheskoj kul'tury monarkhii Gabsburgov i Rossii [Power mechanisms. A comparative analysis of the political culture of the Habsburg Monarchy and Russia] (Moscow 2007). One of these editions was published in Austria: Konfliktszenarien um 1900: politisch – sozial – kulturell. Österreich-Ungarn und das Russische Imperium im Vergleich, ed. Peter DEUTSCHMANN–Volker MUNZ–Olga PAVLENKO (Wien 2011).

[80] Khudozhestvennye tsentry Avstro-Vengrii, 1867–1918 [Art centers of Austria-Hungary, 1867–1918], ed. Natalia VAGAPOVA et al. (St. Petersburg 2009); Khudozhestvennaya kul'tura Avstro-Vengrii. Iskusstvo mnogonatsional'noj imperii [Arts in Austria-Hungary. Art of a multinational empire], ed. EADEM–Elena VINOGRADOVA (St. Petersburg 2005).

[81] See, e.g., RAA no. 1 (Moscow 2004); RAA no. 5 (Stavropol 2014); RAA no. 6: K 150-letiyu obrazovaniya Avstro-Vengerskoj imperii [150 years of creation of the Austro-Hungarian empire] (Stavropol 2018).

[82] Oksana NOVIKOVA, Bosnijsko-gertsegovinskaya politika Avstro-Vengrii poslednej treti XIX – nachala XX v. i ee rol' v razvitii mezhdunarodnykh otnoshenij na Balkanakh [Bosnia and Herzegovina policy of Austria-Hungary in the last third of the 19th – beginning of the 20th centuries and its role in the development of international relations in the Balkans]. Extended abstract of Cand. Sci. (Hist.) Dis-

All Russian research efforts on the history of Austria-Hungary are united under the Russo-Austrian Commission of Historians (co-chaired by academician Aleksandr Oganovič Chubaryan and Professor Stefan Karner) created in 2008. Its main focus is on the history of relations between the Russian Empire and the Habsburg Monarchy and the support of research projects on different aspects of the history of relations between Russia and Austria in the nineteenth and twentieth centuries. The Commission's Austrian co-chairman Professor Stefan Karner encourages the development of Austrian studies in Russia. Thus he has initiated various large-scale projects: multi-authored publications, exhibitions, international conferences.

The Commission contributed to the organization of several international conferences, including conferences on the Napoleonic Wars, World War I, the Cold War and European international relations. In 2017–2018, the Commission members published "Rossiya – Avstriya: vekhi sovmestnoj istorii" (Russia – Austria: landmarks of common history) in both Russian and German[83]. In this publication, scholars of both countries presented their views on the events of their common history, from the first contacts at the end of the fifteenth century to this day.

Since 2013, in addition to its regular sessions, the Commission has been hosting summer schools for young scholars with the support of the Ludwig Boltzmann Institute for Research on War Consequences (Austria) and the European Union.

Thus, despite strict ideological filters during the Soviet period, the notions of plurality and integrity have been present in Russian historiography for a long time. These days, the history of the Habsburg Monarchy is being recreated through its imperial experience and polysynthetic nature. There are a few trends that can be singled out: Firstly, the historiography is slowly but surely moving from simplified mythography towards a new research approach and critical analysis. Secondly, the key topic of the so-called "small nations" and the "imperial bureaucratic power" underwent fundamental conceptual transformations in different historical periods. The thesis of oppressive ethnic- and language-specific discrimination and violent national conflicts has been gradually abandoned by scholars. At the same time, the national discourses of small nations, focused on the memories of historical traumas and the need to protect their own interests in their relations with the "big" (power-holding) nations, still continue to have a certain impact. Currently, the interpretation of the phenomenon of the polysynthetic

---

sertation (Stavropol 2006); Boris GOGUEV, Sotsial'no-ehkonomicheskoe i politicheskoe polozhenie vengerskogo natsional'nogo men'shinstva v Chekhoslovakii i Rumynii v 1918–1939 gg. [Social, economic and political situation of the Hungarian ethnic minority in Czechoslovakia and Romania in 1918–1939]. Extended abstract of Cand. Sci. (Hist.) Dissertation (Stavropol 2008); Dzhanslu BEKMUKHAMETOVA, "Evrejskij vopros" v Avstro-Vengrii v poslednej treti XIX – nachale XX vv. [The Jewish question in Austria-Hungary in the last third of the 19th – beginning of the 20th centuries]. Extended abstract of Cand. Sci. (Hist.) Dissertation (Stavropol 2015); Mikhail CHERNOV, Industrializatsiya Avstrii vo vtoroj polovine XIX – nachale XX vv.: osobennosti i osnovnye napravleniya [Industrialization of Austria in the second half of the 19th – beginning of the 20th centuries: features and key trends]. Extended abstract of Cand. Sci. (Hist.) Dissertation (Stavropol 2015).

[83] Rossiya – Avstriya: vekhi sovmestnoj istorii [Russia – Austria: landmarks of common history], ed. Stefan KARNER–Aleksander CHUBAR'YAN (Moscow 2017); Wolfgang MUELLER–Olga PAVLENKO, Russland und die Habsburgermonarchie 1853–1914. Von Krisen zum Untergang, in: Österreich – Russland: Stationen gemeinsamer Geschichte, ed. Stefan KARNER–Aleksandr Oganovič ČUBAR'JAN (Graz–Wien 2018) 63–90; Hannes LEIDINGER–Evgenij SERGEEV, Der Erste Weltkrieg. Der Prozess des Zerfalls beider Monarchien, in: ibid. 91–120.

state is mostly focused on its criteria and the limits of its democratization. Its history is reconstructed in accordance with political cycles: from an absolute monarchy to a police state, and then through the 1867 constitutional compromise to a parliamentary monarchy. Therefore, the core concepts of parliamentarism and constitutional monarchy feature high in the historical research.

Von der Fremdherrschaft zur Wechselseitigkeit

Die österreichische Verwaltung in der belgischen Geschichtsschreibung

Klaas Van Gelder

In diesem Kapitel wird die belgische Historiographie der österreichischen Verwaltung in den Südlichen Niederlanden beleuchtet[1]. Belgien kann, neben dem Großherzogtum Luxemburg, als Nachfolgestaat der Südlichen Niederlande betrachtet werden, die nach dem Frieden von Utrecht zu einem Teil der Österreichischen Monarchie wurden[2]. Mit Ausnahme der vier Jahre dauernden französischen Besatzung während des Österreichischen Erbfolgekrieges (1744–1748), der ephemeren Existenz der Etats Belgiques Unis / Verenigde Nederlandse Staten (1790) und einer neuen französischen Besatzung in der Revolutionszeit (1792–1793), hielt sich das österreichische Regime bis 1794, als diese Territorien endgültig von Frankreich erobert wurden. Nur Luxemburg blieb bis 1795 österreichisch. Diese Provinzen wurden von Karl VI., Maria Theresia, Joseph II., Leopold II. und Franz II. regiert – einer Reihe von Souveränen, die von den Südniederländern als ihre „natürlichen Fürsten" betrachtet wurden.

Unter ihrer Regierung entwickelten sich diese Provinzen von einem von Kriegen erschöpften und wirtschaftlich zerrütteten Territorium zu einer blühenden Region, die der Monarchie wichtige finanzielle Beiträge leistete[3]. Die zweite Jahrhunderthälfte brachte eine lange Friedenszeit. Und obwohl die ersten Zeichen der Besserung schon früher sichtbar waren, ermöglichte erst diese Stabilität eine dauerhafte wirtschaftliche Gesundung. Das Anwachsen der Bevölkerung, eine gewaltige Zunahme der Produktivität in der Landwirtschaft und der ländlichen (Textil-)Industrie und am Ende des Jahrhunderts sogar die ersten Schritte zur Industrialisierung illustrieren diese Entwicklung[4].

---

[1] Ich möchte an dieser Stelle Paul Janssens für seine Bemerkungen und Vorschläge zu einer ersten Version dieses Aufsatzes danken, Ruben Mantels und Wouter Ronsijn für ihre Literaturhinweise und Sandra Hertel und Thomas Winkelbauer für die sprachliche Korrektur meines deutschen Textes.

[2] Das heutige belgische Staatsgebiet umfasst auch Regionen, die nicht zu den Österreichischen Niederlanden gehörten, wie das Fürstbistum Lüttich, das Herzogtum Bouillon und die Fürstabtei Stablo-Malmedy.

[3] Herman COPPENS, De financiën van de centrale regering van de Zuidelijke Nederlanden aan het einde van het Spaanse en onder Oostenrijks bewind (ca. 1680–1788) (Verhandelingen KAWLSK 142, Brussel 1992) 331–341.

[4] Helma DE SMEDT, Living Apart Together. Socio-Economic Changes in the Southern Netherlands within the Habsburg Monarchy in the Eighteenth Century, in: Social Change in the Habsburg Monarchy. Les transformations de la société dans la monarchie des Habsbourg. L'époque des lumières, hg. von Harald HEPPNER–Peter URBANITSCH–Renate ZEDINGER (Das Achtzehnte Jahrhundert und Österreich – Internationale Beihefte 3, Bochum 2011) 37–59.

Gleichzeitig wuchs im politisch-kulturellen Bereich ein Nationalbewusstsein. Verwaltungstechnisch waren die Südlichen Niederlande ein Konglomerat selbständiger Fürstentümer mit eigenen Privilegien und Traditionen, eigenen Justiz- und Verwaltungsbehörden und eigenen Kräfteverhältnissen zur Regierung in Brüssel. Und doch bestand schon längst die Erkenntnis, dass diese Regionen auch eine gewisse Einheit bildeten. Im Spätmittelalter wurden die niederländischen Fürstentümer allmählich in einer Personalunion vereint. Seit 1549 besaß dieses Konglomerat ein einheitliches, die Unteilbarkeit betonendes Statut. So wie auch sonst im frühneuzeitlichen Europa, war Staatsbildung in den Niederlanden die Voraussetzung für ein Nationalgefühl. Vor allem nach der Teilung der Niederlande im späten 16. Jahrhundert wurde das politische Selbstbewusstsein in den Südlichen Niederlanden gestärkt. Der Monarch verfügte in Brüssel über einen Hof und einen Verwaltungsapparat, die für das gesamte Territorium zuständig waren. Darüber hinaus genossen die Südlichen Niederlande innerhalb der Österreichischen Monarchie finanzielle Autonomie und mehrmals bewahrten diese Provinzen ihre Neutralität in Kriegen, an denen Österreich beteiligt war, zum Beispiel im Polnischen Thronfolgekrieg und im Siebenjährigen Krieg. Da die Verwaltung in Brüssel größtenteils aus Südniederländern bestand, wurde die Konstitution dieser Provinzen vehement gegen die Wiener Zentralisierungspolitik verteidigt. Der Widerstand gegen die Josephinischen Reformen war nur der Höhepunkt dieser Bestrebungen[5].

Nach der österreichischen Zeit wurden die Südlichen Niederlande an Frankreich angegliedert. Bei der Demontierung von Napoleons Kaiserreich 1815 entschloss sich der Wiener Kongress, diese Provinzen mit dem kurz vorher entstandenen Königreich der Niederlande zu vereinen. Das Staatsoberhaupt war König Wilhelm I. von Oranien-Nassau (1772–1843). Die Zusammenfügung beider Staaten brachte die alten siebzehn Provinzen des 16. Jahrhundert wieder zusammen, eine dauerhafte Union wurde es allerdings nicht: Die Assimilationspolitik zwischen Norden und Süden funktionierte nicht. Neben den wirtschaftlichen, sprachlichen und religiösen Spannungen wuchs auch immer deutlicher der Wunsch nach politischer Modernisierung und Demokratisierung. Nach einem kurzen Aufstand spaltete der Süden sich 1830 ab. Das Königreich Belgien entstand, und der Historiographie wurde die wichtige Aufgabe zuteil, dem neuen Staat eine Geschichte zu geben und seine Daseinsberechtigung zu legitimieren[6].

Die belgische Geschichtsschreibung stellte sich als ein Spiegel der aktuellen Situation dar und diente der Politik. Deshalb versuche ich in den nächsten Absätzen, die historiographische Produktion nicht nur mit den bedeutsamsten historiographischen Entwicklungen, sondern auch mit den großen politischen und gesellschaftlichen Evolutionen in Belgien und außerhalb des Landes zu verbinden. Die Leitfragen behandeln die Stellung der österreichischen Verwaltung in der Historiographie und die verschiedenen Perspektiven und Narrative, die angewendet wurden. Chronologisch beginnt diese Geschichte mit der belgischen Unabhängigkeit, aber nicht ohne an ältere historiographische Tendenzen anzuknüpfen. Ich will einleitend auch bemerken, dass dieser Aufsatz keinen voll-

---

[5] Jean STENGERS, Les racines de la Belgique jusqu'à la Révolution de 1830 (Bruxelles 2000); Jan ROEGIERS, Nederlandse vrijheden en trouw aan het huis van Oostenrijk, in: Unité et diversité de l'empire des Habsbourgs à la fin du XVIIIe siècle, hg. von Roland MORTIER–Hervé HASQUIN (Etudes sur le XVIIIe siècle 15, Bruxelles 1988) 149–164.

[6] Els WITTE–Jan CRAEYBECKX–Alain MEYNEN, Politieke geschiedenis van België van 1830 tot heden (Antwerpen ⁸2007) 17–23. Dass das belgische Nationalgefühl nicht von Grund auf aufgebaut werden musste, wurde von Jan Roegiers und Jean Stengers überzeugend gezeigt (siehe Anm. 5).

ständigen Überblick der erschienenen Werke bietet. Ziel ist es, Entwicklungslinien zu skizzieren und dabei die wichtigsten Veröffentlichungen zu beleuchten.

Nationalgeschichten in einem romantischen Rahmen

Die Führung des jungen belgischen Staates musste eine Verfassung schreiben und die parlamentarische Monarchie begründen, während gleichzeitig die Existenzberechtigung des Landes nachgewiesen werden musste. Historiker, von der Politik unterstützt, setzten es sich zum Ziel zu beweisen, dass die Wurzeln Belgiens in die ferne Vergangenheit zurückreichten und dass die Unabhängigkeit das logische Ergebnis der historischen Entwicklung sei. Mit einer Flut von nationalen Geschichten wurde Belgien eine großartige Vorgeschichte gegeben, und gleichzeitig wurde der belgische Patriotismus angefacht. Doch konnten Historiker sich dafür auf ein seit mehreren Jahrzehnten gereiftes Nationalgefühl stützen.

In den Österreichischen Niederlanden hatte allmählich das Interesse an Nationalgeschichte anstatt Lokal- und Landesgeschichte zugenommen. Laut Tom Verschaffel war der Übergang die Folge interner Evolutionen in der Historiographie – zögerlich war eine eher problemorientierte Betrachtungsweise entstanden, wobei der Autor zu einem Forscher wurde, der Fragen analysierte, weniger ein Kompilator, der Fakten zusammenstellte – und der Kulturpolitik der Brüsseler Regierung. Vor allem die Errichtung der Société littéraire in Brüssel 1769, drei Jahre später zur Académie impériale et royale des Sciences et Belles-Lettres de Bruxelles umgestaltet, bildete für die südniederländischen Historiker einen Anreiz. Die Nationalgeschichte gehörte zu den Schwerpunkten der Akademie. Unter anderem über Preisfragen versuchte man vorbereitende Arbeiten für eine allgemeine Geschichte dieser Fürstentümer anzuregen. Der Forschungsfokus auf die nationale Vergangenheit beweist die Existenz von nationalen Gefühlen und verstärkte diese auch[7].

Reginald De Schryver und Evert Peeters widmeten sich der Analyse der Nationalgeschichten, die seit dem Anfang des 19. Jahrhunderts im Druck erschienen sind. Für die Autoren kam es darauf an, die Unmenge oft widersprüchlicher Fakten in einer kohärenten Geschichte vorzustellen. Der Vergangenheit musste eine Perspektive verliehen werden[8]. Obwohl die ersten Nationalgeschichten schon während der französischen und der niederländischen Zeit veröffentlicht wurden, nahm ihre Anzahl nach 1830 exponentiell zu. Wie vorher dienten diese Publikationen einem pädagogischen Ziel: die Nation über ihre glorreiche Vergangenheit zu unterrichten und Stolz zu erwecken. Aber hinzu

---

[7] Tom VERSCHAFFEL, De hoed en de hond. Geschiedschrijving in de Zuidelijke Nederlanden, 1715–1794 (Hilversum 1998) 61–98. Letztendlich wurde im 18. Jahrhundert nur vorbereitende Arbeit geleistet; eine allgemeine Geschichte dieser Regionen erschien erst mit der siebenbändigen Histoire générale de la Belgique depuis la conquête de César (Bruxelles 1805–1807) von Louis Dieudonné DEWEZ (1760–1834). Über die Gründung der Akademie: Jan ROEGIERS, De academie van Maria-Theresia in historisch perspectief, in: De weg naar eigen academiën 1772–1938, hg. von Gerard VERBEKE (Brussel 1983) 29–42. Wenn nicht anders angeführt, basieren die biographischen Daten der im Text erwähnten Historiker auf die Biographie nationale, die vollständig über die Website der Académie royale des Sciences, des Lettres et des Beaux-Arts de Belgique benützt werden kann: http://www.academieroyale.be [25.4.2022].

[8] Evert PEETERS, Het labyrint van het verleden. Natie, vrijheid en geweld in de Belgische geschiedschrijving 1787–1850 (Leuven 2003); Reginald DE SCHRYVER, Tussen literatuur en wetenschap: tweeëntwintig maal Belgische Geschiedenis, 1782–1872. *BMGN* 87/3 (1972) 396–410.

trat noch eine zusätzliche Funktion: Der Historiker sollte zeigen, dass Belgien schon in längst verflossenen Jahren eine Einheit gebildet hatte und deswegen existenzberechtigt war[9].

Von großer Bedeutung war die Beschreibung des Volkscharakters der Belgier. Seit dem 18. Jahrhundert wurden stets zwei unveränderliche Charakterzüge angegeben: Freiheitsliebe und Treue. Ein guter Prinz respektierte die Privilegien und Freiheiten seiner Untertanen, und im Tausch konnte er mit deren Treue rechnen. Despoten hingegen wurden geschmäht[10]. Unter niederländischer Verwaltung jedoch machte die Auslegung des *Génie des Belges* eine bemerkenswerte Metamorphose durch. Immer mehr Autoren waren davon überzeugt, dass die Eigenheit der Belgier häufig mit der Fremdheit der Herrscher kollidiert sei. Die Vergangenheit zeigte keine gegenseitige Freiheitsliebe und Treue, sondern stellte sich als ein langer Kampf zwischen der Nation und fremden Potentaten heraus. Aus dieser Sicht war die Unabhängigkeit das Endresultat eines jahrhundertelangen Freiheitskampfes[11].

Diese Auffassung stand allerdings im Widerspruch zur historischen Realität: Die spanischen und österreichischen Habsburger wurden trotz ihrer physischen Abwesenheit von den Südniederländern für rechtmäßige Landesfürsten gehalten. Sogar die Opposition gegen Joseph II. wurde nie als Widerstand gegen einen fremden Tyrannen gesehen, sondern als Opposition gegen den legitimen Landesfürsten, der seine Befugnisse überschritt. Der Wandel in der Interpretation war eine Folge der Opposition gegen das autoritäre Regime Wilhelms I., einer Opposition, die vor allem von jungen Verfechtern von mehr Demokratie gefördert wurde, die das österreichische Regime nicht mehr bewusst oder gar nicht mehr erlebt hatten. Auch die holländische Auffassung der Geschichte trug dazu bei: Hier dominierte die Ansicht, dass die nördlichen Niederlande sich am Ende des 16. Jahrhunderts befreit hatten und der Süden unter dem spanischen Joch geblieben war[12]. Darüber hinaus wurde der Kampf gegen die Fremdherrschaft zum Gefecht einiger Hauptfiguren stilisiert, deren Heldentaten wie keine andere Erzählung den furchtlosen Charakter des belgischen Volkes verkörperten. Die zahllosen Aufstände bildeten ein Reservoir an Vorbildern, das reichlich herangezogen wurde. Der Akzent lag dabei auf dem Mittelalter, dem Aufstand gegen Philipp II. und den Umwälzungen am Ende des 18. Jahrhunderts. Das 17. und der größte Teil des 18. Jahrhunderts wurden auf wenige Fakten reduziert[13].

---

[9] Fernand VERCAUTEREN, Cent ans d'histoire nationale en Belgique (Bruxelles 1959) 15–33; Jo TOLLEBEEK, Historical Representation and the Nation-State in Romantic Belgium (1830–1850). *Journal of the History of Ideas* 59/2 (1998) 329–353.

[10] VERSCHAFFEL, De hoed en de hond (wie Anm. 7) 299–306.

[11] PEETERS, Labyrint (wie Anm. 8) 54–81; STENGERS, Racines de la Belgique (wie Anm. 5) 15–20.

[12] Jean STENGERS, Le mythe des dominations étrangères dans l'historiographie belge. *RBPH* 59 (1981) 382–401.

[13] Dieser Überblick basiert auf folgenden Passagen: Étienne DE GERLACHE, Histoire du royaume des Pays-Bas, depuis 1814 jusqu'en 1830, Bd. 1 (Bruxelles 1839) 105–199; Théodore JUSTE, Histoire de Belgique (Bruxelles 1840) 502–554; Henri Guillaume MOKE, Histoire de la Belgique (Gent 1843) 427–448; Hendrik CONSCIENCE, Geschiedenis van België (Antwerpen–Brussel 1843) 493–516. Ausdrücklich über die Revolutionszeit am Ende des 18. Jahrhunderts: Ad(olphe) BORGNET, Histoire des Belges à la fin du dix-huitième siècle (Bruxelles 1844). Borgnets kurze Behandlung der Regierungen von Karl VI. und Maria Theresia ist charakteristisch für den Mythos der Fremdherrscher. So schreibt er über den Zweiten Wiener Vertrag 1731, mit dem Karl VI. die Ostendische Kompanie im Tausch für die britische und niederländische Anerkennung der Pragmatischen Sanktion aufgab: „[…] au bout de quelques mois fut conclu le second traité de Vienne, digne pendant de celui de la barrière, nouvelle et

Nach der Regierung von Albrecht und Isabella (1598–1621) schienen die belgischen Vorfahren das willenlose Opfer der französischen militärischen Interventionen geworden zu sein, ein Spielball in den Händen der übrigen Mächte. Diesen düsteren Jahren wurden nur wenige Seiten gewidmet. Auch die Regierungen von Karl VI. und Maria Theresia wurden in der Regel oberflächlich behandelt[14]. Über Karl VI. wird vor allem berichtet, dass er den erniedrigenden Barrière-Vertrag unterschrieb und die vielversprechende Ostendische Kompanie der Pragmatischen Sanktion opferte. Auch der Brüsseler Aufstand (1717–1719) und die Enthauptung des Zunftmeisters Frans Anneessens gehörten zum festen Kanon. Genauso wie seine Vorgänger, die gegen burgundische oder spanische Gewaltherrscher gekämpft hatten, wurde Anneessens glorifiziert und sein Gegenspieler – der Marquis von Prié, als bevollmächtigter Minister der Vertreter des Kaisers in Brüssel – dämonisiert[15]. Der bekannteste Passus floss aus der Feder von Théodore Juste (1818–1888), der 1846 über Prié schrieb: „Les plus mauvais jours de la domination espagnole étaient revenus; grand admirateur du duc d'Albe, dont il vantait sans cesse la sévérité, Prié voulait aussi gouverner par la terreur." Der Vergleich mit dem verhassten Herzog von Alba schädigte seine Reputation: Er wurde als ein machtgieriger Politiker vorgestellt, auch wenn er in Wirklichkeit eher ein zaudernder Pragmatiker war[16].

Die Regierungszeit von Maria Theresia wurde als glücklich bezeichnet, im Gegensatz zum 17. Jahrhundert, das oftmals als Unglücksjahrhundert beschrieben wurde. Dank ihrer Standhaftigkeit war es ihr gelungen, ihre Erbschaft größtenteils abzusichern und die Kriege von den Niederlanden fernzuhalten, was die Wirtschaft beflügelte. Gemeinsam mit Statthalter Karl Alexander von Lothringen verschaffte sie der österreichischen Verwaltung eine große Beliebtheit[17]. Ihr Sohn Joseph II. hingegen wurde vorwiegend als despotisch und sich allzu sehr einmischend beschrieben. Auch die Tatsache, dass er die Südlichen Niederlande gegen Bayern einzutauschen versuchte, wurde ihm verübelt[18]. Josephs Gegner hatten einen rechtmäßigen Kampf gekämpft und wurden gepriesen.

---

déplorable preuve du sort réservé au pays dont les intérêts sont confiés aux mains d'un gouvernement étranger." Ebd. Bd. 1, 21.

[14] Bemerkenswerte Gegenbeispiele: Charles Steur, Mémoire sur l'administration générale des Pays-Bas autrichiens, sous le règne de l'impératrice Marie-Thérèse (Bruxelles 1827); ders., Précis historique de l'état politique, administratif et judiciaire, civil, religieux et militaire des Pays-Bas autrichiens, sous le règne de Charles VI (Bruxelles 1828). Charles Steur (1794–1881) widmet in diesen Büchern auch einige Kapitel der Organisation der Staatsfinanzen und dem Zustand des Handels, was gleichfalls außergewöhnlich war.

[15] Klaas Van Gelder, Markies van Prié en het Brusselse oproer in 1717–1719. Over de repressie en de slagkracht van het centrale gouvernement in de Zuidelijke Nederlanden. Tijdschrift voor Geschiedenis 127/3 (2014) 367–389; Madeleine Gosse, Historiographie de François Anneessens (Dipl. Université libre de Bruxelles 1993).

[16] Théodore Juste, Le marquis de Prié, Ministre plénipotentiaire de l'empereur Charles VI dans les Pays-Bas autrichiens, 1716–1725. Revue nationale de Belgique 14 (1846) 112–129 und 188–206 (Zitat: 195).

[17] Einige kritische Randbemerkungen bei der üblichen Vorstellung von Maria Theresia: Michèle Galand, Grenzen van de welvaart in de Oostenrijkse Nederlanden onder het bewind van Maria-Theresia, in: De grote mythen uit de geschiedenis van België, Vlaanderen en Wallonië, hg. von Anne Morelli (Berchem 1996) 119–126.

[18] Dass auch Maria Theresia sich am Anfang mit dieser Absicht trug, führten Juste und Moke beschönigend auf die Tatsache zurück, dass sie erst langsam den Wert dieser Territorien kennen lernte: Juste, Histoire de Belgique (wie Anm. 13) 526; Moke, Histoire de la Belgique (wie Anm. 13) 438. Andere brachten hierfür weniger Verständnis auf: de Gerlache, Histoire du royaume (wie Anm. 13) 118.

Genauso wie mittelalterliche städtische Revolten und der Aufstand gegen Philipp II. konnte den Widerstand gegen Joseph II. wegen seines Vorbildcharakters mit viel Aufmerksamkeit in der Historiographie rechnen. Autoren wie Étienne de Gerlache (1785–1871) behandelten die sogenannte Brabanter Revolution explizit als eine Vorstufe der Ereignisse im Jahre 1830. Die Proteste gegen Joseph II. wurden zu einem unvollendeten Vorspiel des Unabhängigkeitskampfes gegen Wilhelm I.[19].

Die Historiographie beschränkte sich auf die großen politischen und diplomatischen Meilensteine, von Sozial- oder Wirtschaftsgeschichte war kaum die Rede[20]. Die Reduktion der Vergangenheit zu einer Erzählung großer Männer – Helden oder Schurken – machte die Geschichte bildhafter, was mit der pädagogischen Funktion der Nationalgeschichten übereinstimmte. Es ist auch kennzeichnend für die Romantik, die Epoche par excellence der historisch-visuellen Rekonstruktion. Vor allem der Überfluss an Gewalt in der nationalen Vergangenheit eignete sich dafür. Historiker versuchten die Leser emotional zu packen und konnten dafür verschiedene Techniken anwenden[21]. Zahllose Geschichtsbücher wurden reichlich illustriert, und in Justes Exposé aus dem Jahr 1868 über Anneessens sind Dialoge und direkte Rede eingeflochten. Sowohl die Antworten des Zunftmeisters auf die Fragen der öffentlichen Ankläger als auch seine Äußerungen beim Anhören seines Todesurteils ähneln einem Theatertext[22]. Die Grenzen zwischen dem populären Genre des historischen Romans und historischen Dissertationen waren oftmals unscharf[23]. Und trotzdem haben die genannten Techniken die Interpretation der historischen Fakten vermutlich nicht nennenswert beeinflusst, mit Ausnahme der Auswahl bestimmter *Capita selecta* aus der Vergangenheit.

Clio in einem ideologischen Korsett

Mitte des 19. Jahrhunderts begann die belgische Eintracht Risse aufzuweisen. Nach der Unabhängigkeit wurde die Nationalpolitik vom Unionismus dominiert, der Zusammenarbeit von konservativ-katholischen und progressiv-liberalen Politikern. Dieses Bündnis wurde gegründet, um den gemeinsamen Feind König Wilhelm I. zu bekämpfen. Nach 1830 wurde es weitergeführt, weil es die beste Möglichkeit zu bieten schien, innen- und außenpolitischen Gegnern zu begegnen[24]. Als jedoch die Konsolidierung

---

[19] DE GERLACHE, Histoire du royaume (wie Anm. 13) passim.

[20] VERCAUTEREN, Cent ans (wie Anm. 9) 131–148. Die Ausnahme bestätigt die Regel: Natalis BRIAVOINNE, Mémoire sur l'état de la population, des fabriques, des manufactures et du commerce, dans les provinces des Pays-Bas depuis Albert et Isabelle jusqu'à la fin du siècle dernier (Bruxelles 1840).

[21] Tom VERSCHAFFEL, Beeld en geschiedenis. Het Belgische en Vlaamse verleden in de romantische boekillustraties (Turnhout 1987) 31–35; PEETERS, Labyrint (wie Anm. 8) 82–91 und 133–144. Mehr allgemein über romantische Geschichtsschreibung: Reginald DE SCHRYVER, Historiografie. Vijfentwintig eeuwen geschiedschrijving van West-Europa (Leuven ³1997) 305–320.

[22] Théodore JUSTE, Histoire de Belgique depuis les temps primitifs jusqu'à la fin du règne de Léopold Iᵉʳ, Bd. 3 (Bruxelles 1868) 36 und 39. Die gleiche Methode wurde angewandt in: Lodewijk VAN RUCKELINGEN, Geschiedenis der Oostenrijksche Nederlanden. België onder Karel VI, 1700–1740 (Antwerpen 1864) 82–86.

[23] VERCAUTEREN, Cent ans (wie Anm. 9) 29–36; DE SCHRYVER, Tussen literatuur en wetenschap (wie Anm. 8) 403. Manche Historiker wie Moke und Conscience waren auch Romanschriftsteller.

[24] Der externe Feind schlechthin war Wilhelm I., der erst 1839 die belgische Unabhängigkeit anerkannte. Intern bestanden im Jahrzehnt nach 1830 starke antibelgische Gruppierungen wie die Reunio-

Belgiens gesichert war und die antibelgischen Kräfte keine ernsthafte Bedrohung mehr bildeten, zerbröckelte auch der ideologische Konsens. Wegen wachsender Frustration über die konservative Überlegenheit wurden 1846 die antiklerikalen Kräfte in einer liberalen Partei vereint, die einen laizistischen Staat anstrebte und ein Jahr später das Parlament dominierte. Bis 1870 beherrschten die Liberalen die nationale Politik. In diesen Jahren wurde die demokratische Legitimation der Gesetzgebung durch eine Senkung des Wahlzensus erheblich erweitert. Allmählich organisierte sich allerdings auch die konservative Partei, 1884 gewann sie im Parlament die Oberhand[25].

Genauso wie die Geschichtsschreibung für die Stärkung des belgisch-patriotischen Gefühls instrumentalisiert worden war, bekam sie auch eine Rolle auf der parteipolitischen Bühne. Vor allem das Verhältnis zwischen Kirche und Staat beherrschte die innerstaatlichen Debatten um die Mitte des 19. Jahrhunderts. Sowohl die Konservativen als auch die Liberalen suchten und fanden in der Geschichte Argumente, um ihrer Stimme in der Diskussion mehr Gewicht zu verleihen. Wiederum war die österreichische Zeit nicht zentral. Historiker konzentrierten sich vor allem auf den Aufstand gegen Philipp II., wobei liberale Schriftsteller den streng katholischen Philipp und den Herzog von Alba kritisierten, während die Katholiken ihre Pfeile auf Wilhelm von Oranien abschossen[26]. Doch lieferten auch die Regierungszeiten von Maria Theresia und Joseph II. Nahrung für ideologische Debatten[27].

Aus Anlass der Jahrhundertfeier der Akademie wurde 1872 ein Preisausschreiben über den Zustand der Südlichen Niederlande unter Maria Theresia veranstaltet. Zwei Dissertationen wurden eingereicht: eine französischsprachige mit einem deutlichen antiklerikalen Tenor und eine niederländischsprachige mit einem eher konservativen Plädoyer. Die drei Jurymitglieder wurden sich, auch wegen ideologischer Differenzen, nicht über die Beurteilung einig, wodurch letztendlich die Goldmedaille nicht zugesprochen wurde[28]. Das französische Manuskript war aus der Feder von Ernest Discailles (1837–1914), der politisch eher mit der liberalen Partei sympathisierte. Er lobte Maria Theresia für ihre Maßnahmen gegen die Auswüchse des Aberglaubens und die allzu starke Stellung der Kirche. Sie verstand, so Discailles, „que notre pays est sous l'étreinte du bigotisme et se meurt de la lèpre de la mainmorte". Den Einfluss der Aufklärung und der Philosophen, der sich während Maria Theresias Regierung erkennen ließ, begrüßte er, genauso wie die zentralisierenden Reformen im Bereich der Verwaltung und Eingriffe in das erstarrte und von Jesuiten dominierte Schulsystem. Gleichzeitig unterstrich Discailles, wie vorsichtig die Herrscherin ihre Maßnahmen durchführte, um die konstitu-

---

nisten, die den Anschluss an Frankreich vertraten, und die Orangisten, die eine Rückkehr zum Königreich der Niederlande befürworteten.

[25] WITTE–CRAEYBECKX–MEYNEN, Politieke geschiedenis (wie Anm. 6) 28–66; Hervé HASQUIN, Historiographie et politique en Belgique (Bruxelles 1996) 27–29.

[26] VERCAUTEREN, Cent ans (wie Anm. 9) 165–179; DE SCHRYVER, Historiografie (wie Anm. 21) 328–331.

[27] Der Vollständigkeit halber soll auch erwähnt werden, dass die sozialistische Bewegung, die erst am Ende des 19. Jahrhunderts politisches Gewicht gewann, die Nationalgeschichte kaum in Anspruch nahm: VERCAUTEREN, Cent ans (wie Anm. 9) 205f.

[28] Ernest DISCAILLES, Les Pays-Bas sous le règne de Marie-Thérèse (1740–1780) (Bruxelles–Leipzig 1872) xiii–xxiv. Ähnlich ist der Gesichtspunkt von Jean Jacques Altmeyer (1804–1877), Professor der Geschichte an der freisinnigen Université libre de Bruxelles, der sich gegen Reaktionäre wie Philipp II., Alba oder Van der Noot – den Anführer der konservativen Faktion im Widerstand gegen Joseph II. – sträubte: Jean Jacques ALTMEYER, Précis de l'histoire du Brabant (Bruxelles 1847) 269–301.

tionellen Empfindlichkeiten der Städte und Stände nicht zu verletzen. Seine Kritik betrifft ihre Frömmigkeit, die die Fürstin zu ungerechten Beschlüssen bewegt haben soll, und bisweilen auch zu Intoleranz[29].

Die niederländische Arbeit von Charles Piot (1812–1899), der im Staatsarchiv und in der Königlichen Bibliothek Karriere machte, wurde zwei Jahre später nachträglich auf Französisch herausgegeben[30]. Die Aufklärung und der Einfluss der Enzyklopädisten waren in Piots Augen negativ, genauso wie die Neigung Maria Theresias und ihrer Mitarbeiter, sich in kirchliche Angelegenheiten einzumischen. Laut Piot wurde ihre Frömmigkeit von ihrer Machtgier beherrscht. Er beschuldigte die Fürstin auch einer launenhaften Politik, die zu oft auf Emotionen basierte, und eines fast blinden Eifers für dynastische Interessen, denen alles geopfert wurde. Ihre Versuche, die Südlichen Niederlande einzutauschen, beweisen für Piot, dass sie am meisten an diesen Territorien interessiert war, wenn sie Geld aus ihnen herausschlagen konnte. Doch zeigt er auch auf, dass sie den Zustand der öffentlichen Finanzen und die materiellen Bedingungen ihrer Untertanen verbesserte.

Nicht nur ideologische Gegensätze beförderten die Demontierung der belgisch-unitaristischen Geschichtsauffassung, auch das erwachende flämische Bewusstsein trug dazu bei. Trotz der verfassungsmäßig gewährleisteten Sprachenfreiheit war Französisch nach 1830 die einzige offizielle Sprache in Belgien. Das bedeutete, dass auch in Flandern und Brüssel das als überlegen geltende Französisch die Sprache von Verwaltung, Justiz und Unterricht war. Vor 1848 leisteten nur Schriftsteller, die Niederländisch als Kultursprache behalten wollten, systematisch Gegenwehr, wie der Romanautor und Historiker Hendrik Conscience (1812–1883). Erst am Ende des 19. Jahrhunderts, infolge des wirtschaftlichen Aufschwungs von Flandern und der Einführung des allgemeinen Wahlrechts 1893, gewann die flämische Bewegung politischen Einfluss. Die Bewegung erfuhr auch eine Erneuerung – den sogenannten Kulturflamingantismus – mit dem Ziel, die Sprachendiskriminierung und die damit gepaarte materielle Unterlegenheit des Durchschnittsflamen zu beenden. Niederländisch als Unterrichtssprache – damals waren in diesem Bereich erst schüchterne Schritte gemacht – wurde das Hauptziel des Kampfes[31].

Historiker, die der flämischen Bewegung anhingen, begannen die Grandeur der eigenen Vergangenheit zu erforschen und fanden diese Großartigkeit vor allem im Mittelalter mit der Blütezeit der Grafschaft Flandern. Die glorreiche flämische Geschichte wurde ähnlich wie die belgisch-unionistische Geschichte ein halbes Jahrhundert früher popularisiert[32]. Das österreichische Regime wurde jedoch eher selten politisch instrumentalisiert, im Gegensatz zur darauffolgenden französischen Epoche[33]. Zwischen 1858 und 1864 erschienen vier Hefte über die Geschichte der Österreichischen Niederlande, verfasst von Lodewijk van Ruckelingen, einem Pseudonym von Lodewijk Jan Mathot

---

[29] DISCAILLES, Les Pays-Bas (wie Anm. 28) passim (Zitat: 43).
[30] Charles PIOT, Le règne de Marie-Thérèse dans les Pays-Bas autrichiens (Louvain 1874). Über Piot: Raymond VAN UYTVEN, Art. Piot, Guillaume Joseph Charles, archivaris, numismaat, archeoloog en historicus. *Nationaal Biografisch Woordenboek* 3 (Brussel 1968) 667–675. Piots politische Präferenz ist unbekannt.
[31] WITTE–CRAEYBECKX–MEYNEN, Politieke geschiedenis (wie Anm. 6) 61–64, 102–106 und 147–153.
[32] PEETERS, Labyrint (wie Anm. 8) 100–116; HASQUIN, Historiographie et politique (wie Anm. 25) 33–50; VERCAUTEREN, Cent ans (wie Anm. 9) 50–54 und 185–204.
[33] Marie-Rose THIELEMANS, Les historiens belges et la période française, in: La Belgique française, 1792–1815, hg. von Hervé HASQUIN (Bruxelles 1993) 437–458.

(1830–1895). Inhaltlich sind sie in großen Teilen den Passagen über das 18. Jahrhundert in der romantischen belgischen Geschichtsschreibung ähnlich. Unter anderem wird der Mythos der Fremdherrschaft untermauert. Mathot, aktiv auf der katholischen Seite in der flämischen Bewegung, wandte sich in seinen Vorworten explizit an die Flamen und beklagte das Schicksal der niederländischen Sprache im 18. Jahrhundert. Die Französisierung der Eliten verglich er mit einer Modelaune, auch wenn er in seinen Büchern keine politische Botschaft damit verbinden zu wollen schien. Sporadisch scheint darüber hinaus eine großniederländische Präferenz in seinen Texten durchzuscheinen, obwohl er nicht für eine Wiedervereinigung mit den Niederlanden eintrat. Ferner lehnte er die Religionsmaßnahmen Josephs II. ab, ebenso die Beseitigung der kontemplativen Klöster und das Toleranzedikt aus dem Jahre 1781, das er eine Verletzung der Religionsfreiheit der Katholiken nannte. Die französischen Eroberer von 1792/93 stifteten laut Mathot reines Chaos, Willkür und Despotie[34].

Die Infrastruktur des historischen Betriebs und die Verwissenschaftlichung des Metiers

Die meisten romantischen Geschichtsschreiber waren Autodidakten. Sie hatten keine historisch-wissenschaftliche Ausbildung genossen und in der Regel waren sie an erster Stelle Schriftsteller, Lehrer, Politiker oder Bibliothekare. Sie spezialisierten sich üblicherweise kaum und schrieben über die verschiedensten Themen und Zeiträume. Oft schrieben sie voneinander ab. Fußnoten und Beweisführungen fehlten oder waren summarisch. Ihre Schriften lavierten zwischen Wissenschaft und Literatur, und trotz ihres Strebens nach Objektivität waren ihre Veröffentlichungen prononciert patriotisch[35]. Jedoch, für die mangelnde Wissenschaftlichkeit trifft diese Autoren nicht allein die Schuld. Bis Ende des 19. Jahrhunderts war es in Belgien einfach unmöglich, eine geschichtswissenschaftliche Ausbildung zu machen. Außerdem schrieben sie ihre nationalen Geschichten in einem Zeitraum, in dem noch viele Archive ungeordnet waren und die Herausgabe von Quellen noch in den Kinderschuhen steckte. Schon während der Regierung Wilhelms I. wurden Maßnahmen getroffen, um die Aufsicht über die lokalen und provinzialen Archive zu verbessern, und nach 1830 ging die belgische Obrigkeit den gleichen Weg. Beamte verlegten sich auf die Bestandsaufnahme der Archivalien, die Redaktion von Archivzugängen und die Edition von als wichtig erachteten Quellen,

---

[34] Van Ruckelingen, Belgiën onder Karel VI (wie Anm. 22); ders., België onder Maria-Theresia (Brussel 1858); ders., De patriottentyd. Joseph II en den Brabandschen Omwenteling. 1780–1790 (Antwerpen 1860); ders., Geschiedenis der Oostenryksche Nederlanden. De Jacobynen in België. Leopold II. – Frans II. – Inval der Franschen. 1790–1795 (Antwerpen 1862). Bezüglich Mathot: Filip Boudrez, Mathot, Lodewijk-Jan (Antwerpen 26 augustus 1830–Antwerpen 5 juli 1895), in: Nieuwe Encyclopedie van de Vlaamse Beweging, hg. von Reginald De Schryver–Bruno De Wever–Gaston Durnez (Tielt 1998) 2011f. Ein zweites Beispiel datiert viel später: 1941 nannte Robert Van Roosbroeck das Untersuchungsverfahren gegen Zunftmeister Anneessens gefühllos. Seiner Meinung nach wurde es von „twee Waalsche kreaturen van Prié" (zwei wallonischen Kreaturen von Prié) geleitet, eine völlig anachronistische Interpretation: Robert Van Roosbroeck, Frans Anneessens, in: 100 groote Vlamingen. Vlaanderens roem en grootheid in zijn beroemde mannen, hg. von Leon Elaut–L. Grootaers–Robert Van Roosbroeck–August Vermeylen (Antwerpen 1941) 274–277.

[35] De Schryver, Tussen literatuur en wetenschap (wie Anm. 8) 402–410.

Klaas Van Gelder

und das ereignete sich sowohl in Archiven als auch in Bibliotheken mit reichen Handschriftensammlungen[36].

Der wichtigste Vertreter dieser Generation von Archivaren war Louis-Prosper Gachard (1800–1885). 1826 wurde er zum stellvertretenden Sekretär im Brüsseler Staatsarchiv berufen, von 1831 bis zu seinem Tod stand er dem belgischen Staatsarchiv vor. Mit grenzenlosem Einsatz gelang es ihm, das zentrale Lager und die provinzialen Archivdepots auszubauen, Geschäftsordnungen zu erlassen, kompetente Mitarbeiter einzustellen, Akten aus ausländischen Archiven zu kopieren und zahllose Archivbestände zu öffnen. Wichtig im Rahmen dieses Kapitels ist seine Vorliebe für die Geschichte der Frühen Neuzeit, während viele seiner Kollegen dem Mittelalter viel mehr Beachtung schenkten. Dem 16. Jahrhundert räumte er den Vorzug ein, aber auch die österreichische Epoche kommt in seinen Arbeiten ausführlich zur Sprache. Unter dem Impuls Gachards wurde die Reihe „Recueils des Ordonnances des Pays-Bas autrichiens" gestartet, eine monumentale Quellenedition, die auch für gegenwärtige Forscher ihre Nützlichkeit behalten hat. Die Einleitungen der verschiedenen Bände bildeten in dem Moment die akkurateste Analyse des österreichischen Regimes und bleiben auch heutzutage noch sehr informativ[37]. Jahrzehntelang verbiss Gachard sich auch in das Dossier der Restitution der Akten, die von den Österreichern 1794 aus Brüssel mitgenommen worden waren und die kraft der Friedensverträge von Campo Formio (1797) und Lunéville (1801) an Belgien zurückgegeben werden sollten. 1863 reiste er im Auftrag der belgischen Regierung sogar persönlich nach Wien. Zwischen 1856 und 1875 kehrten schließlich viele der betreffenden Akten nach Brüssel zurück, doch muss dabei eher von einem Tausch statt einer Restitution gesprochen werden[38].

Obwohl die Suche nach und die Edition von Archivalien vom Streben nach wahrheitsgetreuen Quellen zur korrekteren Rekonstruktion der Vergangenheit durchdrungen waren, waren viele Archivare nicht technisch geschult. Dessen ungeachtet kann ihr Anteil am historischen Betrieb in der zweiten Hälfte des 19. Jahrhundert kaum überbewertet werden. Als Folge ihrer zahllosen Editionen von Urkunden, Ordonnanzen und diplomatischen Briefwechseln bekamen die als objektiver erachteten amtlichen Quellen allmählich mehr Beachtung (auf Kosten der narrativen Quellen)[39]. Die genannten Dis-

---

[36] VERCAUTEREN, Cent ans (wie Anm. 9) 17f.

[37] Über Gachard: Ebd. 77–83; Joseph CUVELIER, Art. Gachard (Louis-Prosper). *Biographie nationale* 29 (1956) 585–608; DERS., Louis-Prosper Gachard 1800–1885, in: La Commission Royale d'Histoire 1834–1934. Livre jubilaire (Bruxelles 1934) 114–133. Hauptveröffentlichungen und Quelleneditionen von Gachard über das 18. Jahrhundert: Recueil des ordonnances des Pays-Bas autrichiens. Troisième série. 1700–1794 (Bruxelles 1860–1942) (15 Bde., von denen die ersten sechs von Gachard ediert wurden); Louis-Prosper GACHARD, Documents inédits concernant les troubles de la Belgique sous le règne de l'empereur Charles VI, publiés avec des notes et une introduction (Bruxelles 1838–1839); DERS., Mémoire sur l'acceptation et la publication aux Pays-Bas de la Pragmatique Sanction de l'empereur Charles VI (Bruxelles 1847); DERS., Lettres de Joseph II sur les troubles des Pays-Bas en 1787 et la révolution de 1789 (Bruxelles 1872). Gachards Einleitungen der ersten Bände des „Recueil des ordonnances" wurden später gesammelt: DERS., Histoire de la Belgique au commencement du XVIIIe siècle (Bruxelles 1880).

[38] Micheline SOENEN, Restitution ou échange? La récupération au XIXe siècle des archives emportées en Autriche en 1794. *Archives et bibliothèques en Belgique / Archief- en Bibliotheekwezen in België* 59/ 3–4 (1988) 157–184.

[39] VERCAUTEREN, Cent ans (wie Anm. 9) 59–77 und 149–164; Paul GÉRIN, La condition de l'historien et l'histoire nationale en Belgique à la fin du 19e et au début du 20e siècle. *Storia della storiografia* 11 (1987) 64–103, hier 86. Außer den politischen und diplomatischen Meilensteinen aus der Vergan-

sertationen von Discailles und Piot illustrieren diese Wende in der Verwendung der Quellen.

Neben der Organisation der Archive wurde die Infrastruktur des historischen Betriebs auch auf andere Weisen ausgebaut. 1834 wurde die Commission royale d'Histoire gegründet, eine Gesellschaft, die sich auf die Edition von für die Nationalgeschichte bedeutenden Quellen verlegen sollte. Am Anfang konzentrierten sich die Mitglieder auf Chroniken und andere narrative Quellen. Parallel mit der oben genannten Entwicklung wuchs der Anteil an amtlichen Quellen jedoch ununterbrochen. Gachards Beteiligung daran ist unübersehbar, genauso wie der zunehmende Schwerpunkt in der Frühen Neuzeit. Ebenfalls war Gachard einer der Fürsprecher der 1846 gegründeten Commission royale pour la publication des anciennes lois et ordonnances. Beide Kommissionen, die bis heute aktiv sind, illustrieren auch die wichtige Rolle des belgischen Staates bei der Gründung und dem Ausbau der historischen Infrastruktur. Ein wissenschaftlicheres Verfahren verband sich mit politischer Motivation, was vom weit verbreiteten Glauben an das Alter der belgischen Realität zeugt. Der junge Staat wünschte sich eine Geschichte und subventionierte die Erforschung seiner Vergangenheit. Beide Kommissionen wurden auch der Königlichen Akademie von Belgien angegliedert, der Nachfolgerin der Theresianischen Akademie. Über jährliche Preisausschreiben, die Veröffentlichung von Dissertationen und die alle fünf Jahre vergebenen Preise für Nationalgeschichte und für historische Wissenschaften stimulierte diese Institution die Geschichtsschreibung wesentlich[40].

Sowohl die Akademie als auch die Kommissionen zeugen von der stufenweisen Verwissenschaftlichung des historischen Betriebs. Erst seit 1875 hatte zum ersten Mal ein Universitätsprofessor der Geschichte Sitz in der Commission royale d'Histoire. Bis 1880 blieb auch die Zahl der Geschichtsprofessoren in der Akademie sehr beschränkt. Auch bei den Laureaten der fünfjährlichen Preise ist der Übergang von durch die Praxis ausgebildeten Archivaren und Bibliothekaren zu akademisch geschulten Historikern erst im letzten Viertel des 19. Jahrhunderts nachweisbar[41]. Am deutlichsten trat die Verwissenschaftlichung an den Universitäten in Erscheinung. Während des größten Teils des 19. Jahrhundert war der Geschichtsunterricht an den vier damaligen belgischen Universitäten – den Reichsuniversitäten in Lüttich und Gent, der Université libre de Bruxelles und der Katholischen Universität Löwen – bloß theoretisch. Studenten kamen nicht mit historischer Kritik oder selbständiger Quellenforschung in Kontakt. Die Universitätsprofessoren waren meistens Juristen oder Philologen ohne historisch-akademische Ausbildung und sorgten daher selten für Modernisierung[42].

---

genheit erlangte auch die Behördengeschichte wegen dieser Entwicklung überproportional große Beachtung.

[40] Henri PIRENNE, La Commission royale d'Histoire depuis sa fondation (1834–1934), in: La Commission royale d'Histoire, 1834–1934. Livre jubilaire (Bruxelles 1934) 9–68; VERCAUTEREN, Cent ans (wie Anm. 9) 69f. und 79f.; GÉRIN, La condition (wie Anm. 39) 82–90. Die vom Staat subventionierte Forschung sollte nicht verhüllen, dass lokal blühende Gesellschaften für Geschichtsforschung entstanden, die sich der Edition von Quellen und der Analyse der lokalen Geschichte widmeten, zum Beispiel die Société d'Emulation de Bruges (1839) und die Société des bibliophiles liégeois (1863). Auch hier genoss das Mittelalter jedoch mehr Beachtung als die Frühe Neuzeit.

[41] GÉRIN, La condition (wie Anm. 39) 90–100.

[42] VERCAUTEREN, Cent ans (wie Anm. 9) 91–130. Die Bedeutung der Rechtshistoriker im historischen Betrieb nach 1830 und später im Prozess der Verwissenschaftlichung ist nicht zu unterschätzen und verdient nähere Untersuchung. 1835 hatten zehn der 16 Geschichtsprofessoren in Belgien einen

1890 änderte sich diese Situation. Geschichte wurde eine der fünf möglichen Fachrichtungen an der Fakultät für Philologie und Philosophie. In jeder Fachrichtung wurde akademische Bildung gefordert, und fortan konnte man auch einen Doktortitel in Geschichte erwerben. Neben den theoretischen Vorlesungen wurden praktische Seminare gestaltet und Hilfswissenschaften wie Diplomatik und Paläographie eingeführt. Diese Techniken dienten dem Ziel, sichere Kenntnisse über die Vergangenheit und ein höheres Maß an Objektivität zu erwerben, und bildeten so die Grundlage der positivistischen Betrachtungsweise der Wissenschaft.

Auf privater Basis hatten Universitätsprofessoren der vier belgischen Universitäten schon seit 1874 derartige Seminare organisiert. Über Studienaufenthalte in Deutschland und Frankreich, wo diese Methoden sich schon länger eingebürgert hatten, lernten sie diese Unterrichtsform kennen und führten sie anschließend in Belgien ein. 1890 wurde das System allgemein etabliert. Auch in Studienbereichen wie Naturwissenschaften, Recht und Medizin wurden praktische Übungen eingeführt, dies war Teil einer breiten Debatte über die Rolle der Universitäten. Die Kernfrage war, ob sie an erster Stelle eine Berufsausbildung anbieten oder ihren Schwerpunkt auf die Forschung legen sollten. Außer in die obengenannten Kommissionen und die Akademie drängten die Doktoren in Philologie und Philosophie am Ende des 19. Jahrhunderts auch auf die Lehrstühle für Geschichte, die vorher von einer viel heterogeneren Gruppe von Gelehrten besetzt worden waren[43].

Die Galionsfigur der Verwissenschaftlichung der Geschichtsschreibung in Belgien war Henri Pirenne (1862–1935). Als Student besuchte er in Lüttich die Lehrveranstaltungen von Professor Godefroid Kurth (1847–1916), einem der Pioniere der praktischen Seminare. 1886 wurde er als Professor an die Genter Universität berufen. Vierzehn Jahre später erschien der erste Band seiner „Histoire de Belgique", ein Meisterwerk in sieben Bänden, von denen der letzte erst 1932 veröffentlicht wurde und Band fünf den österreichischen Zeitraum behandelt. Pirenne war davon überzeugt, dass das unabhängige Belgien keine artifizielle Konstruktion war, aber anders als viele seiner Zeitgenossen glaubte er, dass keine politische oder genetische Einheit dem Nationalgefühl zugrunde lag, sondern eine gemeinsame Zivilisation mit einer intellektuellen Kultur, einer geteilten Identität und wirtschaftlicher Solidarität, und das alles schon seit dem Mittelalter. Die Vereinigung der Fürstentümer in den Niederlanden sei also kein Zufall gewesen[44].

Pirenne war vor allem Mediävist, aber auch seine Kapitel über die Frühe Neuzeit legen Zeugnis von der Originalität seiner Gedanken ab. Es fällt auf, dass er dem öster-

---

Doktortitel in Jura, 1900 vier der 17, und fünf der 14 Laureaten der fünfjährlichen Preise für Nationalgeschichte waren auch Doktoren der Rechtswissenschaft. Hinweise zu ihren Aktivitäten ebd. 150–153; Jo TOLLEBEEK, Geschiedenis en oudheidkunde in de negentiende eeuw. De Messager des sciences historiques, 1823–1896. *BMGN* 113/1 (1998) 23–55, hier 32 und 37; GÉRIN, La condition (wie Anm. 39) 76–95.

[43] Jo TOLLEBEEK, De uitbouw van een historische infrastructuur in Nederland en België (1870–1914). *Theoretische geschiedenis* 17/1 (1990) 3–21; Pieter DHONDT, Un double compromis. Enjeux et débats relatifs à l'enseignement universitaire en Belgique au XIXe siècle (Gent 2011) 286–305.

[44] HASQUIN, Historiographie et politique (wie Anm. 25) 61–87; STENGERS, Racines de la Belgique (wie Anm. 5) 21–23; DE SCHRYVER, Historiografie (wie Anm. 21) 365–367; La fortune historiographique des thèses d'Henri Pirenne, hg. von Georges DESPY–Adriaan VERHULST (Bruxelles 1986). Die vollständigste Biographie über Pirenne ist bis heute: Bryce LYON, Henri Pirenne. A Biographical and Intellectual Study (Gent 1974).

reichischen Regime jede Popularität abspricht. Sogar die gute Erinnerung an Maria Theresia sollte nicht verschleiern, so Pirenne, dass sie nur die wirtschaftliche Prosperität ausnützte. Auch minimalisierte er die Rolle der staatlichen Intervention bei diesem Trend; die Initiative der Nation bewertete er höher. Der Wunsch Maria Theresias und Josephs II., die Südlichen Niederlande (gegen Bayern) einzutauschen – ein wiederkehrendes Thema in der belgischen Historiographie –, deutete seiner Meinung nach darauf hin, dass beide Monarchen diese Region nur als Anhängsel ansahen, das sie zum bestmöglichen Preis verkaufen konnten. Dass im 18. Jahrhundert nicht weniger als dreimal die Idee reifte, diese Provinzen nach einer Tauschoperation zu einem selbständigen Staat umzugestalten, beweist für Pirenne die graduell wachsende Akzeptanz dieser Unabhängigkeitsidee in der europäischen Politik. Die Absätze über die Wirtschaft in den Österreichischen Niederlanden verraten Pirennes liberalen Hintergrund als Mitglied einer vermögenden Unternehmerfamilie. Das kommunale und korporative System des Mittelalters schmähte er, die individualistische Wirtschaft begrüßte er im Gegenteil explizit. Das Auftreten der Zünfte hemmte seines Erachtens den wirtschaftlichen Fortschritt, er sprach sogar über ihre „tyrannie économique". Die Aktionen des Zunftmeisters Anneessens waren in seinen Augen anachronistisch, seine Heroisierung als Freiheitskämpfer gegenstandslos. Pirenne war Trendsetter im Inkorporieren sozioökonomischer Faktoren in seine Arbeiten. So erklärte er zum Beispiel das widersprüchliche Resultat der Brabanter und der Lütticher Revolution anhand unterschiedlicher wirtschaftlicher und sozialer Strukturen in beiden Fürstentümern. Einige Jahrzehnte später wurde diese Aufmerksamkeit der Historiker für die Wirtschaft und die Lebensbedingungen der Bevölkerung zur Erklärung staatlicher Entwicklungen zur Norm[45].

Ein Nebeneffekt der Verwissenschaftlichung war die Spezialisierung. Immer mehr Historiker waren entweder Mediävisten oder Neuzeitler. Auch das 18. Jahrhundert wurde das Spielfeld von Experten, die auch für thematische Erneuerungen sorgten. Vor allem Sozial- und Wirtschaftsgeschichte gewann immer mehr an Bedeutung, wie auch bei Pirenne festgestellt werden konnte[46]. Michel Huisman (1874–1953) schrieb 1902 eine meisterhafte Studie über die Ostendische Kompanie, in der er anhand von Quellen aus Belgien, den Niederlanden, Frankreich und Österreich eine Brücke zwischen politischer Geschichte, Wirtschaftsgeschichte und Rechtsgeschichte schlug[47]. Eugène Hubert (1853–1931), Universitätsprofessor in Lüttich, konzentrierte sich nur auf die Frühe Neuzeit, vorzugsweise das 18. Jahrhundert. Außer Veröffentlichungen über den Protestantismus in den Südlichen Niederlanden, über Strafrecht und die Anwendung der Folter veröffentlichte er vornehmlich Studien über die Regierungszeit Josephs II. und die Einwirkung der Barrièretruppen. Mit seiner Studie über die Auswirkungen des Barrière-Vertrages leistete er eine Pionierarbeit hinsichtlich des schwierigen Zusammenlebens von Soldaten und Zivilbevölkerung. Genauso wie Huisman schrak er nicht vor Be-

---

[45] Henri PIRENNE, Histoire de Belgique, des origines à nos jours, Bd. 5 (Bruxelles 1920). Für dieses Kapitel habe ich die reich illustrierte Neuauflage in sechs Bänden aus den Jahren 1972 bis 1974 verwendet (Bd. 3: 260–400, Bd. 4: 11–124).

[46] Nicht zufällig besprach die Commission royale d'Histoire 1899 die Möglichkeit der Edition von statistischen Quellen, ergänzt durch Aktenstücke bezüglich der Wirtschaftsgeschichte: PIRENNE, Commission (wie Anm. 40) 50f.

[47] Michel HUISMAN, La Belgique commerciale sous l'empereur Charles VI. La Compagnie d'Ostende. Étude historique de politique commerciale et coloniale (Bruxelles–Paris 1902); Suzanne TASSIER, Nécrologie Michel Huisman (1874–1953). *RBPH* 32/2–3 (1954) 1006–1015.

suchen ausländischer Archive zurück. Weiter betreute er in der Commission royale d'Histoire auch zahlreiche Quelleneditionen[48]. Georges Bigwood (1871–1930) verlegte sich auf die Organisation der öffentlichen Finanzen und die Handelsgeschichte. Er startete seine Laufbahn als *dix-huitièmiste*, rückte aber im Laufe der Jahre allmählich zum Mittelalter vor[49]. Der geistliche Joseph Laenen (1871–1940) schrieb bis auf Weiteres die einzige Monographie über die Amtszeit des Marquis de Botta-Adorno als Bevollmächtigter Minister (1749–1753). Während seiner Forschungen besuchte er belgische, österreichische, italienische und französische Archive[50].

Langsam wurde der historische Betrieb also von akademisch und technisch ausgebildeten Historikern, die kritisch-wissenschaftlich arbeiteten und sich immer mehr als Frühneuzeitler spezialisierten, dominiert. Dadurch, dass Forscher immer mehr ausländische Literatur und Quellen in Betracht zogen – eine Tendenz, die schon bei Discailles und Piot wahrnehmbar ist –, traten sie schrittweise aus dem engen belgischen Interpretationsrahmen heraus. Sie berücksichtigten auch mehr die finanziellen und wirtschaftlichen Umstände und analysierten deren Zusammenhang mit der Verwaltung. Diese Reaktion gegen den einseitigen staatlichen Zugang wurde in den nachfolgenden Jahrzehnten beständig fortgeführt und aus neuen wissenschaftlichen Blickwinkeln stimuliert.

Thematische Erweiterung und neue Ansätze

Schon 1872 schrieb Discailles: „[...] l'auteur de ce travail est de ceux qui pensent [...] que l'histoire des rois, des prêtres et des guerriers n'est pas toute l'histoire" und „l'histoire-bataille n'a point de charmes pour nous"[51]. Er stand mit dieser Auffassung nicht alleine. Am Ende des 19. Jahrhunderts wurde der Ruf nach größerer Beachtung für Wirtschafts-, Sozial- und Ideengeschichte immer lauter, unter anderem dank der Fortschritte innerhalb der Sozialwissenschaften wie Soziologie, Nationalökonomie und Psychologie. Pirenne war in Belgien der Wegbereiter dieses Trends. Nach dem Ersten Weltkrieg wurde die Erforschung der großen, oft schwer zu beobachtenden strukturellen Entwicklungen und der breiteren Bevölkerungsschichten immer nachdrücklicher angestrebt. Die Gründung der französischen Zeitschrift „Annales d'histoire économique et sociale" (1929) ist das berühmteste Symptom dieser strukturalistischen Betrachtungsweise. Im Kielwasser dieser Evolution konnten auch Zahlen mit immer mehr Beachtung rechnen: Quantitative Ansätze erreichten die Geschichtswissenschaft[52].

---

[48] Eugène Hubert, Les finances des Pays-Bas à l'avènement de Joseph II (1780–1781) (Bruxelles 1899); ders., Le voyage de l'empereur Joseph II dans les Pays-Bas (31 mai 1781–27 juillet 1781): étude d'histoire politique et diplomatique (Bruxelles 1900); ders., Les garnisons de la Barrière dans les Pays-Bas autrichiens (1715–1782) (Bruxelles 1902).

[49] Georges Bigwood, Les impots généraux dans les Pays-Bas autrichiens: étude historique de législation financière (Louvain 1900).

[50] Joseph Laenen, Le ministère de Botta-Adorno dans les Pays-Bas autrichiens pendant le règne de Marie-Thérèse (1749–1753) (Anvers 1901).

[51] Discailles, Les Pays-Bas (wie Anm. 28) 238 und 246.

[52] De Schryver, Historiografie (wie Anm. 21) 355–376; Els Witte, Over bruggen en muren. Hedendaagse politieke geschiedenis en politieke wetenschappen in België (1945–2000) (Leuven 2003) 15–19.

Inwieweit sind diese Tendenzen auch beim Studium des österreichischen Regimes nachweisbar? Wegen der oft gepfefferten Kritik an der *histoire-bataille* war die politische Geschichte einigermaßen in Misskredit gebracht. Das Interesse musste mit neuen historischen Fachbereichen geteilt werden. Und doch wurden bedeutende neue Impulse gesetzt. 1929 publizierte Suzanne Tassier (1898–1956) eine Monographie über den Vonckismus, die progressive Strömung innerhalb der Opposition gegen Joseph II. Als erste situierte sie die Ideen der Vonckisten in einem breiteren Rahmen: Sie erforschte ihre intellektuelle Vorgeschichte und brachte sie in Zusammenhang mit parallelen Entwicklungen in den Vereinigten Staaten von Nordamerika, Frankreich und den Vereinigten Provinzen der Niederlande. Dank dieser transnationalen Perspektive und der Verwendung von bis dahin nie in dem Maße benutzten Quellentypen wie Pamphleten, Zeitungen und Briefwechseln konnte sie ältere Auffassungen von Borgnet und Juste beträchtlich korrigieren[53].

Einige Jahre später erschien eine gründliche Analyse des Amtes des bevollmächtigen Ministers von Ghislaine De Boom (1895–1957) im Druck. Sie basierte teilweise auf Archivalien aus dem Wiener Haus-, Hof- und Staatsarchiv. Der Fokus liegt auf die Amtszeit von Karl Graf Cobenzl (1753–1770), dessen Einstellung, politischer Kurs und Verhältnis zu den südniederländischen zentralen, provinzialen und lokalen Behörden und ihren Funktionären gründlich erforscht wurden. De Boom skizziert die Geschichte von Cobenzls Anteil am wirtschaftlichen und kulturellen Aufschwung, sie weist aber gleichzeitig auf die Grenzen seiner Macht und seines Einflusses hin[54].

Die Intention, die Psychologie der politischen Akteure zu analysieren, ist auch bei Paule Banneux nachweisbar. 1938 legte sie zum ersten Mal eine gut fundierte Studie über den Brüsseler Aufstand 1717–1719 vor[55]. Sie wollte Anneessens' Verherrlichung im 19. Jahrhundert entkräften und die anderen Akteure der Rebellion zu Wort kommen lassen. So suchte sie nach den Beweggründen und Beschlüssen Priés, seiner Ratgeber, des hohen Adels, der Zunftmeister und der breiteren Bevölkerungsschichten. Als erste untersuchte sie den zerrüttenden Übergang von der spanischen zur österreichischen Verwaltung und die Sympathisanten Philipps V. von Spanien – die sogenannten *anjounistes* – und den Konjunkturrückgang, ein Faktorenkomplex, der die Wahl der Beteiligten mitbestimmte[56].

---

[53] Suzanne TASSIER, Les démocrates belges de 1789. Étude sur le Vonckisme et la révolution brabançonne (Mémoires ARB 28, Bruxelles 1929). Andere wichtige Publikationen von Tassier: DIES., Histoire de la Belgique sous l'occupation française en 1792–1793 (Bruxelles 1934), und zwei Sammelbände, die frühere Aufsätze bündeln: DIES., Figures révolutionnaires (XVIIIe siècle) (Notre passé I/6, Bruxelles 1942); DIES., Idées et profils du XVIIIe siècle (Bruxelles 1944). Bezüglich Tassier: Maurice-A. ARNOULD, Nécrologie: Suzanne Tassier-Charlier. *RBPH* 34/3 (1956) 964–967. Tassier, eine überzeugte Feministin, wurde 1949 an der Université libre de Bruxelles auf einen Lehrstuhl berufen. Soweit ich feststellen konnte, war sie die erste belgische Universitätsprofessorin im Fachbereich Geschichte.

[54] Ghislaine DE BOOM, Les ministres plénipotentiaires dans les Pays-Bas autrichiens, principalement Cobenzl (Mémoires ARB 31, Bruxelles 1932). Über De Boom: Lucienne VAN MEERBEECK, Nécrologie: Ghislaine De Boom. *RBPH* 35/3–4 (1957) 1205f.

[55] Paule BANNEUX, Un épisode du gouvernement de Prié. Le mouvement insurrectionnel à Bruxelles de 1717 à 1719 (Diss. Université libre de Bruxelles, 1938; wegen des Zweiten Weltkriegs nie verteidigt).

[56] De Boom, Banneux und Tassier gehörten zur ersten Generation Historikerinnen, die von sich hören ließen. Die Universitäten von Brüssel, Lüttich und Gent ließen 1880, 1881 und 1882 Studentinnen zu, die Löwener Universität zog erst 1920 nach. Ihre Anzahl blieb allerdings eine Zeit lang sehr gering, und meistens besuchten sie die Lehrgänge der Pharmazie oder Medizin: DHONDT, Un double compromis (wie Anm. 43) 325–334.

Die Werke dieser Historiker und Historikerinnen illustrieren einige methodologische Innovationen. Im Gegensatz zu Gachard, Piot, Discailles oder van Ruckelingen basierten sie nicht mehr hauptsächlich auf normativen Quellen wie Ordonnanzen oder staatlichen Bekanntmachungen. Immer häufiger bezogen sie amtliche Akten und diplomatische Korrespondenzen in ihre Forschung ein, wodurch neben den Entscheidungen auch der Prozess der Beschlussfassung analysiert wurde. Der Mythos der Fremdherrschaft verschwand derweilen allmählich aus der wissenschaftlichen Literatur, die Legitimität des österreichischen Regimes wurde nicht mehr bestritten. Auch wurden Entwicklungen in den frühneuzeitlichen Niederlanden in einem transnationalen Rahmen präsentiert, was bei der Analyse der Aufklärungsgedanken am deutlichsten geschah. Wahrscheinlich gibt es einen Zusammenhang zwischen diesen Neuerungen und den zeitgenössischen politischen Entwicklungen. Die Gräuel des Zweiten Weltkrieges hatten die Selbstverständlichkeit des Staates ins Wanken gebracht. Die Erforschung der Staatswerdungsprozesse wurde dadurch stimuliert[57]. Jedoch blieb die Erforschung des habsburgischen Zeitraums in den Jahren zwischen den beiden Weltkriegen und in der Nachkriegszeit relativ bescheiden. Sozial- und Wirtschaftsgeschichte, oft aus einer seriellen Perspektive, rückten seit den sechziger Jahren immer mehr in den Vordergrund. Auflistungen von Löhnen und Preisen wurden erstellt und herausgegeben, genauso wie Anordnungen ein Jahrhundert vorher, und in neuen Fachgebieten wie der historischen Demographie spielte Belgien die Rolle eines Vorreiters. Innerhalb der politischen Geschichte entwickelte sich die Zeitgeschichte als eigenständige Disziplin, die seither bei Forschern und Studenten immer mehr Erfolg hatte[58].

Nicht nur die Interessen änderten sich, auch die belgische akademische Landschaft wurde in der Nachkriegszeit gründlich durcheinandergebracht. 1930 wurde nach einem langen Kampf die Genter Universität als erste in Belgien völlig niederländischsprachig. Auch in Brüssel und Löwen nahm die Anzahl der niederländischen Lehrveranstaltungen kontinuierlich zu, bis die Löwener Universität 1968 in die Katholieke Universiteit Leuven beziehungsweise die Université catholique de Louvain in der speziell dafür gegründeten Stadt Louvain-la-Neuve aufgespalten wurde. Ein Jahr später erlitt die Brüsseler Universität dasselbe Schicksal, die Vrije Universiteit Brussel und die Université libre de Bruxelles wurden zwei selbständige Entitäten. Seit 1929 konnten auch das Institut Saint-Louis (Brüssel, später Facultés universitaires Saint-Louis, heutzutage Université Saint-Louis)[59] und das Collège Notre-Dame de la Paix in Namur akademische Diplome

---

[57] Siehe Jelle Haemers, De dominante staat. De Gentse opstand (1449–1453) in de negentiende-en twintigste-eeuwse historiografie. *BMGN* 119/1 (2004) 39–61, hier 50–54.

[58] La quantification en histoire, hg. von Ginette Kurgan-Van Hentenryck–Philippe Moureaux (Bruxelles 1973); De Schryver, Historiografie (wie Anm. 21) 359–363; Eric Vanhaute–Leen Van Molle, Belgian agrarian and rural history, 1800–2000, in: Rural history in the North Sea area: an overview of recent research (Middle Ages – 20th century), hg. von Erik Thoen–Leen Van Molle (Corn Publication Series, Turnhout 2006) 217–248; Isabelle Devos–Christa Matthys, A History of Historical Demography in Belgium, in: A Global History of Historical Demography. Half a Century of Interdisciplinarity, hg. von Antoinette Fauve-Chamoux–Ioan Bolovan–Sølvi Sogner (Bern 2016) 157–180; Witte, Over bruggen en muren (wie Anm. 52) 11–15.

[59] 1970 wurden die niederländischen Fakultäten der Facultés universitaires Saint-Louis autonom, seit 1991 unter dem Namen Katholieke Universiteit Brussel, die 2013 wegen der niedrigen Studentenzahlen allerdings aufgelöst wurde.

ausstellen, und in Antwerpen entstand 1979 eine Konföderation dreier akademischer Institute, die 2003 zur Universiteit Antwerpen verschmolzen[60].

Diese institutionellen Änderungen beeinflussten die Geschichtsschreibung, was auch im Umgang mit dem 18. Jahrhundert nachweisbar ist. So erschienen am Anfang nach und nach, allmählich allerdings immer häufiger wissenschaftliche Veröffentlichungen auf Niederländisch, während auch an den neuen akademischen Instituten Historiker tätig waren, die sich als Spezialisten der Österreichischen Niederlande einen guten Ruf erwarben[61]. Zur Illustration beider Tendenzen kann Piet Lenders S.J. (1918–2002) genannt werden, der seit 1954 an der Sint-Ignatiushandelshogeschool (später Teil der Universiteit Antwerpen) tätig war. 1952 war seine detaillierte Arbeit über die Reformen der Ständeversammlung in der Grafschaft Flandern 1754–1755 und die in den nachfolgenden Jahren vorsichtig angestrebten, aber stetig wachsenden Eingriffe der Zentralgewalt in die flämischen Steuerkassen erschienen[62]. Doch betonte Lenders auch, dass nicht alle Entscheidungen top-down eingeführt wurden. Ohne den Einsatz einiger Vertreter der flämischen Stände schrieb er den Reformen wenig Chance auf Erfolg zu. Lenders entwickelte sich zum Experten par excellence auf dem Gebiet der politischen und der Institutionengeschichte der Niederlande im 18. Jahrhundert. Er setzte fiskalische und politische Beschlüsse mit Wirtschaftstrends und herrschenden Geistesrichtungen in Bezug zueinander und versuchte dabei, die gesamte österreichische Periode zu umspannen. Die Jahre 1733 bis 1735 hielt er für einen entscheidenden Wendepunkt in der Verwaltung, den Beginn des energischen und reformfreudigen Regimes, das unter Maria Theresia heranreifen konnte[63].

In Flandern verlegten sich auch die Professoren Jan Roegiers (1944–2013) und Reginald De Schryver (1932–2012), beide Inhaber von Lehrstühlen an der Katholischen Universität Löwen, auf das 18. Jahrhundert. Roegiers spezialisierte sich auf die Beziehungen zwischen Kirche und Staat und die Geschichte der alten Universität von Löwen[64]. De Schryver begann seine Karriere mit einer Monographie über Jan van Brou-

---

[60] Jeffrey TYSSENS, Het Belgisch universitair systeem, 1817–1991: configuraties van bevoogding en autonomie. *Persoon en gemeenschap: tijdschrift voor opvoeding en onderwijs* 53/2 (2001) 155–168; Jan KERKHOFS, Les universités catholiques de Belgique et des Pays-Bas depuis 1945, in: D'un paradigme à un autre, l'Université catholique aujourd'hui. Actes du premier symposium du projet: Université, Eglise, Culture, hg. von Pierre HURTUBISE (Paris 2001) 85–126. 1938 wurden auch flämische Akademien der Wissenschaften, Philologie, Kunst und Medizin gegründet: Bruno DE WEVER–Christophe VERBRUGGEN, „Dat noemt men de nationale wetenschap". De stichtingsgeschiedenis van de KVAB (1936–1940), in: De bewogen beginjaren van de Koninklijke Vlaamse Academie van België voor Wetenschappen en Kunsten (1938–1949), hg. von Els WITTE–Walter PREVENIER–Hans ROMBAUT (Brussel 2014) 21–56.

[61] Seit 1924 gab es mit „Bijdragen tot de Geschiedenis" auch eine erste niederländischsprachige Fachzeitschrift: HASQUIN, Historiographie et politique (wie Anm. 25) 91.

[62] Piet LENDERS, De politieke crisis in Vlaanderen omstreeks het midden der achttiende eeuw. Bijdrage tot de geschiedenis van de Aufklärung in België (Verhandelingen KAWLSK 25, Brussel 1956).

[63] Zu Lenders' wichtigsten Publikationen gehören: Piet LENDERS, Ontwikkeling van politiek en instellingen in de Oostenrijkse Nederlanden. De invloed van de Europese oorlogen. *Bijdragen tot de Geschiedenis* 64/1–2 (1981) 33–78; DERS., Drie wijzen van regeren van de Habsburgers in de Oostenrijkse Nederlanden. *HMGOG* 17 (1988) 183–192; DERS., Vilain XIIII (Leuven 1995); DERS., Gent: een stad tussen traditie en verlichting (1750–1787). Een institutionele benadering (Standen en Landen 92, Kortrijk/Heule 1990); weiters zahlreiche Aufsätze über öffentliche Finanzen und über das Statut der Funktionäre. Über Lenders: R. BAETENS–E. MAURICE, Bij het emeritaat van Prof. Dr. P. Lenders s.J., in: Cultuurgeschiedenis in de Nederlanden van de Renaissance naar de Romantiek. Liber amicorum J. ANDRIESSENS s.J., A. KEERSMAEKERS, P. LENDERS s.J. (Leuven–Amersfoort 1986) 35–44.

[64] Siehe zum Beispiel Jan ROEGIERS, De jansenistische achtergronden van P. F. de Nény's streven

choven, Graf von Bergeyck, Faktotum der Brüsseler Politik im späten 17. Jahrhundert
und während des Anjouischen Regimes (1700–1706/11), dessen zentralistische und
unter französischem Einfluss stehende Reformen bis unter Joseph II. ihre Vorbildfunk-
tion behielten[65].

Auch im französischen Landesteil Belgiens blieb die österreichische Verwaltung im
Blickfeld der Forscher. Philippe Moureaux (geb. 1939) leistete mit seiner Studie über
staatliche Statistik einen bedeutsamen Beitrag zur Wirtschaftsgeschichte[66]. Seine Aktivitäten in der Nationalpolitik waren dafür verantwortlich, dass seine akademischen Forschungen ab den achtziger Jahren abnahmen. Dennoch ist es ein Verdienst der französischen Seite, dass die Erforschung des 18. Jahrhunderts im Allgemeinen und der
Aufklärung und der Verwaltung im Besonderen fest in der Geschichtsforschung verankert wurde. 1973 wurde die Groupe d'Etudes du XVIIIᵉ siècle von den Universitätsprofessoren Hervé Hasquin (geb. 1942) und Roland Mortier (1920–2015) gegründet.
Diese interdisziplinäre Studiengruppe bringt Forscher der Université libre de Bruxelles,
die über das 18. Jahrhundert arbeiten, zusammen, organisiert Kolloquien und gibt Monographien und Sammelbände in der Schriftenreihe „Études sur le XVIIIᵉ siècle" heraus.
Der Schwerpunkt liegt häufiger auf der zweiten Jahrhunderthälfte und die Ideengeschichte nimmt in der Schriftenreihe einen wichtigen Platz ein. Mehrere Bände mit
Relevanz für die Staatsführung der Österreichischen Niederlande sind erschienen[67]. Im
Jahr 1968 war bereits die niederländisch-belgische Werkgroep 18e Eeuw gegründet worden, in der sowohl Historiker als auch Kunsthistoriker, Philosophen und Literaturwis-
senschaftler auf interdisziplinäre Weise über die Kultur des (langen) 18. Jahrhunderts
diskutieren. Obwohl die Vorstandsmitglieder bis heute aus den Niederlanden und aus
Belgien (vor allem Flandern) kommen und die Österreichischen Niederlande auf Tagungen und in den Zeitschriften des Vereins gelegentlich thematisiert werden, liegt der
Akzent überdeutlich auf der Aufklärung in den Generalstaaten. Darüber hinaus ist vor
allem ein Interesse für die Revolutionszeit erkennbar[68].

---

naar een „Belgische Kerk". *BMGN* 91 (1976) 429–454; DERS., Die Bestrebungen zur Ausbildung einer
Belgischen Kirche und ihre Analogie zum österreichischen (Theresianischen) Kirchensystem, in: Katho-
lische Aufklärung und Josephinismus, hg. von Elisabeth KOVÁCS (Wien 1979) 75–92. Über Roegiers:
Violet SOEN, Afscheid van een groot kerkhistoricus. In memoriam Jan Roegiers (1944–2013), in: Religie,
hervorming en controverse in de zestiende-eeuwse Nederlanden, hg. von Violet SOEN–Paul KNEVEL
(Herzogenrath 2013) 97–105.

  [65] Reginald DE SCHRYVER, Jan van Brouchoven, graaf van Bergeyck 1644–1725. Een halve eeuw
staatkunde in de Spaanse Nederlanden en in Europa (Verhandelingen KAWLSK 57, Brussel 1965). De
Schryver befasste sich später auch mit der Geschichte der Geschichtsschreibung und der Geschichte der
flämischen Bewegung.

  [66] Philippe MOUREAUX, Les préoccupations statistiques du gouvernement des Pays-Bas autrichiens
et le dénombrement des industries dressé en 1764 (Bruxelles 1971). Ein weiteres Beispiel, bei dem sich
sozioökonomische und politische Geschichte begegnen, liefert Jan Craeybeckx mit seinem Aufsatz über
die Revolution in den Österreichischen Niederlanden. Er widerlegt die alte These, dass die reaktionäre
Revolution die Folge der rückständigen wirtschaftlichen und mentalen Lage der Österreichischen Niederlande gewesen sei. Ganz im Gegenteil, seiner Meinung nach war gerade die hohe wirtschaftliche
Entwicklung des Landes der Grund dafür, dass die radikalen progressiven Stimmen sich anders als in
Frankreich nicht durchsetzen konnten: Jan CRAEYBECKX, The Brabant Revolt: A Conservative Revolution in a Backward Country? *Acta historica neerlandica* 4 (1970) 49–83.

  [67] Für eine Übersicht der 49 bisher erschienenen Bände, die in vielen Fällen vollständig online
benützt werden können: https://www.editions-ulb.be/fr/collection/?collection_id=7 [25.4.2022].

  [68] So gab es 1981 die vergleichend angelegte Jahrestagung „Verlicht despotisme in de Nederlanden

Die Spaltung der belgischen akademischen Landschaft hat nicht zu einem grundlegend gegensätzlichen Umgang mit dem 18. Jahrhundert auf beiden Seiten der Sprachgrenze geführt. Der historiographische Antrieb war derselbe: weniger Interesse an
staatlicher Geschichte im Allgemeinen, aber gleichzeitig innerhalb der politischen Geschichte ein zunehmendes Interesse für die Zusammenhänge zwischen politischen Entscheidungen und anderen gesellschaftlichen Domänen, insbesondere der Wirtschaft.
Auch die Gedankenwelt der historischen Akteure wurde immer intensiver analysiert.
Dabei absorbierten die Theresianischen Jahre mit ihrer beachtlichen Wirtschafts- und
Kulturblüte und die stark polarisierende und umstrittene Regierung Josephs II. den
Löwenanteil der Beachtung. Parallel mit der Säkularisierung der Gesellschaft ver-
schwand größtenteils die Spannung zwischen Kirche und Staat, die die Politik und die
Geschichtsschreibung des 19. Jahrhundert grundlegend bestimmt hatte. Selbst bei Au-
toren mit ausgesprochenen ideologischen Präferenzen sowie dem irreligiösen Liberalen
Hervé Hasquin kann davon kaum noch eine Spur entdeckt werden. Eine weitere Fest-
stellung ist die Abnahme der Quelleneditionen, obwohl die oben genannten königlichen
Kommissionen bis heute aktiv sind[69].

Die rezenten Realisierungen: neuer Schwung

Seit den späten achtziger Jahren hat die Erforschung der österreichischen Verwaltung
erheblich zugenommen. Die neue historiographische Produktion spiegelt eine internationale Tendenz wider, in der die Erforschung der Verwaltung und Staatswerdung
einen neuen Aufschwung genommen hat und aus neuen, oftmals politisch-kulturellen
Perspektiven untersucht wird. Sowohl der Cultural turn als auch der Linguistic turn
haben Spuren hinterlassen. Obwohl Historiker wie De Boom, Lenders und andere
schon längst verstanden hatten, dass absolutistische Wünsche im 18. Jahrhundert an
praktischen Hindernissen scheiterten, blieb die Top-down-Perspektive in ihren Arbeiten
dominant. International stand das Konzept des Absolutismus seit den achtziger Jahren
mehr und mehr unter Feuer. Infolge dessen wurden die Implementierung der Politik
und der tatsächliche Einflussbereich der Obrigkeiten ein Hauptgegenstand der Geschichtsschreibung. Historiker schenkten Patronagenetzwerken, der „Agency" von politischen Akteuren, Ideologie, Propaganda, informellen Einflüssen, „von unten" angestoßenen Staatswerdungsprozessen und der Interdependenz zwischen den vielen unter-
und nebengeordneten Gliedern des Staatsapparats zunehmend Aufmerksamkeit[70].

Joseph II – Willem I". 1995 war das Thema „Het vuur van de revolutie: de Nederlanden rond 1795", mit
Vorträgen über die Südlichen Niederlande und die Generalstaaten.

[69] Einige Beispiele mit Bezug zur österreichischen Zeit: Documents concernant le recrutement de la
haute magistrature dans les Pays-Bas autrichiens au dix-huitième siècle, ed. Joseph Lefèvre (Bruxelles
1939); Documents sur le personnel supérieur des conseils collatéraux du gouvernement des Pays-Bas
pendant le dix-huitième siècle, ed. ders. (Bruxelles 1941); Documents relatifs à la juridiction des nonces
et internonces des Pays-Bas pendant le régime autrichien (1706–1794), ed. ders. (AVB 9, Bruxelles
1950); Le cardinal Thomas-Philippe d'Alsace, archevêque de Malines, et le Saint-Siège. Correspondance
tirée des archives du Vatican, 1703–1759, ed. Louis Jadin (BIBHR 6, Bruxelles/Rome 1953); La correspondance de Vincenzo Santini, internonce aux Pays-Bas (1713–1721), hg. von Jacques Thielens
(AVB 12, Bruxelles 1969); La statistique industrielle dans les Pays-Bas autrichiens à l'époque de Marie
Thérèse: documents et cartes, hg. von Philippe Moureaux (Bruxelles 1974–1981).

[70] Eine der radikalsten Veröffentlichungen in diesem Kontext ist wahrscheinlich Nicholas Hen-

Außerdem haben auch spezifische Faktoren die Erforschung der Beziehungen zwischen Brüssel und Wien belebt. 1987 hatte das zweijährige belgische Kulturfestival Europalia, das Ausstellungen, Konzerte, Theatervorstellungen, Vorlesungen und andere kulturelle Events organisiert, Österreich als Gastland. Die Republik Österreich leistete dafür einen nicht unbeträchtlichen finanziellen Zuschuss. Die Europalia 87 wurde ein unverhoffter Erfolg, mit 532 Veranstaltungen diverser Art und insgesamt 1.673.919 verkauften Eintrittskarten hält sie bis heute einen Rekord in der Europalia-Geschichte. Die Ausstellungen boten einen Querschnitt der vornehmsten politischen und kulturellen Berührungspunkte zwischen beiden Ländern, vom Goldenen Vlies und der Statthalterin Margarete von Österreich über Karl Alexander von Lothringen bis zur avantgardistischen Kunst während der Belle Époque[71]. Anlässlich der Europalia fanden im Dezember 1987 zwei wissenschaftlichen Workshops statt, in denen die Österreichische Monarchie und die Südlichen Niederlande im Mittelpunkt standen und wo Historiker aus Belgien und Österreich sich zum ersten Mal gemeinsam auf eine Debatte über ihre gemeinsame Geschichte einließen. In Brüssel diskutierte man über Fragen, die auch in diesem Band behandelt werden, zum Beispiel die Frage der Perzeption der ehemaligen „Mitgliedschaft in der Monarchie" in den verschiedenen Nachfolgestaaten und die eventuellen nationalistischen Reaktionen hierauf[72]. Das Symposium an der Österreichischen Akademie der Wissenschaften rückte die Interaktion zwischen Brüssel und Wien in den Mittelpunkt[73]. Kurz danach kam eine bilaterale Forschungsinitiative unter den Titel „Bürokratie und Staatswerdung in den Österreichischen Niederlanden" zustande. Das Projekt umfasste drei Abschnitte. Die Beziehungen zwischen Brüssel und Wien wurden von einem österreichischen Team unter der Leitung von Waltraud Heindl erforscht. Die Erstellung eines biographischen Nachschlagewerkes des Personals der zentralen Brüsseler Verwaltungsbehörden und einer Studie über die Funktionäre auf Landes- und Lokalebene in Brabant wurde unter der Führung von Claude Bruneel und Paul Janssens durchgeführt[74].

SHALL, The Myth of Absolutism: Change and Continuity in Early Modern European Monarchy (London 1992).

[71] Für diese Information verweise ich auf das Programmheft und das „Moreel Verslag/Rapport moral" vom März 1988 (am 13. April 2015 im Büro von Europalia International in Brüssel konsultiert). Ich danke Frau Colette Delmotte herzlichst für diese Erlaubnis. Erwähnenswert im Rahmen der Europalia-Ausstellungen über die Österreichischen Niederlande sind folgende Kataloge und Bücher: Luc DUERLOO, Karel Alexander van Lotharingen. Mens, veldheer, grootmeester (Brussel 1987); Piet CNOPS et al., Karel Alexander van Lotharingen. Gouverneur-generaal van de Oostenrijkse Nederlanden (Brussel 1987); Guy DONNAY et al., Charles de Lorraine à Mariemont. Le domaine royal de Mariemont au temps des gouverneurs autrichiens (Bruxelles 1987); Leo DE REN–Jan ROEGIERS–Luc DUERLOO, De gouverneurs-generaal van de Oostenrijkse Nederlanden (Brussel 1987); A. M. REINQUIN–G. VAN BOCKSTAELE–M. WYNANTS, Le voyage de Joseph II dans les Pays-Bas autrichiens, 1781. Catalogue de l'exposition (Bruxelles 1987). Im selben Jahr erschien ein Nachschlagewerk über das österreichische Belgien unter der Leitung von Hasquin, an dem Experten wie Lenders, De Schryver und Mortier mitarbeiteten: La Belgique autrichienne 1713–1794. Les Pays-Bas méridionaux sous les Habsbourg d'Autriche, hg. von Hervé HASQUIN (Bruxelles 1987) (niederländische Version: Oostenrijks België, 1713–1794. De Zuidelijke Nederlanden onder de Oostenrijkse Habsburgers).

[72] Die Aufsätze wurden gebündelt in: Unité et diversité de l'empire des Habsbourg à la fin du XVIIIe siècle, hg. von Roland MORTIER–Hervé HASQUIN (Etudes sur le XVIIIe siècle 15, Bruxelles 1988).

[73] Veröffentlichung der Beiträge: Etatisation et bureaucratie / Staatswerdung und Bürokratie. Symposion der Österreichischen Gesellschaft zur Erforschung des 18. Jahrhunderts, hg. von Moritz CSÁKY–Andrea LANZER (SchrROGE18, Beiheft 2, Wien 1990).

[74] Het Onderzoeksproject „Staatsvorming en bureaucratie in de Oostenrijkse Nederlanden". Stan-

Auf diese Weise rückten die Österreichischen Niederlande zum ersten Mal systematisch ins Blickfeld der österreichischen Forschung, eine Entwicklungslinie, die bis heute, wenn auch schüchtern, standzuhalten scheint[75]. Auch in Belgien zeigte sich das gewachsene Interesse dauerhaft, wobei die Historiker im französischsprachigen Landesteil, mit der Groupe d'Etudes du XVIIIe siècle an erster Stelle, den Ton angaben. Vor allem die Erforschung des öffentlichen Dienstes erhielt dadurch Rückenwind. Sowohl biographische und prosopographische Studien als auch Analysen des Statuts der Funktionäre erschienen im Druck[76]. Auch Karl Alexander von Lothringen, Statthalter von 1741 bis 1780, war nach den großen Europalia-Ausstellungen in Brüssel und Alden-Biesen der Gegenstand neuer Untersuchungen zu seiner Amtszeit und Persönlichkeit[77].

Andere klassische Themen der politischen Geschichte wurden ebenfalls aus neuen Perspektiven unter die Lupe genommen. Herman Coppens verlegte sich auf die Analyse der Finanzverwaltung der Südlichen Niederlande. Bis in die Einzelheiten rekonstruierte er die Buchhaltung und die Rechnungen der Regierung im späten 17. und im 18. Jahrhundert[78]. Erst kürzlich rückte auch die Militärgeschichte durch den revisionistischen Wind in der Geschichtsschreibung zur frühneuzeitlichen Politik in den Fokus. Thomas Goossens erforschte die Beziehungen zwischen dem Heer und privaten Unternehmern und Lieferanten, und Guy Thewes vertiefte die Rolle der Stände in der Finanzierung und Ausrüstung der Regimenter. Die Schlagkraft der Zentralverwaltung wurde von beiden Autoren relativiert, die Bedeutung von Bottom-up-Initiativen in der Staatswerdung

---

den en Landen: Nieuwsbrief 3 (1993) 30–42. Im Rahmen dieser Projekte entstand eine beeindruckende Reihe von Veröffentlichungen. Auf belgischer Seite: Claude BRUNEEL–Jean-Paul HOYOIS, Les grands commis du gouvernement des Pays-Bas autrichiens. Dictionnaire biographique du personnel des institutions centrales (AR-AGR Studia 84, Bruxelles 2001). Auf österreichischer Seite: Franz PICHORNER, Wiener Quellen zu den Österreichischen Niederlanden. Die Statthalter Erzherzogin Maria Elisabeth und Graf Friedrich Harrach (1725–1743) (Beiträge zur Geschichte und Kirchengeschichte 1, Wien–Köln 1990); Renate ZEDINGER, Die Verwaltung der Österreichischen Niederlande in Wien (1714–1795). Studien zu den Zentralisierungstendenzen des Wiener Hofes im Staatswerdungsprozeß der Habsburgermonarchie (SchrROGE18 7, Wien 2000). Bedeutsam ist auch die Edition der Instruktionen und Patente für die Vertreter der Kaiser in Brüssel, die leider auf die erste Jahrhunderthälfte beschränkt blieb: Instruktionen und Patente Karls (III.) VI. und Maria Theresias für die Statthalter, Interimsstatthalter, Bevollmächtigten Minister und Oberhofmeister der österreichischen Niederlande (1703–1744), ed. Elisabeth KOVÁCS–Franz PICHORNER–Friederike STERN (ÖAW, VKGÖ 20, Wien 1993).

[75] Renate ZEDINGER, Migration und Karriere. Habsburgische Beamte in Brüssel und Wien im 18. Jahrhundert (SchrROGE18 9, Wien 2004); Sandra HERTEL, Maria Elisabeth, Österreichische Erzherzogin und Statthalterin in Brüssel 1725–1741 (SchrROGE18 16, Wien 2014).

[76] Einige Beispiele: Une famille noble de hauts fonctionnaires: les Neny, hg. von Roland MORTIER–Hervé HASQUIN (Etudes sur le XVIIIe siècle 12, Bruxelles 1985); Bruno BERNARD, Patrice-François de Neny (1716–1784). Portrait d'un homme d'Etat (Etudes sur le XVIIIe siècle 21, Bruxelles 1993); Ben CROON, Orde en informatie. Goswin-Arnould de Wynants (1661–1732) en het bestuur van de Oostenrijkse Nederlanden (Dipl. Katholieke Universiteit Leuven 1995); La haute administration des Pays-Bas autrichiens, hg. von Hervé HASQUIN–Roland MORTIER (Etudes sur le XVIIIe siècle 27, Bruxelles 1999); Michèle GALAND, Gages, honneurs, mérites: les hauts fonctionnaires dans les Pays-Bas autrichiens. *RBPH* 79/2 (2001) 557–580; Flore ALIX, Les critères de sélection des hauts fonctionnaires dans les Pays-Bas méridionaux (1700–1725). *RBPH* 87/2 (2009) 297–348.

[77] Michèle GALAND, Charles de Lorraine, gouverneur général des Pays-Bas autrichiens (1744–1780) (Etudes sur le XVIIIe siècle 20, Bruxelles 1993).

[78] COPPENS, De financiën (wie Anm. 3); DERS., Het institutioneel kader van de centrale overheidsfinanciën in de Spaanse en Oostenrijkse Nederlanden tijdens het late Ancien Régime (c. 1680–1788) (AR-AGR Studia 43, Brussel 1993).

hingegen stark betont[79]. Eine eher klassisch militärgeschichtliche, aber sehr gründliche Studie über die südniederländischen Regimenter in der habsburgischen Armee erschien 2020. Bruno Colson und Pierre Lierneux widmeten deren Organisation und Operationen eine reich illustrierte Monografie[80].

Immer noch bilden der Widerstand gegen Joseph II. und die Revolutionszeit ein bevorzugtes Thema. In der Tat ist das Interesse für diesen Zeitraum nie versiegt, wie die bibliographische Aktualisierung in der Neuauflage der Dissertation von Suzanne Tassier 1989 zeigt. Bis heute erzeugt diese Thematik verhältnisgemäß viel Aufmerksamkeit auf dem Buchmarkt[81]. Vor kurzem wurden allerdings zum ersten Mal seit langem auch die größtenteils ignorierten Anfangsjahre des österreichischen Regimes Gegenstand der Forschung. Überdies übersteigen diese Werke das einseitige Interesse an klassischen Bezugspunkten wie dem Brüsseler Aufstand und situieren diese Episoden im breiteren Rahmen des Herrschaftswechsels und der damit verbundenen Probleme hinsichtlich Landesverwaltung und Legitimierung[82].

Schließlich tauchten auch neue Themen auf. Paul Janssens analysierte die Politik im Bezug zum Adel in den (Südlichen) Niederlanden und in Belgien und behandelte dabei auch die österreichische Epoche[83]. Durch die mikrohistorische Untersuchung eines einzelnen Adelsgeschlechts, des Hauses Arenberg, und mit dem Fokus auf der Transterrito-

---

[79] Thomas GOOSSENS, Staat, leger en ondernemers in de Oostenrijkse Nederlanden. De centralisering van de militaire organisatie en het beheer van de militaire bevoorradingscontracten (Diss., Vrije Universiteit Brussel 2012); Guy THEWES, Stände, Staat und Militär. Versorgung und Finanzierung der Armee in den Österreichischen Niederlanden 1715–1795 (SchrROGE18 14, Wien–Köln 2012).

[80] Bruno COLSON unter Mitarbeit von Pierre LIERNEUX, Les Belges dans l'armée des Habsbourg: régiments et personnalités militaires du Pays-Bas autrichien, 1756–1815 (Wien 2020; deutsche Übersetzung ebd. unter dem Titel: Die Belgier in Habsburgs Diensten. Regimenter und Persönlichkeiten der Österreichischen Niederlande in der k. k. Armee – von 1756 bis 1815).

[81] Suzanne TASSIER, Les démocrates belges de 1789 (Bruxelles ²1989) 274–282: compléments bibliographiques (1930–1988) relatifs à la révolution belge de 1789–1790. Die wichtigsten Veröffentlichungen seit den achtziger Jahren: Janet POLASKY, Revolution in Brussels 1787–1793 (Mémoires ARB 66, Bruxelles 1985); Luc DHONDT, Verlichte monarchie, Ancien Régime en revolutie. Een institutionele en historische procesanalyse van politiek, instellingen en ideologie in de Habsburgse, de Nederlandse en de Vlaamse politieke ruimte (1700/1755–1790), 5 Bde. (AR-AGR Studia 89, Brussel 2002); Geert VAN DEN BOSSCHE, Enlightened innovation and the ancient constitution: the intellectual justifications of Revolution in Brabant (1787–1790) (Verhandelingen KVAB 4, Brussel 2001); Jane Charlotte JUDGE, The United States of Belgium: The Story of the First Belgian Revolution (Leuven 2018). Auch die Schriftenreihe der Groupe d'Etudes du XVIIIᵉ siècle belegt das bleibende Interesse an der Revolutionszeit. Luc Dhondt hebt als einer von wenigen Historikern nachdrücklich hervor, inwieweit das österreichische Regime auf der Unterstützung der Eliten fußte. Die Eliten besaßen über Besitz von Grundherrschaften und Sitz in lokalen delegierten Administrationen und Ständeversammlungen einen bedeutenden Anteil an der Regierungsgewalt und konnten sich ebenso weitgehend in die Steuerverwaltung einmischen (siehe Bd. 3 der obengenannten Arbeit). Einen historiographischen Überblick bietet: Janet POLASKY, The Brabant Revolution, „a Revolution in Historiographical Perception". Belgisch Tijdschrift voor Nieuwste Geschiedenis 35/4 (2005) 435–455.

[82] Klaas VAN GELDER, Regime Change at a Distance. Austria and the Southern Netherlands Following the War of the Spanish Succession (Verhandelingen KVAB 29, Leuven–Brussels 2016); Simon KARSTENS, Die Spanische Illusion – Tradition als Argument der Herrschaftslegitimation Karls VI. in den südlichen Niederlanden 1702–1725. ÖZG 23/2 (2012) 161–189; DERS., Herrschaftswechsel und Exklusionspolitik in den südlichen Niederlanden. Der Beginn der Herrschaft Karls VI. (1716–1725), in: Time in the Age of Enlightenment. 13th International Congress for Eighteenth-Century Studies, hg. von Wolfgang SCHMALE (Bochum 2012) 161–195.

[83] Paul JANSSENS, De evolutie van de Belgische adel sinds de late Middeleeuwen (Brussel 1998).

rialität dieser Familie, haben William D. Godsey und Veronika Hyden-Hanscho kürzlich einen Band veröffentlicht, der sich auf die Rolle des Hochadels im Funktionieren
der Habsburgermonarchie konzentriert. Gleichzeitig zeigen sie, wie sehr die Geschichte
der Österreichischen Niederlande, der Heimat der Arenbergs, durch zahlreiche persönliche und informelle Verbindungen mit der weiteren habsburgischen und europäischen
Politik verwoben war[84]. Vom Cultural turn angeregt, wird auch die Repräsentation und
Inszenierung der Macht in letzter Zeit häufiger untersucht[85]. Das Bewusstsein wächst,
dass Autorität auch im 18. Jahrhundert noch wesentlich mit ihrer Visualisierung zusam-
menhing, und dass öffentliche Zeremonien auch im 18. Jahrhundert nicht zu von den
Machtinhabern dirigierten und für passive Menschenmassen ausgerichteten Spektakeln
schlechthin wurden. Die historiographische Aufwertung von Zeremonien wie Inaugura-
tionen und Prozessionen macht deutlich, dass viele Akteure bei diesen Festakten Agency
ausübten und dass Rituale viel komplizierter waren, als eine bloße Top-down-Geschich-
te glauben machen könnte[86]. Dirk Leyder, Historiker und Pädagoge, analysierte den
gesellschaftlichen Kontext, die Einführung, die Organisation und letztendlich auch das
Scheitern der Theresianischen Kollegien in Belgien und fügte damit ein wichtiges Kapitel in der aufgeklärten Kulturpolitik der Brüsseler und Wiener Regierungen hinzu[87].
Sogar die neue Disziplin der Metageschichte scheint den Weg zu den Österreichischen
Niederlanden gefunden zu haben. Eine Diskursanalyse auf Basis von Pamphleten, Re-
den und anderer Gelegenheitsliteratur aus der Revolutionszeit zeigt, dass der damalige
Umgang mit der Vergangenheit stark politisch aufgeladen war, aber auch, dass dieser
Umgang mit der Vergangenheit und mit der Zeit flexibel war, je nach den Zeitumstän-
den[88]. 2019 ist eine Analyse des politisch-ethischen Diskurses jener Publizisten, die den

[84] Das Haus Arenberg und die Habsburgermonarchie. Eine transterritoriale Adelsfamilie zwischen
Fürstendienst und Eigenständigkeit (16.–20. Jahrhundert), hg. von William D. GODSEY–Veronika HY-
DEN-HANSCHO (Regensburg 2019).

[85] Siehe Luc DUERLOO, Privilegies uitbeelden: de Zuidnederlandse wapenkoningen en wapenkunde
in de eeuw der Verlichting (Verhandelingen KAWLSK 135, Brussel 1991).

[86] Luc DUERLOO, Discourse of Conquest, Discourse of Contract: Competing Visions on the Nature
of Habsburg Rule in the Netherlands, in: Bündnispartner und Konkurrenten der Landesfürsten? Die
Stände in der Habsburgermonarchie, hg. von Gerhard AMMERER–William D. GODSEY–Martin SCHEUTZ
(VIÖG 49, Wien–München 2007) 463–478; Klaas VAN GELDER, Inaugurations in the Austrian Netherlands: Flexible Formats at the Interface between Constitution, Political Negotiation, and Representation,
in: More Than Mere Spectacle: Coronations and Inaugurations in the Habsburg Monarchy during the
Eighteenth & Nineteenth Centuries, hg. von DEMS. (Austrian and Habsburg Studies 31, New York
2021) 168–197; DERS., Dynastic Communication, Urban Rites and Ceremonies, and the Representation
of Maria Theresa in the Austrian Netherlands, in: Die Repräsentation Maria Theresias. Herrschaft und
Bildpolitik im Zeitalter der Aufklärung, hg. von Werner TELESKO–Sandra HERTEL–Stefanie LINSBOTH
(SchrROGE18 19, Wien 2020) 369–379; DERS., The investiture of Emperor Charles VI in Brabant and
Flanders: a test case for the authority of the new Austrian government. *European Review of History* 18
(2011) 443–463; Simon KARSTENS, Von der Akzeptanz zur Proklamation. Die Einführung der Pragmatischen Sanktion in den Österreichischen Niederlanden. 1720–1723. *ZHF* 40 (2013) 1–34.

[87] Dirk LEYDER, „Pour le bien des lettres et de la chose publique." Maria-Theresia, Jozef II en de
humaniora in hun Nederlandse Provincies (Verhandelingen KVAB 19, Brussel 2010).

[88] Grundlegend für den zeitgenössischen Umgang mit der Vergangenheit und die Bedeutung des
‚ancient constitutionalism' in den Österreichischen Niederlanden: Brecht DESEURE, Onhoudbaar verleden. Geschiedenis als politiek instrument tijdens de Franse periode in België (Leuven 2015). Trotz
des Titels dieses Buches befasst sich der Autor ausführlich mit der Geschichtspolitik vor der französischen Zeit; Michiel VAN DAM, La Révolution des Temps. Chronopolitik tijdens de Brabantse omwenteling
(1787–1790) (Dipl. Univ. Gent 2013).

Reformen der theresianischen und josephinischen Regierung widerstrebten, erschienen. Der Autor, Michiel Van Dam, untersucht, wie sich dieser Diskurs im Dialog mit reformfreudigen Kreisen in der zweiten Jahrhunderthälfte entwickelte und wie er die Brabanter Revolution beeinflusste[89].

Fazit

Zweihundert Jahre belgische Historiographie über die österreichische Verwaltung lässt sich schwer in wenigen Seiten zusammenfassen. Jeder Versuch, die große Menge an Veröffentlichungen in eine Handvoll Strömungen zu fassen, ist reduktionistisch. Zwischen den verschiedenen Betrachtungsweisen bestehen viele Übergangs- und Grauzonen. Die in diesem Beitrag gebotene Übersicht konzentriert sich auf inhaltliche und methodologische Verschiebungen innerhalb der belgischen Geschichtsschreibung, die einzeln kaum strikt chronologisch eingeengt werden können. Andere Vorgehensweisen sind denkbar, zum Beispiel eine thematische Ordnung. Außerdem bleibt die Diffusion historischer Kenntnisse über Unterricht und populäre Medien, oft von Nicht-Historikern vulgarisiert, in diesem Beitrag außerhalb des Blickfeldes. Die obige Wahl erlaubt jedoch klar anzudeuten, inwiefern die Historiographie ein Kind ihrer Zeit ist, ein Spiegel der Gesellschaft, in der die besprochenen Werke entstanden sind.

Im 19. Jahrhundert waren es vor allem innenpolitische Polemiken, die den belgischen Umgang mit der österreichischen Vergangenheit bestimmten: der belgisch-unitaristische Nationalismus nach 1830 und die parteipolitische Perspektive in der zweiten Jahrhunderthälfte. Die Beziehungen zwischen Kirche und Staat standen dabei im Brennpunkt der Debatten. Geschichtsschreibung war in beiden Fällen ein kulturpolitisches Instrument, die idealisierte Vorstellung der Vergangenheit ein Reservoir, aus dem Argumente geschöpft werden konnten. Auch die österreichischen Habsburger und ihr Regime konnten dieser Tatsache nicht entgehen, auch wenn meistens die zeitlich begrenzten Episoden von Aufstand und politischer Aufregung überproportional betont wurden. Die Beziehungen zwischen dem alten „Mutterland" Österreich und dem unabhängigen Königreich Belgien scheinen diese Entwicklung kaum beeinflusst zu haben, wahrscheinlich wegen der räumlichen Entfernung, wodurch seitens der Donaumonarchie im Gegensatz zu Frankreich oder Deutschland jede Annexionsdrohung fehlte. Auch die zeitliche Distanz zwischen dem Ende der österreichischen Verwaltung und der belgischen Revolution von 1830 erklärt, warum ein radikaler Standpunkt gegenüber Österreich nicht notwendig war.

Die belgische Geschichtsschreibung über die österreichische Zeit wurde stark von Entwicklungen innerhalb des historischen Betriebes bestimmt. Dank der allmählichen Verwissenschaftlichung des historischen Metiers wurde der Blick der Historiker immer mehr auf die Verknüpfungen zwischen Politik, Wirtschaft, Handel und Mentalität sowie die Charaktere der Akteure gelenkt. Am Ende des 20. Jahrhunderts suchte man nach den wirklichen Aktionsbereichen der Verwaltungen und ihrer Autorität. Die Beziehungen zwischen Wien und Brüssel, für eine gewisse Zeit auf simplifizierte Narrative von

---

[89] Michiel Van Dam, Between Enlightened Reform and Spiritual Revolt: Religious Self-Historicization and -Governance in the Southern Netherlands during the Catholic Enlightenment (1760–1790) (Diss. Univ. Gent 2019).

Fremdherrschern und ihren nach Freiheit dürstenden Untertanen reduziert, werden heutzutage als eine Wechselseitigkeit verstanden, als eine komplexe Interaktion, in der zahllose Patronage- und andere Netzwerke für den Austausch von Ideen, Personen und Waren sorgten[90]. Klassische Top-down-Perspektiven wurden durch Bottom-up-Anschauungsweisen ergänzt, wodurch die geschichtete Gliederung der Autorität und der Machtstrukturen Ausdruck fand.

Die rezente Belebung der Erforschung der österreichischen Verwaltung darf nicht verschleiern, dass dieser Zeitraum in der belgischen Historiographie nie im Vordergrund stand. Einzelne Historiker leisteten viel und gute Arbeit, aber eine Schule oder spezialisierte Forschungsinstitute gab und gibt es nicht. Bezeichnend ist auch die Tatsache, dass das in Österreich mit zahllosen Ausstellungen bedachte Jubiläumsjahr 2017 anlässlich des 300. Geburtstages Maria Theresias in Belgien überhaupt kein Thema war. Obwohl die Popularität der Kaiserin in den Österreichischen Niederlanden nicht geleugnet werden kann, berührte sie 2017 weder die Öffentlichkeit noch die historische Forschung in Belgien[91].

Der Überblick über fast zwei Jahrhunderte Geschichtsschreibung erlaubt auch, einige Lücken aufzuzeigen. Die Position der Eliten in den Niederlanden des 18. Jahrhunderts ist relativ unerforscht, im Besonderen auf lokaler Ebene. Wie die Herrschaft der Habsburger lokal verankert war, ist zum größten Teil eine offene Frage, genauso wie die Beurteilung des Herrschers, seiner Herrschaft und seines Herrschaftsapparates durch die unterschiedlichen Untertanenschichten. Nur für die Revolutionszeit wurde diese Frage schon einigermaßen gründlich untersucht, obwohl Ego-Dokumente in diesem Zusammenhang viel Forschungspotenzial enthalten. Auch die Erforschung der Visualisierung der habsburgischen Macht, der Repräsentation der Herrscher im Lande sowie der politischen Kultur und ihrer Entwicklung im Laufe des 18. Jahrhunderts steckt noch in den Kinderschuhen. Auch die genaue Bedeutung der Südlichen Niederlande innerhalb der Österreichischen Monarchie bleibt unklar, sowohl im kulturellen als auch im wirtschaftlichen und finanziellen Bereich. Welche Stelle nahmen diese Provinzen im mentalen Rahmen der Wiener Staatsmänner ein? Und obwohl das Sprachenproblem die belgische Politik im 19. und 20. Jahrhundert fast ununterbrochen in Bann hielt, ist auch die Französisierung im 18. Jahrhundert wenig erforscht. Demzufolge endet diese Übersicht mit der Hoffnung, dass die Erforschung der Beziehungen zwischen den Südlichen Niederlanden und der Österreichischen Monarchie in Zukunft weitergetrieben werden kann. Internationale Zusammenarbeit erscheint dafür der beste Weg, das hat die historiographische Produktion des letzten Vierteljahrhunderts überzeugend gezeigt.

---

[90] Einige interessante Ansätze enthält: Bruxellois à Vienne, Viennois à Bruxelles, hg. von Bruno Bernard (Etudes sur le XVIIIᵉ siècle 32, Bruxelles 2004).

[91] Eine Ausnahme stellt die Tagung „Marie-Thérèse et les Pays-Bas autrichiens: la souveraineté à distance" dar, die am 20. und 21. Dezember 2017 in der Académie royale des Sciences, des Lettres et des Beaux-Arts de Belgique in Brüssel von Valérie André, Michèle Galand und Isabelle Parmentier organisiert wurde.

Siglenverzeichnis

ADB	*Allgemeine Deutsche Biographie*
AfK	*Archiv für Kulturgeschichte*
AHR	*American Historical Review*
AHY	*Austrian History Yearbook*
Ann. Trento	Annali dell'Istituto Storico Italo-Germanico in Trento
AR-AGR	Algemeen Rijksarchief, Brussel / Archives générales du Royaume, Bruxelles
AUC – PH	*Acta Universitatis Carolinae – Philosophica et Historica*
AVB	Analecta Vaticano-Belgica. Documents publiés par l'Institut historique belge de Rome. Deuxième série, Nonciature de Flandre
BIBHR	Bibliothèque de l'Institut Historique Belge de Rome
BMGN	Bijdragen en Mededelingen betreffende de Geschiedenis der Nederlanden
CEH	*Central European History*
ČČH	*Český časopis historický*
ČČM	*Časopis Českého musea*
ČMM	*Časopis Matice moravské*
ČNM	*Časopis Národního Muzea*
ČsČH	*Československý časopis historický*
EdG	Enzyklopädie deutscher Geschichte
FGDR	Forschungen zur Geschichte des Donauraumes
FGKÖM	Forschungen zur Geschichte und Kultur des östlichen Mitteleuropa
FHB	*Folia Historica Bohemica*
FKGÖ	Forschungen zur Kirchengeschichte Österreichs
FRA	Fontes rerum Austriacarum
FS	Festschrift
GG	*Geschichte und Gesellschaft*
GWU	*Geschichte in Wissenschaft und Unterricht*
HČ	*Historický časopis*
HMGOG	Handelingen der Maatschappij voor Geschiedenis en Oudheidkunde te Gent
HZ	*Historische Zeitschrift*
IÖG	Institut für Österreichische Geschichtsforschung
JbOGE18	Jahrbuch der Österreichischen Gesellschaft zur Erforschung des 18. Jahrhunderts
JMEH	*Journal of Modern European History / Zeitschrift für moderne europäische Geschichte / Revue d'histoire européenne contemporaine*
JMH	*The Journal of Modern History*
L'Homme	*L'Homme. [Europäische] Zeitschrift für Feministische Geschichtswissenschaft*
Mémoires ARB	Académie royale de Belgique, classe des lettres et des sciences morales et politiques. Mémoires, collection in 8°
MIÖG	*Mitteilungen des Instituts für Österreichische Geschichtsforschung*

MÖStA	*Mitteilungen des Österreichischen Staatsarchivs*
NDB	*Neue Deutsche Biographie*
NNI	*Novaya i Novejshaya istoriya*
ÖAW	Österreichische Akademie der Wissenschaften
ÖGL	*Österreich in Geschichte und Literatur*
ÖZG	*Österreichische Zeitschrift für Geschichtswissenschaften*
QIÖG	Quelleneditionen des Instituts für Österreichische Geschichtsforschung
RAA	*Rossijsko-avstrijskij al'manakh: Istoricheskie i kul'turnye paralleli*
RBPH	*Revue belge de Philologie et d'Histoire*
RHM	*Römische historische Mitteilungen*
RSUH	Russian State University for the Humanities
SchrHGM	Schriften des Heeresgeschichtlichen Museums in Wien
SchrRIFDBM	Schriftenreihe der Internationalen Forschungsstelle „Demokratische Bewegungen in Mitteleuropa 1770–1850"
SchrROGE18	Schriftenreihe der Österreichischen Gesellschaft zur Erforschung des 18. Jahrhunderts
SISSCO	Società italiana per lo studio della storia contemporanea
StGÖUM	Studien zur Geschichte der Österreichisch-Ungarischen Monarchie
StPV	Studien zu Politik und Verwaltung
SWHS	Sozial- und wirtschaftshistorische Studien
VCC	Veröffentlichungen des Collegium Carolinum
Verhandelingen KAWLSK	Verhandelingen van de Koninklijke Academie voor Wetenschappen, Letteren en Schone Kunsten van België, Klasse der Letteren
Verhandelingen KVAB	Verhandelingen van de Koninklijke Vlaamse Academie voor Wetenschappen en Kunsten van België, Klasse der Letteren
VIEuGM	Veröffentlichungen des Instituts für Europäische Geschichte Mainz
VIÖG	Veröffentlichungen des Instituts für Österreichische Geschichtsforschung
VKGÖ	Veröffentlichungen der Kommission für die Geschichte Österreichs
VKNGÖ	Veröffentlichungen der Kommission für Neuere Geschichte Österreichs
VÖOSOEI	Veröffentlichungen des Österreichischen Ost- und Südosteuropa-Instituts
VSWG	*Vierteljahrschrift für Sozial- und Wirtschaftsgeschichte*
WBGN	Wiener Beiträge zur Geschichte der Neuzeit
WSchrGN	Wiener Schriften zur Geschichte der Neuzeit
WZGN	*Wiener Zeitschrift zur Geschichte der Neuzeit*
ZfO	*Zeitschrift für Ostmitteleuropa-Forschung*
ZHF	*Zeitschrift für historische Forschung*
ZOF	*Zeitschrift für Ostforschung*
ZRG Germ. Abt.	*Zeitschrift der Savigny-Stiftung für Rechtsgeschichte, Germanistische Abteilung*
ZRG Kan. Abt.	*Zeitschrift der Savigny-Stiftung für Rechtsgeschichte, Kanonistische Abteilung*

Autorinnen und Autoren

Joachim Bahlcke
Lehrstuhl für Geschichte der Frühen Neuzeit, Historisches Institut, Universität Stuttgart, Keplerstraße 17, 70174 Stuttgart, Deutschland
joachim.bahlcke@hi.uni-stuttgart.de

Gary B. Cohen
Emeritus, Department of History, University of Minnesota, Twin Cities, 271 19th Avenue S., Rm. 1110, Minneapolis, Minnesota 55455, USA
gcohen@umn.edu

Marie-Elizabeth Ducreux
Centre de Recherches Historiques, CNRS–École des hautes études en sciences sociales, 54 boulevard Raspail, 75006 Paris, Frankreich
marie-elizabeth.ducreux@ehess.fr

Tibor Frank
Emeritus, Angol-Amerikai Intézet (Institut für Anglistik und Amerikanistik), Eötvös Loránd Tudományegyetem, Rákóczi út 5, 1088 Budapest, Ungarn
franktiborz@gmail.com

Rudolf Gräf
Universitatea Babeş-Bolyai Cluj-Napoca, Kogălniceanu 1, 400084 Cluj-Napoca, und Institutul de Cercetări Socio-Umane Sibiu, B-dul Victoriei 40, 550024 Sibiu, Rumänien
rudolf.graf@ubbcluj.ro

Gabriele Haug-Moritz
Institut für Geschichte, Universität Graz, Attemsgasse 8, 8010 Graz, Österreich
gabriele.haugmoritz@uni-graz.at

Maciej Janowski
Instytut Historii im. Tadeusza Manteuffla Polskiej Akademii Nauk (Institute of History, Polish Academy of Sciences), Rynek Starego Miasta 29/31, 00-272 Warszawa, Polen
mjanowski@ihpan.edu.pl

Miloš Ković
Faculty of Philosophy, University of Belgrade, Čika Ljubina 18–20, 11000 Belgrade, Serbien
mkovic@f.bg.ac.rs

Elena Mannová
Historický ústav Slovenskej akadémie vied v.v.i. (Historisches Institut der Slowakischen Akademie der Wissenschaften), P.O.Box 198, Klemensova 19, 814 99 Bratislava, Slowakei
Elena.Mannova@savba.sk

Robin Okey
Emeritus, Department of History, University of Warwick, Coventry, CV4 7AL, UK
r.f.c.okey@warwick.ac.uk

Olga Pavlenko
Russian State University for the Humanities, 6 Miusskaya Sq., Moscow, Russland, 125993
pavlenko@rggu.ru

Wolfram Siemann
Emeritus, Historisches Seminar, Ludwig-Maximilians-Universität München, jetzt: Allgäuer Weg 1, 86559 Adelzhausen, Deutschland
WSiemann@lrz.uni-muenchen.de

Antonio Trampus
Dipartimento di Studi Linguistici e Culturali Comparati, Università Ca' Foscari Venezia, Dorsoduro 1075, 30123 Venezia, Italien
trampus@unive.it

Klaas Van Gelder
HOST Research Group, Vrije Universiteit Brussel, Pleinlaan 2, 1050 Brussel, und Archives de l'État en Belgique / Rijksarchief in België, Luttrebruglaan 74, 1190 Vorst, Belgien
klaas.van.gelder@vub.be sowie klaas.vangelder@arch.be

Peter Vodopivec
Emeritus, Inštitut za novejšo zgodovino (Institute of Contemporary History), Privoz 11, 1000 Ljubljana, Slowenien
peter.vodopivec@guest.arnes.si

Thomas Winkelbauer
Institut für Österreichische Geschichtsforschung und Institut für Geschichte, Universität Wien, Universitätsring 1, 1010 Wien, Österreich
thomas.winkelbauer@univie.ac.at

Personenregister

Acsády, Ignác 15, 150
Acton, Lord (John Emerich Edward Dal-
   berg-Acton) 317f.
Ady, Endre 153
Aehrental, Alois Lexa von 364
Alba, Fernando Álvarez de Toledo y Pimen-
   tel, Herzog von, Statthalter der Nieder-
   lande 411, 413
Albrecht II., römisch-deutscher König (als
   Herzog von Österreich Albrecht V.) 249
Albrecht VII., Erzherzog 411
Alexander, Bernát 150
Allmayer-Beck, Johann Christoph 81
Almási, Antal 150
Altmeyer, Jean Jacques 413
Anderson, Benedict 148, 354
Anderson, Eugene 345
Anderson, Harriet 331
Anderson, Perry 224
Andrássy, Gyula Graf, der Ältere 137, 148
Andrássy, Gyula Graf, der Jüngere 241f.
Angyal, Dávid 150
Anneessens, Frans 411f., 415, 419, 421
Antoličič, Gregor 209
Apafi, Michael, Fürst von Siebenbürgen 249
Apih, Josip 210
Ara, Angelo 224f.
Aretin, Karl Otmar von 290
Ariès, Philippe 279
Arndt, Ernst Moritz 301
Arneth, Joseph Calasanz 31
Arsenije III. Čarnojević (Crnojević) s.
   Čarnojević
Artuković, Andrija 277
Auersperg, Adolf Fürst 52
Austensen, Roy A. 364
Averbukh, Revekka 390

Bachmann, Adolf 49, 173
Bachtin s. Bakhtin
Baczkowski, Michał 229
Bada, Michal 186
Badeni, Kasimir (Kazimierz) Graf 205, 229
Baďurík, Jozef 186
Bahlcke, Joachim 18f., 40
Bahm, Karl F. 355
Bahr, Hermann 42, 56, 119
Bakhtin (Bachtin), Mikhail (Michail) 380
Bakshi, Natalia 399
Balbín, Bohuslav 164
Bălcescu, Nicolae 248f., 255
Ballagi, Aladár 150
Ballinger, Pamela 355
Balog, Iosif Marin 261
Balzer, Oswald 49, 227
Banneux, Paule 421
Barany, George 345, 360
Barițiu, George 251, 254
Barker, Thomas M. 349f.
Baróti, Lajos 15
Basta, Georg (Giorgio) 246–249
Bataković, Dušan 281
Báthory, Andreas, Kardinal 247
Báthory, Sigismund, Fürst von Sieben-
   bürgen 247f.
Batowski, Henryk 226, 228
Bauer, Otto 46f., 53f., 66, 143, 238
Bauer, Wilhelm 54
Bayly, Christopher 314, 335
Beales, Derek 23, 327
Beck, Christan August (von) 31f.
Beethoven, Ludwig van 331
Bellabarba, Marco 218, 221
Beller, Steven 23, 331, 333, 338f., 363f.
Belobratov, Alexander 399
Benedek, Ludwig von 44